숫자를 믿는다

과학과 공공적 삶에서 객관성의 추구

TRUST IN
NUMBERS

The Pursuit of Objectivity in Science and Public Life

숫자를 믿는다

과학과 공공적 삶에서 객관성의 추구

시어도어 M. 포터(Theodore M. Porter) 지음
이기홍 옮김

한울
아카데미

차례

일러두기

* 이 책의 주에서 사용하는 약어는 다음과 같다.

A.N.: Archives Nationales, Paris

BENPC: Bibliotheque de l'Ecole Nationale des Ponts et Chaussées, Paris

N.A.: National Archives(of the United States)

USGPO: U.S. Government Printing Office

한국어판 서문

*Trust in Numbers*의 한국어판을 보게 되어 영광스럽고 감사하다.

처음 출판된 이후 25년이 지나는 동안 이 책은 어느 정도는 시간의 흐름을 견디면서 오히려 내가 다루지 않은 주제들과 내가 논의하지 않은 세계의 부분들에까지 그것의 관련성을 확대했다. 이 책은 그런 도전을 감당하는가? 나는 유럽 역사를 연구하는 연구자로, 특히 유럽 과학의 역사 연구자로 훈련을 쌓았다. 나의 다른 어느 책보다도 『숫자를 믿는다』는 자료의 많은 부분을 내가 성장하고 경력을 쌓아온 미국의 경험에서 끌어내고 있지만, 그것이 나의 박사 과정에서의 초점은 아니었다. 확실히, 이 책에는 프랑스 및 유럽의 다른 지역과의 비교도 포함되어 있다. 나는 분석을 국제기구, 식민지 관계, 개발계획 등에서의 숫자의 사용에까지 확대하고 싶은 유혹을 느꼈지만, 결국 지리적 범위를 더 넓히지는 않기로 했다. 이 책이 한국에서 어떤 관심을 (일으킬 수 있다면) 일으킬 것인가 하는 것은 내가 상상하는 한국의 독자들과 번역자의 몫이다.

틀림없이, 이 책은 "개관성"의 시회적 경제에서 숫자가 차지하는 위치와 관련해 몇 가지 일반적인 결론을 이끌어내기 위해 노력한다. 그렇지만 이 책이 탐구하는 사회적이고 역사적인 지형을 넘어서는 지형과의 관계 속에서 이 분석을 이해할 수 있는 독자들이 없다면 이런 종류의 분석은 큰 의미를 갖지 못할 것이며, 또한 분명히 이 책에 담은 나의 의도도 현실화할 수 없었을 것이다. 예를 들어, 나는 아시아가 미국이나 유럽의 '숫자의 정치의 이상ideal of numerical politics'에 수렴하는 발전의 길을 따랐을 것으로는 거의 생각하지 않았다. 나의 주장을 다양한 영역의 문제들과 장소들에 적용하고 변용하는 일은, 나의 과거와 현재와 미래의 독자들의 지역적이고 국제적인 통찰력과 역사적 상상력에 맡겨져 있다. 당연히 우리 자신의 내부뿐 아니라 외부의 다른 나라들에도 마찬가지로 눈을 돌리는 것은 저자들과 독자들에게 중요한 일이다. 우리에게 완전히 낯선 인간의 일이란 없다. 동시에 가장 친숙한 것들도, 요즘 내가 살고 있는 나라의 정치가 그러하듯, 여전히 우리를 당황하게 할 수 있다.

『숫자를 믿는다』는, 특히 공학자들, 사회과학자들, 통계학자들, 회계사들이 내세우는 합리성의 이상ideals of rationality과 계획의 이상에 초점을 맞추고 있다. 그들은 그들이 직면하는 문제들을 정확하게 공식화한 다음 자료와 계산에 기초해 해결할 수 있다고 믿으려고 해왔다. 그러나 자세히 생각해보면 계산이라는 것에 한계가 있다는 것을 대부분의 사람들은 인식할 수 있다. 우리의 목표에 관해 근본적인 의견 차이가 있는 상황에서 숫자는 어떻게 기능할 수 있었겠는가?

이 책의 기본적인 주장에 관해 오해하는 사람들도 있었다. 이 책의 제목은 사람들이 숫자를 자연적으로 믿으며 믿을 수 있다는 것, 계산의 결과는 본래 설득력 있는 것이며 심지어 어쩌면 우리의 암묵적인 신뢰를 받을 만하다는 것을 암시하는 듯 보일 수도 있다. 산수를 놓고 따지는 사람은 거의 없을 것이다. 하지만 사람들이 관심을 갖는 실천적인 문제들에 숫자를 적용할 때 계산은 종종 실제의 삶에서 가장 중요한 것을 배제한다고 할 수도 있다. 내가 중점적으로 다룬 문제 영역, 즉 대규모 국가 기획을 평가하기 위한 기초로서 비용-편익 계산에서, 금액으로 표시되는 숫자를 그 기획의 결과로 파괴되는 자연환경이나 상실될 (또는 보호될) 생명들과 동등한 것이라고 받아들이는 데 만족할 사람은 없을 것이다. 그렇지만 복잡하고 도덕적 논란이 있는 결정을 냉정한 계산으로 축소하는 것은 중립성과 심지어 엄격함에 대한 희망을 제공하고 모호성을 제거했다. 숫자에 의한 평가는 결정을 몰개인적으로 할 수 있다는, 그러므로 이기적인 부패를 방지할 수 있다는 희망을 촉진했다. 물론 실제에서 계산의 권력power of calculation이 사회정치적 권력을 제거할 수는 없었다. 그럼에도, 그들의 선택에 대해 항상 도전이 제기되는 공직자들에게는, 계산은 적어도 모든 것을 규칙에 따라 몰개인적으로 그리고 객관적으로 수행했다고 주장할 수 있는 근거를 제공했다. 여러 가지 목적에서, 객관성을, 진리와 유사한 심층적이고 형이상학적인 어떤 것을 가리키는 것으로 해석하지 않아도 될 것이다. 편차 줄이기 또는 표준화라는 조작적 개념이 더 적절할 수 있다.

표준화는 숫자 및 통계와 연결되기 때문에 여기에서 특히 관련성이 있는 것으로 나타난다. 표준화는 오늘날 이질적인 것들을 서로 맞추도록 요구하는 국제적 교환이나 지구화에서 그것이 갖는 중요성 때문에 더욱더 호출되고 있다. 『숫자를 믿는다』에서 제기되는 쟁점들과 관련해, 초점은 기술들과 상업의 지구화보다는 공공기관들에 맞춰져 있다. 그 기관들은 자신들을 다른 기관들과 비교해야 한다는 압박을 점점 더 심하게 받고 있다. 유럽연합을 확장하면서 넘어서고자 하는 유럽 통합을 향한 움직임은 특히 이런 노력에 사로잡혀왔다. 상업과 고용이 유럽을 가로질러 그리고 유럽을 넘어서 더욱 통합되기 위해서는 제품들뿐 아니라 (직무 자격으로서) 학위에 대해서도 동등성을 확립할 필요가 있었다. 이것들은, 심지어 이름이 동일한 경우에도 (그렇지 않은 경우도 많았다), 결코 전혀 동일하지 않았다. 새로운 더 통합된 유럽에서는 대학들과 학위들을 비교하고 등위를 매기려고 해왔다. 머지않아 이 등위평가들은 유럽의 경계를 넘어 확대되었다. 아시아와 몇몇 유럽 국가들은 학교 등위평가에서, 특히 수학 등위평가에서 매우 좋은 성과를 거뒀다. 국제적인 대학 등위평가는, 적어도 최상위 수준에서는, 미국과 영국의 대학들에 강력하게 유리하다. 이런 등위평가들에 어느 정도의 객관적 타당성을 부여해야 할 것인가는 쉽게 이야기할 수 없다. 심지어 (분명히 미국을 포함한) 나라들 안에서의 학교 등위평가조차도 심한 논란의 대상이다. 그럼에도 이러한 점수와 등위가 타당한 것처럼 논의되고 홍보되면, 그것들은 마치 그것들이 정확한 것인 듯 작동하기 시작한다. 그리고 이런 식으로 그것들은 등위를 높일 수 있을 것으로 기대되는 방식으로 다른 나라의 학교들을 재편하려는 필사적인 노력을 자극한다.

『숫자를 믿는다』는 측정이나 등위평가 그 자체가, 행위자들이 그것에 대응할 수밖에 없기 때문에, 이미 개입에 해당한다고 강조한다. 인용 지수 및 그와 유사한 척도들에 크게 의존하는 대학 등위평가들은 또한 '보편적인' 영어의 사용을 강하게 압박해왔는데, 이것은 차례로 비非영어권 나라들을 더욱 심한 불리함 속에 몰아넣는다. 이런 숫자들은 타당하기 때문에 권력적인 것이 아니라, 그것들이 이제 보유하고 있는 권력이 행위자들의 선택과 행동을 변화시키기 때문에 일종의 타당성을 획득한다고 할 수 있다. 이런 과정들은 상당히 많은 불만을 일으켜왔으며, 그 불만을 불합리하다고 할 수는 없다. 그리고 그 불만은 특별한 초점으로서, 신뢰할 만한 것이 아닐 수도 있는 숫자에 대한 의례화된 의존이라는 측면을 고려하면 낮게 평가되어왔다. 이 책에 대한 관심이 꾸준히 증가해온 것은, 이 책과 관련이 있다고 생각되는 주제들과 문제들 ─ 그중에는 내가 이 책을 쓸 때 미처 생각해본 적이 없는 것들도 있다 ─이 확장되어왔음을 보여준다.

역설적이게도, 숫자와 측정법의 이런, 종종 사용하는 표현으로, "전제tyranny"는, 부분적으로, 정보를 누구나, 내부적 지식에 대한 접근에 의존하지 않고도 사용할 수 있는 형태로 제공하고자 하는 민주주의적 열망의 결과다. 이것과 나란히, 우리는 지도자도 이런 식으로, 즉 객관적 척도를 사용해 선출할 수 있어야 한다는 주장의 전통도 이어져왔다. 미국이 보여주듯, 우리가 이것 때문에 지체된다면, 우리는 이제 숫자가 매우 강력하다는 것, 그리고 숫자를 오도하는 방식이 아니라 '알리는inform' 방식으로 사용하는 법을 배우는 것이 매우 바람직하다는, 심지어 필수적이라는 것을 더욱 인식해야 한다. 그런 다음에야 우리는 분별력 있는 토론을 희망할 수 있을 것이다. 나는 『숫자를 믿는다』는 세계에 관한 마지막 이야기가 아니었다고, 더욱더 중요하다고 생각되는 주제에 대한 성찰과 비판을 자극했다고 말할 수 있어서 기쁘다.

시어도어 M. 포터Theodore M. Porter

2020년 8월 6일

2020년 신판의 서문

  '숫자를 믿는다'라는 책 제목은 기억하기 좋은 듯하지만 오해를 일으킬 수도 있다. 이 책은 숫자에 대한 암묵적인 신뢰가 아니라 주저와 반발을 다루고 있다. 충분히 통상적인 것으로 보이는 숫자들은 감시망을 통과할 수도 있겠지만, 이익의 갈등이 문제가 될 때에는 쉽사리 도전받는다. 그것들은 종종 표준화를 요구받는다. 표준화는 전형적으로 타협과 협약을 선호하고 심층적 의미와 신념을 제거한다. 처음에 책의 편집자가 "숫자 속의 진리"라는 제목을 제안했을 때 나는 그것을 거절하면서 이 제목을 떠올렸다. 우리는 오랫동안 측정과 수학을 숭배해왔지만, 이 책이 다루는 것은 그것이 아니다. 이 책은 숫자들을 믿게 만드는 어떤 불가사의한 성향이 있다고 상정하는 것이 아니라 우리를 심지어 신뢰의 필요에서 해방시킬 수 있는 그런 종류의 몰개인성impersonality을 강요하는 것이 숫자의 특징이라고 제시한다. 이 책의 쟁점은 진리라는 미덕이 아니라 숫자의 사용에서 제약과 함께 올 수 있는 신뢰다.

  나의 책 제목 문구는 역사를 가진 것으로 드러나고 있으며, 나는 책의 새로운 판을 위해 현대의 자료 집적과 검색도구를 이용하여 그것을 추적할 수 있었다. 예전에는 그 문구를 대체로 탐탁지 않음을 표현할 때 사용했다. "숫자들"이라는 단어는 통상적으로 추상적이고 수학적인 어떤 것이 아니라 사람의 숫자들을 가리켰다. 18세기 후반의 서사시에서 내가 찾아낸 가장 이른 사례는 숫자의 우위를 이용하지 못하는 적과 싸우는 아테네 사람들의 행운을 표현한다.

그런 착각에 빠져 있는 적들 / 그 이상의 무엇을 / 그들은 자비로운 하늘에 간청할 수 있는가? / 누가 숫자를 믿고 싸움을 일으키는가 / 다수가 이렇게 쓸모없는 곳이 또 있는가?[1]

시구는 새로운 것이었다고 하더라도, 이 시가 보여주는 숫자에 대한 경멸은 오래된 것이었고, 시의 작자인 리처드 글로버Richard Glover는 또한 다윗왕의 금지되고 쓸모없는 인구조사에 대해서도 생각했었을 것이다. 그것은 싸움의 결과가 머릿수가 아니라 신의 뜻에 따라 결정될 것이기 때문에 쓸모없었다. 1890년경, 뉴욕의 한 박학한 랍비rabbi는 그 교훈을 "숫자를 믿지 말라Put not your trust in numbers"라는 성서 안내서의 한 장의 제목으로 요약했다. 비슷한 시기에 초기의 여성절제운동women's temperance movement을 다룬 소설 『십자군The Crusaders』의 한 장에서는 "숫자를 믿지 말고 신을 믿으라 We must not trust in numbers, but trust in God"라고 선언했다. 마침내 20세기에는 숫자의 안내가 기업경영에서 존중할 것이 되었다. 그러나 기업 관련 글에서조차 숫자에 대한 맹목적 믿음이 너무 멀리 나갈 것을 염려했다. 기업경영에 관한 1913년의 한 교과서의 서문은 유행에 굴복하는 것에 대해 경고한다. 기업 관련의 일부 저술가들은 대규모 편제들을 강조하고 일부 저술가들은 소규모 편제들을 강조한다고 그 서문은 설명했다. 일부 저술가들은 권한의 극단적 집중을 옹호하고 일부 저술가들은 극단적인 분화를 옹호한다. "우리는 숫자에 대한 믿음과 리더십에 대한 믿음에 관해 듣는다." 숫자는 유

용할 수도 있지만 왕도는 없다.[2]

숫자가 우리의 주제이므로 우리는 당연히 이렇게 질문할 수 있을 것이다. 『숫자를 믿는다』에 관해 숫자는 우리에게 무엇을 이야기하는가? 온라인에서 구글 학술 검색Google Scholar의 막대 그래프를 찾아보면, 이 책에 대한 인용이, 출판한 해인 1995년에 0을 상회하면서 시작해, 해마다 증가해온 것으로 나타난다(나는 기쁘게 생각한다). 글쎄, 엄격히 정확하게 말하자면, 몇 차례 감소한 해가 있기도 하지만, 이동평균으로 분해할 수 없는 것은 없다. 연간 인용 숫자는 2001년에 처음 100에 그 다음 2008년에 200에 도달했고 2017년에는 500을 넘어섰으며, 지금은 거기서 머물러 있다. 누적 숫자는 2020년 3월에 6000을 지났다. 그러나 이런 부류의 숫자들은 무엇에 중요한가? 중요해야 하는가?

숫자 허무주의자들number-nihilists만이 의심하는 것은 아니다. 공식적인 인용의 숫자를 측정하는 계량법은 전형적으로 처음 글을 발표한 직후 몇 년 동안의 인용들은 무시한다. 오래전의 인용은 제외해야 하는가? 모든 새로운 발견은 금방 뒤처지게 된다고 생각한다면, 그렇다. 우리가 늘 최첨단에 머물러 있을 수는 없다. 그렇지만 단기적 성과주의에 대한 강력한 실용주의적 이유도 있다. 실시간으로 이루어져야 하는, 자료에 기반한 모든 종류의 결정은 이런 숫자들에 의존한다. 아마도 그것은 조사연구 과학의 명령이 아니라 숫자들을 지휘하는 소란스러운, 자료강박증에 빠진 관료제의 명령일 것이다.

참으로 인문학자들뿐 아니라 과학자들도 자신들의 작업을 사람들이 피상적으로 판단한다고 자주 불평하고 있으며, 학문적 출세를 기대하면서 연구결과를 발표하는 습관의 의미 없는 조작에 관해 조롱한다. 이런 계량법의 기본 목적은 결국 행정을 단순화하고, 사람들과 프로그램들에 대해 아무것도 모르는 사람들이 그것들을 평가하는 것을 용이하게 하려는 것이다. 오늘날 고도로 복잡하지만 사실상 아무것도 파악하지 못하는 컴퓨터가 많은 결정들을 자동적으로 내리고 있다. 그럼에도 거의 모든 표준은, 그것이 아무리 문젯거리라고 하더라도, 일단 사용하게 되면 신뢰성을 획득하는 경향이 있다. "이것은 자료에 기초하고 있다"라고 경영자들은, "자료 주도data-driven"를 정당성 있는 지식의 표준으로 내세우는 과학자들을 흉내 내어 설명한다. 물론 그들의 설명은, 하지만 말하는 것을 잊었거나 무시했을 수도 있는 것으로, 자료가 신뢰할 수 있고 목적에 적합한 것이어야 한다는 의미를 내포하고 있다. 중요한 결정에 대해, 연산식의 추론이 원하는 지혜의 수준까지 올라가지 않을 수도 있을 것이다.

진지한 과학자들은 당연히, 이론에서는 늘 그렇지 않더라도, 실천에서는 문제들을 인식한다. 그나마 우리는 자료 주도성이라는 이런 폭약으로 자신을 날려버리는 경향을 많은 과학자들보다는 덜 보이는데, 이는 인문학자들의 기여에 힘입은 것이다. 과학적인 것들을 포함한 서적들과 논문들의 중요성은 일반적으로 계기 판독값이나 오류 막대를 가진 회귀계수로 축소할 수 없다는 것을 일단 우리가 인정한다면, 지독하게 오래된 문제들뿐 아니라 긴박한 새로운 문제들에 대한 통찰력을 얻기 위해 오래되고 복잡한 문헌을 살펴보는 것도 현명한 일로 보인다. 내 주장은 인용 숫자 등등의 것들이 의미 없다는 것이 아니다. 나는 아주 많은 독자들이 이 책에서 그들 자신의 연구와 글쓰기에 도움이 되는 무엇인가를 발견했으며, 여전히 발견하고 있다는 것에 상당한 만족을 느끼고 있다고 인정한다. 내가 이 책에서 의견 차이를 계산으로 분해하려는 억지스럽고 순진하고 위험한 노력을 조금은 비웃고 있다고 하더라도 『숫자를 믿는다』는 결코 숫자적 추론을 공격하는 일제 사격이 아니다. 그렇더라도 질적 추론을 문밖으로 내쫓는 사람들은 곧 그것이 창문을 통해 슬그머니 되돌아오고 있다는 것을 알게 될 것이다.

나는 역사가로서 이 책을 썼지만 이 책이 연대기적으로 구성된 것은 아니다. 이 책은 계산의 학문적 사용보다 실용적이고 행정적인 사용에 초점을 맞추면서 논증의 형식에 의해 연결된 다양한 주제들을 다룬다. 이 책에서 다루는 거의 모든 사례들은 1830년부터 1960년 사이에 일어난 일이며, 경쟁하는 객관성의 형태들 사이에서의 전면적인 역사적 파열들을 내가 모두 다루는 것은 아니다. 나의 좀 더 이론적인 입장은 범례적 사실들 – 그것들 가운데 일부는 매우 자세히 다뤘다 – 을 통해 제시했다. 그것들은 계산 관행의 형성을 압박한 상태를 예시한다. 그러한 압력은 1930년대 이래 미국에서부터 더욱 확산했다고 나는 제시한다. 그 압력은 더 많은 종류의 과학에도 당도했다. 이런 역사는 행정적 위계나 전문가 판단에 근거하여 이루어지는 공공적 결정에 대한 반발의 증가를 반영하는 방향으로 진행했다. 객관성은 점점 더 자료에서 계산으로 엄격하고 몰개인적으로 나아가는 것을 의미하게 되었다. 하지만 각각의 사실은 또한 그 자체의 동역학을 가지고 있다. 전문가들이 무사유의 관행unthinking routines의 지배 아래에 예속되는 것은 일반적으로 그들이 적절하게 결정할 수 있는 그들 자신의 능력에 대한 신뢰를 잃었기 때문이 아니라 그들의 사심 없음의 능력에 대해 의문이 제기되었기 때문에 일어난다. 동시에 그 이야기는 새로운 계산도구들에 기초한 새로운 형태의 전문지식의 생산도 포함한다. 시간의 경과와 함께, 수량적 방법들은 점점 더 전문지식의 기초가 되어왔다.

객관성 문제

이 책은 "과학전쟁science war"의 시기에 쓰고 출판하고 비판받았다. 특히 나는 『고등 미신Higher Superstition』, 즉 과학에 대한 사회적 및 문화적 연구들을 수행하는 몇 주도적인 저자들에 대한 독설적인 공격, 그리고 "소칼 날조Socal hoax", 즉 그런 연구들을 흉내 내어 작성했지만 학술지 ≪사회적 텍스트Social Text≫의 편집진이 간파하지 못하고 게재한 물리학적 소음들로 장식된 텍스트를 생각하고 있다.[3] 내가 생각했듯이 『고등 미신』은 날카로운 칼보다는 둔한 나팔총을 장착한 채 몇 가지 의문스러운 추론을 노출하고, 우리 분야에서의 최고의 그리고 가장 창조적인 몇몇 연구를, 이해를 결여한 채 비난했다. 소칼의 책략은 사소하게 영리했고 사소하게 부도덕했는데, 그것은 그것이 주장한 것보다는 상당히 적게 증명했다. 내 주장은 과학에서 숙련, 공동체 그리고 면대면 접촉의 근본적인 역할에 대한 인식의 증가에 단호하게 의존하고 있으며, 스티븐 샤핀Steven Shapin이 특히 강조하듯이, 과학은 별다른 노력이 없이 세계주의적인 것이 아니라 근본적으로 국지적인 것임을 드러낸다. 몇몇 중요한 측면에서 과학은 보편적인 것이 될 수 있지만, 이것은 일련의 사회적이고 물질적인 기술들에 의해 좌우되며, 과학의 작업은 그것이 진리로 서술되는 탁월한 주장을 할 때조차도 어떤 면에서는 여전히 인위적이다.[4]

과학의 "객관성"은 전통적으로 과학의 타당성의, 참으로 진리성의 기초로 논의되어왔다. 1990년에 나는 그것을 표준화의 곡예feat of standardization, 즉 국지적인 것을 보편적인 것으로 만드는 곡예로 생각하게 되었다. 표준청Bureaus of Standards은 이것에서 중요한 역할을 담당하며, 점점 더 정밀한(그러므로 균일한) 기기들의 제조도 또한 그러하다. 이 책에서 나는 중요한 측면에서 인공물로서 과학의 보편성에 대해 이야기하며, 그것은 결코 자의적인 것이 아니라고 덧붙인다. 나의 목적은 과학적 객관성의 주장을 축복하는 것도 아니고 매도하는 것도 아니었으며, 이 책도 과학에 적대적인 것으로 취급받지는 않았다. 드문 예외는 한 물리학 역사가가 ≪과학Science≫에 게재한 논평으로 그것은 진리와 신뢰의 관습의 쇠락에 우울하게 초점을 맞췄다. 그렇지만 지적 윤리의 이 옹호자는 괄호 속에 197쪽이라고 표시한 인용을 제외하고는 이 책의 서문 정도만 읽었음을 보여주는 것 이상의 증거는 거의 제시하지 않았는데, 살펴보니 그 인용조차도 『숫자를 믿는다』의 제8장에서 뽑은 것이 아니라 그 논평에 함께 포함된 앨런 메길Allan Megill이 편집한 『객관성을 다시 생각한다Rethinking Objectivity』에 실린 내 논문의 첫 부분(197쪽)에서 뽑은 것이었다. 그는 약간의 검토에서 찾아낸 증거만으로도 나를 끔찍한 탈근대주의자의 하나로 지목하기에 명백히 충분하다고 생각한 듯하다. 읽어본 독자들은 합리적으로 판단할 수 있을 것이다.5)

객관성은 분석되기보다는 훨씬 더 자주 설교된다. 그리고 객관성에 대한 논의들 가운데 내 목적에 적합한 것은 많지 않다. 두드러지게 탈근대적인 논의도 이 규칙에서 예외는 아니다. 작업 과정에서 나는 1960년에 나온 내 대학원 지도교수의 악명 높은 책 『객관성의 칼날Edge of Objectivity』이, 이 책은 당시 과학사학자들 사이에서 큰 호응을 얻지는 못했었는데, 그 개념을 다루는 데에서 관례적인 것이 결코 아니었다는 것을 이해하게 되었다. 저자인 찰스 길리스피Charles Gillispie(1918~2015)는 자연에 대한 지식에서 도덕적 의미를 추출하려는 모든 시도를 쓸모없는 것으로 비난했다. 그 책이 다루는 과학적 주인공들의 매력적으로 특이한 삶들은 이야기의 비극적 측면에 대항하는 역할을 했다. 왜냐하면 그가 명명한 이 '칼날'은 중립적인 것도 아니고 친절한 것도 아닌, 잔혹하고 용서 없는 칼날이었기 때문이다. 그것은 자연적 지식이 도덕적 의미를 증진할 수도 있을 것이라는 모든 희망을 잘라버리면서 역학에서 화학으로 생물학으로 무자비하게 전진했다. 낭만화된 자연 ─ 그는 이것을 심지어 성적 흥분sexual tumescent이라고 서술했다 ─ 은 시의 영감을 줄 수도 있지만, 그것은 "과학을 위한 잘못된 길"이었다고 그는 선언했다.6) 과학을 향해 나아가는 모든 걸음은 인간적 의미의 희생을 동반했다.

길리스피는 디드로Diderot와 괴테Goethe에서 에른스트 헤켈Ernst Haeckel과 아서 쾨슬러Arthur Koestler까지의 도덕주의자들과 낭만주의자들을 거칠게 다뤘다. 그들 모두가 자연을 도덕의 기초로 삼고 그것을 우리의 가장 깊은 갈망과 일치시키기를 원했다. 그렇지만 적절한 과학은 추상적이고 지적인 것이었으며, 가장 기술적으로 능력 있는 과학자들은 선행doing good에 대해 거의 생각하지 않았다. 기예까지도 추상적 과학에서 너무 멀리 제거되었다고 그는 가정했다. 냉담한 과학에 반대하여 자연에 거주하거나 자연과 융합하고자 하는 반反과학적 열망은 혁명의 시대에 위험한 것이 되었다. 그는 특히 그의 연구의 초점이었던 1790년대와 그가 살았던 1960년대를 불만스럽게 이야기했다. 1960년대의 경험을 따라 그는 그것의 정신이, 그 자신이 형성에 기여한 과학사 분야를 손상할 수 있다고 우려했다. 하지만 그는, 특히 그가 회상하기 좋아했던, 케임브리지의 찰스강Charles River을 내려다보며 감정의 흐름에 휩싸여 자신의 계산자slide rule를 강물에 던지면서 엠아이티MIT에서 공부한 화학에 더하여 하버드에서 역사학을 연구하려는 자신의 결정을 다짐했을 때의 베르테르적Werther-like 일화에서 그가 이리저리 규탄했던 것과 동일시한 것으로 보인다. 특히 제2차 세계대전 기간에 화학은 자신의 의무였고, 역사학은 자신의 열정이었다고 그는 말했다.

과학사학자들은, 과학 공부에서 탁월했음에도 그 경력의 전망을 포기한 사례가 많은데, 특히 과학이 동반할 수도 있는 희생에 대해 생각하고 그렇게 했을 것이다. 과학적 객관성의 초점과 자제력은 엄격할 수 있는데, 그것도 이런 희생의 한 차원이다. 내 대학원 시절의 또 한 명의 선생인 토머스 쿤Thomas Kuhn은 『과학혁명의 구조The Structure of Scientific Revolutions』에서 정상과학의 전면적인 관례들이 객관성을 정의하고 제한한다는 것을 자세히 논의했다. 하지만 그에 따르면, "휩쓸어버리는" 삶은 견딜 수 없었다. 그는 패러다임이 없는 시간을 비용으로 치르더라도 위대한 것, 즉 혁명에서의 역할을 원했다. 결국 그는 그가 훈련을 쌓은 물리학이 아니라 철학적 역사학에서 그의 혁명을 찾았다.

확률론 혁명

1982년에 통계과학의 역사를 연구하면서 나는 과학혁명이라는 주제와 만났다. 쿤의 뛰어난 저서 『과학혁명의 구조』에서 영감을 얻어 로렌츠 크뤼그Lorenz Krüge는 독일 빌레펠트대학의 다학문연구소Center for Interdisciplinary Research of the University of Bielefeld에서 "확률론 혁명, 1800-1930"이라는 이름의 철학적인 연구 기획을 조직했다. 연구 기획의 주제로 확률을 선택한 것은 이언 해킹Ian Hacking에 크게 빚진 것으로, 당시 그는 스탠퍼드대학Stanford University의 교수로 특히 최고의 독창적인 확률론 철학자로 알려져 있었다. 모습을 드러낸 개괄적인 생각은 확률 이론이 철학과 사회과학들을 포함한 여러 지식 분야들에서의 광범하고 장기적인 혁명의 기초를 제공했다는 것이었다. 그 혁명은 범위에서 쿤이 이론화한 것보다 훨씬 더 광범했을 것이다. 확률론 혁명 자체가 파악하기 어려운 표적인 것으로 드러났지만 빌레펠트대학에서의 기획은 순조롭게 진행되었다. 크뤼그의 전망은 양자물리학quantum physics을 사례로 하는 결정론에서 미결정론indeterminism으로의 전환을 지향했고, 결과는 이런 전망을 대체로 유지하는 두 권의 논문집으로 출판되었다.

나를 포함한 기획 참여자 6명은 그 후 더 종합적인 해명을 저술하는 작업을 진행했고, 그것은 긴 시간이 지나지 않아 『우연의 제국The Empire of Chance』(1989)으로 모습을 나타냈다. 이 소집단의 관심은 통계적 추론과 숫자의 확장된 역할에 집중되었다. 우리의 주제도 또한 우리가 "과학과 일상생활 science and everyday life"이라는 부제에서 제시한 것으로 확장되었다. 주제들을 통합할 잠재력에 대해 논의하면서 우리는 규칙을 따르면서 인간의 판단을 배제하는 것이 과학의 기본 특징일 수 있다는 생각에 대해 한동안 토론했다. 우리 대부분이 확신한 것은 아니었지만, 규칙에 대한 이런 추구는 통

20

계적 추론과 계산에 중요한 것으로 나타났다.[7] 이런 종류의 제약에 과학적 객관성이 있었는가? 그 가능성은 신선한 주제들과 질문들의 영역을 여는 것으로 보였다. 궁극적으로 우리의 책은 여섯 참여자들의 이전의 연구에서 발전된 주제들에 주로 초점을 맞췄지만 전문지식의 기초로서 확률의 역할을 이해하고자 하면서 그것들을 넘어섰다. 우리는 야구, 법률, 임상시험, 보험, 불확실성 아래에서의 판단 그리고 초감각적 지각 같은 잡다한 주제들을 다뤘다. 이런 이질적인 영역들에서 통계적 객관성에 몰두하는 것을 과학 선망science envy으로 축소할 수 없다는 깨달음이 내게 이 주제를 다룰 수 있게 열어주었다. 추론 통계의 비상한 확장은 물리과학이 아니라 심리학, 의료, 경제학, 생태학, 우생학, 농업, 그리고 공공적 선택을 하고 그것을 옹호해야 하는 온갖 종류의 실용적이고 전문적인 쟁점에서 시작되었다.

내 책 『통계적 사유의 성장The Rise of Statistical Thinking』에서 이미 나는 통계적 추론의 형성에서 사회적 숫자들과 행정적 숫자들의 역할에 집중했다. 우리는 더 광범하게 관료제적 지식에 대해 이야기할 수 있었다. 그 당시 과학사학자들의 작업이 이런 일상성의 수준까지 내려가는 일은 거의 없었다. 나는 수량화의 핵심 현장은 결코 강단 과학에 제한되지 않는다고, 그리고 사회적 장들에서 수량화의 역할 확대는 여러 측면에서 정부의 숫자들과 상업의 숫자들과 연관되었다고 확신하게 되었다.

이 연구는 광범한 추세들과 결합되었다. 당시의 과학사학자들은 기술 연구에서의 새로운 주제들에 자극받아 얼마나 많은 과학적 작업이 이른바 강단의 상아탑에서 벗어나 일어났는가를 재발견하고 있었다. 이 요점은 사회과학들에 더 한층 강력하게 적용되었다. 사회과학들에서는 1890년대 이전에는 학문적 격리scholarly detachment라는 관념이 거의 없었다. 수량화는, 보편적인 과학적 이상의 지위를 획득하기 오래전에, 이미 실용적 삶에서 광범하게 확산했다. 단지 소수의 사례만 언급하더라도, 상인, 은행가, 농부, 세

무공무원, 군인은 계량과 측정 없이는 거의 활동할 수 없었다. 또한 그들은 재료들과 척도들을 표준화하는 것에도 깊은 이해관심을 가졌다. 곡물 도량형이 확정되지 않은 것보다 더 심하게 농민들을 불편하게 한 것은, 물론 그것이 곡물을 어떻게 담고 채우는가를 규정하는 규칙이 아니었을 때 이야기이기는 하지만, 거의 없었다. 그런 논쟁들, 그리고 그 논쟁들과 결합된 정치적 이상들이 작용하여 프랑스 대혁명 초기에 미터법이 출범했다. 이 문제에 대해 물리학자들은 농민 정치에, 비록 농민들이 도움이 된다고 생각한 방식은 아니었지만, 응답했다.[8]

일단 내가 어떻게 조사할 것인가를 깨닫자, 여러 형태의 실천적 수량화에 관한 학문적 근거자료들과 해석들은, 기업정보에 관한 역사, 농업 측정에 관한 역사, 회계의 사회학과 역사학, 경제학과 계량경제학의 역사, 규제 입법 연구, 전문지식의 정치사, 인구조사에 대한 역사적 및 사회적 연구, 측정단위 표준화 연구, 생명보험, 공공사업 계획, 의약품 시험 등등 도처에서 찾을 수 있었다. 『우연의 제국』에서 우리가 다룬 주제들은 단지 빙산에서 선택된 일각일 뿐이었다. 기술의 역사, 그리고 새로 성장한 과학기술연구 분야는 주류 과학사보다 더 적합한 모형들과 더 적극적인 접근 방법을 제공했다. 그리고 내 연구주제에 관해서 말한다면, 영어권의 연구가 주도적인 것은 아니었다. 통계에 대한 역사적이고 사회학적인 연구들은 특히 프랑스에서 활발했다. 프랑스 국가통계청, 국립 통계 및 경제 연구소Institut national de la statistique et des études économiques: INSEE 그리고 국립 공학기관들은 물론 사회과학고등연구원École des hautes études en sciences sociales: EHESS 같은 학문기관들이 활발하게 연구를 진행하고 있었다. 그렇지만 그것들은 매우 다양한 전통들이었으며, 내가 캘리포니아에서 프랑스에 도착해서(외국인 억양의 프랑스어로) 그들의 다양한 연구가 모두 단일 묶음의 부분인 것처럼 말했을 때 그곳의 내 동료들은 좀 당황한 듯 보였다.

참으로 내가 읽고 있었던 이들 다양한 학자들 사이에는 중요한 차이들이 있었다. 그렇더라도 그들의 공통점이 국적이나 언어에만 있는 것은 아니었다. 그들을 통합하는 것은 객관성의 도구로서 숫자, 통계, 그리고 계산이라는 생각이었다. 예를 들어, 숫자들은 알랭 데스로지에르Alain Desrosières가 표현하듯이 "많은 것들을 한 덩어리로 만들기 위해" 사용될 수 있다. 이런 계산의 결과가 도전에 취약하게 남아 있을 때에도 법적 기관들이 그 계산 규칙을 적절히 지켰다는 것을 인정한다면, 그것은 충분한 객관성일 것이다. 그리고 그 기관들이 규칙을 지키지 못할 때 통상적인 구제 방안은 이런 표준화의 장치를 분해하는 것이 아니라 그것을 확장함으로써 모순들을 조정하는 것이다. 가장 지루해 보이는 것이 놀라운 비밀들을 감추고 있을 수도 있다. 모든 것이 관례적이고 따분한 것으로 나타날 때 성공은 확실히 손에 닿는 범위 안에 있게 된다.[9]

숫자, 과거와 현재

이 책이 처음 나왔을 때로 돌아가면, 나는 객관성에 대한 공식적 보증의 필요성이 절정에 달하지 않았는가 생각했다. 이런 생각의 배후에는 통계적 검증에 가장 크게 의존한 과학들이 그것들 자체의 학문 분과적 실행들에 대해 더 많은 신뢰를 얻었고 그에 따라 계산의 규칙을 지키라는 압력은 완화될 수 있었을 것이라는 가설이 자리하고 있다. 이런 예상은 완전히 틀린 것으로 입증되었다. 그렇지만 내 예측의 붕괴는 내 책에는, 그것의 인용 궤적이 증명하듯, 좋은 소식이었다. 학문 분과로서 통계학은 이제 자료 과학data science으로 확장하고 있으며, 이제 자료, 연산식 그리고 지표들은 그것들이 세계를 지배하고 있음을 잘 보여주고 있다. 노력을 쏟지 않는 규제와 무기를 들지 않은 의심이라는 수량적 꿈은 학문적 삶과 관료제적 삶의 교차로에서 여전히 확산하고 있다. 통계의 관행은 의료 치료, 학습효과 연구, 경찰활동, 발전경제학 그리고 수십만 종류의 등위평가와 계량법들에서 작동해왔다. 모든 것들에 대해 심각한 비판이 제기되었지만 그것들은 성스러운 신전으로서 계속, 참으로 도처에서 거래되고 있다. 이제 전문지식은 연산식으로 대체되고 있지 않는가.

『숫자를 믿는다』의 가장 긴 두 장과 아마도 가장 인상적이었을 장들은 토목건설 기획들에 대한 평가에서 19세기 프랑스 공학자들과 20세기 미국 공학자들을 대비한다. 둘 모두 그 기획들의 정치적 선택의 기초로서 아주 많은 경제적 전문지식을 활용하게 되었고, 둘 모두 정치적인 것을 보이지 않게 만들고자 했다. 결국, 프랑스 공학자들은 그들의 전문지식을 정확한 결정의 기초로 더 잘 옹호할 수 있었던 반면, 덜 통일되었던 미국의 공학자들은 정치에 대한 통제력을 반복해서 상실했으며, 그에 따라 자신들의 선택이 엄격히 숫자에 의해 이루어진 것으로 보이게 진행하도록 압박받았다. 그렇지만 그것은, 그들의 수량적 실천들에서의 불일치들에 대해 그들이 책임을 추궁당할 수 있다는 것을 의미했으며, 이런 식으로 주관적 판단을 객관적 비용-편익 분석에 종속시킨다는 겉모양이 현실적인 것이 되기 시작했다. 오래지 않아 숫자 자료에 대한 의존은 사회과학에서도 합리적 의사결정의 압도적 모형으로서 모습을 드러냈다.

학문적 삶에서는, 계산에 의한 결정은 일반적으로, 비료를 준 구역에서의 수확량 증가 또는 실험용 약물을 투여 받은 환자의 건강 개선이 단지 우연에 의해 나타날 수 있는 확률을 제시하는, 통계적 유의도 검정과 유의 확률 p-value로 귀결된다. 이런 검사들에 대해서는 이제 잘못된 질문에 초점을 맞추고 있다거나 오용의 여지가 너무 크다는 비판이 많이 제기되고 있다. 이런 맥락에서 학문적 성과를 나타내는 숫자들도 논쟁을 야기해왔다. 그 숫자들을 자동적으로 학자들에 대한 포상과 제재의 기초로 사용하면 안 되는 많은 타당한 이유들이 있음에도 그것들이 체계 속으로 응결됨에 따라 그것들의 사용을 제한하는 일은 점점 더 어려워지고 있다. 그것들은 이제 여러 수준의 관례화된 측정들로 확장되었다. 연구의 우수성에 대한 측정은 단지 발표물 숫자를 세는 것으로 충분하다고 시작한다. 그것을 세지 않을 이유가 무엇인가? 그러나 그 결과로, 과학 논문의 저자들은 "발표 가능한 최소 단위least publishable unit"로 논문을 발표하는 것에 대해 저항할 수 없는 매력을 느낀다. 그들은 이전에 한 편을 발표했던 곳에서 이제 여러 편을 발표한다. 예를 들면 인용 지수 등과 같은 연구의 질에 대한 척도를 추가해야 할 필요가 더욱 긴급해지고 있다. 극소전자혁명 이전의 시기에는 그런 측정치들을 수집해 편찬하고 2~3개월마다 인쇄해야 했다. 전자 출판은 그런 실적표 작성 작업들을 엄청나게 단순화했다. 참으로 학술지들은 물론 각 과학자들과 그들의 논문들에 점수를 할당하는 일이 가능해졌다. 그 사이에, 그리고 완전히 우연으로는 아니게, 학문적 출판사들은 극단적인 폭리의 길로 들어섰다. 도서관들은 이제 "영향 요인impact factors"에 의지해 어떤 학술지를 구독하고 어떤 것을 취소할 것인가를 결정한다. 또한 영향 요인을 사용함으로써 새로운 논문에 대해 인용 숫자가 나올 때까지 기다리지 않고 학술지의 평균 점수를 기초로 즉각 점수를 부여할 수 있다. 학자들의 승진과 급여는 이미 이런 숫자들 그리고 연구비 — 이것은 차례로 영향 요인 점수가 높은 학술지에 심사를 거쳐 논문을 발표할 것이라는 기대를 동반한다 — 에서 나오는 수익에 의해 결정되고 있다. 이제 학자들 모두가 큰 도박판에 끌려들었으며, 그러므로 누구나 이런 체계에서 어떻게 '게임'할 것인가에 대해 알고 있다. 그동안 줄곧, 출판통계학bibliometrics은 두 가지 숫자, 즉 발표 숫자와 인용 숫자를, 유명한 "H-지수h-index" 같은 하나의 통합된 숫자로 환원할 수 있는 더 나은 방법을 찾기 위해 발표물들을 군집화하고 있다. 두 개의 숫자도 많다고 주장하는 사람들이 있는 것이다. 이런 모든 숫자들을 기초로 대학의 학과들, 단과대학들, 대학교들에 대한 등위평가를 진행하고 있다. 늘 자비로운 것만은 아닌 자선기관들도 이런 숫자들에 의존해 누구를 지원할 것인가를 고려한다. 수량적 평가의 기차는 역을 확실히 출발했으며, 결코 되돌아오지 않을 것이다. 물론 이것은 대학의 이야기만은 아니다. 비슷한 논리가 병원, 교도소 그리고 그 밖의 많은 영역들을 지배한다. 이런 맥락에서 숫자에 대한 신뢰는, 자주 사람들과 기관들에 대한 근본적인 불신을 함축하는, 매우 특수한 의미에서의 신뢰다.[10]

계량법에 관한 가장 유쾌하고 가장 중요한 논쟁은 이제 학교들과 교사들에 초점을 맞추고 있다. 이들의 활동들은 표준화된 검사를 사용해 편리하게 그러나 불완전하게 측정할 수 있다. 이들의 성과에 대한 비교는, 학생들의 가족적 배경 등과 같은 모집단 수준의 차이들을 보정하기가 매우 어렵기 때문에, 종종 불공정한 것으로 비판받는다. 또한 표준화된 검사는 학교들이 미묘하게 또는 근본적으로 상이한 교육 목표 – 직업적 목표와 학문적 목표 같은 –를 추구한다면 거의 타당성을 갖지 못한다. 그럼에도 미국에서는 점수가 낮은 학교들을 폐쇄했다. 국제적으로는, 국제학생평가계획Programme for International Student Assessment: PASA이, 여러 자원들에 근본적인 이질성이 있음에도 국가 수준에서의 비교를 위한 기초를 정의한다. 이런 척도들은 그것들의 타당성과 아울러 그것들의 교육과정에서의 의미에 관한 광범한 토론과 논쟁을 불러일으켰다.

숫자에 대한 분석 또는 조작에는 특수한 전문지식이 필요한데, 그 지식은 대안적인 형태의 지식을 손상하거나 짓밟을 수 있다. 예민한 추론을 행정적 편의를 위해 평가 절하할 때 세계는 더 얇게 된다. 이런 종류의 세계에서는 금융 기술들과 정보 기술들이 더욱 번성하는데, 왜냐하면 모호성들은 조작을 위한 기회를 제공하기 때문이다. 그렇지만 통계의 손익을 파악할 수 있는 현명함을 갖춘 비판자들도 많이 존재한다. 『숫자를 믿는다』는 이런 류의 논쟁들의 맥락에서 진지한 회의주의의 목소리로서 지속되어왔고 심지어 온건한 방식으로 번성했다. 이 책의 독자들은 역사가 어떻게 현재의 관심사와 씨름하기 위한 기초로 구실할 수 있는가를 인식했을 것이다. 이제 그런 쟁점들은 특히, 바람직하지 않은 유인책을 조장할 수 있는 표준화된 숫자들이 그들 자신의 전문지식을 대체하고 있는 것을 목격하는 전문가들에게 문제가 된다. 여기서 나는 단순히 관료제를 비난하려는 것이 아니다. 관료제는 자율성을 거의 갖지 못하며, 다양한 형태로 나타난다. 그것은 또한 지식과 전문성의 중요한 저장소로 기능할 수 있다. 게다가 숫자에 대한 '의심하는 신뢰distrustful trust'는 관료제를 재형성하거나 평평하게 만들 수 있다. 전문가들이나 전문직들이 세계를 운영하는 것은 아니지만, 그들이 가장 잘 알고 있는 사안들에 관해서는 그들의 지식을 진지하게 듣고 받아들여야 한다.[11]

서문

　오늘날 사람들은 과학을 경탄과 두려움이 뒤섞인 눈으로 바라보고 있다. 하지만 최근까지도, 영어권의 과학사학자들은 과학의 힘을 두려워하기보다는 그것의 허세에 분노하는 경향이 있었다. 여기서의 분노는 경외심에서 생겨난 것이었다. 과학철학과 과학사에서 특히 1950년대에 시작된 훌륭한 전통을 형성한 칼 포퍼Karl Popper와 알렉산더 코이레Alexandre Koyré는 과학은 생각과 이론을 다루는 것이라는 데 동의했다. 코이레는 손과 도구의 작업보다 사유 실험thought experiments에 우선순위를 부여했으며, 유명한 이야기로, 갈릴레오Galileo가 과연 실제로 실험을 했을 것인가에 대해 의심했다. 포퍼는 실험화가 이론들을 반증할 수 있다고 인정했지만, 이론을 적절하게 정리했을 때 실제의 작업이 완료된다고 주장했다. 실험자들은 이론이 지시하는 것을 수행할 뿐이었다. 두 사람 모두 과학을 지적 및 철학적 성취의 본보기로 찬양했다. 또한 두 사람 모두 과학이 기술과 깊은 관련을 가질 수 있다고 생각할 이유를 제시하지 않았다. 과학사학자나 과학철학자의 위계적 상상력으로는 사회과학이 진정으로 강력하다는 생각을 할 수는 더더욱 없었다.

　이런 과학과 기술의 관계의 문제는 과학의 변동에 대한 '외부주의적' 설명과 '내부주의적' 설명의 상대적 장점에 대한 뜨거운(그리고 이제는 공허하고 혼란스럽게 보이는) 논쟁 같은 것은 전혀 촉발하지 않았다. 많은 전문가들은 논쟁을 하기보다는 과학이 공학, 생산 및 행정의 실제 세계와 아주 멀리 떨어져 가장 느슨하게 연결되어 있다는 것을 당연하게 받아들였다. 돌아보면, 나는 대학원 시절에 더 합당한 견해를 형성할 수 있는 풍부한 기회를 가졌다는 것을 깨닫게 된다. 내 선생들은 내가 알게 되었던 것보다 훨씬 더 일찍 과학적 작업을 주로 이론으로 간주하는 것의 한계를 통찰했다. 하지만 우리 세대의 과학사학자들 가운데에서 나만 예외적으로, 과학과 기술의 또는 과학과 행정 전문지식의 광범한 연결이 근본적으로 겉보기에만 그럴듯한 것을 포함한다고, 이런 추정적인 연관이 두 가지 작업이 실제로 그러한 것보다 과학을 더 실용적인 것으로 보이게 만들고 과학의 "응용"을 더 지적인 것으로 보이게 만듦으로써 각각의 작업에 부당하게 과분한 신뢰를 부여한다고 생각한 것은 아니라고 나는 생각한다.

이런 특성에 대한 비판을 밑바탕으로 나는 원래 이 연구를 기획했다. 나는 사회과학들 가운데 가장 수학적인, 아니 어쩌면 모든 학문 분과들 가운데 가장 수학적인 신고전파 경제학의 역사를 탐구하고자 계획했다. 경제학은 이러한 극도로 추상적인 수학을 가장 높이 평가하지만, 그럼에도 어쨌든 경제학자들은 경제학이 기업들과 정부에게 어떻게 그것들의 업무를 더 효율적으로 관리할 수 있는가를 이야기할 수 있는 학문 분과라는 인상을 유지하고 있다. 나는 경제학과 정책 사이의 관계에 대한 분석을 통해 강단 경제학이 경제적 실천에 대해서는 아무런 함축도 갖지 않는 일종의 스포츠라는 것을 보여줄 것으로 기대했다.

그러나 나는 그 책을 쓸 수 없었다. 신고전파 경제학에 대해서는 내가 도달할 수 있는 것보다 훨씬 더 풍부한 식견을 가진 비판자들이 많이 있다는 사실을 깨닫는 데에는 오랜 시간이 걸리지 않았다. 나는 또한 경제학 분야는 내가 파악한 것보다 훨씬 더 다양한 도구들, 목표들 및 실천들을 포함하고 있다는 것을 알았다. 그리고 나는 여전히 경제수학과 예측 및 정책제안을 지원하는 실천들 사이의 관계에 대한 더 심층적인 탐구가 필요하다고 생각하지만 내가 그것을 적절히 수행할 수 있는 사람은 아니다. 어쨌든, 수학과 정책이 거의 독립적인 관계에 있지 않은가 하는 나의 초기의 의심을, 역사적 연구 기획을 정식화하는 방식으로 전개하지는 못했다. 그것의 타당성은 그것의 단점보다 훨씬 더 해로운 것이었다. 참으로, 신고전파 수학이 경제 세계와 적절한 관계에 있지 않다면, 경제학과 정책의 관계에 관한 나의 역사적 탐구는 없는 것의 역사가 될 것이었다.

그래서 나는 여기서 다른 경로를 택했다. 나는 이제 과학과 기술의 상호 침투에 대해서는, 특히 20세기에는, 의심의 여지가 없다고 인정한다. 사회적 지식과 사회 정책의 상호 침투는 단지 조금 덜 뚜렷할 뿐이다. 근대세계에서 수량적 방법의 위세와 권력을 우리는 어떻게 설명할 것인가? 옹호자들과 비판자들이 공통적으로 제시하는 통상적인 답변은 수량화quantification가 자연에 대한 연구에서 성공했기 때문에 사회적 탐구와 경제적 탐구에서도 필수물desideratum이 되었다는 것이다. 나는 그 답변에 만족할 수 없다. 그것은 공허한 것은 아니지만 중요한 논점들을 회피한다. 별이나 분자나 세포에 대한 연구에서 성취한 종류의 성공을 왜 인간 사회들에 대한 연구를 위한 매력적인 모델로 생각하게 되었을까? 그리고 참으로, 자연에 대한 여러 과학들에서 수량화를 거의 보편적으로 사용하는 것을 우리는 어떻게 이해해야 하는가? 나는 이 책이 설명의 화살을 정반대 방향으로 바꾸는 것의 장점을 보여줄 것이라고 생각한다. 우리가 기업, 정부 그리고 사회연구에서 수량화의 압도적인 매력을 이해하기 시작하면 우리는 또한 물리화학과 생태학 같은 분야에서 그것의 역할에 대해 새로운 이해를 얻게 될 것이다.

여기서 나는 숫자, 그래프, 공식을 무엇보다도 의사소통의 전략으로 취급하는 접근 방법을 택한다. 그것들은 공동체의 형태와 밀접하게 결합되어 있으며, 따라서 연구자들의 사회적 정체성과도 밀접하게 관련되어 있다. 이런 방식으로 접근하는 것이, 그것들이 서술하는 대상들과의 관계에서 그것들이 아무런 타당성도 갖지 못한다거나 그것들이 없더라도 과학은 똑같이 잘 해나갈 수 있다는 것을 의미하는 것은 아니다. 첫 번째 주장은 명백히 잘못된 것이고, 두 번째 주장은 터무니없거나 무의미한 것이다. 하지만 오늘날의 세계에 돌아다니는 숫자들과 수량적 표현들의 극히 일부만이 자연법칙들을 표현한다고 또는 외부 세계에 대한 완전하고 정확한 서술들을 제공한다고 내세우고 있다. 그것들은 연구의 결과들을 친숙하고 표준화된 형식으로 전달하기 위해, 또는 작업이 어떻게 이루어졌는지를 멀리 떨어진 곳에서도 이해할 수 있는 방식으로 설명하기 위해 인쇄된다. 그것들은 다수의 복잡한 사건들과 거래들을 편리하게 요약한다. 토착 언어들로도 의사소통은 할 수 있다. 그렇다면 수량의 언어language of quantity는 무슨 특성을 갖고 있는가?

이 중요한 질문에 대한 나의 요약적인 답변은 수량화가 '원격의 기술technology of distance'이라는 것이다. 수학의 언어는 고도로 구조화되어 있고 규칙-구속적이다highly structured and rule-bound. 그 언어는 그것을 사용하는 사람들에게 엄격한 규율을 지키도록 요구하며, 그 규율은 세계의 대부분의 지역에서 거의 동일하다. 그 규율이 자동적으로 도래한 것은 아니며, 어느 정도는, 엄격한 규율에 대한, 특히 교육에서의, 열망이 근대 수학의 형성을 가져왔다.[1] 또한 수량적 기법의 엄격성과 통일성은 비교적 사적이거나 비공식적인 상황에서는 대체로 거의 등장하지 않는다. 그렇지만, 공공적이고 과학적인 용법에서, 수학은(아마도 법률보다도 더욱) 엄격성과 보편성과 거의 동의어다. 숫자들을 수집하고 가공하는 규칙을 널리 공유하고 있기 때문에, 숫자들은 대양과 대륙을 가로질러 쉽게 운반될 수 있으며, 활동들을 조정하거나 분쟁들을 해결하는 데 사용될 수 있다. 아마도 가장 중요한 것으로, 숫자들과 수량적 조작에 의존은 친밀한 지식과 개인적 신뢰의 필요성을 최소화한다. 수량화는 지역 및 공동체의 경계를 가로지르는 의사소통에도 매우 적합하다. 고도로 규율된 담론은 그것을 만드는 사람들에 대해 독립적인 지식을 생산하는 데 도움이 된다.

이 마지막 구절은 객관성에 대한 나의 작업 정의를 나타낸다. 철학적 관점에서 보면 그것은 약한 정의다. 그것은 자연에 대해서는 아무런 진실도 함축하지 않는다. 그것은 판단의 배제, 즉 주관성에 대한 투쟁과 더 관련이 있다. 이런 몰개인성은 오랫동안 과학의 특징의 하나로 인정받아왔다. 나의 작업은 그런 식별을 광범하게 뒷받침하며, 이것이, 다른 무엇보다도, 현대의 정치적 삶에서 과학적 의견표명의 권위를 설명해준다는 견해를 지지한다. 그렇지만, 다시 한번, 나는 이런 객관성의 추구에서 과학을 확고한 원동력unmoved mover으로 만드는 것에 대해서는 반대한다. 정치적 및 행정적 사안들에서 그러하듯, 과학에서도 객관성은 원격distance과 불신을 다루기 위한 일련의 전략들을 가리키는 이름이다. 옛날의 마을이 그러하듯 실험실이 개인적 지식의 장소라면, 중앙집권적 국가가 그러하듯 규율은 지식과 의사소통의 더욱 공공적인 형식에 의존한다. 수량화는 과학을 단순히 국지적인 연구공동체들의 집합이 아니라 지구적 연결망으로 구성해온 수단들 가운데 두드러진 것이다.

과학학 연구에서 가장 뛰어나고 가장 유행적인 최근 작업 중 일부는, 과학을 철저하게 국지적인 현상으로 이해하고자 한다. 문화사 연구에서 눈부신 성공을 거둔 미시사microhistory 분야는 과학사에서도 영향력 있는 것이 되었다. 나는 미시사 작업에서 상당히 많은 것을 배웠으며, 내가 그것의 덕목들을 적절히 파악했기를 희망한다. 그 작업은 바로 과학적 지식의 보편성에 대해 문제를 제기하기 때문에 과학학 연구를 위한 훌륭한 출발점을 제공한다. 그러나 미시사의 접근이 과학의 보편성을 단순히 부정하는 것은 아니다. 결국 과학은 보편적 주장을 관철하고 국제적으로 인정받는 데에서 뚜렷한 성공을 거둬왔다. 이런 성과를 설명하고 그것의 함의를 드러내는 것은 당연히 과학사의 핵심적인 문제가 되어야 한다. 여기서 내가 제시하는 것은 주로 문화적이며, 넓게는 정치적이다. 과학이 직면하는 조직과 의사소통의 문제들은 근대의 정치질서의 문제와 유사하다고 나는 생각한다. 이것은 과학이 자연적 객체들의 속성들에 의해 중요한 방식으로 제약받지 않는다는 뜻으로, 또는 내가 논의하는 언어와 실천의 형식들이 그러한 속성들에 대해 독립적이라는 뜻으로 하는 이야기가 아니다. 나는 수량화가 정치적 문제에 대한 정치적 해결책일 뿐이라고 주장하는 것이 아니다. 분명히 그것은 수량화의 여러 특성들의 하나이며, 우리가 수량화를 그것이 번성하고 있는 공동체의 형태에 연결하지 않는다면 그것에 대한 우리의 이해는 참으로 빈약한 것이다.

지금까지 내가 표현했듯이 내 주장은 역사적인 만큼이나 사회학적이며, 심지어 철학적이다. 과학사학자로 다른 두 영역에 서툰 나로서는 확실하게 역사적이지 않은 책을 쓴 것은 아닌가 하는 생각으로 불안하다. 그렇지만 이 책이 다루는 주제들과 논증들의 흐름은 서사적이거나 분석적인 역사와는 조화되기 어렵다. 참으로, 이 책은 기존의 그 어떤 학술적 글쓰기 장르에도 잘 들어맞지 않는다. 그렇지만 이런 무모함에 적합한 방법이 있다고 나는 생각한다. 아마도 책의 첫머리에서는 이 연구를 형성하는 데 작용한 압력들과 전략들을 설명해야 할 것이다.

이미 이야기한 것처럼 나는 근대적인 사회적 수량화의 역사를 학문 분과들과의 관련 속에서 연구하려는 의도에서 시작했다. 하지만 곧 나는 내가 전문가들과 관료들에 더 많은 관심을 기울이고 있다는 것을 깨달았다. 이들에 대한 연구는 상당 부분은 일차 자료를 다루는데, 제3장과 제5~7장에 제시하고 있으며 다른 장들에서의 여러 주장들을 뒷받침하는 데 사용된다. 그것은 이 책의 핵심이다. 이 장들은 내 자신의 학문 분과의 표준, 즉 실제의 역사적 상황의 문화적 풍부함을 존중하는 분석적 서사들 속에서 그 자체를 증명하는 일반적 설명을 요구하는 표준에 대한 나의 충성심을 입증한다. 다른 장들은 더 일반적이고 심지어 이론적이며, 다른 학문의 연구방식에 크게 의존한다. 이 장들은 부분적으로 나의 적절한 역사자료에서 이끌어낸 결론으로 나타난다. 하지만 더 경험적인 장들이 이 장들에서 제시하는 관점에서 벗어난 순결한 것은 결코 아니다. 그와는 반대로, 나는 서사적인 부분들을 쓰기 전에 그것들이 씨름하는 쟁점들에 대해 철저히 살펴봐야 한다는 것을 깨달았다.

지금까지의 소개에서 알 수 있듯이 이 책은 3부, 9장으로 구성된다. 제1부는 숫자를 타당한 것valid으로 만드는 방식, 즉 숫자가 광범한 영역들에 걸쳐 표준화되는 방식을 다룬다. 제1장은 자연과학의 측면들, 제2장은 사회과학의 측면들을 살펴본다. 제3장은 그것들의 관계를 다루며, 이런 실제의 수량화 활동이, 적어도, 광범한 이론적 진리를 정식화하고자 하는 열망으로서 근대 과학의 정체성과 정신에 중심적인 것이라고 주장한다. 제4장은 수량화를 허용하거나 촉진하는 정치적 질서의 형식들에 대해 논의한다. 거기서는 이전까지 비공식적인 판단 양식이 점령해왔던 영역들에서 엄격한 수량의 지배를 창출하려는 이런 추진력에 의해 제기되는 도덕적이고 정치적인 쟁점들을 검토한다.

제2부는 명백한 정치적 및 관료주의적 맥락에서의 사회적이고 경제적인 수량화의 몇 가지 주목할 만한 시도들을 제시한다. 전문가의 판단으로부터 명시적인 결정 기준으로의 이행은, 더 나은 의사결정을 하고자 하는 권력을 가진 내부자들의 시도로부터 성장한 것이 아니라 외부로부터의 압력에 부딪혀 대응할 때 몰개인성의 전략으로 등장했다는 것이 나의 주장이다. 제5장은 이러한 압력에 저항할 수 있었던 19세기 영국의 보험계리사들과, 저항

34

할 수 없었던 20세기 미국의 회계사들을 다룬다. 제6장과 제7장은 경제적인 비용-편익 분석의 사용과 관련된 19세기 프랑스의 공학자들과 20세기 미국의 공학자들에 대한, 비슷하지만 더 세밀한 대조를 진행한다. 내가 제1부에서 제시한 것처럼, 숫자들 그리고 수량화 체계는 매우 강력할 수 있지만, 개인적 판단을 수량적 규칙으로 대체하고자 하는 추동력은 그 판단의 연약함과 취약함을 반영한다. 나는 이것을 안정적이고 자율적인 공동체가 없는 데에서 비롯된 불신의 상황에 대한 대응으로 해석한다.

제3부에서는 전문가들과 관료들에 대한 제2부의 논의에서 발전시킨 관점을 학문 분과들에 되돌려 적용한다. 제8장에서는 관료주의 문화가 과학에 미치는 영향을 평가한 다음, 의료와 심리학에서 추리통계가 어떻게, 외부의 규제적 압력과 내부의 학문 분과적 취약성에 대한 대응으로 표준이 되었는가를 제시한다. 마지막으로 제9장은 과학공동체들의 도덕경제moral economy를 살펴본다. 거기서 나는 과학에서 객관성과 몰개인성에 대한 겉보기에 가차 없는 추구는 결코 보편적인 것이 아니며, 부분적으로 제도적 분열과 침투 가능하게 취약한 학문 분과 경계들에 대한 적응으로 이해해야 한다고 주장한다.

수량화의 일반적인 역사를 저술하는 것은 내게는 불가능한 일이다. 나는 이 책에서 1830년 이전의 시기는 거의 다루지 않으며, 거의 전적으로 서유럽과 북아메리카 지역만 다룬다. 지리적 제한은 시간적 제한보다 더 심각한 약점이다. 식민주의의 역사, 국제기구들의 역사 그리고 중앙계획경제들의 역사는 모두 수량화의 역사에 매우 풍부한 자료를 제공함에도 다루지 못했다. 나는 가장 잘 확립된 학문 분과들에 대해 자주 논의하지만, 그것들의 어느 것도 심층적으로 다루지는 않는다. 나는 회계, 보험, 공식통계 그리고 비용-편익 분석 등과 같은 응용 분야에서 수량화의 역할에 집중하는 쪽을 선택하고 있다. 이러한 제약들이 있지만 나는 철저하고자 노력했다. 방금 언급한 각각의 주제는 역사적 연구의 세부 하위 분야의 주제가 될 수 있다. 내가 전혀 논의하지 않은 다른 여러 주제들도 마찬가지다. 아마도 내가 이 책에서 합리적으로 추구할 수 있는 최고의 야망은 그 주제들 가운데 일부를 다루는 것이다. 그리고 그렇게 하려면 수십 년 동안 이 분야를 체계적으로 탐구할 수도 있을 것이다. 내가 한 주제나 한 나라에 관한 책을 쓰지 않고 여러 주제들과 여러 나라들을 다루는 주요한 이유는 이 분야가 잠재적으로 풍요롭다는 것을 제시하려는 것이다. 이 전략에는 나의 또 하나의 중심적인 목표, 즉 수량적 객관성의 역사는 단순히 수필miscellany이 아니라 결국 잠재적인 탐구 대상이라는 것을 독자들에게 확신시키고자 하는 목표가 전제되어 있다.

하지만 나는 끝으로 이 주제가 새롭고 자율적인 전문 영역으로 자리 잡기를 원한다. 과학사 분야에서 지난 10여 년 동안 있었던 정말로 고무적인 발전들 가운데 한 가지는 그것이 고립에서 벗어난 것이다. 통계의 역사에 대해 과학사와 통계학사뿐 아니라 문학, 철학, 사회학, 심리학, 법학, 사회사 및 여러 자연과학들에 속하는 학문 단위들에서 주목하고 점점 더 연구하게 되었다는 점을 나는 매우 기쁘게 생각한다. 수량화의 역사는 객관성에 대한 문화적 연구와 관련되어 있기 때문에 나는 그 연구에 대해 기대가 크다. 참으로, 이 책에서 내가 제기하는 문제들과 직접 관련된 문헌들이 이미 상당히 축적되어 있으며, 그것의 대부분은 최근에 발표되었다. 지금까지의 논의는 단일한 것이라고 할 수 없고, 대체로 학문 분과의 장벽에 의해 고립된 다양한 국지적 대화들이 있었다. 나는 이제 장벽들이 무너지고 있으며, 이 책이 장벽의 몇 부분을 제거하는 데 도움이 되기를 기대한다. 나는 여러 학문적 문헌들을 우선 내 논의에 필요불가결하기 때문에, 하지만 또한 그 문헌들을 저술하거나 파악하고 있는 사람들이 통합된 이웃인 이 책에서 예기치 않게 자신들을 발견하게 되기를 희망하면서, 자유롭고 광범위하게 참고했다.

감사의 말씀

이 책의 상당 부분은 다른 사람들의 저작을 종합한 것이기 때문에, 나는 본문과 주석 자체에서 내가 빚지고 있는 것을 적절히 표현하려고 했다. 이 책에서 모습을 드러낸 생각들을 제시한 이전의 발표들이나 출판물들에 대해 도발적인 질문을 제기하거나 도움 되는 의견을 제공한 모든 친구들과 비판자들에게 개별적으로 감사의 뜻을 전하는 것은 생략하고자 한다. 전문적 연구를 보조해준 애이발 라마티Ayval Ramati와 원고 작성에 도움을 준 데이비드 호이트David Hoyt에게 감사한다. 로레인 대스턴Lorraine Daston, 라마티, 마거릿 샤바스Margaret Schabas, 메리 테랄Mary Terrall 그리고 노턴 와이즈Norton Wise는 초고 전체에 대한 논평으로 내게 도움을 주었다. 그리고 레너드 벌랜스타인Lenard Berlanstein, 길리스피, 마틴 로이스Martin Reuss는 일부 장들에 대한 논평으로 도움을 주었다.

이 연구는 지나치게 오랜 숙성 과정을 거쳐 세상에 나왔는데, 그동안 여러 재단들과 그 밖의 곳에서 연구비를 너그럽게 지원받았다. 에르하르트 재단the Earhart Foundation, 버지니아대학의 150년 축제기금과 여름학부 연구기금the Sesquicentennial Fund and summer faculty fellowship fund of the University of Virginia, 토머스 제퍼슨 기념재단the Thomas Jefferson Memorial Foundation, 캘리

포니아대학(로스앤젤레스) 대학평의회the Academic Senate of the University of Cali-
fornia, Los Angeles, 국가 인문학 기금the National Endowment for the Humanities,
존 사이먼 구겐하임 기념재단the John Simon Guggenheim Memorial Foundation
그리고 국가과학재단 연구비National Science Foundation grant DIR 90-21707가 그
것들이다. 기록보관소 자료를 이용할 수 있도록 도와준 여러 기구들에도 깊
이 감사한다. 프랑스의 국가기록원Archives Nationales, 국립도서관Bibliothèque
Nationale, 파리에 있는 국립고등교량도로학교 도서관Bibliothèque de École
Nationale des Ponts et Chaussées, 로제르에 있는 국립고등공학학교 도서관
Bibliothèque de l'Ecole Polytechnique in Lozère 그리고 워싱턴Washington, D.C., 메
릴랜드주의 스위트랜드Suitland, Maryland, 캘리포니아주의 라구나 니구엘
Laguna Niguel, California 그리고 캘리포니아주의 산 브루노San Bruno, California
에 있는 국립기록원, 그리고 캘리포니아대학(버클리)의 수자원 도서관Water
Resources Library at the University of California, Berkeley 그리고 버지니아의 포트
벨봐르에 있는 미국 육군 공병대의 군사연구실the Office of History, Army Corps
of Engineers, Fort Belvoir, Virginia가 그것들이다.

끝으로, 더 개인적인 수준의 여러 가지 빚에 대해서 밝히는 것도 즐거운
일이다. 다이앤 캠벨Diane Campbell과 나는 10여 년 동안 같은 대학에서 일자
리를 얻고자 노력했다. 캘리포니아대학(어바인)의 생물학 교수 자리를 얻은
그녀를 따라 어쩔 수 없이 버지니아대학의 일자리를 떠날 때 나는 상당히
절망적이었다. 그 세월 동안 나는 친구들과 동료들의 지원과 격려에 크게
의지했으며, 더 명확하게 말하면 편지와 전화의 격려를 받았다. 나는 그 고
마움을 잊지 못할 것이다. 놀랍게도 그 세월은 잘 매듭지어졌다. 1991년에
캘리포니아대학(로스앤젤레스)에서 내가 제안 받은 일자리는 이런 학문적 지
리학의 어려움을 해소하는 훌륭한 해결책(100km의 거리)이 되었다. 마지막으
로 나의 부모 클린턴 포터Clinton Porter와 셜리 포터Shirley Porter, 아내 캠벨,

그리고 아들 데이비드 캠벨 포터David Campbell Porter에게 그들의 사랑과 인내에 대해 고마움을 전한다.

1994년 3월 캘리포니아대학(로스앤젤레스)

서론
객관성의 문화

"객관성"이라는 단어는 열정을 불러일으킨다. 그럴 수 있는 단어들은 많지 않다. 기본적인 정의, 정직한 정부, 그리고 참된 지식은 분명히 객관성의 존재를 필요로 한다. 그러나 그것의 과잉은 개별 주체들을 짓밟고, 소수자 문화를 비하하고, 예술적 창조성을 경시하고, 진정한 민주적 정치참여를 불신한다. 그러한 비판이 있음에도, 객관성에 대한 공명은 압도적으로 긍정적이다. 공격은 진정한 객관성을 겨냥하기보다는, 자신의 부정직을 감추기 위해, 또는 아마도 문화 전체의 거짓과 불의를 감추기 위해 그것을 사용하는 허세부리는 사람들을 겨냥한다. 대부분의 경우 그것을 자세히 정의하는 것이 아니라, 단지 찬양하거나 비난한다. 미국에서는 과학자, 공학자, 그리고 판사들에 대해 일반적으로 객관적이라고 생각한다. 반면 정치가, 변호사, 영업사원에 대해서는 그렇지 않다고 생각한다.

객관성에 대한 이런 추정들이 무엇을 의미하는가 하는 미묘한 문제는 그대로 남아 있다. 꼭 필요한 기업가보다는 얕보이는 관료에게 객관성이라는 단어를 더 쉽게 적용한다는 점을 감안하면, 그 단어는 단순히 다목적용의 존경어가 아니다. 그러나 그 단어는 몇 가지 구별되는 의미를 가지고 있는데, 그 의미들은 그 단어의 긍정적 연상들을 강화하면서 동시에 그 단어를 불명료하게 하는 경향이 있다. 그 단어의 어원학은 객체들과의 친숙함ac-quaintance을 시사한다. 역설적이게도, 18세기까지는 우리에게, 그 객체들이 물리적 사물들이 아니라 의식의 객체들이었다. 우리 외부에 존재하는 실재하는 실체들은 주체들로 불렸다. 그러나 현재의 철학적 용법에서 객관성은 실재론과 거의 동의어인 반면 "주관적"은 정신 속에만 존재하는 관념들과 믿음들을 가리킨다. 철학자들이 과학의 객관성에 대해 이야기할 때, 그들은 일반적으로 사물들을 실제로 있는 그대로 알아낼 수 있는 과학의 능력을 의미한다.[1]

이전 세대, 즉 실증주의자들은 그러한 주장을 단지 형이상학적인 것으로, 그러므로 의미 없는 것으로 간주했다. 그러나 그들은 그 용어의 사용을 경멸한 것은 아니었다. 과학의 객관성을 해석하는 상이한 방식들이 있다. 가장 영향력 있는 방식은, 그것을 합의에 도달하는 능력으로 정의하는 것이었다. 보통은 그 합의가 전문적인 학문 분과 공동체 안에서 유지되는 것으로 충분하다. 우리는 이것을, 앞의 문장의 '절대적 객관성absolute objectivity'과 대비되는 것으로, 메길을 따라 '학문 분과적 객관성disciplinary objectivity'이라고 부를 수 있다. 이런 형태의 객관성은 자립적인 것이 아니다. 해당 학문 분과 외부의 사람들이 이것을 받아들일 수 있는가의 문제는 특정의 가정들에 달려 있는데, 그 가정들은 심각한 도전을 받지 않는다면 거의 명료하게 드러나지 않는다. 객관성을 주장하는 전문가들은 그들 자신의 전문성에 대한 증거를 제공해야 한다. 그들은 적절하게 처신해야 한다. 그들은 합리적으로 사심이 없는 것으로 보여야 한다. 또는 적어도 그들 자신의 개인적인 또는 전문적인 이해관계가 문제가 되는 경우에는 권위를 앞세워 이야기하지 않을 것이라는 기대를 충족해야 한다. 우리는 과냉각 헬륨의 위상전이에 관해 이야기하는 물리학자들은 신뢰하지만, 그들이 법정에서 유급 전문가 증인으로 등장하는 경우에는, 또는 그들이 초전도 입자가속기 건설이 수반하게 될 막대한 경제적 이익에 대해 이야기한다면 의심하게 된다.

그럼에도, 물리학자들은 외부자들이 그들에게 결론을 정당화하라고 요구하지 않는 넓은 영역을 통제한다. 학문 분과적 객관성은 주로 그것이 응당 있어야 할 곳에는 없다는 점에 의해 눈에 띄게 된다. 전문가 합의에 도달하기 어렵거나 그 합의가 외부자들을 만족시키지 못하는 곳에서는 기계적 객관성mechanical objectivity이 효력을 발휘하게 된다. 기계적 객관성은 실증주의 철학자들의 총애물이었으며, 광범한 공중에게 강력한 호소력을 가지고 있다. 그것은 개인적인 것에 대한 제약personal restraint을 함축한다. 그것은 규칙을 따르는 것을 의미한다. 규칙은 주관성에 대한 견제다. 규칙은 개인적 편견이나 선호가 탐구의 결과에 영향을 미치지 못하도록 만든다. 규칙의 준수는 진리 추구의 좋은 전략일 수도 있고 아닐 수도 있다. 하지만 초라한 수사학자는 차이에 집착한다. 인식하는 사람의 편견을 제거하고 피할 수 없게 타당한 결론으로 이끄는, 학문 분과의 동료들에 의해 강제되는, 엄격한 방법에 대해 웅장하게 이야기하는 것이 더 낫다.

학문 분과적 의미의 객관성과 기계적 의미의 객관성 사이의 긴장은 이 책의 핵심 관심사다. 그러나 과학의 영역에서만 이런 두 가지 의미를 논의하는 것은 아닐 것이며, 그러므로 명백하게 도덕적이고 정치적인 담론에서의 객관성의 의미도 또한 고려하는 것이 중요하다. 대부분의 맥락에서, 객관성이란 공정성fairness과 공평성impartiality을 의미한다. 누군가가 "객관적이지 않다"라는 것은 그가 편견이나 이기심 때문에 판단을 왜곡한다는 것을 의미한다. 법정의 신뢰성은 그러한 혐의를 벗어나는 능력에 달려 있다. 법정에서는 대체로, 논쟁자들을 고도로 통제된 상황에 놓고 독립적인 판사들과 배심원들에게 사실을 결정하고 법을 적용할 수 있는 권위를 부여함으로써 그렇게 한다. 배심원들은 특별한 전문지식을 갖지 않고 있다는 점에서 그들의 객관성은 그들이 가졌을 것으로 추정하는 사심 없음에 지나지 않는다. 판사들은 전문가로 훈련받아야 하지만 그들도 공평할 것으로 기대된다. 그들의 전문지식은 규칙 – 기계적 객관성 – 을 따르는 능력을 포함하지만, 재량의 적절한 행사를 금지할 수는 없다.

『법과 객관성Law and Objectivity』에서 켄트 그린왈트Kent Greenawalt가 논의한 객관성의 세 가지 의미 가운데 두 가지는 공정성으로서 객관성과 직접 관련되어 있다. "법적 확정성legal determinacy"은 아무 변호사나 또는 그 밖의 지적인 사람이 '법이 무엇을 의미하는가'에 관해 동일한 결론에 도달할 수 있는 능력을 가리킨다. 현행법에 필요한 요건은 도덕적으로 방어 가능할 것이 아니라 어느 판사라도 그 법을 대부분의 사례에 동일한 방식으로 적용 가능할 것이다. 그렇게 정의된 이런 종류의 객관성이, 비록 법률의 문화에 몰입된 사람들만이 이런 판단의 일관성에 도달할 수 있다고 하더라도, 학문 분과 내부자들의 보호구역인 것은 아니다. 그린왈트는 다음으로, "객관적인 표준"에 따라 사람들을 몰개인적으로 대하는 것이 우리가 법의 지배rule of law라고 부르는 것에 중심이라고 지적한다. 법의 지배는 일반적으로, 다양한 범죄 행위들에 대한 처벌의 일람표, 그리고 특색과 의도에 관한 주관적 추론에 기초한 재량적 조정 가능성의 최소화를 수반한다. 객관성의 이런 두 가지 의미는 규칙이 지배해야 한다는 것, 즉 전문적이고 개인적인 판단은 견제 받아야 한다는 것을 함축한다. 그 의미들은 도덕적 가치로서의 객관성과 인식의 이상으로서 객관성의 동맹을 나타낸다.[2]

중요한 점은 기계적 객관성이 순전히 기계적일 수는 결코 없다는 것이다. 그린왈트는 하급자가 사무실에 들어올 때 상급자가 말하는 "문을 닫으시오"라는 간단한 지시를 사례로 들어 설명한다. 어떤 문을 언제 닫을 것인가를 알려면, 문을 왜 열어놓아야 하는가에 대한 몇 가지 이유를 먼저 이야기해야 할 것인가를 판단하려면, 그리고 회사의 사장이 갑자기 문에 나타난다면 그 지시를 따르지 않아야 할 것인가를 이해하려면, 세계에 대한 그리고 문제의 사무실에 대한 어느 정도의 경험이 필요하다. 적어도 하나의 문화 안에서는, 이것들 중 어느 것에 대해서도 상세히 설명할 필요가 없을 것이다. 서류 보관, 장부 정리, 인구조사, 그래프 준비 등에서도, 유사한 질문들 또는 훨씬 더 어려운 질문들을 제기할 수 있을 것이다. 특히 법률, 철학, 그리고 금융 등 영리한 사람들이 순진한 사람들을 등쳐먹는 분야에서는 그렇지 않으면 말하지 않고 지나갔을 많은 것들을 반드시 말해서 확인해야 한다.

이런 상황에서 수학적이고 수량적인 추론은 특히 중요하다. 그것이 만병통치약인 것은 아니다. 수학을 세계에 맞춰 사상寫像하는 것mapping은 항상 어렵고 문제가 된다. 자연과학에서의 수량화뿐 아니라 사회적이고 인문적인 분야들에서의 수량화에 대한 비판자들은 자주, 숫자 의존이 단지 심층적이고 중요한 쟁점들을 회피하는 것이라고 지적해왔다. 그런 경우에조차 객관적 방법은 박식한 방법보다 더 높이 평가받을 수 있다. 모든 영역의 실험적 지식과 마찬가지로, 모든 영역의 수량화된 지식은, 어떤 의미에서는 인공적인 것이다. 그러나 실재는 인공물로부터 만들어진다. 이제 과학자, 학자, 관리자 및 관료들은 매우 광범한 수량적 방법들을 사용할 수 있다. 이 방법들은 극도로 유연한 형태를 갖춰 거의 모든 쟁점을 숫자 언어로 정식화할 수 있다. 일단 이 방법들이 자리를 잡으면, 그것들은 추론을 더 균일한 것uniform으로 만들며, 그런 의미에서 더 엄격한 것rigorous으로 만든다. 그것들의 가장 취약한 지점 – 숫자들과 세계 사이의 접촉점 – 에서도 측정과 계량의 방법들은 종종 고도로 규칙구속적이거나 공식적 승인을 받은 것들이다. 이로 인해 그것과 경쟁하는 척도들은 매우 불리한 처지에 처한다. 숫자 정보를 처리하고 분석하는 방법들은 이제 잘 발달되어 있으며 때로는 거의 완전히 명시적이다. 일단 숫자들을 손에 넣으면, 결과들은 기계적 방법으로 발생될 수 있다. 오늘날에는 보통 컴퓨터가 그것을 수행한다.[3]

공공의 의사결정에서 수량적 전문지식의 역할이 커지고 있음은 학자들이 잘 알고 있는 변화다. 그러나 우리는 그것의 역사에 대해서는 충분히 알지 못한다. 이것은 주로 수량적 방법의 발전 그리고 일반적으로 전문지식의 발전에 대한 경쟁적인 두 가지 견해를 통합하지 못하는 데에서 기인한다. 한 가지 서사는 그것의 역사를 더 진실된 방법들 또는 적어도 더 강력한 방법들의 진보적인 축적으로 취급한다. 다른 서사는 그것을 주로 지배의 사회구조에 입각해서(물론 그것의 개별 사용자의 대부분의 경우 사악한 목적을 적절히 고려해) 설명해야 할 이데올로기로 환원한다. 이것은 당파적 학자들의 주장인데, 그들은 잠깐 미묘함의 가치를 잊었다. 그렇지만 단순히 중용이 필요한 것은 아니다. (과학보다도 훨씬 더) 전문지식에 대해서는 단순히 혼자만의 사유와 실험의 결과로 또는 심지어 학문 분과 공동체의 동역학의 결과로 생각할 수 없다. 그것은 전문가들 — 종종, 강단 과학자들이나 강단 사회과학자들 — 과 공공의 공무원들 사이의 관계의 결과다. 전문지식에 대한 이들의 평가는 차례로 더 광범한 공중에 대한 이들의 관계를 반영한다. 수량적 객관성을 필요로 하게 되는 상황을 이해하기 위해서는 우리는 전문가들의 지적 구성체뿐 아니라 훨씬 더 중요한 것으로 권위의 사회적 기초를 살펴봐야 한다.

이런 통찰에서 출발한 소수의 연구들이 있다. 특히 미국의 역사가들 사이에서 영향력이 있는 한 논의는 1890년대와 1900년대의 사회과학이 미국인들 사이의 새로운 의미의 상호의존으로부터, 그리고 궁극적으로는 그런 상호의존을 낳은 사회적 및 경제적 과정으로부터 생겨났다고 주장한다.[4] 세계경제가 19세기 후반에 갑자기 형성된 것은 아니라도 하더라도, 이 주장에는 틀림없이 타당한 점이 있을 것이다. 그러나 이러한 의미의 상호의존에 대한 특수한 반응으로부터 생겨난 전문지식의 형태가 가장 중요한 종류의 것은 아니며, 그것이 사회과학의 공공적 이용에 특징적인 것은 전혀 아니다. 토머스 하스켈Thomas Haskell의 설명에 따르면, 그것은 인간의 상호의존에 대한 철학적 이해에 해당하며, 당황한 공중에게 설명의 위안을 제공한다. 사실, 산업화된 사회세계에 대한 다양한 형태의 설명이 경쟁했지만, 그것들 모두가 위안을 준 것은 아니었으며, 그것들의 대부분은 교수들이 아니라 목회자들이나 노동조직가들에게서 나왔다. 강단 사회과학자들은 단지 여론 형성에서만 대체로 소소한 성공을 거두었다. 그들의 전문지식의 주요한 청중은 관료들이었으며 통상적으로 선출직 공직자들의 묵인이 있었다.[5] 공공적 문화는 학계의 전문가들에게 일반적인 의견발표는 허가하지 않고 매우 특수한 발견들의 조립만을 인가한다.

확실히, 사회과학 지식이 유일한 종류의 전문지식은 아니다. 오랜 경험에서 나오는 일종의 지혜가 있다. 그것은 흔히 부모에게서 자식으로, 또는 장인에게서 제자로 전수된다. 근대에는 개인의 경험이나 장인과의 접촉을 대학이나 그 밖의 교육기관에서 이루어지는 공식 교육이 점점 더 보완하거나 대체해왔다. 공식 교육에서는 수공업이나 길드의 말로 표현할 수 없는 숙련을, 가능한 한, 형식적이고 명시적인 것으로 만들어왔고 따라서 업계의 비밀은 중시하지 않는다. 대규모 민주주의 사회들의 시민들에게 이것은 더 개방적이고 덜 개인적인 것이기 때문에 더 받아들일 수 있는 것이다. 그럼에도, 전문지식은 정의상 단지 소수만이 보유하고 있으며, 누구나 교과서에서 찾을 수 있고 익힐 수 있는 몇 가지 규칙들로 축소할 수 있는 기예란 존재하지 않는다. 따라서 전문가들의 직관이나 판단은, 예를 들어 의사가 환자의 심장에 어떤 문제가 있는가를 정확하게 설명하지 못한다고 하더라도, 계속해서 상당한 정도의 존경을 받는다. 그러나 의사와 환자 모두, 직관에 지나지 않는 것에 근거한 의견에는 만족할 수 없다는 것을 배웠다. 장비들을 사용하고 문화를 고려하고, 특정 증거를 생산하는 것이 더 낫다는 것이다.

사생활의 영역에서보다 공공적 영역에서는 훨씬 더, 전문지식이 객관성과 점점 더 분리할 수 없게 되었다. 참으로, 앞에서의 사례를 되풀이하자면, 부분적으로 의사와 환자의 관계가 이제 (그것을 법정으로 가져갈 수 있다는 위협으로 인해) 더 이상 사사로운 것이 아니기 때문에, 장비들이 의료 행위의 거의 모든 측면에 중심적인 것이 되고 있다. 공공의 영역에서, 노련한 판단에 불과한 것에 의존하는 일은, 그 판단이 다양한 이익들을 대표한다고 해석할 수 있는 훌륭한 위원회에서 나오는 것이 아니라면, 비민주적인 것으로 간주된다. 이상적으로 말하면, 전문지식은 기계화되고 객관화되어야 한다. 그것은 전문가들의 기구가 승인한 특수한 기법들에 근거해야 한다. 그래서 온갖 공백과 특이성을 갖는 단순한 판단은 이제 거의 사라진 것으로 보인다.

이러한 기계적 객관성의 이상, 즉 명시적인 규칙에 기초한 지식의 이상은 결코 완벽하게 달성할 수 없다. 순전히 과학적인 문제에 관해서 이야기하더라도, 암묵적 지식의 중요성은 이제 널리 인식되고 있다.[6] 과학공동체 외부에서 제기된 문제를 해결하려는 노력에서는 그 문제에 대해 잘 알고 있는 직관이 훨씬 더 중요하다. 그렇지만 과학적 전문지식에 대한 공공적 수사학은 과학의 이 측면을 주도면밀하게 무시한다. 객관성은 오랜 경력을 통해 습득한 지혜가 아니라, 승인된 방법을 또는 아마도 신화적이고 통합적인 '과학적 방법'을 중립적 사실이라고 하는 것에 적용하는 것에서 나오는 것으로 제시한다. 연구자의 편향이 결과를 오염할 여지가 없어야 한다는 것이다. 물론 탐구자들이나 공직자들이 그들 자신의 고유한 공정성의 결과로 또는 아마도 결과에 대한 그들의 철저한 냉담함의 결과로 공평할 수도 있지만, 그들이 그렇다는 것을 우리는 어떻게 알 수 있는가? 법의 지배를 이상화하는 정치문화에서는 단지 판단에 의존하는 것은, 그것이 아무리 노련한 것이더라도, 나쁜 정책으로 보인다.

이런 이유로, 객관성에 대한 믿음은 정치적 민주주의와, 또는 적어도 관료주의적 행위자들이 외부자들에 대해 매우 민감한 체계들과 연결되는 경향이 있다.[7] 추후의 경험에 의해 입증될 것으로 보이는 예측이나 정책 권고를 제시할 수 있는 능력은, 틀림없이, 어떤 방법이나 절차를 선호하는 이유가 되지만, 수량적 추정치는 때때로, 그것의 타당성을 실질적인 확신을 갖고 옹호하는 사람이 없을 때조차도, 상당한 비중을 부여받는다.[8] 숫자의 매력은, 보통선거를 통한 위임이나 신이 부여한 권력을 결여한 관료제의 공직자들에게는 특히 강력하다. 그러한 공직자들에 대한 비판의 가장 일반적인 근거는 자의적이라거나 편향적이라는 것이다. 숫자에 의한(또는 다른 종류의 명시적인 규칙에 의한) 결정은 적어도 공정하고 몰개인적이라는 외양을 가지고 있다. 따라서 과학적 객관성은 공평성과 공정성에 대한 도덕적 요구에 답을 제공한다. 수량화는 결정하는 것으로 보이지 않으면서 결정하는 방식이다. 객관성은 그 자신의 권위를 거의 갖지 못한 공직자들에게 권위를 부여한다.

제1부

숫자의 권력

여기서 알고 넘어가야 할 것이 있는데, 학식 있는 자들이 벌이는 모든 싸움에서 잉크는 아주 훌륭한 무기라는 점이다. 이 무기를 발사할 때는 깃털펜이라고 부르는 일종의 기구를 사용한다. 양쪽 진영의 용사가 나서서 엄청난 양의 잉크를, 마치 고슴도치들이 교전을 벌이는 것처럼, 능수능란하게 그리고 맹렬하게 적을 향해 발사하고 있다. ─조너선 스위프트 Jonathan Swift, "고대의 책들과 근대의 책들 사이의 전쟁 The Battle … between the Ancient and Modern Books"(1710)

제1장

만들어진 세계

몰개인적인 지식

숫자의 신뢰성, 또는 참으로 모든 형태의 지식의 신뢰성은 사회적이며 도덕적인 문제다. 우리는 아직 이것을 제대로 인식하지 못하고 있다. 1970년대 이래 철학 진영과 사회학 진영의 객관성에 관한 논쟁은 주로 실재론의 문제를 놓고 양극화되어왔다. 과학이 사회적으로 구성된다는 주장은, 자주 과학의 타당성이나 진리성에 대한 공격으로 받아들여졌다. 나는 이것은 잘못된 것이며 더 중요한 쟁점들에서 벗어난 것이라고 생각한다. 과학이 사물들의 실재하는 성질에 도달할 수 있는가 여부에 대한 논쟁을 통해 무엇인가를 성취할 수 있을 것이다. 그러나 원칙적으로 우리가 체계적 연구를 통해 실재하는 실체들을 판별할 수 없다(우리의 일상의 삶에서 본능에 의해 그렇게 할 수 있나고 하더라도)고 상정하지 않는 한 그 답이 과학에 특이한 것일 수는 거의 없다. 나는 이런 주장 그리고 이것과 정반대의 교의가 똑같이 타당하지 않다고 생각한다. 이 책은 실재론이라는 곤혹스러운 철학적 쟁점에 관해 어떤 입장도 전제하지 않으며 또한 옹호하지도 않을 것이다.

첫머리에서 믿음을 선언하라고 요구한다면, 나는 과학은 이해관심을 가진 인간 행위자들이 만드는 것이지만 그것을 그들 자신이 선택한 대로 만들 수는 없다고 말할 것이다. 그들은 그들이 자연에서 볼 수 있거나 실험실에서 일어나게 만들 수 있는 것에 의해, 절대적으로는 아니더라도, 제약을 받는다. 이론적 주장의 지배를 받는 것이 아니라 안내를 받는 실험적 개입은 종종 현저하게 효과적이었다. 무엇을 진리로 취급해야 하는가는 여전히 미묘한 문제로 남아 있다. 나는 "'진리'라는 단어를 그렇게 편리한 것으로 만드는 것은 형이상학이 아니라 재치이며 재치의 영혼은 간결함이다"라는 해킹의 조심스럽지만 우아한 언명을 상기하는 것으로 만족하고자 한다.[1] 여기서는 논의를 위해, 과학적 탐구는 세계의 객체들과 과정들에 관해 진리인 지식을 만들어낼 수 있다고 상정한다. 그럼에도 그 탐구는 사회적 과정을 통해서만 그런 지식을 만들어낼 수밖에 없으며, 다른 길은 없다.

이 점을 인정하는 것은 문제를 해결하는 것이 아니라 논의하기 위한 조건을 확정하는 것일 뿐이다. 어떤 특수한 사회적 과정을 통해 과학적 지식은 만들어지는가? 무엇이 참인가를 결정하는 과정에는 얼마나 광범한 범위의 탐구자들과 평가자들이 관련되어 있는가? 성숙한 과학들에서는 학문 분과 전문가들의 제도들이 사회적 이데올로기들과 정치적 요구들을 차단할 수 있을 만큼 충분히 강력하며 그들의 공동체가 진리를 협상하거나 산출한다고 표준적인 견해는 오랫동안 주장해왔다. 나는 이 책의 끝부분에서 이런 분리의 효과가 과장되어왔다는 것을, 즉 과학들은 고유한 영역을 독점하기 위해 그 영역을 재정의하도록 압박받아왔으며, 과학적 방법으로 통용되는 것의 대부분은 외부와의 경계가 취약한 공동체들의, 부분적으로는 외부의 압력에 대한 그 과학의 취약성에 대응하는, 책략이라는 것을 보여주고자 할 것이다. 하지만 지금으로서는 학문 분과들에 내부적인 지식 구축 과정에 관해 생각하는 것으로 충분하다.

아직도 특정의 목적을 위해 많이 사용되는, 과학에 관한 개인주의적 형태의 수사학에 따르면 발견들은 실험실에서 이루어진다. 발견은 영감 받은 인내, 숙련된 손 그리고 탐구하는 그러나 편견 없는 정신의 산물이다. 더욱이 발견되는 것들은 스스로 말하거나, 또는 적어도 편견을 가진 인간들이 그것들을 침묵시키기에는 너무 강력하게 그리고 너무 끈기 있게 말한다. 사람들이 충심으로 그렇게 믿는 것은 아니라고 생각하는 것은 잘못이겠지만, 그러한 믿음이 공공적 맥락에서의 행동의 기초를 제공할 수 있다고 생각하는 사람은 거의 없을 것이다. 자신의 주장에 대해 먼저 전문 평가자들이 검토하도록 허용하지 않고 기자회견장에서 이른바 발견을 공표하는 과학자라면 자동적으로 명성 추구자publicity seeker라고 혹평받게 된다. 과학적 의사소통의 규범은 자연은 명확하게 말하지 않는다는 것 그리고 지식은 그것이 학문 분과의 전문가들의 승인을 받지 않는 한 지식일 수 없다는 것을 전제한다. 과학적 진리는 그것이 집합적 생산물이 된 뒤에서야 그 지위를 획득한다. 누군가의 실험실에서 일어나는 일은 과학적 진리 구축의 단지 한 단계일 뿐이다.

근래, 동료 평가는 과학적 존경의 표식으로서 거의 신화적인 지위를 얻었다.[2] 그 평가는 과학자의 발견을 몰개인적인 것으로 그리고 그런 중요한 의미에서 객관적인 것으로 인증하는 발군의 기제로서의 통계적 추론과 경쟁하고 있다. 그렇지만 그것이 그 자체로 어떤 주장의 타당성과 중요성을 확립하기에 충분한 것은 결코 아니다. 참으로, 진리주장의 타당성이 실험 연구의 주요 결과인 것처럼 말하는 것은 오류다. 실험의 성공은 다른 실험실의 사실적 가정들뿐 아니라 도구들과 방법들에도 반영된다. 일상의 과학은 이론적 교의의 확립에 관련된 만큼이나 적어도 숙련과 실천들의 전달과 관련되어 있다.[3] 실험적 진리주장은 무엇보다도, 충분히 유사한 결과를 만들어낼 수 있는 그리고 그 유사성이 정말로 충분하다고 확신시킬 수 있는 다른 실험실들의 연구자들의 능력에 달려 있다.

숙련, 실천 및 믿음의 이러한 전달이 어떻게 일어나는가 하는 것은 현대의 과학학 연구에서 중요한 쟁점들의 하나다. 중요한 것으로, 실험실과 실험에 대한 새로운 관심의 맥락에서 질문이 제기되어왔다. 이미 1950년대에 마이클 폴라니Michael Polanyi(1891~1976)는 과학이, '암묵적 지식tacit knowledge', 즉 규칙으로 정식화하거나 환원할 수 없는 지식이라는 중요한 요소를 포함하고 있다고 주장했다. 실제에서 이것은, 중요한 것들은 대부분 단어를 사용해서 전달할 수 없기 때문에, 저서들과 학술논문들은 필연적으로 그런 지식의 의사소통에 적합하지 않은 매체일 수밖에 없다는 것을 의미했다. 그의 추론은, 학생이 선생 과학자와 함께 수행하는 수습修習이 과학의 전달을 위한 중요한 제도라는 견해로 이어진다.[4]

이런 방식을 주장하는 것은 출판된 논문이나 교과서의 중요성을 축소하고, 지식을 도서관이 아니라 무엇보다도 실험실에 위치시키는 것이다. 그것은 과학의 보편성에 의문을 제기하고 과학을 특정 공간에 국한시키는 것이다. 물론, 원칙적으로, 이러한 공간을 둘러싼 장벽은 쉽게 깨진다. 자연은 균일하다고 우리는 상정한다. 동일한 절차를 수행하는 상이한 연구자는, 다른 대륙이나 다른 세기에 작업한다고 하더라도, 동일한 결과를 얻어야 한다. 하지만 이러한 원칙은 실천에서 실증할 수 없다면 거의 중요하지 않다. 실제에서 반복은 결코 쉬운 일이 아니다. 이러한 통찰은 해리 콜린스Harry Collins가 가장 충실하게 제시했는데, 그는 독립적인 반복은 사실상 불가능하다고 생각한다. 인쇄된 정보만을 기초로 새로운 도구나 실험 장치를 복제해 만들고자 하는 사람은 일반적으로 실패한다. 상세한 보고서와 사적인 의사소통을 통하면 실험을 반복하는 것이 조금은 용이할 것이지만, 그것은 독립적인 실험이라는 주장을 손상할 것이다. 새로운 도구나 기법의 사용을 숙달하는 일반적인 방식은 그것을 직접 경험하는 것이다. 이것이 티 레이저 Transversely Excited Atmospheric Pressure CO₂ Laser: TEA laser를 복제하는 유일한 방법이라고, 이제는 범례적인 것으로 널리 인정받는 사례 연구에서 콜린스는 주장한다.[5] 그의 이야기가 과장일 수도 있지만, 이것은 실행하는 과학자들이 오랫동안 이해해온 현상이다. 예를 들어, 사이클로트론cyclotron을 개발한 물리학자인 어니스트 로런스Ernest Lawrence(1901~1958)는 1930년대에 버클리캠퍼스의 자신의 실험실에서 함께 일하면서 암묵적 지식을 습득할 누군가를 보내지 않은 채 사이클로트론을 만들고자 시도하는 것은 무모한 일이라고 경고했다. "그것의 가동은 상당히 미묘한 작업이며, 그것이 제대로 작동하게 만들려면 일정 정도의 경험이 필요하다"라고 그는 설명했다.[6]

이런 논의는 과학적 진리 주장에 대한 우리의 이해에 중요한 의미를 가질 것이다. 실험 장치가 정말 그렇게 미묘한 것이라면, 그리고 현상을 신뢰할 수 있게 생산하기가 그렇게 어렵다면, 실험의 발견들이 독립적으로는 거의 복제되지 않으며, 대신 늘 원본과 비교해 보정된 도구들을 사용해 재생산된다면, 실험적 규칙성은 일반적인 자연법칙의 작동과 안정적인 기저의 실체들에 입각해서가 아니라 인간의 숙련에 입각해서 해석해야 할 것이다. 또는 이러한 대안들이 양립할 수 없다면, 적어도 실험의 숙련을 하나의 실험실의 범위 밖으로 전달하는 문제를 중요한 것으로 취급해야 한다. 그러한 의사소통이 없다면, 각각의 실험실은 그 자체의 과학을 보유할 것이므로, 객관성 같은 것은 존재할 수 없다. 폴라니의 표현을 다시 사용하면 과학은 "개인적 지식personal knowledge"에 지나지 않을 것이다.

폴라니 자신은 그렇게 생각하지 않았다. "과학이나 기술 분야에서 감식 작업을 실행하는 것을 발견할 때마다 우리는 그것이, 그것을 측정 가능한 등급평가로 대체할 수 없었기 때문에 지속된다고 상정할 것이다. 왜냐하면 측정은, 그것이 전 세계의 관측자들에게 일관된 결과를 제공한다는 사실에 의해 알 수 있듯이, 훨씬 더 큰 객관성이라는 장점을 갖고 있기 때문이다."[7] 하지만 여기서 폴라니는 사실상 특정 영역에서 영웅적인 노력을 통해 성취한 것을 측정의 본성이라고 생각했다. 일반적인 타당성을 주장할 수 있는 측정체계의 구축은 단순히 인내와 주의의 문제일 뿐 아니라 똑같이 조직과 학문 분과의 문제였다. 대부분의 실험적 및 관찰적 지식의 핵심에는 이런 종류의 관리적 성과administrative achievements가 자리하고 있다. 이런 관점에서 보면 수학과 논리는 다루기가 훨씬 용이했다.

물론 이론적 추론도 비판에서 벗어나지 않는다. 예를 들어 어떤 이론적 추론에 대해 흥분한 탓에 장황해졌으며 현실 세계와는 관계가 없다고 비난할 수 있다. 다른 한편으로, 그것은 인쇄된 발표물에 아주 멋지게 들어맞는데, 돌이켜 생각해보면 이것은 그 추론의 자연적 매체로 보인다. 따라서 그것은 특별한 경험에 의존하는 그 어떤 것보다도 훨씬 쉽게 전달될 수 있다. 그리고 엄격한 연역은 거의 강제로 동의를 이끌어낼 수 있다. 순수수학의 극단적인 경우, 공리들을, 유용한 허구로라도, 받아들이는 사람들은 필연적으로 결론에 도달할 수밖에 없다. 확실히, 과학에서 수학화된 이론이, 멀리 떨어져 있는 독자들도 즉각 그것의 중요성과 관련성을 파악할 수 있을 만큼 매우 명료하거나 엄격하다고 하기는 어렵다. 이런 종류의 과학도 역시 그 필자와 지적 공동체를 공유하는 사람이 훨씬 더 쉽게 이해할 수 있다. 폴라니가 지적하듯, 공식을 따르는 추론조차도 여전히 기예art라고 할 수 있다. "우리의 개인적 지식의 작동 범위 안에서만 유용한 규칙이 존재하는 것이다." 유사하게, 콜린스는 수학적 연역과 인공 지능에 관해 논의한다.[8] 그러나 거리는 순수 이론과학들보다 경험 과학들에서 훨씬 더 큰 장애물이며, 그에 따라 재생산 문제도 취약해진다. 입증된 지식을 의미하는 "과학"이라는 용어를 실험적 연구자 공동체들이 생겨나기 오래전에 이미 논리학, 신학 및 천문학에서 사용해왔다는 것은 놀랄 일이 아니다.[9]

17세기에 실험은 여전히 연금술 등과 같은 실천과 연관되어 있었고, 비법과 비밀이라는 여러 함의를 갖고 있었다.[10] 이런 사적 지식이 어떻게 객관성의 문화에 적합한 자료로 변형되었는가? 역사학 문헌은 이제야 그 질문을 다루기 시작했다. 사회학자들은 그것을 더 진지하게 취급해왔다. 적어도 두 가지 노선의 답변이 제시되고 있다. 하나는 실험 결과 – 통상적으로 오로지 소수의 사람들만이 관찰할 수 있는 – 를 어떻게 거의 모든 사람이 신뢰할 만한 것으로 받아들이게 되었는가에 초점을 맞춘다. 이것은 무엇보다도 수사학 – 내가 여기서 신뢰의 기술technologies of trust이라고 부르는 – 의 승리였으며, 또한 학문 분과의 승리였다. 이 책의 제1부와 제3부는, 실험실을 주로 다루는 것은 아니지만, 이 쟁점과 중심적으로 관련되어 있다.

실험의 객관화에 대한 또 다른 폭넓은 설명 노선은 실험실 실천의 확산을 강조한다. 독립적인 복제는 희소할 것이지만 방법의 반복은 드물지 않다. 18세기까지, 실험적 지식은, 상당한 정도로, 잠재적인 반복 가능성에 입각해 정의되어야 했다. 로버트 보일Robert Boyle(1627~1691) 같은 17세기의 실험철학자들은 특이한 사건에 대해 큰 관심을 보였고, 그것이 다루기 힘들다는 사실을 공허한 이론화에 대한 경험의 우위를 증명하는 증언으로 받아들였다. 그러나 단일의 사건들이 연구자들의 공동체를 만드는 기초가 되기는 어려웠다. 왜냐하면 그것을 직접 경험하지 않은 사람들은 그것이 충실하게 보고되었을 것으로 기대할 수 있을 뿐 그것과 관련을 맺을 수가 거의 없었기 때문이었다. 대스턴은 1720~1730년대에 활동한 프랑스 화학자 샤를 뒤 페 Charles du Fay(1698~1739)를 사례로 들어 상이한 실험적 이상을 요약한다. 보일은 장황하기로 유명했지만 뒤 페는 절제적이어서 그의 독자들에게 결과를 만들어내는 데 핵심적인 것만을 이야기했다. 그리고 그는 결과를 실험적으로 잘 통제할 수 있게 될 때까지는 그것을 보고해서는 안 된다고 생각했다.[11] 잘 진행한 실험실 현상들은 그에 따라 단순한 사건들보다 더 확실한 존재론적 지위를 가질 것이기 때문에, 그런 실천은 자연의 법칙성을 강화했다. 면밀한 실험실 통제는 다른 장소에서 그 작업을 반복할 최상의 가능성을 제공했기 때문에 그런 실천은 또한 적어도 전문가 공동체 안에서 공공적 지식의 정신을 촉진했다.

하지만 프리즘을 사용해 색을 분리한 뉴턴Newton의 실험 같이, 우리가 보기에 가장 기본적인 실험에 대해서조차 그것의 반복은 아주 어려울 수 있었다.[12] 개인적 접촉 – 흔히 다른 실험실들에 대한 장기적인 방문을 포함한 – 은 방법과 결과의 공유를 위해 매우 중요했으며, 지금도 그러하다. 보일과 같은 시대 사람들은 그가 고안한 공기 펌프의 작동을 보고 그가 얻었다고 주장하는 결과를 목격할 수 있는 기회가 있었다.[13] 오늘날에는 직접 접촉을 통한 도구들과 기법들의 전파가 다양한 방식으로 제도화되었다. 대부분의 전파는 짧거나 긴 방문을 필요로 한다. 새로운 도구 또는 기법을 습득하고자 하는 사람들은, 그들이 젊다면 이미 그것을 사용하고 있는 실험실에 가서 배울 것이고, 그들이 제도적으로 자리 잡고 있다면 그 실험실 출신의 대학원 학생이나 박사후 연구자를 데려올 것이다. 그런데 지식이 그것을 발견한 곳에서부터 균일하게 외부로 확산하는 것은 아니다. 지식은 연결망을 따라 새로운 결절점들nodes로 이동하며, 보편적 타당성으로 보이는 것은 실제로는 사회적 복제의 승리triumph of social cloning이다.[14]

새로운 기법의 초기 생애에서, 그것이 아직 최첨단cutting edge에 있을 때에는, 개인적 접촉이 그것이 다른 실험실들로 전파되는 데에 대체로 가장 중요할 것이다. 참으로, 실험과학에서 '최첨단'은 바로 이것을 의미할 것이다. 그러나 성공한 실험은, 아마도 정의에 의해, 복잡한 기술 숙련과 개인적 도제의 영역에 오랫동안 남아 있지 않을 것이다. 다시 공기 펌프를 상징적인 것으로 살펴볼 수 있을 것이다. 보일은 유리튜브를 만드는 가장 비범한 노력과 가죽과 봉납을 다루는 가장 숙련된 조련사 그리고 한참 동안 작동하는 펌프를 만드는 커다란 개인적 행운을 필요로 했다. 하지만 이미 보일의 시대에 과학도구 전문점이 있었고 그 가게들은 곧 공기 펌프를 목록에 추가했다. 진공과 관련된 실험 현상을 만들어낼 수 없는 공기 펌프는 처음에는 불운한 고객들에게 판매되었을 것이고, 그 다음에는 전혀 판매되지 않았을 것이다. 펌프가 개선되고 표준화됨에 따라 현상을 훨씬 쉽게 반복할 수 있게 되었다.[15] 근래에는 그러한 기술들이 확산했다. 도구들이 표준화되었을 뿐 아니라 자연도 또한 표준화되었다. 화학자들은 목록을 보고 정제된 시약을 구입한다. 그들이 시약을 토양에서 추출해야 한다면, 그들은 매우 곤혹스러울 것이다. 암 연구자들은 특허받은 종류의 쥐를 사용하는데, 일반적인 쥐에서 얻은 결과에 대해서는 어떻게 해석할 것인가를 알지 못할 것이다.

과학의 성장은 인간의 기술로 자연을 대체하는 것을 상당한 정도로 포함하고 있다. 해킹은 이런 통찰에 기초해 중요한 과학철학 저서를 썼다. 실험은 객체들을 신뢰할 수 있게 조작할 수 있을 때 성공한다고 그는 지적한다. 그런 객체들 가운데 적어도 레이저 등과 같은 일부는 실험실에서만 존재할 것이다. 모든 또는 대부분의 객체는, 인간이 개입해 만들어내는 경우가 아니라면 순수한 형태로 발견될 수 없다. 그러나 이러한 인공의 또는 정제된 객체들을 더 신뢰할 수 있게 조작하게 되면, 그 객체들은 다른 실험들에 그리고 아마도 실험실 외부의 공정에도 통합되기 시작한다. 아마도 이것이 실험실은 자기입증적self-vindicating이라는 말의 가장 중요한 의미일 것이다.[16]

브루노 라투르Bruno Latour는 이제 과학은 기술에서 분리될 수 없다고 주장하며 '기술과학technoscience'이라는 용어를 사용해 그것들의 병합을 상징한다. 두 가지 모두 암흑상자black boxes, 즉 단일체로 취급되는 그리고 누구도 분리할 수 없는 인공적 실체를 만들고자 한다고 라투르는 제시한다. 과학자의 암흑상자는 물질적 기술들뿐 아니라 법칙이나 인과적 주장일 수도 있지만, 이것의 생산은, 과학적 지식의 도움 없이 도구를 제작, 운용 또는 해석할 수 없는 것처럼, 도구들과 시약들에 의존한다. 과학에 관해 인간의 활동과 무관하게 자연에서 일어나는 일을 알아낸다는 식으로는 더 이상 유익하게 이야기할 수 없을 만큼 인간의 개입은 강력해졌다. 모든 과학적 주장은 동맹자들 – 시약, 미생물, 도구, 인용 그리고 사람들 – 의 연결망을 동원함으로써 성공할 수 있다. 그 연결망이 강력하다면 새로운 사실을 만들어낼 수 있다. 그것은 인공물이지만, 그럼에도 그것은 새로운 사실들을 뒷받침하는 연결망 속에 편입될 수 있기 때문에, 실재하는 것이다. 실험과학의 발전은 새로운 사물들을 만들고 사용하는 능력의 증대이며, 동시에 과학이 서술하고자 하는 세계를 변형하는 능력의 증대다. 라투르는 또한 과학이론에서 수학의 성공은 "기적이 아니라 상호 조정이라는 힘겨운 과정의 결과다"라는 과학철학자 엘리 자하Elie Zahar의 주장을 지지한다.[17]

이러한 조정은 이론과 실험을 넘어 심지어 과학자들에게까지 확대된다. "자기입증적 실험실self-vindicating laboratory"은 또한 사람들의 적절한 선택 그리고 그것의 학문 분과를 받아들이기를 거부하는 사람들의 배제에 의존한다. 예를 들어 심리학에서는, 리암 허드슨Liam Hudson이 설명하듯, "맹렬한" 실험주의자들은, 그들은 인정하지 않겠지만, 인간주의자들을 경멸한다.

구석에 몰리면, 그들은 심리학자들 가운데 인도적 조류에 전문화된 사람들은 취약한 학도들, 형편없는 이류들, 사람들에 관심을 가진 젊은 여성들이라고 불행한 사실을 지적한다. 그것은 더 인도적인 영역들에서는 기준이 훨씬 더 낮다는 이야기라고 그 맹렬한들은 유감스러운 증거를 내세우며 지적한다. 이 주장은, 특히 그것의 예측들이 자기실현적이기 때문에, 대적하기에 힘들다. 그 맹렬한 정신을 가진 사람들은, 교사로서 그리고 시험위원으로서 자신들의 믿음에 무게를 실어줄 수 있는 위치에 있다. 누구나 그럴 수 있는 것처럼 열린 정신으로, 그들은 실험적 연구에 적합한 지능 양식을 가진 후보자들에게 유리한 교육과정을 설계하고 시험문제를 제시한다. 따라서 그들은 자기-영속적인 사회체계를 운영한다.

대부분의 명성 있는 자연과학 분과들에 대해서는 이런 주장이 처음에는 그다지 신뢰할 만하지 않아 보인다. 그러나 이것은 그 과학 분과들에 임상 분야나 인간주의적 분야가 없기 때문에 그런 것이다. 또는 오히려, 이런 분야들은 과학의 영역으로부터 추방되었고 이제는 단지 자연 글쓰기, 시, 환경운동 등과 같은 활동들에서만 찾아볼 수 있을 뿐이다. 그러나 성차별적 차원을 포함한 사회적 선별은 심리학에서만큼이나 적어도 물리학과 생물학에서도 작동하고 있으며, 이것은 지식과 실천의 한 형태로서 근대 과학의 독특한 성격을 설명하는 데에서 중요한 부분을 차지한다.[18]

수량화와 실증주의

숫자도 또한 새로운 것들을 창조하고 옛것들의 의미를 변형한다. 이것은 특히 인간과학들에서 중요한데, 다음 장에서 논의할 것이다. 그러나 측정 활동들은 물리과학들에서도 가장 기본적인 생각들의 일부를 형성하는 데에서 핵심적이었다. 300년 전까지도 온도는 의료적 개념이었으며, 대체로 인체를 특징짓기 위해 온도를 끌어들이는 방식으로 공기를 서술하는 데 유용했다. 실험 물리학자들이 더 협소하고 더 조작적인 온도 개념을 만들어냈다. 그들은 이론의 도움을 거의 받지 않고 그렇게 했다. 열이 운동이라는, 그리고 온도가 평균 분자 에너지의 척도라는 생각은 19세기 후반 이후에 발전했다. 18세기 후반의 표준적 견해는 열이 운동일 수 있거나 아니면 물질일 수 있다는 것, 그리고 어느 경우이거나 측정을 진행할 수 있다는 것이었다. 적어도 수은 온도계는 사물이 더 뜨거워질 때에는 올라갔고 차가워질 때에는 내려갔다. 열의 평균 온도에 관해 알아보기 위해서는 상이한 온도의 액체들을 혼합할 수 있었다. 몇 가지 간단한 유추에 의해 안내된 혼잡한 측정은 "열 용량", "숨은 열" 등과 같은 수량적 개념들을 탄생시켰다. 그 현상은 역학에서와 같이 정밀도 높게 서술될 수 있는 것으로 보였다.[19]

측정에 대한 이러한 심취가 개념들의 창안을 물론 개념들의 중립화로 이어졌다는 것을 주목해야 한다. 온도는 실험 물리학자들이 그것을 다루기 시작한 뒤에는 인간적 의미를 많이 상실했다. 드니 디드로Denis Diderot(1713~1784)는, 그의 상당히 낭만적인 분위기 속에서, 수학이 함축하는 자연으로부터의 소외에 대해 불평했다. 1830년대에 헤겔주의 자연철학자인 게오르크 프리드리히 폴Georg Friedrich Pohl(1788~1849)은 전기 회로에 대한 게오르크 시몬 옴Georg Simon Ohm(1789~1854)의 수학적 처리를, 기차의 도착 및 출발 시간을 정확하게 기록하기 위해 매력적인 풍경과 주민들을 무시한 여행 서적과 비교했다.[20]

18세기 후반, 실험적 자연철학의 수량화주의자들은 엄격성과 명확성을 촉진하기 위해 풍부한 개념들을 기꺼이 희생하고자 했다. 참으로, 에티엔 보노 드 콩디약Etienne Bonnot de Condillac(1714~1780)의 영향력 있는 철학은 이것을 명시적으로 옹호한 사례다. 콩디약은 명목론자였다. 그는 사물들의 진정한 본성을 이해하고자 갈망할 이유는 없으며, 사물들이 진정한 본성을 가지고 있다고 상정할 이유조차 없다고 생각했다. 고정된 유형들이 없는 세계에서 인간들은 자신들의 목적에 가장 잘 복무하는 것이라면 그 어떤 질서라도 자연에 자유롭게 부과할 수 있다는 것이었다. 콩디약은 엄격한 분류를 찬양했다. 또한 그는 철저한 수량화를 선호했다. 그는 대수학algebra이 알고 있는 수량들에서 알지 못하는 수량들로의 추론을 허용했기 때문에 그것을 모델 언어로 생각했다. 이것은 자연철학의 수학적 법칙을 찾아낸다는 것을 의미하는 것이 아니라, 길리스피가 말한 것처럼, 해명의 균형을 맞춘다는 것을 의미했다.[21] 측정은 그리고 심지어 수학조차도 흔히 이론의 회피로서 선호되었다. 열의 물질 이론과 운동 이론 중에서 선택하거나, 모세관 작용에 관련된 정확한 힘의 법칙을 찾아내야 하는 것은 아니었다. 예를 들어, 앙투안-로랑 드 라부아지에Antoine-Laurent de Lavoisier(1743~1794)와 피에르시몽 드 라플라스Pierre-Simon de Laplace(1749~1827)는 얼음 열량계ice calorimeter를 사용한 실험의 수량적 결과를, 다양한 이론적 종파의 연구자들이 쉽게 동의할 수 있는 자료로 제시했다.[22]

막스 호르크하이머Max Horkheimer와 테오도어 아도르노Theodor Adorno는 『계몽의 변증법Dialectic of Enlightenment』에서 실증주의 과학은 "개념을 공식으로 대체하고, 인과관계를 규칙과 확률로 대체한다"라고 탄식했다.[23] 물론, 수학이 인과적 이해로부터의 실증주의적 퇴각 – 프랑크푸르트 비판이론가들을 화나게 한 – 과 항상 동맹을 맺은 것은 아니었다. 실제로, 낸시 카트라이트 Nancy Cartwright가 주장하듯, 어떤 설명적 구조를 상정하지 않고서는 통계분석을 설정하는 것조차 불가능하다.[24] 이론적 저작들에서는 수학적 실재론의 흐름이, 피타고라스Pythagoras 이래 때로는 기하학적 또는 수점성술적numerological 신비주의의 경향을 보이면서, 과학 속으로 확산했다. 그러나 수학을 단순한 서술로 보는 견해도 그것에 못지않게 영향력이 있었다. 이것은 르네상스 시대 대학들에서 수학적 천문학이 더 고급하고 인과적인(아리스토텔레스적) 물리학과 신학의 학문 분과에 대항해 그 지위를 유지한 근거가 되었다. 가톨릭교회도 똑같은 방식으로 갈릴레오의 코페르니쿠스주의를 무효화하고자 시도했다. 종종 과학자들은 이 수사학을 사용해 자신들을 보호해 왔다. 자신이 설정한 힘에 대해 만족할 만한 기제를 찾을 수 없었던 뉴턴은 우주 공간이 유체인 에테르로 채워져 있다는 데카르트의 에테르Descartes' ether 주장 등의 단순한 가설들을 맹렬하게 비난했다. 수학적 법칙의 정식화가 아니라 측정에 몰두한 수량화주의자들은 서술주의의 언어가 특히 매력적이라는 사실을 종종 발견했다.

처음 보기에는, 그것이 변변치 않고 자기말소적인 언어로 보이며, 그것이 그런 기능을 수행할 수 있다는 것이 의심스럽지 않다. 문화적 현상으로서 서술주의에 관해 가장 신랄하게 쓴 존 하일브론John Heilbron은, 19세기 말 물리학자들 사이에서 그것의 유행에 관해, 여전히 귀족과 성직자의 전통적 신분들이 지배하는 토지에 뿌리를 둔 고위 권력의 비위를 거스르지 않아야 했던 그들의 필요에서 기인하는 것으로 보았다.[25] 그러나 유라이어 히프 Uriah Heep(찰스 디킨스Charles Dickens의 자전적 장편소설 『데이비드 코퍼필드David Copperfield』의 주인공인 위선적인 악한)도 변변치 않기는 마찬가지였다. 형이상학적 겸손은 보상의 이점들을 가져왔다. 실증주의 철학자들 그리고 작업하는 과학자들은 그 이점들을 붙잡는 것을 부끄러워하지 않았다.

그런 이점들 가운데에는 특히 실증주의와 자연에 대한 통제가 양립 가능하다는 것도 있었다. 이것의 일부는 낮은 신분의 르네상스 수학자들 – 그들은 진리의 진정한 추구자보다는 기술자와 상인으로 간주되었다 – 이 이미 전제했다.[26] 더 근대적인 시기에는, 이런 위계가 평평해졌거나 심지어는 역전되었고, 실험적 지배는 그 자체가 승인된 지식 형식이 되었다. 자연과학에서는, 에른스트 마흐Ernst Mach(1838~1916)의 실증주의가 실험자들 사이에서 특히 영향력이 있었다. 자크 뢰브Jacques Loeb(1859~1924) 같은 생물학자들과 다수의 찬양자들은 '자연'을 버러스 프레더릭 스키너Burrhus Frederic Skinner(1904~1990)가 정신을 다루는 방식으로 다뤘다. 그것은 기껏해야 알 수 없는 것이었고, 아마도 단지 형이상학적 변덕일 것이었다. 쥐가 미로를 통과하거나 실험적 시도가 일관된 결과를 산출한다면, 우리는 우리가 실험할 수 있는 모든 것을 알게 된다.[27]

엄격한 확실성은 심층적 이해를 열망하지 않았던 과학의 양식과 동일시된 또 다른 미덕이었다. 부분적으로는 19세기 후반, 전기에 대한 표현의 풍부함에 대한 반응으로, 많은 물리학자들이 현상에 대한 순전히 수학적인 설명으로 후퇴했다. 가장 영향력 있는 사람은 구스타프 키르히호프Gustav Kirchhoff(1824~1887)와 하인리히 헤르츠Heinrich Hertz(1857~1894)였을 것이다. 그들은 각각 거의 순전히 수학적 형식으로 일반적인 논문들을 썼다. 그들은 관찰 가능한 현상들에 대한 엄격한 서술들, 즉 아무런 인과적 가설을 도입하지 않은 채 연역을 허용하는 서술을 제공하는 것을 목표로 삼았다. 예를 들어 헤르츠는 힘을 끌어들이지 않은 채 그의 역학을 구축했는데, 그는 힘을 의심스러운 실체로 생각했다. 힘은 방정식에서 가속도로 적절히 대체할 수 있었다. 그는 원인과 기제를 알아냈다는 허풍을 포기함으로써 물리학이 거의 초시간적인 타당성을 얻을 수 있을 것으로 희망했다.

서술주의, 또는 실증주의라고 말해야 하는 것은 세 번째의 그리고 아마도 여전히 더 중요한 이점을 가지고 있다. 그것은 작동하고 있는 실재적 원인에 관해 아무것도 전제하지 않았기 때문에, 주제에 관해서는 거의 중립적이었다. 실증주의가 과학주의와 거의 동의어가 된 것은 우연이 아니다. 실증주의의 창립자인 오귀스트 콩트Auguste Comte(1789~1857)는 과학을, 천문학에 적용하는 것과 똑같이 사회학에도, 어떤 식으로든 하나를 다른 하나로 환원하지 않고, 적용하는 방법으로 특징짓고자 했다. 1세기 이상 지난 후, 비엔나학단 실증주의자들은 『통합과학 백과사전Encyclopedia of Unified Science』이라는 계시적인 이름의 책을 그들의 마지막 성서로 남겼다. 20세기로의 전환기에 마흐와 그의 동맹자들은 과학철학은 그것을 오직 물리학에만 적용한다면 유효하지 않을 수 있다고 반복적으로 주장했다. 마gm에 따르면, 실증주의는 물질론의 장악력을 약화했고 정신과 물질을 결합함으로써 물리학과 심리학을 통일한 심리물리학psychophysics의 길을 열었다.[28]

수량화에 대한 실증주의적 열광과 과학에 대한 광대한 사회적 야망의 공명은 칼 피어슨Karl Pearson(1857~1936)의 경력에서 가장 잘 드러난다. 1890년대 초반부터 1936년 사망할 때까지 40여 년 동안, 피어슨은 그의 비상한 재능을 활용해 통계적 방법을 발전시키고 그것을 생물학적 및 사회적 질문들에 응용했다. 그는 실질적으로 수리통계의 창설자였으며, 그것이 인간 활동의 거의 모든 분야에서의 추론에 적절한 규율을 제공했다는 것을 확고히 믿었다. 정부와 행정도 그 분야들에 포함되었는데, 이것들은 오랫동안 과학적 소양이 없는 신사들과 귀족들의 손에 맡겨져 있었다.

피어슨은 비록 영국 사람이었지만 학창시절을 통해 독일 문화에 대한 지속적인 호감을 쌓았다. 마흐의 실증주의와 마찬가지로 그의 실증주의도 반물질론에서 생겨났다. 그의 세계는 실재하는 객체들의 세계가 아니라 지각들의 세계였다. 과학의 적절한 목표는 그것들을 정리하는 것이었다. 자연 그 자체는 일정한 형태를 갖지 않는 것이었다. 그러나 그것이, 우리가 지식이라고 부르는 것이 자의적이거나 단순히 개인적인 것이라는 이야기는 아니었다. 자연, 또는 차라리 자연에 대한 우리의 이해는 방법에 의해 질서 지어져야 하는 것이었다. 이것은 물리적 영역에 적용할 수 있는 것과 똑같이 사회적 및 생물학적 영역에도 적용할 수 있었다. "과학 분야는 무제한이다. 그것의 재료(물질)는 끝이 없다; 모든 집단의 자연 현상들, 과거 또는 현재 발전의 모든 단계는 과학을 위한 재료다. 모든 과학의 통일은 그것의 재료가 아니라 오로지 그것의 방법에서만 이루어진다." 그 방법은 "사실들에 대한 신중하고 수고스러운 분류, 그 사실의 관계들과 연쇄들에 대한 비교, 그리고 끝으로 간략한 진술 또는 소수의 단어들로 광범한 사실들을 요약하는 공식의, 훈련받은 상상력을 사용한, 발견으로 이루어진다. 그런 공식은 … 과학적 법칙이라고 불린다."[29]

과학적 탐구의 상황에서 자연이 완전히 수동적인 것은 아니었다. 피어슨은 독립적으로 존재하는 세계에 관해 이야기하는 것의 유용성에 대해서는 의문을 가졌지만, 과학들이 어떻게 합의를 이룰 수 있는가를 설명하기 위해 "정상적normal" 지각 능력을 불러냈다. 그런 능력은 자연이, 즉 자연 선택이 제공했다. 자연은 또한 지각에 현상을 제공했다. 하지만 우리가 실체들이나 원인들에 접근하는 통로는 결코 얻을 수 없었다. 예를 들어, 힘에 대해서는 "운동의 원인이 아니라, 그것의 편리한 척도"라고만 말하는 것이 합리적일 수 있었다. 원자와 분자는 "현상에 대한 우리의 서술의 복잡성을 유용하게 줄일" 수 있는 "개념화"다. 그것들의 지위는 대체로 원 – 이것은 지각 경험의 한계에 불과한 것이다 – 과 같은 "기하학적 개념화"의 지위와 동일했다. 그것들의 타당성은 모든 경우에서 그것들의 유용성에 의해 정의되었는데, 그것은 상황에 따라 다를 수 있었다. 이러한 이유로 피어슨은 상이한 학문 분과들의 명백하게 모순적인 표현의 사용에서 반대할 만한 것이 없다고 생각했다.[30]

하지만 그가 가장 좋아한 것은 모델구성이 아니라 엄격히 수량적인 서술과 분석이었다. 모델구성과 관련해, 학문 분과들 사이에는 비일관성이 아니라 보편적으로 적용할 수 있는 일관된 일련의 개념들이 있었다. 그것들 가운데 두드러진 것은 통계라는 도구, 즉 세계와 쉽게 연관시킬 수 있는 정신적 구성물이었다. 우리는 어디서도 완벽한 법칙성lawlikeness을 찾을 수 없다고 그는 강조했다. 우리는 어디에서나 상관관계를 발견한다. 즉, 기계학에서조차 설명되지 않는 변이가 항상 있다. 이것이 우리에게 고민을 일으키는 것은 아니다. 과학의 가능성은 탐구되는 현상의 성질에, 단지 가장 일반적인 방식으로만, 의존한다. 결국, 상관관계는 세계에 관한 심층적 진리가 아니라 경험을 요약하는 편리한 방식이다. 피어슨의 과학 개념은 자연철학이기보다는 사회철학이었다. 과학의 열쇠를 그는 세계에서 찾은 것이 아니라 탐구의 질서정연한 방법에서 찾았다. 피어슨에게, 과학적 지식은 올바른 접근에 의존했으며, 이것은 무엇보다도 인간의 주체성에 대한 길들이기taming of human subjectivity를 의미했다.[31]

척도들을 표준화하기

피어슨의 철학은 세계에 대한 이해보다 세계에 대한 관리와 더 관련되어
있다고 반대하는 사람도 있을 것이다. 그러나 국지적인 숙련을 일반적으로
타당한 과학 지식으로 변형하려면, 균일한 표준들과 척도들의 관료주의적
부과는 불가결했다. 우리가 알고 있는 과학은 자연에 대한 관리, 즉 멋진 사
회적 성취에 의존한다. 피어슨은 많은 수량화 활동 – 관료주의적인 것이거나 과
학적인 것이거나 – 의 배후에 있는 정신을 훌륭하게 포착했다. 그의 철학은 척
도들을 표준화하고자 하는 운동에 특히 잘 적용된다. 우리는 미국의 직사각
형 토지 측량을 범례로 삼을 수 있다. 측량사들은 지구의 곡률을 무시할 수
는 없었지만, 그것이 그들이 자연에 대해 내놓은 유일한 양보였다. 산봉우
리들과 산줄기들은 토지에 균일한 격자grid를 부과하는 데 아무런 장애도 되
지 않았다.[32]

이것이 수량화가 본질적으로 자연에 반대한다는 이야기는 아니다. 균일
한 격자와 그것의 등가물들이 수량화된 지식이 취할 수 있는 유일한 형태인
것은 아니다. 토지 측량사들은 강의 위치를 도표로 나타내고 등고선을 사용
해 지형을 자세하게 묘사할 수 있었다. 지표면은 무한하게 다양한 방식으로
수량적으로 서술할 수 있다. 그러나 통상적으로 중앙 정부들은 사각형 격자
를 그것의 고도의 단순성 때문에 선호했다. 그것을 만들어내는 데 고도로
조직화된 노동력이 필요했지만, 일단 자리 잡으면 그것은 토지 소유권 주장
을 수백 킬로미터 떨어진 곳에서, 최소한의 현지 지식이나 판단만을 가지
고, 등록하고 시행할 수 있게 허용했다.

수량사회학자 오티스 더들리 던컨Otsis Dudley Duncan이 지적했듯, 사회적 측정은 단순히 외부에서 부과하는 것이 거의 아니다. 오히려, 수량화는 "사회과학자가 끼어들기 전에, 사회적 과정 자체에" 내재한다.[33] 이와 대조적으로, 자연적 측정은 외면적으로는 외부로부터 부과된다. 그러나 그것도 또한 하나의 사회적 과정에, 즉 자연을 활용하고 탐구하는 사회적 과정에 내재하는 것으로 적절히 간주할 수 있다. 확실히, 이것은 우리가 자연과학자라고 인정할 수 있는 사람들이 끼어들기 시작하기 훨씬 이전에 진행되었다. 그렇지만 쟁점을 이런 식으로 제기하는 데에는 근본적으로 잘못된 것이 있다. 물론 측정이 있었지만 어떤 종류의 측정이었는가? 사회과학자들과 자연과학자들 양쪽 모두 이런 사회적 과정을 근본적으로 변화시켰다. 그들이 가져온 것은 일종의 객관성, 즉 국지적 관습과 국지적 지식으로부터의 독립을 열망한 측정이었다. 이것 속에서 그들은 중앙집권적 국가와 그리고 대규모 경제 제도들과 동맹을 맺었다. 정치적·경제적 그리고 과학적 영역들에서 지식을 그것의 국지적 맥락에서 분리하는 거의 동일한 문제에 부딪혔다.

시간을 기록한다는 것keeping time이 사회적 측정을 의미하는가 아니면 자연적 측정을 의미하는가를 말하기는 어려울 것이다. 100~200년 전까지도 사회적 시간은 자연적 시간으로 채워졌다. 해시계로 측정하는 시간은 무엇보다도 낮과 밤으로 나뉘었다. 각 부분은 12시간 동안 지속되었다. 그것들 사이의 경계는 일출과 일몰에 의해 표시되었다. 현재 사용하는 균질적인 시간의 관점에서 보면, 낮 시간은 겨울보다 여름에 더 길었다. 일하는 낮이 겨울보다 여름에 훨씬 길었기 때문에 이것은 전적으로 적합했다. 자연적 순환을 따르는 시간의 식별은 하루의 시간에 대해서보다 한 해의 시간에 대해서 더 뚜렷했다. 씨뿌리기, 물 대기, 잡초 뽑기, 풀베기, 산 목초지에 가축들 방목하기 등 모든 일에는 계절이 있었다. 유목민들에게는 계절의 순환이 훨씬 정교했다. 사슴을 사냥하기 위해 숲으로 가야 하는 시간, 열매를 따기 위해 초원으로 가야 하는 시간, 산란하는 연어를 잡으러 강으로 가야 하는 시간, 이동하는 철새를 잡으러 강어귀로 가야 하는 시간이 있었다. 태양과 별의 위치, 또는 하루하루의 일과표는 이런 시간들을 판별하는 데 도움이 되었지만, 하늘의 경직성을 완화하는 다른 생물학적 표지가 있었다.[34]

더 엄격하고 예측 가능한 달력에 대한 요구는 교회와 국가의 행정적 필요에 의해 제기되었다. 교회나 국가는 세금을 내는 시간, 군 복무를 보고할 시간, 그리고 사순절 예배를 보거나 부활절을 축하할 시간을 식별해야 했다. 시계 시간도 또한 종교적 중요성을 얻었고, 수도원들에서의 아침예배의 엄격한 준수는 시계에 기반한 생활에 대한 첫 번째 유인들 중 하나였다.[35] 산업화된 노동관계는 더 광범한 영향을 미쳤고, 산업화의 시작 이래 시계는 공장, 학교 및 회사에서 규율의 주요 기구들 중의 하나였다. 시계의 지배력 증가는 필연적으로 햇빛과 어둠, 따뜻함과 추위의 자연적인 주행적 리듬di- urnal rhythms을 희생하면서 나왔다. 간단히 그것은 인위적 체제의 일부, 즉 시간에 대한 기술적·경제적 및 사회적 정복이었다. 19세기 후반에 이르면, 철도망의 확장에 따라 남북으로 뻗어 있는 광활한 땅에 균일한 시간을 부과하는 것이 심지어 바람직해 보이기 시작했다. 조금 뒤에, 농민들 및 여전히 거주적으로 자연적 순환에 따르는 사람들의 강력한 반대를 무릅쓰고 정부들은 처음으로 봄에는 시간을 앞으로 당기고 가을에는 뒤로 되돌려야 한다고 선언했다.[36]

길이, 무게, 부피의 측정에 대해서도 비슷한 생각을 할 수 있다. 이것들은 물리적 척도들이지만 사회적 척도들이기도 하다. 그리고 대부분의 사회적 척도들과 마찬가지로 이것들은 과학에 대한 관심이 생기기 훨씬 전부터 존재해왔다. 가격과 저울이 없는 그러므로 광범위한 수량화가 없는 시장경제와 거래는 상상할 수 없다. 측정의 단위들은 대부분 원래 사람들이 만들어낸 것이기 때문에, 우리는 자연적 단위에서 임의적 단위로 점차적으로 전환해왔음을 확인할 수 있다. 그러나 측정체계가 발foot의 길이나 곡식의 무게에 기초하는가 아니면 미터나 킬로그램에 기초하는가는 큰 문제가 아니다. 정말로 중요한 것은 표준화와 상호태환성interconvertibility을 향한 변화였다. 수량화의 문화는 지난 300년 동안 급격히 변화했으며, 여기에는 관료들뿐 아니라 과학자들도 관여해왔다.[37]

오늘날에는, 정확성과 객관성이 없는 측정은 무의미한 것이다. 우리에게 이상적인 교환은 몰개인적인impersonal 교환이다. 소비자들이 물건을 구매하면서 그 품목의 소유자나 제작자를 살펴보는 일은 거의 없다. 상인들과 중개인들은 상품들을 보지도 않은 채 거래할 수도 있다. 이런 거래의 일부에는 개인적 믿음이라는 중요한 요소가 작용하지만, 거래는 저울이 무게를 정확히 나타내고 포장이 거짓말을 하지 않는다는 것을 보증하는 몰개인적인 기술적 및 규제적 장치들에 대한 신뢰에 훨씬 더 의존해 이루어진다. 무게보다 통제하기 훨씬 어려운 부피 척도는 액체를 제외하고는 거의 쓸모없게 되었다. 1파운드의 버터나 1헥타르의 토지가 무엇인가에 관해 의견이 다를 수 있다고 상상하는 사람은 거의 없다. 과학 실험실들은 나노초nano-seconds, 밀리그램milligrams, 옹스트롬angstroms으로 표시되는 측정값들을 특별한 언급이나 검사 없이 받아들인다.

이와 대조적으로 구체제 사회들에서는 측정이 항상 협상의 문제였다. 물론 모든 것이 협상 가능한 것은 아니었다. 비톨트 쿨라Witold Kula는 18세기 유럽에서 마을회관들에는 해당 지역에서 유효한 됫박을 놓아두었을 것이라고 이야기한다. 만약 누군가가 개별 됫박의 정확성에 의문을 제기한다면 그 됫박이 동일한가를 확인하기 위해 거기 담은 내용물을 공식 됫박에 부었을 것이다. 그러나 결코 이것이 문제의 끝은 아니다. 더 높은 위치에서 곡식을 부으면 더 많은 곡식을 담을 수 있다는 것은 누구나 알고 있었으며, 특정의 목적에서, 내용물을 채우는 방법을 계약이나 법에 명시할 수도 있었다. 가장 중요한 것으로, 됫박의 상단을 얼마나 수북하게 쌓는가의 문제가 있었다. 상단을 평평하게 하더라도, 평미레를 눌러서 미는가 그대로 미는가에 따라 들어가는 양은 다를 수 있었다. 고봉의 크기를 정할 때에는 언제나 협상, 힘, 속임수의 여지가 있었다.

이러한 재량적인 척도들의 체계는 적절한 상황에서는 잘 작동할 수 있었다. 곡물은 적정한 가격을 받았고, 척도들의 유연성은 체계가 계속 작동할 여지를 제공했다. 예를 들어, 밀은 귀리보다 높게 평가되었기 때문에 일반적으로 평평한 됫박으로 교환되었고, 귀리는 고봉으로 판매되었다. 묵었거나 부실한 밀에 대해서는 됫박에 쌓는 높이를 협상할 수도 있었을 것이다. 상인들이 고봉으로 사서 평평하게 파는 것은 그들의 생계를 위해 없어서는 안 될 관행이었다. 쿨라는 폴란드의 토지 척도들이 종종 토양의 질에 따라 달랐으며 그래서 토지의 단위가 어느 정도는 그것의 생산적 가치를 보여주었다고 언급한다. 이 단위는 종종 일정한 양의 씨앗을 적절하게 뿌릴 수 있는 면적으로 정의되었다. 분쟁이 발생하면 "가장 정직하고 경험이 풍부한 씨 뿌리는 사람, 정확하다고 믿을 수 있는 사람"을 불러서 해결했을 것이다.[38] 그런 정직한 중재자들이 없었다면 그 체계는 거의 작동할 수 없었을 것이다. 하지만 신뢰의 체제에서는 이러한 재량적 척도들이 측량사가 만들어낸 무차별적인 객관성의 결과보다 훨씬 더 유용할 수 있었다.

우리가 여기서 신뢰가 보편적이고 악용이 불가능한 평온한 **공동체** Gemeinschaft를 상정할 일은 아니다. 척도들은, 특히 불평등한 사람들 사이의 거래에서는, 분쟁과 분노의 중요한 원천이 되었다. 쿨라는 이러한 재량적 측정체계가 균일한 법보다 사회적 특권에 기초한 체제와 밀접하게 결합되어 있었다고 지적한다. 고귀한 귀족들은 거의 언제나 고봉으로 지대와 부과금을 받았다. 더 기업적인 귀족들은 주기적으로 새로운 됫박을 도입했을 것이다. 이전의 것과 용량은 동일하더라도 높이를 낮추는 대신 바닥을 넓힌다면 고봉을 더 높게 쌓을 수 있었을 것이다. 농민들은 이러한 변경을 알아차리고 그 결과를 상상할 수 있었겠지만, 그들에게는 실질적으로 불평할 수 있는 사회적 권력이 없었다. 프랑스 혁명 초기 단계에서, 농민들에게 청원서cahiers de doléances를 작성할 기회가 주어졌을 때 척도는 가장 빈번하게 언급된 불만들 가운데 하나였다. 농민들은 지역의 됫박이 귀족들에게 유리하게 점점 더 커졌다고 주장했다. 프랑스 전체에 유효한 단일의 진정한 됫박을 선포할 때가 된 것이다.

산업혁명 이전의 세계에서는 질적인 것이 항상 양적인 것에 대해 지배적이었다고 쿨라는 결론 내린다. 재량과 협상의 체제는, 보편적으로 인식하듯, 중앙 권력보다 국지적인 이해관심에 분명히 유리했다. 척도들의 객관성보다 재량적 판단에 특권을 부여하는 것은 단지 빙산의 일각일 뿐이었다. 모든 지역, 때로는 모든 마을에 그 자체의 척도들이 있었다. 오래된 실레지아Silesia에서 "새롭게 자치권을 확보한 도시들은 자유와 주권의 상징으로 그 자체의 됫박을 제정했을 것"이라고 쿨라는 지적한다.[39] 참으로, 그것은 상위 당국에 의한 행정과 징세를 복잡하게 만들었기 때문에 상징적 의미 이상을 가졌다. 심지어 프랑스와 같이 상당히 중앙집권적인 정부조차도 그 자체의 척도들을 가진 무수한 관할 구역들과 대결했다. 더욱이, 상이한 물질들이나 내용물들에 대해 상이한 단위들이 있었다. 비단은 무명과 다른 척도에 의해, 우유는 포도주와 다른 척도에 의해 교환되었다. 소수점 이하로 표시되는 척도는 없었다. 주화도 마찬가지였다. 산술은 너무 복잡해서 지역의 상인들에게 그들의 업무에서 '3의 법칙rule of three'[40]만을 사용하도록 제한하라는 압력이 가해질 정도였다. 한 지역의 단위들을 다른 지역의 단위들로 전환하기 위해서는 일반적으로 계산 기술자들의 도움이 필요했으며, 그 때문에 근대 초기 유럽에서는 대부분의 수학자들을 지원했다.[41] 이것은 대규모의 거래 연결망의 성장에, 장애가 되지는 않았더라도, 적어도 불편함을 낳았다. 그리고 자본주의의 확장은 척도들을 통일하고 단순화하는 원동력의 중요한 원천 중 하나였다.

다른 하나는 당연히 국가였다. 국가는 때로는 대규모의 공업적 또는 상업적 이익들과 협력하고 때로는 그 자체의 이유 때문에 움직였다. 표준의 척도와 통일된 분류는 적어도, 대규모 상업과 제조에 대해서 만큼이나 중앙집권적 정부 활동에 유용했다. 영국의 척도들은 18세기 이전에 상당한 정도의 표준화를 달성했지만, 프랑스 혁명은 유럽대륙에서 통일된 척도의 창출을 신호하는 행사였다. 쿨라는 도량형적 평등을 법률적 평등과 연결하면서, 러시아와 중국에서도 정치적 혁명이 도량체계의 도입으로 이어졌다고 지적한다. 정확하고 통일된 척도들은 경제가, 특권에 기초한 질서에서 법의 영역으로 이동하는 것을 도왔다. 그 척도들은 또한 징세와 경제발전 문제에 대한 행정적 통제를 강화했다. 동시에 새로운 도량체계를 제정하기 위해서는 먼저 국가 권력을 인상적으로 과시할 필요가 있었다. 프랑스에서는 그것이 40년 이상 걸렸다. 리터와 킬로그램이 무엇인지를 아무도 알지 못했기 때문에, 국가는 그것을 지역의 단위들로 표시하는 것으로 시작해야 했다. 당국이 만들어낸 첫 번째 계획은 지역의 척도들을 모두 수집해서 파리로 보내 미터법의 등가로 변환하는 것이었다. 이것은 진정으로 파리를 계산의 중심 center of calculation으로 만들었을 것이다. 그러나 그것은 사실상 실행 불가능했다.

그것은 지방으로부터의 저항 때문에 특히 어려웠다. 리터와 킬로그램은 프랑스 농민들이 청원서를 작성하면서 원했던 것이 아니었다. 미터법은 농민을 위해 만든 것이 아니었다. 그것은 정확한 됫박을 되찾는 것이 아니라 완전히 낯선 수량들과 이름들 – 그것의 대부분은 낯선 죽은 언어(희랍어와 라틴어)에서 가져온 – 의 체계를 내세워 됫박을 폐기하는 것이었다. 미터법 제도화는, 그 도량체계의 형성에 도움이 된 보편주의에 대한 열망 때문에 특수한 어려움을 수반했다. 이 보편주의는 혁명의 이데올로기, 더 구체적으로는 제국의 이데올로기와 일관되었다. 그것은 또한 과학자들 - 결국 그것을 설계한 - 의 이상과 멋지게 어울렸다. 라부아지에와 그의 동료들이 화학의 새로운 원소들에 그리스어 이름을 붙인 것처럼, 새로운 계량 단위들에도 그리스어 이름이 붙여졌다(미터는 '측정'을 뜻하는 그리스어 'metron'에서 따온 말이다).

더 인상적인 것은, 미터법 설계자들이 그들의 척도에 대해 완전히 세계시민적인 준거틀을 열망했다는 점이다. 이것의 정말 터무니없는 사례는 미터meter로, 이것은 극에서부터 적도까지의 거리의 1만분의 1로 정의된 것이었다. 이것을 처음 제안한 과학자들의 위원회는, 이것이 모든 나라들에 대해 독립적인 자연적 단위라고 주장했다. 이것은 모든 인간적 특성과 이해관심에서 완전히 분리된, 그러므로 심지어 인간 아닌 것들에 대해서도 똑같이 타당해야 하는 자연 상수에 대한 막스 플랑크Max Planck의 열망과 같이, 완벽한 객관성에 대한 전형적으로 과학적인 열망의 전형적 사례로 보인다.[42] 하지만 미터에 대한 이런 정의는 또한 더 지역적인 정치적 불확실성에 대한 반응이기도 했다. 대부분의 프랑스 과학자들은 초second를 진자가 진동하는 길이로 정의된 단위를 선호했다. 그렇지만 시간 또한 십진법으로 표시될 가능성이 뚜렷했고, 미터를 초와 같이 너무 빨리 지나가는 것에 입각해 정의하는 것은 현명하지 않은 것으로 보였다.[43]

지구에 기반한 미터의 극단적인 탈세속성이 합리주의적인 도량체계의 구축에 필수적인 것은 아니었다. 그러나 미터법을 정의하는 데에서 과학과 국가의 협력은 둘이 일정 정도의 공통의 이해관심을 가졌음을 반영한다. 둘은 각자의 방식으로, 법의 지배를 원했다. 법의 유효성은 사사로운 지식이나 개인적 접촉에 의존하지 않아야 하는 것으로 상정되며, 매우 먼 거리에서도 효력이 있어야 하고 낯선 사람들에 의해서 집행할 수 있어야 한다고 상정된다. 놀랍지 않게도, 표준의 설정에 대한 과학자들의 관여는 1790년대 이래 더욱 중요해졌다. 어떤 면에서는, 이 활동의 절정은 19세기 후반의 전기 표준의 설정에서 나타났는데, 그것에는 최고위급의 조사연구 과학자들이 관여했다.[44] 이 관계의 새로운 국면은 1871년 최초의 실질적인 표준관리 기구, 즉 헤르만 폰 헬름홀츠Hermann von Helmholtz(1821~1894)를 초대 청장으로 한 물리-기술청Physikalische-Technische Reichsanstalt을 베를린에 설치한 것에서 시작되었다.[45] 과학의 이해관심과 국가 또는 대기업의 그것 사이에 불화가 있었다는 증거는 거의 없다. 피터 런드그런Peter Lundgreen은 "과학적 중립성과 공공적 권위의 동맹은 갈등을 해결하거나 적어도 감소시키는 매우 설득력 있는 도구를 제공한다"라고 말한다. 그는 1877년에 정부가 물질들에 대한 검사를 할 수 있게 해달라고 호소(했지만 실패)한 미국 대통령 율리시스 그랜트Ulysses S. Grant를 인용한다. "이런 실험은 비용의 이유 때문만이 아니라 그 결과가 사심 없는 사람들의 권위에 의존해야 하기 때문에, 민간기업들이 적절히 수행할 수 없는 것이다 … ."[46] 표준청은 통상적으로 과학, 정부 그리고 산업의 협력을 포함한다.

공공 관청만이 유일하게 측정 절차를 확립하고 조정한 것은 아니다. 교역집단들도 특정 산업에 대해 동일한 기능을 수행한다. 과학자들은 종종 중앙집권적인 정부기관에 의지하지 않고서도 통일성을 확보할 수 있었다. 그러나 그것은 필연적으로 적극적 개입을 필요로 했다. 라투르가 주장하듯, 모든 척도는 "그것을 제정하기 전에는 존재하지 않았던 통약성commensurability을 구성한다". 기압 자료를 제공하는 기상지도를 그리는 것은 어려움을 잘 보여준다. 19세기 말에 이미 유럽의 대부분을 포괄하는 관측소들의 연결망이 마련되어 있었다. 계기 판독 자료들은 전보를 통해 거의 즉각적으로 수집 조립될 수 있었다. 원칙적으로 모든 사람이 동일한 수량들을 측정하고 있었다. 그러나 계기들과 실천들은 여전히 서로 일치하지 않았고, 그것들을 조정하는 작업은 엄청나게 어려웠다. 노르웨이 물리학자 빌헬름 비에르크

네스Vilhelm Bjerknes(1862~1951)가 불평했듯, 오랫동안, 조정에 실패함으로써 대부분의 기상지도에는 스트라스부르Strasbourg가 완전히 인공적인 사이클론에 휩싸인 것으로 등장했다. 분명히, 스트라스부르 관측소는 대부분의 다른 관측소들보다 체계적으로 더 낮은 기압 판독값을 만들어냈다. 관측소들의 측정값들의 조정은, 그것들의 결과들을 분석하는 이론적 틀을 정의하는 것과 같은 정도의 큰 성과였다.[47]

그러나 그것은 근대의 표준청들이 직면한 몇몇 과제들에 비하면 사소한 일이다. 표준청들의 임무는 정부의 모든 수준의 공무원들에게 모든 종류의 척도에 관해 사양 및 허용 오차를 제공하는 것이다. 이것들은 순수한 과학 연구에 대해서도 가치가 있는 것이지만, 이것들의 주요 목적은 과학과 규제의 교차점에 자리하고 있다. 요즘 특히 중요한 것은 공기, 물, 토양 오염의 통제와 관련이 있다. 잠재적인 유해 물질들을 규제하기 위해서는, 그것들을 측정하는 방법을 처방해야 한다. 제니퍼 헌터Jennifer S. Hunter는 미국 국가표준청National Bureau of Standards에 대해, "우리는 이제 거의 모든 물리적·화학적 또는 생물학적 현상을 측정하는 연방에서 위임한 방법이 있는 단계에 도달했다"라고 기록한다.[48] 물론 그렇게 위임한 주요한 이유는, 공식적으로 승인된 측정 규약이 종종 과학자들에게도 유용할 것이지만, 과학에서의 사기로부터 보호하려는 것이 아니다. 그것은 오염 유발 업체 등과 같은 경제 주체들이 자신들을 가장 유리한 방식으로 제시할 수 있는 측정 방법을 선택하는 것을 방지하려는 것이다. 이 모든 측정은 미국의 국민총생산의 약 6%를 흡수하는 것으로 공식적으로 추정되었다. 헌터는 거의 모든 척도들이, 이런 모든 자원들과 모든 사양들을 제공했음에도, 매우 부적합하게 남아 있다고 탄식한다. 척도들을 합리석으로 표준화하지 않는다면, 그것들은 과학적 목적보다도 규제적 목적에 대해 가치가 없다. 농장, 실험실, 공장 및 소매업체들에게 그것들이 배출하는 무수한 물질의 양을 동일한 측정 규약을 따르는 동일한 형식으로 보고하게 만드는 것은 압도적으로 어려운 것으로 드러났다.

　공공 목적을 위한 측정은, 물체를 막대 자로 임의로 재는 것처럼 간단한 일이 아니다. 헌터는 "측정체계"에 대해 거창하게 그렇지만 적절하게 이야기한다. 폐기물 배출의 경우, 적절한 측정체계는 ① 표본의 선택, ② 표본의 조작 및 보존, ③ 분석 시약의 조절, ④ 기구들의 조정을 포함한 측정 방법, ⑤ 표본의 관리, ⑥ 자료의 기록, 조작 및 부호화 방법, ⑦ 직원 훈련, 그리고 ⑧ 실험실 간 편향에 대한 통제의 기준을 포함해야 한다고 헌터는 진술한다. 분명히 적절한 측정이란 사람들을 규율하고 기구들과 과정들을 표준화하는 것을 의미한다. 이것이 달성되지 않는다면 측정은 신뢰할 수 없을 것이다. 불일치들이 남아 있는 한 측정된 배출량은, 아무리 많은 숫자들을 모으더라도, 효과적으로 수량화할 수 없다. 참으로 그것들을 특정하는 것만으로는 충분하지 않다. 설명서를 시행하려면 수백만의 다양한 장소에서, 수백만의 기구들과 수백만의 사람들을 동일한 표준에 맞춰 조정해야 한다.

　이 모든 것을 성취할 수 있다고 해도 우리는 여전히 의구심을 가질 수 있다. 헌터가 공공연하게 걱정하는 것은 우리가 주어진 물질의 실제 배출 규모를 알 수 있는가의 문제가 아니다. 더 시급하고 실천적인 문제는 모든 사람들이 자신들의 배출을 동일한 방식으로 측정하고 보고하고 있다는 것을 보증해야 한다는 것이다. 그렇다면 우리는 적어도 적절한 수량화에 관해 합리적으로 이야기할 수 있다. 그런 다음 자료들을 조합하고 가공할 수 있다. 예를 들어, 모든 보고를 더해 어떤 강에 배출된 물질의 총량에 대한 측정치로 삼을 수 있다. 측정 실천들에서의 변이들을 수용하는 것은 거의 불가능하다. 괴상하지만 양심적인 제조업자가 최신의 연구 방법을 사용하면서 주의 깊게 분석을 수행하기 위해 추가 자원을 투자하고 특히 유능한 화학자를 고용한다면, 규제 당국은 이것을 (정확성의 향상으로 환영할 일이 아니라) 실험실

간 편향의 그리고 잠재적으로 협잡의 원인으로 간주할 것이다. 고도로 정확한 척도보다는 명확하고 표준화 가능한 척도를 선호하는 강한 유인 요인이 있다. 대부분의 목표를 고려할 때 동일한 작업과 측정을 다른 곳들에서도 수행할 수 없다면 정확성은 의미가 없다. 이것은 연구의 결과를 과학공동체 밖에서의 작업에 사용해야 하는 경우 특히 진실이고 특히 긴급한 것이다.

생물학적 표준화

의료 분야보다 고급 수준의 연구 결과를 다양한 작업들에 사용하는 분야는 없다. 연구와 실무의 관계는 주로 19세기에 중요하게 되었다. 부분적으로 그것은 의사들에게 관련 과학 분야들에서 강력한 학문적 훈련을 쌓아야만 실무의 면허를 받을 수 있게 함으로써 가능하게 되었다. 그렇지만 연구 실험실에서 만들어내는 것과 동일한 형태의 정보를 만들어내는 진단 검사와 이미지들에 임상의사들이 접근할 수 없었다면, 이것은 거의 이루어지지 않았을 것이다. 그에 못지않게 치료법도 약물의 표준화에 의존하고 있다. 표준화가 아니었다면 주로 식물계 물질을 사용하는 수천 명의 약사들이 균일한 의약품들을 제공하는 것은 불가능했을 것이다. 19세기 후반에 대형 제약회사조차도 약물들의 성분이 묶음에 따라 매우 가변적이라는 사실을 발견했다. 1900년 무렵 제약산업에서 과학의 주요한 역할은 새로운 의약품의 개발이 아니라 약물에 대한 검사와 표준화였다.[49]

표준화의 가장 중요한 방법은 화학적 방법이었다. 활성 성분을 분리함으로써 약물의 합성이 가능하게 되었고, 그것으로 자연적 가변성의 문제를 제거하거나 크게 줄일 수 있었다. 하지만 상당히 많은 종류의 의약품들은 화학적으로 분리하기 어려웠다. 이것들은 20세기 초에 "생물학적 표준화"라는 새롭고 단호하게 국제적인 분야의 주제가 되었다. 여기서의 기본 생각은 자연적 가변성이 높다고 의심되는 약물들을 동물들에 주입해 검사하고 그 효과를 측정하는 것이었다. 그렇게 해서 문제의 분량의 효과가 상대적으로 강한가 아니면 약한가에 따라 복용량을 수정할 수 있었다.

이 기획에 담긴 중앙집권적 함의를 약사들은 자신들의 자율성에 대한 위협으로 받아들여 저항했다. 결국 약사들의 직무 분석에 약품들에 대한 화학적 시험의 수행이 포함되었고, 생물학적 분석은 원칙적으로 그다지 복잡하지 않았다. 1910년에 두 명의 미국인은, 식물성 강심제digitalis를 시험하는 방법이 "소매 약사가 숙달할 수 있고, 그가 가지고 있는 기구로 실행할 수 있을 만큼 매우 간단하다"라고 설명했다. 이것은 생리학적 측정이 환상적이라는 의미가 아니다. '진보적인 약사'는, 고양이 몸무게의 킬로그램당 최소의 치명적 용량을 결정함으로써 식물 잎의 수확량을 시험하기만 하면 되었다. 이것은 '고양이 단위cat unit'라고 불러야 할 것이었다. 고양이는 실험에 사용하기 쉽고, 죽이더라도 "개를 사용해서 그렇게 하는 것만큼 공동체의 감성적 부분에 영향을 미치지는 않는다"라고 그 저자들은 설명했다. 또한 고양이들은 반응의 "비상한 균일성"을 보여준다.

또는 처음에는 그렇게 보였다. 아마도 교정쇄에 덧붙였을 각주에서 그들은 근래 50%의 추가 용량을 견뎌낸 고양이들이 발견되었다면서, 그러므로 그 방법의 신뢰성을 위해서는 이제 "어느 정도 더 많은 수의 관찰이 필요할 것"이라고 경고했다.[50] 공동체의 감성적인 부분은 이것을 기뻐하지 않았을 것이다. 그리고 또 다른 문제가 있었다. 폭스글로브foxglove 잎에서 추출한 강심제는 여러 가지 활성 성분을 가진 것으로 밝혀졌다. 의사들은 약물의 단순화에 반대하고 구성성분 혼합의 표현할 수 없는 장점을 선호했다. 잠재적인 실험 동물들은 상이한 활성 성분들에 민감한 것으로 보였다. '개구리 단위'는 개구리가 약물에 대해 여름과 겨울에 다르게 견뎠기 때문에, 그리고 종종 개구리가 약물이 개구리의 심장보다 신경에 미치는 영향 때문에 죽었기 때문에 이미 평판이 나빠졌다. 1931년까지 다양한 동물들을 대상으로 한 강심제의 수량적 검사에 관한 700편 이상의 논문이 있었다. 이 분야를 주도한 사람의 하나인 조슈아 번Joshua H. Burn(1892~1981)은 1930년에 생물학적 논문이 "여전히 만족감이나 자존심보다는 오락이나 절망의 대상으로 남아 있다"라고 지적했다. "우리는 고양이 단위, 토끼 단위, 쥐 단위, 개 단위, 그리고 최근에 추가된 비둘기 단위를 가지고 있다. 길들여진 실험실 동물의 분야가 거의 소진되더라도, 용감한 정신은 여전히 사자 단위나 코끼리 단위를 서술할 수 있는 방법을 찾아내고자 할 것이다."[51]

강심제를 검사하는 진보적인 약사가 실험실 기니피그guinea pig 범주들 - 파울 에를리히Paul Ehrlich(1854~1915)가 선호하는 실험용 동물 - 에 관한, 종종 국가적 자부심에 의해 가미되는, 이러한 의견 차이 때문에 큰 불편을 겪지는 않았을 것이다. 종 안에서의 변이성의 증거 그리고 그에 따라 많은 동물을 대상으로 약물을 시험해야 하는 필요가 더 심각한 문제였다. 실제로 생물학적 표준화는 제약산업의 통합을 이끄는 그리고 약사의 기예에 대한 재정의를 이끄는 힘들의 하나였다. 대규모 회사들은 필요한 검사를 수행할 수 있는 과학적 인력을 고용할 수 있는 자원을 보유했다.[52] 하지만 연구자들과 정부들은 제조업체들에 따라 가변적인 관례적 단위들 - 이것들이 신뢰할 수 있다고 상정되더라도- 보다 더 좋은 것을 열망했다. 과학자들은 잘 표준화된 실험실 동물을 사육함으로써 자연의 변이성을 극복하고자 했다. 그러나 이것은 약물 시험에 사용할 최상의 종에 관해 동의할 수 있을 때에만 성공할 수 있을 것이었다. 가장 유망한 행동 경로는 백금 표준자platinum meter - 각각의 유형의 모든 약물들의 시험에 사용할 - 같은 일련의 표준을 구성하는 것이었다. 이것은 조직의 기념비적 솜씨를 수반했으며 결국 국가 정부들과 국제기구들의 협력을 필요로 했다.

디프테리아 항독소diphtheria antitoxin는 범례를 보여준다. 19세기 말에 활동한 에를리히는 디프테리아 독소는 불안정한 반면, 항독소는 건조한 상태에서 유지될 수 있다는 것을 발견했다. 그는 항독소의 다른 표본들과 표준적인 표본 둘 모두를, 단일의 원천에서 나온 독소를 대상으로 하는 판별 체계에서 검사함으로써, 비교했다. 발견자로서 그의 명성에 의해 그의 항독소는 다른 표본들을 비교하는 표준 표본이 될 수 있었다. 에를리히는 원하는 연구자들에게 자신의 항독소 표본을 보냄으로써 표준을 유지했다.

제1차 세계대전 발발로 독일의 물질을 더 이상 이용할 수 없게 되자, 워싱턴에 있던 보조 표본들 중 하나가 당분간 국제 표준이 되었다. 1921년 국제연맹은 이 표본과 에를리히의 표준 표본을 비교하고 그것이 변이되었는지를 알아보는 회의를 개최했다. 그것이 변이되지 않았다는 것을 충족하자 회의는 그것을 "디프테리아 항독소의 국제단위the international unit for diphtheria antitoxin"로 정했다. 이듬해인 1922년에 국제회의는 파상풍 항독소의 국제단위를 만들었다. 강심제를 포함한 다른 여러 국제단위들이 만들어졌는데, 여러 곳들에서 구한 잎들의 혼합에서 얻은 평균을 표준으로 구성했다. 국제연맹은 1924년에 '생물 표준화를 위한 상설위원회Permanent Commission on Biological Standardisation'를 설치했다. 그 위원회는 코펜하겐의 국립혈청연구소와 런던의 국립의학연구소에 표준혈청을 보관했다. 53)

인슐린의 표준화는 체계 운용의 좋은 사례를 보여준다. 처음 그것을 발견한 토론토의 연구진은 2kg 무게의 토끼에게서 일정 수준의 저혈당을 일으키는 데 필요한 용량을 단위로 정의했다. 그러나 생물학적 표준화에 관한 영국의 선도적 연구자인 헨리 데일Henry H. Dale(1875~1968)이 지적한 것처럼, 그러한 단위는 "여러 나라들의 상이한 연구기관들에서 상이한 조건 아래 유지되는 동물들에 기초해 결정될 때 필수적인 균일성을 유지할" 수 없었다. 그래서 국제회의는 건조하고 안정된 형태의 인슐린을 준비하는 것이 "단위를 정의하고 안정화하는" 최선의 방안이라고 선언했다. "그러면 표준 약물은, 관련된 모든 나라들에 단위를 전달할 수 있는 편리한 유통수단으로 기능할 것이었다." 실제로, 그들은 "각국의 일부의 책임 있는 조직"에, 또는 적어도 책임 있는 조직을 보유하고 있다고 간주할 수 있는 각국에 10분의 1 그램을 보냈다. 그렇게 되어 각국의 과학자들은 자신들이 최선이라고 생각하는 방식으로 그들 자신의 비교를 실시할 수 있었다. 그럼에도, 공식회의의 발표문에는 두 가지 기존의 방법들, 즉 토끼의 혈당 측정과 생쥐의 경련 유발의 방법을 자세히 서술하는 논문들이 포함되어 있었다.[54]

국제연맹 그리고 나중에는 유엔 세계보건기구WHO는 표준을 유지하고 확산하기 위한 정교한 체계를 개발했다. 1951년에 아놀드 애슐리 마일스Arnold Ashley Miles는 이 체계가 어떻게 작동하는지 설명했다. 대부분의 표준은 건조되고 밀폐되고, 질소 등과 같은 불활성 기체로 포장되어 영하 10°C의 어두운 곳에서 보관되었다. 때때로 그것들은 금고에서 나와 실제 현장에 가까이 있는 표본들과 비교될 것이었다. 불행하게도, 표준들은 천천히 소진되었고, 그것들의 안정성을 확인하는 것은 정말로 어려운 일이었다. 동물 반응은, "동물들 자체를 엄밀하게 특정할 수 없었기" 때문에, 공식적인 표준이 될 수 없었다. 그것은 여전히 "숨은 표준"으로 남아 있다고 마일스는 설명했다. "연구자들이 그들의 동물 군체와 그것의 번식과 먹이 활동에 친숙한 그리고 특정 유형의 시험분석을 지속적으로 수행하고 있는 하나의 실험실 안에서의, 표준에 대한 그들의 결합된 경험은, 그것이 대체로 전달 불가능하기는 하지만, 표준의 효능에 대한 귀중한 점검을 구성한다."[55]

"이러한 종류의 안정적인 표준을 채택함으로써 생물학적 속성들에 대한 추정은 길이와 무게의 측정과 같은 지위를 확보하게 되었다"고 번은 그의 생물학의 표준화 편람에서 설명했다.[56] 하지만 그는 문제가 훨씬 더 복잡하다는 것을 인정했다. 사실, 표준화의 이점을 기술, 규제, 의료 그리고 사회 자체에까지 확대하기 위해서는 영웅적인 노력이 필요했다. 응용과 밀접한 관련이 없는 잘 정립된 과학들에서는, 표준화가 중요했던 만큼이나 표준화 없이도 많은 것을 성취할 수 있었다. 과학이 학문 분과 공동체들 및 하위분과 공동체들로 조직되면서, 개인적 지식의 광범한 공유가 촉진되었다. 또한 과학자들이 이익을 추구하기 위해 속임수를 동원할 가능성은 크지 않았기 때문에, 규칙과 표준을 매우 엄격하게 정의하지 않아도 괜찮았다. 의료, 공업, 농업, 규제 등의 익명적이고 다양한 세계에서, 비공식적인 작업 방법들을 일치시키는 것은 거의 불가능하다. 그에 따라 규칙적인 감시에 기초를 둔 명확한 규칙이 더 중요하다.

하지만 이것들은 종류의 차이가 아니라 정도의 차이다. 과학적 법칙과 척도들이 외부 세계와 관련해 그 어떤 타당성을 주장하더라도, 이것이 문화, 언어 및 경험의 경계들을 가로질러 그것들을 조작적으로 타당하게 만들기에 충분한 것은 아니다. 우리가 자연의 균일성uniformity이라고 부르는 것은 실제로는 인간 조직의, 즉 규제, 교육, 제조 그리고 방법의 성과물이다. 숫자도 마찬가지로 타당한 것으로 만들어져야 하지만, 숫자들은 또한 이 기획을 발전시키는 데 불가결한 것으로 입증되었다. 피어슨은 수량화를 숭배하는 최초의 인물도 최후의 인물도 아니었다. 그는 수량화를 과학적 방법에 필수적인 것으로 간주했다. 숫자의 매력은 몰개인성, 규율, 그리고 규칙의 매력이었다. 그런 재료들을 가지고 과학은 세계를 형성했다.

제2장

사회적 숫자들은 어떻게 타당한 것이 되는가

수학은 … 우리를 위해 생각할 수 있는 … 기계다. 우리는 우리를 위해 작동하는 산업의 기계들에서 얻는 만큼의 이익을 수학의 사용에서 얻는다. ─쥘 뒤피 Jules Dupuit(1844)*

훈련과 타당성

타당성validity의 라틴어 어원validus은 '권력power'을 의미한다. 측정과 계수tallies를 타당한 것으로 만드는 다양한 방식들이 있는데, 여기에는 권력이 작용해야 한다. 이를테면 유출되는 폐수에 어느 정도의 양의 인燐이 존재한다는 것을 심각하게 의심하는 사람은 없다. 그러나 그러한 유출을 측정하는 타당한 척도를 확립하려면 사회적 권력의 대규모 행사가 필요하다. 여기에는 훈련된 노동력뿐 아니라 적정한 공공적 관계도 있어야 한다. 제조업자들이나 환경주의자들이 측정 과정에 대해 신뢰할 수 없다거나, 더 나쁜 것으로, 편향되었다고 생각한다면, 측정은 와해될 것이다. 가장 정확한 방법이 너무 비싸다면 열등한 방법이 표준이 될 것이다. 일부 특이한 경우에 최고의 방법을 사용한다면, 의심을 야기하거나, 적어도, 관습적인 방법을 사용하는 경우들과의 관계에서 해석의 문제를 제기할 것이다. 이러한 불확실성들의 어느 것도 그 사안의 사실성에 관한 의심에는 의존하지 않는다. 하나

이상의 측정체제가 가능하기 때문에 하나 이상의 해결책이 가능하며, 이것은 일련의 잠재적으로 유효한 측정들이 있다는 것을 의미한다.

공공적 통계에서 찾을 수 있는 사례는 무엇이 문제인가를 보여준다. 원칙적으로 한 나라의 인구는 비교적 문제가 없는 숫자다. 그러나 그것이 일정한 영역에 살고 있는 사람들의 분포에 의해 완전히 결정되는 것은 아니다. 먼저, 관광객, 합법적 및 불법적으로 체류하는 외국인, 군인 그리고 거주지가 여럿이거나 여러 시민권을 가진 사람들을 어떻게 셀 것인가에 관해 결정해야 한다. 이런 문제들을 해결했다고 하더라도 인구 숫자는 그것을 세기 위해 정한 방법에 따라 달라질 것이다. 미국에서는 인구조사청Census Bureau이 자체 추정한 누락치를 공식 숫자에 포함시킬 것인가 여부에 관해 활발한 논란이 있었다. 누락치는 특히 도심의 노숙자들에게 영향을 미치는 것으로 상정되기 때문에 이 추정치는 정치적으로 중립적인 것이 결코 아니다. 1990년의 인구총조사와 관련해, 상무장관은 그러한 조정이 결코 충분히 객관적일 수 없다는 이유에서 추정치를 사용하지 않기로 결정했다.

물론 주소지가 바뀐 사람들, 주소지에서 찾을 수 없는 사람들, 고정된 거주지가 없는 사람들을 배치하고 산정하기 위해 어떤 노력을 해야 하는가를 자세히 명시하고 있기 때문에 셈 자체는 객관적이다. 정치권력의 배분과 연방정부 세출의 배분이 숫자에 따라 달라지기 때문에, 특정의 관할지역, 또는 특정의 인종적이고 종족적인 범주에 체계적으로 불리하게 작동하는 방법은 분명히 논쟁의 대상이 된다. 인구조사청은 정치를 무시하고 전문적 판단에만 의존하기에는 외부의 비판에 매우 취약하다. 인구 측정에 대해 타당한 것이라고 인정하기에는 지금까지 임시적인 보정이 너무 민감하게 이루어져온 것으로 판명되었다.[1]

수량화 양식을 결정하는 데에서 전문지식의 형태들 그리고 작업자들 안에서의 권력관계도 마찬가지로 중요하다. 여론조사와, 학술적인 태도조사 사이의 차이는 교훈적이다. 두 가지 탐구 방법 모두 (제1차 세계대전과 제2차 세계대전 사이의) 전간기에 미국에서 주로 발전되었다. 여론조사는 조사자들과 응답자들에 대해 엄격한 훈련을 실시했다. 논리적으로 동등한 형태의 동일한 질문에 대해 응답들의 분포가 상당히 다르다는 사실을 알게 된 여론조사 기관들은 이런 변이의 근원을 최소화하기 위해 엄격한 표준화를 사용했다. 조사자들은 모든 조사대상자들에게, 각각의 질문을 정확하게 동일한 문구를 사용해 그리고 명시된 순서대로 암송하여 제시하도록 지시받았고, 그 대상자들은 소수의 정해진 응답들 가운데 그들 자신의 의견을 가장 잘 표현하는 하나를 선택하도록 요구받았다. 대조적으로 '태도'에 대한 학술적 연구는 일반적으로 면접자가 질문을 고쳐서 말하고, 질문의 순서도 바꾸도록 권장받았으며, 조사대상자들은 그들 자신의 말로 답을 하도록 허용받았다. 연구자들은 이 방법을 사용함으로써 질문이 정확하게 이해되고 응답이 믿음이나 감정을 진실하게 표현할 것으로 기대했다.

이것은 주제에 대한 상이한 개념을 반영한 것이었다. 학술 연구자들은 그들이 의견의 피상적 표현이라고 생각하는 것을 수집하는 데 만족하지 않았다. 자연히 연구자들은 행동에 대한 설명에 동원할 수 있는 더 심층적인 수준의 입장과 믿음에 도달하는 탐사를 필요로 했다. 이러한 다양화된 면접 양식들은 또한 상이한 형태의 사회 조직들과도 밀접하게 연관되어 있었다. 학술 연구자들은 작업의 대부분을 스스로 수행하거나 대학원생들 – 규정된 방식으로 그들 자신의 재량을 행사하도록 훈련을 받았을 – 의 노동력을 사용했다. 반면, 여론조사는 주부 등과 같이 낮은 급료를 줄 수 있는 그리고 숙련의 비법을 습득하지 못한 보조원들이 실행하는 무수한 대규모 연구들을 활용했다. 그들의 판단에 의존할 수는 없었으며, 그런 이유로, 상대적으로 엄격하고 객관적인 형태의 많은 선택답지들을 포함하는 질문지들이 필요할 수밖에 없었다.[2] 숫자들을 수집하는 사람들이 숙련을 갖출 수 있게 적절히 사회화되지 않는 한 엄격한 규칙은 거의 필수적이었다. 사망 원인에 관한 국제 통계를 수집하는 특별한 문제와 관련해서 1903년에 자크 베르티옹Jacques Bertillon(1851~1922)이 언급했던 것처럼 곤란한 경우에는 판단에 의존하기보다는 명확한 기준을 갖는 것이 언제나 더 낫다. "어떤 해결책을 채택하든 간에 이 해결책이 균일한 것이 바람직하다." 사망진단서를 작성할 때의 부호 표시에 관해 두 연구자들이 1978년에 언급한 것은 이점을 훨씬 더 풍자적으로 표현했다. "모든 사람이 자신이 생각하는 것이 정확하다고 생각한다면, 비교 가능한 통계는 얻을 수 없다."[3]

더 극단적인 경우, 이용 가능한 사회 조직의 형태에 따라 우리가 셀 수 있을지 여부를 결정할 것이다. 대규모 인구에 대한 완벽한 인구조사를 위해서는 정교한 관료제적 구조가 필요한데, 19세기 이전에 그런 관료제를 보유한 나라는 거의 없었다. 프랑스에서는 18세기 동안 일종의 표본조사와 확률론적 계산에 의지해 인구를 추정했다.[4] 영국에서 최초의 4차례의 인구조사는 1801~1831년 사이에 성공회 교회를 통해 실시했다. 마리-노엘르 부르게 Marie-Noëlle Bourguet의 훌륭한 책에서 논의한 인구조사에서 특히 흥미롭고 야심찬 시도는 공화국 9년(1800~1801)에 프랑스에서 실시되었다. 그때는 혁명기의 끊임없는 전쟁이 조금은 진정 국면에 도달한 비교적 온건한 정치의 시대였다. 통계청Bureau de Statistique은 상당한 정도로 독자적으로 운영되었는데, 자유주의적 정부를 지원하려는 입장에서 기획을 구상한 사람들이 주도했다. 그들은 프랑스의 모든 지역에 관한 대량의 정보를 모으고 전파함으로써 국가의 통일을 촉진하고 정보를 아는 시민층을 형성할 수 있기를 희망했다. 또한 그들은 프랑스가 공화파 정부 아래에서 번성하고 있는가 여부를 알고 싶어 했다. 그들은 많은 정보 – 그것의 대부분은 수량적인 – 에 관해 묻는 질문지를 각 데파르트망département의 지사들에게 보냈다. 그들은 당연히 인구에 관해 알고 싶어 했지만, 또한 경제에 관한 자세한 정보도 요구했다.

땅의 면적은 얼마이고, 그 가운데 어느 정도가 경작 가능한가? 그리고 포도
원, 과수원, 초원, 숲은 어느 정도인가? 그들은 가축에 관해서도 물었다. 그
지역에서 기르는 소, 염소, 양의 숫자는 어느 정도인가, 그리고 어느 것을 번
식하는가? 그리고 얼마나 많은 양의 우유, 양모, 가죽, 고기를 생산했는가?
그들은 인구에 대해, 직업, 재산 보유 및 부를 기준으로 나누기를 원했지만,
혁명 이전에 지배적이던 신분의 구분에 의거하지는 않는 것이었다.

　새로 취임하고 심하게 일이 많았던 지사들에게 이러한 요구는 당황스럽
고 곤란한 것이었다. 그들은 여러 페이지 길이의 표를 채우라는 요구를 받
았지만, 그것을 수행하는 데 필요했을 관료기구 같은 것을 갖추지는 못했
다. 그래서 그들은 지역의 학자들과 유지들, 즉 그 지역에 오랫동안 거주해
왔고 그 지역의 전통, 관습, 생산 등에 친숙하다고 자랑하는 가문들의 부유
한 시민들의 도움을 구했다. 조사를 진행해 결과를 생산한 데파르트망들에
서 조사의 결실은 단행본들의 총서였는데, 그것들은 풍경과 사람들의 특징,
사람들의 복장, 습관, 관습 그리고 축제, 생산, 제조업 등에 관한 유용한 정
보를 가득 담고 있었다. 학자들은 숫자에 대해 이데올로기적인 거부감을 보
이지 않았으며, 출산, 결혼 또는 수출에 관한 정보를 얻을 수 있는 곳에서는
보고서에 이것을 담을 수 있었다. 그러나 조사를 맡게 된 유지들이 이집 저
집을 방문해 거주자들에게 그들 자신과 그들의 부 그리고 생산에 관한 수십
가지의 자세한 사항들을 묻지는 않았을 것이다. 그들이 그렇게 하고 싶었다
고 하더라도, 주민의 극히 일부분 이상을 조사할 만큼 학자들의 숫자가 충
분한 것은 아니었다. 그리고 어떻게든 정보를 수집할 수 있었다고 하더라
도, 지사나 통계청은 그것을 처리할 자원들을 보유하지 못했다.

　우리는 통계학자들과 지역의 유지들 사이의 관계에서 문화의 충돌을 볼
수 있다. 통계청은 대규모의 잘 훈련된 관료제만이 제공할 수 있었던 종류
의 정보를 원했다. 보고서들의 저자들은 지식에 대해 아주 상이한 이상을

가진 석학들과 박학들이었다. 이런 사람들이 다른 사람들을 조사하는 자동화된 대리인으로 변환될 수는 없었다. 몇 년 뒤 제3의 문화가 장군이자 황제였던 나폴레옹 보나파르트Napoleon Bonaparte(1769~1821)의 모습으로 강력하게 진입했다. 통계학자들의 자유주의적 목표는 그에게 아무런 의미가 없었다. 그는 징병, 징발, 징세 그리고 전시경제 관리의 목적에 적합한 특수하고 집중적인 정보를 요구했다. 통계청은 그가 요구한 것을 제공할 수 없었고, 결국 그는 1811년에 통계청을 없앴다.

이러한 행정적이고 정치적인 어려움들은 1800년에 프랑스의 통계학자들이 직면했던 더 일반적인 장애를 시사한다. 아직은 프랑스를 통계로 축소할 수 없었다. 중앙집권적이고 관료제적인 행정을 갖추지 못했기 때문에 통계를 위한 노동력을 훈련하는 것은 불가능했다. 하지만 그것은 또한 프랑스라는 나라의 여러 측면을 통계적 형태로 서술할 수 없다는 것을 의미했다. 혁명기 프랑스는 여전히, 중요한 방식으로, 구체제 사회였다. 물론 인구를 셀수는 있었지만, 고도로 계층화된 사회에서 그렇게 다양한 무리의 사람들을 계산해서 어떤 유용성을 얻을 수 있을 것인가는 대부분의 사람들에게 불분명했다. 사람들을 분류하는 작업이 특히 곤란했다. 혁명에 의해 공식적으로 폐지된 신분과 서열을 보고서에 유지하기는 어려웠다. 그리고 통계청은 프랑스 전체에 적합한 단일한 묶음의 범주들은 있을 수 없다는 것을 즉각 알게 되었다. 이 점을 인식한 장-앙투안 클로드 샤프탈Jean-Antoine Claude Chaptal(1756~1832)은 필요한 경우 표에 새로운 범주들을 도입하도록 권유하는 회람을 지방 행정당국들에게 보냈다. 하지만 부르게는 그것이 "하나의 국민계정의 범주들로 환원할 수 없는 다양한 국지적 현실이 존재하고 있음을 인정한다"라는 것을 의미했기 때문에 해로운 양보였다고 지적한다.[5] 교체는 상당히 유동적이었으며 어쨌든 지역에 따라 달랐다. 노동, 전문직 및 행정의 위계들은 불안정하고 다양했다. 지방 학자들은 통일적이고 엄격하게 수량적인 통계보다 언어적이고 서술적인 통계를 선호하는 것이 옳다고 생각하는 듯했다. 지역적 차이들에 민감하고 복잡한 그들의 작업은, 바로 이런 이유 때문에, 중앙집권적 행정의 요구에 적합하지 못했다. 관료제적 목적에 적합한 통계의 등장은 나라의 재건을 기다려야 했다.

규칙과 간섭

몇 십 년 뒤 오노레 드 발자크Honoré de Balzac(1799~1850)는 프랑스가 통계학자들의 요구에 따라 재건되었다고 생각했다. "사회는 모든 사람들을, 그들을 지배하는 데 더 적합하게 고립시키고, 모든 것들을, 그것들을 약화시키기에 더 적합하게, 분할한다. 사회는 곡식 낟알 더미처럼 쌓아올린 단위들을, 즉 숫자들을 다스린다."6) 개인주의를 향한 이런 움직임은 "사회"의 결과였을 뿐 아니라 국가의 행정능력 증강의 결과이기도 했기 때문에, 통계사업은 일정 정도는 자기입증적self-vindicating이었다. 참으로 사회 개념은 그 자체가 부분적으로 통계적 구성물이었다. "도덕 통계moral statistics"의 초기 조사에서 발표된 범죄와 자살의 규칙성들은 분명히 개인들에게 귀속할 수 없는 것이었다. 그래서 대신 그것들은 "사회"의 속성들이 되었고, 1830년부터 19세기 말까지 그것들은 사회가 실재한다는 것을 입증하는 최상의 증거로 널리 받아들여졌다.7)

통계의 창조적 힘은 사회 같은 광범한 실체들에만 한정되지 않는다. 모든 범주는 새로운 사물이 될 잠재력을 가지고 있다. 결혼 표는, 해마다 소수의 20대 중반 남성들이 70대의 여성들과 혼인한다는 것을 보여주었다. 여기에는 탐구해볼 만한 현상이 있었다. 호기심 많은 통계학자는 사회적 삶의 이 측면을 이해하기 위해, 여러 나라들에서의 비율들을 또는 종교적 믿음과 상속법률에 따른 비율들을 비교해볼 수 있었다. 우리에게 더 친숙한 통계적 실체는 범죄율이다. 물론 통계학자가 이 영역을 장악하기 이전에도 범죄는 발생했지만, 범죄율이 있다고는 생각하지 않았을 것이다. 마찬가지로, 실업이 통계적 현상이 되기 이전에도 사람들은 때때로 자신이나 자신이 만나는 다른 사람들이 일자리를 잃었다는 것을 발견했다. 1830년대의 범죄율의 고안과 1900년 무렵의 실업률의 고안은 상이한 종류의 현상, 즉 개인들의 불운한 조건이나 비난받을 문제가 아니라 집합적 책임을 포함하는 사회라는 조건을 암시했다.[8]

해킹은 통계적 실체 생산의 생생한 사례를 제시한다. 1825년 보험계리사 존 핀레이슨John Finlaison(1783~1860)은 영국 하원의 소위원회에서, 사망률은 알려져 있는 자연법칙이지만, 질병은 그렇지 않다고 증언했다. 정부는 그러한 상태를 인정하지 않았는데, 특히 수천 개의 노동자 공제회가 질병의 결과에 대비해 가입자를 확보하기 위해 그것을 받아들였기 때문이었다. 소위원회는 공제회들이 곧 파산할지도 모른다고 우려했다. 4월까지 위원회는 핀레이슨을 겁박해 질병의 법칙의 가능성을 인정하게 만들었다. 그런 다음 위원회의 보고서는 그의 증언을, 질병을 "거의 확실한 법칙으로 환원할 수" 있다고 확인하는 것으로 오도적으로 요약했다. 1852년에 나온 한 해설은 위원회의 요약을 타당한 것으로 취급하면서, 공제회들의 5년 주기의 반환에 풍부한 자료들이 포함되어 있음을 고려할 때, 이런 질병의 법칙이 왜 순환되지 않았는가에 대해 의아해했다. 이것에 대해 새로 형성된 보험계리사협회The Institute of Actuaries는 이런 전체 영역에서의 법칙의 타당성을 부인하는 것으로 대응했다. "사망률도 '확정되어 있고' 질병률도 '확정되어 있다'라는 생각은 분명히 지지할 수 없는 것이었다. 그 비율들을 모든 [보험] 단체마다, 아마도 아주 크게는 아니더라도 특징적으로 다르다고 믿을 만한 근거가 있다."[9]

이런 변이성 때문에 보험회사에는 보험계리사 같은 사람들에 의한 능숙하고 전문적인 관리가 필요하다고 그들은 지적했다. 그러나 그것이, 보험회사들을 자연의 자비와 가입자들의 습관에 맡겨 놓는다는 이야기는 아니었다. 회사들은 어떤 주어진 조직에서의 질병을 그 자체가 정한 법칙의 범위 내에서 유지되도록 사안들을 정리하고 스스로를 돌볼 수 있었다. 1849년에 윌리엄 샌더스William Sanders 가문의 한 사람은 공제회에 관한 의회 소위원회의 위원에게 자신이 어떻게 버밍햄공제조합Birmingham General Provident과 자선협회Benevolent Institution의 지급능력을 유지하는가에 대해 설명했다. 질병의 비율을 보여주는 표가 중요하지만, 결정적인 요소는 적절한 질병의 범위를 정의하는 엄격한 규칙이었다고 그는 그들에게 말했다. 증언은 다음과 같이 진행되었다.

소더론T. H. Sutton Sotheron [위원회 위원]: 재화 표에 대한 단순한 계산은 공제회를 보호하기에 충분하지 않을 것이다. 당신은 또한 훌륭한 규칙을 가지고 있을 것이 아닌가?

샌더스: 전혀 그렇지 않다. 나는 나쁜 규칙과 결합된 고급의 표보다는 좋은 규칙과 적절한 표를 가진 공제회를 더 신뢰할 것이다.

할포드 경Sir H. Halford [위원회 위원]: 공제회의 규칙이 엄격하다는 것은 지불금의 규모가 작다는 이야기인가?

샌더스: 물론이다. 그것은 보험에 우리가 부과하는 제한들로 이루어져 있다. 우리는 회원들의 상황과 수입을 살펴보고 그들이 질병에 대해 사기에 대한 의혹을 일으킬 정도의 금액을 보험으로 가입하는 것을 허용하지 않는다.

할포드 경: 질병의 실제 상황에 관해 엄격하게 감독한다는 이야기는 왜 하지 않는가?

샌더스: 물론 그것도 문의한다. 우리는 외과의사의 진단서에 근거해서만 지불

한다. 그것에 더해 일반 회원들이 당사자들을 방문해 그 방문 내용을 매주 서기에게 보고한다.

할포드 경: 물론 당신은, 그들의 노동을 질병 동안에는 금지하는가?

샌더스: 그 점에 관한 우리의 규칙은 대부분 것보다 훨씬 더 엄격하다.10)

간단히 말해 질병을 주의 깊게 배치하고 세분해야만 신뢰할 수 있게 수량화할 수 있었다. 질병에 대한 이런 검사는 근래 더욱 중요해지고 있다. 그렇게 하지 않으면 인정하지 않은 질병들의 급속한 확산에 의해 공공의 자금이 고갈될 것이며, 신리카도주의new Ricardianism의 논리에 따라 모든 잉여가치는 피할 수 없게 의사의 손에 들어가게 될 것이다.

생명보험은 가짜 질병에 어느 정도는 덜 취약한 편이었으며, 그에 따라 간섭하지 않더라도 신뢰할 수 있는 수량화가 가능하다는 전망이 받아들여졌다. 전체 국민 인구의 건강 상태를 점검하는 것 등과 같은 일부 목적을 위해서는 일반생명표가 적합하다고 생각했다. 이 표는 일반적으로 각 성별로 1만 명의 동시 출생 집단cohort을 상정했으며, 그들이 100세에 이를 때까지 해마다 살아 있을 것으로 평균적으로 예상할 수 있는 사람의 수를 제시했다. 물론, 규칙성들은 당연히 콜레라나 감자 마름병potato blight이 유발하는 변동의 영향을 받았다. 그렇지만 생명보험회사들은 이것을 대수롭지 않은 문제로 간주했다. 모든 신청자를 승인한 공제회는 곧 아프고 죽어가는 회원들로 압도적으로 채워졌고, 이것은 회사뿐 아니라 그것의 회원에게도 치명적일 것이었다. 일반적인 "사망률의 법칙"이 있다고 하더라도(이것은 보험계리사들 사이에서 논쟁거리였다) 그것이 생명보험 제도를 위한 적절한 근거를 제공하지는 못했다. 19세기의 보험계리사들은 자신들의 업무가 인위적인 질서의 영역을 창출해야 했다고 인정했다. 그들은 주로 가입자들을 능숙하게 선택함으로써 이것을 달성하고자 했다.

근대 보험의 역사를 연구하는 학자들은 이런 선택의 중요성에 관한 빅토리아 시대 보험계리사들의 견해를 지지한다. 클리브 트레빌콕Clive Trebilcock은 펠리칸Pelican 보험회사가 "간단히 어떤 사람들을 보험에 가입시킬 것인가를 선택하는 데에서 능숙하지 못했기" 때문에, 19세기 내내 이익을 내지 못했다고 설명한다.11) 다른 회사들은 착실한 중간계급들을 가입시킨 반면, 그 회사는 방종한 귀족들을 너무 많이 받았다. 적절한 선택이 핵심적으로 중요하다는 것이 보편적으로 인정되었다. 디킨스가 1843~1844년에 발표한 그의 소설『마틴 처즐위트Martin Chuzzlewit』에 등장시킨 생명보험회사Anglo-Bengalee Disinterested Loan and Life Assurance Company는 가입을 무차별적으로 인정함으로써 회사의 무책임함을 디킨스의 독자들에게 홍보했다. 보험회사 의사인 조블링Jobling 박사는 발행된 모든 보험증권에 대해 수수료를 받았다.12)

가입자들의 선별은 신뢰와 감시의 어려운 문제를 보여주었다. 건전한 회사는 의료 전문가뿐만 아니라 금융 전문가도 이사회에 참석하도록 주의를 기울였다. 생명보험 산업의 초기 수십 년 동안 생명보험회사들의 통상적인 관행은 모든 신청자들에게 부서의 관리자들 앞에 직접 출석하도록 요구하는 것이었다. 거기에서 검사를 실시할 것이었고 그를 가입하도록 '선별'할 것인가에 관한 결정을 실제로 내릴 것이었다. 그러나 때로는, 특히 신청자가 런던에서 멀리 떨어진 곳에 거주하는 경우 검사가 매우 불편했다. 수학자인 찰스 배비지Charles Babbage(1791~1871)는 1826년에 진행한 보험회사에 대한 연구에서 대부분의 회사들이 신청자들 중 일정한 비율에 대해서는 이 방문을 면제할 의사가 있다고 보고했다. 이것이 얼마나 당연한 것인가는 결코 계산된 적이 없다고 그는 탐탁해하지 않으면서 덧붙였다.13)

분명히 보험회사들은 어떤 경우에도 그들이 고려하고 있는 신청자들에 관한 정보를 필요로 할 것이었다. 도움되는 정보의 가장 편리한 원천은 먼저 사업을 신청한 다른 도시들에 있는 대리인들이었다. 그러나 대리인들은 의학적 전문지식을 갖추지 못할 수도 있으며, 어떤 경우이거나 수수료를 받고 일하는 사람의 재량에 의존하는 것은 위험했다. 화재보험의 경우 일부 대리인들의 서투른 판단이나 탐욕으로 인해 적어도 피닉스 보험회사Phoenix Assurance가 세인트 토머스St. Thomas와 리버풀Liverpool에서 막대한 초기 손실을 입었다는 것을 트레빌콕은 보여준다.[14] 펠리칸 보험회사는 1828년에 의료자문관을 이사회에 임명했으며 회사 소속 의사들의 질과 자격을 계속 검사하고자 했다. 그러나 의료 문제에 대한 그들의 관심은 변덕스러운 것일 뿐이었다. 수많은 정책들을 취소한 사실은 실수의 빈도를 증명한다. 이사회는 보험통계 작업이나 의료 업무보다 투자에 일반적으로 더 관심이 있었다. 아마도 이 때문에 그 회사는 높은 사망률에 의해 큰 타격을 입었을 것이다.[15] 로열익스첸지 보험회사Royal Exchange Assurance는 보험계리사와 검시관을 고용함으로써 훨씬 더 성공적이었고, 그러므로 생명보험사업에서도 더 성공적이었다. 그 회사는 펠리칸 보험회사보다 14년 늦은 1842년에 의료자문관을 임명했다. 그 회사는 1838년까지는 보험 가입 신청자들에게 의료증명서를 요구하지 않았다. 이것은 아마도 무관심의 표식이 아니라 강력한 개인적 관심사, 즉 건강 상태에 관한 중요한 판단을 다른 사람들에게 위임하는 것에 대한 거부감의 표식이라고 받아들여야 할 것이다.[16]

1843년에 주식회사에 관한 의회 소위원회The Preliminary Select Committee on Joint Stock Companies에 출석한 4명의 보험계리사들은 건강 상태의 판별에 관해 상당히 자세하게 진술했다. 먼저, 신청자는 "특정한 병명의 질병들"을 앓았는가의 질문을 받았다. 그는 그의 "의료 관계자, 그리고 그의 생활습관과 건강 상태를 잘 알고 있는 몇몇 개인적인 친구"의 연락처를 제출해야 했다. 그러면 친구와 의사에게 질의서가 보내졌고, 신청자는 "보험회사 사무실의 관리자들 또는 그들이 지명할 수 있는 의료담당자 또는 둘 모두의 앞에" 출두하도록 요구받았다. 소위원회 위원장인 리처드 레러 세일Richard Lalor Sheil은 관리자 앞에 출두하는 것이 어떤 유용한 목적을 달성할 수 있는가에 대해 의문을 가졌다. "나는 그것이 아주 유용하다고 생각한다"라고 찰스 안셀Charles Ansell은 응답했다. "그러나 의료 보고서에 주로 의존하지 않는가?"라는 질문이 돌아왔다. "그렇게 말할 수는 없을 것 같다. 참으로, 나는 관리자들이 대담하게 의료담당자와 완전히 다른 의견을 제시한 사례들, 그리고 의료담당자들은 거부한 사람들을 받아들인 또는 때로는 그 반대인 사례들도 알고 있다"라고 그는 답했다. 또 다른 보험계리사인 그리피스 데이비스Griffith Davies는 의료담당자들이 거부한 신청자들을 관리자들이 받아들이는 경우는 거의 없었지만 의료담당자가 승인한 신청자를 관리자들이 거부하는 경우는 종종 있었다는 이야기를 끼어 넣었다. "또 다른 편리함이 있는데, 그것은 보험 가입 신청자를 판단할 수 있는 처세에 능한 사람의 능력이다"라고 안셀은 말을 이었다. 즉, "외모를 보면 사람들의 습관을 알 수 있고 종종 그것은 독한 술을 마시는가 등과 같은 그 사람의 습관에 대한 질문으로 이어진다"라는 것이다.17) 생명보험회사는 흐리터분하거나 추레한 사람들을 좋아하지 않았다.

19세기 중반에는 보험회사들이 아직 규모가 크지 않았거나 관료제적이지 않았기 때문에 보험계리사들도 가입자들의 선택에 참여했으며, 이 문제에 대한 이따금씩의 조언이 보험계리사협회의 학술지인 ≪보험잡지Assurance Magazine≫에 발표되었다. 1859~1860년에 그 학술지는 나쁜 가입자들을 찾아내기 위한 의학적 격언medical maxims 모음집을 출판했다. "검시관의 숙달된 눈은 특유의 부은 얼굴에서 고급의 술꾼을 즉각 감지할 것"이며 그의 신청을 거부할 것이다. 아무리 경미한 것이더라도 뇌졸중으로 인한 심근경색은 생명보험 신청자를 "심한 부적격자로 만들 것이며", 존경할 만한 보험회사는 "미식가이며 몸을 움직이지 않는 통풍에 걸린 사람"을 가입시키는

것을 고려하지 않을 것이었다.[18)]

사물을 만들다

공식 통계의 범주들은 논쟁의 영역을 차지하고 있다. 그것들이 포함하고 있는 숫자들은 이기심뿐 아니라 오해에 의해 위협받고 있다. 통계학자들은 유출물의 농도 측정에서 직면했던 것과 매우 유사한 반복의 문제에 직면한다. 수천 명의 조사원들은 분류하기 어려운 사람들을 적절한 범주들로 배열하도록 훈련받아야 한다. 민박집을 운영하는 은퇴한 치과의사나 음식점에서 잠시 종업원으로 일하고 있는 신진 소설가의 직업을 어떻게 분류할 것인가에 관해 사무소의 조사원들이 서로 논의하기 때문에, 각 사무소에서는 숙련된 능력을 발전시켜야 한다. 프랑스 국립 통계 및 경제 연구소의 알랭 데스로지에르Alain Desrosières와 로랑 테브노Laurent Thévenot는 코딩의 문제들을 논의하고, 이런 범례적인 통계기관에서조차 동일한 피고용자에 대해 다시 면접을 실시하면 처음에 보고했던 것과 다른 직업 범주로 분류하는 비율이 사례들의 20%에 이른다고 분석한다.[19)]

때로는 불확실성이 더 심해지고, 범주들 자체가 도전받기도 한다. 미국에서 인종 및 종족 분류는 큰 관심사이며, 언제나 격렬한 논쟁거리다. 사회활동가들과 관료들은 마침내, 멕시코, 쿠바, 푸에르토리코, 이베리아, 그리고 중앙 및 남아메리카계 미국인들을 분류하는 범주로 "히스패닉스Hispanics"를 고안했지만, 그것이 가리키는 사람들은 결코 그 범주를 보편적으로 지지하지 않았다.[20)] 독일, 미국, 프랑스에서는 상당히 상이한 세 형태의 사람들을 영어로 전문직들professionals로 불리는 범주에 배치하는 것으로 나타난다. 데스로지에르와 테브노는 정치적 및 행정적 야심이 그 범주를 만들어냈다고 토론한다. 세 형태 모두 부문에 의한 범주화에서 위계를 더 엄격하게 적용하는 방향으로의 전환을 반영한다. 부문에 의한 범주화는 의사와 간호사 그리고 자동차 회사의 임원과 조립라인 근로자를 같은 범주로 분류하게 될 터인데, 각각의 사례에는 더 국지적인 이야기들이 있다. 공공 부문 외부의 유급피고용자들을 가리키는 독일의 범주인 사무직Angestellte은 오토 폰 비스마르크Otto Eduard Leopold von Bismarck의 사회보험법 제정 당시 고안된 것으로, 이 존경할 만한 유형들은 임금노동자들로 분류되지 않고 또한 사회주의적 노동조합에 의해 대표되지 않을 것으로 간주되었다. 미국의 '전문직'은 20세기 초반에, 서비스 업무에 종사하는 지식인들을 기업 경영자들과 구별하기 위해 고안되었다. 프랑스의 통계학자들은 1930년대와 1940년대의 경제계획과 관련해 '관리직cadre'이라는 범주를 형성했다.

범주화가 특정의 상황에 의존한다는 사실은 범주들이 고도로 우연적인 것이며 그러므로 취약한 것임을 의미한다고 할 수 있다. 하지만 범주들은 일단 자리를 잡으면 뚜렷하게 탄력적resilient일 수 있다. 통계 관련 종사자들 군단은 범주들이 타당하다는 가정에 기초해서 숫자들을 수집하고 가공한다. 인구의 숫자적 특징들을 논의하고자 하는 신문기자들과 공무원들은 숫자들을 다른 숫자들로 재처리하는 능력에서 매우 제한적이다. 따라서 생산된 숫자들은, 그것들을 생산하는 내부자들이 제한적인 방식으로 도전하는 경우를 제외하고는, 도전에 거의 영향받지 않는 암흑상자가 된다. 게다가 숫자들이 공식인 것이 되면 그것들은 점점 더 실재적인 것이 된다.

데스로지에르는 인상적인 사례를 제시한다. 1930년에 프랑스에서는 아무도 '관리직'에 대해 말하지 않았고 심지어 그것이 누구를 가리키는가를 알지 못했다. 그 개념의 단초는 부자들 및 노동계급들에 대항하는 중간계급 연대 운동에서 발견된 것이다. '관리직'이라는 용어는 비시Vichy정권에서 공학자들과 관리자들에게 처음 적용되었다. 그리고 전후의 계획화planification

에서 그것은 공식 통계의 범주가 되었다. 그 용어를 사용하기 위해서는 어떤 구성원을 그 범주로 셀 것인가를 판단할 수 있는 자세한 정의가 필요했으며, 곧 그것에 일단의 수량적 특징들이 부착되었다. 오늘날에는 프랑스 신문들에서 관리직들이 당면의 쟁점들에 관해 어떻게 생각하는지 또는 그들이 옷을 어떻게 입고 무엇을 읽는지에 관한 기사를 볼 수 있다.[21] 통계적 범주들은 점차로 개인적이고 집합적인 정체성의 기초를 형성한다. 테브노는 사회계급들의 형성에서도 이와 유사한 이야기가 중심적인 것이라고 지적한다. 그는 사회계급들은 그것들을 구별하는 데 기여하는 사회통계의 도구와 분리될 수 없다고 주장한다.[22] 국민적 정체성도 또한 부분적으로는 공공 통계의 구별을 통해서 형성될 수 있다. 또는 이탈리아의 사례처럼 통계적 통일성을 명백히 갖추지 못하면 국민적 정체성이 위협받을 수도 있다.[23] 공공 통계는 부분적으로 그것이 어떤 사회적 실재를 정의하는 데 도움을 주기 때문에 그 사회적 실재를 서술할 수 있다.

공업화된 서구에서도, 마르크스Marx주의적 사회주의의 이름으로 형성된 중앙계획경제들에서와 마찬가지로, 수량화는 단지 서술뿐 아니라 개입 전략의 일부였다. 소설가 알렉산드르 지노비예프Alexander Zinoviev는 소련의 사례를 약간의 풍자와 함께 멋지게 특징지었다.

미래를 예측하는 영역에서 우리가 과학적 발견들을 성취할 수 있다는 희망에는 아무런 기초도 없다. 무엇보다도, 소련에서는 미래에 대한 예측이 당 최고 권위의 특권이며, 그러므로 과학자 조무래기들에게는 간단히 이 영역에서의 그 어떤 발견도 허용되지 않는다. 둘째, 당 최고권위는 미래를 예측하는 것이 아니라 그것을 계획한다. 미래를 예측하는 것은 원칙적으로 불가능하지만 계획할 수는 있다. 결국, 어느 정도는 역사는 계획에 대응하려는 시도다. 여기서 역사는 5개년 계획과 같은 것이 된다. 그 계획은 항상 행동의 지침으로 실행

되는 것이며 결코 예측으로 실행되는 것은 아니다.[24]

아도르노는 문화산업에서 자본주의와 수량화의 관계에 관해 관련 있는 점을 지적했다. 나치의 지배를 피해 미국으로 이주한 난민으로서 그는, 지성사의 기묘한 운명의 한 사례로, 또 다른 독일계 이주자이자 열렬 수량화주의자archquantifier인 파울 라자스펠트Paul Lazarsfeld가 이끄는 라디오 연구에 참여하게 되었다. " '문화를 측정하라'라는 요구를 받았을 때 나는 문화라는 것은 그것을 측정할 수 있는 정신구조mentality를 배제하는 바로 그런 조건일 수 있다고 성찰했다"라고 아도르노는 회상했다. 그러나 그는 이것이 반드시 대중오락에 대한 수량적 연구를 배제하는 것은 아니라고 판단했다. "문화산업의 생산물들, 즉 중고품 대중문화는 그 자체가 실질적으로 통계적 관점에서 계획된 것이라는 사실이 바로 수량적 방법을 정당화한다. 수량적 분석은 그 생산물들을 그것들 자체의 표준에 의해 측정한다."[25]

자연과학의 방법들과 마찬가지로, 사회적 및 경제적 삶을 탐구하기 위해 사용하는 수량적 기술들도, 그것들이 서술하려는 세계가 그것들의 이미지 속에서 재구성될 수 있다면 가장 잘 작동한다. 심리검사가 학교 성적을 예측한다면, 부분적으로 이것은 학교에서 학생들을 평가하는 데 아주 유사한 검사를 사용하기 때문이다. 그 검사가 사업에서의 성공과 상관관계가 있다면, 이것은 경영대학원에서 수입해온 수량적 문제 해결의 문화에 어느 정도의 빚을 지고 있다. 소련의 경제계획에 대한 지노비예프의 지적은 거의 그대로 서구의 관료제적 기업체들에도 적용된다. 수량화는 동시에 계획과 예측의 수단이다. 회계체계와 생산 과정은 상호의존적이다. 예를 들어, 원가회계는 기계와 노동자들과 아울러 제조업 제품들이 고도로 표준화될 때까지는 불가능했다. 동시에 정교한 회계는 대량생산 경제의 창출에 불가결한 요소였다. 수공업 생산과 물물교환의 세계에서는 수량화주의자들의 도구는 거의 쓸모가 없었을 것이며, 그런 도구들에 둔감했을 것이다.

회계는 대기업들의 상황을 보여주기보다는 대기업들의 활동을 안내하고자 했다고 강조되어왔다. 여기에는 잘못된 이분법의 징후 이상의 것이 있지만, 이것에는 의심의 여지가 없다. 진리 주장으로서 신뢰성을 갖지 못하는 숫자들은 또한 권력을 행사하고 활동을 조정하는 데에서도 효과적이지 못할 것이다. 그러나 명령법은 직설법을 규정하는 경향이 있다. 숫자들이 또한 합리적으로 표준화되지 않는다면 적절한 서술이라도 가치를 거의 갖지 못한다. 오직 이런 식으로만 계산은, 행위자들을 판단할 수 있는 그리고 행위자들이 자신을 판단할 수 있는 기초가 되는 규범과 지침을 확립할 수 있다. 기업들은 일찍부터 생산량에 따라 노동자들을 평가하기 시작했고, 생산량은 쉽게 측정할 수 있고 또한 회사의 수익성에 명확하게 연결될 수 있는 이중의 장점을 가졌다. 회계의 중요한 목표들 중 하나는 그런 객관적 평가를 더욱더 높은 수준의 책임성에 적용하고, 그러므로 대규모의 다중심적 기업들을 가능한 한 명확하고 공개적인 표준에 따라 경영하는 것이었다. 조지 차터 해리슨George Charter Harrison(1881~1959)이 1930년에 지적했듯, 최고 경영자들보다는 "일당 5달러짜리 노동자"를 대상으로 이것을 성취하는 것이 훨씬 용이했다. 그러나 듀퐁Du Pont이나 제네럴모터스General Motors 같은 회사들은 이미 표준 수익성 지수standard index of profitability나 투자 수익률return on investment: ROI을 사용해 그 회사의 부서들의 활동을 평가하고 있었다.[26]

그러한 척도들은 어느 것이거나 필연적으로 정보의 손실을 수반한다. 어떤 경우, 회계의 사례가 그렇듯, 최종 결산 결과의 신뢰성은 이런 정보 손실이 크게 관련이 없는 것처럼 보이는 그러한 것일 수 있다. 그러나 그런 태도는 최종 결산 결과가 그것이 요약하는 활동들에 의해 명확하게 결정된다는 것을 전제로 한다. 그런 일은 절대로 없다. 기업 경영자들의 능력을 회계에 의해 판단한다고 하면, 그들은 아마도 필요한 유지보수 비용이나 그 밖의 다른 장기적인 비용을 이월하는 등의 책략을 동원해 회계를 극대화하는 방법을 학습한다.[27) 재무적이지 않은 척도들은 더 느슨하게 될 수도 있다. 의회는 미국 산림청에 해마다 성장하는 나무들에 의해 갱신되는 것보다 더 많은 목재를 자르지는 못하도록 위임했다. 그 법률이 발효되자 적어도 산림청 회계에서는 나무들의 성장률이 새로운 제초제, 살충제 및 나무품종들에 의해 크게 높아졌다. 그러한 의심스러운 추정치를 통해 산림청은 그 법에서 이빨을 뽑았다.[28)

이기적인 조작을 통해 척도들이 훼손될 수 있다는 점을 고려하면, 우리는 척도들이 세계에 존재하는 것들을 적절하게 측정한다는 믿음을 의심할 수 있다. 그럼에도 충분한 제도적 지원에 의해 뒷받침되는 타당한 척도들은 실질적인 것이 될 수 있다. 투자 수익률 같은 회계 척도들은 범례다. 피터 밀러Peter Miller와 테드 오리어리Ted O'Leary가 지적하듯, 그것은 단순히 최고 수준의 경영진에게 알고 있으라고 전달되는 정보로 기능하는 데 그치지 않는다. 그것은 또한 중앙집권적 행정이 중간관리층의 책임자들의 위에서 결정을 내릴 수 있게 하는 강제 권력의 하수인도 아니다. 그것이 실질적인 것이 되는 정도까지, 그것은 경영진의 이해관심을 회사의 그것에 결속하면서, 중요한 종류의 자기규율self-discipline을 위한 기초를 제공한다. 성공적인 기업은 활발한 탈중앙집권적 활동에 의존한다. 숫자들만으로는 회사의 운영에 관해 자세한 결정을 내리기에 충분한 정보를 얻을 수 없다. 숫자들의 가장 큰 목적은 윤리를 심어주는 것이다. 수익성의 척도들 — 성과 척도들 일반 — 은 그것들이, 니콜라스 로즈Nikolas Rose의 표현으로, "영혼의 기술들technologies of the soul"이 되는 정도까지 성공한다. 그 척도들은 상당한 정도로 사람들에게 자신을 판단하는 표준을 제공하기 때문에 행정적 행동들에 정당성을 제공한다. 학교의 성적, 표준화된 검사의 점수 그리고 회계 서류의 최종 결산 결과는, 그런 성과나 가치 측정의 대상이 되는 사람들로부터 그것들의 타당성, 또는 적어도 합리성을 인정받지 않는다면 효과적으로 작동할 수 없다. 그리고 인정받는다면 그것들은 그것들이 측정하고 있는 바로 그 활동들에 방향을 제시함으로써 성공한다. 이런 식으로 개인들은 통치 가능한 대상이 된다. 개인들은 미셸 푸코Michel Foucault가 통치 가능성governmentality이라고 부른 것을 드러낸다. 숫자는 규범과 비교할 수 있고, 규범을 만들어낸다. 이 규범은 근대 민주주의 사회들에서 가장 부드러운, 하지만 가장 널리 퍼져 있는 형태의 권력의 하나다.[29]

정보

사물을 만드는 이러한 창조적 활동은 또한 우리가 정보라고 알고 있는 대부분의 것들의 전제조건이기도 하다. 물론 사실상 모든 인간 활동들은 일부 형태의 지식을 전제하고 있으며, 이런 지식을 공유하지 않고서는 어떤 사회도 기능할 수 없다. 이런 의미에서 "정보사회"라는 근대적 용어는, 대기업의 본부와 마찬가지로 농민들의 마을도 정보 없이는 유지될 수 없기 때문에, 전적으로 무의미한 것이다. 그러나 뉘앙스에 조금만 주의를 기울여보면 많은 것이 변화했다는 것을 알 수 있다. 정보의 대가들이 널리 인식한 한 가지 변화는 인구조사표가 지식의 축적과 교환에 주로 의지해 살아가는 그리고 희고 매끄러운 손을 가진 사람들의 숫자와 다양성이 크게 증가했음을 보여준다는 것이다. 또 다른 한 가지는 인쇄된, 사실적 재료가 폭발적으로 증가했기 때문에 산업(또는 탈산업)세계에서 살아가기 위해서는 기초적인 문자해독력literacy과 숫자해독력numeracy이 필수적인 것이 되었다는 점이다.

지식의 이런 폭발은 중요한 측면에서, 우리에게 믿으라고 자주 압박하는 것만큼 인상적인 것은 아니다. 앎은 일반적으로 인쇄물에 의존하지 않는다.

그리고 근대 초기의 농부들, 목수들, 푸주한들, 대장장이들이 작업을 수행하면서 작업을 수행하는 정도로 부지런히 자신들의 작업을 서술했다면 막대한 분량이 되었을 것처럼 지금 우리의 연구자들도 그러하다. 그러나 그들의 작업은 숙련을 공유하고 재화를 교환하는 훨씬 더 개인적인 방식에 기초한 질서였다. 농부의 자녀들은 농업 생활의 미묘한 숙련을 그들의 부모에게서 배웠다. 장인들은 기술적 훈련과 도덕적 훈련을 결합한 오랜 기간의 도제에서 그들의 기예를 습득했다. 외부자들은 이것의 어느 것에 대해서도 알 필요가 없었다. 참으로 숙련을 무차별적으로 공유하는 것은 길드의 삶을 질서 있게 유지하는 기반인 자질과 자율에 대한 그런 강조를 훼손하게 될 것이었다.30)

적어도 18세기 후반까지는 공적인 업무들도 대체로 사적으로 유지되었다. 흔히 공적 제도들도 사적 제도들과 마찬가지로 기밀을 유지할 충분한 이유를 가지고 있었지만, 공적인 업무가 기밀을 보존하는 정교한 기제들을 필요로 한 것은 아니었다.31) 오히려 그 기밀은 공적 지식을 촉진하는 제도들의 취약성을 반영했다. 정치 정보와 사업 비즈니스 모두, 주로 개인들의 친분의 연결망을 통해 전파되었다. 참으로 정치적 연결과 사업적 연결은 흔히 분리 불가능했으며, 그것들의 어느 것도 친구관계와 쉽게 구별할 수 없었다. 18세기 미국인들은 사적인 서한을 공적 사업으로 취급했으며, 서한은 발신자에서 수신자로 이어지는 친분의 연쇄를 따라 전달되면서 여러 차례에 걸쳐 개봉되고 읽혔다. 가족은 대부분의 정보 교환에서 중심이었고, 엘리트 가족들 내부의 서한은 자주 가족의 소식과 공적인 소식을 혼합했다. 정치적 사안들에 관해 비공식적으로 알 수 있는 연결망을 갖지 못한 사람들에 대해서는 알아야 할 실질적인 필요가 없는 것으로 취급했다. 엘리트들은 지역 신문을 개인적 지식의 확장으로 봤다. 해외에서 도착한 신문만이 순수한 정보와 같은 것으로 경험되었다. 인쇄물조차도 흔히 개인 도장을 찍는 경우가 많았으며, 멀리서 신문이나 성명서를 가지고 온 사람에게는 그것의 내용을 해석하고 설명할 것으로 기대했다.[32]

어떻게 그렇지 않을 수 있었겠는가? 익명의 문서를 믿을 무슨 이유가 있었겠는가? 몰개인적인 정보는 구하기 매우 힘들었다. 부르게의 연구에서 볼 수 있듯, 1800년에는 프랑스의 관료조차도 그것을 많이 만들 수 없었다. 과학적 보고서의 신뢰성은 그것의 저자와 증인의 사회적 지위에 의존했다. 신뢰의 부족은 비교 가능성의 문제, 즉 다양한 기관들과 표준화되지 않은 상품들 및 척도들의 결과에 의해 복잡해졌다. 정보사회에서 정보는 무엇보다도 서로 알지 못하는 사람들과의, 그러므로 공유된 이해의 개인적 기반을 갖지 못한 사람들과의 의사소통을 의미한다. 그러한 정보는 18세기에는 근래만큼 중요하지 않았다. 대부분의 뉴스가 사적으로 유통되었기 때문에 정보의 훌륭한 출처는 권력과 동의어였다. 이것은 어떤 점에서는 여전히 참이지만, 2세기 전에 사적으로 습득해야 했던 것의 대부분은 그 이후 공식화되고 인쇄된 지식으로 대체되었다. 18세기 후반에 시작된 신문 발행의 광범한 확산은 로버트 로스웰 팔머Robert Roswell Palmer가 "민주 혁명의 시대age of the de- mocratic revolution"라고 부른 것 그리고 위르겐 하버마스Jürgen Habermas가 "공적 영역public sphere"이라고 지목한 것과 함께 이런 변화를 촉진했다.[33] 그러나 출판된 사실정보에 대한 일상적인 의존은, 그것을 어떻게 만들어야 하고 어떻게 해석해야 하는가를 명시하는 공유된 규율을 전제했다. 대부분의 경우 그것은 또한 새로운 것의 행정적인 창출을 필요로 했다.

윌리엄 크로논William Cronon이 그의 책에서 논의한 시카고상공회의소 Chicago Board of Trade의 활동은 눈에 띄는 사례를 제공한다. 철도가 등장하기 이전 곡물 무역에서의 표준 관행은 농부들이 밀을 담은 대형 자루를 배에 실어 강을 따라 내려보내는 것이었다. 하류에 있는 제분업자나 도매상은 표본을 면밀히 검토해 밀의 가격을 제시했다. 그런 상황에서 '밀의 가격'에 대해, 또는 어쩌면 정보에 대해 이야기하기는 어려웠다. 미국 중서부는 평평하고 균일해 보였지만 각 농장의 생산물은 독특했다. 좋은 품질의 밀은 확실한 가격을 받고 있었다고 이야기할 수도 있었지만, 상인이나 대리인이 현장에서 곡물을 살펴보지 않은 채 상인이 밀을 구매하는 것은 어리석은 짓일 것이었다. 그 곡물이 적어도 밀가루나 빵으로 소비자에게 도달할 때까지는 그런 개인적인 검사가 줄을 이어 계속되었다.

하지만 1850년대에는 시장이 더욱 집중화되고 있었다. 기업가들의 자발적 조직으로 1848년에 설립된 시카고상공회의소는 거의 즉시 이러한 매우 얼룩덜룩한 세계에 어느 정도의 통일성을 부과하기 시작했다. 회의소는 먼저 자루의 크기를 무게에 입각해 다시 규정했다. 대형 자루를 움직이는 일은 배에서는 괜찮았지만 곡물 엘리베이터에서는 불편했다. 엘리베이터와 관련된 더 큰 문제는 품질이었다. 각각 농부의 곡물을 별도의 분리된 칸에 보관하는 것은 불편했다. 1856년부터 회의소는 밀의 통일된 범주를 규정하는 일을 수행했다. 회의소의 초기 노력은 거의 재앙으로 이어졌다. 농부들은 우수한 깨끗한 밀이 더럽고 축축하거나 싹이 튼 밀과 거의 동일한 값을 받을 것임을 알게 되자 심하게 불평하기 시작했다. 또한 그들은 오물과 왕겨를 밀에 섞거나 적어도 밀을 깨끗하게 유지하는 데 거의 신경을 쓰지 않았다. 곧 뉴욕 시장에서 시카고 밀의 가격은 밀워키 밀의 가격보다 5~8센트 낮아졌다. 새로운 방식은 통일된 가격 형태의 몰개인적인 정보를 만들어내는 데는 적합하지만, 지역의 농부들과 상인들에게는 막대하게 불리한 것으로 판명되었다.

1857년 회의소는 품질을 기초로 밀의 등급을 매기는 방식을 도입했다. 이를 위해 회의소는 시 곡물 검사관을 임명해 여러 엘리베이터에서의 등급 채점 작업을 관찰하도록 했다. 그러나 이해당사자인 엘리베이터 운영자들에 의한 등급 채점은 불만족스러운 것으로 드러났다. 1860년에 수석 검사관은 자신의 보좌관들을 훈련시키라는 명령을 받았고, 그에 따라 약간의 관료제가 형성되었다. 정해진 검사료를 받고, 이들 검사관들은 시카고 거래소에서 거래되기 위해 출하되는 곡물의 등급을 인증하게 되었다. 이를 위해, 검사관들은 엘리베이터에 들어가서 곡물을 개인적으로 검사할 수 있는 권한을 부여받아야 했다. 각각의 곡물 무더기는 상등품club class부터 불합격rejected까지의 4등급 중의 하나로 평가받았다. 엘리베이터 운영자들은 단지 곡물을 4등급과 세 가지 주요한 품종별로 분리하여 유지해야 했다.

하지만 그들은 당연히 그렇게 하지 않았다. 왜냐하면 품질은 연속적인 데 범주들은 불연속적이었기 때문이었다. 그들은 곧 여러 등급의 곡물을 혼합하여 낮은 문턱의 등급까지 낮추는 것이 이윤을 증가시킬 수 있다는 것을 알았다. 이 비밀은 오래 유지되지 않았다. 곧 농부들은 이런 혼합이 자신들의 몫이 되어야 할 수익을 부정한 엘리베이터 운영자들이 착복하는 것이라고 불평하기 시작했다. 농부들은 신문들과 선출직 공무원들의 공감을 얻었고, 그들은 곡물 거래에 개입하겠다고 위협했다. 곡물의 표준화에서, 정치를 통제하(여 입법하)는 일은 밀에 대한 등급평가 만큼 중요했고, 상공회의소도 상이한 등급의 밀의 혼합을 금지하는 법의 제정에서 농부들 편에 섰다.

결국 관료들과 상인들은 농장에는 존재하지 않았던, 자연에는 더더욱 결코 존재하지 않았던 것, 즉 생산물에 통일적인 범주들을 만들어내게 되었다. 그 이후 밀은 시카고 거래소에서 밀을 본 일이 없는 그리고 볼 일이 없는, 그리고 밀과 귀리를 구별할 수 없는 상인들에 의해 매매될 수 있었다. 심지어 그들은 '선물futures', 즉 아직 존재하지도 않는 상품들을 팔고 살 수 있었다. 따라서 규제 활동의 그물은 근대적 의미에서의 정보를 위한 공간을 창출했다. 성공적인 밀 상인은 더 이상 농장, 항구, 철도역에서 각각의 농부의 생산물을 판정하는 데 시간을 보내지 않을 수 있었다. 1860년 무렵에는 밀 거래에 필요한 지식은 밀에 대한 지식 및 왕겨에 대한 지식에서 분리되어 있었다. 이제 그 지식은 분minute 단위로 만들어지는 인쇄물에서 찾을 수 있는 가격 자료와 생산 자료로 구성되었다. 물론 개인적 접촉과 사적 출처의 필요가 사라진 것은 아니었다. 하지만 소문조차도 활동이 있는 곳, 즉 농장이 아니라 거래소에서 생겨났다.[34]

제3장

경제적 측정과 과학의 가치

사회공학자는 … 사회적 기술social technology 같은 것을 정치의 과학적 기반이라고 생각한다.
—포퍼(1962)*

사회적 기술로서 수량화

교과서 과학은 압도적으로 이론을 다룬다. 이것은 오늘날 과학들의 여왕
으로 군림하는 물리학에서 특히 뚜렷한데, 물리학의 초보자들이나 외부자
들은 종종 그것을 수학과 혼동한다. 자연과학의 성과에 관해 그리고 그것이
인간 연구에 대해 갖는 함의에 관해 조금이라도 생각한 적이 있는 대부분의
사회과학자들도 이런 부류의 외부자들에 포함된다. 쟁점을 그런 추상적인
관점에서 제기한다면 실험과학자들조차도 종종 자신의 업무는 이론을 시험
하는 것이라고 말할 것이다. 제1장에서 우리는 실험이 그 자체의 독자적인
삶, 즉 도구적 실천의 삶을 가지고 있다고 믿게 되는 몇 가지 이유를 논의했
다. 하지만 당연히 그것은 문자적 실천의 삶, 즉 분석하고, 글 쓰고, 논증하
는 삶이기도 하다. 수량화는 근대의 실험적 삶에서 수학이 물리학 이론에서
수행하는 역할 못지않게 중심적인 역할을 수행한다. 그것의 목적들 중의 하
나는 실험실의 물질문화를 형식 이론에서 도출한 예측과 연결하는 교량으

로 구실하는 것이다. 종종 이것은 과학의 실천에서 실험적 수량화의 결정적 역할로 취급된다. 하지만 그렇다고 할 수는 없다. 수학적 이론을 결여한 주제들을 다루는 연구자들도 종종 방법과 결과를 수량적 형태로 보고하는 데에서, 그리고 수량적으로 표현할 수 없는 발견들을 여과해 제거하는 데에서 똑같이 노력한다.

수량화는 사회적 기술이다. 근대의 수학적 이상은 고대 기하학에 뿌리를 두고 있고, 고대 기하학은 증명을 강조하고 대체로 숫자의 영역에서 분리되어 있었던 반면, 산술과 대수학은 실용적 기예로 탄생했다. 그것들은 상인들의 활동, 회계장부의 기록과 관련되어 있었다. 이것은 16세기까지도 그러했으며, 19세기에도 어느 정도는 그러했다. 과학에서도 또한 수량적 측정과 숫자의 조작은 고대 시대로 거슬러 올라간다. 그러나 그것들의 위치는 수학적 논증에 명백하게 종속되어 있었다. 르네상스 시대에는 그러한 활동이 행성의 위치를 예측하고 부활절의 날짜를 결정하는 데 유용한 것으로 간주된 수리천문학mathematical astronomy의 대부분을 형성했다. 이런 목적을 위해 별과 행성의 위치를 신중하게 측정했다. 요하네스 케플러Johannes Kepler(1571~1630) 이전까지는 측정을 물리적 이론에 맞추는 것에 대해 진지하게 고민하는 사람이 거의 없었다. 측정의 삶이 이론과 완전히 별개의 삶은 아니었지만, 그것이 단순히 이론을 위해 존재하는 것은 아니었다.

실험과학들이 측정의 윤리 속으로 끌려들어가게 된 18세기 말에도 그 삶은 여전히 정확한 이론에 연결된 것만큼이나 밀접하게 상업과 행정의 실천적 세계에 연결되어 있었다. 화학 저울은, 국가의 광업 관료들의 후원 아래, 광산의 분석실에서 화학 실험실로 들어왔다. 라부아지에에게 그것은 실험 실력에 대한 결정적 검사였지만, 그렇다고 하더라도 그것은 이론들에 대한 검증과는 거의 아무런 관련도 없었다. 또 다른 좋은 사례는 기압계를 사용해 고도를 측정하는 것이다. 블레즈 파스칼Blaise Pascal(1623~1662)은 1648년에, 질적 이론에 따르면, 기압계를 더 높은 고도에 가져가면 수은 기둥이 낮아져야 한다는 것을 깨달았고, 분명히 그러했다. 18세기의 군사공학자들은, 산악 지역의 지형도를 그리는 데 기압계를 사용해야 한다면 그것이 훨씬 더 정밀해져야 한다고 판단했고, 이것은 기압측고법의 정밀성을 높이는 데 주요한 유인이었다.[1]

기압계를 포함한 많은 분야에서 곧 수학적 이론들을 검증하게 되었다. 이론들에 대한 검증은 종종 측정의 정밀성을 높이는 중요한 자극제를 제공했다. 이것의 주목할 만한 초기 사례는 지구가 평평한가 아니면 길쭉한 구형인가에 관한 뉴턴주의자들과 데카르트주의자들 사이의 논쟁이었다. 중요한 것으로, 메리 테럴Mary Terrall이 보여주듯, 길쭉한 구형이라는 주장은 데카르트 이론의 결과가 아니라 뉴턴적 근거 위에서 뒤이어 논쟁을 불러일으킨 프랑스의 지도제작자들의 초기의 발견의 결과였다. 북극에 가까운 유럽 북부의 라플란드Lapland와 적도에 가까운 남미의 페루Peru에서 지구의 곡률을 측정한 유명한 18세기 중반의 탐험대는 그러므로 더 높은 정밀성과 신뢰성을 추구할 이론적 이유를 가졌다. 그러나 정밀성은 그 쟁점이 독립적으로 제기되기에는 이미 지도 제작에 너무 중요한 것이었다.[2] 그리고 어떤 경우든 이론들 사이에서 결정을 내리기 위해 정확한 측정을 사용하는 것은 전혀 통상적인 것이 아니다. 약 2세기 동안, 수량적 정밀성은, 측정을 그 어떤 수학 이론에도 연결할 수 없는 경우에조차 실험과학에 중심적인 것으로 이해되어왔다. 정밀성의 추구는 과학에서, 이론적 엄격함보다 도덕경제와 더 관련이 많은 이유 때문에 지속되었다. 정밀성은 근면, 숙련 그리고 몰개인성의 표지로 가치 있게 평가되었다. 수량화는 또한 사람과 자연을 관리하는 중요한 수단이었다.

이런 실천적 명령은 내가 "회계 이상accounting ideal"이라고 부르는 것의 일부다. 과학과 관련해 그런 용어를 사용하는 것은 절대 군주가 없이 살아

갈 수 있는 사람들에게는 그것이 그다지 위태롭지 않겠지만, 대역죄lèse maj-esté의 행위로 보일 것이다. 회계는 분명히 평상적인 활동이며, 우리에게 수량화의 기예적 차원을 알려준다. 그것은 상업적이고 관료적인 삶을 조직하는 한 방식이며, 과학의 실험적 탐구에 형태를 부여하는 측정의 유사한 역할에 주의를 환기시킨다. 우리는 그것을 일상적인 것 그리고 독창적이지 않은 것으로 무시하지 않도록 조심해야 한다. 불명확함과 관련한 회계와 통계의 평판은 그것들의 권위를 유지하는 데 도움이 된다. 사회적 현상으로 간주되는 회계는, 학자들과 언론인들이 일반적으로 생각하는 것보다 훨씬 강력한 것이며 또한 의심스러운 것이다.

유해하지 않은 몰개인성과 객관성의 범례로서 회계의 도덕적 차원은 제4장에서 정의하고 제5장에서 역사화할 것이다. 여기서의 목적은 행정에서 그것의 효력에 주의를 환기하는 것이다. 대체로 이야기하면 회계와 통계는 세계를 라투르가 "계산의 중심"이라고 부르는 것과 연결하는 선이다.[3] 필연적으로, 현상을 관리한다는 목표는 또한 청중을 납득시키는 것에 의해 좌우된다. 프랑스 국가 또는 다른 국가가 산업노동자들에게 상해보험을 제공하기로 결정했을 때 국가는 비용 산정의 목적을 위한 통계를 필요로 했다. 국가가 인구조사 결과에 비례해 도시들에 세금을 부과할 때 인구에 대한 논쟁은 피할 수 없었으며, 그와 함께 숫자들을 보증하기 위한 객관성이라는 도장에 대한 요구도 피할 수 없었다.[4] 과학자들은 수량화의 이러한 측면들을 예리하게 인식해왔다. 어느 정도의 예외는 있었지만, 그들은 실험적 통제와 측정의 세계에 어느 정도 통합될 수 없는, 수학적 이론을 포함한, 이론을 다루는 것을 꺼렸다. 저명한 과학자들의 공언으로 이것을 뒷받침하는 것은 어렵지 않은 일이며, 조금 뒤에 언급할 것이다. 하지만 회계에 대한 비유의 적절성은 자연과학자들이 취한 경제적 문제들에 대한 접근에서 가장 뚜렷하게 드러난다. 그것이 이 장의 주요 주제다.

척박한 이론

이 장에서 살펴보는 과학자들과 공학자들 대부분과 마찬가지로 윌리엄 휴웰William Whewell(1794~1866)도 통계를 경제학의 추상적 이론에 대한 대안 이나 또는 적어도 불가결한 보완물로 보았다. 1830년대와 1840년대 영국의 통계적 및 역사적 경제학의 주도적인 옹호자는 리처드 존스Richard Jones (1790~1855)였다. 휴웰은 그의 가까운 친구로 자주 연락을 주고받는 사이였고, 그가 사망했을 때 그의 유고 관리인이 되었다. 둘 다 런던통계협회Statistical Society of London의 최초의 회원들이었다. 휴웰은 존스에게 자신이 선호하는 그러나 스스로 수행하기는 꺼린 그러한 경험적인 경제적 탐구를 수행하기를 기대했다. 그렇다고 그가 사실들을 수집하고 분석하는 고단한 작업을 수행하지 않을 만큼 지나치게 거만한 것은 결코 아니었다. 그는 존스를 주로 다른 방식으로, 즉 수학 이론의 저술로 지원했다. 이것은 있음직하지 않은 동맹으로 보일 수도 있다. 경제학에서 연역주의에 대한 강력한 반대자가 왜 그것을 수학화하고자 했는가? 물론 그의 적들을 물리치기 위해서다. 휴웰은 수학이 이론적인 정치경제학에 규율을 부과하고 그것의 무차별한 적용을 막을 것으로 기대했다.

정치경제학은 휴웰의 주요한 과학적 관심사가 아니었다. 그는 박학가, 즉 주도적인 과학적 조직가로, 케임브리지의 트리니티대학Trinity College의 지휘자였고, 교육적 주제들에 관한 사상가이자 저술가였고, 천문학자, 물리학자, 지질학자 그리고 광물학자였다. 그는 그의 과학적 노력의 대부분을 "조수학tidology", 즉 밀물과 썰물의 운동에 대한 과학에 쏟았으며, 엄청난 규모의 수량적 자료도 모았다. 그는 그 자료가 수학적 예측과 일치하기를 기대했다. 오늘날 그는 3권으로 된『귀납적 과학의 역사History of the Inductive Sciences』와 그것에 이은『귀납적 과학의 철학Philosophy of the Inductive Scien-

ces』그리고『발견의 철학에 관하여On the Philosophy of Discovery』의 저자로
가장 잘 알려져 있다.

휴웰의 철학적 전망은 정치경제학에 대한 그의 비판적 접근을 이해하고
자 하는 작업에서 명료한 출발점이다.[5] 먼저 우리는, 정치경제학은 휴웰의
역사나 철학의 주제가 아니었다는 점을 알게 된다. 결국, 그것은 사례를 들
어 역사를 가르치려는 것이었고, 그것의 저자는 정치경제학에서 다른 과학
적 탐구를 위한 모델이 될 수 있는 것을 발견하지 못했다. 오히려 정치경제
학자들은 훨씬 더 성공적인 학문 분야들 - 이것은 자연과학들을 의미한다 - 에서
배울 것이 훨씬 더 많았다. 휴웰은 자연과학의 모델이 정치경제학에 적합하
지 않다고 생각했기 때문이 아니라 정치경제학자들이 성공적인 과학적 탐
구의 역사적 유형에서 너무 멀리 벗어났다고 생각했기 때문에 데이비드 리
카도David Ricardo(1772~1823)의 경제학을 비판했다.

그 유형은, 무엇보다도, 귀납을 포함했다. 휴웰은 자신을 프랜시스 베이
컨Francis Bacon(1561~1626)의 헌신적인 추종자라고 생각했으며, 과학은 귀납
에 의해 연속적으로 더 광범위한 일반화로 나아가야 한다고 반복해서 주장
했다. 우연히 관찰한 소수의 사실들로부터 방대하고 포괄적인 원칙으로 도
약하고 그 이후 연역의 편안한 경로로 진행하고자 하는 유혹에 저항해야 한
다는 것이다. 리카도는 이런 뒤쪽의 경로를 따랐다고 그는 생각했다. 수학
을 리카도의 정치경제학에 결합하는 것은 "그것을 무의미한 것으로 만드는
것"일 것이었다. 정치경제학자들은 "머릿속에 엉뚱한 이론으로 가득 차 있
기 때문에 그들이 상식을 이해할 수 없다면 그들은 밟혀 뭉개질 것이고 무
시될 것이다."[6]

언어적 추론은 너무 불확실하다고 그는 주장했다. 그 추론은 전제를 명확
히 밝힐 것을 요구하지 않으며, 보조가설들이 인지하지 못한 채 스며드는
것을 허용한다. 추론의 오류를 확실하게 점검하지도 않는다. 그것의 결과를

단호한 심판관, 즉 실험 그리고 관찰을 통해 검사하기에는 그것은 너무 부정확하다. 수리경제학은 이러한 결함들을 극복할 수 있을 것이었다. 물론 결과는 종종, 우리는 그렇지만 연역적 추론에서 성공할 수 없다는 것, 우리의 전제들은 세계와 충분히 일치하지 않는다는 것을 보여줄 수도 있을 것이다. 그러나 이것도 역시 귀중한 지식이다. 정확한 결과는, 그것이 결함이 있는 것이더라도 부정확한 전면적인 결론보다, 즉 "우리가 경제학자들로부터 영원히 받아들이는, 필연적으로 있어야만 하는 그러나 아직은 있지 않은 것에 대한 진술보다, 그리고 일반적 '진리' – 각각의 개별 사례가 그것에 대해 예외인– 보다" 선호해야 한다.[7]

이 모든 것을 고려할 때 휴웰의 결론은 놀라운 것이 아니다. 리카도는 의심스러운 암묵적 가정들이 자신의 논증 속으로 스며드는 것을 허용했다. 일단 폭로되고 명확하게 밝혀지면, 리카도의 질적 발견들에 대해서는 존스 같은 사람들의 역사적이고 경험적인 연구에 비춰 판단할 수 있을 것이었다. 휴웰은 그것들에 대한 총체적인 옹호를 예상하지 못했던 듯하다. 그는 또한 리카도의 추상적인 언어적 추론에서도 오류를 발견했다고 주장했다. 예를 들어, 리카도는 영국의 번영의 증가가 지대와 이윤에 미치는 영향에 대한, 그리고 궁극적으로 다양한 종류의 세금들을 부과할 부문들의 영향에 대한 그의 추론에서 실수했다. 이것은 수학자가 이 점에 관해 결정적이고 정확한 결론에 도달할 수 있다고 휴웰이 믿었다는 이야기가 아니다. 그의 목적은 건설적인 것보다는 비판적인 것이었다. 즉, "어떤 종류의 그리고 얼마나 많은 자료가 그런 문제들에 대한 정확한 해결책의 기초가 될 수 있는가"를 보여주는 것이었다.[8] 수학은 경험적 탐구를 대신해야 하는 것이 아니라 언어적 연역의 약점을 드러냄으로써 경험적 탐구를 위한 기반을 청소해야 한다.

이렇게 수학을 사용해 기존 이론에서 명확한 결론을 이끌어낼 수 없음을 보여주는 것은 19세기에 드문 일이 아니었다. 플리밍 젠킨Fleeming Jenkin

(1833~1885)도 비슷한 목적을 가지고 작업한 또 다른 영국의 과학자였다. 젠킨은 윌리엄 톰슨William Thomson(1824~1907), 제임스 클러크 맥스웰James Clerk Maxwell(1831~1879), 피터 거스리 테이트Peter Guthrie Tait(1831~1901)의 친한 친구였으며, 그 자신은 에딘버러대학University of Edinburgh의 공학 교수였다. 그는 열기관의 물리학을 본받아 그의 경제학을 구성했다.9) 그가 1868년과 1870년에 쓴 논문은 분석 수학보다는 도표를 사용했으며, 그의 목적은 적어도 부분적으로 건설적인 것이었다. 그러나 그는 많은 부분에서 고전 정치경제학의 주요한 결론들 중 하나, 즉 이른바 임금 기금 교의wages-fund doctrine에 대한 혐오에 의해 영감을 얻었다. 이 교의는 어떤 주어진 시기에 임금으로 지급될 수 있는 기금, 즉 화폐의 총합은 제한되어 있으며, 노동조합이 그 것을 확대하기 위해 할 수 있는 일은 아무것도 없기 때문에 노동조합은 노동자들의 조건을 개선할 수 없다고 주장했다. 젠킨은 우리가 그 기금이 어떻게 결정되는가를 알지 못하는 한 이 교의는 의미 없는 것이라고 반대했다. "지금까지 어떤 경제학자도 이것에 대한 계산을 가능하게 만들 수 있는 수요와 공급의 법칙을 진술한 일이 없다."10) 원인들의 상호작용을 계산하기 위해서는, 추상적인 수학적 공식이 아니라면, 적어도 일반화 가능한 수량적 기법들이 필요했다. 그는 경험적 자료에서 많은 개선이 없으면 해결책을 확정할 수 없다고 선언했다.

그는 공급과 수요 사이의 균형을 추구하는 것을 통해 나아갔다. 물론 이것은 가격의 함수, 또는 여기서 다루는 특별한 문제에서는 임금 비율의 함수다. 이런 곡선의 모양은 자연이 무시간적으로 제공한 것이 아니라, 젠킨이 이야기했듯, 자본가의 그리고 노동자들의 정신의 상태에 좌우된다. "가격의 법칙은 역학의 법칙처럼 불변적인 것이지만, 임금의 비율을 인간이 통제할 수 없다고 상정하는 것은 인간이 기계의 구성을 개선할 수 없다고 가정하는 것만큼이나 터무니없는 것일 것이다." 따라서 이른바 수요-공급의 법칙은 "어떤 객체의 가격이 장기적으로 어떠할 것인가를 결정하는 데에서 거의 또는 전혀 도움을 주지 않는다".[11] 시장의 구조가 문제다. 조직되지 않은 노동자들은 파산한 회사가 판매하려 내놓는 재화와 마찬가지다. 그러므로 노동조합으로의 조직화는 가장 확실하게 노동자들의 운명을 개선할 수 있다. 얼마만큼이나? 후속의 논문에서 젠킨은 수요와 공급에 대한 경험적 측정이 징세의 효과를 용해하게 될 것이며, 동일한 방법을 임금에도 적용할 것이라고 제시했다.[12] 그러나 임금 비율의 결정에서 그가 아주 강력하게 강조한 정신적 요소를 고려할 때 여기서의 예측은 정치경제학자의 기예를 넘어설 수도 있었다.

우리는 이런 경험적 태도를 특징적으로 영국적인 것 – 특히 그들의 경제학 저술들에서 회계, 통계 그리고 기계를 강조한 휴웰과 배비지 시대의 – 으로 간주하고 싶은 유혹을 느낄 수도 있다.[13] 사실, 역사적 경제학이 고전 이론에 대해 완전한 승리를 거둔 독일 제국에서도 결코 그것이 더 강력하지는 않았다. 독일 역사학파는 통계학파였다. 그 구성원들 중 소수, 가장 저명하게는 빌헬름 렉시스Wilhelm Lexis(1837~1914)와 게오르그 프리드리히 크나프Georg Friedrich Knapp(1842~1926)는, 일반적으로는 비판의 도구로, 고급 수학을 사용했다. 그들은 "원자론적" 개인주의를 논박하고 사회의 "자연법칙"의 가능성을 부인하는 것을 목표로 삼았다.

구스타프 슈몰러Gustav Schmoller(1838~1917)를 따르는 역사주의자들과 카를 멩거Carl Menger(1840~1921)의 연역주의적 오스트리아학파 사이의 방법론쟁Methodenstreit에서 수량화가 명백하게 역사학파를 편들었다는 점은 흥미롭지만 폭로적이다. 반反연역주의적이더라도 그것은 멩거의 언어적 이론들과 새로운 수학적 한계주의 이론 – 과도하게 추상적이라고 렉시스가 비판한 – 사이의 중도노선을 또 다른 관점에서 제공했다. 연역적 이론은 경향만을 보여줄 수 있을 뿐이라고 그는 비판했다. 그것의 명제는 "실제의 사건들의 신뢰할 만한 사전 결정관계"를 제시하지 않으며, "혼자서는 경제학에서의 목표를 추구하면서 채택해야 할 척도들을 결정할 수도 없다".[14] 역사학파에 따르면 경제학의 목표는 무엇보다도 실용적이고 행정적인 것들이었다. 그 학파의 구성원들은 특히 노동자들의 삶을 개선하기 위한 사회개혁을 목표로 했다. 국가의 효과적인 경제 개입은 경험적 적합성에 의해 스스로를 입증한 전문가에 의존한다고 그들은 믿었다. 물론 이것은 말하기는 쉬웠지만 성취하기는 어려웠다. 그러나 선택의 여지가 있는 경우 그들은 형식적·연역적 이론보다는 서술적 회계와 통계를 선호했다. 이런 사고방식은 경제적 문제들에 관해 저술한 대부분의 자연과학자들에게서도 전형적이었다.

공학자들과 물리학자들의 경제학

공학자들은 종종 그들의 전문 업무의 속성에 의해 경제학을 실행하도록 요구받는다. 물리학자들은, 적어도 연구자로서는, 일반적으로 그런 요구를 받지 않는다. 그러나 물리학과 공학 사이의 경계선이 늘 아주 명확한 것은 아니다. 그 간격은 19세기의 대부분에 걸쳐, 물리학과 공학에서 처음에는 열기관이 그리고 다음에는 전기가 막대하게 중요했던 결과로, 좁혀졌다. 특히 19세기 초반에는 열역학적 관념과 경제적 관념 사이의 관계가 매우 가까울 수 있었다. 두 관념은 각각 서로의 개념들을 사용했다. 경제학이 단순히 물리학에 기생한 것은 결코 아니었다. 경제학의 관념과 물리학의 관념은 공통의 맥락을 공유하면서 함께 성장했다. 경제적 관점, 즉 변환과 교환을 통해 에너지 세성의 균형을 맞춘다는 생각은 열역학의 중심적인 비유를 형성했다. 그 견해는 리카도나 장 바티스트 세(Jean Baptiste Say(1767~1832) 같은 사람들에게서 주로 나온 것이 아니었다. 여기에서 문제가 되는 경제적 사고방식은 고등 이론보다는 회계와 더 밀접하게 관련되어 있었다. 이런 경제적 개념은 그 자체가 이미 노동가치이론을 엔진과 관련된 일련의 유추들과 통합했다.[15]

이런 형태의 경제학은 아마도 대영제국에서 가장 잘 발전되었다. 와이즈가 보여주듯, 거기서는 (에너지를 의미하는) 노동이 대안적인 경제학의 기초가 되었다. 에너지의 경제학은 노동 생산성을 절대 표준에 비춰 평가할 수 있게 허용했기 때문에 측정의 경제학이 되기에 이상적으로 적합했다. 그것은 기계의 노동, 동물의 노동, 인간의 노동을 통약 가능한 것commensurable으로 만들었다. 에너지 경제학의 옹호자들은 일반적으로 자유무역, 자유방임, 또는 고전 정치경제학의 다른 주요 교의들에 대해 적대적이지 않았다. 하지만 그들은 주로 이론적인 경제과학에 대해서도 만족하지 못했다. 그런데 여기에, 과학자들에게 기계와 노동의 생산성을 판단하고 그것들을 개선할 수 있게 허용할 경제적 추론의 형식이 있었고, 더 중요한 것으로 경제적 실천의 체계가 있었다. 이 경제학에서는 공장들에 대한 통계, 노동자들에 대한 통계 그리고 생산에 대한 통계는 의미 있는 것이었다. 수량화는 행정을 도울 수 있었고, 공학자들과 개혁가들의 개선 활동을 안내할 수 있었다.

영국에서 '일'에 관한 새로운 프랑스 물리학의 가장 중요한 초기 옹호자는 휴웰로, 그는 1841년에『공학의 기계학Mechanics of Engineering』에 관한 교과서를 저술했다. 그는 공학을 단순한 장인적 숙련 이상의 것으로 발전시키고, 물리적 측정과 결합된 물리이론을 도입하고자 했다. 그의 저서는 풋파운드foot-pound: ft-lb(1파운드 무게의 물체를 1피트 들어올리는 일의 양)를 노동력의 공통된 단위로 만들었다. 이 경우 기계는 인간 및 동물과 비교할 수 있었으며 그것들의 유리한 점들을 익숙한 용어로 이해할 수 있었다. 유명한 물리학자 윌리엄 톰슨의 형이자 그 자신도 뛰어난 공학자였던 제임스 톰슨James Thomson(1822~1892)은 1852년에 전형적인 계산을 제시했다. 그가 고안한 펌프는 분당 2만 2700 풋파운드의 속도로 물을 끌어올릴 수 있다고 그는 확인했다. 사람은 단지 분당 1700 풋파운드의 물만을 끌어올릴 수 있었고, 그것도 하루에 8시간만 끌어올릴 수 있었다. 그러므로 펌프는 40명 분의 일을 했다. 와이즈가 지적하듯, 육체적 일은 여기서 문자 그대로 노동가치다.[16]

더 중요한 것으로 이 공식은 유용한 일과 무용한 일을 명확하게 구별할 수 있게 했고, 참으로 효율성을 수량적으로 표현할 수 있게 했다. 이것은 계산을 사용해 기계와 인간 노동의 최적의 혼합을 결정할 수 있게 했기 때문에 산업공학자에게 무한히 귀중했다. 톰슨(윌리엄)은 전신기술telegraphy에서 최적을 달성하기 위해 에너지 계산과 화폐 계산을 어떻게 결합할 수 있는가를 보여주었다. 전선에서 신호의 지연을 어떻게 계산할 것인가를 결정하자 그것은 "전선과 피복의 차원들 – 구리와 구타페르카 수지와 철의 일정한 가격과 함께 최소의 초기 비용으로 일정한 작동 속도를 제시할 – 을 결정하는, 쉽게 해결되는, 경제적 문제"가 되었다. 거의 같은 시기에 톰슨(제임스)은 소변을 끓여 비료로 만들고 그것에 의해 노동자들을 위한 식량 생산을 증대하는 것과 생산적 작업을 위해 석탄 화력을 직접 사용하는 것 중 어느 것이 에너지적으로 유리한가를 판단하기 위해 계산했다.[17]

이와 함께 사람들은 빈민들과 노동계급들의 친구들에게, 특히 디킨스의 소설 『어려운 시절』의(숫자와 산술의 '사실'만을 중시하는) 그래드그라인드 학교 Gradgrind school 출신의 박애주의자들에게, 에너지 계산이 이익이 된다는 것을 발견하기 시작했다. 글래스고 철학회Glasgow Philosophical Society의 로버트 톰슨Robert Dundas Thomson(1810~1864)은 "과학의 빛이 빈민들의 보호자에게 빈곤에 시달리는 우리의 친구들을 정확하고 명확한 규칙으로 관리할 수 있게 해줄" 날을 고대했다.[18] 이런 목적을 위해 글래스고 학자들은 여러 가지 음식 품목들 – 콩, 완두콩, 밀, 호밀, 귀리, 배추 및 순무 – 의 영양값을 기쁘게 표로 보여주었다. 톰슨은 인간 노동력에 에너지를 공급하는 비용을 최소화하려는 목적에서 다양한 유형의 빵에 대해 비용 대비 영양값의 비율을 판단했다. 그는 이것이 석탄의 에너지 함량이나 기계의 효율을 측정하는 것과 상당히 유사하다고 제시했다. 영국 대학 최초의 공학 교수인 루이스 고든Lewis Gordon(1815~1876)도 이런 관점을 공유했다. 철저한 에너지 계산에 의해 공학자는 최대한의 효율성으로 공장을 설계하고 운영할 수 있을 것이었다.

에너지 경제학은 경제적 수량화의 더 전통적인 매개체, 즉 화폐와 모순되지 않는다. 여기서 중요한 특징은 측정의 추구, 즉 표준적이고 비교 가능한 단위들에서의 수량화의 추구다. 이것은 이론적 우아함을 목표로 하지 않고 실용적 관리 및 효율성을 목표로 하는 물리학을 본받아 유형화된 경제학의 한 형태였다. 20년 후 윌리엄 스탠리 제본스William Stanley Jevons(1835~1882)와 레옹 발라스Léon Walras(1834~1910)가 발전시킨 수리경제학과의 대조는 더 생생할 수 없었을 것이다. 수량화된 에너지 경제학은, 수학화된 효용의 경제학과 달리, 현대 물리학자들의 관심, 심지어 열광을 획득했다.

이 점은 사실상 물리학과 공학 및 경제학의 유익한 대결이 최초로 일어난 프랑스에서도 마찬가지였다. 과학아카데미Académie des Sciences의 회원들은 이미 구체제 아래에서 기술적이고 경제적인 결정에 도움을 제공하도록 요구받고 있었다. 또한 많은 학자들이 수량적인 인구학 연구나 경제학 연구에 관여했다. 혁명 시기에 프랑스의 국민계정을 작성하고자 한 라부아지에의 시도도 한 가지 사례다.[19] 에너지와 노동에 관한 연구는, 수학과 과학을 공학 교과과정의 중심으로 삼은 세계 최초의 기관인 에콜 폴리테크니크Ecole Polytechnique의 문화와 밀접하게 관련되어 있었다. 에콜 폴리테크니크는 1795년에 설립되었는데, 그 직후부터 폴리테크니크 교육은 두 개의 국가 기술단, 즉 광산기술단Corp des Mines과 교량과 도로 기술단Corps des Ponts et Chaussées(교량과 도로뿐 아니라 운하, 항구 및 철도 개설도 담당했다)에 들어가기 위한 전제조건이 되었다. 이들 공학자들이 배운 수학은 종종 매우 추상적이었으며, 공학자들의 훈련 과정에서 그것의 역할은 간단했다. 그 수학은 실습보다 자격증 획득과 더 관련되어 있었지만, 많은 사람들이 그것은 공학자보다 수학자를 교육하는 데 더 적합하다고 비난했다. 그것의 깊은 의미가 무엇이었거나, 그것은 폴리테크니크 학생들이 숫자들과 공식들의 조작에 능숙하다는 것을 보증했다. 적어도, 이런 소소한 추상화 수준에서는, 프랑스의 공학자들은 그들의 수학적 지식을 활용했다.

이것의 주목할 만한 사례는 엔진 연구였다. 1815년에 나폴레옹 전쟁이 끝나자 프랑스 사람들은 증기기관 기술에서 자신들이 영국인들보다 수십 년이나 뒤쳐져 있다는 것을 깨달았고, 이것은 공학적 탐구뿐 아니라 과학적 탐구에서도 중요한 주제가 되었다.[20] 프랑스 공학자들은 엔진에 대해, 장인적 숙련과 기술적 재능의 문제로 접근하는 것에 만족할 수 없었다. 클로드 루이 나비에Claude Louis Marie Henri Navier(1785~1836), 귀스타브 드 코리올리 Gaspard-Gustave de Coriolis(1792~1843), 장 빅토르 퐁슬레Jean-Victor Poncelet(1788~1867) 그리고 샤를 뒤팽Charles Dupin(1784~1873)은 공학과 과학을 통합해야 한다고 믿었으며, 그들은 엔진의 효율성에 관해 이야기하기에 적절한 과학적 어휘를 찾고자 했다. 적절한 어휘는, 당연히, 측정 가능성을 전제로 했다. 그들은 이런 맥락에서 일work이라는 중요한 물리적 개념을 도입했다. 그 개념은 거리를 통한 힘의 작용을 가리키는 것으로 어떤 무게의 물체를 얼마만큼 들어올렸는가에 의해 가장 쉽게 측정되었다. 그들의 영국 동료들과 마찬가지로 그들도 이것을 또한 노동력의 척도, 즉 일상적인 의미와 경제적인 의미에서의 일의 척도로 삼았다.[21]

일의 측정 및 그 밖의 수량의 측정은 프랑스의 공학경제학engineering economics 전통에서 핵심적이었다. "다른 사람들이 경제학에 관해 이야기할 때 공학자들은 경제학을 실행한다"[22]라고 20세기의 한 프랑스 고급기술자는 선언했다. 에콜 폴리테크니크와 에콜 데 폰트 에 쇼세에Ecole des Ponts et

Chaussées는 공학자의 작업이 경제적 아이디어에 대한 익숙함을 필요로 한다는 것을 오랫동안 인식해왔다. 스스로 정치경제학자라고 부르는 사람들의 저술이 공학자가 필요로 하는 것을 제공할 수 있는가에 관해서는 지속적으로 의구심이 제기되어왔다. 고전 경제학은 지나치게 비실용적이었고 지나치게 질적이었으며 지나치게 독단적이었다고 누군가 비판했다. 더 전형적으로 공학자들은 자유주의 경제학을 단지 독단으로 승인했다.[23] 그들은 그들 자신의 실용적인 경제학의 전통을 키웠는데, 이것은 세, 조셉 가르니에(Joseph Garnier(1813~1881) 그리고 그 밖의 프랑스 고전경제학자들로부터 단지 조금만 차용한 것이었다.

프랑스 공학자들의 경제문제에 대한 오랜 관심, 그리고 경제학자들은 공학자들이 필요로 하는 것을 거의 제공하지 않는다는 그들의 의심 둘 모두는 1819년에 에콜 폴리테크니크의 평의회가 사회산술Arithmétique sociale로 불리는 새로운 교육과정을 설치하기로 한 결정에서 분명하게 나타난다. 평의회는 다음과 같이 선언했다.

프랑스 산업계에서 매일 일어나고 있는 발전을 고려할 때, 그리고 헌장에 의해 수립된 정부와 이러한 산업계의 필연적 관계를 고려할 때, 공공사업의 집행은, 많은 경우, 허가제도 및 민간기업 체계에 의해 처리될 것이라는 점은 분명하다. 그러므로 우리 공학자들은 앞으로 이러한 발전을 규제하고 감독할 수 있어야 한다. 공학자들은 각 기업의, 그것이 지역적인 것인가 일반적인 것인가 여부에 관계없이, 효용이나 불편을 평가할 수 있어야 한다. 결과적으로 공학자들은 그러한 투자의 요소들에 대한 진정하고 정확한 지식을 가져야 한다. 즉, 공업과 농업의 일반적 이익, 통화와 대출과 보험과 회사자산과 상각비의 특성과 영향에 대해 알고 있어야 한다. 달리 말하면, 공학자들은 이러한 기업들의 가능한 비용과 편익을 파악하는 데 도움이 될 수 있는 모든 것을 알고 있

어야 한다. 그것이 이 과정에서 다뤄야 하는 과목들의 모음이다.[24]

 평의회는 계속해서 현재 세계에서 공공적 평안은 오로지 상급 계층들이 그들의 부와 권력을 덕과 지식으로 정당화할 수 있을 때에만 보장할 수 있다고 주장했다. 사회산술에 관한 연구는 프랑스 엘리트의 그러한 자질을 향상하기 위해 고안되었다.

 사회산술 과정은 실제로 설치되었다. 그 과정은 경제학자가 아니라 물리학자인 프랑수아 아라고François Arago(1786~1853)가 가르쳤으며, 1830년에는 펠릭스 사바리Felix Savary(1797~1841)가 이어받았다. 아라고는 과학적으로는 물론 정치적으로도 매우 활동적이었기 때문에, 되돌아보면, 그것은 자연스러운 선택으로 보인다. 그러나 그는 수학적 확률을 중심으로 한 상당히 지루한 주제들을 가르쳤는데, 그것들 가운데 공학자들과 행정가들의 필요와 직접 관련된 것은 거의 없었다. 에마뉘엘 그리슨Emmanuel Grison은 그 과정이 라플라스가 전반적인 교육을 순수수학 쪽으로 전환하고자 노력하던 시기에 만들어졌다고 지적한다.[25] 그러나 라플라스는 프랑스 공학으로부터 경제적 전망을 제거하지 않았다. 경제에 대한 실질적인 위협은 기념물의 윤리에서 나왔다. 이것은 19세기에는 18세기보다 덜 전형적으로 나타났지만 프랑스의 국가 공학자들은 저렴한 구조물보다 영구한 구조물에 대한 지속적인 선호를 보였다.[26] 그러나 경제는 공학자들의 표준적인 실천의 일부였고 특별한 훈련을 필요로 하지 않았다.

 이것은 폰트 에 쇼세에 공학자단이 그것의 연보Annales에 발표한 공학 주제들에 관한 논문들의 숫자에서 명확하게 나타난다. 공학자들은 효율성을 결코 무시할 수 없었다. 그 관심은 공공사업의 계획에서조차 자주 전면에 등장했다. 일반적으로 저렴한 건설을 추구했다고는 생각할 수 없는 나비에도 철도나 운하 건설에서 최적의 경로를 결정할 때 경제적 고려를 통합해야 한다고 강조했다. 이를 위해 기계적 효율성 등과 같은 물리적 매개변수들을 건설, 유지보수 그리고 적재 및 하역의 비용과 통약 가능한 것으로 만들어야 했다. 그런 다음 공학자는 1톤의 상품을 1km 운반하는 평균 비용을 최소화하고자 할 것이었다. 이 주제에 대한 논문을 발표함으로써 나비에는 근대 회계의 개척자로 불리게 되었다.

폰트 에 쇼세에 공학자단의 이 저명한 물리학자이자 지도자가 경제 문제들과 회계 문제들을 다루었다는 사실은, 프랑스 공학자들이 그 주제들을 얼마나 진지하게 취급했는가를 알려준다.[27] 어느 도시들에 먼저 철도 노선을 배치해야 하는가 또는 철도에 얼마를 투자해야 하는가, 운하에 얼마를 투자해야 하는가에 관해 선택해야 할 때 이 문제는, 수량화하는 것도 마찬가지로 어려웠지만, 특히 절박했다.[28] 하지만 그것은 토목공학의 가장 평범한 세부사항들 속에서도 발생했다. 도로의 재료 선택이나 철도의 경사도의 가파름과 구부러지는 각도의 급격함에 관한 결정은, 노선 건설에 관한 국가 공학자들의 다수의 논문들에서 경제적 문제로 인정되었다.[29]

경제학 저술로 오랫동안 명성을 유지한 유일한 19세기 프랑스 공학자인 쥘 뒤피Jules Dupuit(1804~1866)는 샬롱 쉬르 마른Châlons sur Marne(프랑스 북부의 도시로 1998년에 샬롱 앙 샹파뉴Châlons-en-Champagne로 이름을 바꿨다)의 수석 공학자로서 그가 직면했던 공학적 문제에 관한 저술로 그의 경제학 경력을 시작했다. 그는 공학 논문으로 1842년 교량과 도로 기술단으로부터 두 개의 금메달을 받았다. 하나는 마차와 화물의 유형에 따라 고속도로 위에서 마차를 끄는 데 필요한 힘에 관한 논문이었고, 다른 하나는 도로 유지보수 비용의 최소화에 관한 것이었다.[30] 둘은 관련되어 있었다. 운송의 경제성이 도로 유지보수 비용 증가보다 더 크기 때문에 중량과 바퀴 너비에 대한 제한을 해제해야 한다고 그는 성공적으로 주장했다. 더 일반적으로, 그는 일상의 필요라는 곤경으로부터 이런 논의를 어떻게 제기할 것인가를 보여주었다.

뒤피는 정기적인 유지보수의 비용을 평가함으로써 이 주제에 "수학적 엄격함"을 부여할 것을 제안했다. 이것은 마모된 것을 정확하게 도로에 복원함으로써 바퀴 자국이 일으킨 상당하고 비싼 손상을 방지한다는 것을 의미했다. 이런 식으로 공식화함으로써 도로 유지보수는 수량적 문제가 되었다. 도로의 마모, 즉 도로 표면이 마모되어 먼지가 되는 속도는 교통량의 선형 함수여야 하며, 도로 킬로미터당 석재의 부피로 측정할 수 있었다. 그렇게 되면, 주어진 재료에 대한 유지보수 비용을 계산하고, 교통량의 수준에 적합한 표면을 선택함으로써 그 비용을 최소로 줄이는 것이 용이하게 되었다.

도로 유지보수 문제에 대한 뒤피의 해결책은 경제적인 것이었다. 하지만 그는 그 문제를 돈의 관점으로 번역하기에 앞서 물리적 측정에서 시작해야 했다. 그는 도로에서의 통행이 도로의 유지보수에 사용하는 것보다 거의 20배 많은 돈을 소비한다는 점을 지적하면서, 더 폭넓은 경제적 관점에서, 우리가 유지보수 비용을 20% 늘림으로써 통행 비용을 10% 줄일 수 있다면 "사회"는 8배 이상의 보상을 얻을 것이라고 결론 내렸다. 마찬가지로 매일 500대의 마차가 통행하는 도로에 거리를 1km 줄이는 교량을 건설한다면 그리고 교량을 건설하고 유지보수하는 데 연간 1만 프랑의 비용이 필요하다면, 연간 3만 6500프랑의 이득이 있다. "이런 숫자들의 저항 불가능한 힘에 맞서 싸우려는 시도는 소용없는 일일 것이다."[31]

공공 작업의 가격을 산정하다

통행료 문제도 철도 공학자들이 직면한 또 다른 피할 수 없는 경제적 문제였다. 상당히 많은 문헌이 이 문제를 다뤘지만, 그 어느 단일의 표준도 일반적인 동의를 얻지는 못했다. 나비에가 제시한 통상적인 접근은 이것을 분배적 정의의 문제로 취급하고 사용량에 비례해 비용을 부과하는 것이었다. ≪교량과 도로 연보Annales des Ponts et Chaussées≫에 보낸 1844년의 논문에서 아돌프 줄리앙Adolphe Jullien(1803~1873)은 철도 운송의 동질적인 단위를 정의하기 위해 연구했다. 그는 승객과 화물 사이의 간의 환산 계수를 정의하고, 6.25대의 승객용 차, 1.7대의 수하물 차, 0.29대의 우편물 차 그리고 0.03대의 말 운반 차로 구성된 중앙값convoi moyen을 구성했다. 이것은 총 118.61명의 승객에 해당하는 것이었다. 열차당 평균 비용은 킬로미터당 1.4877프랑이고, 그러므로 운송 단위당 비용은 0.01254프랑이다. 그런 다음 줄리앙은, 조금은 임의로, 행정 비용과 자본의 이자를 고려해 이것을 두 배로 늘렸다. 그것이 철도 운송의 정당한 가격이었다.[32]

그러나 그것이 요금 책정의 적절한 근거는 아니었다고 벨기에 교량과 도로 기술단Belgian Ponts et Chaussées의 공학자인 알퐁스 벨패르Alphonse Belpaire(1817~1854)는 역설했다. 그는 줄리앙이 평균값들을 무차별적으로 사용함으로써 그것들의 영향을 드러낼 수 없게 원인들과 결과들의 잡동사니를 혼합한다고 주장했다. "그러한 혼합물의 사용으로 무엇을 할 수 있는가?"[33] 원가를 배분하는 것으로 우리가 어떤 종류의 열차의 비용을 예측할 수 없다면 그것은 의미가 없는 것이다. 그는 원가가 물량과 선형의 관계에 있지 않다는 것이 중요하다고 생각했다. 우리는 물량이 증가함에 따라 원가가 얼마나 내려가는가, 그러므로 요금을 낮출 수 있는가를 판단할 수 있는가를 알고 싶어 한다. 이를 위해서는 그것들의 개별 원인들에 원가를 할당해야 하며, 그러므로 상세한 분석이 필요하다.

그는 1844년에 벨기에 철도체계의 운영에 관한 600쪽짜리 책에서 이것을 제시했다. 그는 변동 원가의 원인을 찾아내고 자동차, 승객, 또는 승객 여행 등과 같은 어느 정도 적합한 단위에 고정 원가를 균일하게 배분하는 힘겨운 과제를 수행했다. 그는 단일의 거대한 평균을 찾지 않고 각 노선 또는 적어도 각 범주의 노선들에 대해 별도로 계산하려고 했다. 그는 계산의 수학적 엄격함을 너무 강력하게 주장하지는 않았다. 예를 들어 그는 자신의 숫자들이 다양한 노선들의 개별적인 상황들에 크게 의존한다는 것을 인정했다. "관찰자가 정확하고 절대적인 아이디어에 명확한 생각을 가진 사람이라면, 즉 근사값을 인정하지 않고 엄격한 수학적 정확성을 갖추지 못한 것은 모두 거부하는 사람이라면, 그는 이런 계산을 아무런 쓸모도 없다고 생각하고, 적어도 덜 세심한 정신을 가진 사람이 그것을 받아들일 때까지는 질문은 동일한 지점에서 영구히 멈출 것이다."[34]

하나의 대안, 그리고 명백히 그것에 못지않게 세심한 대안은 1830년에 처음 발표한 나비에의 또 다른 논문에서 윤곽을 드러냈다. 그 논문에서 나비에는 비용을 할당하려 하지 않고 편익을 측정하고자 했고 어떻게 작업하는 것이 그 편익을 최대화할 수 있는가를 보이고자 했다. 운하를 건설하기 위해서는 리그league(약 3마일)당 약 70만 프랑의 비용이 든다고 그는 계산했다. 이것을 연간 이자로 계산하면 3만 5000프랑(이자율 5%)의 비용으로 전환할 수 있다. 유지와 관리를 위해 매년 리그당 1만 프랑이 추가된다. 그런데 상품 1톤의 운하 운송비용과 도로 운송비용의 차이는 리그당 0.87프랑이다. 따라서 매년 5만 2000톤(즉, 4만 5000프랑을 톤당 0.87프랑으로 나눈 것)을 운하로 운송한다면 운하 건설은 가치 있는 투자가 된다는 것을 쉽게 계산할 수 있다. 문제는 운하 사용에 톤당 0.87프랑의 통행료를 부과하더라도 운하 통행의 속도가 느려서 많은 교통량이 도로로 되돌아갈 수 있다는 것이다. 명백한 결론은 운하의 건설과 운영을 위한 재원을 사용자들에게서 뽑아내서는 안 된다는 것이다. 민간기업에 열광하는 영국인들은 필요한 보조금을 정부가 제공하는 것을 거부하지만 프랑스 국가는 제공할 수 있다. 프랑스 행정부는 "경험, 우수한 계몽, 권력, 부, 신용, 헌신"을 보여준다.[35]

나비에가 이런 이점들의 목록에 경제를 포함하지 않았다는 점을 주목할 만하다. 그는 일반적으로, 최신의 과학 진보를 구현한 견고한 구조물을, 단순히 저렴한 구조물보다 선호했다. 나비에는 교량도로단을 옹호하며 민간이 제안하는 교량건설 기획을, 민간 설계의 기본 원리를 수학적으로 공식화할 수 없었기 때문에, 거부한 것으로 알려졌다.[36] 그러나 수학이 항상 승리한 것은 아니었다. 그가 공공 작업의 편익에 대한 계산으로 교량도로단을 옹호하던 바로 그 시기에 그는 파리의 앵발리드Invalides에 있는 교량과 관련된 추문의 중심에 있었다. 나비에는 기념비적인 구조물을 원했고, 또한 정식 교육을 받지 않은 건설기술자들의 단순한 경험론과 비교한 국가 공학자들의 정교한 수학적 계산의 우수성을 보여줄 구조물을 원했다. 새로운 기술인 현수교Suspension bridges는 지금까지 전통적인 구조물에는 적용할 수 없었던 방식으로 수학을 적용할 수 있게 허용했다. 그의 설계는 기업가들이 건축하기에는 너무 비쌌기 때문에 그들의 반대를 받았다. 훨씬 더 나빴던 사정은 그가 설계한 교량의 건설이 거의 완료될 무렵 고정장치anchorages가 파열된 것이었다. 견고한 고정장치는 땅의 형태에 대한 정통한 지식에 기초했는데, 이것은 현수교와 관련해 수학이 정복하지 못한 한 부분이었다. 나비에의 교량은 무너졌으며, 그 재료는 민간이 건설하는 저렴한 3개의 구조물을 짓는 데 사용되었다. 이 불행한 이야기는 착오에서 비롯되었음이 틀림없다. 그러나 교량의 통행료 부과의 필요에 대한 나비에의 거부는 그렇지 않았다. 수학적 분석에 대한 그의 애호도 마찬가지였다.[37]

수량적 공공 관리라는 그의 이상은 교량단에서는 상당히 일반적인 것이 되었다. 이 전통의 경제학적 저술들에서 가장 이론적인 것은 1840년대에 뒤피가 발표한 것이다. 한계효용 감소의 개념 – 앞선 일부 저술들에서는 아마도 암시적이었던 – 이 그의 글에서는 명시적이고 기본적인 것이 되었다. 철도 운송의 편익은 모든 사용자들에게 일정한 것이 아니라 그들이 지불할 의사가 있는 금액과 동일하다. 일부 개인들은 철도 여행의 편리함과 신속함을 위해 매우 높은 값을 지불할 것이다. 다른 사람들은 무료일 때에만 철도를 이용할 것이다. 재화나 용역의 가치를 표현하는 유일하게 일관된 방법은 수요표de-mand schedule로 나타내는 것이다. 매우 높은 가격에서는 수요는 거의 0에 근접할 것이다. 낮은 가격에서는 수요가 매우 클 것이다.

　뒤피의 경제적 회계 형식은 1870년대 초부터 교량단에서 영향력을 갖게 되었지만, 처음에는 반대와 몰이해도 함께 나타났다. 공공작업의 효용에 대한 그의 상대적으로 낮은 측정치는 교량 공학자들 사이에서 의심을 받았다. 더 나쁜 것은, 요금을 비용에 비례해 부과하지 않고 다양한 운송수단들에 따라 부과한다면, 실제로 유용한 작업은 스스로 지불할 수 있다는 그의 주장이었다. 철도 운송에서 가장 많은 혜택을 받는 승객들과 선주들은 가장 많은 비용을 지불해야 한다. 이런 식으로, 새로운 철도 노선이 제공하는 공공 효용의 증가는, 적어도 운송의 가변비용을 지불할 수 있는 선적을 방해하지 않으면서 수익으로 전환될 수 있다. 이런 경제적 전략은 국가와 민간 산업에 동일하게 적용할 수 있으며, 철도나 운하를 공공 소유해야 한다는 특별한 이유를 제공하지 않는다고 그는 지적했다.[38] 뒤피는 전투적인 자유방임 자유주의자였다. 그는 자신의 신념을 수학으로 뒷받침했다. "관습은 [정치를] 도덕과학으로 취급한다. 시간은 그것을, 기하학과 해석학의 추론 방법을 차용해 그것의 증명에 지금은 그것이 갖지 못한 정밀함을 제공함으로써, 정밀과학으로 만들 것으로 우리는 확신한다." "그들 자신의 경제적 교의를 적당히 적용하는 것을 선호하는 사람들은, 삼각형의 내각의 합이 때로는 $180°$보다 크고 때로는 $180°$보다 작다는 견해에서 훌륭한 유연성을 찾아내는 기하학자들과 같다." 이에 더해 그는 수학적 정치경제학의 확실성은 정책에 결정적이라고 주장했다. 입법가의 올바른 역할은 "정치경제학이 입증한 사실들을 신성하게 하는 것"이라고 그는 설명했다.[39]

　교량단의 많은 공학자들이 보기에 뒤피의 자유주의는 지나치게 정곡을

찌르는 것이었다. 뒤피와 동시대의 공학자 루이 보르다Louis Bordas는 뒤피가 효용과 단순한 가격을 혼동한다고 비판했다. 보르다는 또한 실천의 관점에서 뒤피에 도전했다. 가격의 함수로서 이러한 수요표는 기껏해야 가설적인 곡선일 뿐이며 결코 알려질 수 없다고 그는 주장했다. "우리는 어떻게 이론을 매우 다양한 기초, 즉 각각의 소비자의 취향과 재산에 전적으로 의존하는 기초 위에 세울 수 있을까?"[40] 뒤피는 약간의 시행착오tâtonnements가 필요할 것이라는 점은 인정했다. 그러나 "실천적 이유로 엄밀한 해결책은 불가능하더라도 이 과학은 적어도 그것에 접근할 수단은 제공할 수 있다". 기하학자들과 마찬가지로 정치경제학자들은 "이용 가능한 자료들이 상대적으로 불완전하거나 불확실하기 때문에 엄격한 원칙들을 이 과학의 요소들에 적용할 더욱 많은 이유를 가지고 있다"라고 그는 덧붙였다.[41] 제6장에서 논의하듯, 몇 십 년 후 뒤피의 주장은 사실상 공공 작업의 관리에 적합한 수량화의 전략으로 번역되었다.

프랑스 공공 공학의 전통 안에서 통행료 문제에 대한 더 일반적인 한 가지 접근 방식은 1880년대에 에밀 쉐이쏭Emile Cheysson(1836~1910)이 발전시켰다. 그 누구보다도 쉐이쏭의 경력은 도로단의 공학자들이 이용할 수 있었던 행정, 개혁, 경제학 및 통계학의 연합을 뛰어나게 예증한다. 에콜 폴리테크니크와 에콜 데 폰트 에 쇼세에를 졸업한 후 쉐이쏭은 1860년대에 철도 공학자로 일했고, 그 뒤 1870년대 초에는 프랑스 중동부의 철강도시 르크뢰조Le Creusot에서 제철 관련 일을 했다. 1877년에 그는 프랑스 관료제에 합류해 통계와 공공작업의 일반 경제에 관한 임무를 부여받았다. 나중에 그는 프랑스에 대한 새로운 지형조사 준비를 감독했으며, 곧 그의 우아한 통계 도표와 지도로 유명해졌다. 그는 통계학자로서뿐만 아니라 후원자와 개혁가로서 통계를 사용해 작업했다. 1860년대 중반에 그는 프레데리크 르 플레 Frédéric Le Play(1806~1882) ─ 에콜 데 미네Ecole des Mines 출신으로 광산 감독관을 지냈으며 관찰조사 실행자로 유명한 사회개혁운동가다 — 와 협력하게 되었고, 그 이후 르플레 집단이 옹호하는 사회개혁의 이상에 깊이 헌신했다.

쉐이쏭은 수학적 엄격함을 과도하게 추구함으로써 통계적 연구의 가치가 감소되는 것을 보고 싶어 하지 않았다. 1886년 평균값에 관한 경연대회의 심사위원의 한 명으로서 그는 단 하나의 출품작 — 그것도 단순히 수학적인 작품 — 만이 상을 받는 것에 실망해 심사위원회 보고서에 대한 자신의 평론을 썼다. 경연 주제는 그가 제안한 것으로 일반적인 통계 방법을 개발하려는 그의 활동의 일부였다. 그는 노동자들에 대한 숙련된 관리를 촉진하기 위해서는 공학자들이 통계를 이해해야 한다고 생각했다. 그는 숫자를 사용해 경제학을 그것의 추상성에서 벗어나게 하고자 하면서, 대신 "안녕, 평화, 그리고 최대 다수의 삶을 만들어내는 조건에 대한 연구"를 강조했다. 이 연구는 효율성과 아울러 만족을 증진시킬 것이었다. 샌포드 엘윗Sanford Elwitt은 이런 공학 이데올로기가 19세기 말의 헤게모니적인 사회적 자유주의의 기초가 되었다고 제시했다. 그의 익살을 사용한다면 쉐이쏭은 르 플레주의적 개량주의자들과 공화주의적·사회적 자유주의자들을 연결하는 다리를 건설했다.[42] 그러나 쉐이쏭의 사회공학은 구식의 고용주 온정주의로부터, 엘윗이 암시하는 것보다는 덜 이탈한 것으로 보인다. 노동자들에 대한 객체화는 그들을 어떻게 대접할 것인가에 관한 결정이 공식으로 환원되지 않을 때에는 여전히 불완전할 수밖에 없다. 쉐이쏭에게서 피고용 관계는 후원자들의 통계의 안내를 받는, 그러나 통계에 의해 결정되지는 않는 훌륭한 판단의 문제로 남아 있었다.

정치경제학에 대한 쉐이쏭의 견해에서는 기계적 계산에 반대되는 것으로서 분별력과 건전한 판단에 대한 경의도 찾아볼 수 있다. 많은 공학자들과 마찬가지로 쉐이쏭도 물리학을 자신의 모범으로 삼았다. 으레 그러하듯, 물리학에 비하면 경제학은 취약했다. 경제학은 공통의 단위가 부족했다고 그는 말했다. 화폐의 가치가 너무 변하기 쉬우며, 효용은 측정 불가능하다. 다른 많은 사람들과 달리 그는 에너지를 대안으로 추구하지 않았다.[43] 대신 그는 경제학이 정밀과학이라고 주장할 수 없다는 것을 인정했다. 이런 언급은 한계효용 이론가들 등과 같은 특정 주장자들을 대상으로 한 것이었다. "창의적인 시도가 있었지만, 대수학의 엄격한 절차는 이러한 질서의 현상들에 적용할 때에는 무익한 것으로 판명되었다. 왜냐하면 방정식이 모든 사실들을 포괄할 수는 없기 때문이다."[44]

그러나 쉐이쏭은 자동적 결정 기준을 따르는 경향이 있는 아이디어를 개발했다. 판단의 기계화에 대한 그의 뚜렷한 공헌은 1887년에 공학 학술지에 처음 발표한 통계의 기하학에 관한 논문이었다. 이 논문은 전문화된 상업교육을 옹호하면서 훌륭한 기업가 또는 산업 관리자를 준비하기 위한 실천의 학교 외의 학교는 없다는 견해에 반대했다. 효율성을 향상하고 비용을 저감하는 데에서 공학자의 모든 숙련은, 생산물, 재료, 시장 및 가격에 관해 잘못된 결정이 내려진다면, 소멸하게 될 것이다. 그것은 당시 프랑스에서 지배적인 상황이었다고 그는 주장했다. 기하학적 통계가 치유책으로 제시되었다. 정치경제학과 달리 그것은 단순한 추상화, 즉 "사변적 분석"이 아니라 공공 및 민간의 실천적 문제들을 해결하기 위해 개발된 수량적 도구였다. 그것은 의사결정자에게 최상의 가격이나 최적의 세율을 향한 맹목적 모색을 피할 수 있도록, 그리고 대신 타당한 해결책을 직접 계산할 수 있도록 허용한다.

쉐이쏭은, 해석학도 동일한 결과를 얻을 수 있음을 인정했지만, 최적화 문제를 해결하기 위한 기하학적 방법의 사용을 옹호했다. 해석학은 공상수학fancy mathematics을 필요로 했지만 그 보편언어langue universelle, 즉 그래프 통계의 직관적 매력은 결여하고 있었다. 철도 운송의 일부 노선이나 연결망의 요금을 결정하려고 한다고 가정해보자. 우리는 두 개의 곡선, 즉 뒤피의 것과 같은 수요에 대한 곡선과 비용에 대한 곡선을, 각각 킬로미터당 요금의 함수로 그려야 한다. 그런 곡선들은 측정하기 어려울 수 있지만 실제로 존재한다고 그는 인정했다. 일단 그것들을 그리면 순수익에 대한 곡선을 그리고 그것의 최고점을 찾는 것은 쉽다. 철도회사의 관점에서 볼 때 이것은 수익이 극대화되는 수량이다. 그것은 엄격한 해결책이 될 수 있다고 그는 주장했다. 경우에 따라 외삽이 필요할 수도 있지만 그것은 최적의 비율이 철도회사가 시도한 범위를 벗어난 경우에만 그러하다. 오스트리아 노르트반Austrian Nordbahn 철도회사의 경우가 그러했는데, 그 회사의 실험 영역은 최적의 수익성의 범위를 훨씬 벗어났다고 그는 찾아냈다.

그러한 분석을 요금이 엄격히 규제되는 철도에 가장 먼저 적용하는 것은 당연했다. 그러나 쉐이쏭은 자신의 방법이 광대한 일반성을 갖는다고 강조했다. 그의 곡선은 최적의 임금을 찾는 데에도 사용할 수 있었으며, 그런 이유로 노동자들의 친구들도 그의 곡선을 무시하면 안 된다고 주장했다. 그 곡선은 투자 결정이나, 재료 구입처 선택이나, 심지어 세율과 관세를 안내할 수 있었다. 그는 자신의 방법의 한 가지 심각한 한계를 인정했다. 그것은 모순되는 목표들을 조정할 수 없었다. 생산자의 관점에서의 최상의 가격과 소비자의 그것은 동일하지 않으며, 재무성과 납세자도 세율에 관해 쉽게 동의하지 않을 것이다. 그런 이유로 다른 공학자들은 수익 극대화 가격과 함께 적정 가격을 계산할 수 있는 기초를 찾았다. 쉐이쏭은 그러한 고려 사항을 책임 있는 당사자들의 적절한 판단에 맡겼다. 그러나 하나의 관점에서라도 문제를 해결하는 것을 그는 큰 진보로 봤으며, 오스트리아 노르트반의 경우와 같은 일부 경우에는 그것은 소비자와 회사 둘 모두에게 유리한 변화를 알려주었다.[45]

발라스, 폴리테크니크 사람들과 만나다

"경제학!", 프랑스의 공학자-경제학자들을 축하하면서 프랑수아 디비시아François Divisia(1889~1964)는 다음과 같이 외쳤다.

수십 년 또는 수백 년에 걸쳐 빙글빙글 맴도는 그것의 공명하는 논쟁들, 그것의 영리하고 명석한 정밀검사와 고급 관리풍의 게임, 현실을 동시에 둘로 대립시키는 그것의 예견, 실제로는 존재하지 않는 그리고 사실상 교훈의 가치조차 갖지 못하는 그것의 실험, 우리는 이런 것들에서 얼마나 멀리 벗어났는가? 경제학! 결국, 우리 모든 공학자들이 어떻게 해야 하는가를 알아야 하는데, 그것은 잘해낸 임무 이상의 것인가?[46]

디비시아가 경멸한 대상은 경제 전문가 그리고 신고전파 경제학의 방법이었다. 19세기 프랑스 사람은 이런 이론경제학의 발명에 대해 영국 사람이 가졌던 것만큼 강력한 주장을 가지고 있다. 수리경제학은 프랑스 공학자들 사이에 널리 퍼져 있던 실용적인 수량화 충동에서 정말로 멀리 떨어져 있었는가?

필립 미로우스키Philip Mirowski는 첫눈에는 반대되는 것으로 보이는 견해, 즉 경제학은 물리학자들과 공학자들을 모방하려는 일치된 노력의 결과로 19세기 후반에 수학적인 것이 되기 시작했다는 견해를 주장한다. 그러나 그것은 실패했다고, 그것이 기반한 수학적 유추들은 옹호할 수 없는 것이었다고 그는 덧붙인다.[47] 휴웰이나 쉐이쏭 같은 경제학 비판자들은 대체로 실패라는 그의 평가를 지지하는 주장을 하는 경향이 있다. 그러나 모든 공학자-경제학자들이 고전 정치경제학을 거부한 것은 아니었다. 나비에와 그의 추종자들은 세의, 정치는 아니더라도, 정의와 개념적 틀을 후원했다. 뒤피는 더 비판적이었고, 그를 따르는 사람들은 프랑스의 공학적 전통의 경제적 계산 외부를 봐야 할 필요를 느끼지 못한 것으로 보인다. 현대 경제학자들은 일반적으로 칭송으로 되돌아왔다. 프랑수아 에트너François Etner가 지적했듯, 이들 공학자들은 경제의 기제들을 설명하지 않고 효용들을 계산함으로써 문제를 해결하는 작업에 종사했다. 사실, 그들의 작업은 종종 일반적인 공식으로 이어졌지만 경제적 이유보다는 행정적 이유 때문에 그렇게 했다. [48]

19세기 프랑스 수리경제학의 위대한 주창자인 발라스의 경력은 계산하는 공학자들 그리고 그들에 가장 가까운 것으로 보이는 경제학파 사이의 차이를 잘 보여준다. 선배인 앙투안 오귀스탱 쿠르노Antoine Augustin Cournot (1801~1877)와 마찬가지로 발라스도 그가 프랑스의 정치경제학을 지배하는 자유주의 이데올로기론자들로 간주했던 사람들로부터 지지를 얻거나 심지어 관심을 얻는 데 거의 완전히 실패했다. 그는 그의 경력의 전부를 스위스 로잔대학교Losanne University에서, 그가 표현하듯, 망명으로 보냈다. 쿠르노와 발라스에 대한 근래의 연구는 그들이 프랑스 법문학파 정치경제학French legal and literary school of political economy에서 거의 고립되었음을 지적하면서 대신 그들을 공학적 및 과학적 전통, 즉 "고전 기계학의 사례를 신성화하는 과학적 이데올로기에, 그리고 … 수학의 '응용'이라는 문제를 구체화하는 기관, 즉 에콜 폴리테크니크"에 연결시켜왔다. [49] 참으로 이들 경제학자들은 그것의 수학적 문화에 의지했지만, 그들과 실용적 수량화주의자들 사이의 관계의 역사는 양립 불가능한 목표들에 뿌리를 둔 영원한 오해의 하나다.

에콜 폴리테크니크는 원래 공학 학교였다. 프랑스 혁명은 거의 끊임없이 이어지는 혁명전쟁의 싸움을 도와줄 군사공학자들을 필요로 했다. 혁명의 과학적 지향은 열정적인 혁명가이자 사영기하학projective geometry의 고안자인 가스파르 몽주Gaspard Monge(1746~1818)와 결합하게 된 실용공학의 전통과 연결되었다. 나폴레옹 제국에서는 청년들은 폴리테크니크에서 공부를 시작할 때 군대에 입대했다. 이것은 주로 규율을 강화하는 데 도움을 주고, 이미 폴리테크니크를 장악한 혁명의 전통을 몰아내기 위한 것이었다. 나폴레옹은 또한 교육과정을 더욱 공학적인 것, 참으로 군사공학적인 것으로 변화시켰다. 그는 방어시설 및 관련 과목들의 공부에 더 많은 시간을 할애할 수 있도록 고급 수학 및 화학 과정을 단축했다.[50]

나폴레옹의 몰락은 이런 교육철학의 근본적인 전복을 가져왔다. 테리 신 Terry Shinn은 부르봉 왕정복고 정부에서는 자연적인 사회적 위계를 파괴하는 것으로 보일 정도로 실용적 공학에 배타적으로 집중했으며, 이런 이유로 1819년에 교육과정은 이론적 과학 심지어 문학으로 옮겨 갔다고 주장한다. 몽주보다는 라플라스가 지배적인 존재가 되었다. 그는 폴리테크니크를 자신의 과학 제국의 일부로 만들고자 했다.[51]

그렇게 극단적인 변화는 받아들여지기 어렵다. 한편으로 폴리테크니크에서 배출한 가장 뛰어난 많은 과학자들 — 그중에는 장바티스트 비오Jean-Baptiste Biot(1774~1862), 오귀스탱 장 프레넬Augustin-Jean Fresnel(1788~1827), 앙드레 마리 앙페르Andre Marie Ampere(1775~1836), 니콜라 레오나르 사디 카르노Nicolas Léonard Sadi Carnot(1796~1832), 시메옹 드니 푸아송Siméon Denis Poisson(1781~1840)도 있다 — 은 1819년 이전에 그곳에서 공부했다. 다른 한편으로, 장 동브레Jean Dhombres가 지적하듯, 1819년의 사회산술에 관한 그리고 기계이론에 관한 새로운 교과목들의 도입은 그곳에 실용적 명령이 강력하게 남아 있음을 시사한다.[52] 하지만 사회산술의 교육은 회계와는 거리가 아주 멀었다. 분명히 모순된 영향이 있었다. 폴리테크니크 학생들은 일반적으로 수그러들지 않는 실용성의 정신에 자부심을 느꼈다. 그러나 이것이 교육과정에서 기인했다고 할 수는 없으며, 교육과정은 공학자로서 그들의 정체성 형성에서 결정적이지는 않았던 것으로 보인다. 폴리테크니크가 공학 학교였다고 하더라도, 암나사와 수나사 또는 자갈과 포장용 석재를 가르치는 학교는 아니었다. 에콜 폴리테크니크는 도로와 교량 또는 대포에 대한 연구에서 가능할 수 있는 만큼, 그리고 아마도 그보다 더욱 추상적이고 수학적이었다.

그 점은 수리경제학에 관한 쿠르노의 1838년의 논문에서 나타나는 수학의 양식도 마찬가지다. 그러나 그는 실제로 폴리테크니크 사람이 아니라 에콜 노르말 수페리외르École Normale Supérieure(고등사범학교) 출신이었다. 이 학교는 폴리테크니크보다 (둘의 차이는 19세기 중반 이후 더 뚜렷해졌지만) 더 학문적이고 더 연구지향적이었다.[53] 클로드 메나르Claude Ménard가 지적하듯이 쿠르노의 모델은 공학이 아니라 합리적 기계학이었으며, 그의 수학의 대부분은 물리학에서 직접 번역된 것이었다. 그는 은행의 업무나 증기기관의 효율성에는 관심이 없었으며, 금의 수량과 가격을 연결하는, 또는 거래 유형과 번영 수준을 연결하는 경험적 공식을 수집하지 않았다. 그는 정치경제학에 관한 그의 위대한 연구를 마친 후 곧 확률과 통계에 관한 책을 쓰기 시작했지만, 둘의 어디에서도 경험적 통계를 강조하지 않았다. 그는 실용적인 권고를 기껏해야 정치경제학의 수학적으로 엄격한 정식화의 운 좋은 부산물인 것으로 취급했다.[54]

쿠르노의 경제수학은 사회의 합리화에 대한 일반적인 믿음을 반영하는 것으로 해석할 수 있다. 그러나 벨패르, 나비에 또는 뒤피의 경제학과 대조적으로 그의 경제학은 행정적 조치에 대한 구체적 계획을 제공하기보다 형이상학적 도움을 제공하는 데 더 적합했다. 경제의 수학화에 대한 그의 전략은 역사를, 그것의 비이성성 및 영구적 불균형성과 함께 배제했다. 그의 철학적 토론에서 그는 수학 이론의 외부에 경제적 기예가 존재한다고 주장했고, 역으로 실천에서 분리된 순수 과학을 위한 공간이 있어야 한다고 주장했다.[55] 메나르는 이런 통찰력과 그것의 예비적인 세부작업이 쿠르노의 뛰어난 성과라고 적절히 간주한다. 그는 사회경제économie sociale의 전체 영역 — 순수 경제적 추론의 깨끗한 물을 진흙처럼 흐릴 모든 말썽거리 — 을 배제함으로써 수학적 합리성의 대가를 기꺼이 지불했다. 구체적인 경제적 판단에서는 여러 복잡한 요인들을 포함하기 때문에 실천적인 총명함이 과학적 이해력보다 중요해야 한다고 그는 주장했다.[56]

그렇지만 쿠르노는 자신의 수학이 실재하는 무엇인가를 서술한다는 것에 깊은 관심을 가졌다. 화폐들, 심지어 금까지도 경제 단위로 사용하기에는 너무 많이 변동한다. 그는 천문학의 "평균 태양mean sun"과 유사한 "평균 가격mean price"이 관측 경제학에서 어떻게 안정적인 준거틀을 정의할 수 있는가를 수학적으로 보여주려고 했다.[57] 그러므로 그의 경제학은 19세기 물리학의 뚜렷한 특징인 측정에 대한 몰두와 일관성을 가졌다.[58] 중요한 것으로, 바로 이 지점에서 발라스와 쿠르노는 헤어졌다. 존경하는 노老경제학자에게 보낸 편지에서 발라스는 주로 자신의 방법의 순수함과 엄격함에서 그를 넘어섰다고 주장했다. "귀하는 대규모 숫자의 법칙의 즉각적 이점을 이용하고 숫자적 응용으로 이어지는 경로를 따르는 반면, 내 작업은 엄격한 공리들과 순수 이론의 지형 위에서 그런 법칙에서 벗어나 있다"라고 그는 적었다.[59]

발라스가 자신의 작업에 대해 항상 이런 식으로 논의한 것은 아니다. 프랑스의 교육부 장관이 된 오랜 지인인 쥘 프랑수아 카밀 페리Jules François Camille Ferry(1832~1893)에게 보낸 편지에서 그는 자신의 이론적 통찰의 실용적 적합성을 주장하기를 훨씬 더 열망했다. 경제 이론이 더 발전하지 않고서는 철도 요금의 절박한 문제를 해결할 수 없을 것이라고 그는 역설했다.[60] 그리고 쿠르노와 달리 발라스는 실천적 쟁점들에 관해서도 글을 썼다. 심지어 그는 경제개혁을 위한 운동에서도 두 번이나, 즉 첫 번째는 그의 경력 초기에 자유무역을 지지하는 운동에서, 그리고 그의 말년에는 토지 사회화를 옹호하는 운동에서 활동하게 되었다. 그러나 쿠르노에게 보낸 그의 편지에 담긴 자기 평가는 정확하다. 쿠르노는 그의 이론을 화폐의 수량 등과 같은 거시적 변수들에 입각해서 주로 구성했다. 이론가로서 발라스의 독창성은 원칙적으로 자유교환의 추상적 모델로부터의 그의 연역에서 기인하며, 일반균형의 훨씬 추상적인 이론으로 이어진다. 그의 미시경제적 접근은 이윤극대화 기업들의 행동을 서술하는 언어로 사용될 수 있었지만 발라스가 그렇게 한 것은 아니었다. 그는 공공 정책에 진정으로 관심이 있었지만 그가 그의 이론과의 연관을 정리한 것은 아니었다.

발라스의 에콜 폴리테크니크와의 관계는 쿠르노의 그 관계와 마찬가지로 모호했다. 그의 수학은 입학을 위한 경쟁에서 성공할 만큼 충분히 훌륭하지 않았다. 그러나 그는 에콜 데 미네에서 외부 학생으로 공부했는데, 그 학교는 에콜 데 퐁트 에 쇼세와 마찬가지로 폴리테크니크의 가장 뛰어난 졸업생들만을 일반 학생으로 받아들였다. 중요한 것은 미네가 퐁트보다 더 귀족적이었고, 아마도 그 때문에 미네가 비실용적 지식에 더 관대했다. 어쨌든 발라스는 그의 수학을 철도 관리 같은 실용적 문제에 응용하기 위해 열심히 노력하지는 않았다. 발라스가 그의 이론을 발표한 1870년대에는 철도 요금에 대한 논쟁이 활발했다. 수많은 공학자들이, 그리고 프랑스뿐 아니라 다른 지역에서도 수량적 해결책을 찾고자 했다. 경제적 자유주의는 요금 문제에 대한 답을 제시할 수는 없었고, 다만 독점을 깨뜨려야 시장이 최상의 해결책에 도달할 것이라고 제안할 뿐이었다. 이 제안은 국가의 행정가들이 듣고 싶어 한 이야기가 아니었다. 대신 그들은 경영전략과 의사결정 기술을 찾고 있었다. 발라스 이론의 언어는 요금 책정의 정치적 문제를 최대의 효용이나 수익을 찾아내는 경제적 문제로 전환하는 데 사용되었을 것이다.

대부분의 퐁트 출신 공학자들과 달리, 발라스는 이러한 결정을 기계적 계산으로 환원하는 것에 관심을 갖지 않았다. 그러나 그가 주장한 것처럼 그의 경제수학은 관리의 실용적 문제에서 멀리 벗어나 있었다. 이런 종류의 경제학은 폴리테크니크 출신들에게 깊은 인상을 주지 못했다. 발라스는 프

랑스에서 추종자들을 얻고자 했기 때문에 그들에게 구애해야 할 여러 이유
가 있었다. 한동안 그는 자신의 최선의 희망이 폴리테크니크 출신들이 지배
하는 프랑스 보험계리사협회French Circle of Actuaries에 동참하는 것이라고 생
각했다. 그 협회의 공인된 목표는 모든 종류의 경제적 결정에 수량적 추론
을 적용하는 것이었다.

그들과 발라스의 관계의 역사는 교훈적이다. 1873년에 발라스는 파리에
서 열린 도덕 및 정치 과학 학술원Académie des Sciences Morales et Politiques의
회의에서, 프랑스의 주요 경제학자들에게 자신의 작업을 알리고자 희망하
면서, 논문을 발표했다. 그들의 몰이해는 놀랍다고 할 수는 없더라도 실망
스러웠다. 발라스는 에르맹 로랑Hermann Laurent(1841~1908)을 통해 그 논문
을 알게 된 이폴리트 샤르롱Hippolyte Charlon으로부터 뒤늦게 서한을 받고
기뻐했다. 샤르롱은 발라스에게 보험계리사협회의 수학적 야망에 대해 알
리고, 협회의 학술지를 통해 연구를 발표할 것을 제안했다. 발라스는 자신
이 프랑스에서 자신이 생각한 것처럼 고립되어 있지 않다는 사실을 알게 되
어 기쁘게 놀랐다는 입장을 표시했다.[61]

그는 곧 샤르롱에게 별도의 발표를 위한 연구논문을 보냈는데, 그것은 「순
수경제학의 요소Elements d'economie pure」의 중요한 장이었다. 그는 그 논문
을 통해 나중에 출판할 책에 대한 관심을 일으킬 것을 희망했다. 오랫동안
지체한 뒤 샤르롱은 프랑스 보험계리사 학술지(Journal des actuaires français)가
그의 논문을 게재하지 않기로 결정했다고 연락했다. 샤르롱은 그 논문이
"견고한 아이디어에서 매우 훌륭하고 풍부하다"라는 것을 알았지만, 또한
그것이 "우리 학술지가 지향하는 실용적이고 실증적인 경로에서 벗어났다.
정치경제학 이상으로 수학적 방법을 사용하거나 사용할 수 있는 과학이 많
이 있다. 이런 이유로 그것은 우리 출판의 목적이 아니다"라고 알렸다. 불행
하게도 "경제학자들과 보험계리사들 사이에서는 유머를 주고받을 수 없는

듯하다"라고 그는 예상했다.[62]

발라스는 수학자 로랑과 만나는 정도의 행운만 누렸다. 로랑은 물리과학들의 모델을 매우 중요하게 받아들였으며, 표준의 경제적 단위로서 화폐나 효용이 아니라 에너지라는 척도를 사용함으로써 시간의 경과에 따른 경제적 비교를 촉진할 수 있지 않을까 생각했다.[63] 그는, 비록 그의 의식적인 의도에서이기는 하지만, 조금은 공상적으로, 폴리테크니크 출신 경제학자들에 전형적인 것으로, 경제학을 실용적인 것으로 만들려는 충동을 예증하는 것으로 보인다. 이것은 경제학을 수학적으로 만들 것을 요구한다고 그는 생각했다.

1902년에 로랑은 발라스와 빌프레도 페데리코 다마조 파레토Vilfredo Federico Damaso Pareto(1848~1923)의 "로잔학파Lausanne school의 원리에 따른" 정치경제학에 관한 짧은 책을 출판했다.[64] 분명히 로랑은 그들의 연구를 거부하지 않았다. 그는 그 연구를 단순히 말뿐인 이론들 – 로랑은 그런 이론들에 대해 아무것에도 동의하지 못한 경제학자들의 실패라고 비난했다 – 과 대비해 유망한 것으로 봤다.[65] 경제학은 자연스럽게 네 부분, 즉 통계, "경제적 사실", 재정운영 이론, 그리고 보험이론으로 나뉜다고 그는 설명했다. 그는 발라스의 이론을 경제적 사실이라는 제목 아래 포함함으로써 그것에 명예를 부여했다. 그러나 수학은, 경제학이 경험적 현실에 대한 연구와 밀접하게 관련되어 있어야만 경제학을 적절한 과학으로 고양할 수 있었다. 그에게 이것은 통계에 주의를 기울인다는 것을 의미했다. 통계가 없는 경제학은 실험이 없는 물리학과 같았다. 로랑은 심지어 통계에 관한 책을 썼는데, 그것은 "정치경제학의 실험적 부분"이었다.[66]

그 책은 국세조사원들census-takers과 사회연구자들의 경험적 발견에 관한 것이기보다 확률에 관한 것이었다. 우리는 로랑의 경험주의가 대체로 좋은 의도의 사안이라는 것을 인정해야 한다. 그렇지만 그것은 발라스와의 서한을 몰이해의 길로 인도하기에 충분하게 실질적이었다. 로랑은 일반균형 분석의 협소한 제약에서 벗어나고자 했다. 그는 경제 정학economic statics에 만족하지 않고 시간의 경과에 따른 경제들의 발전을 수량적으로 연구하기 위한 경제이론의 기초를 추구했다. 이러한 목적을 위해 그는 발라스의 표현 불가능한 '효용'이 아니라 에너지 단위를 경제 분석의 기초로 사용할 것을 제안했다. 빌라스는, 이것은 에너지가 한계에서 효용과 동등해야만 – 빌라스는 이것을 의심했다 – 타당할 것이며, 동적 공식들은 자신의 이론에 존재하지 않는다고 답했다. "새로운 과학의 기초를 참을성 있게 세우고자 소망하면서 나는 지금까지 내 자신을 경제 정학의 현상들에 대한 연구에 그 어느 정도까지 제한해왔다." 로랑은 설득되지 않았고 발라스는 냉혹해졌다. 발라스는 보험계리사협회에는 "심원한 지식"이 없다고 결론 내렸다.[67]

쉐이쏭도 또한 보험계리사협회에 소속되어 있었으며, 수리경제학에 대한 그의 비판도 비슷한 조망을 반영했다.[68] 발라스가 이들 보험계리사들 그리고 에콜 폴리테크니크 출신의 경제학자들에게 영향력을 행사하지 못했다는 것, 또한 발라스가 자신의 실용적인 경제적 도구를 발전시키지 못했다는 것은 19세기 후반 프랑스에서 실용적 수량화의 지위를 명확히 보여준다. 이 수량화는 대체로 자율적 전통이었으며 과학적 목적보다는 행정적 목적을 위해 더 많이 계발되었다. 발라스의 일반균형이론 구축의 기초가 된 고도로 추상적인 모델은 공학적 행정가들의 의사결정 과정에 거의 영향을 미칠 수 없었다. 에콜 폴리테크니크 출신의 또 다른 철학자인 샤를 르누비에르Charles Renouvier(1815~1903)는 "과학과 (이런 표현을 허용해준다면) 공학자-경제학자의 기예 사이의" 격차는 "과학과 기술자-수학자의 기예 사이의 차이"보다 훨씬 크다며 발라스에 반대했다.[69] 교량과 도로 공학자들에게 적용한다면 이 주장은 매우 의심스러울 것이다. 그러나 발라스와 관련해서는 그것은 완전히 타당했다. 발라스가 샤르롱과 르낭과 의견의 차이를 보이기 이전에도 그는 자신의 목표를 단순한 수량화와 구별할 것을 강조했다. 그는 뒤피를 자신의 선배로 인정하지 않았다. 뒤피는 통계적 수요 곡선에 관해 썼고 그는 최적 효용utility optima에 관해 썼다.[70]

경제학, 물리학, 수학

신고전파 경제학의 선구자들은 수리물리학에 크게 의존해 그들 자신의 학문 분과에 이론적 구조를 부과했다. 정역학statics과 에너지 물리학에서 영감을 얻은 경제학자들은 자연과학에서 볼 수 있는 것과 같이 인상적이고 까다로운 일련의 수학적 모델들을 만들었다. 그러나 물리학자들은 수학적 모델들에 대해 프랑스에서뿐 아니라 일반적으로 냉담했고 때로는 매우 비판적이었다. 미국의 천문학자이자 "과학적 방법"의 영향력 있는 대변인인 사이먼 뉴컴Simon Newcomb(1835~1909)은 마지막 사례의 하나를 보여준다. 뉴컴은 정치경제학의 찬미자였으며 그것을 더 과학적인 것으로 만드는 기획에 매우 우호적이었다. 그가 쓴 정치경제학 소개 논문은 경제 과정에 대한 기계적인 유추들로 가득 차 있다. 그러나 발라스와 제본스의 저술들을 10여 년 동안 이용할 수 있었음에도 그는 한계효용 경제학의 불가결한 수학적 기초인 미적분학을 채용하지 않았다. 그는 유익한 경제학은 통계와 밀접하게 연결되어야 한다고 주장했다. 그리고 그는 주관적 감정을 경제학의 기초로 삼는 것은 쓸모없다고 주장하면서 영국의 수리경제학자인 제본스를 비판했다. 대신 우리는 눈에 띄는 현상, 즉 인간 행동에 초점을 맞춰야 하며, 그것만이 적절하게 수량화될 수 있다는 것이었다.[71]

왜 물리학자들은 수리경제학에 대해 그렇게 부정적이었는가? 그들이 수학을 이해할 수 있었다는 것은 확실하다. 그러나 그들은 순수 이론경제학의 요점을 알 수는 없었다. 거의 예외 없이 19세기 물리학자들은 수학적 연역보다 측정을 그들의 학문 분과에 더 중심적인 것으로 취급했다. 윌리엄 톰슨, 즉 켈빈 남작Lord Kelvin은 이렇게 말했다.

> 당신이 말하고 있는 것을 당신이 측정할 수 있고 그것을 숫자로 표현할 수 있다면 당신은 그것에 관해 무엇인가를 알고 있는 것이다. 그러나 당신이 그것을 숫자로 측정할 수 없다면 당신의 지식은 빈약하고 만족스럽지 못한 것이다.72)

이 진술이 제임스 클러크 맥스웰 물리이론의 '허무주의'에 대해 불평하는 것이며 켈빈이 신고전파 경제학에 대해서 호의적이지 않았다는 것을, 1920년대에 이 진술을 구호로 바꿔 시카고대학의 사회과학관의 정면 돌출창 밑의 돌에 새겨놓은 사람들은 몰랐을 것이다.

이런 냉담함이 방법론적 입장에서만 기인하는 것으로 가볍게 생각할 것은 아니다. 여기서 논의하는 거의 모든 비판자들은 적어도 공학에 친숙했고, 다수가 전문공학자들이었다. 특히 프랑스 사람들은 행정의 결정을 돕는 경제학을 추구했다. 경제학은 그들에게, 적어도 일부 사람들이 보기에 물리학이 그러한 것과 같이, 순수 연구 관심사가 아니었다. 그래서 그들은 부분적으로 과학적인 이유보다 실용적인 이유에서 수학적 모델들에 반대했다. 중요한 것으로 수리경제학에 대해 더 매력을 느낀 것은 경제적 결정을 합리화하고자 하는 사람들이 아니라 정치경제학의 응용에 무관심하거나 심지어 반대하는 사람들이었다. 이런 관점에서 휴웰은 범례라고 할 수 있다. 19세기 말에 허버트 폭스웰Herbert S. Foxwell(1849~1936)은 제본스와 앨프리드 마셜Alfred Marshall(1842~1924)의 새로운 한계주의 이론의 위대한 장점들 중 하나는, 그것이 "그 이후 학식 있는 경제학자가 이론과 실천의 한계를 착각하는 것 또는 연구를 불신에 빠뜨리고 연구의 성장을 거의 방해하는 혼란을 반복하는 것을 실질적으로 불가능하게 만든 점"이라고 지적했다. 심지어 그는 수학적 경제학과 역사적 경제학이 이론의 잘못된 응용에 반대하는 데에서 동맹들이라고 생각했다.[73] 수리경제학은 입증 가능한 무적합성이라는 겸손한 미덕을 가졌으며, 이것은 가짜 적합성보다 도덕적으로 우월한 것이었다.

근래, 도널드 매클로스키Donald McCloskey는 이론경제학의 가치는 물리학의 가치보다 수학의 가치와 훨씬 비슷하다고 아무런 열정 없이 썼다.[74] 헤르베르트 메르텐스Herbert Mehrtens가 주장하듯, 근대주의 수학은 바로 공간과 시간, 살과 피의 세계로부터 정신Geist이 더 이상 무겁고 고통스러운 신체에 갇히지 않는 세계로의 퇴각을 의미했다.[75] 순수 이론가들은 그들의 과학적 자격에 상당히 강력하게 의거해 학문 분과의 정신을 주장했다. 하지만 이것은 기껏해야 매우 의심스러운 것이다. 적어도 1930년대까지는 물리학자들과 공학자들의 경제적 저술들은 추상적인 수학 공식보다는 수량화와 통제의 이상과 훨씬 더 밀접하게 결합되었음을 보여준다. 측정은 단순히 이론과의 연결이 아니라 사건들을 관리하는 기술이며 과학적 실천을 구조 짓고 그것에 의미를 부여하는 윤리였다.

제4장

수량화의 정치철학

시민사회는 … 통약 불가능한 것들을 추상적인 수량들로 환원함으로써 비교 가능한 것으로 만든다. 계몽주의는 숫자로 그리고 궁극적으로 동일성으로 환원되지 않는 모든 것을 단순한 외양으로 변화시킨다. —호르크하이머, 아도르노(1944)*

수량화는 정치철학에서 아직 주제로 다루지 않고 있다. 이것이 수량화의 정치적 차원이 무시되어왔다는 이야기는 아니다. 도덕주의자들, 비판자들 그리고 수량적 연구자들 자신이 모순적으로 보이는 수많은 견해들을 제시해왔다. 그 글들 가운데에는 잘못 고려된 논쟁적인 것들도 포함되어 있지만, 또한 미묘하고 사려 깊은 토론도 있다. 최선의 주장들이 어느 한쪽에만 있는 것은 결코 아니다. 하지만 불행하게도 대화는 거의 없었다. 특히 좌파의 비판자들은 수량적 사유방식을 도덕적으로 방어 불가능한 것, 유토피아에 대한 장애물로 제시한다. 옹호자들은 때때로 반대자들에게, 그렇지만 으레 정치와 문화를 조직하는 방식이 아니라 지식의 방식으로서 수량화의 정당성을 방어함으로써 답변해왔다.

수량화에 대한 지적 방어는, 분명히, 윤리적 문제와 관련이 있다. 국가권력의 생산물인, 그리고 자유로운 설득의 생산물이 아닌, 입증 가능하게 허위적이거나 검증 불가능한 교의들의 체계는 개인의 자유에 관심이 있는 사람에게는 명백한 도덕적 함의를 갖는다. 참으로 이 요점은 20세기에 과학에 대한 가장 영향력 있는 철학적 변호들 가운데 일부의 핵심이었다. 존 듀이 John Dewey(1859~1952)는 과학을 민주주의의 동맹자로 생각했으며 과학적 방법은 우리의 믿음들을 회의적 탐구에 내맡기는 것을 의미할 뿐이라고 주장했다. 포퍼는 과학을 20세기 전체주의들에 대한 해독제라고 주장했다. 과학은 "인간의 비판적 힘을 자유롭게 한다"라고 그는 주장했다. 과학은 개방과 보편주의를 의미한다. 과학자들은 "그들이 상이한 모국어들을 사용한다고 하더라도 하나의 동일한 언어를 말한다". 이것은 경험의 언어이지만, 모든 경험any experience의 언어는 아니다. 과학은 "공공적 성격"의 경험, 즉 반복할 수 있는, 따라서 믿음으로 받아들여야 하는 것이 아닌, 관찰과 실험을 중요하게 평가한다.[1]

포퍼가 그의 과학의 정치철학에서 수량화를 강조하지는 않았지만, 그의 용어는 수량화에 쉽게 적용할 수 있었다. 더 엄격한 언어는 경험을 보편화하는 기획에 공헌한다. 그러나 그것의 기술성 때문에 그것은 대니얼 디포 Daniel Defoe(1660~1731)가 말하는 "가장 완벽한 양식[이라고 할 수 있다] … 그 양식은 바보나 미치광이를 제외한 모두가 공통적이고 다양한 능력을 가진 500명의 사람들에게 말을 하는 사람은 그들 모두가 자신을 동일한 방식으로 이해하게 하는 것이다". 그러나 이러한 모호성을 피하기 위해서는 엄격한 정의와 특수한 의미가 중요하다. 존 마이클 지맨John Michael Ziman의 더 모호한 공식에서는, 숫자의 언어를 "보통의, 자연 언어 – 부적절하게 정의된 용어들이나 표현의 모호성들 등과 같은 허점들을 가진 – "와 대조할 수 있을 것이다. 그 언어는 "추론 노선의 올가미에서 빠져나갈 수 있게 허용한다". 법률 문서와 마찬가지로 과학적 주장은 "복합적이고 형식화된 (그리고 궁극적으로 차단적인) 언어로 기록되어야 한다".[2] 명확성과 불가해성의 이런 동맹에는 역설의 암시가 있으며, 적절하게도 그러하다. 사회적 도덕성의 광범위한 관점에서 수량화에 대해 생각하는 것은 반대 명제들을 역速명제들로 전환하고 도덕적 모호성을 강조하는 경향이 있다.

객관성/객관화

숫자를 임의로 그리고 비공식적으로 사용하는 것은 당연히 가능하지만, 과학적 목적과 공공적 목적에서의 수량화는 일반적으로 엄격성rigor의 정신과 결합되어왔다. 이상적인 계산기는 컴퓨터인데, 부분적으로는 그것이 주관성의 개입을 불가능하게 하기 때문에 널리 존중된다. 수학은, 용인할 수 있을 정도로 과장하면, 개인들의 욕구와 편향을 차단할 만큼 담론을 제약하는 규칙을 포함하고 있다고 상정되기 때문에 오랫동안 신뢰성을 주장할 수 있었다. 자연도 또한 종종 생경하고 그러므로 객관적인 것의 구체화로 제시되지만, 자연은 다양한 모습을 가지고 있으며 반대의 모습을 스토아학파Stoic의 도덕주의자들과 낭만주의 시인들은 찬양했다. 카메라나 삽화가가 몰개인적으로 기록한 자연은 객관성 이미지에 대해 더 강력한 주장을 할 수 있지만(들새 관찰자들이 잘 아는 것처럼), 이 이상에 모순이 없는 것은 아니다.[3] 측정, 계량 및 계산을 통한 엄격한 수량화는 자연이나 사회를 객관적인 것으로 만들기 위한 가장 신뢰할 수 있는 전략들의 하나다. 그것은 유럽과 미국에서 약 2세기에 걸쳐 확산했고 권위를 증대해왔다. 자연과학에서 그것의 통치는 훨씬 더 일찍 시작했다. 그것은 또한 격렬한 반대에 부딪혀왔다.

이러한 객관성의 이상은 과학적인 것일 뿐 아니라 정치적인 것이기도 하다. 객관성은 인간의 지배가 아니라 규칙의 지배를 의미한다. 그것은 개인의 이익과 편견을 공공의 표준에 복속시킨다는 것을 의미한다. 이것을 저명한 수량화주의자 피어슨의 저작보다 더 명확하게 인식하는 것은 없다. 참으로 피어슨의 주장은 너무 명확하고 너무 강경해서 대부분의 현대 독자들은 그의 결론에서 후퇴한다.

몰개인성으로서 객관성은 흔히 진리truth로서 객관성과 융합된다. 확고한 실증주의자인 피어슨은 그런 실수를 하지 않았다. 그는 객관성의 인식론적 가치보다 도덕적 가치를 강조하기까지 했다. 종교 교리의 찬미자까지는 아니더라도 항상 종교 제도의 찬미자인 피어슨은 과학을 기독교의 계승자로 드러내놓고 지정하는 데에서 콩트에 뒤지지 않았다. 그는 "사상자유의 윤리 The Ethic of Freethought"에서 이렇게 주장했다.

> [과학은] 이익의 동기, 즉 어떤 정당이나 개인이나 이론을 지지하는 일을 인정하지 않는다. 그러한 행동은 단지 지식의 왜곡으로 이어질 뿐이며, 편향 없는 관점에서 진리를 추구하지 않는 사람들은 (종교에서) 자유(로운)사상의 신학에 들어와 있는 악마의 회당의 목사들이다.4)

방법은 자유사상가들에게 이해관심이라는 악마를 추방할 수 있게 해줄 종교적 의례였다.

당연히 이것은 과학에 유익할 것이었다. 그러나 과학과 그 방법의 교육은 비非과학자들에게도 똑같이 중요했다. 피어슨은 학교의 교육과정을 과학을 중심으로 재구성하고자 했는데, 그 목적은 기술자를 양성하기 위한 것이 아니라 가능한 최고의 도덕 교육을 제공하기 위한 것이었다. 과학 교실은 시민을 양성하는 공장이 될 수 있었다. "과학적 인간은 무엇보다도 판단을 내릴 때 자신을 제거하고자 노력해야 하고, 자신에게 참인 만큼 각각의 개인의 정신에도 참인 주장을 제시해야 한다." 과학은 "개인의 공상을 위한 놀이방을 인정하지 않는 일련의 법칙들"로 이어진다. "사실들에 대한 정확하고 비편파적인 분석을 위한 정신 훈련으로서 근대 과학은 건전한 시민정신을 촉진하기에 특별히 적합한 교육이다."5) 간단히, 과학은 사회주의, 즉 일반적 규칙과 사회적 가치를 개인의 주관성과 이기적 욕구 위에 위치시키는 것을 의미했다.

과학의 객관성에 대한 이러한 찬양은 종종 엘리트주의와 혼동된다. 그러나 여기서 정의하듯, 그것은 결코 엘리트주의적인 것이 아니다. 피어슨주의적 교육은 모든 사람을 전문가로 만들고 모든 전문가를 상호교체 가능하게 만들고자 했다. 결국, 피어슨은 일부 시민들을 다른 시민들보다 더 객관적으로 만드는 방식을 찾아냈다. 그러나 우리는 그의 저술에 퍼져 있는 청교도적인 자아부정의 윤리를 놓치지 않아야 한다. 그의 객관주의는 인간 주체조차도, 사회적 필요에 따라 형성되는 그리고 엄격하고 균일한 표준에 따라 판단되는 객체로 전환시킬 것이었다. 길리스피와 도널드 워스터Donald Worster는, 반대의 관점에서, 서구 과학의 객관성 정신은 자연으로부터의 작은 정도의 소외도 동반하지 않는다고 주장한다. 에블린 폭스 켈러Evelyn Fox Keller는 자연에 대한 통제는 또한 자아에 대한 통제이기도 하다고 덧붙인다.6) 피어슨의 『과학의 문법Grammar of Science』은 이것을 유례없이 명확하게 보여준다.

주관성에 대한 이러한 도전이 동반하는 중요한 결과는 종종 인식되지 않는다. 강력한 자아는 일반적으로 사회적 엘리트의 몫이다. 위계적 사회들의 교육체계들에서는 이것을 적어도 암묵적으로는 인식해왔다. 그 교육체계들은 거의 언제나 단순히 지식 – 기술적 숙련은 말할 것도 없이 – 의 획득뿐만 아니라 품성의 형성을 사명으로 생각해왔다. 고전적인 김나지움 교육Gymnasium education을 받은 19세기 독일인들은 그들이 가진 교양Bildung으로 자신들을 대중hoi polloi과 구별했다. 교양은 교육과 아울러 문화나 육성을 함축하는 풍부한 개념이었다. 그것의 문자적 의미는 형태form, 즉 품성의 형성이다. 같은 시대의 프랑스 엘리트 교육은 데카르트적 나Cartesian moi, 즉 일원적인 자아에 고정되었으며, 이것을 분쇄하려는 경향의 다양한 세력들에 대항해 방어해야 했다는 것을 얀 골드스타인Jan Goldstein은 보여준다. 중요한 것으로, 피어슨은 자아의 연속성이나 완결성을 부인하는 데에서 마흐를 따랐으며, 자아의 기능을 이제 규칙과 방법에 의해 대체할 수 있다고 생각했다.[7]

교육을 통한 개인 정체성의 형성은 항상, 암묵적으로거나 명시적으로, 문화 – 일반적으로 엘리트 문화 – 의 형성이었다. 수량화에 대한 강조는 그 문화를 무너뜨리는 경향 또는 그것의 부재를 보상하는 경향이 있다. 미국의 정치학자 해럴드 라스웰Harold Lasswell은 1923년에, 공식적인 전문지식은 "왕조적인 것"이 결코 아니라고 주장했다. 그는 미국의 정치체계가 바로 그것의 민주적 특성 때문에 수량화된 지식, 즉 객관적인 지식을 더 많이 활용했다고 주장했다. 대조적으로 영국은 그 나라의 정치 지도자들과 행정 지도자들이 응집력 있는 엘리트를 구성하고 있었기 때문에 덜 공식적인 양식의 추론과 의사소통에 의존할 수 있었다.[8]

수량화와 문화적 개방성의 관계는 여기서 다룰 수 있는 것보다 훨씬 더 많이 탐구해야 할 것이다. 현재의 다문화주의 정치는 학자들에게, 과학적 방법이 이데올로기적 차원뿐 아니라 성차별적 차원도 가지고 있다는 것을 이전보다 더 잘 인식하게 만들었다. 이것에 기초해, 수학이 남성, 심지어 백인 남성의 특수한 문화를 표현한다고 종종 지적된다. 그러나 분명히 상황은 훨씬 더 모호하며, 수량화에 대한 근대적 강조의 순수 효과는 아마도 전문가 문화를 여성들 및 종족적 외부자들에게 개방하는 것이었을 것이다. 다양성에 대한 관료제적 관리에서 유력하게 나타나는 끈질긴 수량열광quanti-frenia은 이런 측면에서의 범례다. 적극적 조치를 담당하는 행정부서와 법원은 기업 사무실, 대학 학과 또는 변호사 사무소의 모든 고용 및 급여 결정에 대해 쉽게 사후 추정할 수는 없지만, 이러저러한 단위들의 차별적 관행들에 대한 명백한 사례들을 확인하기 위해 숫자를 조립할 수 있다.

고도로 수량적인 관리전략들을 가르치는 경영대학원의 부상이 미국의 기업들의 다양성에 미치는 영향에 대한 탐구는 가치 있을 것이다. 유럽과 미국에서 수학은 오랫동안 남성화되어왔으며, 이것은 흔히 과학과 공학에서 여성을 배제하도록 작동해왔다. 그러나 수량화에 대한 의존도 증대가 촉진한 상호작용 및 의사결정의 몰개인적 양식impersonal style은 또한 동아리나 동창 연결망 같은 비공식적 접촉 중심의 기업 문화 – 여성과 소수자들에게 커다란 장벽이었고 여전히 장벽인 – 에 대한 부분적인 대안을 제공했다. 이제는 유럽 공동체European Community가 다양한 맥락에서 "문화 없는 문화culture of no culture" – 물리학자들에 대한 샤론 트라윅Sharon Traweek의 연구에서 차용한 구절이다[9] – 를 활발히 추진하고 있다는 사실은 별로 놀랍지 않다. 통일된 기업 및 행정 환경을 만들기 위한 유럽의 운동에서 수량화의 언어는 영어보다 훨씬 더 중요하다고 할 수 있다. 그 운동은 국지적 문화들을 체계적이고 합리적인 방법으로 대체하고자 한다. 솔직한 프랑스의 만화 이미지는 퐁텐블로 경영대학원business school at Fontainebleau에 입학한 동일한 백인, 남성, 양복 정장, 공무원 풍의 다양한 사람들을 묘사한다. 그것은 동시에 평등주의적이며 억압적인 공명 효과를 낳는다.

수량적 사회과학들에서 사람들에 대한 객관화는 한 가지 또 다른 중요한 차원을 가지고 있다. 사회적 수량화는 사람들을 그들의 개인성에서 추상하여 특정 부류들 속의 사람들로 연구한다는 것을 의미한다. 근래에는 이것에 대해 많은 비판이 제기되고 있지만, 이것을 분명하게 나쁜 것이라고 할 수는 없다. 인구에 대한 많은, 아마도 대부분의, 통계적 연구는 노동자, 어린이, 거지, 범죄자, 여성 그리고 인종적 및 종족적 소수자들의 상태를 개선하는 것을 목표로 해왔다. 초기의 사회통계학자들과 사회조사의 선구자들의 저작들, 특히 사적인 저작들은 박애와 선의를 발산한다. 그렇지만 인쇄된 저작들에서는, 그들은 일반적으로 사실성이라는 냉정한 수사학을 채택했다. 이 수사학은 남성은 물론 여성에게도 과학적인 사회연구자의 역할을 맡도록, 그리고 단순히 자선 활동가의 역할에 그치지 않도록 허용했다.10)

엄격성과 불편부당성을 위해 이렇게 도덕감정을 억제하는 것에 대해 많은 사람들이 거부했고, 다른 많은 사람들이 큰 심리적 부담을 느꼈다. 그렇지만 흔히 수량적 탐구 방법이 조장하는 도덕적 거리는 그 작업을 훨씬 더 쉽게 만들었다. 숫자가 공장노동자, 성매매자, 전염병 환자, 정신이상자, 그리고 실업자 등에 대한 탐구에서 선호하는 수단이 된 것은 우연이 아니다. 이것은 산업화 초기의 영국과 프랑스에서 분명했으며, 20세기 초 미국에서도 약간의 변화가 있었지만 여전히 그러했다. 중간계급 자선가들과 사회사업가들은 그들이 사람이라고 인지하지 못하는 그리고 종종 인지하고자 하지 않았던 종류의 사람들에 대해 알아보기 위해 통계를 사용했다. 그들의 '사람 아님'은 계량을 방해한 것이 아니라 장려했다. 왜냐하면 인구의 강력하고 흥미로운 개인성들에서 뽑아낸 평균은 항상 별 의미가 없는 것으로 보였기 때문이다. 하층계급들에게는 개인성을 무시하는 연구 방법이 어떻든 옳은 것으로 보였다.11)

끝으로, 숫자는 종종 사람들에 대해 작용하는, 즉 사람들에게 권력을 행사하는 작인agency이었다. 푸코와 많은 찬미자들은 이런 이유에서 근대 사회과학의 대부분의 표현형태들을 가혹하게 다뤘다. 숫자는 사람들을 조작할 대상들로 전환한다. 대신 그것은 권력이 적나라하게 행사되지 않는 곳에서 은밀하고 교활하게 작용한다. 해킹과 로즈는 통계적이고 행동주의적인 규범 – 이것을 통해 정상성과 비정상성의 언어가 만들어진다 – 의 권위를 인식하는 데에서 특히 민감했다.12) 규범을 지키지 못한 사람들은 낙인찍히고, 대부분의 다른 사람들은 더욱 만연하는 전문가들과 계산가들의 관료제의 가치를 내면화했다. 중요한 것으로, 그들의 권력은 그들의 객관성에서 분리 불가능하다. 평균에 기초한 규범은 그것의 신뢰도를 높여주는 인간의 선택의 기묘한 독립성을 광고한다.

투명성/피상성

  1820년대와 1830년대의 최초의 거대한 통계 열정은 숫자의 투명성에 대한 믿음에서 생겨났다. 가장 악명 높은 것으로, 사실들이 스스로 말할 수 있도록 허용해야 하며, 통계협회의 회보에는 의견이 들어갈 공간이 없다고 런던의 통계학자들은 결의했다. 이것은 통계학자들이 어렵사리 가입한 영국과학진흥협회British Association for the Advancement of Science가 그것의 통계분과가 지나치게 정치적으로 될 것이라는 두려움을 누그러뜨리려는 것이었다. 그것은 또한 19세기 초 영국에서 자연과학의 강력한 경험론과 공명했으며, 참으로 통계협회의 구호인 '다른 사람들이 타작하도록 하라Aliis exterendum' — 통계학자는 단지 자료를 수집하고, 다른 사람들이 그것에서 추출한다는 의미다 — 라는 17세기 왕립협회의 구호인 '누구의 말이라도 그대로 믿지 말라Nullius in verba' — 과학의 회의주의를 표현한다 — 를 모방한 것이었다.[13]

  의견을 배제한다는 이 공식적 표현을 액면 그대로 받아들이는 사람은 당연히 없었다. 물론, 영국 통계학자들은 의견을 가지고 있었다. 이것은 특정한 수사학적 사례에 적합한 자기표현의 한 형식이었다. 정치와 무관한 것처럼 보이는 것은 자연과학자들의 모임에서뿐만 아니라 재판관들의 모임에서도 유리했다. 19세기 영국에서는 사법적 재량권과 개인적 지식이 새로 생겨난 "이방인들의 협회society of strangers"에 적합한 규칙들에 의해 점차 약화하고 있었다.[14] 그런 사심 없음은 통계학자들이 고위 권력자들에게 자신들이 편향되지 않은 지식가의 능력을 가진 것으로 제시하고자 할 때에는 언제나 특히 중요하게 여겨졌다. 즉, 통계학자들은 그들이 약했을 때 그리고 권력자들에게 호소해야 했을 때 그들의 객관성을 강조하는 경향을 가장 뚜렷하게 드러냈다. 그러나 통계학자들의 출신 배경이 압도적으로 지배계급들이었기 때문에 이것이 늘 필요한 것은 아니었다. 적어도 가난한 사람들을 서술하기 위해 "게으른", "비속한" 또는 "고귀한" 등과 같은 도덕적 의미가 담긴 용어를 사용하는 데에는 아무런 장애물도 없었다.[15] 그럼에도 때로는 의견을 가진 사람들은 옆으로 비켜서고 숫자들이 스스로 말할 공간을 만들 것으로 기대되는 상황도 있었다. 그리고 영국에서만 그런 것이 아니었다. 입증의 개방성을 위한 이러한 추진력은 최고의 수학적 전통에 있었다. 고대 그리스 이래 기하학적 증명이라는 관념은 "개방적 지식의 이상ideal of open knowledge"을 반영했으며, 이것은 인식론적 함의와 함께 법률적이고 정치적인 함의를 가졌다.[16] 미국인들은 영국의 통계학자들이 배양한 반反수사학적 수사학에 특별한 애호를 보였다. 그렇지만 아마도 통계의 정치적 도덕성에 대한 가장 흥미로운 토론은 프랑스에서 이루어졌다.

프랑스를 통계의 사회로 만들다

프랑스에서 구체제의 통계 전통은 국가주의적이고 비밀주의적이었다. 인구의 숫자는 권력의 영역에서 명백한 함의를 가졌으며, 그러므로 왕조는 그것을 알고자 했다. 그러나 동일한 이유로 그것이 자유롭게 퍼지도록 허용하는 것은 현명하지 않다고 생각했다. 니콜라 드 콩도르세Nicolas de Caritat, Marquis de Condorcet(1743~1794)는 숫자에 대해 그런 생각과는 상이한 더 자유주의적인 견해를 옹호했다. 그는 자신의 견해가 혁명에 의해 효력을 발휘할 것으로 기대했다. 그는 혁명에 열중했지만 상황은 곧 그의 기대에 훨씬 유리하게 되었다. 1800년경에 번성했던 통계청은 박식한 시민들을 육성하기 위해 정보를 수집하고 발표하는 것을 목표로 삼았다. 이런 이상은, 불행하게도, 나폴레옹 제국에서 지속될 수 없었다. 복고 정부는 여전히 수량적 연구에 호의적이지 않았다. 7월 왕조와 제2제국 통치 시기에조차 프랑스 국가는 통계 활동에 그다지 적극적이지 않았다. 통계학자들은 이것을 민감하게 느끼고 있었다. 1863년에 알프레드 레고이트Alfred Legoyt(1812~1885)는 "왜 그것을 직시하지 않는가?"라고 썼다. "통계는 인기가 없다. 정부는 통계를 여론의 압력 아래 공공 서비스로, 그리고 슬프게도 단지 소수의 공무원들의 서비스로만 제공하고 있다."[17] 신뢰할 수 있는 공공 통계에 대한 열망은 결코 사라지지 않았지만, 그것은 개인적으로 활동하거나 행정부의 어느 구석에서 자발적으로 작업하는 활발한 자원자들에 의해 주로 유지되었다. 에릭 브리앙Eric Brian은 이런 부적합한 상황에서 소수의 자유주의자들과 과학자들이 통계적 전통을 보존하기 위해 어떻게 노력했는지 보여준다.[18]

이런 이유에서 프랑스 통계의 정신은 런던과 맨체스터의 자발적인 통계 조직들이 공식 통계에 대해서도 색조를 설정했던 영국의 그것과 상당히 비슷했다. 아마도 프랑스에서는 훨씬 더 극단적이었을 것이다. 통계는 직접 관찰을 통해 얻은 숫자들의 제시를 의미했다. 1876년 무렵에 뒤늦게, (통계에 시상하는) 몽티용 상Prix Montyon을 관리하던 과학아카데미의 위원회는 다른 사람들이 수집한 숫자들에 대한 수학적 조작에 큰 가치가 있는가 하는 의심을 표명했다. 이런 조작은 사실적 지식이 아니라 "경제적 추측"에 해당했다. 또한 통계는 결정적으로 자유주의적 과학이었다. 통계학자들은 국가의 경제 개입에 대해 거의 허용하지 않았다. 그들은 정직하게 보고되고 광범하게 보급된 숫자적 사실들의 교육적 가치를 확실히 믿었다.[19] 공공적 노출이 자신들의 작업이 영향력을 가질 수 있는 유일하게 가능한 길이라고 많은 사람들이 생각했다.

따라서 왕정복고 후 반세기 동안 프랑스에서 통계에 대한 지배적인 수사학은 투명한 사실성을 강조했다. 새로 만들어진 파리통계협회는, 그보다 20년 앞서 선언된 런던통계협회의 정책을 되풀이해, 1860년에 "통계는 사실들에 대한 과학의 지식일 뿐이다"라고 결의했다. 통계는 자유주의 국가를 위한 불가결한 과학이라고 협회의 정관은 계속했다. "그것은 사회를 통치하는 기초를 제공해야 한다."[20) 생-시몽주의Saint-Simonian 경제학자인 미셸 슈발리에Michel Chevalier(1806~1879)는 이 결의를 단호하게 표현했다. "잘 만든 통계는 협박과 유혹 모두를 압도하는 냉정한 증언이다." 예를 들어, 교육 통계 그리고 합법적 출생과 불법적 출생 통계는 "인구의 도덕성에 대한 의심의 여지가 없는 지표"를 제공했다.[21) 그보다 몇 십 년 앞서 발자크 소설의 등장 인물인 데 뤼포Des Lupeaulx는 숫자 물신fetish of numbers을 당대의 경제질서의 특징으로 지적했다.

> 숫자는 개인의 이해관심에 기초한, 그리고 돈에 기초한 사회들에서 항상 결정적이며, 헌장이 우리를 위해 만든 사회가 바로 그것이다 … 그러므로 교육받은 대중을 설득하는 데에서 몇 개의 숫자보다 더 나은 것은 없다. 우리의 좌파 정치가들은 숫자가 모든 것을 결정적으로 해결한다고 주장한다. 자, 이제 우리가 숫자를 세자.[22)

발자크가 시사했듯, 숫자에 대한 이런 신앙은 공공 정보를 통한 진보에 대한 믿음과 결합했다. 교묘한 논증에 기초한, 그리고 오랜 경험을 요구하는 통계과학은 공공의 토론에 영향을 미치거나 공공의 결정에 정당성을 제공하기에는 빈약하게 계산된 것이었다. 말로 표현할 수 없는 판단은 매우 비민주적인 형태의 전문지식이다. 통계는 철저하게 공공적인 지식, 즉 슈발리에가 주장했듯 민주주의에 적합한 지식을 제공하는 것으로 상정되었다. 이상적으로, 민주적 통계는 자기설명적일 것이었다. 알프레드 드 포비예

Alfred de Foville(1842~1913)는 통계가 어디서 안전을 찾을 수 있는지, 그리고 파멸이 어디로 가는지를 가르쳐줄 수 있다고, 그렇지만 정부는 듣지 않을 것이라고 주장했다. 최선의 희망은 시민들에게 그들의 지도자들의 성과를 판단할 수 있는 수단을 제공하는 것이었다. 나머지 사람들은 "일반 이해관심의 옹호자들과 사적 이해관심의 옹호자들 사이의 싸움이 다시 떠오르는 곳이면 어디에서든지 여러분은 맡은 자리에서 무장하고 행군 준비가 된 우리 [통계학자들]을 보게 될 것"을 확신했다고 그는 선언했다.[23] 슈발리에는 상당히 낙관적으로, 가장 신뢰할 수 있고 풍부한 통계는 대의기관들을 갖춘 나라들 특히 대영제국이 발표했다고 주장했다. 왜 안 그렇겠는가? 그런 숫자들은 그것들 자체의 광대한 우월성을 다른 나라들에 보여준다.[24]

이것은 대중 연설에 알맞은 훌륭한 정서였다. 그것은 실제로는 그다지 잘 작동하지 않았다. 일찍이 1828년에 프랑스와 영국의 통계학자들은 교육이 범죄의 치료법이라는 그들이 선호하는 생각과 각 데파르트망의 교육 정도와 범죄율이 반비례하지 않음을 보여주는 많이 논의된 프랑스 정부의 통계표 사이의 표면상의 불일치에 당황했다.[25] 이런 종류의 일이 일어났을 때에는 언제나 통계학자들은 외양을 믿지 않을 그리고 더 심층적으로 조사할 이유를 찾아냈다. 통계학자들은, 그들 자신의 집단적 전문지식에 훨씬 더 자신감을 갖게 된 19세기 후반에 이르러서야 비로소, 복잡함과 혼란스러움이 예외적인 것이 아니라 전형적인 것일 수 있다고 생각하기 시작했다. 이것은 다른 곳에서와 마찬가지로 프랑스에서도 일찍부터 발생했다.

1874년에 투쌩 로와Toussaint Loua(1824~1907)는 ≪파리 통계협회 학술지 Journal de la société de statistique de Paris≫의 논설에서, 정부는 "오래된 감독관의 소설과 보고를 공식 학술지에 게재된 통계 정보"로 대체하는 것에 대해 축하받아야 하지만, 소화되지 않은 사실만으로는 과학을 만들 수는 없다고 주장했다. 대신, 그런 사실들의 중요성과 관련성을 판단하기 위해서는 그것들을 주의 깊게 비교해야 한다. 이것은 결코 기계적인 작업이 아니다. "거슬러 올라가 원인들을 찾아내려면, 즉 사회에 작용하는 다양한 요소들의 군집 가운데에서 그것들을 구별해내려면, 빠뜨리지 않으려면, 강력한 총명함, 지속적인 주목, 심오한 분석 정신, 그리고 추론에서의 고도의 엄격함이 필요하다. 가장 뛰어난 영재조차도 이 모든 것을 획득하기 위해서는 오랜 경험을 갖춰야 한다."26) 앙드레 리에스André Liesse(1854~1944)는 1904년에 이점을 더욱 강력하게 주장했다. "이것과 같이 매우 복잡한 것을 비교하려면 지속적인 관심 그리고 사물들의 상대성에 익숙한 정신이 필요하다. 일반 대중에게 영향을 미칠 목적으로, 논증이 더 많은 용어들을 포괄하고 더 광범한 분야를 종합한다면 비례해 그것은 힘을 상실한다. 통계적 문제는 일반 군중을 대상으로 하는 기초적인 산수가 아니다."27) 1893년에 페르낭 포르Fernand Faure(1853~1929)는 통계전문학교의 필요를 주장하며 광산기술단이나 교량과 도로 기술단 같은 기구의 기초를 마련했다. 수리통계학을 만들기 위한 쉐이쏭과 로랑의 동시적인 노력도 유사한 야망을 표현했다.28)

전문가의 판단은 상당한 재량권을 가지고 활동할 수 있는 강력한 관료들과의 긴밀한 자문 관계에서는 수용될 수 있었을 것이다. 그러나 19세기에는 여론을 쉽사리 무시할 수 없게 되었으며, 광범한 대중이 공공 통계의 중요한 청중이었고 이점은 현재까지 지속되고 있다. 그들을 위해서 투명성은 간단히 포기할 수 없었다. 표준 지표 숫자Standard index number는 투명성을 지키고자 하는 최선의 희망을 제공했다. 통계에서 표준화된 척도들과 지표들을 만들게 된 것은, 사실상, 통계학 자체의 요구보다도 사회적 숫자와 공공 행동 사이의 밀접한 관계 때문이었다.29) 물론 때로는 그 지표들이 개인적인 고려에 유용할 수도 있지만, 그것들은 통계의 공공적 측면을 강력하게 반영한다. 그것들은 바로, 권한보다 책임이 더 중요한 곳에서 필수적이다. 그것들은 객관성의 사회적 역할을 축약해 보여준다.

분명히 그 이전에도 그런 사례들이 있었지만, 1870년 무렵 유럽의 많은 지역에서 분출된 화폐의 가치 측정에 대한 관심은 이런 관점에서 획기적인 사건이었다. 지표 숫자들은 간단히 관찰할 수 있는 것이 결코 아니었다. 그것들은 일반적으로 광범한 자료 수집과 계산 – 흔히 어렵거나 적어도 지루한 – 을 필요로 했다. 그 숫자들이 신뢰성을 갖기 위해서는 나쁜 자료로부터라도 계산해야 했으며, 아무리 전문가라고 하더라도 판단에만 기초해서 숫자를 조정하는 것은 용인되지 않았다. 프랑스 사법체계 개혁을 위한 기초로 확률 계산을 사용하려는 초기 노력의 역사는, 그것의 주역들이 가지고 있던 인상적인 과학적 명성이 쓸모없었음을 보여주는 범례다. 정치적으로 주목받는 인물이자 저명한 관료인 콩도르세조차도 확고한 제도적 지원이 없었다면 이 기획을 시작할 수 없었을 것이다.[30] 수량적 논증은 상당한 무게를 가졌다. 그러나 그것은 훨씬 더 자주, 권력을 갖지 못한 사람들이 권력 대신 객관성의 권위의 도움을 얻으려는 노력을 반영하는 것으로 보인다. 확실히 그 권위는 또한 제도적 권력에도 의존했다. 최소한 물가지수나 건강지수를 만들어내기 위해서는 파리 통계협회 같은 조직된 기구의 지원이 필요했다. 더 전형적으로 그것은 국가의 승인에 의존할 것이었다. 다음의 사례가 보여주듯 이런 것들은 거의 언제나 논쟁을 불러일으킨다.

　프랑스 통계학자들은 소수의 표준 숫자들canonical numbers에 초점을 맞추는 것의 이점을 신속하게 인식했다. 그들은 의료 통계를 사용해 개혁의 방향을 정할 가능성에 특히 주의를 기울였다. 행정구역 및 기관별 주민 보건에 대한 평가는 본질적으로 비교 작업이었으며, 이것을 위해서는 사망률의 측정 또는 대안으로 기대 수명의 측정이 필수적이었다. 건강에 유익함에 대한 측정을 전적으로 공중보건 통계학자들의 작업과 자원에만 맡겨둔 것은 아니었다. 기대 수명의 측정은 수학적 확률을 연구한 초기 저술가들이 주로 보험의 목적에서 개척했다. 그러나 보험계리 공식은 여러 데파르트망들의 건강을 수량화하는 데 그다지 적절하지 않았으며, 고아원, 교도소 같은 곳의 경우에는 훨씬 덜 적합했고 최악의 경우는 병원이었다. 그곳의 1년 동안의 사망자 수는 어떤 주어진 시간의 환자들의 수를 훨씬 초과할 수도 있었다. 통계를 건강에 해로운 기관들에 대한 강력한 고발의 기초로 삼고자 한다면 매년 인구 1000명당 사망자 통계보다 훨씬 더 정교한 어떤 지표들이 필요했다.

적어도 루이-아돌프 베르티용Louis-Adolphe Bertillon(1821~1883)이 사망률과 기대 수명을 측정하는 더 적합한 일련의 공식을 파리 통계협회에 제공했을 때의 목표는 그런 것이었다. "수명을 다양한 인간 집단들의 위생 상태의 척도로 취급하는 것은 자연스럽고 정당한 것"이라고 그는 제안했다. 그러나 적어도 11개의 공식이 경쟁했는데, 그 공식들은 건강에 따라 데파르트망들을 배열할 때 서로 상이하게 나타날 만큼 많은 차이가 있었다. 따라서 그런 척도들보다 "더 자의적인 것은 없었다". 자의성은 바로 그런 척도들이 배제하고자 하는 것이었다. 사망률에 대한 연구가 논쟁을 넘어서기 위해서는 어느 정도의 객관성이 필요했다. 베르티용은 그것들을 "진정한 과학적 방법", 즉 "다양한 장소들에서의 정확한 수명을 판정하기에 적합한 유일한 방법"으로 대체할 것을 제안했다.[31]

건강에 유익함의 측면에서 데파르트망들이나 아롱디스망arrondissement(구)들을 정확하게 등급 매기려면, 조사망률gross mortality을 연령 분포를 고려한 척도로 대체해야 했다. 이것에 관해 통계학자들은 일반적으로 동의했다. 교도소, 학교 또는 병원의 사망률 측정은 그보다 더 복잡했다. 그것도 매우 중요했다. "다양한 인간 집단들의 사망률은 ··· 환경의 건강에 유익함을 판정하기에는 너무 나양하고 복잡한 그러한 조건들을 측정할 수 있는 가장 확실한 계량기다. 그러므로 정밀할 뿐 아니라 균일하기도 한, 그리고 이런 사망률을 판정하기에 적합한 방법을 갖는 것이 중요하다."[32] 그는 어떤 관습적인 척도에 통계학자들이 단순히 동의하는 것으로는 충분하지 않다고 생각했다. "과학은 오직 한 가지, 진실만을 알고 있다." 베르티용이 추구한 진실은 100%보다 더 큰 연간 사망률 등과 같은 불합리를 유발하지 않으면서 높은 사망률을 고려할 수 있는 그런 진실이었다. 병원에 대해서는 그것의 인구가 너무 자주 바뀌기 때문에 평균 체류 기간 동안의 사망률만을 계산할 수 있다고 그는 판단했다.

오직 하나의 척도만이 진실과 일관된다는 이런 강조는, 다른 사람들은 베르티용의 분석에 동의하지 않았기 때문에 더욱 중요했다. 로와도 그에 못지않게 건강에 유익함의 측면에서 다양한 기관들을 비교하는 데 사용할 수 있는 균일한 사망률 척도의 필요성을 믿었다. 그러나 베르티용의 척도는 결함이 있다고 그는 판단했다. 그는 병원 환자들에 대해 다른 인구들에 대해 사용하는 지표와 다른 방식으로 계산하는 지표가 필요하다고 생각하지 않았다. 이 지표는, 가능한 한 가장 광범한 기초가 가장 절실하게 필요한 것일때, 비교의 기초를 불필요하게 좁힐 것이었다. 그는 일일 사망률을 계산하는 것이 더 나을 것이라고 주장했다.[33] 베르티용은 받아들이지 않았다. 병원에서 사망할 확률은 그곳에서 보낸 날짜의 수에 결코 비례하지 않는다고 그는 대답했다. 로와의 방법은 병원이 환자의 입원 기간을 두 배로 늘림으로써 그것의 사망률을 절반으로 줄이는 것을 허용할 것이었다. 실질적인 비교 단위는 날짜가 아니라 특정 질병이어야 했다.

이 부차적인 논쟁은 통계적 표준화가 자동으로 이루어지지 않았다는 것을 보여준다. 결국 새로운 연구에 관한 이견은 모든 과학들에서 찾아볼 수 있다. 그들이 합의에 도달하는 것의 중요성을 알았다는 점이 더 중요하다. 병원과 그 밖의 기관들에 대한 효과적인 관리를 위해서는 비교의 객관적인 기초가 필요하며, 그것은 수량적일 수밖에 없다는 것, 그리고 그러한 척도를 확립하기 위한 적절한 기초는 과학이라는 것에 그들은 동의했다. 국가의 지원을 받는 과학이 그것이었다.

물론, 숫자에 대한 신앙을 조롱하는 사람들도 있었다. 포비예는 1885년에, 극장에서 "통계학자가 무대에 오르면 모든 사람들이 웃을 준비를 한다"라고 말했다. 에드몽 곤디네Edmond Gondinet(1828~1888)의 희극 「깃털 장식Le Panache」에 등장하는 거들먹거리는 지사는 "제곱킬로미터당 1과 2분의 1명의 남성과 2와 4분의 3명의 여성"을 (즉각) 결혼시킴으로써 남녀의 균형을 맞추라고 제안한다. 외젠 라비슈Eugène Marin Labiche(1815~1888)의 희극의 여주인공은 "비에르종 통계협회의 총무"인 셀레스틴 마기Célestin Magis 아무개와의 결혼을 가까스로 벗어난다. 그는 자신의 경쟁자인 틱Tic 대위가 세바스토폴 전투Battle of Sebastopol에서 양 진영이 발사한 포탄의 수를 왜 세지 않았는지 이해하지 못하는 사람이다. "부인, 통계는 현대적이고 실증적인 과학입니다. 그것은 가장 모호한 사실들에 조명을 비춥니다. 따라서 수고스러운 연구들 덕분에 우리는 1860년에 퐁네프다리를 통과한 홀아비들의 정확한 수를 알게 되었습니다(그 답은 3498명이고, "확실하지 않은 1명이 더 있습니다".)."[34]

물론 이것은 농담이었지만 그 속에 뼈가 들어 있었다. 통계 지식이 본래 어리석은 것이 아니라면 피상적인 것이라는 주장은 이미 19세기에 일반적이었다. 예를 들어, 파리의 통계학자들을 위한 르 플레의 1885년의 통계에 대한 모호한 찬사도 그런 의미를 담고 있다. 통계는, 세습 귀족들이 있고 그 귀족들이 높은 직책에 오르며 거의 본능에 의해 통치할 수 있는 나라들에서는 사실상 중요하지 않다고 그는 설명했다. 그러나 우리는 정부 형태에서 파탄을 겪었기 때문에 이제는 공무의 실질적 경험이 없는 사람들이 높은 직책을 맡을 수 있다. 통계는 이러한 실질적 경험의 부족을 보완하는 데 도움이 될 수 있으며, 이 점에서 통치하는 사람들은 통계 지식을 필요로 해야 한다.[35] 공식적 지식에 대한 이러한 필요는 널리 인식되었다. 쥘 시몽Jules Simon(1814~1896)은 1894년에 다음과 같이 주장했다. "귀족, 즉 지배계급이 있었을 때, 우리는 미래의 행정관료들과 미래의 입법자들이 그들의 가문에서 그들의 재간의 전통을 계승했을 것이라고 당연하게 생각할 수 있다. 누구나 무엇이거나 될 수 있는 공화국에서는 가장 어려운 기능들이 가장 무지한 사람들에게 할당될 수도 있다."[36]

2차원 문화

피상성에 대한 이런 비난에는 두 가지 기본 형태가 있는데, 하나는 좌파에서, 다른 하나는 우파에서 나온다. 르 플레는 분명히 우파에 공감했다. 그는 피상적인 전문가보다 권력의 운명을 타고난 사람들에 대한 깊은 이해를 선호했다. 이런 입장의 더 근래의 판형 – 이 책에서 제안하는 통계 구성주의의 몇 가지 함의를 잘 보여주는 – 은 합리주의에 관한 마이클 오크쇼트Michael Oakeshott (1901~1990)의 글에서 나온다. 합리주의자라는 명칭은 의심할 여지 없이 통계학자에게 더 강력하게 적용할 수 있을 터인데, 오크쇼트에 따르면 "이방인이거나 자신의 사회계급에서 벗어난 사람이며 … 그가 단지 피상적으로 알고 있는 전통과 행동습관에 의해 당황하는 사람이다. 집사 또는 예리한 가정부가 합리주의자의 장점을 가지고 있다".[37] 이 설명에 따르면 우리는 합리주의자에 대해 무능하다고 예상할지도 모른다. 그러나 오크쇼트의 글의 어조는 우월적인 것이 아니라 체념적이었다. 합리주의는 사회에 대해 암적인 성장으로, 사회의 풍부한 내면성을 파괴하고 오직 표면만을 남긴다. 문화를 변화시키고 정말로 부정함으로써 그것은 결국 강력한 것이 될 수 있다. 그것은 세계 – 그것을 구성하는 데 합리주의 자체도 기여한 – 를 이해하기 위한 효과적인 도구이다. 합리주의는 우리가 잃어버리고 있는 세계를 결코 이해하지 못했기 때문에 확실히 피상적이다.

좌파의 비판도 또한 향수의 요소를 포함하고 있다. 그것도 거의 같은 시기, 즉 전후 초기에 등장하지만, 이제는 영국이 아니라 프랑크푸르트(와 로스앤젤레스)에서 나온다. 통계에 대한 전면적인 비판은, 일종의 마르크스주의로 홍보되지만, 마르크스 자신에게서는 거의 상상할 수 없는 것이다. 그는 오랜 기간을 대영박물관에 묻혀 『자본』을 쓰면서 의회 보고서들에서 숫자를 뽑아서 조립했다. 호르크하이머와 아도르노는 『계몽의 변증법』에서 실증주의 과학이 "개념을 공식으로, 그리고 인과관계를 법칙과 확률로" 대체한다고 주장한다. 이런 형태의 지식은 그것의 비판의 칼날을 버리는 것이라고 그들은 생각했다. 그것은 선형적인 것만을 볼 뿐 변증법적인 것은 보지 못한다. 허버트 마르쿠제Herbert Marcuse는 실증주의자들보다 헤겔에 훨씬 더 주목할 것을 주장했다.[38] 그러나 계산적 사고방식에 대한 프랑크푸르트 비판자들의 반대는 다가오는 혁명에 대한 갈망 이상의 것에 기초했다. 호르크하이머와 아도르노는 획득을 강조하는 도구주의적 자연관을 개탄했다. 앞서 본 것처럼 아도르노는 자본주의의 공허한 가치를 예시하기 위해 문화에 대한 수량적 연구, 그리고 문화의 파괴를 호출했다. 대중문화는 적이었다. 그것은 자연발생적으로 성장한 것이 아니라 계산하는 문화산업의 공허로부터 성장했다. 진실한 문화는 결코 측정될 수 없지만, 점점 더 피상적으로 되어가는 사회는 오로지 세는 것에 의지해서만 세계를 알아낼 수 있는 사람들에게 점점 더 노출되고 있다.

객관성은, 여러 가지 의미를 갖는데, 그 자체의 긍정적 특징들보다 그것이 빠뜨리고 있는 것에 의해 특징지어진다고 강조되어왔다. 대스턴과 피터 갈리슨Peter Galison은 다음과 같이 진술한다. "객관성은 주관성을 봉인하는 밀납의 관계, 주관성의 더 대담하고 더 견고한 특징에 대한 음각 도장의 관계에 있다."[39] 그들에 따르면, 그리고 이 책의 많은 부분에 따르면, 객관성에서 중요한 것은 독특하고, 이해관심을 가지고 있으며, 위치 지어진 개인의 '없음'이다. 그것은 지식을 구성하고 결정을 내리는 사람들의 개인의 자기 포기의 윤리와 관련된다. 이 윤리를 채택한다는 것은, 어떤 개인이 수량화 비판자들이 격찬한 풍부한 국지적 지식을 배제한다는 것을 함축하는 것도 아니고 전제하는 것도 아니다. 그러나 함축하지 않는다면 훨씬 더 극단적인 자기희생이 요구된다. 당신이 외부자들과 같이 되지 않는다면, 당신은 결코 수량적 과학의 영역에 들어가지 못할 것이다. 최종적인 외부자는 기계이며, 기계는 수량화의 왕국에서 급속하게 가장 거대한 것이 되어가고 있다. 수학은 대부분의 계산 그리고 일부의 상징적 조작을 컴퓨터에 맡길 수 있을 만큼, 즉 우리가 이해라고 부르고자 애쓰는 것에서 독립적인 것으로 만들 수 있을 만큼 매우 고도로 구조화되어 있다. 어쩔 수 없이 의미는 상실된다. 수량화는 그것이 모호한 사고에 질서를 부과하기 때문에 표준화의 강력한 작인이지만, 이것은 난해하거나 불명료한 것의 대부분을 무시하거나 재구성할 수 있는, 수량화가 제공하는, 허가에 달려 있다. 추론과정을 계산가능한 것으로 만들 수 있을 때에는 언제나 우리는 우리가 보편화된 어떤 것을, 즉 그것의 생산자들의 개인성에서 실질적으로 분리된 지식을 다루고 있다고 자신할 수 있다. 19세기 통계학자들이 즐겨 자랑했던 것처럼, 그들의 과학은 불확정적이거나 우연적이거나 불가해하거나 또는 개인적인 모든 것을 평균으로 처리하고 단지 대규모의 규칙성들만을 남겨놓았다.

수량화는 악덕의 미덕virtues of its vices을 갖고 있다고 덧붙이는 것이 중요하다. 학문 분과의 경계 그리고 심지어 국가의 경계를 거역하고 학문적 담론을 정치적 담론과 연결하는 숫자들 및 계산들의 놀라운 능력은 심층적인 쟁점들을 우회할 수 있는 수량화의 이런 능력에서 크게 기인한다. 순전히 경제적인 거래에서와 마찬가지로, 지식의 교환에서도 숫자들은 상이한 욕구들, 필요들 및 기대들을 어떻든 통약 가능한 것으로 만드는 매개체다. 현대 과학 논문의 문자적 기법들은 실험 기술들의 암묵적 풍부함, 또는, 그 문제에 관해서라면, 이론들을 정식화하는 불가해한 숙련을 전달하기에 부적합하다. 대부분의 목적에서, 특히 지식이 공동체의 경계를 넘어서는 경우, 그러한 친밀한 지식은 특별히 바람직한 것이라고 할 수 없다. 피상성의 가치에 대해서는 갈리슨이 강조했는데, 그는 물리학에서 도구주의자들, 실험주의자들, 그리고 이론가들 사이의 상호작용이, 이를테면, 유럽의 상인들과 남미 인디언 장인들이나 농부들이 거래하는 교역 지역과 어느 정도 비슷하다고 지적한다. 그 거래에서 종교적·우주론적, 그리고 이데올로기적인 의미들은 상실된다. 거래자들은 오로지 가격, 숫자 또는 비율에만 동의하면 된다. 마찬가지로, 실험 물리학자들과 이론 물리학자들 사이에서 통용되는 것은 종종 주로 예측과 측정이다.[40] 양쪽 공동체들의 풍부한 숙련 기법들을 간단히 무시한다면 그것은 편안한 의사소통을 촉진할 수 있다.

아래의 논의의 대부분은, 수량적 사고방식을 피상적인 것이라고 공격하는 사람들에게 유용할 것이다. 따라서 수량화할 수 있는 것에 고정된 한계는 없다는 것, 그리고 커다란 문제의 부분들을 수량화하려는 시도가 결코 그 문제에 대한 심층적인 또는 풍부한 의미를 드러내는 분석을 논리적으로 배제하지 않는다는 것을 상기하는 것이 중요하다. 물론 그것은 종종 정치적으로 배제된다. 수량화는 움직일 수 없는 원동기가 아니며, 또한 문화를 전복시킨 음모의 산물도 아니기 때문이다. 수량화는 가치를 창출하기에 앞서 가치를 반영하며, 근래의 수량화의 대규모 확장은 정치문화의 변화로부터 성장했다. 야론 에즈라히Yaron Ezrahi는 민주주의, 미국식American style, 그리고 피상적인 것에 대한 믿음 사이의 공생을 강력하게 주장했다.[41] 이런 피상성은, 약간의 정당성을 가지고, 개방성으로 불리며, 그것은 엘리트들의 부패, 선입견 및 자의적 권력을 몰아내고자 고안되었다. 그것은 상당한 정도로 성공했지만, 그렇더라도 민주적으로 감시받는 행위주체들은 흔히 위장의 달인이기도 하다. 그것이 성공하려면 거의 언제나 미묘하고 깊이 있는 비용을 필요로 한다. 그리고 오크쇼트가 제안하듯, 개방성의 담론에서 사라지는 것은 동시에 현실 세계에서도 사라진다는 것을 의미할 수도 있다. 그 어떤 방법도 숫자의 권력을 이것보다 인상적으로 보여주지는 않았다.

제2부

신뢰의 기술들

일부 사람들이 이 인기 있는 책략에 의한 거래의 위대한 이점이 무엇이라고 생각하건 간에, 나는 복음의 절멸을 위한 법이 통과된 후 6개월 안에 영국은행과 동인도회사의 주식이 적어도 1%는 떨어질 수 있다고 생각한다. 그리고 그것은 우리 시대의 지혜가 기독교의 보존을 위한 모험에 적합하다고 생각한 것보다 50배나 더 큰 것이므로, 단지 그것의 파괴를 위해 우리가 그렇게 막대한 손실을 입어야 할 이유는 없다. ─스위프트, "영국에서 기독교 폐지"(1708)

제5장

전문가 대 객관성: 회계사와 보험계리사

당신이 주문할 수 있는 곳에도 보험계리사를 위한 제작소는 없다. —에드워드 라일리 Edward Ryley(1853)*

나는 수량적인 것의 실용성의 상징으로서 회계에 대해 이미 순수수학 안에서 그리고 때로는 과학 학문 분과들에서도 마찬가지로 번성한 초연하고 탈현세적인 관점과 대비해 논의했다. 회계의 맥락에서 실용성은 생산 또는 경영의 세계와 밀접하게 연결된다는 것을 의미한다. 자연과학과 관련해 나는 그 용어를 현상을 예측하고 통제하는 기법들을 가리키는 것으로 광범하게 사용한다. 분명히, 그것은 이론화는, 이런 의미에서조차, 비실용적이라는 이야기가 아니다. 사건들에 대한 이해에 도움이 되는 것은 대체로 그것들에 대한 신뢰할 만한 조작에도 기여할 것이다. 그러나 과학 지식을 엄격한, 정식화된 이론과 같다고 생각하는 판단은 포기할 때가 되었다. 과학의 힘은 무엇보다도 세계를 장악하는 데에서 숙련된 노동력을 조직할 수 있는 능력에 달려 있다.

이 책의 처음 두 장은 주로, 광범한 영토와 다양한 대상들에 권력을 행사하는 데에서 수량화가 어떻게 작동하는가를 다룬다. 제3장에서 나는 이 문제의 다른 측면, 즉 정밀성의 윤리가 연구자들 자신의 정체성을 형성하는 데 어떻게 도움이 되었는가에 주의를 기울이기 시작했고, 제4장에서는 그것이 자기희생의 이상ideal of self-sacrifice과 관련된다고 제시했다. 피어슨 등의 소수 과학자들은 개인적인 이유에서, 그리고 넓은 의미에서의 종교적인 이유에서 그 이상을 채택한 것으로 보이는데,[1] 이러한 자기 포기의 정신에는 의심할 여지 없이 널리 퍼진 종교적 구성요소가 들어 있다. 그러나 이 책에서는 나는 오히려 그 자기 포기의 공공적 차원, 즉 권력 있는 외부자들의 의심에 대한 적응으로서 객관성을 강조하고 있다. 다음의 세 장에서는 이런 의심의 분위기가 명백히 정치적인 것임을 논의한다. 그 장들에서는 전문가들이 공공적 표준과 객관적 규칙의 이름으로 전문적 판단에 대한 그들의 공개적인 의존을 다양한 정도로 포기한 이야기를 다룬다. 그것은 결코 자발적인 포기가 아니었고, 언제나 강력한 압력이나 심지어는 혹독한 경쟁을 배경으로 나온 것이었다. 수량적 엄격성 추구의 이러한 측면은 그다지 인식되지 않았다. 순수과학과 응용과학의 언어를 보면 수량 전문가들은 정치적 압력이 그들 자신의 이상들을 양보하도록 그들을 압박하지 않더라도 엄격성과 객관성을 추구하는 것처럼 나타난다. 그러나 이것은 완전히 잘못된 것이다. 객관성은 정치적 맥락을 포함한 문화적 맥락에서 그것의 추동력을 끌어내며 또한 그것의 형태와 의미도 끌어낸다.

그리고 이것은 회계에만 적용되는 이야기가 아니다. 여기서, 다시, 나는 모든 지식 형성에 숨어 있는 (거의 드러나지 않는) 과정을 명확히 드러내기 위한 범례로 회계를 그리고 그와 함께 보험 수학과 비용-편익 분석을 살펴본다. 이 장과 다음 두 장은 경제학과 재정학을 포함한 학문 분과적 실천들을 다루는데, 이 실천들은 거대 조직들 – 무엇보다도 국가 – 에 대해 오인할 수 없는 중요성을 갖는다. 나는 그런 학문 분과들에서의 객관성의 추구가 그 학문 분과들의 책임성에 의해 손상되는 것이 아니라 그것에 의해 규정된다고 주장한다. 엄격한 수량화는 이런 맥락들에서, 주관적 재량이 의심받게 되기 때문에 요구된다. 기계적 객관성은 개인적 신뢰에 대한 대안으로 사용된다.

이러한 맥락들이 중요하다는 것, 그리고 이런 분야들도 물리학, 화학, 의학 등과 같은 학문적으로 더 존중되는 분야들과 마찬가지로 그 자체의 방식으로 중요하다는 것을 강조해야 한다. 과학사학자들, 과학사회학자들, 과학철학자들은 관료제적 지식의 형성을 더 이상 얕잡아 볼 수 있는 사정에 있지 않다. 여기서 단순히 또는 주로 회계와 연결된 수량적 실천들이 예증적이기 때문에 그런 지식의 형성에 주목하는 것은 아니다. 하지만 나는 그것들을 예증적이라고 생각하며, 제3부에서는 분석을 확장해 과학적 학문 분과들에서도 수량화가 어떻게 신뢰의 기술로 작용하는지 보여줄 것이다.

회계와 몰개인성 숭배

객관성이 그것의 맥락에 의해 정의된다고 주장하기 위해서는, 우리는 한 형태의 지식이 그 맥락 밖에서는 무엇으로 보일 것인가에 관해 이야기할 수 있어야 한다. 근대 회계의 맥락은 대기업 조직들이나 국가, 그리고 종종 둘 모두를 포함한다. 대조를 위해, 우리는 전근대적인 부기bookkeeping, 즉 자산과 채무의 궤적을 유지하는 결정적으로 덜 형식적이고 덜 복잡한 방법을 살펴볼 수 있다. 대신, 여기서는 나는 전문직이 더 강력할 경우, 즉 전문가 공동체의 경계가 침투하기 어렵게 강력한 경우에는 회계가 어떻게 작동할 것인가에 대한 논의로 시작할 것이다. 이것은 단순히 반대사실적인 것이 아니며, 또한 상상력의 큰 도약에 의존하지 않아도 된다. 엄격한 객관성 그리고 전문직의 자율성은 회계 선도자들이 적어도 지난 60여 년 동안 활발하게 논쟁해온 가능성들의 연속선 위에서 양쪽 극단에 자리하고 있다.

"면대면 집단은 기록의 필요가 크지 않다"라고 인류학자 잭 구디Jack

Goody는 지적한다. 그는 관료제화가 문해력에 대한 수요 창출에서 중요한 요소들 중 하나였다고 제시한다. 하비 그라프Harvey Graff는 11세기에 광범한 교역망이 발전하기 시작하면서 유럽에서 사업 문해력이 최초로 중요해졌다고 주장한다.[2] 수량화의 성장에서 상거래가 중요했다는 점은 더 분명하다. 실제로, 기원전 3000년경 사용했던 바빌로니아의 점토판, 고대 이집트의 파피루스 그리고 중세 초기의 서한들에는 숫자들도 단어들만큼 많이 남아 있다. 하지만 여기에는 주로 가장 단순한 종류의 부기가 포함되었다. "기업들의 규모가 작고 그 소유주들이 그날그날 관리하던, 그리고 소득세 같은 것이 존재하지 않던 세계에서는 외부적 회계 서비스에 대한 필요가 거의 없었다"라고 회계학자 로버트 헨리 파커Robert Henry Parker는 지적한다. 회계 전문직은 19세기 중반에 스코틀랜드와 영국에서 등장했으며, 그곳에서 회원들은 파산을 관장하고 채권자들이 공정하게 대우받을 것인가를 보증하는 매우 공공적인 기능을 수행했다. 미국과 영국에서는 조금 뒤부터 회계사들이 규제의 요건을 일반적으로 충족시키기 위해 철도회사, 가스회사, 전기회사 같은 공공회사들의 회계를 감사하기 시작했다. 그들의 역할은 주주들 및 그 밖의 이해관계자들에게 회계장부가 공정하고 정직하다는 독립적이고 전문적인 보증을 제공하는 것이었다. 여기서 중요한 요소는 독립성과 전문성이다. 1849년에 윌리엄 퀼터William Quilter가 의회 소위원회에 말했듯이, 감사는 판단의 문제이며 "건조한 산술적 책무"가 아니기 때문에 객관성에 대한 이런 보증은 불가결했다.[3]

회계가 사심 없는 전문가 판단을 통해 일종의 객관성을 획득한다는 이러한 견해는 그것의 호소력을 잃지 않았다. 오늘날, 회계를 숫자와 전적으로 동일화하는 주장은 종종 해석학이라는 이름의 회계 저술가들에 의해 비판받는다. 현대의 문해력 이론을 읽고 감명을 받은 사람에게는, 직설적 사실의 이데올로기, 즉 문장은 사실을 직설적으로 표현한다는 이데올로기를 해석과 문화적 의미의 언어로 대체해야 한다는 주장은 평이한 것으로 보인다. 회계 해석학의 메시지는 재무 문제들은 단순한 숫자들의 표로 적절하게 요약할 수 있을 정도로 간단하지 않다는 것이다. 진정한 전문지식을 갖춘 분별력에 의존하는 추론 및 해석의 언어는 엄격한 표 형식의 보고서보다 훨씬 더 유용한 안내를 주주들과 채권자들에게 제공할 수 있다.[4]

중요한 것으로, 기계적 객관성에 대한 이러한 부인은 전문지식에 대한 변호로 이어진다. 그리고 사실상 회계의 역사 전체에 걸쳐 상당히 비슷한 주장이 제시되어왔다. 회계 전문가들은 의료 같은 분야를 성공적 실천의 모델로 보았다. 의료, 특히 20세기 초·중반의 그것은 그 전문가의 판단에 의문을 거의 제기하지 않는 강력한 전문성을 의미했다. 최근까지도 많은 회계사들이 동일한 특권을 주장하고자 했다. 예를 들어, 1965년의 『회계 평론Accounting Review』에서 제시한 논증은 해석의 결정적 중요성을 전문직의 자기 이익으로부터 추론했다.

회계 전문직의 으뜸 자산은 **전문적 판단**으로 알려진 속성이다. 전문적인 것이든 아니든, 판단은 정신의 산물이다. 판단이 주관성과 동의어가 되어야 한다면 우리는 객관성과 전문성을 동시에 가질 수 없다. 분명히 우리는 객관성에 대한 그런 견해를 받아들일 수 없다. 오히려 우리는 전문적 판단의 실행과 객관성에 대한 욕구가 보완적인 명제라는 것을 보여야 한다.

확실히 이러한 전문적 판단은 "지각적 결함"에서 자유로워야 했다. 명확한 관점은 선택과 훈련에서 나와야 한다. 일반적 원칙과 목표에 대한 엄격한 훈련을 적절하게 습득한 회계사들은 "객관성의 바람직한 상태에 도달하는 데에서 더 효과적이고 더 통제 가능한" 형태의 판단을 구사할 것이다.[5]
근래의 영향력 있는 역사적 연구 ― 회계학에서 새로운 구성주의에 의해 대체로 오염되지 않은 – 는 "숫자에 의한" 경영을 훈련받은 독창성 없는 경영자들이 경영 회계를 점점 더 기계적으로 사용하는 것을 한탄한다. 저자들인 토머스 존슨Thomas Johnson과 로버트 캐플런Robert Kaplan은 엄격성에 대한 이런 어리석은 추구에 대한 책임을 공유하는 두 부류의 원흉을 찾아낸다. 하나는 상아탑에 상주하면서도 자신들이 실질적인 생산, 고객 및 계약의 세계에서 격리된 것의 불리함을 인식하지 못하는 회계학 교수들이다. 그들은 학생들에게 원격에서의 지식과 행위에 대해 신뢰하라고 가르친다. 이것은 결국, 마치 숫자가 스스로 말하는 것처럼 취급하면서 그들 자신이 해야 하는 일이다. 다른 하나는, 훨씬 더 비난받을 것으로, 정부의 규제기관들이다. 그것들은 경영 회계를 공공 회계로 전환시키는 데 성공했다. 즉, 기업의 경영에 적합한 범주들을 세금 계산에 그리고 외부에 대한 재무 보고서 준비에 적합하게 공식적으로 전문화된 범주들로 점차 대체했다. 숫자를 숭배하도록 훈련받은 회계사들과 경영자들은 이것을 무시하고 적당히 숫자에 의존한다. 회계사를 위한 교육과정은 기업의 필요보다는 연구의 이상과 규제의 요구에 따라 형성되게 되었다.

대부분의 한탄들과 마찬가지로 이 한탄도 옛날이 좋았다고 주장한다. 1920년대 전체 동안 경영 회계는 주로 공학자들의 업무였으며 그들은 "예외 없이 재무 숫자를 만들어내는 기저의 과정들, 거래들, 그리고 사건들에 관한 정보에 의존했다"라고 존슨과 캐플런은 주장했다. 그러나 그들은 기업의 내부적 발전이 현실로부터의 새로운 초연함에 기여했다는 것을 인정한다. 특히, 투자 수익 등과 같은, 하위 직원의 성과를 평가하기 위한 수익률 척도들을 사용하면서 회계 숫자에 대한 의존이 증가했다.[6] 앨프리드 챈들러 Alfred Chandler와 그의 제자들은 정부가 매우 개입적으로 규제하기 이전에도 회계의 발전은 상당한 정도로 복합적인 통합 기업들의 성장과 관련되어 있다는 것을 보여주었다.[7] 이 관점에서 볼 때 적어도 자본주의적 대기업은 작은 회사보다는 정부와 더 유사하다. 회계가 영향을 미치는 범위는 무엇보다도 행정적이고 정치적인 것이다. 경제적 합리성의 상징인 로빈슨 크루소 Robinson Crusoe는 약간의 기본적인 부기만으로도 그의 섬을 충분히 잘 관리할 수 있었는데, 대부분의 소기업과 심지어 중간 규모 기업들조차도 (소득세와 그 밖의 형태의 공공 규제 때문에 그것이 불가능하게 될 때까지는) 그렇게 실행했다.

엄격성과 표준화에 대한 추구는, 국지적 지식이 부적합하게 된 세계에 대응해 발생했다고 나는 주장한다. 경제적 집중은 사람들이 그들의 거래 상대를 눈으로 볼 수 있는 범위 안에서 찾을 수 없게 되었다는 것을 의미했다. 생명보험회사 등과 같이 멀리 있는 회사들이 제시하는 복잡하고 위험한 계약은 정부의 감독에 대한 요구를 낳았다. 한때 내부자들이 자신들의 이익을 위해 지역적으로 경영했던 은행들은 개방적인 시장에 관한 기록들과 의무들을 교환하기 시작했다.[8] 이런 여건의 변화에 대한 대응으로 기계적 객관성만이 유일하게 가능한 대응은 아니었다. 19세기 후반부터, 영국의 엘리트 회계사들은 독립적인 회계회사들을 만들기 시작했다. 독립성은 공평성을 어느 정도 보장했다. 그것은 정직성과 숙련에 대한 광범한 평판을 필요로 한 회계사들에게도 중요했으며, 소수의 대규모 회계회사의 이름은 이것을 보증하게 되었다. 이 회사들은 또한 신사적인 전문직을 유지하는 데 환경이 더 도전적이던 미국으로도 확산되었다.

1930년대 초반부터는 회계 객관성의 기초가 엘리트적 사심 없음에서 표준화로 변화하기 시작했다. 계기는 대공황이었지만, 더 특정하게는 투자자 신뢰를 회복하기 위한 새로운 규제 관료제도인 증권거래위원회Securities and Exchange Commission: SEC의 노력이었다. 그것을 성취하기 위한 정부의 방법은 엄격한 보고 규칙을 세정함으로써 누구나 회사의 재무제표를 읽을 수 있고, 사기성 허위 진술을 쉽게 인식하고 처벌할 수 있도록 하는 것이었다. 따라서 회계사들이 자신의 전망을 축소하고, 엄격한 계산을 그들의 재능으로 내세우게 된 것은 그들 자신의 이유 때문이 아니었다. 객관성으로의 전환은 자율성의 상실을 의미했으며, 전문직의 파산이었다. 임박한 관료제적 간섭을 피하기 위해 미국회계사협회American Institute of Accountants는 그 자체의 표준화 기제를 확립했다. 1934년에 협회는 회계의 6가지 "규칙 또는 원칙"을 수립하기로 투표했다. 1938년에 협회는 회계절차위원회Committee on Accounting Procedure를 설치했고, 그 위원회는 1949년에 회계원칙위원회Accounting Principles Board로 대체되었고, 1972년에는 재무회계표준위원회Financial Accounting Standards Board로 대체되었다. 이 위원회들은 정부 기구들처럼 활동했다.9)

표준화가 바람직한가에 관해서는 저명한 회계사들 사이에 많은 의견 차이가 있었다. 특히 최고위 엘리트 수준에서는 그것에 반대하는 의견이 더 많았다. 조지 메이George O. May는 1938년 미국회계사협회에 다음과 같이 제안했다.

분명히 균일성에 대한 광범한 요구가 있다. … 우리는 균일성을 단지, 회계를, 특히 미숙한 독자들에게 더 가치 있는 것으로 만들 수 있는 수많은 방법들 중의 하나로 생각해야 한다. … 우리는 회계보고를 준비하는 데에서의 정직과 숙련 또는 그것을 해석하는 데에서의 지능을 불필요한 것으로 만들지 않아야 한다.

1941년에 월터 윌콕스Walter Wilcox는 동료들에게, 회계사에게는 "비용이 얼마인지를 알려주기를 기대하는 많은 청중이 있다"라고 설명했다. "비용은 단순한 사실이 아니라 포착하기 매우 어려운 개념이다 … 회계의 다른 측면들과 마찬가지로 비용도 정확성에 대한 잘못된 인상을 준다." 아무도 심지어 증권거래위원회의 최고 회계사조차도 이러한 복잡성들을 부인하지 않았음에도 그는 신중한 연구를 통해 그 복잡성들을 점진적으로 극복하고 있다는 주장으로 표준화의 추진을 정당화했다.[10]

그러나 증권거래위원회는 또한 인가에 의해 그것들을 극복하고자 했다. 위원회는 회계의 진실보다는 집행 가능한 규제에 더 관심이 있었다. 기업의 장부 가치는 대체원가가 아니라 원래의 자산원가에 기초해야 한다는 대공황 시대의 평결은 악명 높은 사례였다. 위원회의 논리는 명확했다. 투자자들은 이미 충분히 예민한 상태였으며 직접비용 재무 회계는 자기이익의 여지를 최소한으로 허용하는 것으로 보였다.[11] 그렇지만 회계사들이 인플레이션이나 기술개선을 고려해 자산을 재평가하는 것을 금지하는 이 규칙에 만족하는 회계사들은 거의 없었다. 그것은 회사를 매각할 때마다 자산을, 때로는 근본적으로, 재평가해야 하는 곤란한 상황을 초래했다. 요컨대, 그 규칙은 정확성보다는 편의성과 정밀성을 선호하는 것으로 보였다. 그것은 회계 객관성의 본질에 대한 국제적 토론의 초점이 되었으며, 우리는 그것이 철학적 실재론자들을 정치적 실재론자들과 싸움 붙였다고 말할 수 있다. 참가자들이 한가하게 철학의 추상적 질문을 논쟁한 것은 아니었다. 그들은 회계사였으며, 실무에 실질적인 영향을 미치고 또한 그들의 전문직에 대한 자체 정의에도 영향을 미치는 쟁점들을 해결했다.

회계에서 객관성

다른 과학들에서와 마찬가지로 우리도 우리가 무엇을 측정하는가를 알고 있을 때에만 객관성을 주장할 수 있다고 호주의 회계학자 레이먼드 체임버스Raymond J. Chambers는 1964년에 언급했다. 만약 우리의 대상들이 정의되지 않았다면, "알려진 편견을 없애고 진실된 또는 추정된 측정치들을 발견하는 것에 대해 이야기하는 것은 전적으로 불가능하다.[12] 진실된 가치는 당대의 가치여야 한다. 역사적 비용은 현재의 상황을 반영하도록 수정될 때까지는 의미 없는 것이다. 관례적 규칙들은 객관성을 제조하기에 충분하지 않다. 그러나 죽기 마련인 회계사들이 일관된 결과를 얻기 위해 진실된 기준을 적용할 수 없다면 어떻게 되는가? 체임버스는 회계적 균일성에 대한 정치적 필요를 인식하고 이런 가능성을 제외하는 정의를 했다. 그는 진실을 통하지 않고는 합의를 얻을 수 없다고 논증 없이 단언했다. 객관적인 진술이란 동일한 주제에 관해 박식한 사람이면 누구라도 제시할 진술이다. 이런 식으로 그는 객관성의 상이한 적어도 두 가지 의미, 즉 규칙을 따르는 것과 진실에 도달하는 것을 혼동했다. 그것은 편리한 혼동이었고 전문직에서 널리 받아 들여졌다. 『회계사 편람Accountants' Handbook』은 "객관적"을 "개인적 편견으로 왜곡되지 않은 사실의 표현"을 함축한다고 특징지었다.[13] 체임버스의 한 동맹자는 개별적인 것들을 법칙 아래에 포섭시키는 것으로서 설명이라는 칸트적 견해를 불러내어 회계 합리성의 기초로 삼고 동시에 어떻게 그 합리성을 '감정적 고려들'에 취약하지 않게 만들 수 있는가를 설명했다.[14]

다른 사람들은 여기에 문제가 있을 수 있음을 인식했다. 가장 용감한 실재론자는 해럴드 비어만Harold Bierman으로 그의 1963년의 논문은 체임버스를 자극했다. 그는 원래 비용에 따른 회계의 포기는 회계사들에게 "다양한 선택들" – 예를 들면, 단지 변동하는 가격 수준을 고려해 재무 수량들을 조정할 것인가 아니면 가치를 예상되는 미래의 현금 흐름에 의거할 것인가 또한 심지어 청산 가격을 사용할 것인가 – 에 직면하도록 강제할 것임을 인정했다. "회계사의 업무는 훨씬 더 복잡할 것"이라고 그는 경고했다. "위의 제안은 보고서의 조작으로 이어질 것이며" 증권거래위원회에 규제 부담을 가중할 것이었다.[15]그렇지만 그는 회계사들이 진실된 사정을 더 잘 재현하는 것에 관심이 있다면 이러한 도전을 받아들여야 한다고 생각했다. 그는 합리성을 편의성으로 희석하지 않고자 했으며, 회계를 천문학 및 심리학과 유사한 측정 학문 분과로 제시했다.

비어만의 공식은 회계 실재론이 어떻게 강력한 전문직에 대한 헌신 그리고 전문가의 재량에 대한 믿음과 동맹을 맺을 수 있는가를 보여준다. 그러나 이것은, 특히 회계 연구자들 사이에서는 소수의 입장이 되었다. 더 편리하고 더 인기 있는 것은 강한 실증주의였는데, 이것은 불가피하게 수량적 형태의 행동연구와 동맹을 맺었다. 이것의 개척자는 유지 이지리Yuji Ijiri와 로버트 재데케Robert Jaedecke였다. 그들은 실재론자들에 반대해 회계의 맥락에서는 관찰자들에 대해 독립적인 존재는 조작적 의미를 갖지 않는다고 선언했다. 회계사가 직면한 문제는 단순하다. "회계는 대안적인 측정 방법들의 존재에 의해 어려움을 겪는 측정체계다." 치유책도 마찬가지로 단순하다. "체계의 측정 규칙을 자세히 특정하면 우리는 측정 결과가 측정자들 사이에서 편차를 보이지 않을 것으로 기대할 것이다. 반면, 측정 규칙을 모호하거나 빈약하게 진술하면 측정체계의 실행은 관찰자 쪽의 판단을 요구할 것이다." 이들 회계사들에게 객관성은 판단을 배제하는 기제였다. 그것은 "단순히 주어진 관찰자들이나 측정자들의 집단 사이의 합의를 의미하는 것으로 정의할" 수 있으며, 따라서 통계적 분산으로 (역으로) 측정될 수 있다. 즉, 여러 회계사들이 하나의 측정 틀에 따라 장부 가치에 대해 거의 균일한 수치를 제시하고, 다른 측정 틀에 따를 때는 다양한 수치를 제시하는 경우, 첫 번째 틀이, 그것이 그럴듯해 보이는가 여부와 관계없이, 정의상 더 객관적이다. 이런 종류의 객관성의 중요성이 "신뢰성" – 정확성을 의미하는 – 에 대한 고려를 배제할 수 있을 정도로 압도적인 것은 아니었다. 그러나 합의가 없다면 신뢰성도 있을 수 없기 때문에 그것을 무시할 수는 없었다.[16]

실무 회계사들과 연구자들은 똑같이 이 추론을 설득력 있는 것, 심지어 강제적인 것으로 생각했다. 실무자들은 규칙을 지킴으로써 합의에 도달하는 것이 정부 관료들 및 그 밖의 간섭하는 외부자들에 대항하는 가장 강력한 방어를 제공했다는 것을 날카롭게 의식했다. 재무 보고서에서 주관적 재량 – "관리자의 변덕" – 의 출현을 최소화할 최고의 필요는 객관성에 대한 거의 모든 회계학의 논의가 강조했다. 또한 연구자들은 수량적 형식의 객관성이 경험적 – '통계적'을 의미한다 – 연구에 순응적이기 때문에 그것에 갈채를 보냈으며, 이 때문에 그것은 회계에서 객관성에 대한 합의 개념이 되었다.17) 연구 회계사들도 또한 "완벽한 조작적 객관성"의 유혹에서 면제되지 않았는데, 이 객관성은 "오로지 전체 회계 과정을 프로그램으로 만들 수 있는 일련의 절차들로 축소한 때에만" 실현될 수 있었다.18)

그렇지만, 아무리 제약하더라도, 방법들과 이론적 추론 사이의 간격은 당황스러운 것이었다. 일반적으로, 균일성과 표준화는 아마도, 명시적인 이론적 추론에서 나오는 표면적인 합리성에 의해 향상되었다. 확실히 아무리 잘 표준화된다고 하더라도 그것들이 진실한 측정들로서 신뢰성을 갖지 못한다면 그것은 정상적인 절차에 대한 위협이다. 직접 비용이나 현재 가치에 의한 회계에 대한 이 토론의 참가자들은 진실성과 균일성의 이상을 함께 묶고자 노력했다. 로버트 애슈턴Robert Ashton은 경쟁하는 회계 방법들의 객관성을 측정하고자 일단의 회계사들을 대상으로 표본조사를 실시했는데, 이론적으로 선호되는 측정, 즉 현재 가치에 의한 회계가 경쟁하는 회계 방법인 원래 가치에 의한 회계보다 실제로 더 객관적이라는 것(즉, 다른 측정자들보다 표준 편차가 낮다는 것)을 만족스럽게 발견했다.19) 하지만 대부분의 회계사들은 오로지 명확하고 비교적 확고한 규칙이 있어야 균일성이 가능할 것이라고 상정했다. 표준화 가능성이 전문 실무자들의 최선의 판단을 침해하는 경우에조차도, 그것을 강조하고자 하는 그들의 의지는, 외부자들의 비판에 매우 취약한 분야들 외에서는 거의 발견되지 않을 것이다. 회계사들이 여러 상황에서 개인의 재량권 행사에 대한 승인을 거부하는 것은 그들이 공공적으로 노출되어 있다는 증거이며 이런 의미에서 그들의 취약성의 증거다.

그 취약성은 신뢰의 부재에서 유래하는데, 이 영역에서는 그 부재가 불가피한 것으로 보인다. 재산은 재무 범주들에 대한 재해석을 통해 만들어지고 사라졌다. 규제 기구들이 몇 년을 되돌려 발표한 미묘한 시점에 따라 영웅적인 기업가 정신과 범죄적인 횡령이 뒤바뀔 수도 있을 것이다. 소득세는 투자 소득, 감가상각비, 필요 사업 비용 및 자본 이득 등에 대한 정의를 법정에서 방어할 수 없다면 아무 의미가 없다. 가장 강력한 전문직은 그러한 도전과 유혹에 직면할 때 전문가 판단에 대한 공공의 신뢰를 유지하기가 매우 어려울 것이다. 이러한 쟁점들을 처리하는 선호되는 관료적이고 법률적인 방법은 규칙을 공포하는 것이다. 과학적 법칙의 경우에도 그러하듯, 기예와 판단을 가동해야 그러한 규칙이나 법칙을 실험, 관찰 또는 경제적 삶의 실제 현상에 연결할 수 있다. 그러나 과학자들은 이런 공유된 문화가 가능하게 만드는 질서로부터 일반적으로 혜택을 누리는 반면 경제 행위자들은 그것을 훼손하고자 끊임없이 싸운다. 따라서 회계 규칙의 전제들은 자체적으로 조문화되고 공개되어야 하며, 맬더스적Malthusian인 기하급수적 증가가 종이의 공급과 인내를 저지할 때까지 그렇게 해야 한다.[20]

상대적으로 엄격한 이런 수량적 규약에서 결과하는 지식 형태는 결정적으로 공공적 성격을 갖는다는 점에 주목하는 것이 중요하다. 그것은 가능한 한 개방적일 것을 요구하는 정치문화를 구현하고 그것에 응답한다. 일반적으로 엘리트의 특권인 판단과 재량은 불신받는다. 원가 회계에 대한 앤 로프트Anne Loft의 역사적 연구는 수량적 객관성에 대한 정치적 공명을 잘 포착한다. 원가 회계는 19세기 후반에 미국 기업들이 개발했지만, 제1차 세계 내전 동안 영국에서 중요해졌다. 경제적 동원은 민간 시장, 특히 군대가 필요로 하는 품목들을 거래하는 민간 시장을 엉망으로 만들었다. 가격은 어떻게 결정되었는가? 정부와 산업이 간단히 가격을 협상했을 것이다. 그러나 단지 행정적 판단에 지나지 않는 권위에 의존하는 사적 계약은 신뢰성을 갖지 못했다. 특히 신뢰하지 않는 당사자는 노동조합이었다. 조합원들은 국익을 위해 임금 요구를 억제하도록 요구받고 있었다. 그들은 기업들과 영국 정부 사이의 가격협상을 공모의 기회라고 간주했다. 그들은 자신들이 전쟁 모리배들의 이익을 위해 임금을 희생하고 있지 않다는 것을 보여주는 객관적 증거를 요구했다. 그렇게 원가 회계, 즉 상당히 새로운 그리고 저발전된 기술은 전쟁 기간 동안 제조업체들이 실질적인 생산 원가를 약간 넘는 작은 이윤만을 얻고 있음을 수량적으로 입증하기 위해 동원되었다.[21] 경제학자라면 누구라도 비용에 이윤을 더한 가격 책정이 왜 경제를 운영하기에 비효율적인 방법인가에 대해 훌륭하게 논증할 수 있다. 그러나 불신의 상황에서는 그것이 정치를 운영하는 가장 신뢰할 수 있는 방법일 수 있다.[22]

근대 학자들은 거의 본능적으로 이런 종류의 수량화를 책략으로 그리고 가난한 노동자들을 바보로 간주한다. 그러나 우리의 습관적인 의심은 훨씬 더 멀리 갈 수 있다. 관료들과 기업가들이 그들이 원하는 것이면 무엇이든지 할 수 있는 권력을 가졌다면, 그들은 구태여 수량적 규칙에서 피난처를 찾지 않았을 것이다. 결국 우리는 공공적 지식에 관해 이야기하고 있다. 그러한 계산이 의심하는 눈에 노출될 때에는 언제나, 표준 관행에서 벗어난 일탈들을 지적받을 수 있다. 실제로 계산을 수행하는 당사자들이 관련 전문 지식을 완전히 독점하지 않는다면, 규칙은, 그것이 항상 창의적인 조작을 위한 여지를 가지고 있더라도, 진정으로 제약하는 것이 된다. 이 이야기의 주인공들인 공무원들은 갈등을 최소화하고 교착상태를 피하기 위해 수량적 규약에 따라 자신들을 표준화하고 얼굴 없는 존재가 되어야 했다. 공공 관료들과 민간 계약자들의 권위는 의심을 받았으므로 노동조합들의 반응은 분명히 중요했다. 노동조합들에게 믿으라고 강요하는 것은 어려웠기 때문에, 아마도 불가능했기 때문에, 대신 받아들이도록 설득해야 했다. 매우 합리적인 민주적 토론이 진행된 것은 아니었지만, 그렇다고 그것이 단순한 강요나 속임수인 것도 아니었다. 이것은 스탈린Joseph Stalin의 의미가 아니라 푸코의 의미에서 권력이다. 잠재적으로 그것은 적어도 노동자들을 제약하는 것만큼이나 행정담당자들을 제약할 수 있다. 수량화는 권위를 제공했지만, 그것은 배리 반스Barry Barnes가 정의하듯, '권력 더하기(+) 정당성'이 아니라 '권력 빼기(-) 재량'이었다.[23]

회계에서 객관성의 추구는 재무의 논리에서 자연스럽게 나온 것이 아니다. 또한 그것은 전문가들의 견제받지 않은 권력의 결과도 아니다. 그것은 객관성을 추구하지 않고서는 자율적으로 활동할 기회를 더 제약받을 수 있었던 회색 정장 차림의 전문직들이 채택한 자기확장하는 자기소거self-aggrandizing self-effacement, 즉 방법론적 대가代價의 결과였다. 회계는 외부자들이 일반적으로 생각하는 것보다 규칙의 구속을 훨씬 덜 받는다. 그럼에도 몰개인적 규칙 준수의 패러다임으로서 현재의 그것의 지위가 근거 없는 것은 아니다. 회계는 과학의 모델을 제공하는 자기 부정의 윤리를 구현한다. 예를 들어, 심리학자들을 위한 안내서는 연구자들에게 통계적 유의성에 접근하지만 도달하지는 못하는 가설들을 제쳐놓으라고 촉구한다. "결과를 소득세 환급같이 처리하라, 귀하에게 오는 것은 받지만 그 이상은 아니다."[24]

위계와 차이: 영국의 공무원

자신에게 오는 것은 수량적 규칙이 제공하는 것이라는 견해를 반드시 받아들여야 한다고 모두가 생각한 것은 아니다. 기계적 객관성의 진격에 저항하는 주요한 기반은 두 가지가 있었다. 하나는(통상적으로 사유 재산을 의미하는) 사생활의 권리다. 다른 하나는 엘리트의 특권에 대한 합리적인 주장이다.

이것은 대체로 적나라한 권력의 문제가 아니라 전문가의 재량을 제재하는 담론을 동원하는 문제다. 19세기 중반 영국의 보험계리사들은 신생의 심하게 분열된 전문직 조직만을 가졌다. 그들은 훌륭한 출생 배경이나 꾸준히 높은 교육적 성취도 주장할 수 없었다. 그러나 그들이 마주한 잠재적 규제 기구들은 그다지 집요하지 않았다. 이것은 부분적으로 그 기구들이 자유 기업의 적절한 영역에 침입하는 것을 두려워했기 때문이었다. 또한 자신들이 전문가와 신사로서 신뢰할 만하다는 보험계리사들의 주장이 당시에는, 지금은 기억에서 거의 사라진 힘을 가졌다. 영국의 전문주의와 관료제에 관한 몇 가지 언급은 다음의 논의를 판단하는 데 도움이 될 것이다.

이 이야기는 영국의 보험계리사들이 그들의 기술의 복잡한 내용을 효과적으로 방어한 의회의 특별 청문회를 중심으로 한다. 그것은 1853년에 진행되었다. 그것을 작성한 사람들의 이름을 따 1854년에 공개된 노스코트-트레벨얀Northcote-Trevelyan 보고서는 시험을 통한 공무원의 충원을 권고했다. 그 권고는 1870년까지 시행되지 않았다. 그 무렵까지 영국은 여전히 초보적인 관료제를 유지했으며, 비체계적으로 그러나 주로 후원에 기초해 공무원을 충원했다. 그것의 약점은 특히 회사들에 대한 규제의 측면에서 특히 두드러졌다. 보험 사기의 증거에 크게 영향을 받은 1844년의 주식회사법Joint Stock Companies' Act of 1844은 수백 개 회사들을 추적하기 위한 두 명의 직원, 즉 등록담당자와 그 조수로 구성된 기관을 설치하도록 정했다. 이것은 강력한 규제 장치는 아니었다. 보험계리사들은 상설 기관에 답하지 않고 의회에 직접 답했는데, 의회는 독자적으로 강력하게 개입할 위치에 거의 있지 않았다. 거대한 관료제를 설치할 준비가 되지 않았으므로 의회는 보험계리사들 자신의 우호적인 협력에 의존해야 했다.

노스코트-트레벨얀 보고서가 제안한 개혁은 주로 그것이 보여준 태도 때문에 이 이야기와 관련된다. 그것은 공식적 지식의 실무적 적용 가능성에 대해서는 거의 양보하지 않았다. 상위 등급의 공무원으로는 고전교육을 받은 사람들, 통상적으로 라틴어와 기하학을 강조하는 시험 성적에 기초해 옥스퍼드나 케임브리지 출신들이 충원될 것이었다. 이 엘리트들은 종합주의자들generalist로 구성될 것이었고, 특정의 직위를 위해 필요할 기술적 지식이 무엇이건 간에 그들은 그들 자신의 지적 훈련과 문화적 배경에 힘입어 재빨리 습득할 것으로 보였다. 그들은 이동성이 매우 높아서 이 부서에서 저 부서로 옮겨 다녔다.25) 전문화된 지식은 행정조직의 낮은 수준에 있는 사람에게만 적합하다. 그리고 학교가 적합한 전문지식을 습득하기에 적절한 장소인가에 대해서는 심각한 의문이 있었다. 내밀한 비법적 지식이 필요했을 때 영국 행정부는 직무에 관해 기업가들과 기술자들이 습득한 정보와 숙련을 존중하는 경향이 있었다. 전기공학 같은 분야들에서도 과학 지식의 가치는 19세기 말까지 종종 강력하게 의심받았다. 뒤늦게 양차 대전 사이의 기간에도 사회문제들에 관한 그리고 심지어 소득세에 관한 조사들은 일반적으로 강단 경제학자들을 무시하거나 또는 한 사람의 강단 경제학자만을 오로지 그의 실무 경험 또는 정치적 지위 때문에 그 조사에 포함시켰다고 호세 해리스Jose Harris는 지적한다.26)

이런 행정 양식은 놀랍게 내구성이 있는 것으로 판명되었다. 1974년에 휴 헤클로Hugh Heclo와 아이론 와일다프스키Aaron Wildavsky는 재무성의 소수 최고위 공무원들이 장식적인 회계에 의존하지 않고 또 전문가 직원들의 큰 도움 없이 어떻게 정부 예산을 협상할 수 있었는가를 설명했다. 최고위 공무원들이 공식적 지식과 명시적 절차를 생략할 수 있었던 데에는 두 가지 요소가 중요했다. 첫째, 정부는 비밀을 유지할 수, 즉 공공사업과 관련해 사석 자유를 유지할 수 있었다. 결정은 오직 그들이 내린 후에만 공개되었다. 이것은 부분적으로 공식적인 비밀을 보호하는 영국 법에 따른 것이다.

그러나 그것은 두 번째 요소의 영향을 더 크게 받았다. 헤클로와 와일다프스키는 영국 정부가 "그들을 외부자들과 분리하는 공통의 친족관계와 문화를 가진 사람들"로 구성되었다고 밝혔다. 그 문화는 높은 사회경제적 지위와 엘리트 교육의 배경을 공유함으로써 가능하게 되었지만, 고위직으로 갈수록 부서들 사이에서 빈번하게 이동하는 경력 유형에 의해 더욱 가능하게 되었다. 이것은 고위 공무원들의 단합을 만들고 신뢰를 증진시켰다. "우리가 수행한 사실상의 모든 인터뷰에서 피할 수 없는 한 가지 주제는 참가자들이 서로에 대한 개인적 신뢰에 부여하는 치명적 중요성이다"라고 헤클로와 와일다프스키는 기록했다. "재무성 공무원들은 신뢰의 관계가 있기 때문에 그들의 직무를 수행할 수 있다." 그것은 맹목적인 것이 아니라 고도로 미묘한 것이었다. "그들 자신의 설명에 의하면, 재무성 사람들이 배우는 가장 중요한 숙련은 '개인적 신뢰와 그것을 어디에 놓아야 하는가'다." 물론, 개인적 신뢰는, 훨씬 더 개방적이고 외부에 취약한 미국형 관료제를 포함한 모든 형태의 인간 조직에서 중요한 요인이다. 그러므로 이것은 정도의 문제다. 영국의 행정 엘리트는 매우 폐쇄적이고 응집적이기 때문에 몰개인적 지식보다 사람에 더 의존하며, 공식적인 전문지식에는 최소한으로 의존한다.[27]

경제학은 재무성 공무원들 및 다른 행정관료들에게 하찮은 것이 결코 아니었다. 사실상 그것은 매우 중요했기 때문에 그들은 그것을 학계의 전문가들에게 맡기기를 꺼렸다. 경제학은 법학이나 의학과 같은 전문 분야가 아니라 도덕 철학이나 정치학과 같이 교육받은 종합주의자들의 공동 재산이었다.[28] 근래 수십 년 동안 영국 정부는 복잡하고 매우 사실적인 조사들에서 수량화가 어느 정도 유용하다는 것을 발견했다. 그렇지만 런던 신공항 부지의 선택에서의 기념비적인 로스킬 비용-편익 분석Roskill cost-benefit analysis의 사례에서 일어난 것처럼 결국 결론은 간단히 확보될 수 있었을 것이다.[29] 대체로 1960년 이래, 그리고 부분적으로는 미국 정부를 모방해, 영국 정부는 고속도로와 지하철 노선 계획에서 종종 공식적인 수량적 분석에 의존했다. 마거릿 대처Margaret Thatcher는 상대적으로 자율적이던 국민건강서비스National Health Service를 파악하는 데 도움이 되는 정보를 얻는 데에서 회계사들과 비용-편익 경제학자들에게 중심적인 역할을 부여했다.30) 하지만 영국 정부에서 근본적인 재편성이 있었는가는 여전히 분명하지 않다. 어떤 측면에서 수량화주의자들은 영국의 행정 특권 체계로부터 혜택을 받았다. 왜냐하면 공항과 발전소 건설의 반대자들은 공식적인 전문가들과 대적할 수 없다면 그리고 정부의 분석에 비견할 수 있는 그들 자신의 충실하고 자세한 분석을 만들어낼 수 없다면 정부의 주장에 도전할 기회를 갖지 못할 것이기 때문이다. 그러나 경제학자 앨런 윌리엄스Alan Williams가 비용-편익 분석을 지도자들은 무엇이 사회를 위해 최선인가를 이미 알고 있다고 상정하는 "권위주의적"이고 "온정주의적인" 가정에 대한 도전이라고 주장한 것은, 많은 비판자들이 선호할 공공적 참여 형태를 그 분석이 그다지 장려하지 않는다고 하더라도, 표적을 완전히 벗어난 것은 아니었다.31)

회고해보면 영국의 행정 엘리트는 오래된 문화적 유형을 준수함으로써 성공했다고 할 수 있을 만큼 오랫동안 존속해왔다. 사실상 특히 19세기 중반에는 실질적인 대안들이 있었다. 노스코트-트레벨얀 보고서는 실용적 교육이라는 벤담적(공리주의적) 이상에 대한 고전학자인 벤저민 조윗Benjamin Jowett(1817~1893)의 옥스퍼드대학과 콜리지안 성직자Coleridgean clerisy 교육 이상32)의 훌륭한 승리였다. 19세기 초기에는 벤담주의가 어느 정도 성공을 거두었고, 헤일리버리Haileybury 컬리지 같은 터전도 설치했다. 이 학교에서는 동인도회사의 미래의 관리들이 인도어와 정치경제학을 배웠다. 그러나 심지어 1840년대와 1850년대에도 가족적 연줄이나 그것의 영향을 받는 이해관계에 긴밀한 유대가 없는 단순한 전문가들이 공공 정책을 만드는 데 크게 기여하는 것은 결코 쉽지 않았다.33) 영국의 정치질서는 객관성이나 엄밀성보다는 신뢰와 복종에 더 의존할 수 있도록 충분히 위계적이었다. 초창기 전문직 종사자들은 이것을 인정했으며, 단순한 기술 전문가들로서 그들 자신은 결코 진정한 엘리트가 될 수 없다는 것도 또한 이해했다. 지배적인 도덕적 질서의 의미는 신사적인 전문주의를 쉽게 수용했다. 예를 들어, 보험계리사가 자신들을 신뢰할 만한 신사로 제시할 수 있었다면, 의회의 소위원회가 그들에게 계산하는 원동기calculating engines처럼 행동할 것을 요구하지는 않았을 것이다.

신사적인 보험계리사들

보험계리사의 업무는 그 어떤 인간과학보다도 앞서서 수학이라는 학문 분과를 학습했다. 19세기 초에, 최고의 생명보험회사들은 광범한 계산에 의존해서 요율을 정했다. 그러나 보험계리사들의 숫자 처리는 기계적 객관성에 대한 믿음의 이데올로기 또는 심지어 그것의 실천을 찾는 곳이 아니다. 수학 공식을 적용하는 능력은 초보 보험계리사의 최소한의 요건이었다. 이런 계산 기술은 생명표 준비와 보험료 결정에 사용되었다. 계리사들은 신뢰할 수 있는 통계 기록의 중요성을 만장일치로 인정했다. 그러나 그들은 정확한 측정이 가능하다고, 그리고 자신의 업무를 계산의 기계적 실행으로 축소할 수 있다고는 믿지 않았다. 자신의 숙련을 완벽하게 수학적인 것으로 만들어야 한다고 생각하는 계리사는 거의 없었다. 대신 그들의 객관성 추구는 의회에서, 그리고 정치적이고 행정적인 목적을 추구하는 규제기관들로부터 시작되었다. 영국의 보험계리사들은 자신들을 성실성과 판단력으로 공공의 신뢰를 획득한 신사라고 생각했다. 엄격한 계산 체제는 민주적 개방성과 공공적 조사의 이름으로 그런 신뢰를 부인하는 것을 함축했을 것이다.

19세기 중반의 보험계리사들은 수학 공식을 노예적으로 고집하는 것은 건전한 업무 실행과 모순된다고 확고하게 믿었다. 그들은 여러 가지 이유를 내세웠지만, 결정적 이유는 제2장에서 논의한 보험 가입자의 선별과 관련되어 있었다. 이는 숙련된 개인의 안목을 필요로 했다. 그렇지 않으면 보험회사는 불리한 선택 – 이것은 가입자의 사망률이 일반 인구의 그것보다 더 높다는 것을 의미한다 – 으로 고통받을 것이었다. 엄격한 사망률 표와 고정된 이자율에 기초한 생명 사고 계산체계는 기껏해야 생명보험의 초기 단계에나 적합하다는 아사일럼 생명보험회사Asylum Life Office의 에드윈 제임스 파렌Edwin James Farren의 주장에 거의 모든 사람들이 동의했다. 그는 이 "절묘한 논리"를 훈련받은 신참 계리사가, "이른바 사망률 법칙"의 피할 수 없는 가변성을 특징으로 하는 현실 세계에 직면했을 때 놀랄 수밖에 없다고 썼다. 이 영역에서 "절대주의의 가정"은 더 이상 유용하지 않다.34)

아서 베일리Arthur Bailey와 아치발드 데이Archibald Day는 1861년에는 아직 아무런 사망률의 일반 법칙도 알려지지 않았다고 강조하면서 다음과 같이 주장했다.

> [어느 날 그 법칙을 발견하면] 그것은 바티칸에 있는 벨베데레의 아폴로 대리 석상statue of the Apollo Belvedere이 사람들의 체형을 대표하는 것과 거의 똑같이, 지구에 거주하는 살아 있고, 움직이고, 생각하는 사람들 사이에서 실제로 유력한 법칙을 대표할 것이다. 적어도 우리의 추구에서는 그러한 법칙이 … 신중한 판단과 건전한 구별의 실행을 결코 대체하지 않을 것이다.

결국 보험은 언제나 지역적인 문제였다. 보험계리사들은 "종속적 위험"을 기초로 계산해야 하는데, 그것은 특정 시간에 특정 회사 내에서만 적용되는 것이다. 그 표는 긍정적으로 선택된 가입자들에게 적용되며, 그 표의 질은 회사의 생존 능력을 결정할 수도 있다. 로이드Lloyd 보험회사의 윌리엄 랜스William Lance는 다음과 같이 설명했다.

생명보험회사의 성공은 사망률 표에 의해 결정될 수 있는 요율의 보험을 받아들이는 것에서 오는 것이 아니라 가입자들을 선택하는 판단, 그리고 이자율에 따라 개선되는 보험료에 따른다는 것을 계리사들은 잘 알고 있다.[35]

확률에 대한 보험계리사들의 우선적인 주관적 해석은 단순한 기계적 계산보다 전문가 판단에 대한 그들의 선호를 반영했다고 티모시 알본Timothy Alborn은 제시한다.[36] 보험계리사들이 그들 자신의 전문직을 계산의 수행으로 축소하는 것에 대해 매우 완강하게 거부했기 때문에, 영국의 보험 산업에서 수학이 어떠한 역할을 했는가를 질문하는 것은 중요하다. 전문가의 판단에 대한 추천사가 풍부함에도, 생명보험은 철저하게 수량적 사업이었다. ≪보험잡지≫가 확률 수학과 통계표 제시에 사용한 지면의 규모는 이것을 명확하게 보여준다. 생명표 및 요율 구조의 준비는 보험계리사의 일차적 업무였다. 수학적 추론은 필수불가결했다. 그 추론이 제공할 수 없는 것은 객관적인 측정이었다. 회사 관행의 그리고 보험 가입자들의 본질적인 이질성 때문에 대규모 인구에서 결과를 수집하고 도표화하는 단순한 과정만으로는 특정의 회사에 유효한 숫자를 얻을 수 없었다.

이것은 모두 보험계리사 실무에 관한 전통적 지혜였다. ≪보험잡지≫에 실린 보험문제에 대한 순수한 수학적 해결책은 흔히 회의적이거나 풍자적인 반응을 불러일으켰는데, 편집자들은 그것을 주저하지 않고 출판했다. 예를 들어, 일부 형제들이 일찍 사망한 조건에서 영구 상속의 가치에 관한 수학적 논문은 그 잡지의 여러 페이지에서 두 번 반박되었다. 표의 타당성을 전제함으로써 그 문제를 수학적으로 해결할 수 있다는 것은 비판자들도 인정했다. "그것은 의견을 표시하는 일상적인 방식으로 사례를 접한 보험계리사가 취하는 견해는 아닐 것이었다." 또한 적절한 해결책도 표에서 무시된 요인들, 특히 여러 당사자들의 건강 상태에 좌우될 것이었다. 따라서 "계리사들은 가치를 진술할 때 어떤 표의 값이나 수학적 값 – 이것들은, 큰 문제없이, 단지 근사값일 수 있을 뿐이다 – 보다는 그들 자신의 판단을 더 따를 것이다".[37] 19세기 중반, 거의 모든 보험회사는 아직도 많아야 10만 개의 보험증권과 아마도 수십 명의 직원을 보유한 소규모 사무실이었다. 보험 가입 신청자들은 개인적인 검토를 기다렸는데, 그들의 건강이나 사망률을 불길한 것으로 판단할 수 있었기 때문에 그 검토가 반드시 그들에게 유리한 것은 아니었다. 1850년대와 1860년대에 프루덴셜Prudential 보험회사가 노동자계급 사람들에 대해 낮은 액면가를 산정하는 판매정책을 시작했을 때까지 보험업계에서 대규모 데이터 처리는 이루어지지 않았다.[38]

보험계리사들의 수량적 분석 의존은 생명표를 이용할 수 있는 곳이 아니라 이용할 수 없는 곳에서 가장 분명하게 나타난다. 계리사들은 현상의 변이성 때문에 판단은 불가피하다는 견해를 열렬하게 주장했지만, 아무도 보험을 판단만으로 관리할 수 있다고는 생각하지 않았다. 보험회사나 많은 준비금을 가진 공제조합은 광범한 계산을 통해서만 그 회원들이 나이가 들었을 때의 파산에 대비했다는 것을 입증할 수 있다고 그들은 지적했다. 보통 사람들 그리고 특히 수학 지식이 충분하지 못한 노동하는 사람들은 결코 설득할 수 없었다.[39] 보험계리사들은 새로운 보험회사들에 있는 그들의 동업자들에게, 자신의 충분한 경험을 습득할 때까지는 비슷한 회사들이 만든 표에 의존하라고 (그러나 국가 통계에는 의존하지 말라고) 강조했다. "(아마도 아내가 죽고 재혼한 뒤) 자녀를 낳을 때"에만 효력을 발생할 불임의 아내가 있는 노인들을 대상으로 하는 생명보험 등과 같은 새로운 유형의 보험들은 적절한 위험을 정의할 수 있는 표를 만드는 노력을 자극했다.[40] 19세기 중반에도 보수적인 보험회사들은 해외여행을 하는 피보험자들에게 그들의 보험을 포기하도록 요구하는 것이 일반적이었는데, 그 까닭은 인도나 아프리카나 카리브해 지역으로 여행하면 위험이 얼마만큼 증가하는지를 아무도 알지 못했기 때문이다. 다른 회사들은 어느 정도는 자의적인, 그리고 넉넉한, 추가요금을 부과했다. 동시에 계리사들은 부지런히 작업해서 유럽 사람들의 해외여행 경험에 관한 정보를 수집함으로써 회사에 발생하는 위험을 증가시키지 않으면서 군 장교들과 식민지 관리들의 보험계약을 유지할 수 있었다. 열대 지역의 식민지들에서 유럽인의 사망률에 관해 우리가 지금 가지고 있는 최고의 증거 중 일부는 그들의 조사가 만들어낸 것이다.[41]

위험에 관해 체계적으로 수집한 수량적 자료가 없을 때 보험계리사들이 느꼈던 불안은 또한 화재보험과 해상보험에 관한 그들의 기록들에서도 잘 드러난다. 이 보험들은 생명보험의 사망률 표 같은 것의 도움을 받을 수 없었다. 보험의 도구로서 수학적 확률을 옹호하는 매우 활발한 대변자의 하나인 사무엘 브라운Samuel Brown은 보험회사들이 건물과 선박의 위험에 대한 경험 자료를 수집하고 공유하지 못하는 것에 대해 불평했다. 다른 사람들은 이 범주들에서의 손실이 해마다 인간의 사망률을 지배한 규칙성에 비견할 수 있는 규칙성을 보인다고 주장했다.[42] 그러나 해상보험과 화재보험에 관련된 보험업자들은 그것들을 쉽게 확신하지 못했다. 건물들과 기술들은, 과거의 결과들이 미래 속으로 일반화되기 때문에, 너무 빠르게 변했다고 그들은 주장했다. 매캔들리시J. M. McCandlish는 브리태니커 백과사전 9판에 화재보험에 관해 다음과 같이 썼다.

가장 간략하게 살펴보더라도, 발생하는 위험이 무한히 다양하다는 것을 알 수 있다. 절대적인 법칙을 예상할 수 있더라도, 법칙을 도출할 수 있기에 앞서 위험을 주의 깊고 정확하게 분류해야 할 것이다. 그러나 사실의 요점은 위험이

항상 변화하고 있다는 것이다.[43)]

분명히 그 회사들은 경험에 의존했지만 생명보험사들이 사용했던 방식보다 더 비밀스럽고 더 비공식적인 방식으로 그것을 사용했다. 규제하는 간섭이 없는 경우 회사들이 그 경험을 체계화하고 합리화할 충분한 동기는 결코 없었다. 특정 유형의 손실 또는 특정 도시에서의 손실이 뚜렷해지면 그 회사들은 보험료를 인상하고 수익성을 회복하기 위해 결탁했다.[44)]

생명보험회사들은 위험을 그렇게 대충 처리할 수 없었다. 그 회사들은 계약자의 평생에 걸치는 장기적인 계약을 제공했는데, 여기서는 각 계약자가 낸 보험료가 그의 수십 년 동안의 생명에서의 위험의 가치를 크게 초과했지만 그 다음에는 그 이하로 상당히 떨어졌다. 요율이 너무 낮다는 것을 경험이 보여주었더라도 그것을 쉽게 조정할 수는 없었다. 건전한 직관이나 노련한 판단만으로는 그렇게 복잡한 계약의 가격 책정에 대한 지침을 제공하지 못했다. 계산은, 결정적이지는 않더라도, 적어도 비슷하기는 했다. 신중하고 책임 있는 회사들은 일반적으로 낮은 금리와 보수적인 생명표를 기초로 계산한 다음 추가적인 신뢰도를 위한 비율을 더했다. 또한 그 회사들은 예상되는 삶의 질이나 특이한 투자 기회를 고려해 비율을 조정할 수도 있었다. 1850년 무렵에 대부분의 회사들은 적어도 부분적으로는 상호성의 원칙에 따라 운영되었는데, 그것은 수익의 일부를 피보험자에게 반환한다는 것을 의미했다. 수익성의 척도는 결코 자명하지 않았다. 1853년 의회 소위원회에서 증언한 한 보험계리사는 회사는 수익의 10분의 9를 반환한다고 하지만 실제로는 2분의 1에 지나지 않을 것이라고 인정했다.[45)] 여기서의 요점은, 누구도 완벽한 수량적 정밀성을 주장할 수 없다면, 계산에 대한 의존은 결코 재량권의 행사와 충돌하지 않았다는 것이다. 생명보험에서 판단은 계산에 대한 근본적인 대안이 아니라 계산을 설정하고 계산의 결과를 조정하기 위한 일련의 전략들로 사용되었다.

수학적 정밀성은 무엇보다도 초보 보험계리사들에게 적합한 것이라고 간주되었다. 조금은 역설적으로, 정확한 계산은 신중한 판단을 내리는 데 도움이 된다고 주장되었다. 1854년에 피터 그레이Peter Gray는 적어도 두 가지 방법에 따라 유족보험 자료를 이용해 생명표를 구성할 수 있다고 설명했다. "로그적 방법logarithmic method"은 그것의 결과에서 "일곱 자리 이하의 숫자들"을 산출한다는 단점이 있었다. 일곱 자리의 숫자들은 생명표에 대해 충분히 정확할 수도 있고 정확하지 않을 수도 있다. "이 지점에서 상이한 계산가들은 상이한 견해를 갖게 될 것이다." 그의 또 다른 방법인 "숫자 속의 구성construction in numbers"의 장점은 임의의 자리의 숫자들을 계산할 수 있다는 것이었다. 그러한 계산은 자료의 신뢰성을 금방 벗어날 것이라고 그는 인정했다. 그러나 계산 행위는 그 자체로 가치를 갖는다고 그는 생각했다. "능숙한 계산가들"은 그의 논의가 지나치게 미세하다고 생각할 수 있었겠지만, "젊은 회원들"은 이러한 매우 철저한 방법에 따라 표를 계산함으로써 자신뿐만 아니라 그 전문직에도 큰 이익이 될 것이라고 생각했을 것이다.

> 그들은 자신들이 생명표의 구조와 속성들에 매우 친숙하게 되었다는 것, 자신들이 그 표를, 이런 준비가 없었더라면 오랜 경험에 의해서만 전수받을 수 있었을 능숙함과 자신감을 가지고, 실용적인 목적에 사용할 수 있다는 것을 깨달을 것이었다.[46]

헨리 포터Henry Porter는 보험계리사들에게 수학적 연구가 갖는 가치를, 주로 도덕적 관점에서, 근면과 배려를 촉진하는 것으로 설명했다. 이런 특성들은 보편적으로 존중받는 것이 아니었다고 그는 인정했으며, 보험 관리자들은 회사 보험계리사의 "주의 기관organ of caution"이, "골상학적으로 말해서, 돌출했다"라고 조롱한 것으로 알려져 있다. 확실히 포터는 보험을 압도적으로 기술적인 학문 분과로 보려고 하지 않았다. "매우 난해한 수학적 지식이 보험계리사의 일반적인 업무에 절대적으로 필요한 것은 아니라는 것을 이제는 일반적으로 인정한다고 나는 믿는다." 그리고 그는 (내키지 않는) 칭찬으로 전환하면서, 일부의 의견에 반대해 "최고의 과학적 지식과 완벽한 사업 관행이 반드시 양립 불가능한 것은 아님을 입증하는 여러 사례들을 우리가 알고 있기 때문에 그것은 어느 편인가하면 오히려 해롭다"라고 말했다. "일부 보험회사들의 번창이 심오한 이론가의 드러나지 않은 명상의 제물이 되었다"라고 하더라도 수학은 계리사들에게 필수적이라고 그는 종결했다. 희랍어와 라틴어에는 그런 양의성을 부여하지 않았는데, 포터는 이것들에 대해서는 관련된 기술적 어휘의 숙달 또는 생리학 – 보험계리사가 의심스러운 가입자들을 판단하고 보험료의 적절한 보충을 결정하는 데 도움이 될 – 을 위한 보조물로서 필수적이라고 간주했다.[47]

포터가 수학은 "모든 보험계리 지식의 기초"라고 규정하는 것으로 그의 강의를 시작했다는 점을 덧붙일 필요가 있다. 숫자 자료를 의미하는 통계는 "그 위에 생명보험이라는 상부구조를 세우는 바로 그 기초"를 제공했다. 그러나 그 기초는 불안정했다. "계산으로 얻은 숫자적 결과를 즉각 받아들이는 것으로는 충분하지 않다." 단순한 계산은 엉터리로 이어질 수 있다. 수석 조련사도 "경험이 없으면 생명보험 사무실에서 아무런 도움도 되지 않을 것이다". 경험이 풍부한 사람들은 보험계리 실무에서 "판단"의 결정적 중요성을 알고 있다. 포터의 강의는 "판단과 경험"에 대한 찬양이었으며, 그것은 모든 전문직에서 그러하듯 "가르칠 수 있는 것이 아니라" 오직 실습을 통해서 체득할 수 있는 것이었다. 그는 실무에 대한 허가는 오직 이런 정교한 기예에서 "누구도 부인할 수 없는 성취를 이룬 신사들에 의한 면밀한 심사"를 거친 뒤에만 수여해야 한다고 생각했다.[48]

우연히도 포터 자신은 새 보험계리사협회의 지원 아래 그러한 심사를 받은 최초의 성공적인 후보자 집단에 있었다. 그렇지만 그의 선언을 설명하기 위해 이기심을 불러내야 한다면, 그 이기심은 적어도 영국의 계리사들 사이에서는 널리 공유된 집합적인 것이었다. 파렌은 "지식이 우세한 것이 될수록 의견들은 덜 실증적인 것이 되는 것"을 "학습 진보의 잘 알려진 특징"이라고 생각했다. 보험계리사들은 "추상적 진리"와 "근본적 공리" – 이것들로부터 모든 실무적 결론을 도출할 수 있는 – 를 믿기에는 이제는 너무 경험이 많았다.[49] 지식은 국지적이라는 것, 그리고 심지어 일반적인 법칙들조차도 그 법칙을 적용할 수 있을 조건들을 이해하는 사람들이 아니라면 쓸모없는 것이라는 이런 감각은 관료제적 간섭의 위협이 있었던 때에 가장 강력한 진실로 보였다. 그것은 1853년 영국 하원 소위원회의 "보험협회" 조사에 대한 응답으로 가장 지속적으로 표현되었다.

소위원회는 정확한 규칙을 추구한다

디킨스는 그의 소설 『마틴 처즐위트』에서 생명보험을 사기 기업의 범례로 선택했다. 앵글로-벵갈리 공정 대부 및 생명보험회사Anglo-Bengalee Disinterested Loan and Life Assurance Company는 회사의 탐욕을 연대와 신뢰의 덧판으로 위장했다. 그것은 1843년에 일어났다. 소설은 주식회사에 관한 소위원회가 1841년과 1843년에 증거로 채택한 수상한 보험사업 운영에 관한 이야기를 기초로 했다. 이후 몇 년 동안 생명보험에 대한 투기 투자는 전례 없이 증가했다. 1844년의 주식회사법을 통해 보험을 규제하려는 시도가 있었지만, 의회는 투기 활동을 거의 통제하지 않았다. 보증협회에 관한 소위원회The Select Committee on Assurance Associations는 1853년에 조사를 진행했는데, 주식회사 등기소의 프랜시스 휘트마시Francis Whitmarsh로부터 그 사이의 기간 동안 잠정적으로 또는 완전히 등록한 회사의 수를 들을 수 있었다. 확실한 자료를 제공하기에는 관료적 장치가 충분하지 않았지만, 아마도 100개 이상의 많은 회사들이 이미 실패한 것으로 보였다.

소문은 불길했다. 소위원회의 위원장인 제임스 윌슨James Wilson은 그 문제에 관해 ≪이코노미스트Economist≫ 신문에 글을 썼으며 생명보험의 사업 관행에 대해 다른 사람들과 마찬가지로 잘 알고 있었다. 위원장으로서 그는 사람들이 어느 회사가 건실한가를 스스로 알아낼 수 있도록 쉽게 이해할 수 있는 정보를 제공하는 보험계리적 정확성을 추구했다.[50] 소위원회에서 증언한 사람은 거의 모두 전문 보험계리사들이었고, 대부분은 신설의 아마도 의심스러운 회사들이 아니라 오래되고 매우 훌륭한 회사들 소속이었다. 그 계리사들의 의견은 정중했지만 변함이 없었다. 회계적 방법을 통해서는 정밀성을 얻을 수 없다. 건전한 회사는 판단과 재량에 의존한다. 보험계리사들은 품격과 분별력을 갖춘 신사다. 우리를 믿어라.

윌슨은 그 문제에 대한 자신의 견해를 주요 질문의 형태로 알기 쉽게 제시했다. 생명보험은 장기적인 제안이며, 피보험자는 자신이 사망해서 보험금을 청구할 때까지 보험회사가 존속하고 있을 것이라고 확신할 수 있는 근거를 필요로 한다. 보험료는 보험에 가입하는 연령에 따라 다르지만 보험 가입자의 생애 동안 일정하게 유지되는 비율로 정해진다. 최근에 보험에 가입하는 사람들은 젊고 선별되기 때문에 그들의 사망률은 상대적으로 낮다. 따라서 새로운 보험회사는 초기에 많은 자본을 축적할 것이다. 책임 있는 회사라면, 20년 또는 30년 후 보험료 청구 비율이 증가할 것을 예상해 자본의 대부분을 비축할 것이다. 그러나 대부분의 보험회사들은 책임 있는 것으로 보이지 않았다. 그 회사들은 간부들과 이사들에게 높은 급여를 지불했다. 그 회사들은 새로운 가입자들과 새로운 수입원을 끌어들이기 위해 광고에 막대한 금액을 지출했다. 그리고 일부 회사는 건실성을 보이지 않았다. 무슨 오거스터스 콜린그리지Augustus Collingridge인가 하는 사람은 단지 몇 년 동안에 여러 개의 회사를 설립하고 폐쇄했다. 한 조사관은 빅토리아 생명보험회사Victoria Life Office가 "옥스퍼드 새 길에 있는 모자 가게의 방 하나를 사무실로 쓰는데, 단지 의자 두 개, 망가진 책상 그리고 외국 메모지에 인쇄한 안내서 무더기만 있었다"라고 보고했다. 유니버설 생명화재 보험회사 Universal Life and Fire Insurance Company는 아주 작은집을 주소지로 하고 있었는데, "관계자들은 볼 수 없고 가끔 어떤 사람이 우편물을 가져가곤 했다. 경찰이 집주인에 대해 조사하고 있는 탓인지, 지난 일주일 동안에는 편지를 찾으러 온 사람도 없었다."[51]

정부의 보험계리사인 핀레이슨은 더 친절한 증인들 중 하나였다. 보험 수학은 "매우 간단하다. 주어진 시간에 회사의 실제 상태를 판정하는 데 아무런 어려움도 없다"라고 그는 설명했다. 보험회사는 발행된 모든 보험계약의 현재 가치를 지불할 자원을 갖고 있는 경우 지급능력이 있는 것이다. 이 모두를 표준적인, 즉 공시된 장부에 표시할 수 있느냐고 윌슨은 질문했다. '없다'라고 핀레이슨은 답했다. 자산을 증가시킬 이자율을 예측하고 생명표를 선택하는 데 보험계리적 판단이 필요하기 때문이다. 핀레이슨 자신은 3.5%의 이자율을 계산하고, 자신의 개인적 경험을 통해 타당하다고 판단하고 준비한 생명표를 사용했다. 물론 회사들이 가입자들을 승인하는 데 적절히 주의를 기울이지 않는다면 실질적인 사망률을 예측하지 못할 것이다. 또한 고정 자산의 가치는 금리 변동에 따라 달라질 수 있으며, 그것의 가치를 판단하기 위해서는 오랜 경험이 있어야 한다.

윌슨은 금방 핀레이슨의 주장의 취지를 포착했다. "내가 당신을 올바르게 이해한다면, 당신의 의견은 종이 위에 나타날 수 있는 것 이외에, 회사의 재량과 훌륭한 관리가 아주 많은 것들을 크게 좌우한다는 것, 장부에서 얻을 수 있는 것을 크게 신뢰하지는 않는다는 것인가?" 답변은 그렇다는 것이었다. 핀레이슨은 또한 장부의 공개가 불공정한 비교로 이어질 수 있고 그것은 신생의 회사들에게 불리하게 작용할 것이라고 우려했다. 파산 가능성을 의심하는 이유가 있는 경우에도, 시끄러운 공개 조사가 아니라 독립적인 보험계리사가 회사의 정규 계리사와 협력해 비밀리에 신중하게 탐문하는 것이 적절한 구제책이라고 제시했다. 보험 사기는 매우 드물었다고 그는 설명했다. 존경받는 이사회는 회사의 성실성을 보장한다. 이에 더해 보험계리사들은 계산된 보험료의 최고액에 안전 및 이익을 위한 차액을 추가해 보수적으로 계산한다.[52]

소위원회에서의 증언의 기록은 장부가 균일하고 정확할 것이라고 희망하는 사람들에게 거의 위안을 주지 못했다. 증언자들은 거의 만장일치였다. 보험회사들은 상이한 원칙들과 다양한 품질의 보험계약에 따라 운영되기 때문에 어떤 단일의 생명표에 비춰 회사들을 판단하는 것은 불가능하다. 투자가 매우 다양하기 때문에 수익과 자산을 단일 금리에 따라 확정할 수는 없다. 일부 보험계리사들은 낙관적이며, 일부는 비관적이고, 이러한 차이를 없애는 입법은 불가능하다. 에드워드 라일리(1797~1874)는 결정적으로 비우호적인 증인이었는데, 가장 통명스럽게 주장했다. "소위원회가 정부 보험계리사를 지명하고자 한다면, 반드시 현재 존재하는 계리사들 중에서 골라야 할 것이다. 위원회가 계리사를 주문해 구할 수 있는 계리사 제작소는 없다." 국가가 정하는 균일적인 계산 규칙은 "균일성의 오류uniform error"를 초래할 수 있다.[53] 10년 전에 또 다른 소위원회에서 증언한 안셀도 비슷한 주장을 하면서, 정부의 보험계리사 사무실이 "근래 우리의 대학들 중 하나에서 제거된, 고급의 수학적 재능을 가신, 그러나 대단한 수학적 명성은 얻었지만 아무런 경험도 없는 일부의 신사들" 차지가 될 것에 대한 두려움을 표명했다. 이 답은 "생명보험의 보험료 등과 같은 실질적인 요점에 관해 건전한 의

견을 표명할 수 있는 자격을 어떠한 방법으로도 그에게 부여하지 않을 것이다".54)

1853년 위원회의 월슨과 동료 위원들은 이런 전문가 증언 공세 앞에서 간단하게 항복하지 않았다. "어떤 일반적인 원칙 위에서 결과를 도출하기 위해 어떤 일반적인 평균적 규칙"을 적용할 수는 없는가라고 월슨은 안셀에게 질문했다. 안셀은 '없다'라고 답했다. 어떤 보험회사가 예상 부채를 감당하기에 적절한 자원을 보유하고 있는지 여부를 판단하기 위해 핀레이슨의 생명표를 사용하고 3.5%의 균일 금리를 적용하고 우발 사태에 대비해 10%를 추가하는 것은 어떤가? 큰 어려움과 타당한 반대가 있을 것이라고 안셀은 답했다. 이 모든 것은 각 회사의 개별적인 상황에 달려 있다. 그리고 보험료를 가장 잘 계산하더라도, 회사가 가입자의 선택에서 주의하지 않는다면 아무 쓸모도 없을 것이다.55)

보험계리사들은 일반 원칙에 대해 양보 없는 적개심을 보였다. 월슨이 제기하는 질문에 대한 그들의 응답은 종종 호의적이었다. 그럼에도 예외 없이 그들은 원칙을 손상하는 조건과 제한을 덧붙였다. 많은 사람들이 일반적인 격률을 믿었다. 정확하고 표준화 가능한 규칙의 가능성을 인정할 사람은 없을 것이었다. 사무엘 잉갈Samuel Ingall 자신은 회사의 지급능력에 대한 일반적인 시험을 요청받았을 때 준비된 답을 가지고 있었다. 회사는 기존 보험증권으로 받은 보험료의 절반을 자본으로 가져야 한다. 이것은 회사는 그것의 증권을 매입할 자금이 있어야 한다는 통상적인 대답보다 훨씬 더 유익한 정보였다. 잉갈은 또한 회사는 첫 20년 동안에는 매년 평균 잠재 부채의 1%를 축적해야 한다고 선언했다. 그러나 곧 그는 이 최대값은 사업이 거의 안정적일 때에만 적용된다고 인정했다. 이에 더해 보험계리사들이 어떤 회사의 이익을 어떻게 계산해야 하는가에 관해 동의하지 않았다고 인정했다. 이 마지막 제한은 월슨에게 상당히 중요하게 들렸는데, 그때 월슨은 수익의 정확성을 어떻게 시험할 수 있는가를 물었다. 잉갈은 "최고의 보안은 보안을 제공하는 당사자들의 성격이라고 나는 생각한다"라고 답했다.[56]

이런 정서는 청문회 전체에 걸쳐 후렴처럼 반복되었다. 보험계리의 원칙이 잘 확립되어 있더라도 "알려진 원칙을 다른 규모나 다른 보험료에 적용할 때" 많은 불확실성이 남아 있다고 안셀은 말했다. 어떤 회사의 경제 건전성을 외부의 보험계리사가 평가하는 데는 2년이 걸린다고 제임스 존 다운스 James John Downes는 주장했다. 보험회사의 공시된 보고서를 이해하는 것조차 미세한 지식을 필요로 하므로 회사의 보험계리사는 필연적으로 회사의 상태를 다른 어떤 사람 – 그가 아무리 영리한 사람이더라도 – 보다도 더 잘 이해한다. 우리는 자료를 준비하는 보험계리사의 숙련과 성실에 의존해야 하기 때문에 최종 계산을 하는 것에서도 마찬가지로 그를 믿어야 할 것이다. 윌리엄 파William Farr는 계리사들은 "품격의 신사들"이라고 그러므로 정부는 회계 준비를 그들에게 맡겨야 한다고 보고했다. 프랜시스 네이슨Francis Neison은 지급능력에 대한 수량적 척도는 적합하지 않다고 주장했다. 회사를 설립할 때 홍보를 위한 상당한 자금의 지출은 미래를 확보하는 가장 좋은 방법일 수 있다. "회계를 넘어서는, 회사의 장부에 나타나지 않는, 특별한 지식"이 항상 존재한다. 회사의 성공은 궁극적으로 숙련된 경영에 달려 있다.[57]

그런 것들은 새롭게 등장한 전문직의 용감한 주장이었다. 보험계리사협회는 1848년에서야 창립되었다. 보험계리사 사무소는 일찍이 1818년부터 공식적으로 인정되었지만, 그것의 정체성은 분명하지 않았다. 그 해에 만든 법은 공제조합들이 만든 생명표가 적어도 "두 명의 전문 계리사들 또는 산술계산에 능숙한 사람들"을 포함한 위원회의 평가를 받는다면 그 단체들에 대해 정부에 등록하고 일정한 혜택을 받을 수 있게 허용했다.[58] 1824년에 형평Equitable공제조합의 윌리엄 모건William Morgan은 일부 사람들이 "자신들을 보험계리사라고 부르는데, 그들은 교사와 회계사에 지나지 않는다"라고 불평했다. 사우스웰Southwell의 목사 및 치안 판사는 "보험계리사를 어떻게 정의할 것인가가 내 권한 범위 밖에 있어서" 그 법을 실행할 수 없었다고 말했다.59) 1843년에 보험계리사 존 티드 프랫John Tidd Pratt은 또 다른 소위 원회에서 "누가 보험계리사인지 아무도 모르기" 때문에 단순한 교사들이 종종 생명표를 검증하라는 요청을 받는다고 증언했다.60) 새로운 보험계리사 협회의 주요 목적은 전문직에 합당한 인정을 확보하는 것이었다. 이것은 기술적 역량을 입증하는 것 이상을 필요로 했으며, 단순한 계산에 대해 종종 표현되는 경멸은, 부분적으로 단순한 기술적 전문가들을 경시하는 사회에서 정당화 전략으로 이해해야 했다.

어쨌든 영국의 보험계리사들은 엄격한 규약에 따르는 수량화에 대해 신뢰하지 않았다. 다운스는 다음과 같이 주장했다.

훌륭한 이론적 보험계리사, 매우 능숙하게 공식을 적용할 수 있는 보험계리사, 그러나 회사에서의 업무 경험이 없는, 그러므로 그런 형식들과 공리들을 생명보험회사의 업무에 유용하게 적용할 수 없는 보험계리사가 있을 수 있다.

찰스 젤리코Charles Jellicoe는 보험계리사협회를 대표해 증언하면서, 장래의 위험에 대비해 비축하는 준비금 등과 같은 쟁점들에 관한 미묘한 차이가 결정적일 수 있다고 설명했다. "그렇다면 계리사들은 원칙에 관해서는 다르지 않지만 그 원칙을 적용하는 방식에서는 다른가?"라고 그는 질문을 받았다. 그는 그렇다고 답했다. 참으로, 보험계리사는 회사의 자산을 과대평가하고 위험을 과소평가함으로써 회사의 장부를 훌륭하게 보이게 만들 수 있다고 그는 자진해서 설명했다. 그러나 이것은 사기일 것이라고 윌슨은 지적했다. 아마도 그럴 것이지만, 회사는 언제나 "살아 있다는 것은 특히 좋은 것이며 그러므로 사망률은 낮을 것" 등등을 주장할 수 있다고 젤리코는 답했다. 그러한 이유로 소위원회는 최소 보증 기금을 실질적으로 입법할 수 없다. 그것은 각 사무실의 세부사항이다. 의회는 보험계리사협회에 그 협회의 기준을 충족한 사람들에게 면허증이나 인증서를 수여할 수 있는 권한을 부여함으로써 오로지 "의무를 적절히 수행할 수 있는 판단력과 재량권을 가진 사람들을 구하기 위해 최선을 다해야"한다.[61]

이것은 소위원회가 듣고 싶어 한 것과는 거리가 아주 멀었다. 월슨은 정부의 간섭을 최소화하면서 아마도 부실한 생명보험회사들이 급증하는 문제를 해결하고자 했다. 소위원회는 반복된 증언들의 진실성, 즉 보험업에 대한 정부의 간섭이 문제를 완화하기보다는 훨씬 더 많이 야기할 것이라는 증언에 대해 논쟁하지 않았다. 월슨은 가장 온건한 개입으로 충분하기를 희망했다. 월슨의 기대는 보험업을 쉽게 해석할 수 있게 만들 가능성, 즉 보험회사들의 잠재적 구매자들이 소수의 중요한 숫자들을 보고 독자적으로 회사에 대해 판단하기에 충분하게 계산을 표준화할 가능성에만 의존하는 것이었다. 그러나 보험계리사들은 판단을 강조하며, 즉 세부사항들의 미묘한 의미 차이를 강조하며 그의 제안을 거부했다. 정부는 공공의 지식을 추구했지만 보험계리사들은 그 가능성을 부인했다. 정부는 숫자를 믿을 토대를 찾으려 했지만 보험계리사들은 신사와 전문가로서 자신들의 판단을 믿으라고 요구했다.

소위원회에서 누군가가 정부가 보험회사들에 장부 기록 방법을 규정할 수 있을 것이라고 제안할 때마다 계리사들은 그런 회의론을 제기했다. 그 어떤 보험계리사도 그러한 간섭에 호의를 보일 수 없었다. 위원회의 제안에 대한 가장 공감적인 견해를 표현한 것은 스코틀랜드의 월리엄 토머스 톰슨 William Thomas Thomson이있는데, 그는 단일 형태의 대차대조표가 모든 회사들에 적합할 것이라는 제안에 동의했다. 그는 어떠한 경우에도 회사들은 기존의 계정 형태를 쉽게 유지할 수 있으며 적당한 노력으로 그것들을 공공

목적을 위한 표준 형태로 변환할 수 있을 것이라고 덧붙였다. 심지어 그는 근래 뉴욕에서 제정된 미국식 규제에 대해서도 호의적으로 말했다. 다른 전문가 증인들에게는 이것 가운데 어느 것도 호소력이 없었다. 톰슨의 형식이 공공이 필요로 하는 종류의 정보를 제공할 것인가를 묻는 질문에 대해 토머스 로우 에드먼즈Thomas Rowe Edmonds는 "아니오, 전혀"라고 화를 내며 답했다.[62]

위임된 규약에 따른 수량화를 거부하는 것은, 숫자로 유용한 정보를 전달할 수 있다는 것을 부인하는 것과는 완전히 다른 것이었다. 표준화는 보험계리사들이 반대하는 것이었다. 그 어떤 유용한 의미에서든 정밀성은 대규모의 중앙집중적 통제를 동반했는데, 그들은 이 통제에 대해 강력하게 반대했다. 그들이 이러한 이유로 수량적 정보의 보고를 거부한 것은 아니었다. 예외 없이 보험계리사들은 명확하고 정확한 보고를 좋은 사업 관행으로 간주한다고 주장했다. 이것은 새로운 입법의 필요에 반대하는 또 다른 논거였다. 규제에 대한 한 강력한 반대자는 정부의 간섭에 대한 책임이 이해할 수 없는 보고에 있다고 주장하는 데까지 나아갔다. "그런 장부에서 변칙으로 보이는 것을 찾아내고, 그것들을 최대한 활용해 기관에 피해를 입히고자 하는 살쾡이 눈을 가진" 조사관들에 둘러싸이면 회사들은 자연히 비밀스럽게 된다.[63]

윌슨과 소위원회는 경험이 풍부한 공무원이 장부가 명확하고 정확하다는 것을 확신시키는 데 도움이 될 수 있다는 생각에 호의적으로 응답했다. 이런 종류의 것을 선호한 유일한 보험계리사는 스코틀랜드인 톰슨이었지만, 그도 정부의 감사관이 아니라 독립적인 감사관이 장부를 공인하기를 원했다. 어느 한쪽의 가능성은 다른 쪽에게는 너무 심한 간섭으로 보였다. 공적인 조사는 오로지 사기에 대한 합리적인 의심이 있는 경우에만 정당화될 수 있다고 그들은 주장했다. 보험회사들에 대한 통상적인 공적 검열은 시민들의 자립을 약화할 것이며 그러므로 정부가 해결하고자 했던 문제를 더욱 악화시킬 것이었다.

그렇지만 몇몇 증인들은 정부가 재무 기록의 공개를 합리적으로 요구할 수 있다고 인정했다. 보험계리사들은 이것이 명확한 사실적 표현의 형태를 취해야 한다고 주장했다. 그것은 자산과 부채를 나타내는 요약적인 숫자를 포함하면 안 되었다. 그 숫자는 어느 것이 더 큰가를 알 수 있는 사람이 지급능력을 판정할 수 있다는 것을 의미할 것이었다. 공개된 기록에 해석적인 회계를 허용하는 것은 정부를 "모든 종류의 의견과 잘못된 평가를 홍보하는 매체 … 부풀림의 공표자"로 만들 것이었다.[64] 공공 영역에 적합한 유일한 것은 입증 가능한 사실들이었다. 단순히 각 보유 주식의 수량과 성격을 표시하거나 또는 그들 자신의 수치를 그 수치를 계산한 원칙에 대한 설명과 함께 제시함으로써 회사들은 잠재적인 고객들에게 그들이 보험증권의 안전성을 평가하기 위해 필요로 하는 모든 것을 제공할 것이었다. 모든 사람이 이 정보를 혼자 힘으로 해석할 수 있다는 것은 아니었다. 그것은 불가능한 것, 즉 모든 것을 소수의 범주들로 축소하고 동일한 용어들로 표현한 고도로 표준화된 문서를 전제로 했다. 오히려 고객들은, 법률 문제에 관해 변호사와 상담할 수 있는 것과 아주 비슷하게, 개인 보험계리사와 상담해 회사의 안전을 평가할 수 있었다. 일반인은 대차 대조표에서 많은 것을 알아낼 수 없었지만, 전문 보험계리사는 그것에 의해 "매우 단호한 의견"을 형성할 수 있을 것이라고 톰슨은 말했다. 윌슨은 "그것이 정확한 의견일 것인가?"라고 물었다. "그것이 개인들의 판단에 의존하는 한 단호하다면, 그것은 정확할 수밖에 없다고 나는 말해야 한다."[65]

여기서 근본적인 쟁점들이 매우 명확하게 나타났다. 전문성에 대한 인증은 표준화가 불필요하다는 것을 의미했다. 문제의 핵심적 실체들이 정밀한 측정에 저항하는 경우, 그 간격을 메우기 위해 신뢰 또는 개입적 규제가 필요했다. 확실히 정부 개입에 대해 덜 호전적으로 반대하는 계리사들이 선호하는 해결책은 정확한 수량적 보고서를 필요로 했지만, 이것은 어떤 것에 대한 정밀한 측정의 문제가 아니라 기본적으로 그들의 장부를 적당히 개방하는 문제였다. 빅토리아 시대의 영국과 20세기의 미국에서 동일하게, 객관성 확보 운동은 정부가 주도했으며, 수학적 보험계리사들과 회계사들이 반대했다. 객관적 지식은 공공적 지식을 의미했으며, 그들은 이것이 가능하지도 않고 바람직하지도 않다고 생각했다. 그들은 정밀성 대신 전문성을 제시했다.

제6장

프랑스 국가 공학자들과 기술관료제의 모호성

과학이 관례를 대체했다고 단언한다면 우리는 실수하는 것이다. 그것은 낡은 관례를 바꾸지만
그것은 새로운 관례를 요구하며, 이것이 태어나지 않는 한 과학은 여전히 힘이 없다. ―오귀스
트 데퇴프 Auguste Detoeuf(1946)*

미국은 우리에게 "기술관료제technocracy"라는 단어를 제공했지만, 프랑스
는 그렇게 불리는 기구 자체에 대해 어느 정도의 권리를 주장할 수 있을 것
이다. 프랑스 혁명의 산물인 에콜 폴리테크니크는 종종 프랑스의 기술관료
적 문화를 집약적으로 보여주는 것으로 받아들여진다. 수학과 과학에 중점
을 둔 폴리테크니크는 앙투안 피콩Antoine Picon이 근대 공학자의 발명inven-
tion of the modern engineer이라고 부르는 것에서 중심적이었다. 그것의 모방
물들과는 전혀 다르게, 그 기관은 최고위 계층의 엘리트들을 교육했다. 다
른 어느 곳에서 행정적 권력이 기술적 지식과 그렇게 밀접하게 제휴했는가?

이 동맹은 제3장에서 논의한 이제는 응용경제학이라고 부를 수 있는 것
의 프랑스적 전통을 설명하는 데 도움이 된다. 교량과 도로 기술단 공학자
들은 경제적 쟁점들을 20세기 이전의 다른 나라들에서는 찾아볼 수 없는 수
준의 수량적 정교함의 수준으로 끌어냈다. 나는 앞 장에서 공학자들이 서로
를 위해 발표한 작업들을 주로 다뤘다. 그러나 연구 문헌이, 행정적 책임이

있는 사람들 사이에서 만들어낸 것이라고 하더라도, 기술관료제를 만드는 것은 아니다. 이 장에서는 실제의 경제적 계산을 다룬다. 그것의 사회적 및 행정적 역할은 공유된 수학 문화에, 또한 관료 조직에 의존했다. 이것은 단순히 추상적인 경제 지식의 문제가 아니라, 언제나 수량적 방법과 행정적 관례 사이의 상호작용의 문제였다.

경제적 수량화의 관료적 사용은 필연적으로 회계와 밀접하게 결합되어 있었다. 경제학 자체도 대부분 그러한데, 그중에서도 경영, 기획 및 규제를 지원하기 위해 만들거나 동원한 분야에서 특히 그러하다. 회계란 무엇보다도, 생산이나 판매에 기여하지만 그 자체로는 시장에서 쉽게 교환할 수 없는 재화들과 서비스에 화폐적 가치를 부여하는 것을 의미한다. 19세기 프랑스 공학자들은 한 단계 더 나아가, 공공재의 (흔히 가격을 매길 수 없는) 편익을 그것의 화폐적 비용과 비교하기 위해 분석하고자 시도했다. 이러한 맥락에서 그들은 가치를, 그것들에 대한 적절한 시장이 없거나 가격으로 그것들이 사용자들에게 갖는 가치를 적절히 측정할 수 없는 객체들, 서비스들 그리고 관계들에 적용해야 했다. 그 시대에는 없던 용어를 사용하면, 이런 "비용-편익 분석cost-benefit analysis"은 여전히 정교한 회계 형식으로 남아 있다. 이들 공학자들은 판매를 위한 재화들의 제조와 유통에 기여하는 것이 없는 곳에 그리고 결국에는 프랑스의 총생산에 기여하는 것이 없는 곳에 가치를 할당하기 위해 시장에서 멀리 떠나기를 거절했다.

숫자에 기초한 결정의 추구는, 기술적 지식과 정치적 권력의 결합의 결과로 자연스럽게 생겨나는 것을 수행하는 공학자들의 업무일 뿐이라고 종종 제시된다. 나는 이미 미국의 회계사들과 영국의 보험계리사들을 사례로 그런 것이 아니라고 제시했다. 물론 숫자는 두 사례 모두에서 중요했지만, 각각의 사례에서 전문직은 전문가 판단의 정당하고 필수적인 역할을 강조했다. 전문가 판단을 계산의 규칙으로 환원함으로써 규제를 단순화하고자 추구한 것은 전문가들 자신이 아니라 권력을 가진 외부자들이었다. 교량기술단도 또한 그러한 압력을 받았다. 운하, 교량 및 철도의 위치와 비용에 관한 결정은 불가피하게 격렬한 지역정치적 논쟁의 수렁에 빠지게 되었고, 때로는 국가적 무대에서 강렬하게 토론되었다. 프랑스 정부기관으로서 교량기술단이 공공적 책임을 가지고 있으며 고위 당국의 결정에 따라야 한다는 것에는 논쟁의 여지가 없었다. 20세기 미국에서는 그러한 압력이 비용-편익 분석을 확고한 규칙으로 환원하려는 거대한 시도를 자극할 것이었다. 이것은 다음 장에서 논의할 것이다. 이와 대조적으로 교량기술단에서는 이런 일은 결코 실제로 일어나지 않았다.

나는 이것을 기술단의 약점이 아니라 강점의 측면에서 설명한다. 기술단은 이례적으로 확고하고 명망이 있었다. 그것은 상당히 비밀리에 결정을 내릴 수 있었다. 또한 그것은 응집적이고 중앙집중적인 기관으로 그 구성원들의 공공적 활동은 물론 사적 생활을 규제할 수 있는 권력을 가졌다. 19세기의 프랑스 공학자들은 경제적 계산의 관례를 실행했다. 더 근래의 미국에서와 마찬가지로, 이러한 방법은 공공적 책임에 대한 증거였다. 그 방법은 아주 특수한 맥락에서 발전했으며, 그 맥락에 대해 상당히 자세하게 반응했다. 그러나 교량기술단 공학자들은 결코, 계산은 단순히 명확한 규칙을 따르는 일이라고 내세울 필요가 없었다. 그 기술단의 제도적 자율성과 엘리트적 위상을 고려할 때 이들 공학자들에게서 재량권을 행사할 능력을 박탈한다는 것은 상상할 수 없었다. 공공적 활동에서 숫자의 권위는 과학과 공학의 성장에 의존했지만 단순히 그것의 부산물만은 아니다. 수량화의 공공적 역할은 과학적 및 기술적 발전으로 환원할 수 없는 사회적 및 정치적 발전을 반영한다.

경제적 수량화의 맥락

에트너가 보여주듯이 프랑스에서 경제적 계산은 오랫동안 교량과 도로 기술단을 중심으로 이루어졌다. 에트너는 경제학자이므로, 회계역사학자들은 그가 공학자들에게 수량화를 추구하도록 압박한 관료제적이고 정치적인 압력들에 그다지 주목하지 않았을 것으로 예상할 수도 있다. 사실상 그는 그 압력들을 예리하게 의식하고 있다. 그는 경제적 수량화를 "자의성과의 싸움la lutte contre l'arbitraire"의 장치로 해석한다. 기술단 공학자들은 "성문화된 공공적이고 비차별적인 규칙에 따라, 일반 이익이라는 이름으로, 대안적인 기획들 사이에서 자금을 분배하고 감독하고 선택해야 했다".[1] 에트너는 여기서 하나의 이상, 즉 그의 저서의 기초가 된 공개된 많은 경제적 문헌들의 대부분에 자리 잡고 있는 이상을 서술한다. 관료제적 행동의 무대에 더 가까이 접근한 문서들은 수량적 합리성의 한계를 보여준다. 거기에는 항상 솔직한 정치적 협상이 있었다. 기획들의 가치에 대한 다양한 수량적 지표들은 널리 수용되었지만, 단일의 표준 또는 표준들의 위계를 일반적으로 승인하는 일은 기술단 안에서조차 없었다. 기술단의 최고위 의사결정 기구인 총무위원회Conseil general는 종종 경쟁하는 프로그램들 사이에서 결정을 해야 했는데, 그것들은 각각 지역의 이익집단들뿐만 아니라 책임 있는 공학자들의 지지를 받는 것들이었다. 총무위원회는 비공개 회의에서 그 결정에 도달했다. 정부의 고위 수준에서는 기술단이 건의한 것의 대부분을 거의 자동으로 승인했다.

그러한 사례들에서의 전문가의 판단과 행정적 권위에 대한 명백한 의존을 감안할 때 우리는 의례적인 수량화 실행의 중요성을 의심할 수도 있다. 그러한 합리성의 행렬은 이제는 일반적으로, 잘 연결된 이익집단들이 얻을 수 있는 것을 얻기 위해 투쟁하는 것을 감추는 위장막이라고 기각된다. 물론, 순진한 사람들은 이러한 정치적 투쟁을 무시할 것이다. 그러나 공식적인 결정 과정을 단순한 환상이라고 기각하는 것도 조금은 순진하다고 할 것이다. 공공적 업무에 관한 결정에서 이해관심들이 항상 강력하게 작용하지만, 종종 그것들은 거의 균형을 이루며, 그러므로 어떤 결정이거나 정치적 비용이 있을 것이다. 1830년대 후반과 1840년대 초반에 국가 공학자들이 프랑스 철도체계의 간선들을 계획하고 있을 때, 그들은 여러 개의 가능한 노선들 – 그것들 각각에 대해 영향받는 도시들과 데파르트망들이 강력하게 지원하는 – 사이에서 결정해야 했다. 1870년대와 1880년대에 수많은 지역 노선들의 제안에 관해서도 비슷한 선택이 필요했다. 공학자들이 프랑스의 운하와 철도 체계가 나라의 번영에 기여할 것인가 여부에 대해서는 고려하지 않았다고, 아마도 믿을 수 없게, 가정하더라도, 적어도 그들은 잘 정리된 계획을 세우겠다는 이해관심은 있었다. 그렇지 않다면, 그들의 기술단은, 그리고 참으로 국가 자체도, 사적 이익들이 벌이는 싸움의 전리품으로 추락할 것이었다. 그 자체의 전문 영역을 통제하는 것 이상의 다른 목표는 알지 못하는 관료제는 바로 그 이유 때문에 일련의 엄격한 규칙을 발전시키고 준수할 것이다. 수량적 결정 기준은 종종 정치의 지배를 받을 수도 있지만, 때로는 정치적으로 불가결한 것이 될 수도 있다.

교량과 도로 기술단은 엄격한 규칙에 따라 수량화하지 않았다. 기술단의 결정은 통상적으로 매우 복잡해서 그런 규칙은 결코 일반적인 동의를 얻을 수 없었다. 더욱이 공학자들은 엘리트의 특권 – 공공적으로 중요한 쟁점들에 관해서조차 판단력을 행사할 수 있는 – 을 누리고 있었다. 그들의 기술단은 프랑스 행정부 내에서 특별한 기관이었으며, 그들은 국가와의 연관에 의해 강력한 위세를 가지고 있었다. 그것은 "민간civil" 공학자들은 갖지 못한 위세였다. 그들은 자신들을 단순히 계산하는 사람으로 생각하지 않았다.

또한 그들은 대부분 수학 콩쿠르concours(선발 시험)의 성적 – 그들을 폴리테크니크에 입학하고 폴리테크니크 학생들로서 성공할 수 있게 한 – 에 의해 증명받은 능력주의적 엘리트였다. 수학을 능숙하게 구사하는 능력은 그들의 전문적 정체성의 중요한 구성요소였다. 이것이 의미하는 것을 성취하기 위해 1795년부터 고도로 수학적인 폴리테크니크의 졸업생들을 배타적으로 기술단의 공학자로 충원하기 시작해서 반세기 이상 지속했다. 길리스피는 폴리테크니크에서는 추상적 분석을, 공학보다는 과학 및 수학과 더 많이 관련된 이유 때문에, 강조하며 가르쳤다고 주장한다. 그런 양식의 수학은 도로와 운하의 건설에는 거의 쓸모가 없다고 그는 제시한다. 에다 크라나키스Eda Kranakis 는 그 수학이 쓸모없는 것보다도 더 나빴다고, 즉 그것이 숙련과 물질성 – 건축의 기술 – 에 대한 경멸의 풍조에 형태를 제공했다고 주장한다.[2] 크라나키스의 범례적 사례인 저명한 공학자이자 물리학자인 클로드 루이 나비에 는 추상적 분석을 특히 교량 설계를 위한 작업에 적용했다. 그는 1820년대에 에콜 데 폰트 에 쇼세에는 공학자들을 가장 정교한 형태의 분석, 즉 수리물리학의 도구를 사용할 수 있도록 준비시켜야 한다고 강력하게 주장했다.

그가 기술단의 감독관이었기 때문에 그의 견해는 중요했다. 그러나 그의 견해에 반론이 없었던 것은 아니었다. 에콜 데 폰트의 감독관이던 바르나베 브리쏭Barnabé Brisson(1777~1828) 등과 같은 경쟁자들은 서술적 기하학과 정치경제학을 훨씬 더 강조해 주장했다. 이런 입장은 몽주의 전통에 속했는데, 몽주는 모든 사회 계층의 재능 있는 사람들이 입학할 수 있는 실용적인 에콜 폴리테크니크의 혁명적 옹호자였다.[3] 추상적 분석이 승리를 거두도록 정해져 있었다고 생각하는 것은 솔깃하지만 오류다. 어느 양식의 수학도 에콜 데 폰트에서 독점적인 지배력을 획득하지 못했다. 폴리테크니크조차도 1850년대 무렵에는 더 실용적인 수학 교육으로 나아가기 시작했다.[4] 아마도 더 중요한 것으로, 피콩이 지적하듯, 에콜 데 폰트의 학생들은 대부분의 시간을 일종의 수습생으로 보냈으며, 수업은 단지 11월에서 3월까지만 받았다. 그들은 그들의 경력에서 수업이 가장 중요한 것은 아니라고, 정확하게, 추론했다.[5] 나비에와 브리쏭 사이에서 문제가 된 쟁점들은 실질적이었지만, 그들의 입장이 서로 용납할 수 없게 반대인 것은 아니었다. 교사들과 학생 공학자들은 똑같이 그들이 실제로 사용할 수 있는 형태의 수량화를 환영했다. 경제적 측정도 여기에 포함되었는데, 기술단 안에서는 노선 계획에서 경제적 측정의 적합성에 대해 근본적인 의문을 전혀 제기하지 않았다. 19세기 중반에 교량기술단 공학자들 사이에서 순수수학의 위세는 쇠퇴하고 있었다고 피콩은 제시한다. 그 사이에 건축 기술교육에서는 더 응용적인 형태의 수학이 더 중심적인 것이 되고 있었다.

수학은 교량기술단 공학자들의 정체성 형성에, 그것을 자신들을 활동가로 생각하는 그들 자신의 감각과 일치하게 만들어야 했지만, 도움이 되었다. 수학은 전문성과 아울러 사심 없음의 증거를 제공했다. "과학에 기반한 산업의 개념을 … 공격적인 무지와 개인적인 이기심의 협소한 조합으로 대체"하는 잘못된 체계의 옹호자들이 기술단에 반대를 제기했다고 한 공학자는 설명했다.[6] 수량화는 단순히 도구들의 집합이 결코 아니었다. 이들 공학자들은 정치적 필요를 존중해 숫자를 구성하는 것을 받아들일 수 없었다. 그것은 사심 없는 엘리트로서 그들 자신의 지위를 훼손하고 그들이 진지하게 다루는 수학적 성실성의 표준을 위반하는 것이었다. 그렇지만 상호수용 가능한 숫자들에 대한 협상은 또 다른 문제였다.

작동하는 수량화 정신

교량과 도로 기술단의 총무위원회는[7] 수행해야 할 기획들, 이어질 노선들, 계약들, 보조금 그리고 요금 등을 비공개 회의에서 결정했다. 기술단 사업의 대부분은, 필연적으로, 관례적인 것이었다. 그러나 서면 기록이 불분명하거나 모순적인 때에는 이 기구를 구성한 최고위 임원들은 누구를 믿어야 하는지 그리고 어떻게 행동해야 하는지를 결정할 권한이 있었다. 그들이 거의 절대적인 권력을 행사하는 겉모습은 약간의 진실성을 갖지만 이중으로 오해를 낳는 것이다. 위원회는 기술단을 대표할 수 있었지만 기술단이 단독으로 할 수 있는 것은 거의 없었다. 기술단은 공공사업부 장관에게 추천할 수 있었을 뿐이고, 장관은 차례로 국가 입법부에 추천했다. 다른 한편, 법은 추천이 이루어지기 전에 자세한 조사 과정을 거치도록 지시했다.

먼저 기획의 개요 또는 사전 기획avant-projet이 준비되었다. 1834년의 법령은 기획의 영향을 받는 모든 데파르트망에서 청문회 또는 공공시설 심의회enquête d' utilité publique를 개최하도록 정했다. 이를 위해 9~13명의 주요 상인, 공장장, 토지, 산림 및 광산 소유주들로 구성된 심의회를 구성할 것이었다. 그들의 조사 결과의 형식은 라틴어 문구 'de commodo et incommodo'를 따르도록 규정되었다. 또는 프랑스어로 표현하면 그들은 'les avantages et les inconveniens', 즉 장점과 단점을 판단해야 했다. 이것을 위해 그들은 공학자들과 협의하고 이해관계자들의 증언을 들을 것이었다. 영향받는 도시들의 상공회의소들에도, 이들에게는 이점과 비용보다는 야심과 시기가 더 친숙한 표현이었겠지만, 의견 제시를 요청할 것이었다.[8] 그들의 절차 진행과 결론은 데파르트망의 지사에게 전달되고 그 다음 고위 행정부로 전달될 것이었다.[9] 교량기술단은 지사들 그리고 심지어 도시들과 협상해야 했다. 1807년의 법률은 "각각의 효용의 정도"에 비례해 비용을 할당하도록 요구했다. 실제로 국가는 영업권자에게 제공되는 보조금의 4분의 1, 3분의 1 또는 2분의 1을 부담할 것이고 지방 정부가 나머지를 부담하게 될 것이었다.[10] 비용 배분에 관해 합의하기 전까지는 기획에 착수할 수 없었다.

이러한 심의들의 결과는 예측 가능했다. 각 데파르트망은 자체의 주민들에게 가장 유리하게 제안된 노선을 선호했다. 심의회들과 지사들은 종종 그들의 관할 지역의 다른 중요한 도시들이나 경제 시설들에 편리를 제공하기 위해 노선 변경이나 지선을 요구했다. 공학자들은 통상적으로 그들이 속한 데파르트망에서 제안한 노선에 책임이 있었으며, 일반적으로 그것을 선호했다.

그러므로 공공사업은 정치적인 내용을 상당히 담고 있었다. 이것은 놀라운 일이 아닐 것이다. 그러나 그것의 의미가 항상 적절하게 인식된 것은 아니다. 정치적 및 행정적 영역에서의 경쟁은 경제적 합리성의 공식화를 추구하는 주요 유인을 제공했다. 편익과 비용의 측정을 둘러싸고 선호되는 수사학은 그 측정을 합리적인 경제 행위자들이 자연발생적으로 사용하는 분석 형태라고 자연화한다. 에콜 폴리테크니크의 평의회조차도, 사회적 산술 교과과정을 설치하면서 그것의 필요성을 민간기업의 성장에 입각해 설명했다 (제3장 참조). 그것들이 완전히 잘못된 것은 아니었다. 공개 시장에서 철도 채권이나 운하 채권을 판매하고자 하는 민간 회사들은 안내서를 발행했을 것인데, 그것은 수익에 대한 추정도 포함했을 것이다. 적어도 영국에서는 이것이 표준적인 관행이었는데, 영국의 자본 시장은 프랑스의 그것보다 더 발전되어 있었다. 교량단의 공학자들은 영국 철도 건설의 기술적 측면과 아울러 재정적 측면에 대해서도 자세하게 주의를 기울였다.[11] 그렇지만 더 정교한 형태의 경제적 계산은 거의 언제나 공공 기획들, 그리고 그 기획들을 승인하고 규제하는 정치적 과정들과 결합되어 있었다. 그것들은 경제적 경영의 형태만큼이나 정치적 관리의 형태였다.

교량단 공학자들은 자신들의 정치적 노출을 최소화하기 위해 많은 노력을 기울였지만, 그 외에는 사신들의 숙련의 공공적 차원에 관해 갈등을 거의 느끼지 않았다. 그들의 정체성은 이익에 대한 욕구보다는 국가 서비스의 윤리와 결합되어 있었다. 그들의 경제적 수량화의 조건은 이것을 반영했다.

예산 책정을 위해 그들은 비용과 수익을 계산해야 했지만 그들은 공공적 유용성의 논리에 입각해 계획하는 것을 선호했다. 어떤 민간 회사도, 적대적인 정치 세력에 대항해 방어하기 위한 경우가 아니라면, 이런 방식으로 작업하지 않았다. 교량단 공학자들은 철도나 운하가 어떤 조건에서 국가에 비용을 부담시키는 것보다 공공에 더 큰 편익을 제공할 것인가를 질문했다. 그들은 사용자들에게 비용을 정당하게 할당하거나 또는 (대안적으로) 공공의 편익을 극대화할 비용 구조를 모색했다. 그들은 도로와 운하와 철도를 건설하는 것이, 기업가보다는 사용자들에게 더 이익이 되기 때문에 민간 투자자들이 그것들을 건설할 의사가 전혀 없는 경우에도, 국가가 정당하게 할 일이라는 것을 보여주고자 했다. 그런 건설들은 일반적으로 독점을 포함하고 고정비용보다 운영비용이 훨씬 낮기 때문에 국가는 또한 사용에 대한 비용을 어떻게 부과할 것인가를 결정하기 위한 근거를 필요로 했다.

공공 건설에 관한 이러한 관점이 공학자들에게만 독특한 것은 결코 아니었다. 공공시설은 정치적 담론의 그리고 심지어 법률의 표준 요건이었다. 우리가 본 것처럼 데파르트망들은 **공공시설 심의회**라고 부르는 청문회를 통해 계획들을 평가했다. 황제나 의회가 철도 노선의 건설과 운영에 대한 권리를 민간 업자에게 부여했을 때에는 계획에 대한 최종적인 승인은, **공공시설공고**declaration d'utilité publique의 형식을 취했다. 그것들에 대한 협상은 노선 조사, 연결망 계획, 계약 체결 등과 똑같이 국가 공학자들의 업무에서 중심적이었다.[12] 다음에서 자세히 설명하겠지만, 그 거대한 문구에서 "공공시설"은 특별한 의미가 없었으며 종종 완전히 비수량적인 것으로 해석되었다. 여전히 그것은 공공기관에 편리한 문구였다. 기술단에 특수하게 요구되는 유일한 경제적 계산의 형식은 예산 책정이었다. 1821~1851년의 프랑스의 운하 호황에서 국가는 자본의 안전과 적당한 수익을 보장함으로써 돈을 모으는 선례를 만들었다. 이것을 위한 예산 책정은 비용과 수입에 대한 기술단의 추정에 좌우되었다. 그 추정치는 재앙적으로 낙관적인 것으로 판명되었다.[13] 샤를 조셉 미나르Charles Joseph Minard(1781~1870)가 준비한 표에 따르면 영국의 민간 회사들의 추정치들도 마찬가지로 나빴다.[14] 그러나 공공시설이라는 단어는 거의 언제나 기술단에게 회계사의 최종 결론이 해석할 수 있는 것보다 훨씬 유리하게 해석될 수 있었다. 공공시설이라는 척도는, 수익 추정으로 할 수 있는 것과 같은 방식으로 간단히 잘못되었다고 증명할 수 없는 명백한 이점을 가지고 있었다. 더 중요한 것으로, '공공시설'이라는 법적이고 도덕적인 용어를 수량적인 용어로 바꿈으로써 기술단은 일상 정치의 흔들기를 막을 수 있는 보호막을 만들 수 있었다.

왜냐하면, 공공시설은, 특히 그것의 수량적 의미에서는, 보편화하는 개념이었다. 20세기 초에 공공사업에 관해 저술한 앙리 샤르동Henri Chardon (1861~1939)은 공공시설이 "나라 전체를 위한 시설"을 의미한다고 언급했다. 많은 교량기술단 공학자들과 마찬가지로, 그는 이런 이상이, 전문가가 아니라 정치인들이 그러한 결정을 담당했기 때문에 종종 배반되었다고 생각했다.[15] 앙드레 몬도 드 라고르스André Mondot de Lagorce(1791~1870)는 1840년에 관련된 모든 고려 사항을 숫자로 환원할 수는 없다고 인정했다. "그렇다면 우리는 경제 계산을 포기해야 하는가?"라고 그는 질문했다. "아니다. 왜냐하면 이것은 입법권을 '부당한 요구inopportune solicitations'에 양도할 것이기 때문이다. 그것이 수학적으로 완벽하지는 않더라도, 적어도 예산 지출에 어느 정도의 일관성이 있을 수 있도록, 종합적인 공식을 채택하는 것이 훨씬 더 낫다."[16]

부패에 대한 이런 상당히 노골적인 암시는 계산에 대한 호소의 핵심을 포착한다. 숫자는 일관성과 일반성, 즉 지역주의parochialism와 지역적 이익의 힘에 대항하는 방어를 의미했다. 이런 맥락에서, 그것이 도로 유지, 운하 건설 또는 철도 부설의 어느 것이거나, 기술단이 변함없이 유지한 한 가지 중심적 임무를 상기하는 것은 도움이 된다. 기술단은 프랑스의 영토를 통일하고 관리하며 심지어 프랑스 농민을 문명화하는 것을 목표로 했다.[17] 1830년대 후반과 1840년대 초반에 이루어진 프랑스 철도체계의 기본 설계는 상징적이다. 기술단은 수도에서 프랑스의 육각형 영토의 모든 가장자리로 뻗어나가는 5개 또는 6개의 기간 노선을 구상했다. 슬프게도 마을들과 강들의 무질서한 존재는 매우 합리적인 이 계획을 위협했다. 인구와 산업은 그 둘을 중심으로 하고 있었다. 기술단은 노선을 기술단의 많은 관리자들이 선호한 기하학적 유형에서 변경하라는 무한한 요구에 직면했다. "지역에 대한 열정이 오로지 일반적인 이익만을 추구해야 하는 토론을 망가뜨리는 것을 보는 것은 우리에게 고통이다."[18]

그렇지만 더 극단적인 합리주의적 야망들 중 일부는, 1833년에 적절하게 임명된 공학자 샤를마뉴 쿠르투아Charlemagne Courtois(1790~1863)가 완전히 임기응변적이고 결코 이해되지 않은 형태의 수량화를 사용하면서 표현했다. 노선 문제가 "엄격한 해결책을 허용"하는 때 노선을 "다소간 자의적으로" 선택할 이유는 없다. 비결은 "효과"나 "이점"을 극대화하는 것인데, 그것은 운송량을 비용으로 나누는 것, 즉 n/D와 같다. 수학적이기보다는 언어적인 약간의 조작은 이것을 단위 비용당 이점으로, 즉 비용의 제곱을 사용해 감소시킨 수량으로 변환했다. 이 놀라운 결과는 쿠르투아에게 아주 적합했는데, 중소 도시들을 통과하도록 노선을 연장하는 것은 이제 두 배 이상의 효과를 낳으며 "이점"을 감소시킬 것이기 때문이었다.[19] 1843년 무렵, 분모에서 비용 요인은, 훨씬 더 받아들이기 어렵게, 세제곱 항으로 증가했다. 특정 도시를 통과하기 위해 노선이 10% 연장되면, 그에 따라 킬로미터당 연간 평균 지출은 1.33배 증가한다. 322km의 노선을 355km로 연장하는 것의 차액은 350만 3360프랑에 달할 것이며, 이 차액은 노선의 변경으로 혜택을 받는 도시와 데파르트망에 부과해야 한다. 그러나 그 도시와 데파르트망은 그렇게 큰 금액을 지불하는 데 결코 동의하지 않을 것이다. 수치를 말하는 것은 불합리함을 폭로하는 것이다. "우리가 방금 결정한 이 규칙을 엄격하게 적용한다면, 자기 지역의 이익을 옹호하는 많은 사람들이 끝없는 탄원으로 행정을 피로하게 하는 것을 중지할 것이다. 일반적인 이익은 사용 가능한 수단으로 가능한 최대의 효과를" 성취하는 것이다. "공공 경제의 최고의 목표는 이런 최대치를" 결정하는 것이다.[20] 단지 "재정적 성공"을 위해 그것을 양보해서는 안 된다.

쿠르투아의 일반 공식은 특별한 목적을 가졌다. 1843년까지 그는 파리에서 스트라스부르까지 그리고 독일로 이어지는 철도 노선의 수석 공학자로 일했다. 이 노선의 원래 계획은 나비에가 1834년 죽기 직전에 초안을 만들었다. 나비에는 산을 우회하지만 마을과 강은 무시하는, 직선을 약간만 변경한 노선을 원했다. 1843년에도 여전히 운하가 철도보다 훨씬 우수하다고 생각하고 있던 쿠르투아는 파리에서 시작해 브리안느Brienne에서 갈라져서 스트라스부르와 리옹Lyon으로 향하는 직통 간선을 선호했다. 브리안느는 건설비용과 거리의 특정한 조합을 최소화하는 수학적 문제에 대한 해답이었다. 그는 자신의 특수한 공식을 사용해 직통 간선이 세느강을 따라 트루아Troyes로 구불구불 간다면 이것은 2700만 프랑에 "상당하는 손실"을 발생시킬 것으로 계산했다. 그러나 그가 제안한 브리안느로 가는 노선도 스트라스부르로 가는 나비에의 직선 노선과 마찬가지로 큰 강을 따라가지 않고 주요 도시들도 통과하지 않는 것이었다. 쿠르투아는 지선이 갈라진 거리의 적어도 여섯 배 이상을 필요로 하는 경우에만 마을을 통과하도록 가장 짧은 경로를 벗어나는 것이 유리하다고 계산했다.

루이-모리스 주피로이Louis-Maurice Jouffroy는 스트라스부르 노선 건설의 역사를 살펴보면서 쿠르투아의 추론은 경제적인 것이 아니라 기하학적인 것이었다고 언급한다.[21] 그러나 이것이 완전히 정확한 것은 아니다. 직선 간선은 국내 교역뿐 아니라 국제적인 장거리 교역을 위해 설계되었다. 특히 그것은 벨기에 평원에 놓인 어떤 노선보다도 영국과 독일을 잘 연결하는 것이었다. 쿠르투아는 또한 나비에와 함께 철도 노선이 번영을 가져다줄 것이며, 따라서 가난하거나 인구가 적은 지역을 통과하는 노선의 건설이 주요 마을들을 통과하는 노선보다 경제에 더 많이 기여할 것이라고 믿었다. 마지막으로 이미 강이나 운하를 통해 훨씬 저렴하게 운송을 이용하는 지역에 철도를 건설하는 것에 어떤 유익함이 있는가? 모든 공학자들이 이런 추론을 받아들인 것은 아니다. 미나르는 마른Marne강을 따라가는 노선 – 결국 교량과 도로 위원회는 이 노선을 선택했다 – 을 선호했는데, 대부분의 교통량은 지역적이며, 노선 전체를 여행하는 이용자는 거의 없음을 보여주는 그래프와 통계표를 발표했다. 따라서 실질적으로 유용한 노선은 가능한 한 인구 밀도가 높은 곳들을 통과해야 했다.[22] 성공적인 설계자인 마리네Marinet는 자신이 선택한 경로를 따라 당시의 도로 교통량에 대한 자세한 수치를 제공한 다음 철도 사용을 추정하기 위해 3을 곱했다. 첫 구간인 파리에서 비트리-르-프랑수아Vitry-le-Francois까지의 교통량에 대한 그의 계산 결과는 정확히 423만 501명의 여행자가 총 1억 1780만 9796km를 주행하며 킬로미터당 2cm를 절약했다. 이것은 235만 6075프랑92의 총 절감액, 그리고 자본당 연 4.46%의 수익률에 해당했다.

스트라스부르와 리옹으로 가는 이들 노선은 그것들의 중요성에 비례해 논란도 많았다. 일부 공학자들은 정치가 효과적인 정치적 목소리를 내는 모든 도시들을 통과해 정처 없이 방황하는 노선을 선호한다고 탄식했다. 계산은 정치를 무력화하는 하나의 틀이었다. 다른 하나는 공정한 위원회였다. 피에르 콩트 다루Pierre comte Daru(1767~1829)가 주도한 저명한 위원회는 교통정책에 대해 광범한 시각을 취했다. "가장 모순적인 주장들을 공개한다. 완전히 모순되는 수치들이 생산된다. 수치들보다 더 유연한 것은 없기 때문이다." 그러나 곤경을 벗어나기 위해 그것이 제안할 수 있는 가장 중요한 규칙은 각각의 기획 비용을 예상 가능한 수입과 비교하는 것이었다.[23] 결국 다루 위원회는 노선이 인구 밀집 지역들을 통과해야 한다는 미나르의 주장에 동의했다. 파리에서 디종Dijon으로, 그리고 거기서 리옹과 뮐루즈Mulhouse로 이어질 노선을 연구한 또 다른 위원회는 수입에 관해서는 적게 언급하고 항해가 가능한 수로에 근접함으로써 교통량이 증가할 것이라고 강조했다.[24]

수량적인 것에 대한 이러한 호소는 일정한 수사적 효과를 가져왔지만, 그것들이 일상적인 것들에 통합되지 않는 한 상대적으로 취약한 것으로 남아 있어야 했다. 누구나 정치의 부패에 반대한다고 공언했으며, 많은 사람들은 철도 경로의 선택을 일종의 극대화 문제로 취급하고자 했다. 그러나 1843년에는 무엇을 극대화해야 하는가에 관한 합의의 징후는 없었다. 예산 측면에서 총 수입금이 채권에 대한 이자를 지불하기에 충분하다면 좋을 것이었다. 그러나 교통량 또는 수익이 유용성의 적절한 대리물이었는가? 대부분의 공학자들과 그 밖의 논평자들은 그렇지 않다고 강조했다. 뒤에 공공사업부 장관이 된 폴리테크니크 출신의 에드몽 테이세렝Edmond Teisserenc(1850~1912)은 다루에 반대해 다음과 같이 주장했다.

소위원회가 말하듯 교통 노선의 설치에서 공동체의 이익을, 그 노선의 개발에서 예측할 수 있는 수익에 의해, 그 노선을 설치하기로 제안된 곳의 교통량에 의해 측정할 수 있다면 최상의 노선을 선택하는 것은 그 무엇보다도 쉬울 것이다.

그러나 다루의 수치는 철도로 운송되는 화물 한 단위가 동일한 가격에 강이나 운하로 동일하게 운송될 수 있는가 여부를 구분하지 못했다. 좋은 운송이 가능한 강이 동일한 경로를 따라 흐르는 경우, 철도 노선은 승객의 시간을 절약하는 것 외에는 실질적인 편익을 제공하지 않는다. 수상 운송이 불가능한 곳에서 열차는 승객들에 대해, 특히 화물에 대해 훨씬 저렴한 요금을 가져올 것이다. 테이세렌은 가상의 사례를 들어 이것을 설명했다. 일정량의 승객과 화물을 운송할 수 있는 수로에서 멀리 떨어진 철도 노선은 공공시설에 346만 3000프랑을 기여할 수 있는 반면, 동일한 무게의 짐을 동일한 수익을 얻으면서 운송에 적합한 강을 따라 동일한 거리를 운송하면 26만 3000프랑만을 기여할 것이다.[25]

공공시설의 평가

테이세렌의 사례는 특수 이익들의 정치를 제어하기 위해 공공시설에 대한 수량적 읽기를 어떻게 활용할 수 있었는가를 보여준다. 계획들은 공공시설공고를 받아야 한다는 요건은, 그 자체가 공공사업 입법에서 정치의 작용을 축소하기 위해 고안한 것인데, 수량적 읽기로 이어지는 것으로 보인다. 수량적 언어로의 전환이 수리적 사고에 강한 이들 공학자들에게 유리했을 것이라는 점을 고려하면, 공식 보고서나 권고 문서에서 유용성 측정을 통상적으로 활용하지 않은 것은 놀랍게 보일 수도 있다. 숫자들이 쓰임새가 있었지만, 측정의 시도 없이, 그리고 기대되는 편익과 비용의 비교 없이, 공공시설에 대한 평가를 실행하는 것도 가능했다.

부두나 교량이 폭풍우에 붕괴될 수 있다거나 운하가 때때로 말라버린다면, 이는 그것의 가치에 명백한 영향을 미칠 것이었으며, 그러므로 안전과 신뢰성의 문제는 공공시설 평가에서 논의하기에 적합한 문제였다. 군사적 유용성 그리고 공격해 오는 군대에 대한 취약성은 빈번하게 논의된 주제였으며, 때로는 논란의 여지가 없는 순전히 경제적인 이점을 압도했다. 경제적 영역 안에서조차, 공학자들과 그 밖의 조사자들은 일반적으로 모든 요소를 공통의 금융적 조건으로 환원하고자 시도하지 않았다. 런던과 리버풀의 부두를 본보기로 삼은 마르세유Marseille의 부두 건설 제안에 대해 1836년에 특별위원회는, 그것이 도시에 제공하는 편의성과 바다 접근에서의 든든함을 이유로 유익하다고 판단했다. 피니스테르Finistère 데파르트망의 수석 공학자는 1854년에 조사위원회가 브리타니Brittany 데파르트망의 중앙을 관통하는 간선을, 이 노선이 더 남쪽으로 치우친 노선보다 더 험한 지형을 통과하고 더 급한 경사를 필요로 하더라도, 찬성하는 결론을 내렸다고 보고했다. 그것의 주요한 이점은 경제였다. 그 노선은 지선들과 함께 브르타뉴반도 전체에 교통 서비스를 제공할 수 있었다. 이것은 북부와 남부로 가는 간선 노선들보다 저렴할 것이었으며, 둘 모두를 포함하는 사치스러운 제안은 결코 건설되지 않을 것이었다. 이 중앙 간선의 종점을 왕조의 이름을 따라 나폴레옹빌Napoléonville이라고 이름붙인 것도 아마도 나쁘지는 않았을 것이다.[26] 이 마지막 이점은, 확실히, 수량화하고 비용과 비교하기에 마땅하지 않을 것이다.

교량기술단 안에서의 계획 토론은 전형적으로 기술적·경제적, 그리고 광범하게 정치적인 고려를 자유롭게 유랑했다. 디종에서 뮐루즈까지 가는 최상의 경로에 관해 동료인 오귀스트-나폴레옹 파란디에르Auguste-Napoléon Parandier (1804~1901)와 의견이 달랐던 수석 공학자 장 라코르대르Jean Lacordaire는 교량기술단의 감독관에게 자신의 경쟁자를 조목조목 비판하는 통 이단짜리 원고를 보냈다. 문제는 공공시설의 상대적 정도였다. 두Doubs강을 따라가는 파란디에르의 경로는 가파름의 정도와 필요한 교차로의 숫자의 관점에서 손Saône강 상류를 따라가는 라코르대르 자신의 경로보다 결코 바람직하지 않다고 그는 썼다. 라코르대르 경로의 터널들은 일부 사람들이 공격하는 것처럼 난관이거나 비싸지 않았다. 그리고 라코르대르 경로의 토질 문제에 대한 파란디에르의 지적은 단지 그가 그것을 적절하게 연구하지 않았다는 것을 보여줄 뿐이었다. 자신의 원래 제안의 명백한 우월성을 이렇게 주장했지만 그럼에도 라코르대르는 2주가 지나기도 전에 "조정된" 혼합 노선에 관해 보고했다. 그것은 조금 더 길었고, 높은 지역으로 조금 더 올라가야 했지만, 두강의 구불구불한 계곡을 따르는 것보다 저렴할 것이었다. 특히 브장송Besançon시에서는 이미 강과 운하가 완벽하게 좋은 운송을 제공하고 있었기 때문에 그 도시가 이런 어렵고 비용이 들고 위험한 협곡의 노선을 원할 것이라는 점은 전혀 설명할 수 없다는 것을 알았다. 브장송이 그 자신의 이익을 이해한다면 타협적인 노선을 지지할 것이었다. 또 다른 이점은 이 노선이 교통량을 론Rhone강과 라인Rhine강 사이의 운하에서 빼내지 않을 것이라는 점이었다. 마지막으로, 두강 노선은 그레이Gray시를 파괴할 것인 반면 그 노선은 그레이시를 화물집산지로서 번성하게 할 것이었다.[27]

이것이 우리가 일반적으로 공공시설을 평가하는 방법이다. 그것은 비용 대비 편익의 수량적 잉여를 의미하지는 않았다. 나라 수준에서의 공공시설 공고는 지역적 이익에서 일반적 이익을 구별하는 데 사용되었으며, 그러므로 소규모 지선들에 대한 국가 지원을 배제하는 데 사용되었다. 군사적 필요가 종종 결정적이었고, 영토의 통합도 그러했다. 1878년에 샤를 드 프레이시네Charles de Freycinet(1828~1923)는 광범하게 확장된 지역 철도체계를 제안하면서 그 체계의 결정적 장점의 하나로 행정적 중앙집중화를 언급했다.[28] 공공시설은 실용성과 관련이 있었다. 슈발리에가 의장을 맡고 있던 협회가 1875년에 제안한 한 경로 터널에 대한 조사를 담당한 의회의 위원회는 그 터널이 명백히 유용하다고 생각했지만 그것의 실행 가능성이 의심되는 기획에 대한 공식 공고의 발표를 꺼렸다. 교량기술단의 위원회는 까다로운 지질학적 및 외교적 문제들이 더 세밀하게 해결될 때까지 그 기획에 대해 잠정적 승인concession eventuelle만을 부여할 것을 권고했다.[29]

무엇보다도 공공시설은 계획의 합리성과 관계가 있어야 했다. 즉, 불필요한 경쟁을 피해야 했다. 철도 건설의 초기 수십 년 동안, 이것은 종종 철도 노선이 새로운 경로를 따라가야 하고, 이미 운하가 제공하고 있던 운송과 중복되지 않아야 한다는 것을 의미했다. 통계는 철도가 운하보다 두 배 저렴하다는 것을 논란의 여지 없이 보여준다는 1904년 샤르동의 주장의 전투적인 말투에서 알 수 있듯, 20세기 초에도 운하 옹호자들은 여전히 활동적이었다. 그는 화성에 대한 당시의 천문학 논쟁을 언급하면서 만약 어떤 행성들이 거대한 운하 체계를 가지고 있다면 그 행성들은 지구라는 행성보다 훨씬 더 평평해야 한다고 덧붙였다.[30] 그렇지만 1850년대에 다른 철도 노선들이 이미 적절한 서비스를 제공하고 있는 것으로 간주될 때에는 철도 건설 제안이 공공시설에 대한 검토를 통과하지 못할 가능성이 높았다. 프랑스 정부는 정부가 채권을 보증한 선로들에 대한 경쟁을 보조하려 하지 않았다. 1852년 이후 정부는 6개의 대규모 지역 철도회사들에 특별한 지위를 부여하면서 점차적으로 그 회사들과 일종의 제휴 관계를 발전시켰다. 이것은 기업가들이 새로운 선로를 건설하거나 심지어 그것을 위해 공공 보조금을 받는 것을 배제하지는 않았지만, 공공시설을 평가하는 공식들을 사용해 기존 회사들에서 운송량을 빼앗아갈 노선들을 차단했다.[31]

어느 정도 복잡한 처리의 사례를 살펴보면 비용과 편익의 단순한 비교로는 해결할 수 없었던 쟁점들이 드러난다. 1869년 12월, 교량과 도로 기술단의 위원회는 알렝송Alençon에서 후이슨Huisne강을 따라 콩데Condé까지 가는 66km 길이의 프랑스 북부의 철도 지선 건설에 관한 공학자 콜Kolb의 보고서를 검토했다. 콜은 자본의 순이익이 6.8%로 매우 좋은 수치라고 예측했다. 하지만 불행하게도 오를레앙Orléans에서 리시유Lisieux를 연결하는 또 다른 노선이 검토되고 있었다. 노정 르 로트루Nogent le Rotrou 시의회는 이 새로운 제안이 오를레앙-리시유 노선의 건설 지연으로 이어질 것을 걱정했으며, 벨렘므Bellême 코뮌commune은 잠재적 경쟁에 대해 불평했다. 콜은 이에 동의하지 않고 두 노선이, 특히 후이슨 계곡을 포기하고 벨렘므를 통과하는 경로를 택하도록 영업권자를 설득할 수 있다면, 서로에게 이익이 될 수 있다고 주장했다.

안타깝게도 그는 그렇게 할 수 없었다. 그 사이에 오를레앙-리시유 노선의 계획에 분란이 있었다. 사실상 몇 가지 제안들이 진행 중이었으며, 노선은 리시유가 아니라 베르네Bernay나 래글르L'Aigle로 갈 수도 있었다. 개별 방향에 대한 연구를 배정받은 공학자들은 각각 자신이 연구한 노선에 유리한 결론을 제시했다. 여러 심의회들도 예상대로 혼란스러운 권고안들을 제출했다. 루아레Loiret에서는 오르므Ormes, 파테Patay, 샤토덩Chateaudun을 거쳐 리시유로 가는 노선을 공공시설공고로 선호했는데, 이것은 수석 공학자의 제안이기도 했다. 외르 에 루아르Eure et Loire에서는 브루Brou와 노정 르 로트루를 중간 도시들로 추가할 것을 요구했다. 오른Orne 데파르트망과 칼바도스Calvados 데파르트망은 이것에 만족했지만, 외르Eure에서는 비Vie가 아니라 샤렁톤느Charentonne와 칼론느Calonne의 계곡들을 따라 건설할 것을 제안했다. 수석 공학자는 이것이 비용을 절약할 것이라고, 그리고 샤렁톤느에는 많은 산업이 있지만 비도 또한 매우 부유하고, 어떻든 샤렁톤느를 따라가는 경로는 북부의 오를레앙에서 엘뵈프Elbeuf까지의 또 다른 노선에 너무 근접할 것이라고 인정했다. 그는 그가 제안한 노선에 의해 혜택을 받게 되어 있는 데파르트망들과 코뮌들이 부담하는 보조금을 협상할 수 있었고, 교량과 도로 기술단의 위원회는 그것을 승인했다.[32]

제3공화국 시기의 의회에 제출된 기획들의 보고서들도 공공시설에 대해 유사한 방식으로 해석했다. 종종 그 보고서들은 의회의 의원이기도 했던 교량과 도로 기술단의 공학자들의 이름으로 제출되었다. 공학자 어니스트 세잔Ernest Cézanne(1830~1876)은 칼레Calais에서 마르세유까지의 — 영국해협에서 지중해까지의 — 의 영예로운 생-시몽 노선을 검토하는 위원회에 제출한 보고서에서 이 노선이 필요한가를 질문했다. 그는 이 노선을 건설하기 위해서는 필연적으로 회사들이 협업하고 공모할 것이기 때문에 새 노선 건설의 이유에서 경쟁은 제외했다. 칼레에서 아미앵Amiens까지는 이미 킬로미터당 6만 2000프랑 및 4만 3000프랑의 수익을 내는 두 개의 노선이 있었다. 그러므로 분명히 또 다른 노선은 필요하지 않았다. 아미앵에서 크레이Creil까지에는 킬로미터당 12만 2000프랑의 수익을 내는 단 하나의 노선만 있었고, 그 때문에 또 다른 노선이 이미 승인되었다. 크레이에서 생드니St. Denis까지에는 이미 충분한 노선이 있었다. 파리 남쪽으로는, 님Nîmes에서 리옹까지는 가파르지 않은 경사와 곡선의 훌륭한 복선이 필요했다. 또는 파리에서 마르세유까지는 킬로미터당 100만 프랑이 소요되고 시간당 100km 이상의 속도를 허용하는 정말 뛰어난 노선이 필요했다. 제안된 노선은 이것을 충족하지 못했다. 그것은 공공시설에 기여하지 않을 것이었음에도, 6억 프랑 규모의 낭비적인 투자를 필요로 했다. 또한 그것은 기존 노선들에 연간 2000만 프랑의 추가 손실을 초래할 것이었다.[33]

교량 기술단의 위원회에서 내린 결정과 의회에 권고된 기획은 분명히 관련이 있지만 둘 사이에 어떤 관계가 있었는가는 알기 어렵다. 기술단이 통제한 정보는 많지 않았다. 입법 제안은 기획에 관련된 서류들, 심의회에서의 증언 기록들, 데파르트망들이 구성한 위원회의 의견들 그리고 지사들, 기술단, 그리고 국가위원회Conseil d'Etat(프랑스 최고 행정기구)의 보고서들 등을 기초로 삼을 수 있었다. 그것은 종종 특별위원회에 의존했다. 공공사업부, 그리고 영향을 받는 회사들이 적극적인 관심을 가질 것이라는 점도 확신할 수 있다.[34] 그렇지만 제안들은 대부분의 중요한 결정들이 잠정적으로 내려진 뒤에 그들에게 도착했다. 이것은 노선 계획, 보조금 협상, 허가에 관한 계약서 작성을 포함했다. 적어도 한 번은, 즉 기술단의 위원회가 이의를 제기한 계획에 심의회가 만장일치로 찬성하고 고위 행정기구가 위원회에 동의했을 때 추가 연구를 위해 그것을 반송했다. 그러나 그 사례에서 기술단이 자신이 보증할 수 있는 공공시설의 계획을 최종적으로 협상했을 때 국가위원회는 그 계획도 기각했다.[35]

프랑스 철도에 관한 알프레드 피카르Alfred Picard(1844~1913)의 상세한 연대기적 역사는 1840년대에 하원Chamber of Deputies에서 노선을 둘러싸고 길게 논쟁했던 몇 사례들을 인용한다. 이 토론에서, 입법부의 개입은 일반적으로 실패한 것으로 보인다. 때때로 정치적 압력은 공공사업부나 기술단에게 추가 연구에 동의할 것을 강요했다.[36] 그들은 이 문제들을 조용히 해결하는 것을 선호했고, 매우 효과적으로 그렇게 해결했다. 기술단의 승인을 얻지 못한 제안들은 보통은 철회되었다. 기업가들은 때때로 기술단의 전제적 권력에 대해 불평했다.[37] 물론 그 권력은 취약한 외부자들에 대해서만 전제적으로 행동할 수 있었다. 그럼에도 통상적인 계획 결정에 관한 그것의 권력은 매우 거대했다. 그리고 결정적으로, 그 권력은 공공 보고서보다 사적 협상이라는 통로를 통해 더 많이 행사되었다.

수익 예상과 편익 추정

한 기획에 대한 샤를 봉Charles Baum의 서술은 사업 계획에 나타난 경제적 수량화 형태들에 대한 유용한 안내를 제공한다. 1885년 봉은 브리타니 지방의 남부 해안에 위치한 모르비앙Morbihan 데파르트망의 수석 공학자였다. 기획 서술은 ≪교량과 도로 연보≫에 발표된 그 자신의 경제적 저술들의 여러 특징들을 통합했다. 기획 서술의 발표가 관행은 아니었는데, 우리는 봉이 그의 기획을 장르의 모델로 간주했다고 추론할 수 있을 것이다. 그는 특히 모르비앙에, 비용과 이자를 충당할 수 있는 수익이 부족함에도, 철도 노선의 건설을 옹호하는 주장과 함께 그것을 소개했다. 그는 모르비앙이 267km의 철도 노선을 보유하고 있으며, 이는 헥타르당 0.392m(프랑스 평균은 0.586m)와 주민 1000명당 511m(프랑스 평균은 815m)에 불과하다고 지적했다. 그는 다섯 가지 새로운 노선에 대한 검토를 제안했는데, 그는 이 노선들 모두가, 정도는 상이하지만, "잘 정의된 유용성"을 가지고 있다고 생각했다. 이 유용성은 킬로미터당 수익으로 측정할 수 있는 것이 아니라 오히려 모든 사용자에게 제공하는 편익의 합계였다. 도로와 철도 사이의 운송비용의 차이로 판단하면, 비용을 능가하는 편익은 실질적인 화물 요금과 비교해 톤=킬로미터당 약 24상팀centime(100분의 1 프랑)에 상당했고, 그러므로 수익은 12상팀이었다.

이것이 바로 봉이 공공시설의 언어로 주장한 유일한 요점이었다. 제안된 노선들에 대해 자세하게 연구해 상대적인 우선순위를 부여하면서, 대신 그는 엄격한 회계 용어를 사용해 비용과 수익에 관해서 썼다. 먼저 그는 역, 교량, 곡선, 경사 및 그 밖의 특수한 특징들을 표시하면서 경로를 킬로미터별로 서술했다. 그는 그 무렵 이런 문서들에서 점점 더 일반적으로 사용하던 반올림을 사용하지 않고 킬로미터당 건설비용을 5만 9845프랑44로 추정했다. 운영비용을 추정할 때 그는 스위스에서 차용한 "가상 길이virtual length"라는 특수한 수량적 개념을 사용했다. 이것은 평탄하고 직선인 경로의 길이를 뜻하는데, 열차가 그 위를 통과할 때 경사와 곡선을 포함하는 실제 노선의 그것과 동일한 양의 기계적 작업을 소비할 것으로 상정했다. 이 목적을 위해 그는 연장 계수coefficients d'allongement 또는 승수를 계산해 주어진 경사도와 곡률 반경을 가진 각 단위의 경로에 적용했다.[38] 반느Vannes와 라로슈-베르나르La Roche-Bernard 사이의 험준한 지형에 관한 평균 계수는 3.323이었고, 그러므로 그의 45km 경로를 환산한 가상 길이는 약 150km일

것이었다.

비용에 대한 논의를 마치고 그는 수익으로 이동했다. 이 노선은 상당히 비쌌기 때문에, 왕복 여행 승객에게는 대폭 할인을 제공한다는 조건에서, 지역에서 이익을 남기는 열차들의 평균보다 약간 높은 요금을 제안했다. 교통량 추정의 어려운 문제가 남아 있었다. "비교할 수 있는" 10개 노선의 킬로미터당 연간 수익recette kilometrique은 2500프랑에서 5700프랑까지 다양했다. 예상 수익(또는 recette probable)은 이 범위 안에 있어야 했다. 그러나 예비 계획 문서avant-projet는 서부철도회사Compagnie de l'Ouest의 기록을 사용해 프랑스 서부에서 주민 1인당 평균 철도 이용률에서 수익을 추정했다. 그것은 7088프랑77의 킬로미터당 수익을 제안했다. 이것은 지나치게 높아 보였다.

그렇다면 정확한 값은 무엇인가? 다행스럽게도 봉은 바로 이 문제에 관해 광범위하게 발표했는데, 그중에는 특별히 지역에서 이익을 남기는 기차들을 다룬 글도 있다.[39] 가장 좋은 비교는 지금 반느시에 서비스를 제공하는 두 노선과의 비교라고 그는 판단했다. 그 노선들은 킬로미터당 2321프랑과 5624프랑, 또는 평균 3962프랑(실제로는 3972프랑)의 수익을 보여주었다. 이것은 행복하게도 더 큰 집단의 비교 가능한 노선들에 의해 정의된 수익 범위의 중간 정도였다. 이것은 또한 노선을 따라 분포한 주민을 고려하고 그들이 주로 농민이기 때문에 1인당 평균 수치에서 적절히 감산한 다음 해상운송을 고려하고 약간을 추가해 얻은 이용자 수에 의해 산정한 4400프랑의 수치와 잘 일치했다.

이것 중 어느 것도 단순히 미봉적인 것은 없었다. 교량단 공학자들은 비교 가능한 노선들을 선택하는 문제, 영향받는 주민들을 산정하는 문제, 그리고 개인당 화물 및 승객 사용량을 추정하는 문제에 대해 상당히 자세히 밝혔다. 이것은 사람들의 행동이 균일할 것이라는 일정한 가정에 의존했지만, 공학자들은 대규모 공장들이나 광산들을 고려하는 것과 함께 농촌과 도시, 포도와 밀, 동북부와 서남부 등을 고려해 표준 수치들을 어떻게 조정할 것인가에 관해서도 고려했다. 루이-줄르 미셸Luis-Jules Michel이 1868년에 쓴 논문은, 공식과 근사값과 예외사례 식별을 위한 조언과 함께, 이 모든 것들을 정리했다.[40]

봉의 기획 서술은 마지막으로 비용과 수익의 중요한 비교를 다뤘다. 지선을 저렴하게 건설해야 한다는 것, 표준 궤간보다 협소 궤간의 노선을 권장한다는 점을 고려해 운영비용에 대한 공식은 D(비용dépenses)=1500+R/3이었고, 여기서 R은 수익recettes이었다. R이 4400프랑으로 추정되는 경우, 이것은 약 3000프랑의 비용을 의미하며, 그러므로 1400프랑의 순수익을 의미했다. 자본에 5%의 이자를 지불하려면 킬로미터당 3000프랑의 당 순수익이 필요할 것이며 그러므로 이 노선에는 연간 약 1600프랑의 보조금이 필요했다. 연간 2%의 "자연증가의 법칙loi de progression naturelle"에 따라 수익이 증가한다고 가정하면, 이 보조금은 줄어들게 되고 약 16년 후에 사라질 것이었다. 그것에 그만한 가치가 있었는가? 봉은 수익에 대비한 공공시설의 여유가 그러한 지출을 정당화한다는 것을 의심하지 않았지만, 국가는 한정된 자원만을 가지고 있었고, 따라서 그는 최소한의 재정적 희생을 요구하는 노선을 건설하는 것에서 시작할 것을 권고했다. 그는 동일한 방식으로 다른 네 개의 노선들에 대한 분석으로 나아갔다. 그리고 엄격한 회계적 근거에 기초해, 우선순위에서 이 노선이 로리앙Lorient에서 케르나스클레덴Kernascléden까지의 조금 더 유리한 노선에 이어서 두 번째에 해당할 만하다고 결론 내렸다.[41]

봉은 이 보고서에서 자신의 기술을 과시하고 있었지만, 본질에서 이것은 잘 확립된 장르였다. 수에즈Suez 운하를 건설한 페르디낭 드 레셉스Ferdinand de Lesseps(1805~1894)가 파나마Panama 운하 건설을 추진할 때 그것의 규모와 이익을, 수에즈와 비교하면서, 예측하는 데 유사한 기법들을 사용했다.[42] 그런 예측은 종종 완벽한 정확성을 갖추지 못한 것으로 알려졌지만, 명시적인 규칙까지는 아니더라도, 관례에 의해 요구되었다. 팔게이라 Falgueyrat에서 빌렌뇌브Villeneuve까지의 제안된 노선에 관한 공공사업부를 위해 준비한 보고서의 3페이지 분량의 요약 보고서는 설명 없이 중요한 수치를 제시했다. 그것들은 최대 경사도, 최소 곡률반경, 킬로미터당 건설비용, 킬로미터당 연간 수익produit kilométrique 등 표준화된 수량들이었다. 킬로미터당 연간 수익은 "어림셈으로en nombre rond" 1만 프랑에 달했다. 이것은 팔게이라에서 또 다른 목적지까지의 노선의 8000프랑과 비교되었고, 이것을 증거로 다른 노선은 열등한 것으로 제외되었다.[43] 같은 해에 제출된 사르트Sarthe에 두 개의 노선 건설을 제안하는 또 다른 보고서는 교량과 도로 기술단 위원회의 철도분과에서 1865년 7월 17일의 법이 요구하는 국가 보조금의 확정을 위해 필요한 정보가 부족하다는 이유로 반송되었다. 위원회는 "데파르트망이 얼마나 부담할 것인가에 대한 정확한 제시 그리고 기획된 두 노선 각각의 예상 교통량에 대한 추정치와 함께 지출액에 대한 추정"을 요구했다.[44]

철저하게 행정적인 형태의 이런 경제적 계산은 비용과 편익이 아니라 비용과 수익의 관점에서 실행되었다. 그럼에도 그 계산은 모두 유용성을 뒷받침했으며, 유용성은 지역의 손실이 사회의 이득이 되는 그런 정도로 수입액을 뛰어넘는다고 일반적으로 인정되었다. 그런 가정을 신뢰한다는 것은 운송에 관련한 국가 활동에 대해 대부분의 시간에 강력한 도전이 없었다는 것을 의미했다. 이것은 국가의 개입을 수량적 관점에서 옹호할 필요를 줄였지만, 그렇다고 그 필요를 폐기한 것은 아니었다. 유용성 측정에 대한 압박은 특히 새 내무장관인 샤를 드 프레이시네가 프랑스 전역에서 새로운 지역 노선 건설을 위한 대규모 국가보조 계획을 제안했던 1870년대 말에 심해졌다.

지역 노선 건설의 정치는 샌포드 엘윗이 그것을 공화국의 1877년 위기의 주요 원인으로 지목했을 정도로 논란거리였다. 수천 개의 소도시들과 촌락들에 철도 서비스를 제공한다는 것이 정치적으로 아무리 약삭빠른 것이더라도, 강력한 금융가들과 거대기업들은 루이 나폴레옹의 지배 아래에서 그러했던 것과 같이 자원들을 주로 간선들에 투자하는 것을 선호했다.[45]

불가피하게 프레이시네 계획은 소규모 노선들의 가치평가에 관한 수량적 토론을 자극했다. 예상 수익의 측면에서 (그것을 물질화했다고 하더라도), 그것들은 비참한 투자였다. 그렇다고 하더라도 지선들은 수익성이 훨씬 좋은 직통 간선의 운송량을 증대함으로써 비용을 지불하지 않았는가? 이런 식으로 그 노선들은 단순히 지역의 이익뿐 아니라 "일반 이익"에도 공헌할 수 있지 않았는가? 또는 적어도 그 노선들은 승객과 화물을 운송하는 데에서 개인적으로 발생하는 비용에 대해 납세자에게 보상하기에 충분하게 절약할 수 있지 않았을까? 운하 건설 대유행 이후 그 자체로 비용을 지불할 수 없는 계획들을 정당화하기 위해 개선된 운송의 근접성에 따른 자산 가치의 증가 등과 같은 간접적인 편익을 감정하기 위해 여러 전략들을 사용해왔다.[46]

하원 앞에서의 연설에서 유용성에 대한 산술적 계산을 실행한 내각 장관은 많지 않았다. 하지만 프레이시네에 따르면 그런 측정은 그의 계획에 대해 가장 강력한 정당화 또는 적어도 합리화를 제공했다. 철도의 "진정한 수익, 국가적 수익은 그것이 운송에 허용하는 경제[절약]"이다. 도로에서 1톤의 화물을 옮기는 데는 30상팀의 비용이 들지만, 철도는 단지 6상팀만을 청구한다. "따라서 공동체는 30상팀 가운데 24상팀의 편익을 얻는다. 다시 말해 공동체는 통행료의 4배, 총 수입의 4배에 해당하는 이익을 실현한다." 따라서 전형적인 경우 수익이 투자에 대한 이자는 만들어내지 못하고 단지 비용만을 충당한다고 하더라도, 가장 덜 낙관적으로 추정하더라도, 노선은 14%의 실질적인 이익을 산출할 것이다.[47]

이것은 고무적인 전망이었다. 그렇지만 그것은 사실이었는가? 두 공학자들, 즉 유진 배로아Eugène Varroy와 크란츠J. B. Krantz는 상원 앞에서 (그의 기획은 지지하면서도) 그의 계산을 비판했다. 철도를 이용하는 운송량의 대부분은 새로운 것일 터인데, 왜냐하면 그것은 도로를 이용하는 데 드는 높은 비용을 지불할 수 없었을 것이기 때문이다. 따라서 프레이시네가, 그리고 그에 앞서 나비에가 사용한 톤=킬로미터당 24상팀의 추정 편익은 유용성에 대한 타당한 측정이 아니었다. 크란츠는 노선이, 최소한으로 말하더라도, 운영비용을 충당해야 한다고 주장했다. 배로아는 뒤피와 일치하는 가장 쉬운 가정을 만들었다. 즉, 이용자들에 대한 유용성을 6상팀에서 30상팀까지 균등하게 배분하고, 공공적 유용성에 대한 모든 노선의 기여를 톤당 18상팀으로 계산하고 따라서 프레이시네의 5상팀보다 세 배의 총수익을 계산했다. 그는 이것이 "지역적 유용성"인지 "일반적 유용성"인지는 말하지 않았다. 그는 사용 수준을 추정하는 것조차도 명민함과 경험을 필요로 하는 매우 까다로운 작업이라고 덧붙였다. 한편 프레이시네의 여러 제안된 노선들에 관한 보고서에서, 적어도 한 명의 공학자는 재정 적자를 충당할 수 있는 시간과 비용 절감으로 대표되는 유용성의 추정을 요청했다.[48]

에트너는 바로 이 시기, 즉 1870년대 후반에 뒤피의 경제학이 교량단 공학자들에게 잘 알려지게 되었다고 지적한다. 공학자들과 아울러 내각의 장관들도 프레이시네에 반대해 한계효용의 감소라는 뒤피의 생각을 인용했다. 공공사업성 장관으로 프레이시네의 전임자인 알베르 크리스토플Abert Christophle은 1876년과 1877년의 그의 연설 묶음에 붙이는 신랄한 서문을 썼다. 프레이시네는 철도 경제학이 아니라 비겁한 정치에서 출발했다고 그는 설명했다. 지방 철도의 유용성에 대한 유일한 보증은 정부의 지방 단위들이 철도가 그 단위들의 편익에 그리고 부에 기여하는 것에 비례해 그것의 건설에 기여할 의지가 있다는 것이었다. 노선의 유용성이 그것의 수익을 네

배나 다섯 배 초과한다는 프레이시네의 생각은 뒤피에 의해 사전에 논박되었으며, 뒤피의 계산은 6800프랑의 수익이 3000 또는 4000프랑 이하의 간접적인 편익에 해당한다는 것을 '논박할 수 없게' 보여주었다. 그는 프레이시네도 또한 추후의 경험에서 알 수 있듯 비용과 수익을 심각하게 잘못 계산했다고 덧붙였다. 『두 세계 평론Revue des deux mondes』의 한 필자는 공공시설공고가 요구하는 합리적 계획이라는 이상이 모든 욕구를 만족시키고자 하는 무차별적인 추동력으로 대체된 것이 아닌가 의심했다.[49]

교량단 공학자들이 철도의 이점에 대한 가장 관대한 계산을 즐겁게 보증했을 것으로 예상하는 사람도 있을 것이다. 사실, 그들은 거의 그렇게 하지 않았으며, 대부분의 공학자들은 방대한 건설 계획을 전혀 지지하지 않았다. 1875년 펠릭스 드 라브리Félix de Labry의 주장은 가능한 복잡함에 대한 약간의 생각을 제공한다. 260억 프랑의 프랑스 국민 생산 가운데 적어도 50억 프랑이 철도에 대출될 수 있다는 그의 주장을 뒷받침하기 위해 그는 독자의 직관에 호소했으며 그 이상은 거의 하지 않았다. 그렇지만 그는 또한 국가는 철도에 대한 투자가 일반적 유용성이라는 현금으로 사회에 상환되는 것이 아니라 세금 수입으로 국가의 재무성에 상환되는 경우에만 그 투자를 해야 한다고 주장했다. 국가가 경제의 10%를 차지하기 때문에 철도에 투자되는 모든 공공 자금은 민간의 생산과 운송에 적어도 열 배 이상 경제를 창출해야 한다. 공공시설 증진에 국가가 참여하는 것에 대한 그의 반대 그리고 철도의 경제적 결과에 대한 그의 낭비적으로 관대한 추정의 결합 효과는 가능할 수 없었다. 분명히 그의 논문들은 프레이시네의 제안을 지지하는 선전은 아니었다. 그의 동료 공학자들은 국가의 이익은 사회의 그것과 동일하며 그러므로 공공시설은 매우 크게 국가의 업무라고 주장하면서 주로 원칙의 문제에 관해 그와 이견을 보였다. 그러나 이것이 공공시설을 증진할 모든 철도의 건설을 의미하는 것은 아니라고, 그것은 이용 가능한 자금을 공공시설에 가장 효과적으로 기여하는 그런 기획들에 지출하는 것을 의미한다고 앙투안 듀소Antoine Doussot는 주장했다.[50]

클레망-레옹 콜송Clément-Léon Colson(1853~1939)은 19세기 말 교량단의 가장 저명한 경제적 대변인으로, 저명한 경제적 자유주의자였다. 그는 프레이시네의 철도 제안 전체를 반대하지는 않았지만 그것이 과도하고 무질서하다고 생각했다. 콜송은 그의 전체 경력을 무질서함에 반대하고 개별 사실들에 대한 신중한 조사에 기초한 세밀한 판단에 찬성하는 싸움으로 채웠다. 적어도 이것이 철도를 운영하는 유일한 방법이라고 생각했다.

공공시설에 대한 철도의 기여에 관해, 콜송은 또 다른 공학자 아르망 콩시데르Armand Considère(1841~1914)에 반대해 자신한 입장을 정의했다. 콩시데르는 브리타니 서쪽 끝의 피니스테르의 수석 공학자였다. 그는 1892년과 1894년에 국가가 지원하는 지역 노선들의 막대한 편익을 증명하는 2개의 긴 논문을 발표했다. 그는 그 노선들을 개별적인 기업들로 간주하면 적절한 재정적 수입을 거의 창출하지 못한다는 것을 인정했다. 그러나 그것들은 몇 가지 중요한 직접 및 간접 편익을 산출하며 이 편익은 주의 깊게 살펴보면 대략적으로 수량화할 수 있는 것이다. 먼저, 그것들은 간선들의 운송량을 증대한다. 콩시데르는 오랜 시간에 걸친 교통량 도표로부터, 이들 지역 노선들이 운송하는 화물의 50%는 새로운 교통량이라고 추정했다. 평균적으로 그 화물은 그것이 출발한 지선에서 이동한 것의 네 배를 간선에서 이동할 것이다. 이 효과는 승객에 대해서는 덜 결정적이지만, 그렇더라도, 지역 노선에서 받는 1프랑은 간선에 대해 140상팀의 수익 증가를 의미한다. 다음으로 콩시데르는 이런 추가 수익을 증가된 유용성으로 전환했다. 그는 나비에와 프레이시네의 관대한 공식을 사용하지 않고 뒤피의 원칙을 통합해 수요(그러므로 또한 유용성)는 가격의 감소하는 선형함수라고 상정했다. 한 축에는 가격을 다른 축에는 수요를 표시하는 그래프에서 이 선은 (도로 위에서의)

현재 가격에서의 현재의 교통량에 의해 정해진 점과 철도 가격에서의 예상 되는 미래의 교통량에 의해 정해진 점의 두 점 사이에 그을 수 있다. 그런 다음 수익을 초과하는 유용성은 삼각형으로 표시할 수 있으며, 해당 영역을 쉽게 찾을 수 있다.

직접 편익은 너무 많다. 저렴한 운송은 또한 경제발전을 촉진한다. 철도 가 통과하기 전까지는 수출을 위해 채굴할 가치가 없었던 광산이 철도 노선 이 생기면 곧 인구와 산업의 중심지가 될 수 있다. 광범하게 분산된 철도역 들은 귀중한 광고 기능을 갖고 있어서 농민들과 장인들에게 더 큰 세상과의 교환 가능성을 깨우친다. 그것들은 지역의 타성을 극복하는 데 도움이 된 다. 물론 이러한 효과들은 쉽게 수량화할 수 없다. 콩시데르는 그것들의 직 접 효과에 대한 모델이 아니라 프랑스 전체 경제의 통계로부터 그것들의 편 익을 충분히 추정할 수 있다고 믿었다. 지난 30년 동안 생산량은 150억 프 랑 증가했다. 이 중 약 36억 프랑은 자본 수익, 다른 10억 프랑은 인구 증가 에서 기인했을 수 있으며, 100억 프랑 이상은 달리 설명되지 않는다. 그는 "보수적으로" 이것의 3분의 1 정도만을 철도에 의한 운송 개선의 간접적 효 과에서 기인한다고 할 수 있을 것이었다. 이것을 직접 편익에 더하면서, 그 는 지역 노선들이 가져오는 이점이 그것들의 수입의 적어도 여섯 배를 초과 한다는 것을 발견했다. 이것은, 예를 들어, 명목상 킬로미터당 250프랑의 손실을 낳는 노선이 실질적으로 유용성 전체에서는 자본에 20%의 수익을 의미했다. 물론 누군가가 우연히 제안하는 모든 노선이 아니라 최적의 노선 을 먼저 건설할 수 있지만, 콩시데르의 관점에서 프레이시네의 제안 전체는 매우 생산적인 것으로 보였다.[51] 콜송은 납득하지 못했다. 콩시데르의 공 식은 너무 많은 철도 건설로 이어질 것이었다. 간접 편익의 계산은 특히 비 판을 견디기 어려웠지만, 콜송은 직접 편익의 측정에 대해서도 의심했다. 그는 콩시데르가 대표성이 없는 사례들, 즉 전형적이지 않은 노선들을 일반화했다고 생각했다. 그렇다면 어떻게 그는 지선이 만들어내는 새로운 교통량이 평균적인 이동을 만든다고 상정할 수 있었을까? 장거리 교통량은 추가된 몇 킬로미터 도로에 의해 크게 방해받지 않았을 것이며, 따라서 지역 노선들에 의해 유도된 새로운 교통량은 아마도 비교적 짧은 거리를 여행했을 것이었다. 2년 후 콩시데르는 논란이 된 수량들을 새로운 방식으로 측정하고자 하는 시도와 상이한 여러 노선들에 대한 통계들에 훨씬 자세하게 주목하는 또 다른 긴 논문으로 답변했다. 콜송은 그러한 통계적 탐구들은 자신의 주요한 요점을 인정한 것이라고 대응했다. "통계적 연구의 경로에 의해서는 문제에 대한 일반적인 답을 얻을 수 없다." 그의 이야기는 콩시데르가 통계를 버려야 한다는 것이 아니라, 일반적 해결책에 대한 헛된 희망을 버려야 한다는 것이었다. 철도 계획 분야에서는 각각의 개별 사례에 대한 세부적 고려에 적용되는 판단을 대신할 대체물은 없었다.[52] 이론가는 어떤 수량들이 측정하거나 예측할 가치가 있는 것인가를 결정하는 데에는 도움을 줄 수 있지만, 엄격한 수학 공식은 있을 수 없고 단지 일반적인 지침만 있을 수 있다. 콜송은 오랜 경험에서 생기는 요령의 감각을 강조했다.[53]

이것은 가격이라는 골치 아픈 쟁점에 관한 콜송의 관점이기도 했다. 프랑스 국가는, 다른 모든 국가와 마찬가지로, 이 문제에 상당한 관심을 가졌다. 국가가 투자에 대한 고정된 수익을 보증하는 것은 제2제국에서 체계화되었으며, 그에 따라 가격에 대한 국가의 영향은 강력했다.[54] 1883년에 철도회사들은 통합되었고 경쟁은 국가 규제로 대체되었다. 이것이 경쟁은 중요하지 않게 되었다는 이야기는 전혀 아니었다. 회사들은 선박들을 이용한 지점들을 연결하는 요금을 낮출 권리가 자신들에게 필요하다고 반복해서 설명했다.[55] 다른 지역에서와 마찬가지로 프랑스에서도 상이한 지점들 사이의 선적에 부과된 높은 요금에 대한 비난이 많았으며, 수출품이나 수입품을 운송하는 노선의 종점에 있는 항구도시가 그 노선의 중간 목적지들이 받는 것

보다 더 많은 요금을 받는 경우에는 특히 그러했다.[56]

뒤피는 유용성과 수요에 입각해 운임 문제를 해결하고자 했다. 그는 수수료frais와 통행료Péages 또는 가변비용과 통행료를 구분했다. 사람들과 재화들의 운송과 직접 관련된 비용은 크기에 따라 상승하는 것으로, 사용자에게 부과해야 한다. 반면 통행료의 목적은 자본 투자를 보상하고 이윤을 창출하는 것이다. 그것은 비용과는 별개로 취급해야 하며, 가능한 한 사용자가 얻은 효용에 비례해 정해야 한다.[57] 1880년대에 교량단의 모든 공학자들은 그의 논리가 완벽하다는 데 동의했다. "그러나" 1918년에 피카르는 콜송과 콩시데르의 의견을 따라 "그것은 또한 적용이 불가능한 이론적 추론을 포함하고 있다"라고 경고했다.[58]

사실, 요금에 대한 합리적인 근거를 정식화하려는 대부분의 시도는 뒤피보다는 제3장에서 논의한 줄리앙과 벨패르의 연구에 더 빚졌다. 또는 오히려, 각각의 승객과 화물 단위에 그것에 귀속할 수 있는 비용을 부과한다는 생각은 매우 타당해 보였고, 공학자들보다 일반 공중이 훨씬 더, 일반적으로 당연하게 받아들이는 참으로 도덕적인 것으로 보였다. 사회철학자인 프루동Proudhon은 사회 정의는 운송 요금과 회사에 대한 비용 사이에 엄격한 비례를 요구한다고 격렬하게 주장했다.[59] 봉도 역시 그렇게 생각했다. 그는 승객 1인 또는 상품 1톤의 킬로미터당 운송의 비용을 원가prix de revient라고 불렀다. 이것은 철도가 그것의 비용을 충당하기 위해 부과해야 하는 최소 금액이다. 그보다 낮은 요금은 어느 것이든 사회에 손실을 가져오기 때문에 회사들은 가장 치열한 경쟁에 대응하는 때조차도 그것을 피해야 한다. 물론 이 가격은 지역마다 상황에 따라 다를 것이었다. 그러나 그것은 철도 통계를 사용해 계산할 수 있었다. 봉은 계산 방법을 보여주기 위해 일련의 논문을 발표했다.[60]

벨패르와 마찬가지로 그의 해결책도 기본적으로 모든 사용자에게 비용을 공정하게 할당하는 것이었다. 그것은 그 유형의 해결책이 가진 모든 결함을 가지고 있었다. 다른 공학자들은 놓치지 않고 이것을 지적했다. 가장 날카로운 비판자인 르네 타베르니어René Tavernier는 미국에서 전문가들로 구성된 위원회가 이런 식으로 보스턴, 뉴욕, 필라델피아, 볼티모어 사이의 요금 분쟁을 해결하고자 했으나, 원가는 결정할 수 없다고 결론 내렸다고 지적했다. 원가는 일정하지 않고, 노선에 따라, 계절에 따라 그리고 운송 수준에 따라 다양하다. 모든 특정 적하와 관련된 가변비용은 원가보다 훨씬 낮기 때문에 철도 노선은 적어도 선택된 상품에 대해서는 이 가치보다 낮게 부과하는 것이 대체로 유리할 것이다. 가장 좋은 해결책은 유연 가격 책정을 사용하는 것인데, 거대 노선들은 너무 관료적이어서 이것을 효과적으로 사용할 수 없다. 따라서 그 노선들을 소규모 기업으로 분할하는 것이 개선일 것이었다.[61] 봉은, 타베르니어가 평균값에 대한 이해의 부족을 드러냈다고, 즉 가변성은 평균수명의 계산이 그러하듯 원가의 계산을 손상하지 않는다고 나약하게 답변했다. 타베르니어는 봉의 쓸모없는 수량의 광범한 영향력이 관료주의적 단순화 정신의 유해한 영향을 보여주는 증거라고 대응했다.[62]

최종적인 것은 아니더라도 분명히 상당히 영향력 있는 견해는 콜송이 제시했다. 교량단의 공학자였던 그는 1892~1926년까지 에콜 데 폰트에서 그리고 1914~1929년까지 폴리테크니크에서 정치경제를 가르쳤다. 그의 강의 중 하나를 모두 2000페이지가 넘는 6권의 책으로 출판했으므로, 그의 교육의 내용에 관해서는 비밀스러운 것이 없다. 교량단 공학자들은 항상 자유시장 자유주의자들에게서 경제학을 배웠는데, 그들은 중앙집중화와 유익한 국가 개입에 대한 자신들의 신념을 손상하지 않으면서 자유시장의 교의를 믿도록 관리했다.[63] 이데올로기적 관점에서, 콜송의 견해는 정치경제에 대한 관습적인, 즉 자유주의적인 안내였다. 강의는 상인과 변호사가 아니라 공학자를 위한 것이었으므로 그는 수학의 사용에 주의를 기울였다. 그러나 수학적 전략을 일관되게 추구하거나 자세하게 계산하기에는 알려지지 않은 것이 너무 많다고 그는 주장했다. 수학은 유용한 유추와 비교를 제안할 수 있으며, 문제가 잘 정의된 해답을 가지고 있을 때 경제학자가 그것을 인식하는 데 도움을 줄 수 있다. 연역적으로 그리고 수학적으로 추론하는 것에 만족하는 "희소한 저자들은 그들의 가장 독창적인 이론에서 흔히 실질적인 사실들로부터 완전히 벗어난다".[64] 콜송은 통계적 사실에 가까이 머물고 그래서 자신의 경제학이 실제에서 유용할 것이라는 점에 자부심을 가졌다.[65]

"공공사업과 운송"에 대한 논의는 그의 강의에서 가장 중요하고 독창적인 부분을 구성했다. 여기서 그는 다양한 영향들을 인정했지만, 뒤피의 원칙을 가장 밀접하게 따랐다. 가격이 상승함에 따라 감소하는 수요 곡선의 개념이나, 마찬가지로 효용이 감소한다는 생각은 그에게 기초적인 것이었다. 콜송은 새로운 한계학파 경제학에 대해 알고 있었다. 그는 비非수학적인 오스트리아학파에 대해 호의적으로 말했고 제본스도 언급했지만, 훨씬 더 추상적이고 수학적인 작업을 한 발라스는 무시했다.[66] 그는 한계학파의 방법들을 추상적으로 발전시키지 않았다. 그는 단지 그것들을 운송의 가격을 정하는 매우 특정한 문제에만 적용했다. 즉, 그는 뒤피가 했던 것 이상으로 이론을 다룰 필요는 거의 없다고 생각했다.

오히려 그의 사명은 항상 이론을 실천에 조화시키는 것이었다. 가격의 문제에 관해, 운송 시설 전체 또는 심지어 그것의 주어진 일부에 대해 모든 사용자로부터 비용을 받을 수 있는 방법은 없다. 차등 통행료는 때때로 실행 불가능할 수 있으며, 그런 경우에는 통행료를 낮게 유지함으로써 철도나 교량에서 조금이라도 편익을 얻을 수 있는 사용자들을 방해하지 않아야 한다. 여기서 콜송은, 실질적으로 유용한 모든 것에 대해서는 그것을 건설한 기업가에게 대가를 지불해야 한다는, 그가 영미의 관점이라고 생각하는 것에 반대해 국가 활동에 대한 프랑스의 전통을 확고히 유지했다. 국가의 이런 역할에 대한 생각은, 그가 자신의 계산이 이론적 관심 이상을 가졌다고 생각한 유일한 이유였다.[67] 다시 말해, 자유주의자인 콜송조차도 경제적 수량화를 주로, 시장 기제들에 대한 대안으로, 때로는 시장 원리에 대립해, 사용했다.[68] 그렇지만 그는 자본비용을 포함한 운송비용은 가능한 한 최대로 사용자로부터 복구되어야 한다고 믿었다. 그는 새로운 철도나 운하의 간접 편익에 대한 거시적 주장을 의심했으며, 뒤피와 마찬가지로 운하나 철도가 기여하는 유용성의 대부분은 (비용에 이르기까지) 통행료로 복구할 수 있어야 한다고 믿었다.

콜송은 봉의 비용 공정 할당이라는 언어를 사용했다. 그러나 그는 콩시데르를 따라 봉의 문구에 부분적partiel이라는 형용사를 추가했다. 이 계산에는 가변비용만 들어갔다.[69] 부분적 원가prix de revient partiel조차도 여러 모호함을 포함했다. 가변비용을 자본비용에서 분리하기 위해서는 독창성이 그리고 단순한 관습에 대한 어느 정도의 관용이 필요했다. 그러나 이 수량은, 자본비용을 이끌어낸 유용성에 비례해 통행료를 통해 할당되도록 남겨두었기 때문에 적어도 뒤피의 이론들과 일치했다. 그러나 현실주의자인 콜송은 뒤피의 생각이 불가능한 이상이었다고 지적했다. 모든 선적의 가치를 조사하고, 그리고 운송의 가치를, 항상 어느 정도는 자의적으로, 확정하려면 어느 정도의 직원이 필요할 것이었다. 이러한 수준의 개입에서 많은 재량의 행사는 법적으로나 도덕적으로 허용되지 않았다. "고정된 그리고 자의적이지 않은 … 합리적으로 설명 가능한" 규칙에 의거해, 재화들의 범주들에 따른 요금 부과가 필수적이었다.[70]

노선의 직원에게 이런 재량을 부여하지 않는 것은, 물론 판단을 제거하는 것이 아니라, 그것을 더 높은 수준의 경영진에 집중시키는 것이었다. 행정 엘리트에게는 간단한 공식으로 줄일 수 있는 것이 아무것도 없었다. 고정성이 매우 중요할 것으로 보이는 세율 결정의 규칙조차도 "상업적 필요들에 적용하기에 충분하도록 유연"해야 했다. 이러한 고려 사항들은 매우 복잡하며, 그러므로 "계몽되고 불편부당한 사람들조차도" 다양하게 판단할 수 있을 것이었다.

복잡성에 대한 빈틈없는 파악은 화물 운송료에 대한 실질적인 규제를 반영했는데, 운송료 문제는 상품 분류에 대한 가장 난해한 논란을 불러일으켰으며, 그 어떤 경제 이론으로도 해결되지 않았다. 프랑수아 카론François Caron은 프랑스에서 관료적 실천의 수준에서의 요금 설정은 과학적 요소를 거의 보여주지 않았으며 널리 퍼져 있던 이론은 단순히 시세에 따라ad valorem 부과하는 것이었다고 제시한다.[71] 콜송은, 더 모호하게, 이것을 위한 그리고 그 밖의 목적을 위한 계산을 선호했지만, 그는 한 세대 이상의 교량단 공학자들에게 그것을 엄격하게 만들 수는 결코 없다고 가르쳤다. "계획된 노선에 관해 서비스를 제공받는 인구의 함수로서 교통량을 계산하는 많은 독창적인 공식들이 있지만, 그것들을 분별력 있게 적용하려면 인구의 사회적·경제적·도덕적 상태를 고려해야 하며, 이것은 매우 어려운 일이다."[72] 이것은 공학자들이 그들 자신의 방법을 일반 공중에게 가장 자주 표현하는 방식이다. 또한 이것은 그들이 스스로 생각하는 방식이기도 하다. 순전히 기술적인 전문지식을 가진 사람들이 자기를 삭제하면서 따르는 융통성 없는 법률의 수사학은 그들의 것이 아니었다. 그들은 자의식이 강한 엘리트였다. 그들의 수량화 사용은 다른 관점에서는 이해될 수 없다.

엘리트로서 공학자

에콜 폴리테크니크의 거의 경쟁자가 없는 위세와 그 졸업생들의 산업 및 행정 분야에서의 성취를 고려할 때 우리가 엄격한 수량화의 가능성에 관한 그런 회의론을 예상하기는 어려울 수도 있다. 엄격한 수량화는 특히, 과학을 사회적 합의의 기초로 그리고 교회의 보수주의에 대한 대안으로 숭상한 영구히 불안정했던 제3공화정에서 높이 평가받았어야 했다.[73] 운하 그리고 특히 철도의 위치 결정과 가격 책정은 19세기 전체에 걸쳐 막대한 논쟁거리였다. 예를 들어, 7월 왕정 아래에서, 철도 노선이 예정되어 있지 않은 데파르트망들은 철도 노선에 대한 모든 국가 지원에 반대하는 운동을 적극적으로 전개했다.[74] 국가의 계획가들은 당연히 그들의 더 강력한 반대자들과 타협할 수 있었지만 결국 일부 데파르트망들을 다른 데파르트망들보다 선호해야 했다. 숫자를 사용해 그러한 결정의 공정성과 객관성을 증명할 수 있다는 것은 확실히 편리했다. 우리는 수학적인 교육을 받은 공학자들이라는 엘리트가 이러한 과학의 숭배를 활용했을 것으로, 그리고 단순화하고 수량화함으로써 공학자들의 고전적인 방식으로 의사결정을 했을 것으로 예상할 수 있지 않을까?

대답은 '아니오'다. 그들은 비공식적인 방식으로도 충분히 효과적으로 행동할 수 있었다. 게다가 공학적 결정에 이용할 고전적인 수량적 방법이 아직은 없었다. 교량과 도로단의 공학자들 자신이 수량화하는 공학자의 원형이었다. 그들의 활동 범위는 구조와 기계의 영역을 넘어 확장되었으며, 앞에서 보았듯, 그들은 경제학, 계획 및 행정을 위해 숫자와 계산을 광범위하게 사용했다. 그러나 우리는 그들의 수량화 성향을 모든 문제는 수학적 해답을 가지고 있다는 믿음 – 이것은 근대 공학에 본래적인 믿음이다 – 에서 생겨난 반사작용으로 간주할 수는 없다. 이들 공학자들은 적어도 경제적인 숫자들은 전문적으로 해석될 때에만 유용하게 된다고 믿었다.

교량단의 공학자들은 습관적으로 숫자에 의존한다거나 사회적인 문제들을 다른 방식으로는 이해할 능력이 없다고 자주 비난받았다. 1895년 댐 건설 실패 후 한 비판자는 그들을 다음과 같이 조롱했다.

거룩한 에콜의 박식한 공학자들은, 숫자로 채워진 회고록들에서 확인했을 위험을 알면서, 마을 전체의 파괴의 피해액이 어느 정도에 달할 것인가를 거의 동전 수준까지 알면서, 댐의 결정적 균열이 그들의 예견의 수학적 정밀성을 확증하게 될 때까지 위태로운 저수지가 넘치도록 물을 채웠다.[75]

그렇지만 이것은 오해를 낳는 것인데, 단순히 그것이 도덕적 고려를 결여했음을 암시하기 때문에만 그런 것은 아니다. 프랑스 공학자들은 수학을 사용해 교량과 철도를 계획했지만, 결정을 숫자에 맡긴 일은 거의 없었다. 그들의 위세는 주로 그들의 배경, 교육 및 국가와의 관계에 의지했다. 계산과 객관성의 권위는 이차적이었다. 숫자는 그 자체로는 강력하지 않았으며 외부자들이 사용할 때에는 거의 고려되지 않았다. 숫자는 단지 제도적 권력을 온건하게 보충할 수 있었다.

이러한 관점에서 볼 때 의사결정을 기계화하려는 시도에서 그들이 온건했음은 이해하기 어렵지 않다. 그들이 계산의 힘을 사용하기로 선택했을 때 그들은 그 힘을 사실상 도전받지 않고 통제했다. 그러나 폴리테크니크 공학자들은 엘리트의 일원으로서 그들 자신의 재량 행사를 부인하거나 숨겨야할 필요가 거의 없을 만큼 안정된 위치에 있었다. 수학적 기량은 권위에 대한 그들의 주장의 주요한 근거가 아니었으며, 그들은 자신들의 오랜 경험과 일반적인 문화에 의지해 결정을 내리는 것을 선호했다. 철저한 수량화를 위해서는 비용 산정, 특히 그것의 엄격성 그리고 요인들의 비중에 대한 명확한 제시 등이 필요했다. 교량단 공학자들은 자신들의 업무를 다른 방식으로 관리하기로 선택했다.

에콜 폴리테크니크에 입학하는 데 필요한 강력한 수학 공부는 순수한 기술적 기관으로서 그것의 평판을 높였다. 가까운 친척이 교량단 공학자였던 발자크는 소설 『마을 사제Le Curé de village』에서 국가 공학자를 과일을 맺기 전에 서리에 얼어버린 아름다운 오렌지 꽃으로 묘사했다. 서리의 냉기는 수학적인 것으로 추정되었다. 논픽션 영역에서, 수학자인 조셉 베르트랑Joseph Bertrand(1822~1990)은 자신이 에콜 폴리테크니크에 입학했을 때 수학 이외에는 아무것도 모르는 "비범한 무식쟁이prodigiously ignorant"였다고 회상했다.76) 중요하게도 장년기의 그는 폭넓은 학습과 문화의 귀감이 되었다. 이것은 공학자들이 열망하는 이상이었다. 실제로 에콜 폴리테크니크의 입학 표준은 베르트랑이 주장했듯 (참으로 그가 진실을 말했다면) 비범하게 재능 있는 수학자를 제외하고는 준비하는 것이 거의 불가능할 만큼 협소했다.

결국, 혁명에 의해 설립된, 그리고 기술적 능력에만 관심을 두었던, 민주적으로 엘리트적인 에콜 폴리테크니크는 채 10년도 유지되지 못한 셈이다. 이 시기에 아라고 같은 젊은이들은 폴리테크니크의 교육이 급속한 군사적 발전의 열쇠라는 사실을 발견하고 즉각 그가 사랑했던 "코르네유Corneille, 라신느Racine, 라 퐁텐느la Fontaine, 몰리에르Molière"를 버리고 수학에 몰두했다.77) 나폴레옹은 더 많은 엘리트 학생들을 입학시킴으로써 급진주의를 최소화하고자 했다. 나폴레옹은 교량단 공학자들은 적어도 훌륭한 부르주아 가문 출신이어야 한다는 구체제에서의 명시적인 요건으로 돌아갈 수 없었기 때문에 터무니없이 많은 수업료를 제도화하고, 라틴어를 요구하도록 입학시험을 고쳤다. 1816년 복고 왕정은 교과과정에 문학 공부를 추가했으며, 몇 년 뒤에는 라플라스가 옹호한 더 추상적인 수학이 중요하게 되었다. 테리 신이 보여주었듯, 이러한 개혁들의 결과는 고전적인 리세lycée(대학예비학교) 교육을 거의 필수적인 것으로 만들고, 그러므로 하층계급 및 중간계급 출신의 대부분의 학생들을 선별적으로 차단하는 것이었다. 그러나 그 개혁들이 전복적인 정치를 근절하는 데까지 성공한 것은 아니었다. 1820년대부터 19세기 말까지 폴리테크니크는 생-시몽주의적 경향으로 유명해졌다. 흥미롭게도, 생-시몽주의는 가장 부유하고 가장 엘리트적인 배경을 가진 학생들 사이에서 훨씬 강하게 영향을 미쳤으며, 이들은 (흔히) 거만하게 비정치적인 교량단 공학자들보다 광산기술단을 선호하는 경향이 있었다.[78]

이미 1819년에 에콜 폴리테크니크의 평의회는 폴리테크니크가 새로운 종류의 엘리트를 충원하는 기관이 아니라 오래된 엘리트를 교육하고 인증하는 기관이라는 것을 파악하고 있었다고 보인다. 특권이 의심받게 된 사회에서 능력주의는 엘리트주의적 민주주의의 안전한 형태였다.

> 우리는 국가의 평온이 오직 우수한 계급들의 훈련을 통해서만 보장될 수 있는 시대에 살고 있다. 훈련은 그들에게, 미덕과 계몽의 개인적 우월성을 통해, 모든 사람의 안전을 위해 그들이 다른 사람들에게 행사해야 할 영향력을 얻을 수 있게 한다. 우리가 그것에 대해 고상한 정신으로 생각한다면, 지위를 우수성에 의해 정당화하고 부를 재능과 미덕에 의해 정당화하도록 요구하는 것은 행복한 필연이다.[79]

폴리테크니크에서 사회이동의 가능성이 조금은 남아 있었지만, 앙드레-장 투데스크André-Jean Tudesq가 지적하듯, 그 졸업생들의 가족적 배경은 결코 지워지지 않았다. 7월 왕정 아래에서 특권계층 가문 출신들은 종종 매우 빠르게 높은 직책을 맡았으며, 가장 높은 직책들은 통상적으로 귀족 집안 출신들 차지였다.[80]

제2제국에서는 리세 출신의 고전 바칼로레아 에 레트르baccalaureat es lettres(문과 대학입학 자격시험)에 통과한 응시자들에게 입학시험에서 가산점을 줌으로써 우대하는 입학제도가 시작되었다. 그 결과 부분적으로, 1860~1880년에 입학한 학생의 4분의 3은 (라틴어, 희랍어 등의) 죽은 언어 교육을 받았고 수학을 강력하게 준비했다. 이러한 혜택에 따라 값비싼 중등교육과 2~3년의 특별한 입학시험 준비의 비용을 부모가 부담할 수 없는 학생들은 입학허가를 받기가 훨씬 더 어려워졌다. 그것은 많은 분쟁의 원인이 되었지만 제1차 세계대전 때까지 이러저러한 형태로 존속되었다. 존 바이스John Weiss는 19세기 초기 동안 많은 전문직들의 준비에서 고전 바칼로레아의 중요성 증가는 프랑스 사회에 위계구조를 복원하려는 의도적인 정책을 반영한 것이라고 주장한다.[81]

이것은 설득력 있는 주장이다. 그리고 그 결과가 단순히 충원 유형 – 비록 이것이 타고난 그리고 능력 있는 엘리트들을 공고화하는 경향이 있었지만 – 에서만 기인한 것은 아니었다. 마찬가지로, 아니 아마도 더 중요한 것은, (폴리테크니크가 그 졸업생들에게 남겨준) 자신들을 교양 있는 인간이라고 생각하는 감각이다. 그들은 단순한 전문가들이 아니었고, 사회에서 그들의 위치는 그들의 계산 능력에 의지할 것이었다. 케임브리지에서와 마찬가지로 파리에서도 수학은 기술적 숙련을 넘어서는 것으로 간주되었다. 1812년에 교과과정에서 수학의 역할은 정신의 훈련에 불가결한 것으로 옹호되었는데, 부분적으로 그 이유는 공학 실무에서의 적절한 훈련을 제공하기에는 시간이 충분하지 않았기 때문이었다.[82] 1848년 혁명 시기에 수학은 단순한 실무 훈련의 대립물, 즉 단순한 기술자와 전문가가 아닌 광범위하게 능력 있는 사람을 만들어내는 방법으로 칭송되었다.[83]

보편적인 능력의 이런 추정적인 습득은 기술단의 (협소하게 정의된) 공학적 업무의 대부분을 수행하는 실무자들conducteurs을 배제하는 근거를 제공했다. 실무자들은 1848년 혁명의 민주적 정서를 활용하고 자신들의 지위를 높일 수 있도록 허용되어야 한다는 그들의 주장을 압박하기 위해 노력했다. 이러한 주장을 검토하기 위해 설치된 위원회는 그들이 "공학자들은 갖춰야 하는 이론적·실용적 그리고 행정적 지식의 일반성the generality of knowledge"을 결여했다고 결론 내렸다. 그렇지만 위원회는 공학자들에 대한 교육의 일부는 사실들보다도 이론들에 대한 과도한 믿음을 촉진하기 때문에 쓸모없거나 더 나쁘다고 덧붙였다. 바로 이 맥락에서, 뒤피는 폴리테크니크의 교육을 기술단을 야심찬 무능력les incapacites ambitieuses으로부터 보호하는 넘을 수 없는 장벽이라고 호의적으로 언급했다. 이것은 특수한 기술적 지식의 문제가 아니라 기계적인 반복 학습을 뛰어넘는 그리고 익숙하지 않은 것들을 다룰 수 있는 정신의 문제였다.[84] 에콜 폴리테크니크의 저명한 대변인이 된 콜송은 1911년에 기술자로는 사회에 충분할 수 없다고 주장했다. 사회는 지도자들을 필요로 하며 이 지도력은 수학적 지식과 과학적 지식뿐 아니라 정의하기는 어렵지만 문화 및 그것의 고전적 뿌리와 밀접하게 연결된 어떤 '직관'을 필요로 하는 것이었다.[85] 1900년 무렵 폴리테크니크는 제법 광범한 사회적 기반으로부터 학생들을 받아들이고 있었지만, 이런 입장의 엘리트 정신의 그 어느 것도 잃지 않았다.[86]

질문지와 면접을 사용해 전후 시기의 프랑스 엘리트를 연구한 에즈라 술레이만Ezra Suleiman은 폴리테크니크와 그 밖의 그랑제콜grandes écoles에 다녔던 학생들에게서 제3공화정에서 지배적이었던 것과 연속되는 태도들을 발견했다. 프랑스 엘리트의 성공의 핵심에는 "일반화된 숙련에 대한 깊은 신념이 자리하고 있으며, 이것은 특정 직무에 대한 사전 기술 훈련이 없이 한 부문에서 다른 부문으로 이동할 수 있게 하는 유일한 종류의 '숙련'"이라고 그는 쓰고 있다. 엘리트는 "영국의 공무원 조직이 그것의 창립 이래 믿어왔던 것만큼이나 확고하게, 지도적 지위를 위한 일반적인 준비가 가장 바람직하다고 믿었다".[87] 공학자들은 그들의 기술단에는 상대적으로 충성했지만, 여전히 자신들이 단순한 기술자가 아니라 다양한 능력을 가졌다는 것에 자부심을 가졌다. 술레이만은 기술단의 1967년 회보에 실린 망트J. Mante라는 공학자의 잔잔한 언급을 인용한다. "교량과 도로 기술단의 공학자들로서 우리의 역할은 계산을 하는 것(이것은 예측하는 공학자들과 그들의 동료들의 임무다)이 아니라 그것들의 정당성을 검증하고, 현실로부터 그것들의 궁극적인 일탈의 결과를 계측하고, 얼마나 많은 것이 우연에 맡겨질 수 있는가를 판단하는 것으로 이뤄진다."[88] 영국에서와 마찬가지로, 프랑스의 이러한 행정 엘리트들도 주로 직무에 관해 배웠다. 그들의 공식 교육은, 피에르 부르디외Pierre Bourdieu가 이야기했던 것처럼 주로 자격증명credentialing의 문제였다.[89] 프랑스는 에콜 폴리테크닉, 에콜 나쇼날 다드미니스트라시옹Ecole Nationale d'Administration 그리고 표면적으로는 직업학교들인 것으로 보이는 다른 교육기관들의 높은 지위에도 불구하고 (아마도 심지어 그런 지위 때문에) 기술적 전문가들의 지배를 결코 받지 않는다고 슐레이만은 결론 내린다. 프랑스의 기술관료제에 대한 관례적인 그림에 반하여 그는 그것의 "합리적·과학적, 정확하게 계산된 결정"보다도 협소한 엘리트의 뿌리 깊은 권력에 훨씬 더 깊이 주목해야 한다고 주장한다.[90]

19세기 초반 폴리테크닉 출신들이 접근할 수 있던 경력은 그들이 받은 교육 그리고 그들이 뛰어넘은 장애물들에 적합하지 않은 것으로 보인다. 『마을 사제』에 등장하는 교량단 공학자인 제라르Gérard는 평범한 임금, 제한된 전망 그리고 (특히) 지방의 지적 아둔함을 불평한다. 뒤피, 코모이Comoy, 줄리앙Jullien 같은 젊은 공학자들의 편지는 발자크의 소설의 묘사, 특히 마지막 것을 뒷받침한다. 그렇지만 그들은 적어도 기술단의 연대의식은 누렸다. '내 경애하는 동무mon cher camarade'라는 표준 인사는 그것을 보여준다.[91] 19세기 후반, 그리고 심지어 20세기에도 그들의 경력은 민간기업으로 옮기는 것pantouflage에 의해 상승하기 시작했다. 점점 더 국가 공무원은 곧 민간기업의 보수가 더 많은 직책으로 나아가는 경력 행로에 있는 정류장으로 간주되게 되었다. 교량단 공학자들과 그 밖의 폴리테크닉 출신들은 프랑스에서 최초의 산업 관리자였으며, 프랑스의 산업체들은 그 책임자들을 기업 내부나 다른 유사한 기업에서 충원하기보다는 공무원으로부터 충원하는 관행을 형성했다. 여전히 철저하게 위계적인 사회인 상황에서 그런 사람들은 그랑제콜 출신의 다른 사람들과 함께 사업 수행에서 위세를 행사했다. 또한 벌랜스타인이 지적하듯, 이들 엘리트 공학 학교들은 "해협 건너편에서 개인 친숙성이 수행했던 청렴성과 전문성의 보증서를 제공했다".[92] 가장 성공적인 민간기업 관리자들 중 일부는 뒤에 행정부의 최고 지위들로 복귀할 것이었다. 그러나 19세기 공학자들 다수가 진출한, 온건한 급여를 주는 국가 직위들조차도 교량과 도로 기술단의 정신을 유지하기에 충분한 막대한 위세를 동반했다.[93]

폴리테크니크의 교육은 공학자들의 개인적 및 집합적 정체성에, 비록 아마도 특정의 기술적 내용의 결과보다는 공유된 엄격성들의 결과에 의한 것이지만, 결정적으로 기여했다. 엘윗은, 비록 그들의 일부는 공화파였고 일부는 보나파르트파이거나 왕당파였지만 "그들의 지적 구성과 전망은 그들의 정치적 입장들이 드러나지 않는 방식으로 그들을 단결시켰다"라고 지적한다.[94] 교량단 공학자들의 지위는 그들의 기술적 지식보다는 그들이 사회에서 가지고 있던 안정된 신분의 결과였다. 그들은 결정을 내릴 수 있는 그들 자신의 능력을 믿는 사람들이었다. 교량단 같은 기관 안에서 공유한 경험과 개인적 신뢰를 배경으로 하는 비공식적인 토론은 대부분 합의에 도달하기에 충분한 것이었다. 그들은 자신들의 결정이 논쟁과 정치적 압력에 의해 외부로부터 위협받지 않는 한 공식적인 수량적 결정 절차라는 정교한 정당화 의례에 참여할 필요를 느끼지 못했다.

프랑스의 행정 문화

그러한 위협은 거의 없었다. 국가 공학자들이 소속하고 있던 프랑스 관료제는 이미 19세기에 아무에게도 책임지지 않는다는 점에서 거의 전설이 되었다. 프랑스의 행정적 이상은 각각의 공무원에게 그의 직무에 대해, 그것이 아무리 작은 것이더라도, 절대적인 통제권을 부여한다는 것이었다. 장관 수준에서의 '영지fiefdom'의 존재를 레이몽 푸앙카레Raymond Poincaré(1860~1934)는 이렇게 풍자했다(그는 전형적인 내각 회의에 대한 기억할 만한 서술을 남겼다). "중요한 사업은 내일 다뤄질 것인데, 그렇지만 오늘 아침에는 해결해야 할 작은 일들이 너무 많다! … 게다가 외무성 장관은 어떤 결정을 내려야 하는가에 대해 어느 누구보다 잘 알지 못한다. 재무성 장관은 재정 문제에서 가장 유능한 사람이 아닌가?"95) 행정재판원the conseil d'etat 위원이던 앙리 카르동Henri Chardon(1834~1906)은 이것을 더 긍정적으로 표현했다(그는 이 원리의 무게를 적절히 전달하기 위해 이탤릭체를 요구했다). "*각각의 공무원은 그가 그의 공무를 수행하는 한 각각의 당국보다 더 우월하다.*" 각각의 공무의 사활적 중요성은, 중요하지 않았다면 국가에 의해 채택되지 않았을 것이기 때문에, 자명한 것이었다. 확실히 단지 정치인일 뿐인 사람들이 그것의 집행에 간섭하도록 허용하기에 공무는 너무 민감한 것이었다. 그는 이렇게 썼다. "프랑스는 많은 고통을 초래한 정치와 행정의 그런 혼합을 되돌려야 하고 민주주의에서는 행정 권력이 민주 권력 옆에 합리적으로 존재한다는 것을 인식해야 한다. 프랑스는 나라에 책임을 지는, 공공 서비스의 기술적 방향을 보장할 수 있는 영구적인 기술적 행정가들을 필요로 한다."96)

프랑스 행정부는 위계적 구조를 이상화했다. 각각의 공무원은 오직 그의 상급자에게만 책임을 져야 했다. 단호한 행정 혁신가인 앙리 파욜Henri Fayol (1841~1925)은 그럼에도 이런 깨끗한 권위 노선을 대체할 변화를 원하지 않았다. "중앙집중화는 자연 질서에 속한다. 이것은 모든 유기체, 즉 동물유기체나 사회유기체에서 감각은 두뇌 또는 지시부 쪽으로 수렴하고, 명령은 두뇌 또는 지시부에서 유기체의 모든 부분으로 보내져 그것들을 움직이게 한다는 사실에 근거한다."97) 이런 이상은, 물론 실제에서 항상 실행되는 것은 아니었지만, 적어도 공무원들을 그들의 직속 상급자들 이외의 다른 당국자들로부터 차단하는 것을 정당화했다. 능력주의도 때로는 오직 위반에 의해서만 존중되었지만 이런 이상의 일부였다. 제3공화정에서 시작된 능력주의에 의해, 직위들은 관례적으로 콩쿠르 또는 경쟁에 의해 충원되었으며, 일반적으로 폴리테크니크 자체의 충원 유형을 따랐다. 콩쿠르 체계의 상대적 공식성formality은 광범하게 퍼져 있는 정실성favoritism의 두려움에 대한 답변이었다.[98]

의심과 경력주의careerism라는 이런 관료제의 정신은 그것에 대한 역사적 연구들에서 계속 나타난다. 관료제가 실제로 무엇을 했는가에 관해서는 연구가 많지 않지만 공무원들이 경력 사다리를 올라가고자 했을 때 그들이 겪는 좌절에 관해서는 많은 연구가 있다. 프랑스 관료제는 그것의 경직성 때문에 자주 비판을 받아왔다. 쿠셀-세네위Courcelle-Seneuil(1813~1892)는 1872년에 능력주의를 향한 움직임, 즉 콩쿠르의 사용 증가 및 그랑제콜의 위세가 행정부를 고립시키는 경향이 있고 또한 공공의 이익에 무관심한 관료들을 산출하는 불행한 단체정신esprit de corps을 조장했다고 주장했다.[99] 이폴리트 텐Hippolyte Taine(1828~1893)은 1863년에 이런 엄격한 제도 시행의 이유는 최고 후보자를 찾아 승진시키는 것이 아니라 오히려 부정의에 대한 의심을 제거하는 것이라고 타당하게 주장했다.[100] 파욜은 폴리테크니크의 입학시험에서 수학을 강조한 것은 주로 그것이 평가를 용이하게 하기 때문이라고 생각했다. 확실히, 문자를 사용하는 시험에서 상이한 시험관들이 상치하는 기준들을 적용하는 것으로 나타나는 것은 폴리테크니크의 위원회를 곤란하게 만들었다.[101] 그러나 일단 교육을 마치면 폴리테크니크 출신들은 그러한 엄격한 형식 없이도 해나갈 수 있었다. 콜송은, 우리가 예상할 수 있듯이, 최고의 제도는 위계의 최상위에 있는 사람들에게 그들이 가장 능력 있다고 판단하는 사람을 하급자들로 선택하게 하는 것이라고 믿었다. "콩쿠르는 자신의 업무에 의해 자신의 능력을 증명한 사람들을 판단할 때에는 근거를 갖지 못하며, 오히려 경험과 연습에 대한 이론적 연구를 고양하는 경향이 있다."[102] 그러므로 콩쿠르는 정보에 근거한 판단에 대해서는 의심하지 않을 만큼 충분하게 고양되고 충분하게 동질적인 능력주의였다. 기술단의 구성원들은 자신들이 더 광범한 공중의 감시를 받는 것에 대해 괘념치 않았다.

프랑스 관료제는, 낮은 지위들에서는, 대체로 공개되지 않은 일련의 복잡미묘한 규칙들의 엄격한 준수로 유명해졌다. 외부자들은 그 규칙들을 결코 숙달할 수 없었기 때문에 그것들은 공무원들이 거의 완전한 재량으로 행동할 수 있도록 허용했다. 높은 지위들에서는 흔히 몰인간적인 규칙 준수의 외양조차 불필요했다. 발자크는 『종업원들Les Employés』에서 프랑스에 대해 대혁명 이후 국가가 관료들의 군단을 이상화했으며, 그러므로 그것에 의해 통치되게 되었다고 말했다. 특히 제3공화정에서는 행정부가 정치 지도자들보다 훨씬 오래 지속하는 권력을 가지고 있었다.[103] 스탠리 호프만Stanley Hoffmann은 "대체로 공화정은 그 뒤에서 관료제가 결정을 내리는 전면前面이었다"라고 주장했다. 술레이만은 더 현대적인 시기에 대해서도 비슷한 지적을 한다. 프랑스보다 관료들이 정책 형성에 더 깊이 관여해온 곳은 없다.[104] 더구나 그 과정은 행정적 재량을 폭넓게 허용했다. 허퍼트 루디Herbert Luethy의 표현에 따르면 제2차 세계대전 이후 프랑스는 계획경제를 얻었지만 계획은 얻지 못했다. 행정부의 각각의 부처들은 대규모의 자율성을 유지했다. 대혁명이 공직의 매관매직을 철폐한 이후 1세기 이상 프랑스 고위 공무원들은 계속 그들의 직위를 소유물로 봤다고 주장되어왔다. 프랑스 행정부에는 실질인 왕조들이 있다고 할 만큼 가족적 연줄이 매우 중요했다. 피에르 르장드르Pierre Legendre가 지적하듯, 이들은 제3공화정에서의 콩쿠르 제도의 공식화에서 살아남을 수 있었는데, 부분적으로 그것은 많은 공직들이 그 제도의 외부에 있었기 때문이었지만, 또한 후보자들을 시험하는 데 사용되는 지식이 대부분 엘리트 리세에 의해 보증되었기 때문이기도 했다. 이에 더해 콩쿠르는 행정부의 각 분야에 의해 지역적으로 통제되었으며, 필기 부분뿐 아니라 구술 부분도 있었기 때문에 지식만큼이나 양식, 문화, 자세도 시험했다.105)

그러므로 프랑스 행정부는 상당한 자율성을 갖고 운영되었으며, 공공적인 조사를 거의 받지 않았다. 로저 그레구아르Roger Grégoire는 1954년에 공식적인 권력을 갖지 않는 위원회들을 설립하고, 관료들에게 그들의 결정을 이 위원회들에 설명하게 해야 한다고 주장했다. 이 주장은 권력 노선의 복잡화와 행정의 지연으로 이어질 것이라는 이유로 강하게 반대되었다.106) 공무원들은 공공 행정에서의 사생활 보호의 권리를 옹호하고 있었다. 심지어 1970년대에도 교량기술단은 미국 육군 공병대 — 이 조직은 정보를 너무 많이 제공하는 덜 바람직한 조치를 받아들이도록 강요받았다 — 와 대조적으로 정보 제공을 보류함으로써 자신을 보호해왔다고 술레이만은 지적한다.107) 외부의 조사로부터 보호받는 이런 동일한 자유는 신뢰할 수 있는 통계의 공개를 회피하는, 수많은 연구자들을 좌절시키는, 오랜 관행에서도 드러난다. 월터 샤프Walter Sharp는 1931년에 다음과 같이 기록했다. "많은 관공서들이, 서류들에 틀림없이 담겨 있는 사실들을 공개하는 것을 당황스럽게 거부한다. 이런 비밀주의의 태도는 분명히 왕정 및 제정 시대로부터 물려받은 귀족주의적 유산이다. 그 시대에는 관공서의 직위들을 대부분 그것을 차지한 사람들이 세습했다." 그리고 "관료집단은 인사 실무에 관한 정확하고 비교 가능한 통계를, 신속하게 공개하는 것은 말할 것도 없이, 유지하는 것의 중요성을 아직 제대로 인식하시 못했다"라고 그는 덧붙였다.108)

이용 가능한 통계의 수집과 생산에 대한 기피 그리고 수량적 의사결정 기준 추구의 결여는 일련의 유사한 태도와 조건을 반영한다. 통계를 억제하는 것은 관공서의 업무를 선출된 공무원들이나 공중이 담당해야 하는 어떤 것이 아니라 공무원 자신의 업무로 간주했기 때문이다. 이런 사적인 영역을 보존할 수 있다면 의사결정 과정을 수량화하고 기계화하고자 하는 시도는 중요하지 않았다. 교량단 공학자들도 이 점에서는 다른 행정관료들과 다르지 않았다. 프랑스 엘리트 집단의 다른 사람들과 마찬가지로, 그들은 "사회의 문제들의 복잡성 증가에 따라, 무엇보다도, 폭넓은 시야를 갖고 사회 전체에 관련되는 광범한 상호관련된 문제들을 이해하는 사람들이 필요하며, 그들에게 기술자의 한계를 넘어설 수 있게 하는 것이 필수적이다"라고 믿었다.[109]

폴리테크니크의 교육이 그들의 이상과 조화를 이루지 못한 것으로도 보일 수 있었다. 대기업의 사장인 로저 마르탱Roger Martin은 폴리테크니크의 청중들에게 그곳에서 받은 교육, 특히 수학 교육은 자신에게 전혀 쓸모가 없었다고 말했다.[110] 파욜은 공학자들과 산업 관리자들은 그들이 습관적으로 받았던 것보다 훨씬 적은 수학 교육을 필요로 했다고 주장했다. 그는 재무 및 회계 교육을 받기를 선호했지만 또한 문학, 역사 및 철학을 강조하는 것도 원했다. "산업의 책임자들과 공학자들은 … 말하고 쓰는 방법을 알아야 하지만, 그들에게 고급 수학이 필요한 것은 아니다. 군대의 지휘자들에게 그러하듯, 기업가들에게도 언제나 단순한 '3의 법칙'으로 충분하다는 것은 제대로 알려져 있지 않다." 폴리테크니크 출신들의 성공이 수학에서 기인했다고 지적하는 것은 결과를 원인으로 뒤바꾸는 것이라고 그는 덧붙였다. "에콜 폴리테크니크에 부착된 명성에서 수학은 전혀 또는 거의 중요하지 않다."[111]

기술관료제

이 모든 것이 프랑스 공학자들이 몰개인적인 의사결정 규칙을 추구하는
데에서 수량화를 강조하지 않는 이유를 이해하는 데 도움이 될 것이다. 양
차 대전 사이의 시기에 기술관료제의 선구자들도 경제적 또는 사회적 의사
결정을 기계화하려는 시도를 거의 하지 않았다. 프랑스의 기술관료들은 경
영에 큰 관심을 가졌다. 프레더릭 윈즐로 테일러Frederick Winslow Taylor(1856~
1915)의 과학적 관리론, 그리고 심지어 생-시몽에 대해 그리고 발터 라테나
우Walther Rathenau(1867~1922)의 신경제론에 상당한 열정을 보였다. 이것은
그들이 정치보다 행정을 특징적으로 선호했음을 드러냈다.112) 그러나 그들
이 선호한 것은, 전문화된 또는 기술적인 관례routines의 이상이 아니라 전문
가의 판단과 일반적인 관리 숙련의 이상이었다.

"기술관료제"는 악명 높게 불명확하게 사용되는 용어지만, 그것의 가장
일반적인 의미는, 한 가지 중요한 측면에서 수량적 엄격성의 정신과 정반대
되는 충동을 반영한다. 리처드 쿠이셀Richard Kuisel은 다음과 같은 유익한 정
의를 제시한다.

> [기술관료제는] 기술적인 문제 같은 인간의 문제들에는, 전문가들이, 충분한
> 자료와 권한을 부여받는다면, 발견하고 실행할 수 있는 해결책이 있다고 가
> 정한다. 정치에 적용된다면, 이 추론은 기득이권, 이데올로기 및 정당 정치로
> 부터의 간섭은 용납될 수 없는 것임을 발견한다. 힘겨루기와 타협을 통한 의
> 사결정은 그것의 대립물이다. 따라서 기술관료들은 의회 민주주의를 의심하
> 고, "최적자의 동치rule of the fittest" 및 관리된 정치managed polity를 선호하는
> 경향이 있다.113)

기술관료제는 정치에서 일어나는 '주고받기'에 반대하는데, 실용적 수량화도 이 반대를 공유한다. 그렇지만 "해결책"에 대한 언급은 몰개인성에 대한 호전적인 수량화주의자들의 강조를 예기한다. 프랑스 전통의 기술관료들은 사회적 문제들의 해결에는 교양 있는cultivated 판단이 필요하다고 강조해왔는데, 이것으로는 상이한 전문가들이 왜 때때로 조금은 상이한 의사결정에 도달하지 않아야 하는가를 설명하기 어렵다.[114]

의회 민주주의에 대한 불신이 수량화주의자들과 기술관료들에게 동일한 것을 의미하지는 않는다. 기술관료들은 지속적인 조사 – 의회에 기초한 정부가 실행하는 – 를 받지 않고 관리할 수 있는 권한을 원했다. 수량화주의자들도 마찬가지로 입법 과정이 이상적이지 않은 결과를 낳을 것이라고 불신하지만 그들은 문화적이고 분별력 있는 인간으로서 그들 자신의 권위를 감추거나 심지어 부인함으로써 적어도 그것에 적응했다. 기술관료제는 생산성과 효율성을 증대하기 위해 권위주의적 경향을 띠는 엘리트주의를 의미한다. 수량적 엄격성의 추구는 주로 민주주의와 결합해 번성하지만, 그것이 활발한 참여 민주주의는 아닐 것이다. 기술관료제는 권위를 갖는 전문가를 함축한다. 기술관료인 후베르 라가르델르Hubert Lagardelle(1874~1958)는 심지어 "사회적 삶에 귀족적 요소의 재도입 … , 즉 엘리트들에 의한 정부의 복원"을 요구했다.[115] 계산 체제regime of calculation는 기껏해야 민주적 통제를 전복하는 제한적 능력만을 갖는 전문가들의 권한을 강화하고자 하는 노력을 포함한다. 기술관료제는 비교적 안정된 엘리트들을 전제한다. 수량적 의사결정 규칙은 외부자들의 권력으로부터 승인받고자 하는 또는 강력한 도전자들에 대응하려는 내부자들의 노력을 뒷받침할 것이다.

수량적 객관성의 추구는 제2차 세계대전이 끝났을 때까지는 프랑스에서 널리 퍼지지 않았으며, 그 이후 대체로 미국인들의 영향 아래 퍼지게 되었다. 베르트랑 드 주브넬Bertrand de Jouvenel이 연구 집단인 푸추리블 그룹

Futuribles group을 설명하면서 경제적 예측에 관해 진술한 것에서 명백히 드러나듯, 그것은 미국의 공급원에 크게 의존했다.[116] 전후 프랑스에서 국민계정과 비용-편익 분석에 대한 프랑수아 푸케François Fourquet의 연구는 이런 부채를 마찬가지로 명백히 보여준다.[117]

단순히 지식의 관점에서만 보면 미국적인 것들의 이런 우선성은 놀라운 것이다. 1930년대까지 미국의 과학은, 정교한 수학이 필요한 경우에는 언제나, 그것의 약점을 특징으로 했다.[118] 그러므로 실용적인 수량화는 단지 엘리트 기술교육의 결과였을 뿐 아니라 또한 사회구조와 정치적 문화의 측면에서 이해해야 한다. 프랑스 사람들은 폴리테크니크 같은 기관들을 통해 아무에게도 뒤지지 않는 수학적 전통을 유지했으며, 계산을 관리의 보조물로서 통상적으로 사용했다. 그러나 학생들을 분류하기 위한 지능지수IQ 검사, 공공적 분위기를 수량화하기 위한 여론조사, 약물의 인허가를 위한 정교한 통계적 방법론들, 그리고 심지어 공공사업의 평가를 위한 비용-편익 및 위험 분석의, 몰개인적 객관성이라는 이름의, 체계적 사용은 모두 미국 과학과 미국 문화의 특징적인 산물이다.

제7장

미국 육군 공병대와 비용-편익 분석의 등장

현대의 피타고라스, 우리 시대의 아인슈타인은 멀리 떨어져 있는 지역에 저수지를 건설해 얻을 수 있는 편익의 비례 비율을 의심할 여지 없이 정확하게 판단할 수 있는가? —시어도어 빌보 Theodore Bilbo(1936), 미시시피 출신 상원의원*

미국 육군 공병대는 프랑스의 교량과 도로 기술단을 모범으로 1802년에 영구적으로 창설되었다. 그 부대의 장교들은 미국의 에콜 폴리테크니크인 웨스트포인트사관학교의 최상위 졸업생들 중에서 충원되었다. 프랑스 이주민인 피에르 샤를 랑팡Pierre Charles L'Enfant(1754~1825)은 위대한 기하학적 수도인 워싱턴의 설계자였는데, 또한 공병대 창설 계획도 관할했다. 창설 무렵, 그것의 기술적 도서관은 대부분 프랑스어 서적들로 채워졌다. 그것의 전신前身과 마찬가지로 공병대는 행정적 통일을 찬성했다. 이것 때문에, 그리고 그 부대 장교들의 의기양양한 엘리트주의 때문에 그들은 19세기 미국에서 정치적 불신의 대상이 되었다.[1] 반대자들은 이런 비판을 20세기까지 지속했다. 프랭클린 루스벨트Franklin Roosevelt 내각의 내무성 장관인 해럴드 이케스Harold Ickes는 그들의 중앙집권화 야망이 자신의 야망을 방해하지 않았다면 그것은 용서할 수 있었다. 그렇지만 그는 그들에 대항해 기꺼이 대중영합주의자의 역할을 했다. 그는 그들을 "워싱턴에서 가장 강력하고 야심

찬 압력단lobby"이라고 불렀다. "공병대를 구성하는 귀족들은 우리의 최고
위 지배계급이다. 그들은 군대의 정치적 엘리트일 뿐만 아니라 관료주의의
완벽한 꽃이다."[2]

　이것은 매력적인 과장이지만 그것을 전적으로 믿은 사람은 없었다. 아마
도 공병대는 일종의 엘리트였겠지만, 지배계급으로서 그것의 자만이 행정
영역의 범위를 넘어서 확대되지는 않았다. 교량과 도로 기술단에 대해서는
이렇게 말할 수 없을 것이다. 기술단은 2세기 동안 실질적인, 즉 비교적 통
일적인 엘리트와 얽혀 있었다. 폴리테크니크의 역사는 프랑스 사람들에게
대혁명 이후 그들의 사회에서 위계를 영구화한 교육체계의 범례로 가장 흥
미로운 대상이었다. 또한 교량기술단은 관료제의 자율성, 즉 정치에 대한
행정의 승리의 이야기다. 육군 공병대는 미국 역사가들에게 사회적 위계들
보다는 자연적 위계들, 즉 자연에 대한 통제와 더 관련이 있는 것이다. 정치
적 관점에서, 그것은 이익집단, 압력행사, '결탁logrolling', 그리고 무엇보다
도 "선심성 개발사업pork barrel"과 동의어다. 마지막으로, 그리고 가장 폭로
적인 것으로, 관료주의를 연구하는 역사가는 행정적 지배계급의 중심에 있
는 공병대가 아니라 완전한 분열과 잔인한 내분의 현장에 있는 공병대를 묘
사한다. 나는 이것이 균일한 비용-편익 분석 방법의 추구를 이해하기에 적
절한 맥락이라고 주장한다. 이러한 형태의 경제적 수량화는 기술 엘리트의
자연 언어로서가 아니라 불신과 이견의 맥락에서 상호 조정을 위한 기반을
마련하고자 하는 시도로서 성장했다. 계산 체제는 전능한 전문가들이 아니
라 상대적으로 취약하고 분열된 전문가들에 의해 부과되었다.

　이 장은 1920년대부터 1960년 무렵까지 미국 관료제에서의 비용-편익 분
석의 역사를 살펴본다. 이것은 학문적 연구의 이야기가 아니라 정치적 압력
과 행정적 갈등의 이야기다. 비용-편익 방법은 절차적 규칙성을 촉진하고
물 관리 기획 선택에서 공정성의 공공적 증거를 제시하기 위해 도입되었다.

20세기 초에, 공병대가 생산한 숫자들은 통상적으로 그 부대의 권위에만 기초해서 받아들여졌으며, 이에 따라 방법을 표준화할 필요가 거의 없었다. 그렇지만 1940년 무렵 부대가 공공 서비스 회사들utility companies과 철도회사들 같은 강력한 이익집단들로부터 도전받으면서 경제적 숫자들은 신랄한 논쟁의 대상이 되었다. 이 이야기에서 정말로 중요한 발전은 공병대와 다른 정부기관들, 특히 농업성과 내무성 개간국Bureau of Reclamation과의 격렬한 관료제적 갈등의 발생이었다. 기관들은 그들의 경제 분석을 조화시켜 그들의 불화를 해결하고자 노력했다. 통일성에 도달하기 위한 전략으로서 협상이 실패했을 때 그 기관들은 그들의 임시변통적인 기법들을 경제적 합리성에 근거 짓도록 요구받았다. 이런 해명에 기초해 비용-편익 분석은 국지적인 관료주의적 관행의 집합에서 일련의 합리화된 경제적 원칙으로 전환되어야 했다. 그렇지만 체계적인 불신이라는 미국의 정치적 맥락에서 그것의 취약성은 강점이 되었다. 1960년대 이후 그 분석의 옹호자들은 그것에 대해 거의 보편적인 타당성을 주장했다.

미국 공학에서 경제적 수량화의 시작

프랑스에서 그랬던 것처럼 미국에서도 공학자들을 위한 학문적 훈련은 시장의, 즉 경쟁 우위를 위한 모든 기회를 포착하는 기업가들의 자발적인 창출물이 아니었다. 피터 런드그린은 공학의 "학교 문화"가 산업화보다는 관료제와 더 많은 관련이 있음을 보여준다. 공식적인 공학 연구는 국가 공학자들이 전문직을 위한 모델을 제공한 나라들에서 처음 생겨났다.

스웨덴 그리고 독일의 여러 주들에서 광업학교들은 교육받은 공학자들의 역할을 합리적인 관료로 정의했다. 프랑스의 광산기술단은 주로 프라이베르크Freiberg의 색슨 광업학교Saxon Mining Academy를 모델로 했던 반면, 교량과 도로 기술단은 그 자체가 과학적 토목공학의 최첨단에 있었다. 미국 육군 공병대는, 프랑스의 교량기술단이 그러했던 것과는 달리, 결코 국가의 전문직을 모양 지을 만큼 강력하지 않았다. 그럼에도 처음부터 공병대는 미국의 현장에서 중요한 존재였다.[3]

이리 운하Erie Canal 기획이 시작되기 전에 정식 교육을 받은 공학자는 없었다. 공병대가 1820년대에 체사피크와 오하이오 운하Chesapeake and Ohio Canal의 경로를 조사하고 2200만 달러의 건설비용 ─ 이리 운하의 건설비용의 세 배 ─ 을 추정했을 때 의회는 반감을 갖고 실무자들을 끌어들였고, 그들은 지체 없이 숫자를 절반으로 줄였다. 그런 다음 기획은 완전히 무산되었다. 부대는 1838년 이후 주로 하천과 항만 공사만을 하도록 제한되었다.[4] 부대는 태평양을 향한 여러 경로를 조사했지만, 19세기에 북미 대륙에 퍼져 있는 광대한 철도망에 대해서는 행정 권한을 갖지 못했다. 그럼에도 군대 공학자들은 미국에서 철도회사들을 근대적이고 관리되는 회사의 기본형으로 만든 형태의 회계 및 관리를 주로 담당했다.[5]

군대의 공학은 또한 교량 설계 등과 같은 문제들에 수학을 응용하는 것과 관련이 있었다. 그러나 근거는 미국보다는 프랑스에 있었다. 찰스 엘렛 2세 Charles Ellet Jr.(1810~1862)는 이리 운하와 체사피크와 오하이오 운하 건설에서 고위직까지 올랐다가, 1830년에 파리에 가서 에콜 데 폰트의 외부 학생으로 공부했다. 그는 현수교 기술을 미국에 처음 도입했는데, 설계에서 응력 계산이 상상했던 것보다 조금 더 복잡하다는 것이 불행하게도 입증되었고 그러므로 재앙적인 실패를 겪었다. 엘렛은 공공사업에 관한 새로운 다양한 경제적 사유를 미국에 소개했으며, 비용 할당보다는 유용성에 기초한 독점적인 요금을 옹호했다. 여기서 그를 좌절시킨 응력 계산은 훨씬 더 정치적인 성격의 것이었다.[6] 도시들 사이의, 또는 농민들과 기업들 사이의 분쟁을 해결하고자 했던 철도 요금 전문가들은 프랑스의 전문가들처럼 조직된 전통에 의존하지 않았다. 전문지식은 공학자들과 변호사들이 정치적 및 사법적 압력에 대응하면서 필요로 하는 것에 따라 만들어졌다.[7]

그럼에도 미국에서 법률적 및 규제적 기구들의 증가는 그들의 노력에 일정 정도의 연속성을 제공했다. 대조적으로, 공병대가 이 영역에 진입하기 이전에는 미국에서 공공 투자에 대한 경제적 평가를 제공하려는 노력은 거의 완전히 미봉적이었다.[8] 효과적이려면, 비용-편익 분석은 제도화되고 관례화되어야 했다. 이것은 20세기 육군 공학자들의 뚜렷한 업적이었다.

새뮤얼 헤이스amuel Hays는 미국에서 정부의 전문성과 합리성의 성장은, 점점 더 중앙집중화된 권력에 직면한 소규모 공동체들의 붕괴에 의존했다고 주장했다. 전국적인 것의 지역적인 것에 대한 침투는 이제 진보의 시대 Progressive Era(1890년대에서 1920년대)로 불리는 시기의 미국의 정치사 및 지성사에 주요한 주제를 제공한다.[9] 유명하게도, 공병대는 이 구분의 양쪽에서 활동하면서, 기획의 전국적인 프로그램에 대한 지지를 얻기 위해 강력한 지역적 이해관계를 동원하는 능력을 활용했다. 그렇지만 비용-편익 분석이라는 관용구는, 예를 들어 오클라호마주 오올로가Oologah, Oklahoma에 있는 청중이 아니라 수도에 있는 청중을 위해 조정되었다. 허브 맥스파덴Herb McSpadden이 오클라호마의 버디그리스강Verdigris River에 제안된 저수지가 그의 죽은 친척 윌 로저스Will Rogers가 태어난 곳을 물로 덮을 것이라고 불평하기 위해 마을에 왔을 때 그는 그 지역의 관광적 가치를 화폐의 관점으로 전환하는 모험을 해야 했다. 합계로 그 기획이 7000만 달러의 손해를 야기할 것이며 "따라서 여러분의 단어를 사용하면, 그것은 '경제적으로 실행가능'하지 않다"라고 그는 주장했다. "그 단어는 저기 밖에 있는 우리에게는 전지전능하게 거대한 것이지만, 나는 이곳에 돌아와서 당신들의 단어를 사용해야 한다." 이것에 대해 홍수통제위원회Flood Control Committee의 미시시피Mississippi 위원장인 윌 휘팅턴Will Whittington은 다음과 같이 대답했다. "여러분 소년들이 워싱턴에 왔을 때 큰 단어들을 듣지 않는다면, 그것은 시간 낭비요."[10]

유럽에서는 교량기술단 같은 기술적 기관들이 종종 관료주의적 합리화의 선두에 자리했다. 미국에서는 단지 19세기 말에 의회가 특수주의적 입법에서 벗어나 일반적인 정책 제정 측면에서 그것의 역할을 이해하는 쪽으로 변화하면서 공공 작업에 관한 의사결정이 체계화되기 시작했다. 이것은 차례로 안정적인 관료제를 필요로 했고, 전문가들의 영향력이 커질 여지를 제공했다. 공무원의 전문화는 1883년에 엽관제도spoils system의 종언에 의해 자리 잡았다. 미국인들은 부분적으로 영국 모델에서 영감을 받았다. 그러나 영국인들은 그들의 공무원의 꼭대기에 옥스브릿지Oxbridge 출신의 종합주의자들을 위한 자리를 만들었다. 반면 미국에서는 오로지 정치와 돈만이 특별한 전문지식보다 우월했다. 그리고 좋은 정치는 때때로 전문가들의 의견을 존중할 것을 요구했다. 시어도어 루스벨트Theodore Roosevelt 대통령은 심지어 과학적 방법에 관한 위원회Committee on Scientific Methods를 설치하기까지 했다.

전문지식이 알몸으로 서 있는 것은 아니었다. 과학이라는, 사실이라는 규율은 도덕성과 품성의 용광로여야 했다. 매우 영향력 있고 효과적이었던 매사추세츠 통계국Massachusetts Bureau of Statistics의 국장 캐롤 라이트Carroll Wright(1840~1909)는 1904년에 정부 통계학자들에 대해 다음과 같이 말했다.

그들이 임명된 이유가 무엇이든, 조사와 통계 자료의 편집 및 발표 작업에서 얼마나 미숙하든, 어떤 정당 출신이든, 자본이나 노동 어느 쪽에 공감하든, 그리고 심지어 상당히 급진적인 사회주의적 견해를 유지한다고 하더라도, 그 사람들은, 거의 예외 없이, 그들에게 할당된 의무의 성스러움을 즉각 이해하고,

충실하고 정직하게 공공에 봉사했으며, 개인적인 편향이나 개인적인 정치적 정서에 관계없이 기꺼이 사실들을 수집하고 발표하는 것에 만족했다.[11]

실용적·도덕적인 이유 모두에서, 효율적인 민주 정부는 회계, 통계 및 그 밖의 형태의 수량화의 향상된 방법들을 요구하는 것으로 보였다.[12]

공공 정책의 중요한 쟁점들을 수량화가 해결할 수 있었는가? 경험은 종종 실망스러운 것이었지만, 희망은 끝없이 솟아올랐다. 미국의 최고 공학자들은, 그들의 프랑스 동류들과 마찬가지로, 1880년대 무렵에 철도 요금을 결코 경제적 계산에 의해 완벽하게 합리화할 수 없다는 것을 이해했다. 그러나 1913년에 의회는 주간州間상무위원회Interstate Commerce Commission: ICC 에, 모든 철도, 전신 그리고 전화 자산의 가치를, 그것의 총판권과 영업권의 가치까지 포함해 확정하도록 요구했다. 위원회는, 체계적인 규제를 위해 회계를 표준화하는 영웅적인 묘기는 가능하다고 하더라도, 이것은 불가능하다고 주장했다. 위원회는 극복할 수 없는 순환성의 문제를 인지했다. 자산, 그리고 특히 '영업권'의 가치는 서비스의 가격을 알아내기 전까지는 확정할 수 없었다.[13] 대법원은 위원회가 곤경에서 벗어나는 것에 도움을 주기를 거부했다. 서비스의 비용에 기초해 적정한 요금을 계산하기 위해서는 이런 평가가 필수적이라고 법원은 주장했다. 결과는 5만 쪽의 청문회 보고서였지만, 그것으로도 여전히 결론에 도달하기에 충분하지 않았다. 모턴 켈러 Morton Keller는 이것을 "주요 부분들이 유동적인 상황에 있는 기업을 규제하기 위한 고정된 근거를 찾는 데에 상징적인 진보적 시도"라고 부르며, 공공 시설에 대한 조사를 "철도가 빠져든 동일한 블랙홀"이라고 언급한다. 법원과 의회는 그 경험으로부터 아무것도 배우지 못했다. 1920년대에 그런 일이 되풀이되었다.[14]

이런 수량화 광란 뒤에는, 피할 수 없게, 관료적 엘리트들에 대한 신뢰의 부족이 있었다. 철도와 공공시설들을 규제하기 위한 또 다른 가능한 전략은 여러 차례 유포되었다. 1880년대에 고안된 것과 같이 주간상무위원회는 분쟁의 해결에서 판단을 내릴 수 있도록 허용받은 전문가들로 구성하도록 되어 있었다. 이런 생각은 심지어 법률에도 들어갔다. 곧 주간상무위원회의 "현명한 5인"이 철도 요금 구조를 변경하기 위해 적극적으로 움직였다. 대법원은 더 좋은 통계를 수집하려는 그들의 의욕을 드러나게 제외하고는 그들이 시작한 것들을 좌절시켰다. 대부분의 연도에 의회도 비슷한 경향을 보였다. 법적 및 정치적 이유로, 행정적 재량은 고도로 불신받았고 따라서 규제 당국들은 가차 없이 사실들을 탐색하고 그것들을, 도대체 가능하다면, 소수의 결정적인 숫자들로 환원하는 것 외에는 대안이 거의 없었다. 15)

그러한 제약은 20세기 초까지 공병대의 전체 임무를 실질적으로 구성한 항운 기획navigation projects에는 훨씬 덜 강력하게 적용되었다. 의회는 철도에 대한 규제의 체계화에 대해서는 설득 당했지만, 연방의 물 기획을 선택할 권한에 대해서는 포기할 의사가 전혀 없었다. 효율성에 대한 요구는 크지 않았다. 보호 관세는 유용하게 투자하는 방법에 대해 정부가 알고 있는 것보다 더 많은 수입을 가져왔다. 대신, 그것은 남북전쟁 퇴역 군인들을 위한 연금과 하천 및 항만 사업에 지출되었다. 이 지출의 반대자들은 순전히 정치적 선택의 기회들을 줄이는 데 어느 정도 성공했다. 1902년 이후, 공병대 안에 설치한 '강과 항만을 위한 공학위원회Board of Engineers for Rivers and Harbors: BERH'는 개발 기획을 의회에 추천하기 전에 그 기획이 유익하다는 것을 증명해야 했다. 육군장관 중 한 명인 헨리 스팀슨Henry L. Stimson은 1910년대 초에 개발 기획들을 장점의 순서에 따라 등위를 정하라고 요구하고자 했다. 공병대는 이것에 반발하면서 의회가 기획들 가운데에서 선택해 찬성한다는 것을 인식한 것으로 보인다. 16)

그렇지만 공병대가 도착한 모든 제안에 동의하는 고무도장은 결코 아니었다. 어떤 기획이거나 적어도 건설 자금을 지역사회에 가져다줄 수 있었고, 또한 항운은 상환할 필요가 없는 연방 서비스였기 때문에 물길 개선의 타당성을 연구하라는 지역의 요구는 적지 않았다. 그중 절반 이상이 거절되었다. 의사결정의 또는 적어도 그 결정에 대한 설명의 통상적인 기초는 경제학이었다. 예를 들어, 1910년에 공학위원회는 원래 텍사스주 코퍼스 크리스티Corpus Christi, Texas 근처에서 제안한 것보다 더 좁은 물길을 추천했다. 근거는 "일반적인 상업과 항운에 발생하는 편익이 현재로서는, 더 넓은 물길의 비용을 정당화하기에 충분하지 않을 것"이라는 것이었다.[17]

1920년대에는 거의 경제적 관행을 다루는 것 이상의 것이 우호적인 보고서들에도 나타나기 시작했다. 그것에는 기획의 비용에 대한 추정, 그리고 이런 비용을 상회할 때까지의 편익의 명세 또는 지출의 한도로서 잠재적 편익의 확정이 포함되었다. 1925년에 공학위원회는 "가능한 편익이 대규모 지출에 비례한다는 이유로" 워싱턴주 포트 앤젤레스 항만Port Angeles Harbor, Washington에 관한 불리한 보고서를 채택했다.[18] 워싱턴주 스카짓강Skagit River의 홍수통제에 관한 예비보고서는 연간 홍수피해의 평균을 12만 5000달러 또는 15만 달러로 추정하고, "이 수치는 홍수통제 계획의 실행 가능성을 고려하는 데 대략적인 기초를 제공할 것이다"라고 덧붙였다.[19] 새크라멘토강Sacramento River에 설치할 267만 998달러짜리 댐과 수문들이 어떻게 기존 기획에서의 매년 2만 5000달러의 유지비용, 그것이 아니면 강의 한 부분에서의 균일한 흐름을 유지하는 데 필요했을 비용-매년 4만 5000달러 그리고 그것이 아니면 강의 또 다른 부분에서 6피트의 강의 깊이를 확보하는 데 필요한 26만 달러의 자본 지출 및 추가의 연간 유지비용 8만 달러 등을 어떻게 절약할 것인가를 설명한 것은 다름 아닌, 당시 새크라멘토의 공병연대장district engineer이었던 율리시스 그랜트 3세였다. 4%의 이자율을 가정하면 이 금액들은 각각 62만 5000달러, 112만 5000달러 그리고 226만 달러의 자본 가치로 전환되었다. 피더강Feather River에서의 182만 8000달러 기획의 또 다른 편익은 그 기획에 대한 경제적 정당화를 수정같이 명확하게 만들었다. 또는 전 대통령(율리시스 S. 그랜트)의 손자에게는 그렇게 보였다. 불행하게도 강 하류에 설치할 수문이 통행을 지연시킬 것을 우려하는 강력한 항운업의 이익은 동의받지 못했다. 그리고 그랜트의 직속 상급자인 샌프란시스코의 공병사단장division engineer도 그렇게 했다. 공학위원회는 그 반대자들과 의견을 같이했고, 대신 다른 항로 개발을 권장했다.[20]

웨스트버지니아West Virginia주의 한 공병연대장은 1933년에 카나와강Kanawha River의 항운 개선을 권장하는 보고서로 행운을 누렸다. 17만 3000달러의 연간 비용은 그가 추정한 15만 달러의 연간 편익을 초과했지만, 지역의 항운업체들이 주장한 연간 100만 달러의 편익에는 크게 못 미쳤다. 그렇지만 석탄 운송에서 매년 30만 톤의 증가만으로도 항운 개선을 정당화할 것이었으며, 그러한 전망은 적어도 공병대의 관련 부서들에 대해서는 실제로 그렇게 했다.[21] 마지막 사례는 루이지애나주 바이우 라푸쉐Bayou Lafourche, Louisiana를 위해 제안된 물길의 3구획들에 관한 공병연대장 타일러M. C. Tyler의 보고서다. 3구획 모두에 대해, 타일러는 그 비용이 잠재적 편익을 초과하지 않을 최대의 가능한 물길 크기를 권장했다. 공학위원회는 더 작은 물길을 승인했는데, 순편익을 극대화하는 정책의 관점에서 설명되지는 않았지만, 그것에 의해 비용을 초과하는 추정 편익의 잉여를 증가시켰다. 위원회는 단지 예상되는 통행량을 처리하는 데 더 작은 물길이 적합할 것이라고 기록했다.[22]

그 보고서들은 엄격성을 그다지 내세우지 않았다. 그럼에도 그것들은 1920년대 중반까지 공학위원회가 자신이 권장하는 기획들이 비용을 초과하는 편익을 약속하는 것으로 예상했음을 보여준다. 1920년대 초에 경제적 계산을 장려하는 입법이 있었는데,[23] 그것은 비용 할당을 위한 새로운 기준을 포함했다. 그러나 1936년까지는 엄격한 비용-편익 요건은 법에 기록되지 않았다. 공병대는 1936년의 법에 대한 대응으로서만 비용-편익 분석을 수행한 것으로 종종 추정되어왔다. 하지만 이것은 분명히 잘못이며, 의회가 공병대에게 거의 존재하지 않았거나 또는 공병대에 완전히 낯선 형태의 분석을 사업 계획의 기초로 삼으라고 요구했을 것으로 상상하기는 (완전히 불가능한 것은 아니지만) 어렵다.

공병대에서 비용-편익 수량화의 증가가 단순히 법적 명령에 대한 응답만은 아니었다. 허버트 클라크 후버Herbert Clark Hoover 대통령 시대, 심지어 그 이전의 시기도 경제학자들에게 예외적으로 유리한 시기였다. 그들은 공공사업 지출에서 당파적 영향을 무효화해야 한다고 주장했다.[24] 1917년과 1928년의 홍수통제법 − 1928년의 법은 1927년의 예외적인 미시시피강 홍수에 대한 대응이었다 − 에 따른 예산 증가는 책무성을 강화하라는 압력을 낳았다. 1927년에 의회는 공병대에, 항운, 수력, 홍수통제 및 관개를 개선하기 위해 미국의 모든 주요 강 유역을 조사하도록 지시했다. 이에 따라 이후 10년에 걸쳐 공병대는 "308 보고서들"로, 그것들을 목록화한 하원 문서의 이름을 따라, 불리는 방대한 기록과 제안들을 생산했다. 공병대는 대규모 민간 노동력을 확보하기 시작했고, 규율을 부과하기 위해 점점 더 수량화에 의존했다. 따라서 1936년의 홍수통제법, 그리고 그 법에 담긴 "그 기획의 혜택을 받을 수 있는 누구에게나 발생하는" 편익이 그 기획의 비용을 초과할 것으로 예상되는 홍수통제 기획만이 연방의 자금을 받을 수 있다는 유명한 요건을 공병대가 준비 없이 마주친 것은 아니다.

당국의 권위가 정당화한 숫자들

1936년 홍수통제법의 비용-편익 조항은 미국 의회가 자신의 나쁜 관행을 통제하려는 영웅적인 노력들의 하나였다. 이 법은, 늘 그랬듯이, 홍수가 일어난 뒤 만들어진 것이지만 또한 계속되는 불경기에 따른 것이기도 했다. 공공사업은 불경기에 대한 적절한 구제책으로 보였다. 공병대장 에드워드 마크햄Edward Markham은 하원 홍수통제위원회가 "308 보고서들"에 수록된 1600개의 기획들을 검토하고 비용 대비 편익의 비율이 가장 높은 기획들을 선택함으로써 1935년에 그 위원회의 법안을 정리했다고 설명했다. 우리는 지역의 균형도 고려했다고 확신할 수 있다.[25] 그 법안은 하원과 상원을 모두 거쳤는데, 의회는 마지막 순간에 야성적 충동을 표출하면서, 공병대가 적절하지 않다고 판단했거나 심지어 검토한 적이 없는 막대한 규모의 기획들을 포함시키는 의원 수정안을 추가했다. 그런 충동의 표출은 법안을 좌초시킬 만큼 해로웠다. 1935년에는 주요한 홍수통제법안이 통과되지 못했다. 편익이 비용보다 커야 한다는 단서는 그러한 불미스러운 광경을 피하려는 1936년의 노력의 일부였다.[26]

그 특정 요건은 그것이 함축하는 제도적 규칙성보다 아마도 덜 중요했을 것이다. 이후 의회는 공병대가 조사하고 입증한 공공사업들을 단지 인가할 수 있을 뿐이었다. 예비 검토와 그 다음의 전체 조사는 각각 공병대 관료제의 여러 층위들을 거쳐 진행되었는데, 몇 개월 또는 몇 년이 걸렸으며, 입법부의 갑작스러운 변덕을 충족시켜야 완료될 수 있었다. 이제는 희소한 일이지만, 정말로 수치스러운 기획들이 인가되었을 때에는 적당한 수준의 예절이 유지되었다. 공식적인 경제적 분석은 의회에서의 논쟁과 거래를 줄이는 데 도움이 되었다.[27] 하원과 상원의 홍수통제위원회 위원장들은 새로운 기획들을 제안하는 수정안을 차단하기 위해 의원 토론에서 비용-편익 규칙을 관례적으로 발동했다. 그 규칙은 입법의 홍수를 방지하는 댐으로 해석되었다. 상원은 예외를 만들 수 없었다고 1944년에 존 오버턴John H. Overton은 설명했다. "만약 우리가 그렇게 했다면 배가 산으로 갔을 것이다." 하원에서 휘팅턴의 비유는 이런 재난들과 그 밖의 재난들에 대해 경고하는 것이었다. "위원장, 우리가 한 번의 사례에서 예외를 만들자고 제안한다면, 귀하는 빗장을 푸는 것이며 홍수통제의 건전한, 즉 기본적인 원리들을 십자가에 못 박는 것이오."[28]

그로 인해 공병대가 전능해진 것은 아니었다. 승인 후에 예산 책정이 이루어지는데, 이것은 의회가 정치적 선택을 할 수 있는 넉넉한 공간이 되었다. 그럼에도 계획 과정의 이러한 정규화는 공병대의 지위를 향상할 수밖에 없었다. 강력한 반대자들로부터 도전 받았을 경우를 제외하고는, 공병대가 생산한 숫자들은 일반적으로 공병대 자체의 평판과 대등한 권위를 갖고 수용되었다. 그 권위는 충분했다. 루이지애나의 오버턴은 1938년 상원에 이렇게 말했다. "어떤 기획이 홍수통제 수단으로서 가치가 있는가를 판단하기 위해서는 먼저 그것을 전문가들의 판단에 맡겨야 하며, 육군 공학자들은 이 문제에 관해 선정되고 인정된 전문가들이다."[29]

수량적 형태로 표현된 이런 판단은 의회가 그것의 합리성과 객관성을 자랑하게 만들었다. 비용-편익 표준은 편의적인 상투어instant cliché였다. 1940년 하원 홍수통제위원회의 청문회 첫머리에서 공병대장 줄리안 슬라이Julian L. Schley는 "그 기획들은 모두 내 부서에서 연구했고 모두에 대해 찬성하는 보고서들을 작성했으며 그것들의 공사 실시를 추천했다"라고 보고했다. 1943년 휘팅턴은 "어떤 기획에 대해 공학위원회와 공병대장이 그 기획의 편익이 비용을 초과할 것이라고 진술하면서 추천하기 전까지 우리는 그 기획을 의회에 보고하지 않았다"라고 공언했다. "히틀러의 전쟁과 폴란드 침공에 이를 때까지 매년 홍수통제 권한을 확보할 수 있었던 이 위원회의 능력은 대체로 이러한 기준을 고수해온 사실에 기인한다고 우리는 믿는다"라고 그는 덧붙였다.[30]

특히 수량화 문제에 관해서는, 책임 있는 의회의 위원들이 캐묻지 않을 수 있다는 것이 눈에 보였다. 그들은 사실에 관해 많은 질문을 했지만 답변이 무엇인가는 거의 중요하지 않았다. 종종 기록에 한동안 공백이 남아 있었고, 통계적 질의에 대한 답변은 나중에 삽입될 것이었다. 편익-비용 비율이 1.03인 것으로 판명되었을 경우, 그 위태로운 강이 최근 범람하지 않았다면, 위원회 위원들이 어떤 계산 오류가 그렇게 낮은 숫자를 산출했는가를 큰소리로 궁금해하더라도, 그것에 대한 논평이나 경보는 제시되지 않았다. 1948년에, 텍사스에서 지역의 관심사는 지역의 물 공급을 안정화하기 위해 니치스-안젤리나강Neches-Angelina River의 체계에 관한 기획을 수정하도록 제안했다. 웨인 무어Wayne S. Moore 대령이 설명했듯, 공병대는 그것이 "비용에 대한 일반적 편익의 이론적 비율을 약간 낮출 것이지만 실질적으로 그렇지는 않을 것이므로" 반대하지 않았다. 누군가가 그것이 얼마나 될 것인가를 물었다. "보고서에서는 비용 편익 비율을 1.08로 추정하고 있으며, 제안된 입법에 의해 기획이 수정된다면 그것은 1.035, 또는 아마도 그것보다 조금 더 클 것이지만 이 차이는 추정치의 오차 한계 내에 있다." 이 청문회에서 언급된 오류의 범위를 나는 다른 어디에서도 본 일이 없다. 0.05의 가능한 오류가 제안된 기획의 신뢰도를 낮추지 않을 것이라는 점을 인지하거나 우려한 사람은 아무도 없었다. 숫자들에 대해서는 거의 의문이 제기되지 않았다. 1954년 상원 홍수통제소위원회의 프레스콧 부시Prescott Bush는 캘리포니아에서의 기획에 대한 지역의 부담액이 "2만 2500달러로 추정된다"라는 보고를 받았다. "그것은 상당히 복잡한 공식에 따라 계산된 것이다. 나는 그 공식의 자세한 내용으로 귀하를 괴롭히지 않고자 한다." "좋다"라고 상원의원이 답했다.[31]

의회는 무엇을 기초로 이러한 경제적 숫자들에 대해 암묵적으로 신뢰했는가? 아마도 의원들은 복잡한 공식에 대한 이야기에 겁을 먹었을 것이다. 그러나 그것 외에도 두려운 것은 많았다. 그런 오붓한 위원회들에서 세세하게 캐묻는 것은 치명적인 악덕이었다. 의회 의원들은 공병대에 대한 그들의 믿음을 감춰두지 않았다. 이런 강력한 기관에, 사실적 주장이 그다지 중요하지 않을 때 사적으로 문제를 제기하는 것을 제외하고는, 도전하지 않는 것이 그리고 그 기관을 공적으로 찬양하는 것이 훌륭한 용기였다. 1936년 홍수통제법에 비용-편익 조항을 넣은 뉴욕주의 로열 코플랜드Royal Copeland 상원의원은 상원에서 공병대 공학자들은 부패 불가능하다고 말하면서 그들을 "명예롭고 정직하고 애국적인 사람들"로 불렀다. 휘팅턴은 하원에 "공병대장은 공정하며 의회와 나라를 대표한다"라고 선언했다. 미시간Michigan의 반덴버그Vandenberg는 1936년에 새로운 제도가 "최우선으로 독립적이고 비정치적이며 편견 없는 결정"을 필요로 한다고 설명하고, 공학위원회의 청렴성과 역량과 관련해 누구도 의심이나 막연한 이의제기를 들은 적이 없다"라고 솔직하지 않게 덧붙였다.[32]

누군가가 그런 이야기를 들었다면 그것을 감추는 것이 그들의 이익에 부합했다. 오클라호마의 로버트 커Robert S. Kerr 상원의원은 관행에 따른 정치적 편익뿐 아니라 상원의 강과 항만 위원회 위원장으로서 그가 후원한 기획들로부터 통상적인 규모의 개인적인 경제적 편익보다 훨씬 더 많은 혜택을 받았다. 그는 1962년 공병대의 일부 구성원들에 대한 비판이 제기되었을 때 의로운 분노로 반응하며, 그들은 웨스트포인트의 최고 훌륭한 졸업생들이며 그들의 계산에 도전하는 것은 "건방진 일"이라고 호통쳤다.[33] 공병대는, 공개적으로는, 정치에 연루되는 것을 모두 주의 깊게 회피했다. 기록은 정치가 무엇인지 모른 채 공병대장이 될 수 있었다는 것을 명확히 보여준다. 오리건Oregon의 호머 앤젤Homer Angell이 1952년에 성격상 비우호적인 의회조사 과정에서 루이스 픽Lewis Pick 장군에게 예산국에 있는 귀하의 관료주의적 반대자들이 때때로 "정치에 돌입"하지 않겠느냐고 분명하게 우호적으로 물었을 때, 픽은 어쩔 줄 몰라 했다. "의원님?" 그는 반문했다. 앤젤은 설명했다. "때때로 그들은 어떤 기획을 진행해야 할 것인가를 결정하는 데 정치를 끌어들인다. 물론 그렇게 하지 않기도 한다." 픽은 뻔뻔스럽게도 여전히 솔직하지 않았다. "모르겠다. 그들이 그렇게 하더라도 나는 그것을 알지 못한다." 그러한 눈감음은 정치적인 선견지명이었다. 동일한 청문회에서 미시간의 조지 돈데로George A. Dondero는 다음과 같이 언급했다. "나는 우리 위원회에 기획을 보내오는 육군 공병대의 지혜에 대해 우리가 의심한 경우는 20년 동안 단지 한두 번뿐이었던 것으로 기억한다."[34]

때때로 음모론, 즉 의회 청문회 전체가 상호 후원mutual patronage 체계계를 위장하기 위한 가장무도회였다는 생각은 유혹적이다. 그러나 이것은 확실히 부적절하다. 후원만으로 공병대를 만든 것은 아니었다. 공병대는 잦은 전쟁으로 점철된 한 세기 동안의 군사적 연관에서 위세를 얻었다. 그것은 군사적 규율의 장점을 가졌다. 그것은 정부에서 가장 효과적인 응급구호 기관이었다. 그것은 수로와 제방에 대한 상당한 전문지식을 축적했다. 그것이 건설한 댐은, 그것을 경제적으로 어떻게 정당화했던지 간에 적어도 무너지지 않았다. 그것의 공학자들은 기술 역량으로 명성을 얻었다. 그렇다고 하더라도 의회가 공병대에 대해 경제적 분석에서 엄격한 규칙을 따르도록 요구하지 못한 것에 대한 최선의 설명은 정치라고 할 수 있다. 미주리Missouri의 오빌 짐머만Orville Zimmerman은 "귀하는 결론을 내리는 데에서 육군 공병대보다 더 과학적인 방식으로 작업하는 기관이 이 정부에 있다고 생각하는가?"라고 질문하고 그것으로 비판자를 제압했다. 오하이오 제인스빌Zanesville 상공회의소 간부이며 댐 건설에 따른 수몰지역 주민인 윌리엄 코리William M. Corry도 동일한 것을 지적했다.

나는 먼저 '나는 공학자가 아니다'라고 말하고 싶다. 나는 배가 아팠으면 의사에게 갔을 것이다. 내 자동차에 문제가 있으면 나는 그것을 정비공에게 가져

갔을 것이다. 마찬가지로, 내가 홍수통제를 원할 때에는, 가능한 최고의 근원, 훈련된 사람들의 집단 그리고 오랜 기간에 걸쳐 적절한 홍수통제에 관해 세계에서 가장 유능한 전문가들이라는 탁월한 평판을 얻은 사람들의 집단, 즉 미국 육군 공병대에 간다.[35]

미시시피 하류 지역보다 공병대에 더 완벽하게 의존한 곳은 없다. 그곳에서 공병대는 화학공장과 가재 포장업자, 바지선 회사들 및 범람원 주민들, 뉴올리언스New Orleans와 모건 시티Morgan City의 모순적인 이익들을 충족하기 위해 맹렬하게 분투했다. 많은 사람들은 공병대가 이런 거대한 강을 관리할 가능성들에 관해 이미 지나치게 낙관적이라고 생각하지만, 이익집단들은 항상 더 많은 것을 요구한다. 그렇지만 항의하는 동안에도 그 집단들은 재량권을 가지고 있다고 너무 명확히 알고 있는 기관들에 대해 열성적으로 경의를 표시한다.[36]

1930, 1940년대 하원의 홍수통제위원회가 다룬 소수의 실질적인 쟁점 중 하나는 미시시피 방수로floodway – 강물이 제방을 범람하지 않도록 과도한 물을 흘려보내는 수로 – 계획에 관한 것이었다. 공병대는 이 물을 아칸소Arkansas 한쪽 구석과 루이지애나의 상당 부분을 가로지르는 유도라 방수로Eudora Flood-way로 불리게 될 것으로 보낼 권리를 구입할 것을 제안했다. 레너드 앨런 Leonard Allen 같은 루이지애나의 대표들은 심하게 불평했지만, 계획을 세운 기관에 대해서는 거의 한결같이 우호적이었다. "워싱턴에 공병대 사람들보다 내가 더 신뢰하는 집단의 사람들은 없다는 것을 나는 알고 있다"라고 그는 1938년에 공언했다. 위원장인 휘팅턴은 그들의 결정을 공학과 경제적 필요에 맞췄다. "우리가 공병대장에게 초당 300만 세제곱피트의 물을 보낼 수 있는 가장 경제적인 방법과 가장 유리한 장소를 요구한다고 말할 때 우리는 그들에게 우리에게는 없는 척도를 준 것이다."[37]

우연히도 휘팅턴의 지역구는 미시시피에 있었다. 그의 주에서 나온 증언들 중 일부는 공병대에 대해 훨씬 더 큰 경의를 표현했다. 물론 그들은 그럴 만 했다. 미시시피 홍수통제 구역을 대표하는 윈W. T. Wynn은 다음과 같이 설명했다. "이 문제는 우리 지역의 공학자들의 범위를 넘어섰다고 나는 생각한다. 그것은 국가적인 문제이며, 우리는 환자이고, 우리는 그것을 육군 공병대에 넘겨야 한다고 생각한다. 그런데 우리가 그 공학자들에게 수술을 어떻게 할 것인가 어떤 종류의 의약을 우리에게 줄 것인가에 대해 어떻게 말할 것인지, 나는 알지 못한다." 앨런은 다른 증인에게 물었다. 그러나 상황이 역전되면 육군 공학자들이 물을 귀하의 주를 거쳐서 흐르게 할 것인가? 리 블래이크Rhea Blake는 답했다. "그렇다. 우리는 지금 그것을 말하고 있다. 우리는 우리가 모든 문제를 공병대에 넘겨야 한다고 말하고 있다."[38]

3년 뒤, 아무것도 해결되지 않았지만, 수사학은 만개했다. 앨런은 다시 왜 "제안된, 그리고 미시시피가 찬성한 모든 계획이 물이 루이지애나를 통과하는 계획이었는가?"라고 질문했다. 미시시피 제방청의 수석 공학자 앨런J. S. Allen은 다음과 같이 대답했다. "전지전능한 하나님이 그렇게 정했다. 우리가 한 일이 아니다." 그는 계속했다. "우리는 이 상황의 지리학을 인정했고, 육군 공병대의 의견을 존중했다." 그리고 마침내 하나님이 지상으로 내려왔다. "미국의 최상위의 공학자들이 그 점에 따라 결정했다."[39] 같은 청문회 동안 이어진 문답에서 한 증인은 공병대에 대한 정치적 압력을 언급했고, 아칸소의 노렐Norrell 대표는 경악하며 반응했다. "귀하는 이 위원회에 육군 공학자들이 정치적 압력과 영향력에 좌우된다는 이야기를 하는 것인가." 증인은 그런 뜻은 아니라고 부인했다. 노렐은 계속했다. "나는 단지 귀하가 공공적인 또는 정치적인 영향력이 육군 공학자들에 작용할 수 있다는 뜻으로 말하지 않았다는 것 그리고 이에 더해 그들이 언제나 오로지 그들이 운영하는 기술적 영역에 의해서만 안내 받는다는 것을 기록에 분명히 남겨

두고자 한다."[40)

물론, 의원들은 기술적 고려가 선택을 금지하지 않는다는 것을 알고 있었다. 긴장이 풀어진 시간에 그들은 공개적인 토론에서 그와 같은 것을 행복하게 인정했다. 1948년의 캘리포니아 하프 문 베이Half Moon Bay, California의 항만 개선을 위한 제안은 1.83의 편익-비용 비율을 보여주는데, 편익에 대한 현란한 구색 맞추기를 포함했다. "어획량 증가와 생산 및 운송비용 절감, 어업 조업 시간 감소, 어선 손상 및 장비 손실 감소, 해양 보험료 감소, 지역의 해양 수선 시설 이용 가능성, 레크리에이션 활동 및 관련 사업 증가, 항만 개선으로 인한 토지 이용 변화." 공병연대장이 고안해낸 이 목록에 탁월한 공병사단장은 지역의 채석장이 받을 편익을 추가했다. 하원의원 잭 앤더슨Jack Anderson은 자신의 열정을 억누를 수 없었다. "위원장! 나는 가능한 모든 공공적 편익을 포괄한 것에 대해 그리고 이것이 건설될 때 결국 발생할 수 있는 모든 편익을 조사한 것에 대해 육군 공학자들을 높이 칭송해야 한다고 생각하오."[41)

더 놀라운 사례는 포토맥Potomac강의 지류인 메릴랜드 서쪽의 새비지강 Savage River과 관련된 것이었다. 1930년대 후반에 공공사업진흥국Works Progress Administration은 댐 하나를 건설하기 시작했다. 이것은 1935년에 공병대가 그 기획의 편익이 "그것의 가장 자유주의적인 평가에서"조차 비용의 단지 0.37에 지나지 않았기 때문에 "경제적으로 타당하지 않다"라고 선언한 뒤의 일이었다. 이 사업은 전쟁으로 중단되었으며, 이 당황스럽고 절반 정도 완성된 댐은 1945년에 공병대의 무릎에 던져졌다. 기획에 수력발전 시설을 추가함으로써 공병대는 댐 완성을 경제적으로 가까스로 합리화했다. 불행하게도 이 수력발전은 공학위원회에 앞서 열린 공공 청문회에서 활발하게 논란이 되었고, 공학위원회는 그것을 탈락시켰다. 그런데 공병대의 크로포드Crawford 장군이 노골적으로 반복해 설명했듯, "기획에 대한 전반적인 경제적 정당화는 그 기획을 정당화하기에 충분하지 않았다". 메릴랜드의 주의회 의원인 글렌 벨J. Glenn Beall은 자신의 선거구가 여전히 홍수의 위험에 노출될 것이라는 경보를 공언했다. 압력은 웨스트버지니아의 제닝스 랜돌프Jennings Randolph 상원의원으로부터도 왔다. 그리고 실제로 공병대는 낭비와 헛수고의 그러한 기념물을 그대로 두는 것을 싫어했다.

며칠 뒤, 크로포드는 청문회에 돌아와 "추가 조사"의 결과에 관해 열변을 토했다. "우리는 공병연대장에게 중심 보고서와 별도의 개별 기획으로서 새 비지강 댐에 대해 고려하도록 요청했다. 그것을 수행하면서 그는 그가 중심 보고서를 작성할 때 개발의 필요가 있음을 발견하지 못한 다른 편익들을 발굴했다. 그 결과는, 추가 조사에서 그가 그의 보고서에 기록했던 것보다 훨씬 더 큰 편익을 찾아냈다는 것이다." 단지 2700달러였던 연간 홍수통제 편익이 이제 더 잘 조절된 물 흐름에서 기인하는 하류의 발전 편익 5000달러, 오염 완화 편익 4만 5000달러, 그리고 물 공급 개선 편익 13만 달러에 의해 증대되었다. 댐 완공을 위한 편익-비용 비율은 이제 1.5가 되었으며, 따라서 보고서에 "이 새비지강 댐 기획을 추가하는 것은 완벽하게 적절할 것이었다".[42]

이런 편익 부풀리기는 기획들이 비용-편익의 요건을 극복하는 데 유용한 일반적인 전략을 제공했다. 공병대는 일부 부류의 편익에 대해서는 오랫동안 중요한 것으로 인정했지만 수량화할 수는 없는 것으로 생각했다. 1940년 대에는 때때로, 공병대는 그것의 가시적인 편익이 비용을 초과하지 못하는 기획들을 정당화하기 위해 그런 비가시적인 편익들을 인용했다. 미시간의 한 수로에 관련해 계산된 편익-비용 비율은 0.82였는데, 광범한 지역의 불안감을 고려할 때 "영향받는 공동체들의 전반적인 복지에 유익하고 필수적인 것으로 간주되었다." 알래스카 준주의 스캐그웨이Skagway, in the territory of Alaska 항구의 개선 기획은, 그것의 비율이 0.53이었음에도, "해당 지역의 미래 발전의 촉진에서 그 항구의 중요성을 고려해" 정당화되었다. 펜실베이니아Pennsylvania의 래커왁슨강Lackawaxen River의 홍수통제 사업의 비율은 단지 0.8이었다. 그러나 1942년 홍수로 24명이 목숨을 잃었고, 미래에 그러한 인명 손실을 방지하는 비가시적인 편익은 공병대가 그 기획을 추천하기에 충분했다.[43]

그렇지만 공병대는 결코 계산 체제에 대한 예외들에 크게 의존하지 않았다. 그것들을 체계화하는 것이 더 나았다. 최고의 항구들이 개발되고 제방들이 세워지고 댐 건설 부지들이 소진되면서, 점점 더 많은 이른바 비가시적 편익들이 가시화되고 수량화되었다. 결과적으로 1940년대 또는 1950년대에 (일부는 결정적으로) 각하되었던 많은 기획들이 결국 승인되고 건설되었다. 공병대는 종종 주저했지만, 추진자들은 이러한 일반적인 변화를 인식하고 진행을 재촉했다. 아칸소, 오클라호마, 텍사스 및 루이지애나의 편익을 위해 레드강Red River의 개발을 요구하는 한 민간 보고서에 따르면 다양한 개별 댐들과 수로들의 기획들은 비용-편익 시험을 통과하지 못했지만 통합 기획은 그것을 쉽게 통과했다. 공병대는 "국가적 관심사를 싸구려 경제학에 입각해 측정하고자 하는 시도의 유해한 결과"를 인식하고 있었다고 낙관적으로 생각할 수 있다. 각각의 기획에서의 그런 누락들이 어떻게 대량으로 보충되었는가? "현재의 절차는 편익과 비용의 비율을 계산하는 데 사용되었다". 여기서의 "현재의 절차"는 단위당 레크리에이션과 물 공급의 편익을 그 지역의 전체 인구로 곱하는 것과 단위당 관개와 배수의 편익을(여러 과도한 것들 가운데) 모든 잠재적 농지 면적으로 곱하는 것을 허용하는 것으로 드러났다.[44] 공병대가, 그것의 가장 확장적인 순간에도, 보기에 이것은 너무 컸으며, 따라서 공병대는 이런 보고서의 승인을 거부했다.

공병대 반대자들과 표준화의 압박

위에 제시된 사례들은 공병대의 경제적 방법만으로는 조사 결과를 결정할 수 없었다는 것을 증명한다. 대부분의 독자들에게 이것은 놀라운 일이 아닐 것이다. 그러나 그것들이 비용과 편익의 수량화에서 전형적인 사례들은 아니라는 것을 이해하는 것이 중요하다. 정치 세력들이 압도적이었을 때 그리고 그 세력들이 모두 한쪽 편에 배치되었을 때 공병대는 그것의 관례적인 표준을 가장 심각하게 위반했다. 통상적인 사안들에서는 공병대의 위세가 정치를 억제하기에 충분했다. 일반적으로 의회의 조사는 공병대가 특정의 수량화 규칙을 반드시 지키지 않아도 될 정도로 겉치레적이었다. 재량에 대한 점검이 있었다면 그것은 주로 내부적인 것이었다. 뒤에서 드러나듯, 공병대의 최고위 장교들은 사단들과 연대들에 적용하는 경제적 분석들에 일정한 통일성을 부과하고자 실질적인 노력을 했지만, 그것이 개인적인 판단을 무효화하는 움직임으로까지 나아간 것은 아니었다.

표준화된 방법을, 그리고 이런 의미에서의 객관성을 요구하는 가장 강력한 힘은 공병대 반대자들에게서 나왔다. 물론 기대했던 항운 기획이나 홍수통제 기획이 중단될 때에는 불만도 있었다. 공학위원회는 워싱턴을 떠나 현지에서 특별 청문회를 수행해야 할 의무가 있었을 것이다.[45] 실망한 지역의 이익집단들은 의회위원회에 불만을 제기했었을 것이다.[46] 그렇지만 지역의 이익집단들은 일반적으로 취약했으며, 공식적으로 생산한 숫자들에 맞서는 위치에 있는 일은 드물었다. 오로지 강력한 이익집단들만이, 즉 모든 부류의 공병대 기획에 체계적으로 반대하는 이익집단들만이 공병대의 비용-편익 방법의 엄격한 표준화를 향해 많은 압력을 행사할 수 있었다. 이 반대자들 중 가장 효과적인 것은 공공 서비스 회사들, 철도회사들 그리고 연방정부 내의 두 경쟁기관, 즉 농업성의 토양보존청Soil Conservation Service of the

Department of Agriculture과 내무성의 개간국이었다.

전력회사들

전력 생산은 공병대의 공식 임무가 아니었지만, 통상적으로 가능한 2차 편익으로 여겨졌고 때로는 명목상의 1차 편익보다 훨씬 더 중요했다. 공병대는 다목적 강 개발에 대해 널리 퍼져 있는 역사자료가 인정하는 것보다 더 개방적이었다.[47] 개간국의 댐들, 특히 컬럼비아강Columbia River의 댐들은 전력원으로서 더 중요했다. 민간 공공 서비스 회사들은 정부 후원의 이런 경쟁에 반대했다. 기업체들의 대변인들은 공병대가 은밀히 사회주의를 전파하는 기관이며, 어떠한 경우에도 큰 댐은 현명하지 않다는 식으로 이야기했다.[48] 회사들은 또한, 승리를 거둔 경우는 많지 않은 것으로 보이지만, 종종 설득력 있게, 경제적 분석을 면밀히 조사하는 더 평범한 전략을 추구했다.

1946년에, 하원 홍수통제위원회와 상원 상무위원회는 버지니아주 프레드릭스버그Fredricksburg, Virginia를 통과하며 때때로 범람하는 라파한녹강Rappahannock River 기획에 대한 증언을 들었다. 반대는 버지니아 전력회사 Virginia Electric and Power Company가 주도했는데, 대표적인 인물은 뉴욕시 출신의 수력학 공학자hydraulic engineer인 프레더릭 샤이덴헬름Frederick W. Scheidenhelm이었다. 그는 위원회에서, 공병대가 부하 요인 등의 필수적인 전문적 기술사항들을 고려하지 않았기 때문에 세일럼 처치Salem Church의 문제의 주요 댐의 전력 편익을 과장했다고 증언했다. 그는 공병대의 비용 추정 방법이, 전쟁 전에 만든 것으로, 낡은 것이라고 주장했다. 그는 또한 전력 생산은 공병대의 인가된 임무가 아니며, 그러므로 여기서 공병대는 '꼬리가 몸통을 흔드는 개'를 건설하려 하고 있다고 지적했다. 주장된 편익 중 홍수통제와 관련된 것은 단지 9%뿐이었다. 그러나 이 9%조차도 과장이었는데, 왜냐하면 그 땅의 약 3분의 1은 댐 유역의 물속에 수몰되어 홍수피해를 입지 않을 것이었기 때문이다. "이런 경우 … 물통의 밑바닥이 조금 강하게 긁힌다고 나는 생각한다."

샤이덴헬름의 요점은 경청할 만한 것이다. 다른 한편으로, 그 기획은 공병대의 경제적 표준이 무한히 유연한 것은 아니었음을 보여주는 적당한 증거를 제공한다. 공병대의 공학자들은 기획들을 전국의 모든 지역에 배분하기를 원했다. 프레드릭스버그 사람들은 재산 가치를 낮추는 제방을 원하지 않았다. 공병대의 페링가P. A. Feringa 대령은 공병대 공학자들이 단일 목적의 순수한 홍수통제 댐으로 비용-편익 표준을 충족할 수 없었다고 설명했다. 그래서 그들은 적어도 경제적으로 변호할 수 있는 어떤 것을 찾아낼 때까지, 심지어 전력회사의 분노를 유발하는 비용을 치르면서까지, 여러 가지 선택지들을 시도했다. 의심의 여지 없이, 그것은 여기서 그러했던 것처럼 이런 반대가 일반적으로 실패하는 데 도움이 되었다. 홍수통제위원회는 샤이덴헬름에 동의하지 않고 무마우D. C. Moomaw의 증언을 선택했다. 그는 많은 기획들이 경제적으로 실행 불가능하다는 것을 공병대가 찾아냈으며 그러므로 "공병대가 그 기획은 실행 가능하다고 진술할 때 우리는 그 진술을 인정하는 것이 전적으로 정당하다고 생각한다"라고 지적했다.[49]

철도회사들

철도회사들은 홍수통제에는 반대하지 않았지만, 고비용의 수로들과 항로 준설에 의해서 생겨나는 정부보조의 경쟁에는 신랄하게 반대했다. 특히 의회의 많은 사람들이 그 회사들을 탐욕스러운 독점업체들로 간주했기 때문에 원칙에 근거한 반대는 진행할 수 없었다. 그래서 그 회사들은 대신 수로 기획들이 경제적으로 정당화할 수 없는 것이라고 주장했다. 여기에서도 장애물은 매우 거대했다.

철도회사들은 공병대의 가장 유명한 이해 불가능한 일, 즉 오클라호마를 해양 주로 만드는 아칸소강 기획을 수십 년 동안 반대했다. 강력한 압력 아래, 공병대는 "진정한 다목적 기획"을 계획했다. 왜냐하면 많은 상이한 종류의 편익들을 모아야 비용 수준에 도달할 가능성이 있었기 때문이다. 1946년 페링가 대령은 하원 강과 항만 위원회에 비가시적인 편익에 의존하지 않고 1.08의 편익-비용 비율을 자랑스럽게 보고했다. "공병대는 우리가 매우 양호하다고 생각한 기획을 한때 이 위원회에 제시했지만, 그때에 우리는 달러와 센트로 쉽게 평가되지 않는 편익을 평가하려고 했다." 미국철도협회 American Railroads의 하트R. P. Hart는 4억 3500만 달러의 비용으로 정부가 훌륭한 복선 철도 노선을 건설하고 모든 것을 무료로 운송할 수 있다고 반대했다. 아마도 그의 의견은 설득력 있는 것으로 받아들여졌을 것이다. 이 기획은 1946년에 승인되지 않았으며, 참으로 향후 15년 동안 승인되지 않았다. 그러나 1946년에 커는 단지 오클라호마 주지사일 뿐이었다. 1962년에 그는 상원의원이었고, 상원의 강과 항만 위원회 위원장이 되었다. 커-맥기 석유산업Kerr-McGee Oil Industries은 수로에 막대한 재정적 지분을 가지고 있었다. 1946년에 그는 다음과 같이 증언했다. "이 청문회의 주제를 물-철도 운송비용 비교의 사소한 문제로 제한하지 말자. 오히려 더 위대한 국가 건설에 관해 생각하자." 이 노선은 시어도어 소렌슨Theodore Sorenson이 쓴 연설을 불러낸다. 적어도 이 노선은 존 케네디John F. Kennedy 행정부와 공명했으며, 케네디 행정부는 나라를 다시 움직이게 만들고자 했다. 그 사이 의회는 미개발 지역들에서의 고용 증가를 물 기획의 사회적 편익으로 인식해야 한다고 공포했다. 커는 레크리에이션 편익에 대한 가치평가를 공고화하고 증대하는 입법안을 발의했다. 그러한 절차는 아칸소강 기획같이 강력한 정치적 지원을 받는 기획들이 공식적인 경제적 장애물들을 제거하는 것을 용이하게 만들었다. 문제를 해결하는 것이 더 쉬워졌다. 털사Tulsa로 가는 화물은 이제 로버트 커 수문과 댐을 통과하고 로버트 커 저수지를 건너간다.[50]

매우 드물게 철도회사들은 공공사업에 관한 의회 청문회의 평온한 진행을 방해하고 입법자들에게 물 기획의 경제적 이점들을 자세히 고려하도록 강제할 수 있었다. 1946년 상원 강과 항만 위원회의 루이지애나와 아칸소의 수로에 관한 청문회 일부에서는 멋진 토론이 이루어졌다. 그것은 테네시강 유역 개발공사Tennessee Valley Authority의 방식을 따라 아칸소-화이트-레드 강 시스템Arkansas-White-Red river system을 개발하고자 하는 지역의 추진자들의 끊임없는 노력의 일부로 그들에 의해 제안되었지만, 공병대가 확실히 책임지게 되었다. 헨리 로버츠Henry M. Roberts가 대표하는 미국철도협회는 단점을 찾아냈다. 하원이 보낸 기획의 설명은 불운을 암시했다. "1949년 4월 19일의 공병대장 보고서에 따르면, 아칸소주 풀턴Fulton, Arkansas 아래의 레드강은 슈리브포트Shreveport와 강 입구 사이에 허가된 계획이 완료되면 그 수로는 루이지애나의 오버턴 상원의원을 기리기 위해 '오버턴-레드강 수로Overton-Red River Waterway'로 명명될 것이다." 오버턴은 청문회를 진행하는 소위원회의 위원장이었다.

오버턴은 로버츠의 자격을 문제 삼는 것으로 분위기를 조성했다. 그는 자신이 철도회사들과 개인적으로 쟁점들을 해결했다고 생각했고, 그 회사들의 반대에 직면하는 것에 대해 불쾌해했다. 그러나 비공식 합의는 이루어지지 않았고 마침내 그도 그것을 알았다. 로버츠는 한 종류의 운송수단에 다른 종류의 그것보다 유리함을 제공하기 위해 공공 자금을 지출하는 것에 반대했다. 내규모 보조금이 없다면 내륙 수로 운송은 저렴하지 않다고 그는 설명했다. 이런 사안에 대해 우리는 알고 있으며 "우리는 아마추어가 아니다". 이렇게 제안된 수로의 편익은 매우 과장되었다고 그는 계속 강조했다.

표본조사를 통해 화물의 규모를 추정하면서, 공병대는 철도 사무소가 일요일과 공휴일에 문을 닫는다는 것을 망각한 것으로 보였다. 공병대의 화물량 추정치는 비슷한 기획들에 비해서 높았다. 톤-마일당 절약의 수치도 마찬가지였다. 게다가 공병대는 화물이 어디서 출발하건 간에 강이나 수로에 도달하는 데 드는 비용을 무시했다. 이 모든 약점들을 보면서 철도회사들은 자체 전문가들을 고용해 다시 계산했다. 로버츠는 편익에 대한 훨씬 낮은 추정치를 제시했다.

오버턴은 공식적인 숫자들과 그 숫자들을 믿을 수 있는 것으로 만드는 전문가들에 대한 이런 공격을 불신임하고자 시도했다.

오버턴: 공병대의 공학위원회가 (편익-비용) 비율 전문가들을 고용하고 있다는 것이 사실인가 아닌가를 묻고자 한다.
로버츠: 글쎄, '전문가'라는 단어는 많은 영역에서 사용한다. 나는 거기서 두세 사람을 만났는데, 그들이 상당히 훌륭한 비율 평가자라고 생각했다. 그들이 이것과 무슨 관련이 있는지 아니면 없는지 나는 알지 못한다.
오버턴: 공학위원회는 그들을 고용하고 있다. 주간상무위원회에는 제법 훌륭한 비율 전문가들이 있지 않은가?
로버츠: 그들은 그럴 것이다.

"정부 전문가들"은 양립 불가능한 모순어법의 당사자들인 것으로 보인다. 철도회사의 비율 평가자들과 공병대 사이의 차이는 "사실의 수집에서 우리는 현실적이라는 것이다. 우리에게 둘 곱하기 둘은 넷이다". 오버턴이 끼어들었다. "그러면, 공학위원회는 그렇지 않다는 것인가?" "음, 우리는 허공에 손을 뻗어 수치를 얻어서 그것이 실제 사실을 대표한다고 말하지 않는다." 즉, 로버츠는 표본수집을 인정하지 않았다. "민간기업은 그러한 체계 아래에서는 생존할 수 없다. 그것은 도로번호를 가져다 그것을 전화번호로 나누고 그것으로 나이를 세는 것과 같다."[51]

페링가는 공병대는 경제적 분석에서 정당한 수단을 추구하며, 그것이 양쪽의 적대감을 유발하기 때문에 반드시 성공해야 한다는 가능한 가장 일반적인 관점에서 로버츠에 맞섰다. "우리는 중도적 입장을 유지한다. 우리는 의회의 사심 없는 자문역으로서 지지자나 반대자가 아니라 단지 우리가 알고 있는 최상의 방법으로서 수치들을 제공하고자 할 뿐이다." 추진의 정신에서 루이지애나주는 1.92의 편익-비용 비율을 계산했다. 로버츠의 수치는 0.80 정도의 비율을 시사했다. 공병대는 1.28을 보고했다. 오버턴은 공병대가 지나치게 보수적이라고 덧붙였다. 실질적인 편익은 거의 언제나 추정치보다 높다는 것이었다. "그렇지만 그것은 공학위원회의 권유에 대해 공중과 의회의 신뢰를 창출하기 때문에 칭찬해야 할 보수주의다." 이것은 공병대가 좋아하는 자세였다. 공병대는 양쪽의 열광자들로부터 괴롭힘을 당하면서 추진자들과 반대자들의 주장을 똑같이 가감해서 받아들여야 한다는 것을 배웠다. 페링가는 비율 추정 업무가 특별한 종류의 전문지식을 필요로 한다고 설명했다. "그것은 그 자체로 과학이며, 수행하는 사람은 그것을 훈련받아야 한다." 그는 상원위원회에 그것을 일관되지 않게 제시함으로써 전문지식의 특수성을 증명했다.[52]

폭로하는 교환이 뒤따랐다. 로버츠는 그러한 이른바 비율 전문가들 가운데 한 사람을 위원회에서 증언하도록 출석시킬 것을 요청했다. 오버턴은 반대했다. "아, 우리는 지금 해야 할 것이 너무 많다." 로버츠는 "나도 그렇게 생각한다"라고 말했다. 오버턴은 공병대장의 보고서에서 읽었으며 그것이 철저하고 공정하다고 선언했다. 로버츠는 7명의 실질적인 전문가들로 구성된 자신의 요원들이 그것을 검토한 결과 주간상무위원회가 법안에 대해 정확한 비율을 적용하지 않았다는 것을 자신이 알았다고 말했다. 오버턴은 공포에 질려 반응했다. "그것은 주간상무위원회와 공학위원회에 대한 굉장한 명예훼손이다." 그 위원회가 증인을 부르고 비율을 자세하게 비교해야 한다면 각각의 기획마다 2~3주가 필요할 것이었다. 그들은 공학위원회의 보고서를 신뢰하는 것 외에는 선택지가 없었다. 그런데 마침내 누군가가 로버츠를 지지했다. 오리건의 가이 코르동Guy Cordon이 끼어들었다. "반대자들이 밀려오고, 사실들을 논쟁하고, 그들의 의심을 자세히 제시하는 경우를 나는 처음 본다." 위원회가 전문가들을 부르기를 거부하고 (잘못된) 기록을 바로잡기를 거부한다면 도대체 왜 청문회를 하는지 이해할 수 없다고 그는 말했다. 위원회가 단지 기록을 방부처리한 것으로 만든다면 그것은 시간 낭비일 뿐이다.

결국 오버턴이 물러섰다. 공학위원회 산하 경제분과의 에릭 바톰스Erics E. Bottoms가 들어왔다. 로버츠가 항목별로 바톰스에게 질문하는 것은 허용되지 않았으며, 따라서 공병대 비율이 잘못되었음을 증명할 수 없었다. 그러나 바톰스는 경제적 분석이 진지한 작업이라는 것을 명백히 했다. 그 분석은 자신들의 방법에 대해 실제로 충분히 생각한 사람들이 수행하는 막대한 양의 자료 수집과 계산을 포함했다. 공병대의 연구자들은 철도에서의 화물 이동을 조사한 다음, 문제의 화물을 수로를 통해 운송하는 것이 더 유리할 것인가에 대한 그들의 판단에 따라 매월 하루 동안의 모든 목록을 분류했다. 내부적 이유 때문에 또는 외부의 도전에 대한 방어로서 공병대는 형식적 절차들을 주의 깊게 준수했다. 공병대는 자체의 특별 역량에 속하는 판단을 내리기 위해 주간상무위원회 등과 같은 다른 기관과 협의했다. 그 숫자가 너무 관대하다면, 그것은 주로 매우 세부적인 수준에서 이루어졌다. 물론 이것에 대해서는 쉽게 도전할 수 없었다.[53]

철도회사들이 격렬히 도전한, 다시 실패한 또 다른 수로는 미시시피강의 테네시-톰빅비Tennessee-Tombigbee였다. 이것은 거대한 기획이었으며, 비용-

편익 분석이 순수함을 유지하기에는 출연한 정치 세력들이 너무 강력했다. 그렇지만 그 숫자들은 간단하게 제작된 것이 아니었다. 1939년에 공학위원 회는 항상 비가시적인 것으로 취급되어온, 국방 60만 달러, 레크리에이션 10만 달러를 포함한 숫자를 일정한 편익에 추가함으로써 편익-비용 비율을 1.0 이상으로 올릴 수 있었다. 공병대장 슬라이는 이것과 그 밖의 몇 가지 값들의 타당성을 의심했고 따라서 공식적으로 권고하기를 거부했다. 그는 경제적 분석이 간단명료하게 확실하지는 않지만 "의회가 적절한 값을 가장 잘 부여할 수 있는 정치력의 영역 안에" 포함된다고 결론 내렸다. 철도회사를 대변하는 카터 포트 J. Carter Fort는 수로가 단지 소수의 특수한 이익을 위한 거대한 보조금에 지나지 않는다고 주장하고, 그것이 가장 극단적인 경제적 창의성에 의존하고 있다고 불평했다. 특히 "국방의 숫자는 본질적으로 허공에서 뽑아낸 수치였다. 국방의 가치를 돈으로 표시할 수 있는 사람은 없었다."[54]

제2차 세계대전이 끝난 뒤 불가피하게 기획은 다시 등장했다. 그 기획을 이제 비가시적인 것 없이 경제적으로 정당화된 것으로 보는 것 또한 불가피했다. 그러나 편익-비용의 비율은 가장 희박한 1.05였다. 공병대장 휠러 R. A. Wheeler는 수량화할 수 없는 항목들이 기획을 더 타당한 것으로 만든다고 설명했다. "언젠가 우리는 그 항목들을 평가하는 어떤 종류의 공식을 만들어야 할 것이다." 지금으로서 공병대는 화물주들에게 2500개의 설문지를 보내고 응답받은 1338개를 근거로 삼아 잠재적 교통량과 절감액을 추정했다. 철도회사들은 다시 그 분석을 의심했다. 그러나 그들이 할 수 있는 일은 거의 아무것도 없었다. 그 설문지 양식은 특수한 사업 정보를 포함하고 있으며, 그 정보는 민간 당사자들에게는 공개할 수 없는 것이었다.[55]

그렇지만 6년 후 이 기획은 하원의 막강한 세출위원회와 충돌하게 되었다. 이 기획은 1946년에 승인되었으며, 공병대는 즉각 세부적인 "정확한 기획 보고서"를 준비하기 시작했다. 그러나 이 작업을 완료하기 전에 공병대는 기획의 첫 번째 구간을 구축하기 위한 비교적 작은 예산을 요구했다. 기획의 반대자들은 이것이 모든 일을 의회에 맡기기 위한 책략이라고 비난했다. 세출위원회 요원 존 도넬리 John J. Donnelly는 공병대장 픽에게 집요하게 심문했다. 언제나 그러하듯, 가장 중요한 것은 세부사항이었다. 운영자들은 미시시피 하구를 가로질러 모바일Mobile에서 뉴올리언스까지 8개의 바지선을 하나로 연결해 끌 수 있는가? 공병대는 그들이 그렇게 할 수 있다고 가정했지만, 위원회 요원은 그들이 그렇게 할 수 없다고 들었으며, 그 경우 수로의 상정된 모든 이점들은 사라질 것이었다. 길게 연결된 바지선들을 위해 모바일강에 수문들을 다시 건설하는 추가 경비가 비용에 포함되어야 하지 않는가? 공병대는 어쨌든 다시 건설해야 한다고 주장했다. 미시시피강 교통량에 비해 수로 교통량의 실질적인 시간 절약에 관해서도 의문이 있었다. 위원회는 가장 최근의 1.13의 편익-비용 비율이 비용과 편익 둘 모두에 대한 심각한 오류에 기초하고 있다고 결론 내렸으며 0.27을 위원회 자체의 비율로 제시했다.

픽은 분명히 몇몇 순간에 극심한 불편함을 겪었지만 결국 그는 굴복하지 않았다. 그는 세출위원회 요원을 상세하게 반박하려 하지 않고 단순히 더 큰 전문성만을 요구했다.

의심의 여지 없이, 그 기획의 실행 가능성에 관해 위원회의 조사 요원이 정보원으로부터 수집한 의견들 중 일부는 공병대의 분석가들이 결정적인 것이라고 받아들일 수 있다고 판단한 유사한 정보원들의 의견 및 증언과 첨예하게 충돌했다. 그러한 상황에서, 수상 운송의 실질적인 문제에 대한 각 요원들의 상대적인 능력과 친숙성, 현장 정밀조사에서 그들 각각의 경험, 그리고 추구하는 특수한 이익들을 가진 사람들이 제공하는 정보들의 경중에 대한 판단에서 그들 각각의 경험은 신뢰성을 확인하는 가장 의지할 수 있는 수단을 제공하는 것으로 보였을 것이다. 수로 옹호자들의 때때로 지나치게 열정적인 주장을 건전하게 평가하는 능력은 매우 중요하지만, 골치 아픈 경쟁을 방지하고자 하는 또한 기존 규제기관들의 선의에 의존하는 강력한 운송회사들의 자연적 반발을 할인해서 평가하는 것도 마찬가지로 필수적이다. … 성공적인 수로 개발에 대한 공병대의 경험은 테네시-톰빅비 개선 기획 등과 같은 기획들의 미래의 성과를 추정하는 데에서 가장 신뢰할 수 있는 안내를 제공하는 것으로 보였을 것이다.[56]

공병대의 경험은 승리를 얻었다. 특정의 기획에 반대하는 민간의 이익이 공식적으로 승인된 숫자에 의심을 제기하는 것은 분명히 불가능했다.

상류-하류: 농업성

공병대가 비용-편익 분석을 준비할 때 기업체들과 이익집단들은 일부의 실무 표준을 강제할 수 있었다. 그러나 비용-편익 실천들을 상세히 설명하라는 또 때로는 심지어 변경하라는 실질적인 압력은 주로 연방정부의 다른 부서들에서 나왔다. 수자원개발이라고 불리는 일에는 수십 개의 행정기관들이 관련되어 있었다. 대부분의 기관들은 공병대를 위협하지 않는 잘 정의된 업무를 가지고 있었지만 소수의 기관들은 그렇지 않았다. 이 분야에서 가장 첨예한 경쟁은, 모든 면에서, 공병대와 개간국 사이에서 일어났다. 대결에서 두 번째 자리는 농업성, 특히 그것의 토양보존청이 차지했다.

분명히 공병대의 임무와 농업성의 그것은 충돌하는 것이 아니었다. 1936년 홍수통제법은 그 기관들의 업무를 강의 상류와 하류 사이에서 나누었다. 하류는 큰 댐을 의미했다. 공병대가 홍수통제를 위해 규칙적으로 댐을 건설하기 시작하자 거의 즉각적으로, 대중영합주의의 색채를 갖는 반대가 제기되었다. 이것은 단순히 이데올로기의 문제가 아니었다. 댐이 어디에 위치할 것인가에 상관없이, 댐의 상류에 있는 사람들은 홍수통제에서 배제되고 또 그중 일부는 집과 땅이 수몰되는 이중 피해에 직면했다. 많은 사람들은 홍수통제를 위해 큰 댐이 필요한 것은 아니라고, 홍수는 부실한 토지관리의 인위적 산물이며, 조림, 등고선식 경작 그리고 하천의 수원지 근처의 작은 댐 등으로 방지할 수 있다고 믿었다. 이런 이유로, 공병대에 대한 반대는 자주 토양보존청의 정책들에 대한 강력한 선호를 수반했다.[57] 공병대는 이에 대해 불평했고 의회는 그것을 무효화하고자 했으나 성공한 경우는 거의 없었다.[58]

다른 모든 사람들과 마찬가지로 상류 쪽의 사람들도 제안된 홍수통제 조치를 위한 비용-편익 분석에 대한 헌법적 권리에 접근할 무엇인가를 가지고 있다고 의회는 생각했다.[59] 농업성은 그 자체의 승인된 비용-편익 방법을 가지고 있었다. 그 방법은 하류의 대규모 구조물에 대해 공병대보다 덜 관대하게 취급했지만, 흔히 체계적인 토양 보존 및 소규모 관개 계획의 일부로 작고 저렴한 댐들의 연결망을 정당화할 수 있었다. 공병대는 이것들의 다수에 대해 비경제적이라고 간주했다. 경제적 분석의 그러한 상이한 결과는 당연히 논란을 낳았다. 공병대의 관점에서 더욱 나쁜 것은, 작은 댐들의 연결망은 하류의 마을들과 도시들을 단지 작은 홍수로부터만 보호하는 것이었다. 이것은 재난적인 대홍수의 영향을 조금도 줄이지 못하면서 주요 강의 큰 댐과 비교했을 때 편익-비용 비율에서도 유리함이 없을 가능성이 높은 것이었다.[60] 공병대가 보기에 농업성이 승인한 의심스러운 경제적 분석은 실질적인 홍수방지를 제공하려는 노력을 약화시키고 있었다. 이것은 연방정부 전체에서 단일의 표준화된 비용-편익 분석 방법을 만들어내고자 하는 주요한 동기들 가운데 하나였다.

개간국 그리고 킹스강 논쟁

1944년 캘리포니아의 하원의원 앨프리드 엘리엇Alfred Elliott은 다음과 같이 불평했다. "히틀러조차도 미국의 이익을 파괴하는 데에서 샌와킨 계곡San Joaquin Valley에서 그렇게 한 사람들보다 더 뛰어난 사람들을 선택할 수는 없었을 것이다."61) 이들 매국노가 무슨 짓을 했는가? 그들은 킹스강Kings River에 제안된 댐의 홍수통제 편익을 초과하는 관개 편익을 보여주는 비용-편익 분석을 수행했다. 이 경우, 분명히, 수량화의 정치는 감당할 수 없는 정도로 과도해졌다. 그러나 아마도 전투 당시에는 이것을 예상하지 못했을 것이다. 킹스강에 관한 개간국의 서류들에서 찾아낸 것이다.

1939년 이후 반복해서, 나는 개간국 위원장 존 페이지John Page에게, 그리고 나중에는 귀하에게, '공병대의 제도적 야심'에 관한 나의 증대하는 판단에 관해 쓰고 말했다. 미주리강Missouri River과 킹스강을 둘러싼 싸움은 공병대가 오랫동안 그리고 철저히 계획한 추진운동에서 등장한 주요 장면들이다. 그 계획은 미국 서부 전체를 포괄할 의도를 가지고 있다. 미주리주에 관해서 공병대는 그것의 항운 담당 사단을 활용하고 있다. 킹스강에 관해서는 그것의 홍수통제 대대를 활용하고 있다. 공병대는 거대한 협공작전을 수행하려 하고 있다. … 관개 가능성의 관점에서 볼 때 우리는 불리한 지형에서 싸우고 있다. 개간국이 아니라 공병대가 전장을 골라잡았다. 공병대가 전투에서 결정적으로 승리하면 전체적인 전쟁에서 우리는 패배할 수도 있다. 미국 서부의 다른 강들에서도 개간국이 활동할 안전하고 중요한 영역은 없어질 수 있다. 공병대의 패배는 선심성 홍수통제 개발사업이 모든 계곡에서 전개되는 것이 아니므로 유사하게 결정적인 것일 수 없다.62)

1939년 초에는 전투의 불가피성이 종종 부인되었다. 개간국 위원장은 자신이 공병대와 협상할 수 있을 것이라고 생각했다. 처음에는 유화정책이 작동하는 듯 보였다. 3월 28일에 그는 "캘리포니아 연대는 육군과 개간국의 대표들 간 협력의 뛰어난 사례다"라고 공언하는 득의양양한 비망록Memo-randum을 발표했다.[63] 그러나 내무성 장관 이케스는 대통령에게 보내는 통신에서, 취약한 위치에서 협상하는 것은 위험하다는 것을 인식했다. "서부에 큰 댐을 건설하는 과업을 어떤 기관이 담당해야 하는가를 알아보기 위해 공병대와 개간국 사이에 다툼이 진행되고 있다고 한다. … 그러한 다툼을 진행하게 되면 분명히 개간국은 패배할 것이다. 왜냐하면 개간국은 지출된 돈의 전부 또는 대부분을 연방정부에 상환하도록 정한 개간법Reclamation Act에 따라 운영되기 때문이다."[64]

공병대와 개간국을 관장하는 법률의 이러한 차이는 유독했다. 개간국은 서경 97도선 서쪽의(곧 그렇게 된) 17개 주에 관개용수를 공급하기 위해 1902년에 설립되었다. 그것은 물 공급 비용을, 이자 없이, 농민들에게 부과하도록 정했다. 이것은 관대해 보일지 모르지만, 공병대의 항운 기획에 대해서는 지역의 기여를 전혀 요구하지 않았으며 홍수통제에 대해서는 아주 적은 기여를 요구했다. 그렇지만 캘리포니아에 있는 공병대의 정말 중요한 유리함은 개간국이 정주장려 윤리ethic of homesteading를 지켜야 했으며 160에이커 이상의 토지 소유주들에게는 물을 공급할 수 없다는 것이었다. 1940년에 개간국은 이 기준을 절충할 수 있는 방법을 찾았지만, 캘리포니아의 센트럴계곡Central Valley에 있는 농업 부호들을 만족시킬 수 있는 정도까지는 아니었다. 킹스강 계곡에서, 거대 농부들은 관개를 위해 이미 강과 땅에서 막대한 양의 물을 퍼 올리고 있었다. 그들은 사실상 너무 많이 퍼 올리고 있었고, 그들 자신으로부터 보호받기 위해 정부의 도움을 필요로 했다. 그러나 그들은 각각 160에이커를 제외한 모든 땅을 포기하도록 요구한다면 연방기관을

끌어들여 비싼 물 시설을 건설할 의사가 없었다.[65]

1939년에, 개간국은 약 10년에 걸친 캘리포니아의 야심찬 물 계획인 센트럴 계곡 기획에 관여했다. 따라서 계획이 킹스강에 댐을 쌓기 시작했을 때 개간국이 먼저 연락을 받는 것은 당연했다. 1939년 2월, 지역의 하원의원은 자신의 지역구에 킹스 캐니언 국립공원Kings Canyon National Park을 만드는 법안에 대한 보상으로 개간국이 파인 플랫Pine Flat에 댐을 건설하는 법안을 발의했다.[66] 분명히 그는 사정을 잘 몰랐다. 3월에, 그는 압력을 받고 두 법안을 모두 철회했다. 현지 사람들이 공원에 반대했을 뿐만 아니라 많은 사람들이 그 댐을 공병대가 건설하기를 원했다. 지역의 물 관련 이익집단은 이미 몇 달 동안 공병대와 협상을 벌이고 있었으며, 심지어 1년 이내에 의회의 승인을 얻을 희망에서 기획의 조사 비용을 민간이 부담하겠다고 제안했다. 공병연대장은 절차의 복잡성 때문에 그것은 불가능하다고 답했다. 공병대는 1939년 초 계획을 세우기 시작했다.[67]

고위층의 촉구에 의해, 공병대와 개간국의 지역 간부들이 거의 처음부터 그들의 기획을 조화시키기 위해 작업했다. 이것은 정치의 개입을 통제하는 데 도움이 될 것이었다. 개간국을 위해 댐을 설계한 매캐슬랜드S. P. McCasland는 "이익집단들이 협상의 전망을 어둡게 하고 있다"라고 본부에 보고했다. 처음 계획은 약 80만 에이커-피트의 용량을 가진 저수지를 파인 플랫에 만드는 것이었고, 이것은 1939년 6월에 작성된 매캐슬랜드의 보고서에서 추천했다.[68] 새크라멘토의 공병연대장인 체임버스L. B. Chambers는 공병대에 78만 에이커-피트의 용량의 저수지를 제안했다. 그것을 정당화하기 위해 그는 저수지 용량의 함수로서 편익과 비용 그리고 그것들의 비율을 보여주는 그래프를 워싱턴으로 보냈다. 이것은 충분히 표준적인 것으로, 적어도 새크라멘토에서는 그런 정보를 전화로 쉽게 소통할 수 있었다.[69] 그러나 공병대장 사무실은 이것으로는 "최대 홍수"를 통제하지 못할 것을 염려했고, 100

만 에이커-피트 용량의 저수지가, 특히 홍수통제가 계곡 아래의 추가 개발로 이어지는 경우, 더 낮지 않겠는가 생각했다. 이 기획의 주무 공학자인 스틸B. W. Steele은 작은 저수지는 1906년의 홍수를 기반으로 했으며, 1884년 홍수를 계획의 기초로 생각한다면 더 큰 저수지를 정당화할 수 있을 것이라고 설명했다. 반면, 공병연대장은 추가되는 20만 에이커-피트는 "비경제적"이며, 계곡 하류는 이미 완전히 개발되었다고 단순하게 주장했다. 그러나 워싱턴에서는 가능한 최대의 홍수를 통제하고 싶었다. 그래서 체임버스의 상관인 공병대의 샌프란시스코 공병사단장 워런 한넘Warren T. Hannum은 그 계획을 변경했다. 증가된 용량은 (사소하게) 경제적으로는 정당화되지 않았지만, 작은 댐 건설의 비용과 22만 에이커-피트 증가에 따른 추가 비용을 초과하는 충분한 잉여의 편익이 있을 것이며 편익-비용 비율은 여전히 1.4를 유지했다.[70] 이것은 공병대의 계획이 되었다. 개간국은 적절한 홍수통제 요건에 관한 공병대의 판단에 이의를 제기할 의사 없이, 큰 저수지 계획에 즉각 동의했다.[71]

그러나 개간국 위원장 페이지는 응분의 대가를 뽑아냈다. 공병대는 자신의 댐 건설비용이 훨씬 더 적다고 추정했다. 페이지는 공병대가 기초 조건에 관해 너무 낙관적이라고 생각했는데, 이것에 관해서 공병대는 자세한 데이터를 갖지 못했다. 개간국의 공학자들도 자신들은 예비비로 16%를 책정한 반면 공병대는 단지 10.1%만을 추가했다고 지적했다. 페이지는 그 추정액을 100만 달러에서 1900만 달러로 높이라고 공학위원회를 설득했고, 그것을 2000만 달러로 만들고자 했다.[72] 마침내 두 기관은 1950만 달러에 타협했다. 두 기관은 또한 가장 중요한 편익의 배분에 관해서도 타협했다. 공병대는 저수지의 약 75%가 홍수통제에 필요하다고 생각했고 따라서 비용의 약 4분의 1만을 관개에 부과해야 한다고 주장했다.[73] 누구나 인정했듯이 겨울철에 쌓인 눈을 근거로 홍수의 수준을 상당히 정확하게 예측할 수 있었으므로 관개용수로 사용할 저수지 용량을 크게 손상하지 않은 채 저수지의 대부분을 홍수통제를 위해 이용 가능하게 만들 수 있었기 때문에, 이 비율은 사실상 거의 자의적인 것이었다. 통상적으로 개간국은 홍수통제에 최대의 비용을 할당함으로써 물 사용자들에게 부과하는 관개의 비용을 줄이는 것을 환영했다. 그러나 이 경우에 페이지는 저수지의 저장 용량이 공병대의 업무에 압도적으로 할당되는 것을 원하지 않았다. 솔로몬의 타협에 도달했다. 비용의 절반은 홍수통제에, 절반은 관개에 할당될 것이었다.[74]

이것은 정치적으로 부과된 경제적 분석에서 반론이 작동한 방식을 보여준다. 두 기관은 고위 당국들의 압력 아래 협상으로 합의했다. 1940년 2월에 하원의 문서로 발행된 두 기획 보고서들은 동일한 기능에 동일한 비율로 할당된 동일한 비용으로 이루어진 동일한 구조를 제안했다. 그것들은 또한 홍수통제의 연간 편익(118만 5000달러)과 물 "보존"의 연간 편익(99만 5000달러)에도 동의했다. 그럼에도 공병대는 협상이 완료되기 전에 개간국을 당황시키며 그것의 의회 보고서를 공개했기 때문에 보고서들이 완전히 합치한 것은 아니었다. 공병대는 편익의 54%는 홍수통제에 대한 것이라고 주장하면서 댐을 주로 홍수통제 기획으로 만들었다. 개간국은 수력발전 시설을 포함했는데, 그 비용은 260만 달러였고 연간 편익은 26만 달러였다. 이 전력은 물을 퍼 올리는 데 사용될 것이었으며 그리므로 보존으로 계산되었다. 따라서 개간국의 보고서는 관개에 대해 총 125만 5000달러의 편익을 주장해, 비용과 편익 둘 모두에서 그것에 이점을 부여했다. 그것의 보고서는 미묘하지만 감탄할 만한 몇 가지 추가적인 수량적 곡예를 포함했다. 킹스강이 흘러 들어가는 툴레어호Tulare Lake에서의 증발 감소를 계산함으로써 개간국은 매년 이용 가능한 관개용수를 27만 7000에이커-피트로 늘릴 수 있었다. 대조적으로 공병대는 그것을 단지 19만 5000에이커-피트로 추정했다. 개간국은 40년간의 자본+3.5% 이자의 상환금에 기초해 연간 48만 6000달러의 홍수통제 비용을 계산했다. 관개에도 동일한 비용이 할당되었지만, 그것은 법에 의해 이자 부과를 면제받았으며 그러므로 연간 비용은 26만 3750달러로 계산되었다. 따라서 그 기획의 홍수통제 부분에 대한 편익-비용 비율은 단지 2.4였던 반면, 개간국의 기능은 4.8의 탁월한 비율을 자랑할 수 있었다.[75]

그 밖에도 몇 가지 차이가 있었다. 개간국의 보고서에는 5개월 후에 작성된 첨부 문서가 있었다. 그것은 루스벨트 대통령이 서명한 서한인데, 그는 공병대가 항운 이외의 업무를 가졌다는 사실을 잠시 잊었다. 이케스는 그 실수를 활용했다. "다시 우리는 미합중국 공병대가 캘리포니아 내부의 사나운 강의 홍수로부터 농업 공동체들을 보호하기 위해 집결하고 있음을 알게 되었다." 대통령은 개간국의 숫자에 근거해 "그 기획은 주로 관개 사업이며 개간법에 따라 운영하고 유지하는 것이 적합하다"라고 결론 내렸다. "그러므로 그것은 개간국이 건설을 맡아야 한다"라는 이야기다.[76] 그는 더 나아가 일반적 원칙을 지적했다. "이런 관할권 갈등은 앞으로 숫자로 해결해야 한다."

공병대와 개간국은 모두 행정부의 기관들이었으므로 대통령 서한을 무시하는 일은 거의 불가능했다. 그렇지만 결국, 그 서한은 두 보고서의 다른 차이점보다 덜 중요한 것으로 판명되었다. 공병대는 처음부터 모든 미래의 물 비용 지불의 현재 가치를 일시불로 수집하고, 지역의 이익집단들이 물 분배를 책임지도록 허용할 것을 제안했다. 개간국은 물 분배를 자신의 업무의 일부로 간주하고 그것의 지역의 이익집단들에 넘겨주기를 거부했다. 개간국은 기존의 물 권리를 존중하겠다고 약속했지만, 또한 물 계약의 재협상을 시작했다. 내무성 장관 이케스는 나중에, 귀환 군인들을 위한 소규모의 캘리포니아 농장들을 조성하기 위해 보존된 물을 사용할 것을 약속하는 연설을 했다. 1943년에 개간국의 새로운 위원장인 해리 바쇼어Harry Bashore는 개간법을 시행하고, 개간국의 기획으로 확보한 물을 대규모 보유지에는 공급하지 않겠다는 의사를 공표했다.[77) 킹스강이 제외될 것인가는 확실하지 않았다.

이미 1939년에 킹스강 근처의 물 이익집단들은 공병대에게 유리한 경향이 있었다. 1940년대에 그들은 개간국과의 물 계약 협상을 거부하고, 공병대가 그들에게 제공한 거의 완전한 자율성을 강하게 요구하고 있었다. 1941년쯤 킹스강에서 열린 의회 청문회에서, 주요 물 회사들(그러므로 가장 큰 토지 소유자들)을 대표하는 공학자들은 공병대가 진행하는 건설에 유리한 증언을 했다. 1943년에 이것은 더욱 결정적인 것이 되었으며, 1944년 무렵에는 거의 발작적인 것이 되었다. '히틀러조차도 이 기획의 편익의 대부분을 관개에 할당하는 경제 분석가들보다 더 효과적으로 미국의 농업을 파괴할 수는 없을 것이다.' 자신들은 관개에 이해관심이 있는 것이 아니라 홍수통제를 필사적으로 필요로 한다는 것을 장엄하게 증언하기 위한 농부들과 공학자들의 시위행렬이 워싱턴을 방문했다. 물 회사들을 대변하는 공학자들과 변호사들은 편익을 다시 계산하고 적어도 그것의 4분의 3은 홍수통제에 속한다고 판단했다. 그들의 증언은 의회의 홍수통제위원회를 설득하고 있었다.[78)

파인 플랫 댐은 결국 공병대가 건설했지만, 물의 처분은 사용자와 개간국 사이에서 협상해야 했다. 예측할 수 있듯이 협상은 냉혹했다. 그 협상은 1953년부터 1963년까지 지속되었다. 킹스강 물 연합Kings River Water Association은 이제 관개가 다른 모든 용도보다 우선권을 가져야 한다고 고집했다. 연합은 심지어 "홍수통제 요건만을 조건으로" 관개에 우선권을 부여하는 계약 초안도 거부했다.[79) 개간국 위원장 바쇼어는 캘리포니아의 센트럴 계곡의 모든 농업이 관개에 의존한다고 반복해서 지적했다. 따라서 홍수통제가 가장 중요한 필요라고 주장하는 1940년대 초의 대규모 물 이익집단들과 공병대 자체의 의회 증언들은 단지 거짓인 것으로 보일 수도 있다. 이것은 정확한 것이 전혀 아니다. 관개가 없으면 토지는 실질적으로 농업에 아무런 가치도 갖지 못하지만, 1940년까지 관개 시설의 개발을 고려하면, 파인 플랫에 건설하는 댐의 측정된 편익의 대부분은 홍수통제에 합리적으로 귀속시킬 수 있었다. 킹스강이 흘러들어가는 툴레어호는 거의 모든 해마다 물을 내보내지 않았다. 그곳의 물은 계절에 따라 불어나고 줄어들었다. 그곳은 극단적인 대규모 농업의 현장이었다. 늦은 봄에 호수의 물이 줄어들면 대규모 농부들은 작물을 심었고, 또한 고지대의 관개를 위해 호수의 물을 퍼 올림에 따라 물은 급격히 줄어들었다. 정상적인 해에는 이것이 적절하게 작동했지만 홍수가 났을 때에는 많은 땅이 너무 오랫동안 물속에 잠겨 있어 작물을 재배할 수 없었다. 모든 분석들이 그렇게 했듯, 제안된 작업의 주된 편익은, 이 광대한 습지가 이동하는 물새 떼에 대해 갖는 가치를 무시하면서, 실제로 호수를 봉쇄하고 안정화하는 것이었다. 그것은 거의 전적으로 대규모 투자자들, 즉 호수의 수위 변동을 관리하고 간헐적으로 드러나는 호수 바닥에서 이윤을 얻을 수 있도록 자원을 사용한 투자자들에게만 이익을 발생시켰다.

멀리 떨어진 워싱턴의 청문회에서 자신의 이익을 가장 효과적으로 표출한 것은 바로 이들 대규모 재배자들이었다. 일부 소규모 농민들, 특히 포모나 그랜지Pomona Grange 주민들은 유창하게 비문법적인 서한을 보냈으며, 심지어 개간국을 지지하는 탄원서도 모았다. 그들 중 소수는 1944년 새크라멘토에서 열린 몇 청문회에서 센트럴 계곡에 개간법의 면적 제한을 집행하는 것을 찬성하는 증언을 하기도 했지만, 그들이 대토지 소유자들의 분할을 요구한 것은 아니었다. 킹스강에 대한 개간국의 계획에서 그들이 주요하게 매력을 느꼈던 것은 그것이 제공하게 될 저렴한 전력이 물을 재배지까지 옮기는 데 도움이 된다는 점이었다. 대규모 물 이익집단의 대표자들, 특히 킹스강 물 연합의 찰스 카우프케Charles Kaupke가 하원의 위원회에서 자신들은 개간국을 관리하는 규칙을 지키는 기획보다는 차라리 기획이 없는 쪽을 선택할 것이라고 말했을 때 지역 신문인 ≪프레즈노 비The Fresno Bee≫는 그에 반대하는 의견을 표명했다. 그 신문은 이 쟁점과 관련해 공병대에 대한 루스벨트의 반대가 결정적인 것으로 판명될 것으로 예상했다. 그 예상은 잘못된 것으로 드러났다. 그 신문은 이기적인 이익집단들이, 막대한 지역의 편익을 약속하는 연방 지원의 댐 건설을 방해할 수 있다고 경고했다.[80]

워싱턴에서 이것 중 어느 것을 더 중요하게 취급했다는 징후는 없다. 지역에서 의회에 파견한 대표단과 관련 위원회들은 공병대의 건설을 지지하는 대규모 소유자들과 확고하게 동맹을 맺었다. 백악관은 그에 못지않게 개간국의 뒤에 확고하게 자리 잡았다. 양측이 해결책으로 기대한 수량적 분석은 해결책을 제공하기에는 너무 느슨했다. 그것이 무엇인가를 했다고 하면, 양쪽이 편익의 우세함에 의해 결정적으로 입증되었다고 주장했기 때문에 협상을 차단한 것이었다. 계산 형식들의 불일치는 당혹스러운 대치와 정치적 곤경을 조장했다. 킹스강에 관한 싸움과 같은 관료주의적 싸움은 연방정부 전체에서 비용-편익 분석의 표준화에 대한 강력한 필요를 드러내는 것으로 보였다.

연방기관들의 상충하는 경제적 실천들

다양한 비용-편익 실천들을 조정하려는 노력은 어느 것이든 가장 어려운 장애에 부딪혔다. 비용-편익 분석은 단순히 기획 선택을 위한 전략이 아니었다. 그것은 관료기구들 내의 관계를 구조 지었고 관료들의 고객 및 경쟁하는 기구들과의 상호작용 형태를 규정하는 데에도 영향을 미쳤다. 비용-편익 분석에 대한 대부분의 정부기관들 사이의 논의에서 괴짜 외톨이였던 개간국은 편익 측정을 위한 그 기관의 독특한 절차를 포기할 수가 거의 없었다. 되돌아봤을 때뿐 아니라 그 당시에도 개간국의 실천들 중 일부는 옹호 불가능한, 터무니없는 것에 가깝다고 간주되었다. 그렇다고 하더라도, 그 실천들은 명시적으로 성문화되었다. 개간국은 자신의 주요 임무에 부수적이었던 홍수통제 및 발전 등과 같은 편익을 평가하기 위해, 공병대와 연방 전력위원회를 포함한 다른 기관들의 방법들을 받아들였다. 그러나 개간국은 관개 전문가였으며, 1939년의 개간법에 기록된 경제적 검증 조항을 존중해 그런 부류의 편익을 수량화하는 일련의 독특한 대공황 시대의 방법들을 만들었다.

관개의 직접 편익에 대한 개간국의 분석은, 물을 새로 공급함으로써 가능하게 된 농업 생산에서 시작했다. 이 생산물들은 일단의 농부들에게 대체할 수 없는 생계수단을 제공한다고 가정되었다. 그들이 얻는 수익에 "외부로 내보내는 확장된 편익"을 더해야 했다. 첫째, 새로운 생산은 다른 사람들이 가공 및 판매할 원료를 제공했다. 여기에는 상품화, 직접 가공, 그 밖의 가공 단계, 도매 거래 그리고 소매 거래의 다섯 가지 활동이 포함되었다. 개간국의 경제 분석가들은 10개의 농작물 집단 각각에서의 이 다섯 가지 활동 각각에 대해 백분율을 할당했다. 곡식의 경우 그것은 각각 8, 12, 23, 10, 30으로 총 83%였다. 이러한 종류의 간접 편익을 측정하기 위해 관개에 귀속되는 생산 증가량에 .83을 곱했다. 다른 작물 집단들에는 다른 계수들을 적용했다. 이것이 유일한 승수는 아니었다. 관개용수로부터 편익을 얻는 농부들은 대부분의 소득을 지역공동체에서 소비했다. 개간국은 농부들이 그들의 관습을 확장하는 19종류의 사업들을 정의하고, 다시 한번 각각에 백분율 계수들을 할당했다. 그런 다음 이들 계수를 해당 사업의 증가한 수익으로 곱했다. 예를 들어 소매업 구매 증가의 약 12%가 새로운 관개 작업에서 기인했다고 인정되었다. 자동차 수리에 대한 지출 증가의 29%와, 가장 유명한 것으로, 영화관의 새로운 수익의 39%도 그렇게 인정되었다. 마지막으로 적어도 원칙적으로는 "연방 비용 조정계수", 즉 농가총소득 대비 순소득 비율을 적용해 총합계를 줄였다.[81]

개간국의 회계 창의성이 그 기관 안에만 머무르는 것은 결코 아니었다. 관개에 할당된 지출에 대해서는 농부들에게 청구하도록 되어 있었다. 개간국은 이런 측면에서, 전혀 상환을 요구하지 않는 홍수통제 및 항운과 비교할 때, 자신이 불리하다고 생각했다. 제1차 후버위원회Hoover Commission의 전담반이 1949년 지적했듯, "정부기관들 사이의 경쟁은 연방 금융정책들과 관련해 (악화가 양화를 구축한다는) 일종의 그레셤의 법칙Gresham's law, 즉 주, 지방 및 민간 수혜자들의 더 높은 상환 기준을 더 낮은 기준으로 대체하는 경향을 조장해왔다."[82] 개간국은 이 불리함을 최소화하는 작업을 눈부시게 효과적으로 떠맡았다. 법에 의해 농부들은 이자 지불을 면제받았다. 할부 상환 기간은 10년에서 40년으로 그리고 다시 50년으로 점차 늘어났다. 1952년에 이르면 그 기간은 100년 미만 또는 "기획의 존속 기간"에 도달했다. 이자 없는 100년은 좋은 보조금이었다. 그러나 관개 이용자들은 이 정도까지도 비용을 청구받지 않았다. 개간국은 홍수통제, 수력발전, 오염 완화, 레크리에이션, 어류 및 야생 생물 보호 등의 편익을 계산했다. 개간국의 발표된 정책은 기획의 비용을 먼저 상환 불가능한 기능들에 할당하는 것이었고, 그것은 기획의 전체 비용에 육박했다.

킹스강 기획에 대한 논쟁 동안 바쇼어는 행복하게 다음과 같이 설명했다. "홍수통제 편익이 크면 클수록 그것은, 어떤 측면에서, 관개 편익에 대해 지불해야 하는 관개 이용자들의 부담이 감소하게 되기 때문에, 우리에게 적합하다." 모든 비용을 상환 불가능한 기능들에 할당할 수 없는 경우, 남은 비용은 전력 생산에 우선적으로 할당되었다. 이 전력이 관개용수를 퍼 올리는 데 사용될 수 있다면, 그것은 (관개용수 자체와 마찬가지로) 비용 쪽에 대한 이자에서 면제될 수 있었지만, 지불 쪽에 대한 이자로 인정되었고 따라서 초기 투자액 정도가 관개 이용자들이 갚아야 하는 금액으로 남을 것이었다. 그리고 농부들은, 부분적으로는 개간국이 엄격하게 집행하지 않는다는 것을 알게 되었기 때문에, 그뿐만 아니라 또한 부분적으로는 그러한 '보존' 기획들이 일반적으로 그들에게 소득의 미미한 증가만을 가져다주었기 때문에, 종종 채무를 이행하지 않았다. 개간국은 자신의 임무가 고갈되는 것을 방지하기 위해 관개의 편익을 측정하는 과장된 척도를 필요로 했다.[83] 그것은 많은 비판을 받았으며, 1952년에 개간국 위원장 마이클 스트라우스Michael W. Straus는 그 기관과 다른 연방기관들과의 불일치들을 "객관적으로 평가하기" 위해 학문적 자문위원단을 모집했다. 자문위원단은 이차 편익의 개념에 대해서는 공명했지만, 그럼에도 "개간국이 그것을 실제로 적용한 것은 ⋯ 공공적인 물 사용 기획에 귀속할 수 있는 ⋯ 수량적으로 측정 가능한 이차 편익으로 적절히 판별할 수 있는 것의 범위를 벗어난다"라고 결론 내렸다.[84]

실망한 이익집단들 외에는 공병대의 경제적 분석이 너무 엄격하다고 생각한 사람은 거의 없었다. 그렇지만 공병대는 가까운 미래에 건설할 가능성이 있었던 것보다 훨씬 더 많은 기획을 요청받고 있었다. 1940년대 중반에 공병대는 많은 밀린 작업들을 추천하고 승인받았는데, 이 작업들은 1950년대 초에 지체와 불가피한 비용 초과로 인해 곤란함의 근원이 되었다. 공병대가 접수된 요청의 절반 이상을 거절하지 않았다면 밀린 작업은 더 많았을 것이다.[85] 일반적으로 비판자들은, 공병대가 자체의 경제적 기준에서 가장 벗어난 사례들을 공병대에 작용한 정치적 압력의 증거로 인용했다. 이런 해석에 기초해 많은 사람들은 공병대의 경제적 분석들이 단지 보여주기를 위한 것이었으며, 위반하는 것이 명예였다고 생각해왔다. 그러나 유별난 창의성이 표준은 아니었다. 공학자들은 "비가시적인 것들intangibles"에 화폐 가치를 부여해야 할 때에는 언제나 곤혹스러워했다. 이것은 실제에서 (생명의 보호 등과 같이 논란의 여지가 없는 가치를 포함한) 아직 규칙에 따라 공식화되지 않은 수량화 행위를 의미했다. 통상적인 업무 수행에서 공병대는 많은 소규모 및 중간 규모의 기획들에 관해 결정해야 했는데, 이것들은 모두 이러저러한 정치적 지원을 받고 있었다. 어떤 것을 승인하고 어떤 것을 기각하기 위해 필요한 신뢰성은 공병대가 규칙을 따른다는 평판에 의지했다. 거대하고 예외적인 사례들은 때로는 규칙을 압도했다. 통상적인 결정의 경우 술수를 부리지 않고 일정한 틀을 확립하고 유지하는 것이 정치적 방책이었다.

이것은 쉬운 일이 아니었다. 제2차 세계대전 이후, 공병대는 11개의 사단 아래에 약 46개의 연대사무소를 운영했다. 1936년 이후 민간 공학자들의 숫자가 크게 증가했다. 1949년에 공병대는 200명의 육군 공학자들, 9000명의 민간 공학자들 그리고 4만 1000명의 다른 민간 직원으로 구성되었다. 워싱턴의 최고위 책임자들은 이러한 통제하기 어려운 관료제 안에서 계획에 어느 정도의 일관성을 부여하기 위해 비용-편익 분석을 사용하고자 했다. 공병연대장들은 실망한 청원자들에 대항해 자신들의 결정을 방어하기 위해 경제적 결과를 사용했다. 청원자들 가운데에는 공병대의 고위 당국자들의 지원을 받는 경우도 있었다. 추진자들은 끝없는 상상력을 발휘해 기획에 유리한 경제적 근거를 찾아냈다. 예를 들어, 새 저수지에 상주할 갈매기의 수를 계산한 다음 그것들이 메뚜기를 잡아먹는 비율과 각각의 메뚜기가 먹는 곡식의 값을 곱하는 경우도 있었다.[86] 그러한 과장이 허용된다면 기획의 설계는 적나라한 정치로 환원되고 홍수통제는 신뢰를 상실할 것이었다.

공병대장 사무실은 1930년대 후반과 1940년대 초반에 편익의 적절한 범주들과 그것들을 어떻게 수량화해야 하는가를 명시한 일련의 회람 서한들을 보냈다. 이 규칙은 육군의 "명령과 규정Orders and Regulations" 283.18항에 명기되었다. 1950년대 후반에 공병대는 다양한 부류의 편익들의 수량화에 관한 전체적인 규칙들을 인쇄, 수정 및 재인쇄했다. 그것의 어조는, 군대 관료제에 어울리게, 항상 엄격하고 진지했다. 1936년 6월 9일의 최초의 회람 서한은 경제적 분석이 회사들의 과장뿐만 아니라 "공학자의 자연적 낙관론"도 할인해서 받아들여야 한다고 촉구했다.[87] "명령과 규정"은 홍수통제에 의해 보호되는 토지의 "더 많은 사용higher use"은 편익으로 간주하는 것이 적합하지만, 만일 홍수 범람원이 어떤 식으로든 개발되고 있다면, 편익에 대한 정확한 측정은 홍수피해에서의 예상된 감소라고 표시했다. 공학자는 두 척도 모두를 사용하면 안 되었다. 이것은 이중 계산의 심각한 실수였다. "간접 피해" 추정은 각각의 사례에서 그것 자체의 이점에 따라 확인해야 했다. 단순히 직접 피해에 대한 백분율을 추가하는 것은, "특정의 선택된 영역에 대해 그러한 관계가 확인되고 비슷한 조건이 존재하는 곳에 적용되는 경우들을 제외하고는" 허용되지 않았다.[88]

확실히 규칙이 압도적으로 제한적인 것은 아니었다. 그렇게 하려는 의도를 가진 사람은 없더라도, 동일한 효과를 달성하는 대체 비용으로 오염 완화 등과 같은 "부차적" 편익을 측정하는 것이 허용되었다. 일부 항운 기획들은 시간 절약을 주요 혜택으로 제시했는데, 어부들과 화주들은 분명히 그것에 보조금을 지급하지 않으려 했다. 1937년에 홍수통제에 관한 몇몇 청문회에서 공병대장을 대신해 경제적인 질문들을 받은 매코치McCoach는 다음과 같이 문답에 참여했다.

찰스 클라슨Charles R. Clason [매사추세츠]: 자산 가치의 증가는 중요한 요인이 아닌가? 다른 토지들은 수천 달러에서 왔다 갔다 하는데, 그것은 수백만 달러에 이르지 않는가?

매코치: 맞다. 그렇지만 물론 그것은 귀하가 찾아낼 수 있는 편익의 가장 논란의 여지가 많은 항목들 중 하나다.

클라슨: 토지 가치의 상승이 일어나지 않는다면 수로나 제방에 대해서도 편익으로 취급하지 않아야 하는 것 아닌가?

매코치: 맞다.

매코치는 계속해서, "내가 청구서 방법이라고 부르는 것으로 평가할 수 없는 간접적이고 비가시적인 것들이 너무 많이 있기" 때문에 공병대의 척도는 실질적으로 보수적이라고 설명했다. 그는 또한 자산을 어떻게 가치평가할 것인가에 관해서 "이 방에 있는 두 사람도 동의하지 않을 것"이며, 평가된 가치를 고려하지만 그것이 결정적인 것은 아니라는 것을 인정했다. 클라슨은 고민스러웠다. "유권자들이 내게 편지를 보내 공병대가 어떤 근거에서 제방을 건설하는가를 물었을 때 나는 그들에게 자산 가치의 증가에 대한 추측보다 더 확실한 무엇인가를 말할 수 있어야 할 것이다." "나는 그것은 추측이 아니라 추정이라고 말하겠다"라고 매코치는 답했다.[89]

그렇지만 1940년 이후, 공병대는 홍수통제 작업을 정당화하기 위해 자산 가치의 변동에 그렇게 크게 의존하지 않는 쪽으로 이동했다. 일부 연대들에서는 그것들은 비가시적인 것으로 불리기 시작했다. 결국 자산 가치의 증가는 잠재적이거나 역사적인 홍수피해를 반영해야 했다. 이것은 모든 편익 범주들 가운데 가장 공식화된 것이었다. 그럼에도 그것은 상당히 까다로웠다. 홍수 기록이 충분하고 수십 년 과거로 거슬러 올라간다고 하더라도, 기록된 피해의 평균은 적합한 척도라고 할 수 없었다. 거의 언제나 인구가 증가했기 때문에 대등한 홍수가 과거에 비해 미래에 더 큰 피해를 일으킬 것으로 예상되었다. 더욱이 연간 평균 홍수피해 수준은 최대의 가능한 홍수의 규모, 즉 여전히 가설적인 예상 홍수에 매우 민감했다. 이를 추정하기 위해 공학자들은 확률 기법들과 날씨 기록을 사용해 홍수 빈도 곡선을 그린 다음 예상되는 물의 양, 등심선도depth contours, 홍수 지속 시간을 보여주는 지도를 그렸다. 과거의 기록들에서 계산한 평균 피해는 가설적인 최대 홍수를 고려했을 때 추정된 그것의 3분의 1에 불과할 수 있었다. 수많은 당혹스러

운 상황들에서 실제의 홍수가 가설적인 홍수를 즉각 초과했다고 덧붙이는 것만이 공정하다.[90]

경제적 추정에는 판단이 개입할 여지가 분명히 많았다. 또한 경제적 추정을 운용하는 조건을 정의하고 그것의 허용 가능한 범위를 표시하려는 부단한 노력이 있었다. 실제 홍수피해자들의 피해 주장은 과장되기 쉽기 때문에 공학자들에게는 그들의 피해 주장을 믿지 말라는 경고가 주어졌다. "비가시적인 것들"의 수량화는 강력히 권장되지 않았다. 1.01과 1.06의 편익-비용 비율을 얻기 위해 비가시적인 것들에 너무 많이 의존한 한 공병연대장의 1940년 어느 보고서는 사단 수준에서 기각되었다. 공병사단장은 이러한 편익이 실제로 있다는 사실은 의심하지 않았지만, 그 편익을 "정확하게 평가할 수 없었기" 때문에 기획들을 정당화하기 위해서는 적절한, 즉 적어도 가시적인 비용에 기초한 주변적인 것으로 보이는 편익에 의존해야 했다.[91]

공병대가 정치적 압력을 받더라도 비용-편익 계산을 진지하게 취급했다는 충분한 증거가 있다. 콜로라도Colorado와 네브래스카Nebraska의 리퍼블리컨강Republican River 상류 근처에서 큰 홍수가 발생해 작은 마을들과 농장들이 상당한 피해를 입고 심지어 105명이 죽었다. 조사가 즉시 요청되었다. 공병대는 큰 댐의 건설을, 그 댐이 미주리와 미시시피의 본류에서의 홍수통제에 기여해야만, 즉 그것이 하류에 있어야 정당화할 수 있다는 것을 발견했다. 이것은 그 댐이 1935년의 홍수피해를 겪은 사람들에게는 도움이 되지 않는다는 것을 의미했다. 상류에 가능한 모든 저수지는 평균 0.46의 매우 낮은 편익-비용 비율을 보여주었다. 그렇지만 하류의 저수지는 2.35의 비율로 편익이 비용을 넉넉하게 초과했다. 이것이 공개되자 콜로라도, 캔자스Kansas, 네브래스카의 주 공학자들은 합동해 이런 초과분을 상류의 여러 댐들의 비용-편익 결손을 충당하는 데 사용할 것을 요구하는 청원을 제출했다. "이 계획이 그 강의 전체 흐름 체계에서의 홍수 방지를 위한 완전한 계획이어야 한다거나, 또는 유역 안에서 가능한 한 많은 지역에 홍수 방지를 제공해야 한다는 것, 그리고 편익이 누구에게 발생하든 그것이 기획의 추정된 비용을 초과하도록 유지하는 것이 의회의 의도라고 우리는 믿는다." 그들은 1.6의 종합적인 편익-비용 비율을 보여주는 리퍼블리컨강 통합 홍수통제 방안을 제시했다. 공병연대장은 이것을 거부했다. 그러한 정책은 "경제적으로 정당화되지 않은 … 여러 개의 저수지 기획을 포함하는 … 최대 숫자의 저수지들을 건설하라는 지역 이익집단들의 요구로 이어질 것이었다." 그러나 그는 이런 종류의 통합 방안에 선례가 있음을 인정해야 했다.[92]

캔자스 시티Kansas City의 공병사단장이 공병대장에게 보낸 흥미로운 비망록은 네브래스카의 상원의원 조지 노리스George W. Norris가 자신의 사무실에 와서 리퍼블리컨강을 위한 계획을 문의하고 "농부들의 고통"에 대해 설명했다고 언급한다. 농부들은 홍수피해를 대규모 관개 기획을 구축하기 위한 핑계로 사용하고자 했으며, 사실상 그들은 이것이 아니라면 홍수통제 기획을 거부할 수 있다는 것이 드러났다. 공병사단장은 최상의 저수지가 홍수통제만으로는 약 0.16의 편익-비용 비율을 보였으며, 그러므로 그들은 이중 목적의 저수지에 관해 검토하고 있다고 상원의원에게 말했다.

이 저수지들의 비용은 4000만 달러에서 6000만 달러 사이가 될 것이고 … 비용-편익 비율은 2:1을 넘어서지 않을 것이며, 편익에 관해 매우 자유주의적으로 가정하더라도 3:1에 가까울 것이라고 노리스 상원의원에게 설명했다. 우리가 그 기획의 모습을 개선하기 위해 모든 노력을 하고 있다는 것 … 우리가 그것을 위해 정당화 가능한 기획을 아직 찾아내지 못했고 찾아내는 것에 대해 희박한 희망을 가지고 있다는 것, 그러나 모든 관련자들을 설득할 수 있는 보고서를 만들기 위해 우리의 창의력을 모두 쏟고 있다는 것을 그에게 말했다.[93]

이 서한에서 정치와 객관성의 균형은 대체로 적절한 것으로 보인다. 분명히 노리스는 공병사단장의 추론을 받아들였다. 개간국과 공병대가 또 다른 유혈적 싸움을 피하고 독립적인 미주리 밸리 관리청Missouri Valley Authority을 설치할 계획을 저지하기 위해 1944년에 미주리강 유역 전체를 분할하기로 결정하지 않았다면, 거부는 한동안 유지되었을 것이다. 이후 몇 년 동안의 조사보고서는 리퍼블리컨강에서의 다수의 기획들을 정당화할 수 있었으며, 그것들의 대부분은 1.0~1.2 범위의 편익-비용 비율을 보였다. 1951년에 저지대 유역에 발생한 거대한 홍수는 이 문제를 해결했고, 현재의 지도는 저수지가 모든 곳에 있음을 보여준다.[94]

그러나 아마도 이것은 거의 모든 것을 허용하는 비용-편익 표준을 사용한 기관에서 발생한 경쟁의 불행한 효과를 예시했을 뿐이었다. 가능한 모든 경우에, 공병대는 모든 정부기관들을 위해 균일하게 만들어진 비용-편익 분석을 위한 확고한 표준의 확립을 선호했다. 이것이 실망스럽게 엄중한 표준을 의미하지는 않았다. 조사위원회가 공병대장 픽에게 최소 1.5의 편익-비용 비율을 요구함으로써 또는 지역의 많은 기여를 요구함으로써 기획의 숫자를 줄일 수 있는가를 물었을 때, 그는 특유의 상냥함과 유창함으로 답변했다. "그렇다. 나는 그것을 중지시키기가 매우 쉽다고 생각한다. 귀하가 미국의 보존 계획들을 중지시키고자 했다면 아주 쉽게 중지시켰을 것이다."[95]

오히려 공병대는 경제적으로 승인된 기획들의 관리 가능한 공급이 항상 이루어지도록 비용-편익 분석의 경계를 넓히기 위해 끊임없는 노력을 기울였다. 때때로 공병대 간부들은 인가된 편익이 과도하게 협소하다고 불평하고, "비용 대비 편익의 비율을 개선함으로써 현재 실행 불가능한 것으로 판정된 기획들의 건설을 정당화할 수 있는 새로운 경제적 분석 방법의 필요"에 대해 주장했다.[96] 그런 이야기는 비용-편익 분석이 적어도 어느 시점에서는 일정 정도 제약적이었음을 시사한다. 그러나 새로운 방법이 정말로 다가오고 있었다. 예를 들어, 1960년대의 홍수통제 건설 호경기는 레크리에이션 편익을 평가하는 새롭고 자유주의적인 방법에 의해 촉진되었다.

놀랍게도 의회는 때때로 고정된 표준을 지키려는 의지를 공병대 자체보다 더 많이 보여주었다. 1950년대를 통해 레크리에이션을 저수지와 수로 위의 또는 근처의 관광시설을 위한 이윤의 원천으로 취급함으로써 그것은 "가시적인" 편익이 되었다. 그러나 1954년 픽의 후임자인 휠러는 관광객들 자신이 얻는 편익이 중요하다며 그것을 평가하는 "일정한 종류의 공식을 우리는 언젠가 만들어야 한다"라고 공언했다. 국립공원관리국은 그것들을 정당화하고자 노력하면서 공격적으로 관대한 조치들을 제공했다. 컨강Kern River의 이사벨라Isabella 저수지는 1948년에, 예상 관광객의 여행비용, 하룻밤 방문객들의 하루당 생활비용, 방문자-방문일당 12.5센트의 "레크리에이션 가치", 지역 사업에 주는 편익 그리고 피서의 가치를 합계한 레크리에이션 편익을 할당받았다. 이것은 (황당한 동물분류법을 담고 있다고 호르헤 루이스 보르헤스 Jorge Luis Borges가 인용한 가상의) '중국 백과사전'이었으며, 공병대 공학자들은 이중 집계를 쉽게 인식했을 것이다. 일을 더 잘하고 싶었던 국립공원관리국은 정확한 공식을 제공해주기를 기대하면서 1940년대 후반에 10명의 전문 경제학자들의 자문을 받았다. 그들은 그렇게 하지 않았다.[97]

마침내 의회가 황소의 뿔을 잡듯, 문제에 정면으로 나섰다. 의회는 공병대에 백지수표를 준 것이 아니라, 특별히 인색하지는 않더라도 엄격한 척도를 만들려고 했다. 1957년에 모든 기획에 레크리에이션의 편익으로 매 방문객-방문일당 1달러를 인정하는 법률을 고려했다. 공병대는 이것을 상당히 어리석은 것으로 간주했다. 방문일의 가치는 사람들이 저수지를 무슨 용도로 사용하는가에 그리고 바로 인근에 마찬가지로 매력적인 다른 물 시설들이 있는가 여부에 따라 달라질 것이었다. 상원 청문회에서 공병대 참모 존 퍼슨John Person은 이런 경직적인 척도를 "합리적 가치"로 대체하는 것이 더 나을 것이라고 증언했다.

즉각, 네브래스카 상원의원 로만 흐루스카Roman Hruska는 "'합리적'이라는 단어는 때에 따라 사람에 따라 상이한 것을 의미할 수 있다"라고 경고했다. 사우스다코타South Dakota 상원의원 프랜시스 케이스Francis H. Case가 대답했다. "물론 그것은 다른 기준들을 평가하는 데에서 개간국의 공학자들에게 부여된 것보다 더 큰 재량은 아닐 것이다. 우리는 홍수피해에 대한 척도를 상술하지 않고 관개의 가치에 대한 척도도 상술하지 않는다." 위원장인 커가 "나는 우리가 상술한다고 생각한다"라며 끼어들었다. 그는 누구보다도 잘 알고 있어야 했다. "정확한 달러의 관점에서 그렇게 하지는 않는다"라고 케이스가 말했다. "우리는 그렇게 한다고 나는 생각한다"라고 커가 반복했다. "우리는 그들에게 세부사항들을 말하지는 않지만, 우리는 그들에게 홍수통제나 홍수예방에서 생길 편익이 무엇인가에 관해 우리에게 조언하고 달러의 관점에서 가치를 확정하라고 말한다." 토론을 조금 더 진행한 후 누군가가 그들의 전문 공학자들에게 물어야 한다고 생각했다.

커 : 귀하는 그것을 어떻게 확정하는가, 장군?

퍼슨: 글쎄, 방지된 홍수피해를 우리는 홍수 빈도 곡선, 개별 홍수의 기록, 경험한 실제 피해 그리고 그 밖의 관련 문제들을 조사해 결정했다.

커: 그것은 그 다음에 귀하를 안내하는 확정된 세부사항이 아니라 합리적 추정이 아닌가?

퍼슨: 우리가 그것의 기초가 되는 구체적인 어떤 것을 가지고 있어야 하는 한 그것은 확정된 것이다. 그렇다.[98]

철도회사들과 예산국은 레크리에이션에 가치를 부여하려는 이러한 전체적인 발의에 대해 기획의 요건을 완화하는 것이라고 반대했다. 물론 의회는

그러한 이완에 대해서는 신경 쓰지 않고 "객관성"을 강조했다.99)

균일성에 대한 압박

1943년에 연방의 물 관련 기관들의 공직자들이 부서 간 저녁 모임을 워싱턴에서 결성했다. 조직자는 개간국의 프라이스R. C. Price였는데, 그는 최적 규모의 댐을 설계하는 데 "증분 분석incremental analysis"을 어떻게 사용할 수 있는가를 보여주는 그래프들로 가득 찬 논문을 발표했다.100) 저녁 모임은 곧 연방기관 간 강 유역위원회Federal Inter-Agency River Basin Committee로 공식화했다. 초기의 회의 기록에는 개인적인 적대감의 징후가 거의 보이지 않는다. 첫 공식회의에서는 "보고서들에서의 변이들과 의견의 차이들의 가장 근본적인 이유는 해당 분야에서 유래했다는 것"과 워싱턴의 최고위 공직자들 사이에서는 "협력의 정신이 지배적이라는 것을 모든 구성원들이 강조했다". 그리고 "캘리포니아 킹스강의 파인 플랫 저수지 건설에 대한 개간국과 육군성의 제안들의 지위"에 대한 "상당히 긴" 토론이 이어졌다. 이것이 이미 구제할 수 있는 범위를 벗어났다는 데 그들은 동의했고 그렇지만 다른 갈등들은 어떻든 사전에 방지할 수 있기를 희망했다.101)

다음 회의는 경제 분석에 관한 것이었다. "토론은 … 비용과 편익의 요인들을 결정하기 위한 원칙을 정할 가능성 그리고 특정의 항목들은 상이한 기관들 사이의 접근 방법의 표준화에 의해 해결될 수 없다는 것을 자유롭게 인정할 필요성을 중심으로 진행되었다." 누군가가 비용 할당에 관한 소위원회를 제안했다. 6월에 위원이 임명되고 연방전력위원회의 프랭크 위버Frank L. Weaver가 주도하게 되었다. 위원들은 오리건의 로그강Rogue River에서의 기획에 대한 사례 검토를 통해 작업하기로 선택했다. 10월에 그들은 다음

회의에서 검토 내용을 보고한다는 의사를 공표했다. 그러나 11월에 공병대의 비어드G. L. Beard가 초안을 작성했지만 소위원회는 "그들의 최종적 형식의 제안 보고서를 아직 준비하지 않았다"라고 위버는 인정해야 했다. 보고서가 들어왔을 때 그것의 권고사항에 대해 상당한 의견 차이가 있었다. 이것은 쉽게 해소될 수 없었다. 1년간의 추가 회의 후 소위원회가 편익의 측정을 완전히 일반적으로 다룰 수 있도록 그것의 권한을 확대해야 한다는 합의에 도달했다. 그것은 기존 관례들을 검토할 뿐만 아니라 "순전히 합리적인 접근 방식을 기반으로 하고 현재의 관례와 행정적 제약들에 의해 방해받지 않는 완전히 새로운 원칙과 방법을 정식화할 가능성도 고려하는 것"이었다. 이것을 위해 직원이 필요했다. 1946년 4월에 새로운 "비용과 편익에 관한 소위원회"가 임명되었다.[102]

이 소위원회의 구성원은 4개 중앙 기관들, 즉 공병대, 개간국, 농업성, 연방전력위원회의 고위 관리자들이었다. 일부 직원들도 "또한 출석했는데" 그들은 그들의 상급자들보다 훨씬 많은 회의에 참석했으며 대부분의 작업을 수행했다. 그들의 과제는 즉시 세분화되었다. 농업성에서 나온 실무집단은 "편익을 구성하는 것과 비용을 구성하는 것을 포함해, 문제에 대한 객관적인 분석"을 준비하는 온건한 임무를 맡았다. "그 분석은 순전히 합리적이어야 했고 현재의 관행이나 행정적인 제약에 영향을 받지 않아야 했다." 한편 주요 기관들 각각에서 나온 구성원들은 그들 자신의 현재의 관례에 관해 보고하고 소위원회는 가장 중요한 유사점과 차이점을 찾아내는 작업을 할 것이었다.[103] 두 업무 모두 다른 사람이 예상했던 것보다 더 어려운 것으로 판명되었지만, 객관적인 분석이 가장 오래 걸렸다.

1947년 4월과 1948년 12월에 소위원회는 더 큰 위원회에서 사용할 "진행 보고서들"을 발행했는데, 그것은 기존 관청들의 관례를 서술하는 것을 목적으로 삼았다. 이 보고서들의 요약은 결국 소위원회의 1950년 간행물의 부록으로 출판되었다.104) 그 요약은 본main 보고서에는 그다지 기여하지 않았다. 기관들 사이의 차이점들을 명확히 했지만, 그것들을 해결할 방법은 없었다. 기관 간 위원회와 그것의 소위원회 그 어느 쪽도 관례적인 절차를 타협할 권한이 없었다. 소위원회는 시도조차 하지 않았다. 서술적인 부분을 완료한 후 모임은 거의 중단되었다. 합의를 위한 유일한 희망은 객관적 분석이었다. 그것의 필자들은 관료적 정체성뿐만 아니라 적절한 학문적 정체성도 가지고 있었다. 그들은 농업경제국Bureau of Agricultural Economics의 경제학자들이었다. 그러나 그들이 맡은 작업에는 전례가 없었으며, 소위원회에 전임으로 배정된 공직자가 없었기 때문에 초안을 완성하는 데 3년이 걸렸다. 그것은 최종적으로 1949년 6월 13일에 "객관적 분석"이라는 제목의 등사물 형식으로 배포되었다.105)

이것은 최종 보고서의 핵심을 구성했다. 전체 소위원회에서 사소한 것 이상의 변경들이 있었지만, 그것들이 원래 진술의 기본 형태에서 벗어난 것은 아니었다. 그 진술은 비용을 초과하는 편익의 극대화를 요구했는데, 하나의 기획의 구별되는 부분 각각이 편익의 잉여를 보여야 한다는 것을 의미했다. 그것은 정부의 이자율보다는 "사회적 시간 선호social time preference" - 확실한 현재의 편익 또는 비용과 불확실한 미래의 그것 사이에서 어느 것을 선택하는가의 선호 - 에 따른 할인의 가능성을 언급했지만, 발표된 보고서에서는 이것을 불필요한 복잡화로 삭제했다. 등사물이나 발표된 보고서 어느 것도 홍수통제, 항운, 관개, 레크리에이션 또는 어류와 야생 생물 서식지의 편익을 수량화하는 문제에 대해 편람으로 사용하기에 충분하게 자세히 다루지는 않았지만, 둘 모두 어려운 부분들에 관한 조언을 제공하면서 여러 종류의 부작용을 무시하지 않도록 경고했다. 그것들은 야생 강 계곡의 범람이 풍광이나 레크리에이션의 손실뿐 아니라 이득도 가져올 수 있다고 인정했는데, 이 가능성을 공병대는 일반적으로 무시해왔었다. 개간국과 다른 기관들 사이의 논쟁의 문제에 관해 보고서는 개간국에 대해 온건하지만 명백하게 반대하는 입장을 취했다. 기획의 수명이 50년이라는 가정은 경제적 분석을 하기에는 너무 긴 시간으로 보였다. "이차적 편익" – 새로 물을 공급한 땅에서 재배한 밀을 갈아 빵을 굽는 – 은 특별한 상황에서만 고려해야 했다.[106]

특히 인쇄된 보고서는 비가시적인 것들에 대한 수량화의 요구에서 관례적인 관료주의적 관행보다 더 야심적이었다. 시장 가치 이외에는 기획의 영향을 공통의 관점에서 평가할 수 있는 이용 가능한 틀이 없기 때문에, 가능한 경우에는 언제나 시장 가치를 할당해야 한다고 보고서는 주장했다. 그것은 레크리에이션 편익은 제공자가 얻는 수익이 아니라 사용자에게 발생하는 가치를 반영해야 하며, (어떻게 할당할 것인가에 관해서는 설명하지 않았지만) 가격을 할당해야 한다고 확고하게 주장했다. 건강의 개선에도 가격을 할당해야 했다. 초안에서는 그렇게 하지 않았지만 발표된 판형에서는 인간의 생명에 "관련된 경제적 요인들에 대한 고려에 기반해 일반적으로 인정된 판단 가치"를 할당하는 것이 유용할 수 있다고 제안했다. 또한 구조되거나 손실된 생명은 계산에서 별도의 항목으로 열거해야 한다고 덧붙였다.[107] 초안과 발표된 보고서에서 가장 야심적이고 가장 설명하기 어려운 조처는 미래의 상대적 가격에 대한 예측을 요구하는 것이었다. 이것을 어떻게 실행할 것인가에 대해서는 아무도 생각하지 않았던 것으로 보인다.

완성된 책은 물 분석가들과 비용-편익 경제학자들 사이에서, 그것의 표지 색깔에 의해 『녹색 책Green Book』으로 친근하게 알려지게 되었다. 그 책의 영향은 상당했다. 그러나 그 책이 참여 기관들의 비용-편익 분석 실행들을 조정한 것은 아니었다. 일부의 기관 간 물 개발위원들, 특히 컬럼비아강과 아칸소-화이트-레드 강 체계에 관련된 위원들은 그 책을 진지하게 고려했다. 그러나 앞의 위원들의 요청은 소위원회가 많이 사용하기에는 너무 이르게 도착했고, 뒤의 위원들은 도움을 얻기에는 그것이 너무 추상적이라는 것을 발견했다. 특히 그것은 가격 예측이라는 해결할 수 없는 문제 때문에 논란이 되었고, 소위원회는 별 도움을 줄 수 없었다.[108]

1950년대 초반은 공병대에게 고난의 시간이었다. 개간국과의 싸움은 공병대를 행정부에서 소외시켰다. 특히 개간국의 우군들은 공병대를 체계적인 물 관리보다 일시적인 정치적 유리함에 더 관심을 가진 선심성 개발 정치 기관이라고 비난했다. 1940년에 계획되고 1946년에 승인된 기획들을 1950년에 건설하면서 막대한 비용 초과가 발생하자 공병대의 관례적인 동맹인 의회가 상당히 강력한 감사에 나섰다. 공병대장 픽은, 그의 반대자들이 충분히 현실적이었음에도, 편집증의 징후를 보였다. 그는 한 위원회에서 이러한 모든 조사들이 "의회의 지혜와 능력에 부정적인 영향을 미친다"라고 말했다.[109] 어떤 이유에서건 1940년대 후반과 1950년대 초반에는 엄격한 수량화의 기준을 부과함으로써 물 기획에 대한 지출을 제어하려는 시도들이 다발적으로 일어났다.

정부 지출을 감시하는 데 가장 적합한 기관은 예산국이었다. 1943년부터 모든 기획은 승인을 받기 위해 의회로 가기 전에 예산국을 거쳐야 했다. 의회는 거의 예외 없이 예산국의 조언을 무시했다. 1952년에 예산국은 예산회람 A-47에 비용-편익 지침을 발령함으로써 권한을 강화하려고 했다. 그 지침은 지역의 비용 분담을 크게 강조하기는 했지만, 여러 측면에서 『녹색 책』의 권장 사항과 유사했다. 그렇지만 예산국은 피상적으로 그렇게 하는 것을 제외하고는 이러한 표준을 집행할 인력을 갖추지 못했다. 이것은 일반적으로 새로운 종류의 편익을 인정하는 것을 거부하고, 수량화하지 않은 비가시적인 것들에 근거해 기획들을 정당화하는 데 반대하는 것을 의미했다.[110]

예산국의 실패 그리고 연방기관 간 강 유역위원회의 명백한 취약성이 드러나자 물 계획에서의 합리성을 강조하는 다양한 대변자들은 기획들을 독립적인 전문가들로 구성된 자문위원단에 위임해야 한다고 제안했다. 1949

년 제1차 후버위원회는 "공정한 분석위원회Board of Impartial Analysis"를 요구
했다. 그것은 모든 물 계획을 내무성 내부에 통합함으로써 기관 간 경쟁과
노력의 중복을 제거할 것을 제안했다. 항상 우아했던 픽은 공병대를 대표해
다음과 같이 응답했다. "십중팔구 중앙집권적 권위와 책임을 맡고 있을 정
부의 사람들이 지금은 우리의 자연자원들을 제약 없이 수탈하는 것을 통해
지역별로 전체주의적 형태의 정부를 수립하려는 운동을 선도하는 데 가담
하고 있다."111) 의회는 자신이 선호하는 기관의 폐지를 승인할 뜻이 없었으
며, 공병대는 이런 경우에 새로운 공정한 분석위원회는 불필요할 것이라고
성공적으로 주장했다. 제2차 후버위원회는 기관들을 없애려는 시도는 다시
하지 않았지만, 기획의 수혜자들이 거의 모든 비용을 부담해야 한다고 권고
했다. 또한 그 위원회는 전문자문위원단의 "객관적 검토"를 요구했고(성공적
하지 못했다) "수자원 및 전력 기획들과 계획들에 대한 경제적 정당화를 확정
하는 데 적용할 원칙"을 발표했다. 비용-편익 분석이 "쉽게 부패된다"라는
점을 인정하면서, 그 위원회는 이것을 그 방법의 약점이 아니라 무능하거나
편향된 실행자들의 잘못이라고 취급했다. 사람들은 산술에서도 실수를 한
다고 그 위원회는 지적했다.112)

경제학자들이 나서다

1950년대 초 공병대는 경제학자들 그리고 다른 사회과학자들의 고용을
크게 확대하기 시작했다. 곧 모든 연대사무소에는 경제적 분석을 전담하는
소대가 생겼다. 초기의 경제 전문가들 중 일부는 자신들이 해를 덜 입힐 듯
한 영역으로 이동한 실패한 공학자들이었다. 그러나 불만을 느낀 이익집단
들의 비판, 정부의 다른 기관들의 압력, 그리고 숫자 확정의 기초가 되어야

하는 승인된 편익들의 범위 확대가 복합되면서 경제 전문지식의 필요가 무시할 수 없게 발생했다. 1960년대와 그 이후의 환경 입법 그리고 사법적 심사 대상이 될 가능성의 증가에 따라 이 필요는 더욱 강력해졌다.[113]

그렇지만 1950년대에는 비용-편익 분석과 관련된 경제 전문지식은 관료제 자체의 외부에는 거의 존재하지 않았다. 전문 경제학자들이 공공사업의 편익에 관해 글을 썼을 때 그것은 학술적 논의보다는 관료제적 담론과 더 밀접한 관련이 있었을 것이다.[114] 1950년대에는 수렴이 있었다. 관료제는 더욱더 다양하고 까다로운 편익들을 수량화하려고 했다. 새로운 복지경제학은 삶에서의 모든 즐거움과 고통을 단일의 일관되고 수량화 가능한 효용 함수로 통약할 수 있다고 가정했다. 레크리에이션, 건강, 생명의 보호 또는 손실 등과 같은 어려운 문제에 대해 수량화를 시도하는 것은 지적으로 진지하고 실천적으로 유용한 것으로 보였다.

비용-편익 분석에 대한 가장 뛰어난 초기 비판을 제시한 리처드 하먼드 Richard J. Hammond는 공상 경제학fancy economic의 진입이 그 분석의 몰락을 가져왔다고 생각했다. 편리한 관료제적 협약으로서, 쉽게 수량화할 수 있는 편익과 투자비용의 비교는 조롱할 수 없는 것이었지만, 이제는 이러한 형태의 분석이 가상의 자료를 날조할 수 있는 면허가 되었다고 그는 믿었다. 그렇지만 하먼드는 아담과 이브는 경제적 뱀이 그들에게 이 사과를 선물하기 이전에도 유혹을 느꼈다는 것을 깨달았다. 비용-편익 분석의, 특히 미국에서의 관료제적 사용에는 그것의 용어들을 사물화하고reify 인간 판단의 타당성을 부인하고 순전히 기계적인 객관성의 몰개인성을 열망하는 압력이 이미 내재되어 있었다. 일부 경제학자들은 이것을 과학의 정의definition of science라고 생각했다. 비용-편익 분석은 1950년대 후반에 처음으로 존경할 만한 경제적 전문 분야가 되었다.[115]

물 기획에 대한 분석이 가장 중요했다고 나는 생각하지만, 그것이 비용-

편익 분석의 통찰이 발전한 유일한 분야는 아니었다. 특히 고속도로의 운송 연구는 크게 독립적인, 물론 쉽게 통약 가능한 원천을 제공했다.[116) 또한 그 보다는 거리가 더 먼 것으로 운영연구operations research의 군사적 이용과도 관련이 있는데, 랜드연구소RAND Corporation: "Research ANd Development"는 최적화의 전략으로 일종의 비용-편익 분석을 개발했다. 차례로, 운영연구 자체는 테일러주의Taylorism와 연관되어 있었다.[117) 그런데 최적화나 테일러주의 같은 단어들은 우리가 20세기의 미국 관료제의 역사와 과학의 역사에서 전개된 광범위한 추세를 다루고 있음을 알려준다. 랜드연구소 방식의 비용-편익 분석은 군사적 수량화militant quantification라는 더 광범한 맥락을 드러낸다. 그 분석은 또한 여러 정부 계획들의 비용과 편익을 비교할 수 있는 방식으로 정부 회계를 개편하고자 한 린든 베인스 존슨Lyndon Baines Johnson 행정부의 국방장관 로버트 맥나마라Robert McNamara와 그가 랜드연구소에서 데려온 경제학자 찰스 히치Charles Hitch의 작업에 대해서도 결정적으로 중요했다. 그러나 국방에 대한 경제적 분석은 공공적 지식으로 진행된 것이 아니라 비공식적으로 진행되었다. 군사 경제학은 결코 전문 연구 분야가 되지 않았으며, 1960년경 거의 모든 형태의 정부 활동의 편익과 비용을 측정하기 시작한 경제학자들에게 중요한 준거점이 아니었다.[118) 물 기획은 중요한 준거점이었다.[119)

이러한 관점에서 『녹색 책』에서의 용어들의 확장과 복지경제학 언어의 도입은 특히 중요해 보인다. 이것은 학계의 경제학자보다는 관료제 속의 경제학자들의 작업이었다. 농업경제국에서 경제학자의 역할은 자세히 탐구해 볼 만한 것이지만, 대체로 1950년 이전에 그들은 기획들에 대한 하나씩의 평가보다는 합리적이고 체계적인 계획의 언어를 더 선호했던 것으로 보인다. 그들이 최종적으로 비용-편익 분석을 시작했을 때, 그들은 물 기획을 특정한 준거로 삼아 분석했다.[120) 이것으로는 그들이 공공 투자 분석에 복지

경제학을 응용하는 것을 어디서 익혔는가를 알 수 없다. 『녹색 책』을 위한 형판을 제공한 『객관적 분석Objective Analysis』의 가장 중요한 저자인 마크 리건Mark M. Regan의 인용들은 고급 이론으로부터 직접 번역한 것으로는 보이지 않는다.121)

비용-편익 연구를 경제학자들의 기준에 따라 재정의하려는 노력은 1950년대 중반에 본격적으로 시작되었다. 1세대 저자들의 대부분은, 종종 사례 연구라는 겉치장으로, 물 기획들에 관해 썼다.122) 일반적으로 경제학자들은 물 기획들에 대한 비용-편익 검증이 충분히 엄격하지 못했다는 것에 대해 예산 담당 공무원들 그리고 후버위원회를 지배한 민간기업의 옹호자들과 의견을 같이했다. 한계 기획들을 배제하기 위해 가장 선호되는 수단은 정부 채권의 이자율보다 높은 균일한 할인율을 부과하는 것이었다. 동시에, 경제학자들은 비가시적 자산에 화폐 가치를 부여한다는 이전 세대의 생각에서 뒷걸음질하지 않았으며, 이런 방식으로 그들은 심지어 1960년대의 건설 호경기에도 기여했을 것이다. 1980년대에 이르러 연구자들이 시민들의 선호에 대한 조사를 사용해 경치 좋은 풍광에 금전적 가치를 부여하기 시작하면서, 야생 지역들에 대한 개발을 저지하기 위한 전략으로 비가시적인 것들에 대한 수량화가 동원되었다.123)

이런 제약되지 않은 수량화 추구의 더 중요한 결과는 모든 종류의 정부 지출에, 그리고 나중에는 심지어 규제 활동에까지 비용-편익 기법들이 확산한 것이었다. 초기의, 겉보기에 가망성이 없는, 주제는 공공보건의 경제학이었다. 그것은 질병에 걸린 날과 치유되거나 손실된 인명들에 가치를 부여하도록 요구했다. 경제학자 버턴 웨이스브로드Burton Weisbrod는 주저하지 않고 상실된 생산성을 둘의 척도로 사용했으며, 심지어 소아마비 예방접종조차도 순편익이 의심스럽다고 결론 내렸다. 교육은 또 다른 주제였다. 노동시장에서 얻는 총수익은 고등학교와 대학, 그리고 필연적으로 경영학 석사 과정들에 대해서는 편익을 보증했지만, 과학이나 공학 분야의 대학원 과정에 대해서는 보증하지 않았다. 저자들은 교육 자원을 급여가 가장 높은 곳으로 돌릴 것을 정식으로 권유했다.[124] 1965년까지 경제학자들은 연구, 레크리에이션, 고속도로, 항공, 도시 재생 등을 평가하기 위해 비용-편익 방법을 사용했다. 아마도 일부의 측정들에 대해서는 사용 가능한 자료가 이상적인 것보다 적었을 것이다. 그러나 경제학자 프리츠 매클럽Fritz Machlup은 다음과 같이 언급했다. "어떤 제도, 계획 또는 활동의 편익과 비용에 대한 경제적 평가는 모든 종류의 가치를 고려하고자 시도해야 하고, 본능적인 감정에 의해서만 통상적으로 접근해왔던 문제들에 대해 합리적인 논증과 이성적인 비중 판단을 적용하고자 시도해야 한다."[125]

비용-편익 분석에 대해 복합적이고 균형 있는 탐구가 아니라 측정할 수 있는 것에 기초한 쉬운 답변을 선호한다는 비판이 자주 제기되었다.[126] 경제학자들도 이 비판에서 결코 면제되지 않았다. 그들은 서문을 통해서 계산이 정치적 판단을 결코 대체할 수 없다는 것을 통상적으로 인정하지만, 비용-편익 및 위험 분석가들은 분명히 정치적 판단을 가능한 한 많이 제어하고 싶어 한다. 따라서 전형적으로 그들은, 결정을 복잡한 세부사항들에 대한 신중한 고려에 맡길 것이 아니라, 언제나 분별 있고 편견 없는 결정 규칙으로 환원해야 한다고 강조한다. 효과적인 방법은 중심 문제에 대한 토론에 초점을 맞추는 단순한 언어가 아니라 제약적인 것이어야 한다. 커다란 위험은 "전투원들이, 이를테면, 비용-편익 분석의 술어 속에서, 기법을 수사학적 장치로 변형하고 그것의 영향을 무효화하면서 그들의 논쟁을 수행하는 방식을 배울 수 있다"라는 것이라고 위험에 대한 주요 연구의 저자들은 공표했다.[127]

비용-편익 분석은 처음부터 공공 투자 결정에서 정치의 역할을 제한하기 위한 전략으로 고안되었다. 그렇지만 1936년 육군 공병대는 그 방법이 경제적 원칙들에 근거해야 할 것이라거나 그것을 어떻게 수행할 것인가를 확정하기 위해 수많은 규정들이 필요할 것이라거나 그러한 규정들을 정부 전체에 걸쳐 표준화해야 하고 거의 모든 범주의 공공 행위에 적용해야 할 것이라고는 생각하지 않았다. 비용-편익 분석을 수천 페이지의 규칙들에 의해 뒷받침되는 합리성의 보편적 기준으로 변형하는 것은 전문가들의 과대망상 중에서 기인한 것이 아니라 압도적인 공공적 불신의 맥락에서의 관료적 갈등에서 기인하는 것으로 설명할 수 있다. 이런 도구들이 분석에 대한 안내와 논쟁의 언어 이상의 것을 제공할 수는 거의 없지만, 이런 도구들을 그 이상의 어떤 것으로 만들어야 한다는 강력한 압력이 작용해왔다. 이제 그 방법의 많은 실행자들은 기계적 객관성의 이상을 내면화하고 있다. 그들은 결정이, "정치적으로 책임과 책무를 가진 사람들의 적절한 가치판단에 의해 일단 작동하게 되면, (자연신론자deist의 우주처럼) 상부로부터의 추가적인 간섭 없이 자연스럽게 전개될 관례routine"에 따라 이루어진다고 생각할 것이다.128) 이런 경제학자들의 이상은 정치적 및 관료제적 문화의 한 형태로 시작되었다. 그 문화는 또한 다른 과학들의 형성에도 영향을 미쳤다.

제3부

정치적 및 과학적 공동체들

그러므로 나는 좋은 감각이 좋은 예절의 기본 토대라고 주장한다. 그러나 앞의 것은 극소수의 인간만이 가진 재능이기 때문에 그러므로 세계의 모든 문명화된 나라들은 이성의 결함을 보완하는, 인위적인 좋은 감각의 일종으로서, 그들의 일반적인 관습이나 공상에 가장 적합한 공통적인 행동을 위한 몇 가지 규칙을 확정하는 것에 동의했다. 그것이 없다면 바보들의 예의 바른 부분은 영구히 소매 끝동에나 있을 것이다. ─스위프트, "좋은 예절과 좋은 양육에 관한 논의 A Treatise on Good Manners and Good Breeding"(1754)

제8장

객관성 그리고 학문 분과의 정치학

통계과학은 실험자가 이용할 수 있는 정밀한 도구 중 하나다. 실험자가 자신이 사용할 수 있는 지식을 적절히 사용하려면 자신이 그것을 다루는 방법을 배우거나 자신을 위해 그렇게 할 누군가를 찾아야 한다. ─도널드 피니 Donald J. Finney(1952)*

　　회계, 보험, 응용경제학 그리고 수량적 사회과학 분야의 연구자들은 일반적으로 잘 확립된 학문 분과들을 자신들의 작업 모형으로 삼고자 열중해왔기 때문에 큰 곤란함을 겪지 않고서도 과학에서 수량화의 원형으로 제시되는 전문 분야들을 찾을 수 있을 것이다. 물리학이나 생물학의 역사에 대해 과학 교과서에서 또는 심지어 표준적인 역사적 문헌에서 어느 정도 배운 다른 사람들은, 관료제 맥락에서의 수량화를 논의한 이 책의 장들이 학문적으로 좀 더 존경받는 과학들에서의 그것의 사용과 많은 관련이 있을 것인가에 대해 합리적으로 궁금해할 것이다. 이 책의 나머지 부분에서는 이런 쟁점들을 직접 다룰 것이다. 이 장은 특정의 학문 분과들에 대해 표준화와 기계적 객관성을 추구하도록 추동한 압력들 ─ 그것들의 일부는 정치 및 정부 규제에서 나왔다 ─ 을 다룬다. 대소석으로 제9장은 과학에서 판단과 개인적 권위에 신뢰를 부여하거나 부인하는 문화적 및 정치적 상황에 더 관심을 가질 것이다.

　　여기서 나는 과학에 대한 거대한 통합 이론이 아니라 과학들의 분리disunity에 대해 더 명확하게 파악하고자 한다. 확실히 나는 과학적 집합체가 지식을 생산하면서 어떤 관료제처럼 행동한다고 주장하지는 않을 것이다. 과학적 집합체와 관료제와의 유사성은 단지 특정 측면들에만 적용할 수 있다. 또한 아마도 더 중요한 것으로 "어떤 관료제와 똑같이"라는 문구가 큰 의미를 갖는 것은 아니다. 근래의 연구들은 예컨대 발자크, 디킨스, 니콜라이 고골Nikolai V. Gogol의 독자들이 이미 알고 있는 것, 즉 관료제는 이질적인 범주라는 것을 재확인한다. 이 책은 그러한 이질성의 단지 한 차원에만 관심이 있지만, 그것만으로도 요점을 충분히 밝힐 수 있다. 프랑스 행정부나 영국 공무원 어느 쪽도 막스 베버Max Weber의 가르침을 그다지 잘 지키지 않았다.

> 관료제적 행정은 기본적으로 지식을 통한 지배를 의미한다. 이것이 그 행정을 특별히 합리적으로 만드는 특징이다. … 지배적인 규범은 개인적 고려와 무관한 간명한 의무라는 개념이다. … 어디에서나 관료제화는 대중 민주주의를 예고한다. … 관료제가 [신봉하는] 합리적 형식주의의 '정신'은 … 모든 이익집단들에 의해 촉진된다. … 그렇지 않다면 문은 자의성에 개방될 것이다.[1]

베버의 정식은 프로이센Preussen과 미국의 엄격성들과 의심들을 결합한다. 이념형의 과장을 인정한다고 하더라도 이것은 지나치게 제한적이다. 그럼에도 그의 정식은 가치 있는 것이다. 왜냐하면 바로 이런 형태의 관료제가 과학에 대해 가장 수용적이었고, 그러므로 과학을 자신의 이미지에 맞게 재형성하기 위해 가장 열심히 작업해왔기 때문이다.

관료제, 미국식

꼭대기에서, 미국의 관료제는 정치적으로 임명된 사람들로 구성되어 있다. 헤클로는 영국의 관료제적 엘리트에 대한 연구(공동 연구자 아론 윌대브스키 Aaron Wildavsky)에 「영국 정치 내부의 공동체와 정치체Community and Polity inside British Politics」라는 부제를 붙였고, 미국 정부에 관해서도 『이방인들의 정부A Government of Strangers』라는 제목으로 비슷한 책을 썼다. 미국인들도, 영국인들 못지않게, 효과적으로 조직하고 관리하기 위해서는 "확신과 신뢰의 관계"를 필요로 하지만, 그러한 관계는 "시간과 경험을 요구하며, 이 두 가지 모두 정치적 층위들에서는 공급이 부족하다".[2] 부분적으로 이런 이유 때문에, 미국 정부에서는 비밀을 지키는 것이, 또는 심지어 확신을 갖고 협상하는 것이 매우 어렵다. 정치적 요구에 영구적으로 노출되어 있었기 때문에 공병대와 개간국은 그들의 가장 치열한 논쟁들 중 일부에 대해 합의를 협상할 수 없었다. 미국 행정부의 장관들과 기관 책임자들은 정치에 사로잡히는 경향이 있으며 그것의 압력을 방어할 수단을 거의 갖고 있지 않다. 그 압력은 관료제의 중간 수준에까지 곧장, 그리고 때로는 더 낮은 수준에까지 도달한다.[3] 미국 행정부는 명확한 권위 노선을 결여하고 있기 때문에 정부 기관들은 자주 양립 불가능한 정치적 요구들에 직면한다.

제임스 윌슨James Q. Wilson은 관료들이 일반적으로 생각하는 것처럼 자신들의 관할 영역을 확장하는 데에는 그렇게 적극적이지 않은 반면 자율성에 대해서는 보편적으로 관심을 가지고 있다고 주장한다. 자율성은 외부자들에 의해 선취되거나 위압되지 않음을 의미한다. 관료들이 행정부, 의회의 수많은 위원회들 그리고 법원의 모순적인 기대에 직면했을 때 가능한 경우에는 언제나 규칙을 고수함으로써 책임을 최소화하고자 한다는 것은 놀라운 일이 아니다. 규칙, 계산 그리고 사실 확인에 대한 이러한 몰두는, 일부 사람들은 가지고 있을 수도 있는 관료적·법률적 양식의 본질이 아니라, 간섭하는 외부자들에 대항한 방어 장치이며 멀리 떨어져 있거나 신뢰할 수 없는 하급자들을 통제하기 위한 전략이다. 윌슨은 "미합중국은 다른 어떤 산업화된 민주주의보다도 큰 정도로 규칙에 의존해 공식적 판단의 실행을 통제하고 있다"라고 기록한다.[4] 그와 유사한 신뢰 부족으로 의회는 모든 기관에, 계약을 맺는 방법이나 직원을 고용하거나 해고하는 방법뿐만 아니라 그것의 중심 임무를 수행하는 방법을 지시하는 규칙을 부과하게 되었다. 때때로 의회는 그러한 표준을 그 자신에게도 부과한다. 예를 들어, 비용-편익 분석은 의회가 자신을 형식주의red tape에 가두려는 열의 없는 욕망의 기념비다. 현재 실행되는 것처럼 그것은 미국의 정치문화의 특징적인 업적이다.

그러한 체계 아래에서는 객관성에 대한 요구가 영국이나 프랑스에서보다 훨씬 더 크다. 하먼드는 "정부에 대한 불신이 가득한 나라에서는 추정상 몰개인적인 계산으로 개인적인 책임 있는 결정을 대체하려는 유혹, 그리고 상황을 스스로 판단하기보다는 전문가에 의존하려는 유혹이 극도로 강할 수밖에 없다"라고 지적했다.[5] 미국에서는 단순한 경험이나 노하우는 공공적인 전문지식의 기초로 충분하지 않다. 처음에는 이것이 놀랍고 심지어 모순적인 것으로 보인다. 이 나라는 민주주의에 자부심을 가지고 있으며 반지성주의anti-intellectualism의 출중한 전통을 계속 키우고 있다. 미국인들은 전문지식을 경외하고 그렇지만 행정적 결정은 탈정치화되어야 한다고 주장한다고 과학기술자 실라 재서노프Sheila Jasanoff는 지적한다. 미국인들은 "전문가들에 대해 존중과 의심 사이에서" 진동한다.[6] 그렇지만 모순은 없다. 단지 역설이 있을 뿐이다. 현재의 전문지식의 형태는 흔히 반지성주의의 까다로운 요구를 거의 충족하고 있다. 전문가들이 엘리트들인 경우 그들은 현명하고 공정하게 판단할 것으로 신뢰받는다. 미국에서는 그들에 대해 규칙을 준수할 것으로 기대한다. 공직을 채울 인격자들을 찾는 것이 아니라 규제를 신뢰하는 이런 성향은 이미 1830년대부터 강력한 것이었다. 전문가들에 대한 20세기의 방대한 요구가 이런 성향을 제거한 것은 아니다. "대부분의 미국 교육이, 단순하고 뻔뻔하게, 지식인이나 교양인이 전혀 아닌 전문가들을 만들어내는 것을 목표로 삼고 있는 것이 진실이다"라고 리처드 호프스태터Richard Hofstadter는 불만스럽게 지적했다.7)

그러나 무지know-nothings가 모든 공로를 인정받아서는 안 된다. 미국의 법원도, 근래 점점 더 공공적 삶에 대한 지배력을 확장해왔는데, 또한 (아마도 법원 자체의 재량권을 제외한) 모든 사람의 재량권을 제한하고자 노력해왔다. 일반적으로 법원은 복잡하고 생경한 실천들을 내부로부터 평가하는 것을 자신의 업무로 삼지 않으며, 대신 그런 실천들을 명시적인 규칙에 종속된 것으로 취급하는 것을 선호한다.8) 따라서 또한 법원은 경험 많은 참여자들보다 직업적 전문가들을, 실천적 지식보다 이론적 지식을 선호한다.9) 영미의 법원들은 전문가들에게 의견을 제시할 수 있는 권한을 인정하지만, 그리고 단지 사실의 문제에 대해 증언하라고 제한하지 않지만, 과학은 개별 상황들에 일반 법칙을 직선적으로 적용하는 것을 의미해야 한다는 믿음을 특히 완고하게 고집해왔다. 이 때문에 실제로 살아 있는 과학자들의 증언은 대립적인 재판정에서 종종 상당히 불리하게 작용한다. 브라이언 윈Brian Wynne이 지적하듯, 법률적 질문은 동료의 검토보다 훨씬 더 탐색적이고 비판적이다. 변호사들은 과학공동체들을 특징짓는 "사회적으로 여과된, 상당한 신뢰, 고지식함, 공통의 배경, 공통의 가정, 인식, 가치 및 이해관심의 풍토"에 대해 외부로부터 질문을 제기한다. 법원은 자신이 사회적 또는 경제적 맥락에서 분리되어 단순히 사실들을 확인하고 법률을 적용한다는 겉모습을 유지한다. 법원은 분리를 강조하기 위해, 그러므로 공평성으로서 객관성에 대한 자신의 주장을 뒷받침하기 위해 과학을 찾는다.10)

법원은 이제 개인적 지식을 공공적 지식으로 전환하도록, 그리고 그런 의미에서의 객관성의 영역을 확장하도록 끊임없는 압력을 행사하는 오지랖 넓은 외부자들 가운데 대표적이다. 이상적인 것은, 인간 주체를 배제함으로써 적극적인 개입에서 발생하는 책임을 회피하는 것이다. 주관성은 책임을 동반한다. 몰개인적인 규칙은 자연 자체와 같이 거의 순수한 것일 수 있다. 존 맥피John McPhee는 훌륭한 사례를 보여준다.

용암이 경로를 바꿔 흐른다면 새로운 다른 경로에 있는 집들을 흔적 없이 쓸어버릴 것이었다. 이곳은 박람회의 본고장인 아이슬란드가 아니다. 이곳은 변호사의 본고장인 미합중국이다. 1984년에 하와이의 마우나 로아Mauna Loa 화산이 분출했을 때, 긴박한 비상상황 속에 있는 힐로Hilo시를 구출하고자 시도해야 할 것인가의 질문이 주 정부에 제기되었다. 대답은 '아니오'였다. 하와이 국토천연자원부Department of Land and Natural Resources는 우선 그런 사투가 소용없을 것으로 생각했으며, 또한 용암의 경로를 변경했을 경우의 법률적 결과를 다룰 수 있는 방법을 상상할 수 없었다.[11]

인간의 재량에 의한 행동의 결과로 개인이나 기업이 피해를 입는다면, 이것은 적어도 의심받는다. 법원은 흔히 그것을 뒤집는 일에 착수할 것이다. 법원이 사물의 본성을, 이것이 규칙과 협약에 의해 유지되는 인위적 본성이라고 하더라도, 뒤집는 일은 거의 없다.

과학자들이 표준에 따라 연구를 수행하더라도, 정치적이고 사법적인 조사에 맞서기에 충분히 몰개인적이고 법칙적인 경우는 많지 않다. 영국의 법정에서는 이제 수학적 증명의 표준까지도 비판적으로 검토했다.[12] 재서노프가 주장하듯, 미국에서 행정적 결정은 사법적 결정의 형태를 모방해, 소송과 거의 구별할 수 없는 공개적이고 대립적인 논쟁의 형태에 의존해 이루어지게 되었다. 따라서 규제의 맥락은, 법원과 규제기관들이 수용할 수 있는 형태로 그런 지식을 제공할 수 있는 새로운 연구 전문 분야들을 만들어낼 정도로, 특히 엄격하고 객관적인 형태의 지식을 요구한다. 새로운 방법 중 가장 영향력 있는 것은 비용-편익 분석의 가까운 친척인 위험 분석으로, 이것은 종종 기술적 결정에서 자의성을 부인하는 증명으로서 실행된다. 대법원은 1980년 직업안전건강관리청Occupational Safety and Health Administration: OSHA에 대해, 그 기관이 수학적 모델을 사용해 위험 수준을 계산했어야 할 때 전문가의 판단에 의존했다는 판결을 내렸다. 그러한 계산은 재량의 남용을 방지하는 어느 정도의 보증을 제공하는 것으로 추정되었으며, 여기서 재량은 "실질적인 증거"에 의한 뒷받침이 부족하다는 것을 의미하는 것으로 정의되었다. 절차가 결과만큼 중요해졌으며, 규칙은 그것이 새로운 종류의 관련 과학적 정보를 수용할 수 없더라도 유지될 것이다.[13]

유럽의 기관들은 미국 기관들과 다르게 행동한다는 지적은 규제에 관한 문헌에서 이제 일반적이다. 물론 유럽인들 사이에서도 차이가 있지만, 어디서나 상당한 정도, 비공개적으로 이해당사자들과의 협상을 통해 정책들을 수립하고 그 정책들을 어떻게 실행할 것인가를 결정할 수 있다. 반면 전체적으로 미국인들에게는 이것이 허용되지 않는다. "미국의 규제기관들은 사적으로 타협할 수 없으며, 자신들의 모든 행동을 합리화하기 위해 공식적인 방법론을 채택하면서, '객관성'에서 피난처를 찾도록 강제된다."[14] 이 요점을 과장하지 않아야 한다. 아무도 규제 과정에서 가치판단들을 완전히 배제할 수 있다고 주장하는 데까지 나아가지는 않는다. 그러나 그 판단들을 균일하게 적용할 수 있도록 그것들을 체계화하고 또한 그것들이 과학적 사실들을 확인하는 과정을 오염시키지 않도록 그것들을 격리하려는 강력한 유인이 존재한다.

물론 이러한 입장은 사실로부터 가치를 도출할 수 없다는 고색창연한 철학적 교의에 의해 제재된다. 과학자들, 특히 규제기관들의 관리 책임과 무

관한 과학자들은 일반적으로 이 교의에 공감한다. 대안은 실험실을 정치화하고 과학적 결론에 관한 공개 토론을 이끌어내는 것일 것이다. 따라서 그들은 객관적이고 수량적인 위험 판단의 과학적 단계와 주관적인 관리 결정의 정치적 단계를 명확히 분리할 것을 요구한다. 그들은 "사회정치적 판단"과 "과학기술적 발견"과의 은밀한 혼합에 반대해 항의하며, 뒤의 것이 앞의 것을 위한 확실한 사실적 기초를 제공할 것으로 기대한다.[15] 그렇지만, 과학자들이 잘 알고 있듯이, 그런 기초는 예컨대 발암 의심 물질 규제 같은 중대한 문제와 관련해 그러하듯, 엄청난 불확실성의 지배를 받는다. 환경기관들은 흔히, 과학적 합의가 이루어지는 시간에 앞서 선택해야 한다. 과학자들은 그들이 '사실'이라고 세계에 제시하는 것의 내용과 의미에 대해 언제나 협상한다. 그리고 과학자들의 발견들에 대해 통상적으로 규제 반대자들은 자신들의 과학자들의 연구를 동원해 의문을 제기한다. 규제기관들은 무엇을 해야 하는가와 아울러 누구를 믿어야 하는가를 결정해야 한다.[16] 따라서 일반적인 원칙을 각각의 사례의 확실한 사실들에 적용하는 모형은, 특히 규제를 목적으로 수행된 과학의 맥락에서는, 별로 타당하지 않다. 미국의 공식적이고 공개적인 청문회의 자리를 협상이 차지하고 있는 스웨덴 같은 나라들에서는 사실들과 정책들의 엄격한 분리의 겉모양이 필요하지 않다.

미국에서조차, 관료제적 취약성과 노출의 맥락에서 공식적인 결정 방법론을 찾는 것은 상대적으로 최근에 나타난 현상이다. 확실히 관료제는 앤드류 잭슨Andrew Jackson 대통령 뒤의 반세기 동안 가장 취약했고 가장 심하게 의심받았다. 그 관료제는 규칙의 권위에 의존하기는 했지만, 너무 정치화되고 일관성이 부족해서 정교한 계산 장치를 마련하기 어려웠다. 진보주의는 전문직 종사자들의 지위의 상당한 향상을 의미했다. 의사 등과 같이 고객들과 개인적으로 대면하는 사람들에 대해서는 이유를 제시하지 않더라도 신뢰할 수 있다고 점점 더 기대할 수 있었다.[17] 직업적 전문지식은 신뢰할 수 있다는 생각은 규제기관들이 경제학자, 회계사, 과학자들을 직원으로 고용하고 그들에게 판단을 실행할 권한을 인정하는 진보적 노력을 활성화했다. 뉴딜 정책New Deal은 전문지식을 강력하게 지지했으며, 그것이 만들어낸 규제 관료기관들은 상당한 자율성을 부여받았다. 그것들은 1960년대에 분명하게 등장한 미국 관료제보다는 유럽의 관료제 모형에 더 가까웠다.[18]

그러나 이런 관료제의 자율성을 약화하려는 방향의 압력은 언제나 있었다. 1936년 홍수통제법은 이런 힘에 대한 증언을 제공한다. 앞 장에서 제시하듯, 비용-편익 분석에 대한 그 법의 요구는 일부의 미국 산업들과 특히 연방정부의 다른 기관들의 공병대 견제의 결과로 더욱 엄격해졌다. 자유시장 경제학자들은 전문가 기관들에 대한 더 광범한 공격을 시작했으며, 그들은 규제기관들이 자신이 규제하겠다고 공언한 산업들의 포로가 되었다고 불평했다. 경제학자들의 해결책은 규제 철폐였다. 이것은 소수의 영역에서 시도되었지만, 규제기관들과 규제 대상들 사이의 사적 협상에 대한 그들의 의심과 반대는 1960년대의 새로운 규제 법안에 자리 잡았다. 그것은 전문성으로 위장하는 사익 추구와 부패에 대한 해독제로서 개방성의 요구 속에서 널리 퍼져나갔다.

이런 관료제적 충동은 이제 모든 영역을 침략했다. 예를 들어, ≪로스앤젤레스 타임스Los Angeles Times≫의 한 1면 기사는 미국의 대학 인증기관이 "학생들의 교육 수준을 측정하기 위한 계획"을 세우고 있다고 보도하고 있다. "대중에게 '우리를 믿어라, 그리고 [결과에 대한] 어떤 증거도 만들어내라고 우리에게 요구하지 말라'라고 말하는 매우 중요한 의견기구가 고등교육에는 있다. 우리가 말하고 있는 것은 그런 시절은 지나갔다는 것이다." 다른 모든 기관과 마찬가지로, 대학도 파놉티콘panopticon으로 개조됨으로써 법원과 규제 관료기관들의 감시에 자신을 개방해야 한다. "무엇이 학습을 구성하고, 무엇이 그것을 촉진하는가"를 조사해야 한다는 "널리 퍼져 있는

기대"에 따라 대학들도 자신의 활동들을 "증거의 문화" 안에 포함시키는 쪽으로 나아가야 한다.[19]

　공공 결정에 수량적 기준을 도입하려는 1960년대와 1970년대의 막대한 노력은 단순히 새로운 정치적 분위기에 대한 즉각적인 반응만은 아니었다. 그것은 또한 제2차 세계대전 이후 기간 동안 사회과학들, 행동과학들, 의료과학들에서의 수량화의 압도적인 성공을 반영했다. 이 장의 나머지 부분에서 나는 이것이 문화적 및 지적 발전의 독립적인 노선들이 우연히 합류한 것이 아니라 어떤 측면에서는 단일의 현상이라고 제시한다. 사회과학 및 응용과학 분야들에서 거의 보편적인 수량화를 향한 움직임을 미국에서 주도하고 그것이 미국에서 가장 완전하게 성공한 것은 우연이 아니다. 그 분야들에서 엄격성에 대한 압박은 부분적으로, 동일한 시기에 정치적 문화에 매우 심대하게 영향을 미친 불분명한 전문가 지식에 대한 동일한 불신으로부터, 그리고 자의성에 대한 동일한 의심으로부터 나왔다. 이런 의심의 일부는 그것이 영향을 미치는 바로 그 분야들로부터 나왔지만, 어떤 경우이거나, 자주 정치적 싸움판에서 노골적으로 표현되는 외부자들의 의심에 대한 취약성은 그것을 적어도 강화했다. 그것은 공공의 이익의 문제를 다루는 영역들에서 가장 강력하게 느꼈으며, 많은 경우 수량적 방법은 처음에는 응용적 하위 분야들에서 사용했고, 뒤이어 더 "기본적인" 분야들로 퍼졌다.

추론 규칙

　그 뒤에 대학의 학문 분과들에서 채택되거나 공식화된 응용 수량적 도구들과 방법들의 사례는 많이 제시할 수 있다. 비용-편익 분석은 분명하고 중요한 사례다. 회계학도 마찬가지다. 빈곤층을 이해하고 대응하고자 했던 공공적 정신의 시민들이 고안한 작업 분야인 사회조사social survey는 강단 사회학의 일부가 되었다. 투표 행동에 대한 연구는 시장조사 연구로부터 선거 여론조사를 통해 정치학으로 들어갔다. 이제 기업이나 전문직에서 사용하는 거의 모든 형태의 수량화는 학계에서 가르치고 실행한다.

한 장르의 새로운 장소로의 이동은 흔히 방법과 수사학의 중요한 변화를 촉진한다. 학자들이 실용적인 수량화 유형을 받아들일 때 그들은 일반적으로 자신들의 전임자들이 도덕주의자들이었으며 객관성을 결여했다고 불평한다. 이것은, 예를 들어, 사회학자들이 학문 분과가 적절한 상태의 객관성을 획득하기 위해서는 자율성이 필요하다고 주장하며 사회조사의 초기 역사를 관례적으로 해석해온 방식이다. 베버의 객관성 언어는 부분적으로는 정치적 간섭에 대항해 초기의 학문 분과를 방어하기 위해 채택되었다.[20] 서술적·경험적 양식에서 벗어나서 점점 더 난해한 수량적 기법들을 사용하는 것은 유사한 장점들을 가져다준다.

여러 학문 분과들에서 수량적 정교화의 가장 중요한 원천은 수리통계학이었다. 비록 그것의 기본적인 착상은 부분적으로 사회개혁과 행정에서 나왔지만, 20세기 과학들의 통계적 방법들은, 비용-편익 분석의 가장 기본적인 방법이 그러했던 것처럼 자선기관들이나 공공 관료제들로부터 직접 넘겨받은 것이 아니다. 그 방법들은 강단 연구자들 그리고 고급 학위를 가진 다른 숙련된 전문가들 사이에서 번성했다. 통계 사용자들은, 아마도 타당하게도, 자신들의 기법들에 대해 수학에서 파생된 것으로 간주하는데, 수학은 어느 정도는 마지못해 통계적 하위분과를 육성했다. 그럼에도, 추론 통계의 비상한 근대적 성공은 부분적으로는 불신과 외부자들에의 노출 – 회계 및 비용-편익 분석의 역사에서 매우 중요했던 것들과 유사한 – 에 대한 대응으로 이해해야 한다. 전체적으로 통계적 추론은 수학과 물리학에서 생물학으로 이어지는 그리고 마지막으로 사회과학에 이르는 과학의 위계 안에서 자리를 잡지 못했다. 오히려 그것은 심리학과 의료 연구 같은 약한 학문 분과들 그리고 참으로 그 학문 분과들의 상대적으로 응용적인 하위 분야들에서 가장 순조롭게 자리 잡았다.

여기서의 요점은, 과학 또는 수량화가 단순히 정치와 행정의 도구일 뿐이라고 주장하는 것이 아니다. 그것은 개인적 지식과 공공적 지식의 경제, 즉 신뢰와 의심의 경제에서 수량화의 전략들이 어떻게 작동하는가를 인식하는 것이다. 근래 수십 년 동안, 특히 민주주의 정치는 압도적인 불신 또는 적어도 개인적 판단에 대한 불신의 맥락을 형성하는 데에서 결정적이었다. 그러나 신뢰 부족은 또한 새롭거나 취약한 학문 분과들의 특징이기도 하다. 그것은 취약한 학문 분과들의 결정적 특징이라고 취급할 수 있다. 개인적 지식이 부족한 곳에서 표준 통계 방법은 신뢰를 증진한다. 그것은 또한 학생 및 자격 없는 조수 등과 같은 외부자들을 훈련시키고 규율하는 데 사용된다.

비전문적인 노동력을 충원, 훈련, 감독하는 문제는 오류 이론error theory의, 즉 최초의 합리적으로 관례화된 형태의 추론 통계의 초기 역사에서 중심적인 것이었다. 분명히 이것이 이야기의 전부는 아니다. 모든 종류의 통계분석과 마찬가지로, 추론 통계도 연구자들이 자신들의 측정치가 균질하다는 확신을 위한 어떤 기초를 가질 때까지는 불가능했다. 그런 이유 때문에, 스티븐 스티글러Stephen Stigler가 지적하듯, 우리가 통계 자료 축약statistical data reduction이라고 부르게 될 것을 초기에 사용한 것은 대부분 측정하는 천문학자들이었으며, 그들은 스스로 측정을 실행하면서 그 측정의 품질이 좋다는 것을 알고 있었다.[21] 이것은 상당히 개인적인 사안이었으며, 분명히 사회적 또는 지적인 거리(격리)라는 흥미로운 문제에 대한 대응은 아니었다. 또한 그것은 매우 엄격하게 훈련된 것도 아니었다. 18세기 천문학자들은 어떤 식으로든 잘못된 것으로 보이는 측정들 – 예를 들어, 하늘이 완전히 맑지 않았다거나, 망원경이 불안정하다면 – 을 폐기하는 것에 관해 거의 거리낌을 느끼지 않았다. 그렇다면, 어느 때가 최적의 조건인가를, 망원경에 눈을 대고 수많은 밤들을 보내면서 숙련을 연마한 천문학의 대가보다 누가 더 잘 알 수 있었는가?

19세기에는 더 큰 엄격함이 요구되었다. 이것은 새로운 계측 장치에 의해 촉진되었는데, 그것은 다양한 종류의 관측에 필요한 기술 수준을 낮추고 관찰자들 사이에서 자료의 표준화를 촉진했다. 그럼에도, 관찰자들의 표준화는 자동적으로 이어진 것이 아니라 활발하게 추구되어야 했다. 관측소들의 규모가 커짐에 따라 실제의 관측 업무는 점차 하급자들의 몫이 되었다. 보조원들이 자신들의 관측들 중 어떤 것들이 최상이고 어느 것을 버려야 할 것인가를 결정할 수 있도록 신뢰받았는가는 분명하지 않았다. 오류 분석은, 애덤 스미스Adam Smith에 따르면 대규모 기업 조직의 자연상태를 정의하는 유연성 없는 규칙과 상당히 유사하게, 중앙집중화된 조직을 운영하기 위한 규약protocol이었다.[22] 그것은 학문 분과의 관례의 일부로 보편화되었는데, 최상의 측정치를 뽑아내는 것보다는 측정치들에 대한 평균 계산을 포함했다. 명백한 이유 없이 관측을 폐기하는 것은 건전한 도덕의 위반이 되었다.

곧 전문 천문학자들 자신도 이 가치들을 내면화했다. 한 저명한 천문학자는 그의 가장 어긋난 자료들을 폐기했다는 죄책감에서 그의 분별력을 그리고 그 다음에는 그의 생명을 잃은 것으로 생각되었다. 그것은 특이한 것들의 기각을 지배하는 명확하고 수량적인 규칙이 그를 살릴 수 있었을 것임을 의미했다.[23] 그와 유사한 비개인적 규칙의 체제가, 망원경을 통해 만들어진 사진 이미지들의 재현을 규제하기 위해 필요해 보였다. 영국의 천문학자 워런 드 라 루Warren De la Rue(1815~1899)가 개기일식 동안 관찰된 태양의 홍염의 "내 자신의 그림과 사진들을 합성한 오목판 재현"을 인쇄할 것을 제안했을 때, 조지 에어리 경Sir George Airy(1801~1892)은 그를 가로막았다. 어떤 것이거나 인간의 간섭은 사진의 권위를 손상할 것이다. 왜냐하면 "손을 댄 사진이 아니라 원본 사진이 사건에 관한 증거를 포함하고 있기 때문이다. 해석은 … 틀릴 수 있지만 (나는 그렇지 않다고 믿는다) 홍염에 관한 모든 질문은 강력하게 논쟁되고 있으며, 따라서 귀하는 법정에서의 분쟁 사건에서 그러한 것과 정확히 똑같은 주의를 기울여야 한다".[24]

오류 이론은, 사진과 마찬가지로, 주체의 간섭을 배제하기 위한 전략이었다. 그것은 물리과학들에서 그리고 생물학의 일부 영역에서 19세기의 강력한 정밀성 추구에 필수요소가 되었다. 정밀한 측정은 실험적 또는 관측적 결과를 수학적 이론과 비교해야 할 때 당연히 중요했다. 또한 그것은 그 자체로, 정직하고 신중한 작업을 보증하는 능력의 그리고 도덕성의 표시로서 높이 평가되었다. 그것의 주요 역할은 잘못된 판단이나 편향을 방지하는 것이었다. 인류학자 폴 브로카Paul Broca(1824~1880)는 "인종의 평균적 유형의 대표자들로서 식견을 가지고 선정한 각 인종의 소수 개인들을 탐구하고 측정하는 것으로 충분하다"라는 생각을 경멸했다.[25] 정밀성은 규율의 한 형태로 교실과 세미나에서 특히 강조되었으며, 물리학에서 실험실 과정은 무엇보다도 정밀함의 실행이 되었다.[26]

수학의 특징적으로 도덕적인 가치는 특히 영국의 보험계리사들에 의해 강조되었다. 사망률 표의 작성에 관한 1860년의 한 논문의 저자는 다양한 단순화된 근사치들이, "정확하게 연역된 값이 그러할 것만큼, 진실에 가까운" 값을 제공할 수 있다고 인정했다. 그러나 우리는 우리의 결론이 우리의 전제와 완전히 일치하게 만들고자 열망해야 한다.

수학적 과학의 기초인 논리적 정합성에 대한 이런 매우 적절한 고려에, 우리는 소수점 이하 다섯 또는 여섯 자리까지의 확실한 연금표의 구성을 빚지고 있다. 왜냐하면 어떤 가정된 이자율이 화폐의 가치를, 소송의 추상적 정의에 필수적인 그러한 극도의 정확성을 제공할 수 있을 만큼 정확하게 나타내는 것

처럼 가장할 수는 없기 때문이다.[27)]

보험계리사협회는 그것의 수학 시험을, 주로 보험료 계산에서의 그것의 중요성을 이유로 옹호한 것이 아니라, 그것이 전문직을 "모든 '더 기본적인 사안'과 혼합"되지 않도록 유지하는 데 도움이 되기 때문에 옹호했다. 수학은 "우리의 판단력을 증진하고 향상하는, 또는 우리에게 신중과 주의를 창조하는 효과가 있으며, 보험계리사들의 자랑이라고 내가 믿고 있는 바로 그런 특성들을 간접적으로 만들어내는 효과가 있다"라고 한 대변인은 설명했다.[28)]

생물학적 분석 및 치료법 시험

방금 인용한 진술은 보험계리사 포터H. W. Porter가 그의 동업자들에게 라틴어와 그리스어의 중요성을 강조하는 그의 강연에서 이야기한 것이었다는 점은 지적해둘 만하다. 이런 과목들이 시험의 일부였다면, 이것은 그 직업을 더 기본적인 사안으로부터 자유롭게 유지하는 데 훨씬 더 효과적이었을 것이다. 보험계리사들은 자유전문직liberal profession의 지위를 열망했다. 단지 기술적 지식만으로는 결코 충분하지 않았을 것이다. 고전적인 의료 전문직의 실행자들도 또한 이것을 인식했다. 과학은 의료 교육과정에서 중심적인 것이었지만 의사들은 과학적 의료를 기계적으로 적용할 수 있다는 생각에 강력하게 저항했다. 의료 감각medical tact, 즉 가장 중요한 증상을 인식하고, 개별화된 적절한 치료를 제안하는 능력은 공식적인 지식뿐 아니라 숙련과 경험의 사안으로 옹호되었다. 빅토리아 시대의 의사들에 대해 크리스토퍼 로렌스Christopher Lawrence가 지적하듯, 그렇지 않다고 믿는 것은 특히 엘리트에게는 "약속을 잡을 때, 인격과 교양에 대한 우월한 주장을 과학적 유능함에 대한 주장과 대등한 지위에 놓는 것"이었을 것이다. 이런 신사 실행자들은 전문화에 반대했으며 심지어 도구들의 사용에도 저항했다. 청진기는 그들에게만 소리를 들을 수 있게 했기 때문에 받아들일 수 있었지만, 숫자로 읽어낼 수 있는 또는, 더 나쁜 것으로, 기록을 남길 수 있는 장치들은 담당 의사의 내밀하고 정통한 지식에 대한 위협이었다.[29] 그것들은 개인적 신뢰보다는 몰개인적인 '사실의 윤리'를 상징했고, 유럽은 물론 미국에서도 대부분의 의사들에 의해 오랫동안 의심을 받았다.

이러한 사적 지식에 대한 강조는 처음에는 "돌팔이들quacks"에 의해, 그리고 그 다음에는 연구자들에 의해 도전받았다. 양쪽 모두 그러한 주장을 몽매주의적인 것obscurantist으로 비판했다. 의료 연구는 19세기 후반에서야 실행하는 의사의 정체성과 구별되는 정체성의 기초를 형성하기 시작했다. 그때에도 대부분의 연구자들, 특히 임상 연구자들은 여전히 자신들을 또한 의사로 그리고 의사를 가르치는 교사로 생각했다.[30] 그럼에도, 의료 과학자로서 그들은 공공적 지식의 이상을 받아들였으며, 또한 종종 다른 엘리트 의사들과 달리 의료 도구들을 객관화하는 완전히 다른 관점을 취했다. 로버트 프랭크Robert Frank가 심장의 박동을 기록하는 도구들에 대한 그의 역사적 연구에서 보여주듯, 의료 도구들은 여러 가지 광범하게 공명하는 이유에 호소했다. 에티엔-쥘 마레Etienne-Jules Marey(1830~1904)가 만든 최초의 혈압계는 아마도 전문가 손가락보다 덜 민감했을 것이다. 마레는 영구적인 기록의 제공, 관측자의 편견 배제, 그리고 언어, 시간, 장소의 경계를 가로질러 표현할 수 있는 능력을 그것의 장점으로 강조했다. 1890년의 한 교과서의 저자인 런던의 임상의사 윌리엄 브로드벤트William Broadbent(1835~1907)는 혈압계를 교육하는 도구라고 칭찬했다. 단지 언어적인 서술만으로는 멀리 있는 독자들에게 심장박동에 대한 감각을 구체적으로 전달할 수 없었다. 반세기

후 미국에서 심전도계는 의사가 아닌 사람들에게도 심지어 환자를 보지 않고도 급성 관상동맥 혈전증을 진단할 수 있게 했다. 프랭크는 이 도구를 개발한 몇 개의 단계들이, 모든 사람이 접근할 수 있고 "의사의 육성된 감각의 예민함에 의존하지 않는 매우 정확한 가시적이고 영구한 기록"에 대한 욕구에 의해 활성화되었다고 요약한다.[31]

의료에서 통계의 역할이 통계학자들과 의사들 사이의 힘의 시험에 의존했다면, 그것의 실패는 확실했다. 그리고 통계의 역사 대부분에서 그것은 이런 합리적인 기대를 충족했다. 의료 통계의 개념은 통계 자체의 개념만큼이나 오래된 것이지만, 수량적 언어는 오로지 공중보건 영역에서만 매우 성공적이었다. 거기에서조차 그것은, 희생자에서 희생자로, 선박에서 항구로, 그리고 마을에서 마을로 질병의 전파를 자세히 조사함으로써 전염병의 경로를 추적하는 것을 선호하는 일부 의사-행정가들에 의해 강력히 도전받았다.[32] 숫자적 방법이 의료 치료에 대한 최상의 검증을 제공할 것이라는 생각은 19세기에 반복적으로 촉구되었고, 때로는 그것의 옹호자들에 의해 실행되기도 했다. 쥘 가바레(Jules Gavarret(1809~1890) 같은 소수의 사람들은, 두 환자 모집단 사이의 치료율의 차이가 실제로 치료 체제에서 기인하는가 여부를 판단하기 위해 확률 방법을 사용해야 한다고 주장했다. 대부분의 의사들은 이런 것 중에 아무것도 갖고 있지 않을 것이다. 익명의 한 논평자는, 가바레의 방법은 의사들에게 "교수들이 부과하게 될 모든 의료적 착상을 굴종적으로 받아들이도록" 요구할 것이라고 주장했다.[33] 의사들이 만장일치로 수량화에 반대하지는 않았지만, 그들은 의료적 숫자들이 임상적 판단과는 별개의 의미를 가질 수 있다고 의심했다.[34] 교수들조차 의견이 나뉘었다. 19세기 후반에는 실험생리학이 그리고 다음에는 세균학이 효과적인 치료법을 찾는 데 의료 통계보다 더 유망한 기초로 보였다.

그렇다면 통제된 임상시험들과 통계분석은 어떻게, 새로운 치료법들의 평가의 표준 또는 심지어 의무가 되었는가? 20세기에 일어난 수리통계의 놀라운 개화는 그 해답의 일부를 제공한다. 최초의 대규모 통제 임상시험에 통계 전문지식을 제공한 오스틴 브래드포드 힐Austin Bradford Hill(1897~1991)은 의료 통계학자인 메이저 그린우드Major Greenwood(1880~1949) – 그는 수리통계학의 창시자 중 한 명인 피어슨의 제자였다 – 의 제자였다. 그러나 결정적으로 통계는 공공지식 체제의 일부였다. 그린우드는 주로 공공보건 통계에 종사했다. 힐은 1950년대 초에 진행된 흡연과 폐암의 관계에 대한 토론에 깊이 관여했다. 그는, 관찰 통제를 사전에 정의함으로써 유사한 치료(를 받는 실험집단)와 대조군(통제집단)의 비교를 강조하는 로널드 피셔Ronald Fisher(1890~1962)의 실험 설계 개념을 활용하는 것이 여전히 가능하다고 주장했다.[35] 임상시험의 경우와 같이 엄격한 실험이 가능한 곳에서는, 피셔가 농업을 위해 고안한 방법들을 더 엄격하게 적용할 수 있고, 무작위화를 통해 비교 가능성을 보장할 수 있다는 것이었다. 그럼에도 통계학자들은 의료 분야의 동맹자들이 필요했다. 개인적으로 실행하는 의사들은 자신들의 경험을 분석하기 위한 통계적 방법의 필요를 거의 인정하지 않았지만, 의료 연구자들은 농업, 심리학, 생태학, 경제학, 사회학, 경영학, 그리고 그 밖의 대부분의 생물과학 및 사회과학 분과들에서와 마찬가지로 통계학의 관점에서 자신들의 분야를 재정의하기 시작했다. 모든 경우에서 그 이유는 복합적이었다. 가장 넓은 관점에서 통계는 개방성과 공공적 증명이라는 연구 이상을 뒷받침했다.

하지만 연구자들은 많은 경우 의사이기도 했다. 더욱이 그들은 자신을 방어할 수 있는 그들 자신의 기예 숙련을 가지고 있었다. 그린우드가 의료 감각의 옹호자들에 대항해 과학은 자료를 찾아야 하고 명백한 추론 방법을 사용해야 한다고 주장했을 때 의료 연구자들은 충성심의 분열을 느꼈다.[36] 힐은 1940년대와 1950년대에 의과대학들에서의 초청 강의에서 통계에 대한 의료계의 반대에 대해 자주 이야기했다. 그는 통계학자들이 임상적 판단을 경멸하지 않았으며 그들이 임상적 판단을 더 신중하고 객관적인 것으로 대체하는 위치에 도달할 때까지는 개별 의료 경험의 혜택을 잃고자 하지 않을 것이라고 약속하면서 청중을 진정시키고자 했다.[37] 그러나 통계학자들이 생각하는 객관성의 이상은 임상적 판단과 조화시키기 어려웠다. 힐이 찬성하면서 인용한 한 결핵 연구자는 다음과 같이 지적했다. "임상의사들이 기꺼이 집단 탐구에 참여할 수 있도록 충분히 자신들의 개인성을 융합하고, 독립적인 작업조에서 승인한 환자들만 받아들이고, 합의된 치료 계획을 지키고, 결과들을 외부 탐구자들의 분석에 맡길 수 있으려면 상당한 희생이 필요하다."[38]

힐은 또한 헬름홀츠를 즐겨 인용했다. "과학은 모두 측정이다." 그가 해석했듯, 이것은 환자 치료의 성공과 건강에 관한 참여 의사들의 의견은 결과의 지표로서 헤모글로빈 수치와 침강 속도의 대체물로서 빈약하다는 것을 의미했다. 임상시험은 "결과에 대한 가능한 한 최대의 객관적 측정과, 편견의 배제를 보장할 오로지 엄격하고 효율적인 통제 아래에서의 주관적 평가의 사용을 요구한다"라고 그는 지적했다. 통제된 임상시험의 또 다른 대변인은 "측정은 덜 주관적이며 처치에 대한 임상의사나 환자의 지식의 영향을 덜 받을 것이기 때문에 잠재적으로 임상평가보다 더 받아들일 수 있다"라고 썼다. 힐은 환자가 즉각 사망한다면 좋은 숫자들은 거의 쓸모가 없다고 자비롭게 인정했다.[39]

힐의 비상하게 성공적인 의료 통계학 교과서는, 의학 학술지 ≪더 랜싯 The Lancet≫에 게재되었던 일련의 논문들로 시작되었는데, 실험 설계 개념에 대해 논의했으며, 통제집단을 치료집단과 엄격히 비교할 수 없다면 의료 실험과 관찰은 쉽사리 그릇된 방향으로 나아갈 수 있다고 강조했다. 그러나 그 책의 대부분은 기초적인 통계 수학, 즉 평균과 분산, 표준 편차 그리고 약간의 단순 추론 검증으로 구성되었다. 이것이 의사들이 통계라고 불렀던 것이며, 수학적 구성요소는 통계학자의 권위에 대한 주요한 지적 기반을 제공했다. 실제로 해리 마크스Harry Marks가 주장하듯, 통계 수학은 임상시험의 역사에서 주된 도구적 중요성을 갖는다. 치료 연구의 실질적인 문제는 노동의 조직이었다. 의사들은 확고한 개인주의자들이었으며 대규모 연구 계획 속으로 "그들의 개인성들을 융합"하려고 하지 않았다. 그들은 전문 엘리트를 구성했으며, 그들의 일상업무는 1945년 이후에 표준화된 것보다도 그때까지 훨씬 더 빈약하게 표준화되었다. 그들은 오랜 경험을 통해 다듬어진 자신의 판단에 대해 특징적인 믿음을 가졌고, 따라서 그들을 공동의 훈련을 받도록 만드는 것은 비상하게 어려웠다.[40)]

힐은 이 문제를 날카롭게 인식하고 있었다. 그는 때때로 실험의 계획안이 느슨하게 유지될 수 있으며 각 사례의 세부사항들은 각각의 의사의 재량에 맡겨져 있다고 제시하며 때때로 타협적 자세를 취했다. 통계적 분석은 엄격한 처방이 아니라 치료 및 임상 판단에 대한 검증으로 생각할 수 있었다. 의사의 판단이 초래할 파괴적 영향도 또한 치료집단에 있는 의사(또는 환자)와 통제집단에 있는 의사(또는 환자)에게 이야기하지 않음으로써 최소화할 수 있었다. 이것이 의료에서 이중맹검 방법론double-blind methodology의 주요 목적이었다. 전문가의 재량을 방해하지 않으면서 그것의 영향을 중립화하는 것이다. 이러한 소소한 개선에도, 탐구 중인 쟁점은 의사의 판단에 의해 어느 정도는 혼란스러워졌다. 그리고 확실히, 치료 체제에 추가되는 계획되지 않은 부가물들의 값에 대해서는 아무런 결론도 내릴 수 없었다. 힐은, 환자의 상태의 특성들에 따라 치료법이 변경될 경우, 순환적으로 추론하는 것 외에는 그것을 더 이상 그 상태를 설명하는 데 사용할 수 없다고 썼다.[41)]

통계적 이상과 임상적 이상 사이의 이런 긴장은 의료적 치료에 대한 통계적 연구를 위한 추동력이 주로 의사들로부터 오지 않았다는 것을 시사한다. 영국에서 최초의 대규모 임상시험은 제2차 세계대전의 직접적인 여파 속에서 공공보건국Public Health Service에 의해 조직되었으며, 따라서 국가의 권력에 의해 뒷받침되었다. 스트렙토마이신streptomycin의 부족은 무작위로 선택된 일부 결핵 환자들에 대해 이 치료를 보류하기로 한 도덕적 결정을 편안하게 만들었으며, 약물에 접근할 수 있는 의사들을 통제하는 것도 훨씬 용이하게 만들었다.[42]

이러한 영국의 임상치료 시험의 정치적 및 관료적 배경은, 통계학자들과 의사들 사이의 충돌에 대한 연구만큼 많이 연구되지 않았다. 미국의 경우 그런 배경이 더 명확하며 실제로 눈에 띄게 전경으로 돌출된다. 여기에서도 마찬가지로 통계전문가들의 전문지식은 불가결했다. 의료에서의 통계에 대한, 지적 차원을 부인하는, 문화적이고 정치적 설명은 오류일 뿐 아니라 생각할 수 없을 것이다. 의과대학들은 실험 자료에 대한 분석에 그리고 점점 더 실험 설계에 도움을 주기 위해 다수의 통계학자들을 고용함으로써 이런 통계 지식에 경의를 표했다. 그러나 미국의 의사들도 그들의 영국의 동료들과 마찬가지로 자신들의 전문가 판단을 포기하고 통계가 주장하는 객관성을 좇는 것을 달가워하지 않았다. 그렇다면 통제된 통계적 시험은 어떻게 그것의 압도적인 공공적 권위를 획득했는가?

이러한 종류의 실험적 엄격성은 의사가 요구한 것이 아니었다. 또한 어느 특정의 의료 연구자 공동체 안에서 자연적으로 발생한 것도 아니었다. 물론 의사들은 그것을 받아들이도록 배웠지만, 균일하고 엄격한 표준에 대한 욕구는 주로 규제 당국들에서 나왔다. 그 당국들의 관점에서 치료의 신뢰성은 귀중하고 위험한 상품이었다. 당국들은 의사들의 전문지식이 의약품 제조업체들의 대담한 주장을 부적절하게 통제한다고 생각했다. 대안은 주로 기록된 정보에 기초한 더 중앙집권적인 의사결정 과정을 따르는 것이었다. 의료에서도 회계에서와 마찬가지로 표준화된 측정은 이미 거리(격리)와 불신을 다루는 친숙한 방법이었다. 19세기 후반 미국에서 생명보험회사들은 의사들에게, 보험 가입 신청자들의 건강 상태에 대한 증거로서 도구적 측정치를 제출하도록 요구했고, 그것에 의해 의료에서 계기들의 도입과 수량화의 진전에 기여했다. 20세기 초, 산업 의료는 철저히 수량적인 것이 되었는데, 이것은 부분적으로 노동자들이 기업 소속 의사들이 판단하는 것이 자신들에게 불리하게 작용할 것이라고 생각했기 때문이었다.[43] 식품의약국Food and Drug Administration: FDA은 모든 측면에서 도전을 받았고 그에 따라 새로운 약품의 허가에 관한 결정을 획일적인 측정의 문제로 축소하기 위해 노력했다.

언제나 그렇듯이 수량화의 과제는 표준화라는 기반 구조에 의존했고, 수량화는 표준화를 더욱 촉진했다. 모든 약제사들이 다소간 상이하게 혼합된 가변적인 유기물질들의 약전을 합성 화학 처리의 결정성으로 시험할 수는 없었다. 제1장에서 논의한 생물학적 표준화를 위한 거대한 국제적 압박도 규제에 기여했다. 연구자들이 살아 있는 물질들에서 뽑아낸 약물의 변이성이 실험실 동물 반응의 변이성에 의해 대응되거나 초과된다는 것을 알게 되면서 그 표준화는 곧 통계적 문제가 되었다. 이러한 이유로, 한 번의 시험에서 알아낸 "최소 치사량"은 많은 수의 동물을 희생시켜서 얻는 중간 치사량, 또는 반수 치사량Lethal Dose 50(%): LD 50으로 대체되었다. 생물학적 분석은 추정에 관심을 가진 통계학자들에게 중요한 주제가 되었다.[44] 전문성에 대한 요구와 노동력에 대한 요구에 따라 생물학적 표준화는 전문적인 실험실들의 전일제 업무가 되었고, 실험실들에서의 작업은 대형 제조업체들 이외의 업체들에게는 비용이 지나치게 많이 들었다.[45] 새로운 의약품의 승인에 관한 규약이 같은 방식으로, 그러나 훨씬 더 큰 규모로, 공식화되고 요구사항이 많아짐에 따라 이 작업은 대규모의 중앙집중적인 실험실 없이는 불가능하게 되었다.

식품의약국은 주로 1938년과 1962년에 의회의 두 가지 법률에 의해 약물을 규제할 권한을 얻었다. 특히 1938년에 의회는 위험성이 입증된 신약에 관해 주로 우려를 나타냈고, 이 초기의 입법은 약물에 대해 식품의약국이 그것의 효능이 부족하기 때문이 아니라 건강에 대한 위험성 때문에만 거부할 수 있도록 승인했다. 하지만 당시는 뉴딜의 시기였고, 그 기관은 재량권을 행사했다. 마크스가 보여주듯, 그 기관은 약물이 유해성보다 건강상의 유익함을 더 많이 가져올 것으로 예상할 수 있다면 안전하다고 정의했다. 따라서 불활성 약물은 정말 유용한 것의 대용으로 처방될 수 있기 때문에 유해한 것으로 거부될 수 있었다. 초기에 식품의약국은 유익성과 유해성의 크고 작음을 결정하면서 연구 자료뿐만 아니라 임상 전문가들의 의견을 고려했다.

그러나 규제 당국들은 일반 의사들을 그다지 신뢰하지 않았다. 약물의 규제는 부분적으로 의료 행위에 대한 감독이라는 불가능한 과제를 대체하는 것이었다. 식품의약국은 제약회사들이 의사들에게 보낸 문헌을 계속 면밀히 살펴보았다. 그것에 더해 식품의약국은 신약의 순효과가 유익할 것인가를 평가하는 데에서 의사들이 약물들을 잘못 처방하는 경향을 반드시 고려해야 한다고 느꼈다. 일단 어떤 약물이 특정의 목적을 위해 승인되고 나면, 그것은 아무런 목적을 위해서나 처방될 수 있다. 따라서 비교적 흔치 않은 질병에 효과적인 것으로 보이는 의약품은, 만약 그것이 조금이라도 위험하다면, 실수로 그 약품을 투여 받은 다른 사람들에게 훨씬 더 큰 해를 일으킬 수 있다. 제약회사들은 이런 문제들이 기관의 합법적인 규제 권한 밖에 있다고 믿었고, 효능 대비 안전성을 평가하는 정책 전체에 도전했다.[46]

1962년의 케포버 법Kefauver Bill은 권력의 균형을 식품의약국에 유리하게 결정적으로 뒤엎었다. 그런 입법의 대부분이 재난에서 발단하듯, 이번에는 진정제Thalidomide가 문제가 되었다. 그 법은 약물이 효과적일 뿐 아니라 안전하다는 것을 입증해야 한다는 명확한 명령을 내놓았다. 안전성의 판정은,

제약회사들과 규제 당국들 양쪽 모두가 그렇게 하기를 원했겠지만, 표준화된 적이 없었다. 여기서 자의적인 규칙은, 그것이 비용-편익 분석의 특정 측면에 대해 그렇듯이, 효과가 없다. 왜냐하면 약물의 잠재적 유해성을 인식하지 못하면 그것이 사용자에게 치명적일 경우 기관을 불능화하는 현재적 결과를 초래할 수 있기 때문이다. 모든 사람들의 선호와 반대로 신약의 안전성 평가는, 부차적인 문제들은 종종 관행적인 규약에 따라 처리될 수 있지만, 여전히 의료적 판단과 아울러 정치적인 판단의 문제다. 효능의 입증은 큰 문제가 아니다. 그것에 대해서는 상대적으로 엄격하고 객관적인 기준을 정의하는 것이 가능했기 때문이다. 그 기준은 법정에서의 도전을 견딜수 있게 고안되었다.[47] 수용 가능한 입증은 통계적으로 정확한 실험 설계, 자격을 갖춘 실행자의 실험 수행 그리고 약물과 위약placebo 사이의 통계적으로 유의미한 차이의 산출로 구성된다. 이 정의는 때때로 좋은 뜻을 거슬러 문자적으로만 지켜졌다. 1970년대 초 식품의약국은 체중 조절 목적의 암페타민amphetamines 사용을, 사소한 유익함과 중독성 등의 심각한 결함이 있음에도, 약물의 장점을 임상적으로 유의미한 것이 아니라 통계적으로 유의미한 것으로 입증해야 한다는 점을 근거로, 승인했다.[48]

1960년대 이후 약물 검증은 임상시험에서의 엄격성 표준을 규정했다. 그것은 과학적일 뿐 아니라 관료적이고 정치적인 표준이다. 전문가의 지지는 기껏해야 고르지 못했다. 의사들은 객관성 체제에서의 진보에 대해 의심했고 여전히 의심하고 있었다.[49] 심지어 통계학자들조차 실험의 설계와 해석에서 "통계적 감각statistical tact"이라고 부르는 것의 중요성을 매우 그럴듯하게 자주 주장한다. 그러나 그들은, 특히 대규모 치료 실험의 맥락에서 임상적 판단에 표준을 부과하도록 효과적으로 작업했고, 그들의 학문 분과는 그것에 규율을 제공했다. 영국과 마찬가지로 미국에서도 규제 당국이 항상 이것을 구체적으로 지시한 것은 아니다. 의료의 복잡한 학문 분과적 상황, 특히 연구와 실무 통합의 어려움은, 문화적 괴리와 불신이라는 그 자체의 문제를 야기하고 객관성의 추구를 촉진한다. 그럼에도 의료에서 실험 설계와 통계분석의 선구적 사용은 항상 정부기관에 의해 조직된 것으로 보인다.[50]

1940년대 이후 통계적 검증의 사용은 의료 연구의(대부분이 아니라면) 많은 분야에서 의무적인 것이 되었다. 나의 의도는 이런 발전에 타당한 이유가 있다는 것을 부인하거나 또는 이런 발전이 관료주의적 및 학문 분과적 정치의 영향만을 반영한다고 주장하려는 것이 결코 아니다. 나는 그것이 개인적 사유에 대한 안내지침이 아니라 주로 사회적 기술로 작동한다고 주장한다. 의료에서 통계의 진보는 신뢰의 문제에 대한 반응으로 이해해야 한다. 신뢰의 문제는 규제와 학문 분과가 대립하는 맥락에서 가장 첨예하게 나타났다.[51] 왜 추론 통계가 치료법을 통해 의료에 들어왔는가는, 임상 의료의 본래적으로 통계적인 특성이 아니라 이것이 설명한다.

정신검사와 실험심리학

1916년 뉴욕의 한 판사는 지능검사 성적이 정신박약의 충분한 증거를 제공할 수 있다는 사실을 부인하면서 "정신을 표준화하는 것은 전기를 표준화하는 것과 똑같이 부질없는 일"이라고 썼다.[52] 대부분의 심리학자들이 적어도 정신에 관해서는 이 견해에 동의하지 않았을 것인가는 명확하지 않다. 1916년에 지능검사는 심리학자의 사무실로부터 교실까지의 문턱을 아직 넘지 못했다. 대규모 검사는 미국의 전시동원에 기여하려는 또는 아마도 그것에서 이익을 얻으려는 심리학자들의 노력의 일부로 이듬해에 개발되었고, 거의 200만 명의 육군 신병들에게 적용되었다. 그때까지 지능검사는 의사들, 그리고 의사처럼 행동하는 심리학자들의 진단 도구였다. 확실히 그것은 의료적 감각에 대한 확고한 반대자인 프랑스의 알프레드 비네Alfred Binet (1857~1911)에 의해 설계되었다. 그러나 그 검사는 일반적으로 직업적 전문가에 의해 한 번에 한 명의 환자에게 시행되었고, 그것의 신뢰성은 직관적 판단에 조화되는 그것의 능력에 의해 크게 향상되었다.53)

표준화된 검사는 산업적 뿌리와 아울러 군사적 뿌리를 가졌는데 마침내 공립학교들에서 그것의 가장 확실한 기반을 찾았다. 그것은 여러 가지 면에서 뚜렷하게 미국적인 것이었다. 전국적인 검사는 20세기에 많은 나라에서 대학에 갈 학생들과 기술학교에 갈 학생들을 분리하기 위해 사용했다. 그러나 대부분의 검사는 기계적 객관성 같은 것을 목표로 하지 않았다. 미국 학교 교육의 주요 요소인 선다형 검사는 최근까지도 유럽에서는 거의 알려지지 않았다. 유럽에서는 대학예비학교, 고등학교 그리고 "공립학교"가 합리적으로 정착된 계급 위계 속에서 안정을 유지했기 때문에 학교들에서 측정을 거의 필요로 하지 않았다. 희랍어와 라틴어, 수학, 종교, 그리고 아마도 철학, 역사, 문학, 과학의 학습을 의미하는 엘리트 교육은 대학 교육을 위한 최상의 준비를 제공하는 것으로 상정되었다. 교양 있거나 부유한 배경을 가진 학생들은 이런 과목들을 숙달할 것으로 기대되었다. 조금 덜 특권적인 청소년들은 적성검사에서의 우수함에 의해서가 아니라 고전적 교육과정에서의 성공함에 의해서 자신들의 가치를 증명할 수 있었다.54)

미국의 교육은 덜 분화되었다. 공립학교들은 1880~1910년까지 인구적 폭발을 겪었는데, 그 시기에 고등학교의 수는 약 500개에서 1만개로, 그리고 고등학교 학생 수는 8만 명에서 90만 명으로 증가했다. 사립학교들에는 극소수의 학생들만이 등록했다. 학생들의 진로 결정은 학교들 사이에서가 아니라 주로 학교들 안에서 이루어졌다. 표준화된 검사는 무엇보다도 학생들을 분류하는 데 사용되었다. 학생들은 그다지 분화되지 않은 덩어리로 학교에 입학했고 직업, 상업, 학업의 경로들로 분리되어야 했다. 검사는 또한

"미약자"를 그리고 때로는 "영재"를 식별하는 데에도 사용되었다. 지능검사는 이러한 진로를 결정한 것이 아니라, 그것에 대한 과학적 근거를 제공했다. 아니 오히려 한 가지 이상의 의미로 그것을 합리화했다.[55]

실제로, 커트 댄지거Kurt Danziger가 지적하듯, 학교들은 집단검사를 심리학자들이 그것을 어떻게 더 잘 사용할 수 있는지를 보여주는 일에 착수하기 수십 년 전부터 사용하기 시작했다. 나이에 따른 학년 구분과 표준 교육과정을 갖춘 새로운 교육제도는 우생학적인 "골턴주의Galtonian 심리학이 자신의 기초로 삼은 종류의 통계적 모집단을 실제로 형성했다". 댄지거는 또한 심리학자들이 고안한 검사에 의존하는 것은 결코 논리적 필연이 아니라는 것도 보여준다. 학생들을 분류하는 다른 방법들이 있었다. 가장 분명한 방법은 교사들에게 그것을 맡기는 것이었다. 교사들은 자신들의 판단에 대한 객관적인 대안을 제공하기 위해 고안된 표준화된 검사의 침략에 대해 냉담했다. 그러나 대부분 미혼여성이었던 교사들은 누가 엘리트나 안정된 직업에 적합한 학생인가를 자신 있게 판단하지 못했다. 그 교사들은 이러한 객관성의 맹공에 대체로 저항할 수 없었다. 표준화된 검사는 신세대 교육 행정가들이 후원했는데, 그들의 대부분은 남성이었고 그들은 교실에 있는 교사들과 자신들을 구별할 수 있는 방법을 찾고 있었다. 그들은 "개인들을 관료제 구조가 요구하는 범주에 따라 구분하는 문화적으로 수용 가능한 근거"를 제공하는 통계분석의 미덕을 격렬하게 인정했다.[56]

이러한 문화적 수용성은 부분적으로 교육 심리학의 과학적 지위 또는 과학적 지위 주장에서 기인했다. 그렇지만 그것은 무엇보다도 몰개인적 객관성을 의미했다. 물론 그 객관성이 절대적인 것은 아니었다. 근래 수십 년 동안 많은 사람들이, 인종 집단들, 종족 집단들 사이에서 점수의 차이를 검사 구성에서의 불공정성이나 편향성의 증거로 지적해왔다. 그렇지만, 개인들의 수준에서, 검사의 옹호자들은 적어도 적대적이거나 무지한 시험관의 희생자는 없었다고 주장할 수 있을 것이다. 검사의 타당성은 어떠했든, 점수 매기기에 판단이 개입할 여지는 없었다. 그것은 완벽하게 기계적이었고, 아주 일찍부터 기계에 맡길 수 있었다. 이것이 검사의 세계에서 객관성을 정의하는 방법이다. 끝으로, 검사는 완전한 표준화를 허용했으며, 따라서 예를 들어 대학의 입학사정관들은 두메산골 출신 학생의 점수와 대도시 출신 학생의 점수를, 설사 그들이 그 지역이나 학교에 대한 경험이 없더라도, 쉽게 비교할 수 있었다.

통계는 교육적 검사, 즉 "응용"심리학으로부터 "순수"심리학으로 진출했다.[57] 의료의 경우와 마찬가지로, 수량적 엄격성은 무엇보다도 외부와 절연된 연구자 공동체의 성과가 아니라 공공적 노출에 대한 적응으로 추진되었다. 1930년대와 1940년대에 당시의 최신 통계는 자의식적으로 과학적인 실험심리학의 표지가 되었다. 그때까지도 그것은 확실한 학문 분과의 기호는 아니었다. 미첼 애시Mitchell Ash가 언급하듯, 심리학은 바로 그것의 제도적 취약성과 지적 분열 때문에 자연과학들보다 더 자의식적으로 과학적이었다. 확고한 수량화 방법은 튼튼한 공동체의 결여를 보정했다. 노골적으로 말하면, 실험심리학에서 통계적 검사는 그것의 가장 취약하고 신뢰도가 낮은 하위분과인 초심리학parapsychology에서 개척했다. 그것은 반복과 몰개인성의 체제의 일부였으며, 심리 현상에 대한 연구가 어느 정도의 과학적 신뢰성이라도 획득하기 위해서는 필요한 것이었다.[58]

그럼에도 통계는 그 학문 분과의 외부적 관계에 대해서뿐 아니라 내부적 삶에 대해서도 중요했다. 적절한 추론 방법의 사용은 직업 전문성의 표지가 되었고, 연구 정체성의 형성에 도움을 주었다. 실험 설계와 자료 처리에 관한 확고한 통계적 규칙은 모호한 심리적 자료들에 붙일 수 있는 다양한 의미의 적어도 일부를 배제함으로써 학문 분과적 합의를 촉진했다. 광범한 통계적 지향은 또한 특징적으로 심리학적인 종류의 주관성, 즉 실험 대상의 주관성으로부터 연구를 보호했다. 20세기 미국의 실험심리학자들은 특수한 사람들을 둘러싼 눈에 띄는 현상이 아니라 일반 법칙을 원했다. 끝으로, 관례적인 방법으로 분석할 수 있는 특정 유형의 자료들을 산출하는 실험에 대한 강조는 이론에 대한 관심을 빼앗아 오는 일종의 조작주의를 촉진했다. 광범위한 이론적 입장들은 위험하게 분열적이었으며, 통계적 방법의 공유는 그 분야를 통합하는 데 많은 기여를 했다.[59]

심리학자들은 자신들의 분야의 정체성이 통계와 너무나 밀접하게 결합되어 있었기 때문에 통계적 방법의 통일성과 일관성을 거의 강제로 믿어야 했다. 통계적 추론이 수학의 영역, 즉 엄격성과 확실성의 패러다임에 포함되었으므로 그것은 논란의 여지가 없어 보였다. 그러나 사실상 수리통계학자들은 통일되어 있지 않았다. 20세기 초부터 그들은 개인적으로나 지적으로나 심하게 분열되었다. 피어슨과 피셔는 동의하는 것이 거의 없었다. 저지 네이먼Jerzy Neyman과 에곤 피어슨Egon Pearson은 피셔의 실험 규약에 대한 대안을 개발했으며, 그것들의 양립 불가능성을 강조했다. 나중에, 더 주관적인 베이지안 통계Bayesian statistics의 부활에 의해, 실질적으로는 창조에 의해 새로운 수준의 복잡성이 도입되었다. 대부분의 실험과학자들과 마찬가지로 심리학자들도 경쟁하는 통계 프로그램을 대체로 감지하지 못했다. 그들의 교과서는 대체로 피셔 방식의 종합적 판형의 실험 설계와 분석을 제시했고, 그것을 단순히 통계라고 불렀다. 순전히 기계적인 것으로 이상화된 통계적 유의도 계산은 종종 연구자가 발표할 수 있는 결과를 얻었는가 여부를 결정했다. 아무 영향도 없다는 "영 가설null hypothesis"은 0.05 수준에서 간단히 "기각"되어야 했다.[60]

결과가 우연에 의해 발생했을 가능성을 나타내는 이 특정 숫자는 분명히 하나의 관례convention에 지나지 않는다. 이 절에서의 논증은 거의 모든 필자가 (미묘한 차이를 점점 더 강조하는 통계학자들을 무시하고) 한쪽 종류의 검사를 사용했을 때 그 방법도 역시 관례성의 요소를 가지고 있다는 것을 시사한다. 그러나 그것을 가장 엄격하게 표준화한 학문 분과에서는 통계를 관례적인 것으로 생각하지 않았다. 연구자들에게는 통계적 규칙을 과학적 정직성의 문제로 따를 것을, 그리고 예를 들어, 자료를 확보한 후 가설을 수정했다면 죄책감을 느낄 것을 촉구했다.[61] 추론의 한 양식으로서 통계에 대한 믿음에 있어 아마도 가장 설득력 있는 증언은 심리학의 새로운 영역인 불확실성 아래에서의 판단에 대한 연구에서 나왔다. 게르트 기거렌처Gerd Gigerenzer가 주장하듯, 심리학자들은 통계적 검사를 사유에 대한 이론 속으로 자연화할 만큼 그것에 매우 익숙해지게 되었다. 1950년대에 심리학에서는 정신을, 자연발생적으로 변량분석을 사용해 인과성을 할당하고 신호검증이론을 사용해 소음으로부터 관심의 대상을 분리해내는 '직관적 통계학자'로 표현하기 시작했다.[62]

1970년대까지, 이 "직관적 통계학자"는 계산 결과를 반복하는 데 너무 자주 실패했고, 그에 따라 이 연구 프로그램은 확률의 주관적인 할당에 영향을 미치는 "발견법들과 편견들"로 바뀌었다. 실험 대상들은 단순히 부정확하게 계산할 뿐 아니라 특정 종류의 자료를 무시하고 심지어 논리에 대해 간단한 실수까지 하는 것으로 보였다. 오류는 심리 실험의 가장 선호하는 대상인 대학생들에 국한되지 않고 의사, 공학자 그리고 경영대학원 학생도 저질렀다.

이러한 발견들은 차례로, 다양한 종류의 실천적인 결정을 내리는 데에서 전문가의 판단과 수량적 규칙의 상대적 장점에 대한 지속적인 논쟁에 기여했다. 으레 그러하듯, 양쪽 진영은 과학적인 논증뿐 아니라 정치적이고 도덕적인 논증을 구사했다. 이러한 문헌의 가장 중요한 출처는 일리노이 가석방위원회Illinois parole boards의 조치에 대한 연구였다. 가석방을 허가하거나 거부하는 결정은 부정직한 것으로, 또는 적어도 가족적 연결망과 영리한 변호사에게 크게 의존하는 것으로 추정되었다. 시카고대학의 사회학자 어니스트 버지스Ernest Burgess는 1928년에 가석방자들이 새로운 범죄를 저질렀는지 여부를 판정하는 요인들에 대한 연구를 준비했다. 그는 가석방위원회의 재량을 대체할 더 우월한 대안을 제시할 수 있기를 기대했다. 재량은 부패와 쉽게 구별되지 않았다. 이런 식으로, 가석방 행정은 "추측 작업의 수준보다 더 높은 수준으로 상향 조정되었고, 과학적 기초 위에 자리 잡을 수 있었다"라고 그는 썼다.[63] 그는 통계적 규칙이 예측의 질과 공정성 및 일관성 둘 모두에서 더 우월하다는 것을 발견했다.

전문가 체계에 대한 근래의 옹호자들도 불명료한 (재량적) 판단보다는 명시적인 방법이 도덕적으로 우월하다고 강조했다. 그들은 또한 컴퓨터화한 규칙이 인간 전문가보다 결과를 더 잘 예측할 수 있다고 주장했다. 인공의 잡동사니가 자신들의 정제된 지능을 대체하는 것을 원하지 않는 전문가들이 자주 옹호한 전문가 판단과의 격렬한 논쟁이 있었다. 인상적인 일단의 증거는 규칙에 유리하다. 그러나 자세히 살펴보면, 숫자들은 그 세계를 창조하는 데에서 숫자들이 협력하는 세계에서 가장 효과적으로 작용한다는 것을 알 수 있다. 좋아하는 논쟁의 주제는 의료, 특히 정신과 진단이었다. 분명히 컴퓨터는 실제 환자와 대면할 수 없다. 많은 연구들에서 전문가도 마찬가지다. 대신, 둘 모두 검사의 숫자적 결과를, 거짓양성 비율, 거짓음성 비율, 기본 비율과 함께 제공받는다. 예를 들어 베냐민 클라인문츠Benjamin Kleinmuntz는 미네소타 다면 인성검사Minnesota Multiphasic Personality Inventory: MMPI로부터 검사 결과를 제공받을 때 심리학자들과 컴퓨터의 상대적 진단 능력을 검사했다. 기계를 이긴 심리학자는 극소수였다. 전문가의 판단이 결정 규칙보다 훨씬 우월한 상황도 있기는 하다고 그는 인정했다. 그러나 대부분의 시간에, 의사들과 다른 임상의들은 단순히 "실험실 검사 및 그 밖의 시험에서 얻은 명백한 자료hard data를 처리한다". 이런 경우 그들은, 사람들이 더 많이 실수한다는 점을 제외하고는 기계와 마찬가지로, 결정 규칙을 적용하는 것 이상은 거의 수행하지 않는다.[64]

불확실성 아래에서의 판단에 대한 새로운 연구들이 보여주었듯, 그들은 특히 확률 계산에 나쁘다. 통계 교육을 포함하는 대학원 학위를 가진 전문가들이 왜 기본적인 베이지안 문제를 해결하는 데 어려움을 겪어야 하는지는 분명하지 않다. 그러나 그런 문제를 한때 우리 모두가 가지고 있다고 생각한 "직관적인 통계학자"의 능력으로 해결하지 못하는 이유는 불가사의가 아니다. 17세기 이전에는, 우연에 의한 소수의 경우(이것조차도 논란의 여지가 있다)를 제외하고는, 아무도 안정적이고 수량화된 확률값 또는 그것을 구성하는 자료와 마주친 일이 없었다. 모든 경우에 확률은 도구에 의해 그리고 잘 훈련된 인간 노동에 의해 (그렇지만 자의적으로는 아니게) 만든 인공물이다. 이제, 분산과 확률값을 포함하는 통계적 주장을 이해하지 못하는 경제학자, 의사 또는 심리학자는 그 이유 때문에 효과적으로 작업하기 어렵다. 그것은 세계가 본질적으로 통계적인 것이기 때문이 아니다. 그것은 수량화하는 사람들이 세계를 통계적인 것으로, 즉 관리하기에 더 좋은 것으로 만들어왔기 때문이다.

객관성이 전문성을 대신할 수 있는가?

기계적 객관성이 전문가 판단을 대체할 수 있는가의 질문은 일반적으로, 과학적 질문으로 취급되어왔다. 그것은 또한 정치적 및 문화적 질문도 제기한다. 기계적 객관성이 인간 사회들과 정치들에서 전문가 지식을 대체할 수 있는가?

간단한 답변은 없다. 우리는 기계적 객관성이라는 이상이 단지 이상일 뿐이라는 것을 인식하는 것에서 시작해야 한다. 지식사회학자들은 (수량적 자료에 대한 컴퓨터 분석을 배제하지 않는) 명백한 규칙에 따라 문제들을 해결하고자 하는 모든 시도에는 밝혀지지 않은 전문지식이라는 요소가 내장되어 있다는 것을 보여주었다.[65] 더욱이 신뢰의 문제는 결코 제거할 수 없으며 위계구조와 제도로부터 완전히 분리할 수도 없다. 신뢰할 수 있는 숫자는 정부기관, 대학연구자, 재단, 연구기관에서 생산한다. 압력단체와 기업체에서 나온 숫자는 받아들여질 때도 있겠지만 면밀하게 조사될 가능성이 높다. 보통 사람들, 심지어 다른 전문가들이 전체적인 숫자 작업을 반복할 가능성은 거의 없다. 기껏해야 숫자에 대해 내적 일관성을 확인하고 다른 출처에서 나온 관련된 숫자와 비교할 수 있을 것이다.

간단히, 몰개인적 숫자를 만들어내는 것조차도 제도적 또는 개인적 신뢰성을 요구한다. 숫자를 만들어내는 데 반영된 실험 보고서나 계산이 마음대로 반복할 수 없는 것이라면, 그것의 저자들은 어떻게든 자신들의 숙련과 진실성의 인상을 독자들에게 줄 수 있어야만 신뢰를 확보할 것이다. 그렇지만 다른 능력 있는 사람들이 일부 숫자를 점검하거나 검산할 수 있는 위치에 있고, 특히 그 사람들 중 일부는 대립적인 이해관심을 가지고 있다면, 개인적 신뢰성에 대한 요구는 크게 감소한다. 실제로 객관성과 사실성이 자명한 진리를 의미하는 경우는 드물다. 대신 그것들은 다른 전문가들의 반박할 수 있는 개방성을 의미한다. 신뢰는 객관성과 불가분의 관계에 있으며, 오히려 분신Doppelgänger이라 할 수 있다. 그러나 여기서 객관성을 뒷받침하는 신뢰의 형태는 개인적·대면적이기보다는 익명적이고 제도적이다.

대부분의 목적에서, 자격을 갖춘 과학자가 그의 전문 분야에서 발견을 발표할 때 자동적으로 그의 기만이나 무능을 의심하지는 않는다. 강단 심리학자들과 의료 연구자들이 관례적인 통계적 절차를 유예하는 것에 의해 서로를 납득시키더라도, 외부자들이 이런 지식 주장을 와해시키지는 않을 것이다. 그렇지만 가장 불안정한 학문 분과조차도 영구히 이방인들의 협회들처럼 행동하지는 않는다. 함께 일하고 대화하는 경험을 통해 연구자들은 서로에 대한 신임을 얻고, 무엇을 그리고 누구를 믿을 것인가에 대한 더 미묘한 감성을 획득한다. 균일한 표준의 부과가 더 안정된 공동체의 형성을 촉진할수도 있을 것이다. 그렇지만 이것이 달성됨에 따라 수용 가능한 분석에 대한 협소한 정의는 완화되는 경향이 있다. 기계적 객관성은 그것이 성공할때에는 덜 절박한 것이 된다. 공유된 지식은 불신을 해소하고 그것에 의해 몰개인적 규칙의 구속을 느슨하게 하는 효과를 가져올 수 있다.

더 광범한 공공 영역에서는 그와 다른 역학이 작용한다. 초기의 공병대에서 비용-편익 분석이 그러했던 것처럼, 수량적 규칙이 제도적 권력이나 신뢰도에 의해 뒷받침될 때, 그것은 과정을 순조롭게 진행시키고 심지어 사소한 논란들을 해결하는 데 충분할 수도 있다. 제도적 지원의 필요가 수량화행위 자체가 효과적이지 않다는 것을 의미하지는 않는다. 공병대의 지위가원동력, 즉 원인 지어지지 않은 원인the uncaused cause은 아니었으며, 그 지위는 공병대의 경제적 분석의 몰개인성 그리고 심지어 엄격성의 평판에 의해 향상되었다. 그러나 이것은 강력한 경쟁자들의 부재에 의존했는데, 이런 조건은 대규모 학문 분과들에서보다 논쟁적인 정치문화에서 유지하기가 훨씬 더 어렵다. 공병대 내에서 비용-편익 분석은 합리적으로 명확한 어떤 것을 의미했고, 논란을 해결하는 데 도움이 되었다. 그러나 특정한 제도적 틀외부에서는 경제적 수량화는 전혀 다른 의미를 가질 수 있었고 실제로 가졌다. 비용과 편익을 측정한다는 생각은 그 자체로, 합의에 도달하기에는 너무 무제한적이거나 적어도 신축적이었다. 전후에 공병대가 관련된 분쟁에서, 단일의 공인된 방법을 협상하는 것조차, 물론 덜 논쟁적인 상황에서는 타협이 이루어질 수도 있었지만, 불가능하다는 것이 증명되었다.

근래의 역사는 광범한 불신의 상황에서 기계적 객관성의 추구는 공공적 문제의 해결에 충분할 수 없다는 것을 보여준다. 미국의 핵발전에 대한 브라이언 발로그Brian Balogh의 연구는 그 이유를 설명하는 데 도움이 된다. 제2차 세계대전 이후 몇 년간 상업적인 핵발전은 원자력위원회Atomic Energy Commission의 통제 안에 확고히 남아 있었다. 그 이유는 그것의 군사적 연관이 비밀주의를 허용했기 때문이다. 그러나 다수의 핵발전소를 건설하기 위해서는 다양한 이해관계와 전문성의 협력이 필요했다. 단일 기관의 핵물리학자들과 공학자들의 지식 독점은 곧 무너졌다. 핵발전에 대한 격렬한 공공적 논쟁이 폭발하기 10년 전 핵발전의 (일부) 측면들이 자신들의 전문 분야에 속한다고 생각하는 다양한 종류의 전문가들 사이에 논쟁이 있었다. 그들은 모두 신뢰할 수 있는 형태의 지식을 합리적으로 통제했다. 문제는 그들이 합의할 수 없다는 것이었다. 그들 사이의 분쟁은 이 고도로 기술적인 분야를 더 광범한 공중에게 개방하고 그것에 의해 조용한 타협을 통해 합의에 도달할 수 있는 가능성을 소거했다. 어떤 학문 분과에 강력한 경쟁자가 존재할 때 그 분과는 그것의 방법이 아무리 엄격하더라도 자신의 객관성 주장을 확신시키기 어렵다. 쪼개져 있는 미국의 정치 체계 안에서 전문가들의 확산은, 적어도, 거의 언제나 경쟁자가 존재할 것임을 의미한다.[66] 판단과 협상 없이 합의에 도달하는 것은 종종 불가능할 것이다. 각자 자신의 학문 분과의 규칙을 엄격히 따르고자 하는 전문가들의 세계에서는, 그런 의미에서 모두가 국지적 지식의 형태forms of local knowledge인 세계에서는 의견 일치가 있을 수 없다.

부분적으로는 현재의 정치적 곤경에 대한 대응으로, 객관성에 대한 근래의 사회학적 비판은 전문가 판단에, 그리고 실제로 그것을 휘두르는 엘리트들에 특징적으로 우호적이었다. 전문지식은 숙련, 즉 신뢰의 기초 그리고 심지어 공동체의 기초와 점점 더 동일시된다. 두 가지 사례가 요점을 밝히고, 무엇이 문제인가를 제시할 것이다. 그의 저서에서 랜들 앨버리Randall

Albury는 객관성의 여러 가지 의미, 즉 이해관심과 개별적 특이성의 영향을 받지 않는 지식, "현실에 상응하는 지식" 또는 "가치자유 지식"이라는 의미를, 그것의 가장 공통적인 의미로부터 이끌어낼 수 있다는 것을 부인한다. 그는 객관성이 "과학공동체의 현재의 판단에 의해 결정되는 것으로서 과학적 실천의 지배적 기준에 맞춰 생산된 지식"보다 더 깊은 의미는 갖지 않는다고 결론짓는다. 즉, 시민들이 전문지식에 대한 유익한 비판을 하기 위해 의지할 수 있는 아르키메데스 점Archimedean point은 없다는 것이다. 그들은 단지 과학자들의 이해관심이 그럭저럭 공중의 그것을 반영한다고 주장할 수 있을 뿐이다. 그 이상으로, 시민들은 몰개인적인 기준을 추구하는 욕망을 멈추고, 전문가들을 신뢰하는 법을 배워야 한다.

다른 사례는 비용-편익 분석에 대한 마크 그린Mark Green의 비판이다. 수량적 규칙을 추구하는 것은 헛된 일이라고 그는 주장한다. 지식의 엄격한 기준에 대한 강조는 강력한 산업체들이 규제기관들을 불구화하기 위해 사용하는 반대 전략이 되었다. 그러므로 전문가 판단의 기각은 건설적인 공공 행동에 대한 모든 희망의 포기다. 효과적인 규제의 필요는 "적절한 청문 절차에서 모든 증거를 들은 뒤 판단에 도달한다는 추정, 즉 대통령과 의회가 임명하고 승인한 전문기관들을 옹호하는 추정"을 요구한다고 그는 결론 내린다.[67]

확실히 그린은 관료주의적 엘리트주의 그 자체를 선호하는 것이 아니다. 비용-편익 분석 등과 같이 객관성을 주장하는 방법들에 대한 그의 반대는 또한 그것들이 흔히 잘못된 것을 측정한다는 느낌에서 생겨난다. 추상적인 명제로서 엄격한 표준은 공공의 책임성을 촉진하고, 책무성에 그리고 심지어 민주주의에 크게 기여할 수 있다. 그러나 공공적 행동의 실질적 목표를 제쳐놓게 된다면, 그러므로 요점을 놓친 표준에 비춰 공무원들을 판정할 수 있다면 중요한 것을 상실하는 것이다. 공공 영역에서 신뢰와 판단을 소거하고자 하는 추동은 결코 완전히 성공하지 못할 것이다. 아마도 그것은 헛된 일보다 더 나쁠 것이다.

제9장

과학은 공동체들이 만드는가?

지식에 대한 과학공동체의 정당한 주장을 옹호하면서 또한 나는 다른 온갖 인간 결사에 대한 그 공동체의 도덕적 우월성도 옹호하고 있다. ―롬 하레 Rom Harré(1986)*

객관성은 과학의 고전적 이상 중 하나다. 그것은 속성들의 군집을 가리킨다. 그것들 가운데 첫째는 자연에 대한 진실이지만, 몰개인성, 공정성, 보편성도 있다. 그리고 일반적으로 국적, 언어, 개인적 관심, 편견 등과 같은 모든 종류의 국지적 왜곡 요인들에서 벗어날 것을 요구한다. 일부 관용구에서는, 합리성과 객관성의 이상이 과학에서 철저한 개인주의를 함축하는 것으로 제시해왔다. 여기서 고전적 인물은 데카르트인데, 그는 오직 이성의 명료한 빛, 즉 원칙적으로는 누구나 접근할 수 있는 빛에 의해 건전하다고 증명된 재료들만을 사용해 세계를 건설하고자 했다. 데이비드 홀링거David Hollinger는 제2차 세계대전 이후 어느 시기까지는 과학에 대한 미국인들의 글에서 개인주의의 윤리가 지배적이었다고 주장한다.[1] 그는 싱클레어 루이스Sinclair Lewis의 소설 『애로우스미스Arrowsmith』의 등장인물인 마틴 애로우스미스Martin Arrowsmith의 사례를 제시한다. 모든 종류의 사회생활, 심지어 실험실 안에서의 사회생활까지도 애로우스미스에게는, 아무리 나빠도, 자신의 결과를 회피하려는 유혹이며, 아무리 좋아도 과학이라는 심각한 업무로부터의 기분전환이다. 그 소설의 주인공은 모든 단체에서 벗어나 뉴잉글랜드의 숲으로 들어가서 한 남성 동반자와 함께 실험실 연구를 계속 추구하며, 찬란하게 고립되어 있다. 이런 식으로 그는 돌처럼 단단한 진리의 가차 없는 추구에 자신의 삶을 바치고 부드럽고 속물적인 등장인물이 대표하는 사회적 품위를 무시하면서 권력과 명성의 유혹으로부터 보호받았다. 과학자의 삶에 대한 그런 그림은 이제, 의도하지 않은 농담이라면, 괜찮은 것으로 보인다. 그러나 개인의 합리성을 과학에서의 객관성의 토대로 만든다는 생각은 쉽게 사라지지 않는다. 그리고 그것이 분별없는 과학자들과 공상적인 소설가들 사이에서만 일어나는 일은 아니다. 또한 대부분의 철학자들도 합리성에 대한 사회적 개념을 어떻게 포용할 것인가에 대해 잘 몰랐다.

한편, 과학공동체의 개념은 진부한 것이 되었다. 부분적으로 이것은 공동체의 개념에서 내용 비우기의 문제다. 우리는 일상의 언론 매체들이 "사업 공동체", "흑인 공동체" 같은 관용어들을 사용하고 있음을 알고 있다. 더 영감을 얻은 목소리들은 "기밀 공동체(첩보원)" 그리고 모호하게 모순어법인 "국제 공동체"에 대해 말했다.[2] 그러나 공동체에 대한 이야기는 과학의 수사학에서 충족해야 할 진정한 목적을 가졌다. 전후 미국의 과학 옹호자들, 특히 버니바 부시Vannevar Bush는 과학을 자기-규제적인 것으로 만들기 위해 과학공동체를 설정했다. 그는 그것의 경계를 강화하고 정부 과학정책의 위압적 손아귀를 배격하고자 했다. 과학적 방법이 과학자들이 실수를 저지르는 것을 방지하지 못할 경우 공동체가 개입해 나쁜 것에서 좋은 것을 가려내게 될 것이었다. 오류는 검토자에 의해 제거되거나 반복 검사를 통과하지 못함으로써 과학적 지식체에서 추방될 것이었다. 또한 공동체는 어떤 종류의 작업이 가치 있는 것인가를 판단할 것이었으며, 보이지 않는 손은 아니더라도 부드러운 손길로 이용 가능한 자원들을 그것들을 가장 잘 연구할 수 있는 연구 분야로 향하게 하는 것이었다. 부시는 자유로운 공동체로서 과학

공동체가, 중앙집권적 관료제 아래에서 가능했을 것보다 훨씬 효과적으로 그렇게 할 수 있다고 주장했다.

이러한 이상들에서 영감을 받아 전후의 사회학자들과 철학자들도 또한 과학을 우리 시대의 공동체 삶의 모범으로 삼았다. 과학은 진정한 능력주의로 이어지는 형식적 민주주의를 예증하는 것으로 보였다. 과학은 자유로운 토론을 통해 자신의 업무를 수행하며, 그렇다고 하더라도 과학자들은 자신들의 생각들을 검증에 부치기 위해 열심히 작업하기 때문에 적나라한 이데올로기는 물론 말꼬리 잡기식의 다툼을 방지한다. 이것은 처음에는 편견 없는 진리 추구를 찬양해 표명한 통상적인 경건함에 대한 미묘한 대안으로 보이지만, 항상 유보적인 태도로 진술된 것은 아니다. 한 유명한 철학자는 과학공동체가 다른 모든 형태의 인간 결사보다 우월한 것으로, "예컨대 기독교 문명에 대한 비난의 근거가 되는 정직성, 신뢰성, 그리고 선행의 표준"을 집행한다고 주장한다. 과학이 단지, "역사적으로 조건 지어진 합의"를 이끌어내는 문제 해결 작업일 뿐이라면, "과학공동체는 출세주의의 부추김과 소망적 사유의 유혹에 맞서 일종의 실천의 순수성을 지키는 수호자라는 도덕적 주장"은 허구일 것이다. 과학은 "신뢰할 수 있는 지식을 수집하는 사심 없는 제도다". 반실재론은 "그 놀라운 도덕적 현상에 대한 폄하로서 거짓일 뿐 아니라 도덕적으로도 불쾌한 것이다".[3]

역설적으로 이런 경멸의 대상은 쿤이었는데, 그는 근래 과학공동체에 대한 가장 영향력 있는 논의를 썼으며, 그것을 공감적으로 다뤘다. 그는 학문 분과 공동체들이 특정 분야에서 타당한 것으로 인정될 기준, 도구, 개념 및 문제를 정의한다고 지적했다. 그는 진지한 과학은 오로지 전문가들의 집단 속으로 잘 사회화된 사람들에 의해서만 수행된다고 주장했다. 쿤의 책은 과학에서 사회적 요소의 중요성을 명확하게 지적했다. 이런 주장들은 이제 널리 인정받고 있다. 그러나 과학을 수행하는 집단들을 정말로 "공동체들"이라고 부르는 것이 최선인가 여부에 대해서는 상당한 의문이 남아 있다. 페르디난트 퇴니에스Ferdinand Tönnies의 낡은 사회학적 공식은 공동체community와 사회society를 구분한다. 사회들은 크고 몰개인적이며 기계적이다. 대조적으로 공동체들은 작고 친밀하며 유기적이다. 그 구별은 과학에 대한 현재의 논의들에서의 몇 가지 주요 쟁점들을 가리킨다.

그것은 특히 과학에 대한 미시적 연구라는 근래의 분야, 즉 개별 실험실들이나 하위 학문 분과들에 대한 연구들에서 나타난다. 새로운 과학사회학이라고 불리는 것에서 가장 영향력 있는 용어는 아마도 협상negotiation일 것이다. 그것은 일반적 원칙, 즉 이른바 보편적인 과학적 법칙이 결코, 경험과 실험의 풍부하게 세밀한 환경들에 적용할 수 있을 만큼 충분히 명확하거나 구체적이지 않다는 생각을 담고 있다. 따라서 실험의 의미는, 심지어 이론의 의미조차도, 일반적 원칙에 의해 정해질 수 있는 것이 아니라 협소한 전문가들의 집단에 의해 정리되어야 한다. 이런 식으로, 큰 문제들과 광범한 과학적 문제들은 세부적인 쟁점들로 귀결되며, 동시에 추상적인 진리의 문제는 밀접한 개인적 접촉을 통해 해결된다. 이것이 문자 그대로의 진리일 필요는 없다. 협상은 또한 서한, 전화, 신문, 소송 또는 극단적인 경우 심지어 출판에 의해서도 일어날 수 있다. 그럼에도 협상은 용어의 강한 의미의 공동체들과 연관된다. 관련된 숙의는 소규모이고 밀접하고 비공식적이다. "협상"이라는 단어는 이것을 요구한다. 협상과 공동체라는 이런 언어는 또한 한편의 과학과 다른 편의 덜 호전적인 객관성의 추구 사이의 친화성을 시사한다. 스탠리 피시Stanley Fish는 문학 비평이 증명의 문제가 아니라 언제나 "끝없이 협상된" 의미라고 주장한다. 그렇다면 이 협상은 누가 하는가? "해석적 공동체들Interpretive communities"이 한다. 해석은 많은 면에서 비공식적이고 심지어 암시적이다. 그것은 암묵적인 이해들, 공유한 이데올로기들과 기대들, 그리고 공통적인 배경지식에 의존한다.[4] 유행하는 방식에 따르면 과학도 이런 식으로 진행한다. 우리는 심지어 과학이 해석적 공동체들에 의해 만들어졌다고 말할 수도 있을 것이다.

그렇지만 여전히 전前탈근대주의pre-postmodernism에 대해 조심스러운 잔여적 충성심을 느끼는 사람은 과학에 대한 이런 진술이 낯설 것이다. 그는 과학이 자연에 관한 것이라고 상정한다. 과학은 몰개인적이고 이러저러한 방식으로 객관적인 지식을 산출한다고 상정된다. 그리고 이런 역설적인 양상들을 너무 완고하게 고집하지 않음으로써 그것은 성공한다. 과학에서 지식은 동일한 교과서를 세계 전역에서 사용할 수 있을 정도로 널리 공유된다. 이것은 종종 자연과학의 도덕적 장점의 결정적 증거로 받아들여지며, 설사 종종 과장되더라도 실제로 그렇다. 과학자들은 의견이 아니라 자연에 호소하는 점에, 그리고 사실과 법칙, 숫자 그리고 수량의 논리라는 중립적 언어를 사용하는 점에 자부심을 갖는다. 과학 지식의 보편성은 결코 완전함을 의미하는 것이 아니며, 가장 회의적인 사회학은 그것이 인상적인 것이라는 점을 쉽게 인정한다. 과학의 보편성은 수량화와 실험화의 몰개인적인, 즉 객관적 방법에 빚진 것이 아닌가?

어떤 면에서 그것은 그렇다고 나는 주장해왔다. 과학을 더 몰개인적인 것으로 만드는 요소는 그것이 국가, 언어, 경험, 그리고 학문 분과의 경계들, 또는 한마디로 공동체의 경계들을 가로지르는 것에 도움을 준다. 그러나 금욕적 엄격성과 객관성이 과학의 정상적인 실천에 내재적이라는 점은 전혀 분명하지 않다. 과학에 관한 최근의 최상의 역사적·사회학적·문화적 연구 중 일부는 그것이 그렇지 않다고 시사한다.

협상과 자율성

"신사 전문가들 사이에서 과학적 지식의 형성"이라는 부제가 붙은 마틴 러드윅Martin Rudwick의 『데본기 대논쟁The Great Devonian Controversy』을 생각해보자. 광고가 알려주듯, 이 책은 논쟁의 이야기이며, 그 속의 신사 주인 공들이 온화한 은총을 눈에 띄게 보여줌으로써 존경을 얻은 것은 아니다. 그렇지만 그들은 예법에 주의했다. 그것을 유지하는 한 가지 방법은 지질학회의 회의 내부에 활발하고 열띤 토론을 허용하는 것이었고, 적어도 원칙의 문제로서 모든 논쟁을 공공적인 것으로 위장하는 것이었다. 러드윅에 따르면 그 논쟁 내부로 들어가기 위해 그는 현지조사 노트, 서한, 회의록 등 개인적인 문서에 크게 의존해야 했다. 그가 지적하듯, 그 이유는 다음과 같다. "논쟁 동안의 비공식적인 주장과 관련해 공식적으로 발표된 논문의 역할은 밀실에서 외교 협상을 실질적으로 진행하는 동안 가끔 발표하는(그리고 일반적으로 솔직하지 않은) 보도 자료의 역할과 비교할 수 있다."[5] 이 비유는 논쟁의 과정에 적용할 수 있는 것과 똑같이 사람들에게도 적용할 수 있다. 과학의 엘리트 신사들은 외교관처럼, 즉 폐쇄적이고 귀족적인 문화의 전형적인 구성원처럼 행동했다. 신사들은 종종 그들의 클럽과 비공식적 접촉의 개인적 세계 안에서 공공 업무를 처리할 수 있다. 1870년 이후 적어도 한 세기 동안 영국의 고위 공무원들은 대체로 이런 방식으로 작업했다.[6] 러드윅의 지질학자들과 같은 학문 분과 전문가들의 공동체들은 똑같은 방식으로 작업하면서 그들 사이에서 자연법칙을 정착했다. 그리고 이것은 단순히 과학적 지식을 어디에서 산출하는가의 문제일 뿐 아니라 어떻게 산출하는가의 문제이기도 하다. 전문가 공동체 안에서의 논쟁은 최소한의 형식성을 지키면서, 즉 엄격성에 대한 단지 약간의 관심을 보이면서 또한 공유된 (종종 암묵적인) 지식에 자주 의지하면서 진행될 수 있다. 당연히 이런 진행은, 러드윅의 경우에서처럼, 관련된 거의 모든 중요한 사람들이 같은 도시(이 경우에는 런던)에 거주할 때 일어날 가능성이 훨씬 더 크다.

그러나 이런 지방주의provincialism 또는 대도시주의metropolitanism는 논쟁에 중요한 제약이 있음을 시사한다. 과학에서의 공개 및 비공개 토론에 관련된 장소에 대한 러드윅의 평가는 런던의 지질학자들에게는 잘 받아들여질 수도 있겠지만, 더 일반적인 사례에서는 의심받을 것이다. "근대적"이라는 용어가 공동체의 붕괴, 그리고 중앙집권적 제도들이 지역의 삶과 개인의 삶의 거의 모든 측면으로의 침투를 의미한다는 것은 이제 사회적 분석에서 상식이 되었다. 일반적으로 말해 나는 이것을 인정한다. 의료 통계와 비용-편익 분석에 대한 나의 논의는 20세기 미국 지식인들이 직면한 중심적인 문제에 대한 토머스 벤더Thomas H. Bender의 정식화와 대체로 일치한다. "이방인들의 협회에서 우리는 어떻게 지적 권위를 얻는가? 혼성적인 도시, 국가 또는 세계에서 우리는 공유하는 목적, 표준 및 담론 규칙을 가진 지적 공동체를 어떻게 발견하는가?" 그는 대학의 학문 분과들이 매우 통일적인 사회적·경제적·지적 엘리트 도시들의 붕괴에 대한 대응이었다고 주장한다. 이것은 상대적으로 약한 사람들에게 정치를 개방하는 경향이 있었다고 그는 지적한다. 그렇지만 공동체의 붕괴는 보편적인 것이 아니며, (심지어) 미국의 엘리트들에게조차, 권력과 공동체는 계속 자주 중첩되고 있다고 덧붙인다.[7]

권력을 정치와 국가운영의 영역을 가리키는 것으로 받아들이면, 권력과 공동체의 이러한 동일성은 과학적 학문 분과들에는 잘 적용되지 않는다. 과학자들이 사업이나 정치적 결정에 효과적으로 참여할 때, 이것은 일반적으로 그들에게 다른 종류의 공동체들에 합류할 것을 요구한다. 심지어 그들 자신의 영역에서도 과학자들의 권력은 절대적이지 않다. 정부의 침략은 과학적 제도들의 자율성을 약화시켰다. 예를 들어, 그것이 경력 유형에 미치는 영향은 놀라운데, 이것은 미국에서만 그런 것이 아니다. 독일 연구재단

Deutsche Forschungsgemeinschaft의 한 전임 의장은 1989년에 다음과 같이 회고했다.

> 내가 1931년에 괴팅겐Göttingen에 왔을 때 그곳의 모든 사람들이 교수들 중 누가 위대한 과학자인지를 알고 있었다. 거의 모든 사람들이 또한 누가 최고의 젊은 과학자들인지, 위대한 미래를 가진 과학자들인지를 알고 있었다. … 위대한 사람들은 서로를 알고 있었고 … 그들 각각은 그 자신의 분야에서 그의 지위를 넘어서는 그의 교수진에 영향력을 가졌다. 이러한 영향력은 학자의 임명을 다루는 위원회들에게까지 미쳤으며, 따라서 뛰어난 능력의 교수를 임명하는 데 도움이 되었다. … 나는 아직도 이런 제도에서 아무런 잘못도 찾아내지 못하고 있다. 하지만 오늘날에는 이런 제도는, 예외적인 상황을 제외하고는, 더 이상 효과적으로 작동할 수 없다는 것도 나는 알고 있다. 그것은 주요 참여자들의 사심 없음과 자기비판을 요구하는 비형식적인 제도다. 이것은 그 제도를 의심으로부터 보호할 수 없는 것으로 만든다.

독일에서 대학 교수의 임명을 책임지고 있는 교육부 공무원들은 비형식적인 제도를 잘 이해하고 지지했지만, 이제 더 이상은 그렇지 않다. 우리의 대변인은 이제는 과학에 대한 통제권을 과학자들로부터 빼앗고자 하는 관료제적 기관들에 대항하는 방어 장치로서 과학에서 질에 대한 형식화된 척도가 필요할 수도 있을 것이라고 덧붙인다.[8]

그럼에도 정치적 논의에 명시적으로 크게 관련되지 않은 일부 학문 분과들은 상당한 수준의 지적 자율성을 유지할 수 있었다. 학문적 경계가 선명한 곳에서는 명확한 지리적 경계들 – 런던 지질학자들의 사회세계를 규정했던 것들과 같은 – 의 결여가 친밀한 과학공동체의 형성에 장애가 되지 않을 수도 있다. 오늘날에도 전문 분야의 구성원들을 연결하는 개인적 연결망이 매우 단단할 수 있다. 트라윅이 묘사한 고에너지 물리학자들의 공동체는 강력한 사례다.[9] 입자물리학은 이동성이 매우 높은 소수의 엘리트 과학자들의 집단이 지배하고 있다. 특히 실험 연구자들은 소수의 선도적인 입자가속기를 가진 실험실들 중 하나를 정기적으로 방문해야 연구를 수행할 수 있다. 부분적으로는 그런 이유로 모든 사람이 서로 누가 누구인지를 알고 있다. 물론 상호 친분이 공유한 가치와 가정의 유일한 기초는 아니다. 또 다른 기초는 긴 사회화의 과정이다. 여기에는 학부 과정과 대학원 과정에서의 공식적인 물리학 공부와 그 이후 대부분의 신진 입자물리학자들이 탈락하게 되는 긴 박사후 연구기간에 걸친 일종의 연구수습생 과정이 포함된다. 그 과정에서 살아남은 사람들은 과학적 입장에서뿐 아니라 심지어 개인적 습관, 태도, 복식의 측면에서조차 놀랄 만큼 동질적이다. 그들의 국적과 사회적 배경은 훨씬 다양하다.

이러한 강렬한 사회화는 개인 접촉의 단단한 연결망과 결합해 고에너지 물리학자들에게 놀랄 만한 정도의 비공식성으로 활동할 수 있게 한다. 트라윅의 연구의 정보 제공자들은 현대적 첨단기술의 고에너지 실험 물리학에서 기록된 단어가 빅토리아 시대의 신사적인 지질학에서의 그것보다 더 중요하거나 더 많은 것을 알려주는 것은 아니라고 묘사했다. 오직 대학원생들만이 발표된 논문에 많은 관심을 기울인다. 성숙한 과학자들은 글쓰기가 아니라 주로 말하기로 소통한다. 박사후 연구자들은 적어도 발표된 보고서보다 사전 출력본을 더 많이 참조하는데, 그 까닭은 이것이 적어도 최신의 것이기 때문이다. 그렇더라도 사전 출력본은 주로 그 분야에 대한, 즉 누가 대화할 가치가 있는 사람인가를 찾기 위한 안내로서 중요하다. 정말로 좋은 위치에 있는 사람들은 그들이 알아야 할 것을 비공식적으로 배운다. 발표는 주로 기록의 문제로 (고용된) 저술전문가의 책임이며, 단지 공공 소비에 적합한 것만 담고 있다. 그리고 결과나 의혹을 외부자들과 서둘러 공유하는 것은 강하게 억제된다.

실험고에너지 물리학자들은 그들의 글쓰기에서 표준적인 과학적 산문체를 사용하지만, 그것의 대부분은 심각하게 받아들여지지 않는다. 이것은 아무렇게나 해도 좋다거나 물리학자들이 수학을 단지 일련의 협약으로만 사용한다는 이야기가 아니다. 그들은 역사가나 행정가 같은 사람들이 만족해하는 세계보다 더 근본적이고 덜 일시적인 세계를 알아내기를 열망한다. 부분적으로는 이런 이유에서, 그들은 수학의 몰개인성을 높이 평가하며, 표현 불가능한 것이나 개인적인 것을 수량화하는 농담을 하기를 좋아한다. 그러나 실제로 그들이, 방법론적 엄격성이 그들의 초超시간적인 세계에 관해 알아내는 최선의 전략이라고 믿는 것은 아니다.

트라윅의 정보 제공자들은 그녀에게, 어떤 사람의 연구 결과가 어떤 의미가 있을 것인가를 결정하기 위해, 경험 법칙으로서, 항상 오차 막대error bars에 적어도 3을 비공식적으로 곱한다고 말했다. 더 중요한 것으로, 이러한 해석 양식은 매우 미묘한 차이를 가지고 있으며 개인적 지식과 결합되어 있다. 세세한 부분까지 신경을 쓰는 성실함이 부족하다고 알려져 있는 연구자들은 진지하게 받아들여지려면 더욱 결정적인 결과가 있어야 할 것이다. 그리고 그들의 실험을 해석하는 데에서 품성과 신뢰성에 대한 비공식적인 판단은 결정적이다. 장비가 비교적 영구적이거나 표준화된 다른 과학들에서는 반복 실험 같은 것이 항상 가능하다. 그러나 입자물리학자들은 그들 자신의 검출기들을 만들고, 그것들을 끊임없이 조작하고 조정하고, 심지어 새로운 실험을 위해 그것들을 재구성한다. 따라서 실험 결과를 점검하는 것은 예외적으로 어려우며, 어떤 특정한 보고서를 어느 정도 믿어야 할 것인가를 결정하는 데에서 판단을 대신할 대안은 없다. 트레버 핀치Trevor Pinch는 깊은 지하동굴의 수백 만 갤런의 화학물질이 포함된 거대한 태양 중성자 검출 실험을 언급하면서 이 점을 분명히 밝히고 있다. 이 실험을 다시 한번 수행할 것이라고는 아무도 기대하지 않았다. 그러므로 그것을 해석하기 위해 물리학자들은 실험자들의 숙련과 신뢰도를 평가해야 했다. "간단히 과학 안에서 신뢰는 인간의 숙련을 포함하는 삶의 모든 영역에서 그것이 기능하는 방식과 유사한 방식으로 기능한다."[10]

핀치는 이것이 보편적이며 모든 과학이 품성과 숙련에 대한 판단에 의존한다고 제시한다. 그가 정확하다는 것은 분명하다. 그러나 비공식적·개인적 지식이 신사적인 지질학자들과 고에너지 물리학자들 사이에서만큼 지배적인 경우는 드물다. 지식을 더 엄격하고, 표준화되고, 객관적인 것으로 만드는 방식들이 있으며, 이런 방식들은 개인적 신뢰의 필요를 줄이기 위해 많은 노력을 기울였다. 지식의 획일성 증가에 대해 수학과 수량화가 유일하게 책임이 있는 것은 물론 아니지만, 그것들의 공헌은 인상적이었다. 수학적 증명, 측정체계, 수학적 통계 방법, 인구통계적·경제적·사회적 숫자들에 대한 엄격한 표준은 지식을 더 개방적이고 획일적인 것으로 만들려는 추세에서 동맹이 되어왔다.

물론 모든 사람이 개방적이고 통일된 지식을 원한 것은 아니다. 위톨드 쿨라Witold Kula가 논의했듯, 주관적인 측정 형태는 농민들과 물리학자들의 공동체에 적합했다. 의견 충돌은 있었지만, 직접 대면해 협상할 수 있었다. 비공식적 측정은 이러한 비교적 자율적인 공동체들의 구성에서 분리할 수 없는 것이었다. 그것은 더 중앙집중적인 형태의 권력 – 정치권력과 경제권력 둘 모두 – 이 공동체적 삶의 비교적 개인적인 영역 속으로 침입하면서 붕괴되었다. 또한 상대적 자율성과 빈번한 대면적 상호작용은 런던 지질학자들의 특징이었고, 실험 입자물리학자들의 특징이기도 했다. 물리학자들은 전 세계에 퍼져 있는 것이 아니라, 소수의 섬 같은 점유지를 공유하고 있다. 그들의 작업은, 적어도 최근까지도, 서로에 대한 책임을 제외하고는 아무런 책임도 지지 않을 정도로 특권적이었다. 그들은 강력한 외부의 이해관심의 간섭을 최소한으로만 받아왔다. 물리학자들은 정부에 대해 돈 이외에는 아무 것도 원하지 않고, 정부는, 전쟁 이래, 노벨상 등과 같은 물리학자들 자신 의 경의의 표시에 만족해왔다. 그래서 그들은 그들 자신의 방식과 언어와 전통을 자유롭게 배양해왔다.

확실히 이것들이 표준화되고 관례화된 것들로부터 완전히 자유로운 것은 아니다. 어떤 것들, 특히 이해관심에 관련되는 것들에 대해서는 여전히 객 관성이 요구된다. 예를 들어, 사진이나 자료의 초기 선별에서는 분명히 객 관성이 필요하다. 근래까지도 그런 작업들은 아주 많아서, 그것을 실행하기 위해 상대적으로 낮은 지위의 노동을 참여시켜야 했으며, 비교적 엄격한 표 준화를 부과해 낮은 지위의 노동을 관리해야 했다. 이제 소음으로부터 신호 를 걸러내는, 거의 완전한 신뢰성을 가진 그리고 판단력이나 분별력의 필요 를 완전히 배제하는 컴퓨터를 점점 더 많이 만들고 있다. 그래서 실험 입자 물리학에서 진행되는 작업들의 대부분은 임시적이고 협상 가능한 것이라고 우리가 이야기할 때, 그것은 객관화된 짜증나는 작업의 피라미드의 꼭대기 에서 안전하게 쉬고 있는 연구자들 자신들의 그리고 소수의 신뢰할 수 있는 숙련자들의 높은 지위의 노동을 가리킨다.[11]

일반적으로 "지식"이라는 단어는 매우 합리화된 형태를 전제로 하기 때문 에, 이제 우리는 과학을 협상되고, 국지적이고, 개인적인 종류의 지식 또는 참으로 그런 종류의 숙련과 동일한 것으로 취급하는 지점에 도달했다고 할 수 있다. 이것은 직관과 반대되는 멋진 특징을 가지고 있지만, 틀린 것처럼 보이는 모든 것이 참인 정도로 그런 것은 아니다. 국가가 모든 국지적인 척 도들을 말살할 때 국가는 과학자들이 고안한 미터법을 부과함으로써 그렇 게 했다는 것을 기억할 것이다. 과학은 전기, 온도, 에너지 형태 등을 포함 하는 도구들과 척도들을 표준화하려는 다른 노력들과 매우 밀접하게 관련 되어왔다. 과학자들 - 그들의 일부는 최상위층이었다 - 의 회의체들은 19세기 후반에 전기의 기본 단위를 정의했다. 산업화된 나라들은 거의 모두 표준청을 두고 있으며, 그 기구의 구성원은 주로 과학자들과 공학자들이다. 엄격하게 정의된 계산의 규칙이 과학의 이름으로 보험계리사들과 공공 공학자들의 결정을 지배하게 되었다. 과학이 국가, 즉 획일적이고 공개적인 언어를 부과하고 국지적인 관행과 암묵적인 협약을 몰아낸 객관화자들objectifiers과 침입자들intruders의 편에 선 데에는 적지 않은 이유가 있다. 라투르가 "계산의 중심"이라는 용어를 사용해 제국들에 대한 행정을 집행하는 중심을 서술하고 기술과 과학에 관한 책에서 이것을 강조한 것은 매우 정확하다.[12]

정치적 및 경제적 삶을 표준화하고 객관화하는 데에서 과학의 역할은 인문학자들과 사회과학자들이 과학에 관심을 가져야 할 가장 중요한 이유들 중 하나다. 그러나 과학이 왜 이런 역할을 했는가, 그리고 그 문제에 관해서라면 왜 과학 지식 자체가 통상적으로 고도로 객관화되고 합리주의적인 언어로 표현되는가에 대해 우리는 아직도 잘 알지 못할 것이다. 이 책에서 나는 이것에 대한 두 가지 노선의 대응을, 비록 바탕에서는 그것들이 거의 동일하지만, 강조해왔다. 하나는 과학의 더 광범한 사회적이고 정치적인 관계, 즉 외부로부터의 압력을 반영한다. 다른 하나는 과학자들의 그들 자신의 제도들 속에서의 사회생활, 그리고 믿음과 실천의 공동체 형성의 어려움과 관련이 있다.

강한 공동체와 약한 공동체

고에너지 물리학 분야의 주목할 만한 개방성 그리고 엄격한 규칙 결여는 매우 특수한 상황에서만 가능하다. 고에너지 물리학은 과학에서 반객관주의anti-objectivism의 본보기가 아니라는 것을 덧붙여야 한다. 모든 과학자 단체들, 모든 학문 분과적 집단들은 기계적이고 몰개인적인 표준을 선호하고 판단을 제한하는 경향의 강한 압력을 받는다. 스티븐 샤핀과 사이먼 셰퍼 Simon Schaffer의 『리바이어던과 공기 펌프Leviathan and the Air-Pump』의 주인 공인 토머스 홉스Thomas Hobbes는 문제를 명확히 찾아냈다. 실험은 공공적 지식의 획득을 위한 기초를 제공하지 않는다고 그는 주장했다. 실험은 본래 적으로 개인적인 것이다. 그 어떤 특정의 실험도 소수의 사람들만이 적절히 목격할 수 있다. 어떤 실험에 대해 실험적 증명 자체의 논리에 따라 배경으로 확고하게 밀어내야 하는 실험 구성과 실행의 세부사항들을 전면에 내놓음으로써 비판하는 것은 언제나 가능하다. 홉스 자신은 보일의 공기 펌프를 해체하기 위해 이런 식으로 노력했다고 할 수 있다. 홉스는 그것이 누출되었다고 주장했고, 보일이 예상한 대로 작동하지 않은 실험시도들을 지적했다. 실험은 쓸모없는 것이라고 그는 시사했다. 공공적 지식에 대한 유일하게 확고한 기초, 참으로 정치를 조직하기 위한 기초는 기하학적 추론, 즉 확고한 증명이며, 그것은 그 자체의 증거를 제시하며, 종이 위에 쓰는 것에만 의존한다.[13]

비록 실험에 대한 그의 공격은 눈부시게 실패했지만, 홉스가 찾아낸 문제들은 실제로 존재했다. 특수한 도구들의 생산물들과 잘 연마된 숙련들은 쉽게 공공적 지식의 기초가 되지 않는다. 실험자들은 그것들을 극복하기 위한 다양한 전략을 개발했다. 일부는 더 광범위한 사회에서 널리 인정되는 형태의 위세에 의존했다. 17세기에 그들은 신사적으로 또는 예의 바르게 사회적 규약들에 의존했고, 사심 없음의 표지로서 품위 그리고 강력한 후원자들로부터의 독립 또는 그들과의 관계를 내세웠다. 일정한 지위를 획득한 사람들, 물질적 관심을 초월한 사람들은 속일 동기가 없는 것으로 추정되었다. 다른 신뢰의 기술들은, 우리가 공동체의 한 측면으로 쉽게 인식할 수 있는 형태를 취했다. 과학자들은 전문직업적인 경계를 설정했고, 그 경계 밖에 있는 사람들을 아마추어, 괴짜, 돌팔이 등으로 배제했다. 학위와 전문직은 능력과 성실성의 표지가 되었다. 신사 과학자와 전문직 과학자 모두에게, 진실을 말하는 것은 명예의 문제였고, 그의 증언을 의심하는 것은 언제나 가능했지만, 그것은 가볍게 할 수 있는 일이 아니었다.[14)]

성실성과 능력에 대한 이러한 공식적인 증거에 개인적인 증거가 추가되었다. 내부자들은 규칙적으로 그리고 강렬하게 소통했다. 특히 프랑스와 영국의 수도들은 가장 중요한 자연철학자들의 다수가 서로 자주 상대하고 대면할 수 있게 하기에 충분히 매력적이었다. 이것이 가능하지 않은 곳, 특히 국경을 가로지르는 곳에 있는 학자들과 과학자들은 18세기와 19세기에 흔히 개인적 내용과 과학적 내용을 혼합한 광범한 편지들을 통해 유지된 "서한의 공화국"을 형성했다.[15)] 출판물은 지식을 거의 모든 사람이 이용 가능하게 만드는 것이었기 때문에 표면적으로는 덜 개인적이었다. 그러나 학술지들은 종종 더 친밀한 종류의 공동체를 형성하는 데 도움이 되었다. 많은 19세기 학술지들은 주로 어떤 교수와, 그의 제자들, 그리고 그 밖의 친밀한 협력자들의 연구를 발표하는 일종의 "기관지house organs"였다. 그렇지 않은 경우에도 논문을 한 학술지에 싣기 위해서는 종종 클럽에 가입해야 했으며 그 때문에 논문 발표의 결정은 그 필자의 개인적 품성에 대한 명시적인 관심을 포함할 수도 있었다. 20세기에도 여전히, 독자들의 보고서를 보면, 연구자들의 작업과 함께 그들 자신의 습관, 방법, 배경 등도 평가된다는 것을 알 수 있다.[16)] 근래의 논문에 대한 익명 평가 방식의 도입이 개인적 차원에 대한 이러한 의존을 크게 줄였을 것 같지는 않다. 현재 그것은 학술대회, 집담회, 그리고 대학원생, 신진 교수, 안식년 방문연구자, 특히 박사후 연구자들이 참여하는 일종의 교류모임을 포함하고 있다. 실험실들 사이의 표본들과 기법들의 교환에 기초한 선물 문화는 반복뿐 아니라 신뢰를 크게 촉진하는 반면, 실험실 내부의 관계는 때때로 신뢰를 쌓는 방법으로서 개인적인

것과 전문적인 것의 가장 격렬한 혼합을 포함했다.[17)]

  공유된 지식을 만드는 똑같이 (아마도 그 이상으로) 중요한 기초는 내가 "객관성"이라고 부르는 것이었다. 지식을 덜 기예적이고 더 개방적인 것으로 만들기 위한 다양한 전략들이 배양되었다. 근대 초기의 과학에서 공통적인 장치는 증언witnessing으로, 실험의 타당성에 관한 판단을 법정에서의 행동과 같은 것으로 바꾸는 것이었다. 이것은 특히 실질적인 공동체가 아직 형성되지 않은 맥락에서 중요했다. 비교적 잘 확립된 공동체들에서도 합의가 깨졌을 때에는 증언의 발생이 있었다. 예를 들어, 라부아지에의 산소 실험은 독일의 화학공동체의 위기의 계기가 되었다. 여러 차례의 반복 실험의 시도가 뚜렷하게 상이한 결과로 이어진다는 점이 특히 곤란했다. 실험 능력과 성실성은 화학자들의 공동체의 구성원 자격 기준으로 추정되어왔으며, 그러므로 존경받는 연구자들이 그렇게 중요한 실험의 모순된 결과를 보고하는 것은 심각한 당혹감을 야기했다. 증언의 확산이 이어졌고, 그것은 프랑스 사정에 밝은 지기스문트 헤름스테트Sigismund Friedrich Hermbstädt(1760~1833)가 화학자, 백작, 의사를 포함한 13명을 열거했을 때 최고조에 달했다. 줄을 잇는 이런 새로운 양식의 증언들은 "어떤 화학자도 다른 화학자를 더 이상 신뢰하지 않는다"라는 것을 시사한다고 헤름스테트(와 라부아지에)의 한 반대자는 썼다.[18)] 그것은 사실이었다. 공동체에서의 불화를 치유하기 위해 사법적 객관성과 같은 것이 의무적인 것이 되었고, 지금도 때로는 그러하다. 객관성에 기반한 공동체는 취약하거나 위태로운 공동체, 즉 외부와의 경계가 명확하지 않은 공동체 그리고 노력이 불필요한 공유된 인식이 없는 공동체, 간단히 말해 매우 현대적인 종류의 공동체라는 것을 분명히 밝혀야 한다.

  실험 결과를 멀리 떨어져 있는 다른 전문가 연구자들에게 소통하기 위한 더 관습적인 전략들은 상당히 친숙하다. 그것들 가운데에 중심적인 것은,

동일한 분야나 공동체의 다른 과학자들이, 원칙적으로, 그 실험을 반복할 수 있을 만큼 충분히 자세하게 보고하는 것이다. 차례로 이것은 과학자에게 일반적으로 결국 실험에 일정 정도 숙달되기 전까지는 결과를 발표하지 않을 것을 요구한다. 즉, 의사소통의 요구는 과학의 주제를 정의하는 데에, 그리고 반복 불가능한 관찰들에 대한 믿음에 지나치게 의존하는 것들의 대부분을 걸러내는 데에 도움을 주었다. 그것은 또한 수용 가능한 방법과 도구로 취급할 수 있는 것들에 제약을 부과했다. 18세기 후반의 영국 화학자들은 라부아지에가 매우 정교하고 비싼 도구들에 의존하는 것을 비협조적인 것으로 간주했다. 이것은 뛰어난 재능을 타고나지 못한 사람들을 자연철학적 대화에서 배제하는 효과를 가졌기 때문이다.[19]

그렇지만 척도의 근대적 표준화와 도구들의 대량생산의 혜택이 있음에도 실험의 반복은 결코 쉽지 않다. "실험적 사실"이라는 수사가 매력적인 견고성과 몰개인성을 갖고 있기는 하지만, 실험적 탐구의 공동체의 형성보다는 이론적 탐구의 공동체의 형성이 대체로 더 쉬울 것이다. 이론은, 특히 수학적 종류의 이론은 적어도 홉스가 언급한 장점들을 가지고 있다. 즉, 추론은 명백하며, 인쇄된 지면에 등장하는 것은 대체로 자족적이다. 이론적 합의는 실험적 공동체들의 안정성에 크게 기여한다. 또한 수학적 이론에 주로 전념하는 과학공동체들도 있다. 예를 들어 18세기 합리적 기계학rational mechanics이나 근대의 신고전파 경제학이 그것이다. 둘 모두 엄격함을 추구하기 위해 추상적이고 탈현실적이었다. 그리고 수학적 엄격함의 한 가지 장점은 그것이 실험실이나 관측실에서 아직 잘 통제하지 못하는 현상들을 다루는 과학공동체들, 또는 논란이 되고 있는 지식들을 다루는 과학공동체들을 형성하고 유지하는 데 도움이 된다는 것이다.

수학화된 이론의 엄격함과 같은 것은 다른 방법들로도 얻을 수 있다. 수량화의 획일적 전략들과 과학적 방법에 대한 지시들이 그중에서 가장 중요하다. 정상과학은 패러다임이 안정적인 한 규칙을 거의 필요로 하지 않는다고 쿤은 주장했다.[20] 그러나 새롭고 취약하며 노출된 학문 분야는 많은 경우 널리 공유된 가정들과 의미들이 결여된 가운데 작업해야 한다. 명시적 표준은 사람들을 통제하고 표준화하려고 시도함으로써 불확실성과 가변성을 처리한다. 정형화된 형태의 발표도 또한 그러하다. 많은 분야에서, 연구자들은 규정된 순서로, 즉 거의 공식, 방법, 결과, 결론에 따라 발표하도록 지시받는다. 이 점에서 미국 심리학자들은 표준-담지자들standard-bearers이다. 그들의 편람은 수용 가능한 연구 보고서를 규정하는 형식과 수사학의 요점을 진술하는 수백 페이지의 문헌으로 늘어났다. 통계적 검증에 대한 완고한 강조는 이제 광범한 과학, 사회과학, 의료 분야들에서 보편적인데, 비록 그 검증이 때때로 현상에 대한 이해를 방해할 수 있더라도, 사람들을 표준화하고, 담론을 조직하며, 과학적 통합을 촉진하는 가치를 부과하는 관련된 방식이다.[21]

열망을 가진 과학자들만이 그런 것은 아니다. 적어도 미국에서는, 19세기의 전문화된 역사가들은 자신들의 분야를 잘 입증된 사실들, 즉 되도록이면 기록 자료들에서 찾아낸 사실들의 관점에서 재정의함으로써 자신들을 신사적인 아마추어들과 구별하고, 합의 도달의 기초를 제공했다. 프랭클린 제임슨Franklin Jameson(1859~1937)은 사회사 연구에 필요한 기록들의 비대표성을 우려했고, 그러한 이유로 학문 분과를 정치적 사안들만 다루도록 제한하는 것을 선호했다. 이 영역에서는 기록들이 표준적이고 방법이 명확한 것으로 보였다. 암묵적으로, 그리고 때로는 명시적으로, 그 학문 분과가 크고 난해한 문제들을 놓고 분열하는 위험을 무릅쓰기보다는 협소함의 비용을 치르면서 객관성을 유지하는 것이 더 낫다고 생각했다.[22]

나는 여기서, 논문 작성, 자료 분석, 심지어 이론 정식화에 대한 규칙의 상대적인 엄격성을, 부분적으로, 공유된 담론을 창출하는 방법, 취약한 연구공동체를 통합하는 방법으로 이해해야 한다고 제안한다. 객관적 규칙은 독일 화학자들이 뜨거운 논쟁의 시기에 생산한 증언과 같은 것이다. 그것은 신뢰에 대한 대안으로 구실한다. 결과는 가능한 한 거의 기계적인 것인 규약에 따라 평가되어야 한다. 개인적 판단의 여지가 거의 없어야 하며, 그러므로 다른 사람들이 분석을 의심할 수 있는 기회도 최소한이어야 한다.

불명확한 경계와 강력한 외부자들

이러한 고려 사항들은 왜 일반적으로 취약한 학문 분과들에서 정확한 추론의 규칙을 가장 명확하게 정의하고 가장 엄격하게 강요해왔는가를 설명하는 데 크게 도움이 된다. 방법론적 엄격성은 공유된 믿음에 대한 대안으로 그리고 독특한 개인적 의견 표출에 대한 견제 장치로 구실한다. 그러나 학문 분과들에 대한 내부로부터의 조사는 이야기의 단지 일부만 말할 수 있다. 과학의 의사소통에서 객관성과 몰개인성에 대한 강조는 또한 부분적으로 외부로부터의 압력에 대한 대응이다. 아니 오히려 경계의 안팎이 선명하게 구분되지 않는 곳에서 기계적 객관성은 특히 중요하다. 응용학문 분야들, 적어도 정책의 문제에 관련된 분야들은 거의 언제나 그것들에 의해 영향을 받는 이해관계자들이 제기하는 정밀조사와 비판에 노출된다. 실천적 목적을 위해 국가가 더욱더 많은 과학들을 지원하면서 "응용" 분야라는 범주는 거의 모든 연구를 포괄할 만큼 확대되었다. 공공적 책임성의 규범은, 그것이 심지어 가볍게 실행된다고 하더라도, 연구공동체를 둘러싼 경계를 허물고 더 많은 청중들을 만족시킬 것을 요구한다.[23]

그러한 상황은 가장 극단적인 표준화와 객관성을 촉진하며, 명시적이고 공공적인 형태의 지식에 대한 집착을 장려한다. 이런 경향은 제7장에서 논의한 비용-편익 분석가들의 경우와 같이 정책 목적을 위해 지식을 형성해야 하는 곳에 당연히 가장 명백하게 나타난다. 그러나 과학에서 공적인 것과 사적인 것의 경계는 점점 더 위협받고 있다. 제럴드 홀턴Gerald Holton이 용인할 수 있는 정도로 과장해서 지적하듯, 미국에서는 의회 의원들이 의심하는 과학적 연구 결과에 대해 첩보기관이 언제 조사에 나설지 아무도 모르기 때문에 실험실 노트가 자기방어를 위한 회계 기록으로 변모하고 있다. 국립과학아카데미는 과학자들이 정부에 정책 자문이나 심지어 정보를 제공하기 전에 자신의 이해 상충과 금융 보유에 대해 밝혀야 한다는 원칙을 수용했다.[24] 노트에 대한 경찰 조사는 아직은 예외적인 일이지만, 과학자와 공학자의 개인적 및 재정적 이해관심은 흔히, 특히 법률적 맥락과 규제적 맥락에서는, 중요한 것으로 간주된다.

몰개인성의 전략은 부분적으로 그러한 의심들에 대한, 그리고 그 의심들이 더 큰 맥락 속으로 확장하는 것에 대한 방어 수단이라고 이해해야 한다. 그것은 일반적으로 객관성 주장의 형식을 취한다. 객관성은 지식이 그것을 만든 특정 개인에 지나치게 의존하지 않는 것을 의미한다. 그것은 학문 분야 전체의 기초를 공격하고자 하는 비판자들에 대응하는 방어는 제공하지 않는다. 그러나 그것은 이런 특별한 경우에 누군가가 그 자신의 이익을 위해 지식을 왜곡하거나 자의적으로 다른 사람을 불공정하게 대했다는 주장을 약화시키는 경향이 있다. 무엇보다도 이해관계들에 기초한 민주주의 정치문화에서, 그러한 주장은 종종 응용학문 분과들의 신뢰성에 매우 큰 위협이 된다.

바로 이런 이유에서, 지능검사자들, 응용 사회과학자들, 그리고 비용-편익 분석가들 같은 사람들은 객관성의 언어에 대해 가장 강렬하게 매력을 느꼈다. 우리는 여기서 "조사관의 선입견"에 대한 광범한 두려움, 즉 적절하게 수량화할 수 있는 쟁점들을 객관적으로 처리하기 위해 가장 중요한 쟁점들을 건드리지 않고 내버려두고자 하는 열의를 발견한다. 그러므로 후버 대통령이 설치한 사회동향연구위원회President's Research Committee on Recent Social Trends의 한 위원은 다음과 같이 썼다. "편향으로부터 결론을 보호하기 위해 연구자들은 객관적인 자료의 분석에 한정해야 한다. 이용 가능한 자료가 연구되는 여러 주제들의 모든 국면들을 포괄하지는 못하기 때문에 깊은 관심을 가진 질문들에 답하는 것이 종종 불가능했다."[25] 육군 공병대원들은 중요한 "비가시적인 것들"을 숫자로 신뢰할 수 있게 표현할 수 없었기 때문에 물 기획에 대한 정당화에서 그것들이 누락된 점을 자축했다. 경제학자들은 단순한 판단의 사용으로 수량적 규칙의 순수한 객관성을 훼손할 경우 뒤따를 혼란에 대해 자주 경고해왔다. 외부자들은 전문가 판단을 개인적 편견에서 쉽게 구별할 수 없으며, 둘은 종종 혼동된다. 해결책은 주관성을 금지하는 것이다. 인정된 진리를 관례로 보완해야 한다고 하더라도 규칙이 지배해야 한다. 디킨스 소설의 토머스 그래드그라인드Thomas Gradgrind가 말했듯 "삶에서는 오로지 사실만을 원한다".

당연히 모든 연구자들이 사실들의 행진을 선호하며 책임에서 자신을 면제하고 판단에서 자신을 제외하고자 하는 것은 아니다. 정부에서의 사회과학에 대한 근래의 미국의 한 논평자는 수량적 엄격함을 확보하기 위해 포괄성을 희생시키지 않아야 한다고 강력하게 주장한다. 그렇지만 그는 이것이 사회과학의 영향력을 약화시킬 가능성이 있음을 인정하면서 최종적으로 "과학적 고려가 이런 정치적 주장보다 더 중요하다"라고 주장한다. 과학이 아니라 정치가 협소한 엄격성을 요구한다.[26]

공동체들이 과학을 만드는가? 대답은 "확실히 그렇다"이다. 이제 누가 감히 그것을 부인하겠는가. 그러나 그것은 답변의 매우 불만족스러운 부분일 뿐이다. 오로지 소수의 학문 분과들에서만 승인된 지식 형태에 대해 공동체 내부에서의 상호작용이 주로 책임지게 될 만큼 연구 작업의 동역학은 자족적이다. 그리고 그러한 분야들, 즉 상대적으로 안정적인 공동체가 지배하고 있는 분야들에서는, 우리가 통상적으로 과학적 사고방식과 연결하는 것들 – 예를 들어, 객관성에 대한 강조, 기록된 단어에 대한 강조, 엄격한 수량화에 대한 강조 같은 것들 – 의 대부분이 놀라울 정도로 보이지 않는다. 불안정한 경계를 가진 분야들, 경계 문제를 지속적으로 겪고 있는 공동체들에서 과학 지식은 과학의 장신구들을 의도적으로 과시하고자 할 가능성이 매우 크다. 그것은 우리가 과학적 생산의 인정된 형태를 이해하기 위해서는, 연구를 판단하는 표준을 이해하기 위해서는, 과학을 둘러싼 더 광범한 맥락을 살펴봐야 한다는 것이다. 그러므로 참으로 과학은 공동체들이 만들지만, 그 공동체들은 자주 곤경에 처하고 불안정하며, 외부의 비판으로부터 거의 차단되지 않는다. 과학적 담론의 가장 두드러지고 전형적인 특징들 중 일부는 공동체의 이러한 취약성을 반영한다. 과학에서 객관성에 부여하는 엄청난 특권은 적어도 부분적으로는 취약성에서 결과되는 압력에 대한 대응이다.

아마도 과학은 결국은, 전후 사회학자들이 희망했던 것처럼, 민주적 공동체의 모범을 제공할 것이다. 그러나 그것은 또한 실제로 존재하는 정치적 사회들의 거울이기도 하다. 이 두 가지의 합동은 근대의 공공적 삶에서 과학적 형태의 지식의 위세를 설명하는 데 크게 도움이 된다. 우리는 여기서 안정적이고 유기적인 공동체Gemeinschaft가 아니라, 중요한 방식으로 진정으로 공공적인 특성의 지식 형태를 필요로 하는 몰개인적이고 의심스러운 사회Gesellschaft를 이야기하고 있다.

옮긴이의 글

　어원학적으로 '통계statistics'가 '국가의 과학science of the state'을 가리키는
사실에서 알 수 있듯, 숫자는 근대국가의 전개에서 핵심적 역할을 맡아왔
다. 세계 전체에서 그리고 개별 국가들에서 인구, 국민총생산, 실업률 등의
숫자는 사람들의 사회적 삶을 집약해 표현할 뿐 아니라 온갖 의사결정에 필
수적인 요소로서 영향을 미치고 있다. 한국 사회도 이런 추세에서 예외가
아닐뿐더러, 숫자의 사용에 맹목적인 '수량 열광quantifrenia'을 보이고 있다.
간단한 사례로 대학에 입학하고자 하는 모든 학생을 국가가 시행하는 단일
의 시험에서 그가 획득한 '숫자'에 따라 등급 매기는 일을 50년 넘게 지속하
면서도, 그것을 교사의 판단이나 재량에 맡겨야 한다는 주장에는 강력하게
반대한다. 물론 한국 사회의 이런 심대한 숫자 의존은 역사적이고 정치경제
적인 배경을 가지고 있다.

　숫자 사용의 확대와 심화는 근대 자본주의 사회 일반에서 진행된 변동이
었지만, 이 책이 보여주듯 그 과정이 사회의 마찰 없이 순조롭게 진행된 것
은 아니었다. 숫자의 사용은 대체로 권력자들의 재량을 숫자 생산의 엄격한

규칙으로 제한함으로써 결정에서 자의성을 제한하려는 싸움 속에서 증가했다. 다양한 권력과 이해관심을 가진 사회세력들이 참여하고 논쟁하면서 숫자 생산의 규칙을 제정하고 그 규칙을 실행하는 제도들을 설치했다. 그런 개방성이 숫자 생산의 규칙과 그 규칙에 의해 생산된 숫자의 중립성과 '기계적 객관성'을 보증하고 보호했으며, 그러므로 숫자는 일정 정도 민주적이고 합의적인 성격을 가졌다.

그러나 식민지 통치에서는 숫자 사용의 확대를 가져온 사회적 요구들을 제국주의의 물리적 폭력으로 질식시킬 수 있었다. 그러므로 숫자 사용에 필요한 사회적 준비와 조정 없이 따라서 관련된 제도적 장치와 인식의 형성을 결여한 채 전면적이고 체계적으로 실행되었다. 특히 근대 자본주의 국가에서의 숫자 사용이 생산의 제고, 효율적 분배, 재생산 기제의 안정적 유지, 사회적 위험 관리 등을 목적으로 했다면, 식민지에서의 그것은 무엇보다도 인민과 자원의 수탈과 통치의 효율을 겨냥했다. 그러므로 「식민지적 상상력에서 숫자Number in the colonial imagination」에서 아르준 아파두라이Arjun Appadurai가 강조하듯, "식민지의 상상력에서 숫자는 결정적 역할crucial role을 수행했다".

한국의 경우도 예외가 아니어서, 구미 나라들보다 뒤늦게 식민지 침탈에 가담한 일제는 1910년 조선을 침탈한 후 인구, 토지, 산업 등에 대한 여러 형태의 대규모 경제조사들과 사회조사들을 실시하고 기록하면서 수량화와 계수화를 광범하게 도입했다. 그것은 식민지 수탈과 동원을 위한 사람과 자원에 대한 정보 수집의 도구였을 뿐 아니라, 조선의 기존 사회질서를 식민지 통치에 적합한 수량화 가능하고 계산 가능한 것으로 굴절하고 재편하며 인민을 길들이고 정당화하는 장치였다. 식민지 통치는 조사 항목들을 통해 인민의 삶의 영역들을 변경하고 수량화와 계수화를 통해 그것들을 계산 가능하고 관리 가능한 것으로 주조했다. 게다가 일제는 이 과정을 행정기구와 헌병경찰을 동원해 폭력적·돌진적으로 강제함으로써 숫자 사용을 협상하고 조정할 수 있는 것이 아니라 순응하지 않으면 생존할 수 없는 사회적 변동으로 만들었다.

해방 이후, 한국 사회는 군부 쿠데타 세력이 주도한 압축적 경제성장 과정에서 숫자 사용의 형태와 내용을, 아마도 수탈과 동원의 목적의 순위는 바뀌었겠지만, 더욱 강화하고 확대했다. 권력자들과 (그들의 대리인이나 손발 노릇을 하는) 전문가들은 수량화를 식민통치의 도구로 사용하던 유산을 답습하여, 자신의 권력행사에 적합한 숫자 생산의 규칙을 선제적·일방적으로 제정하고 강제하면서 그렇게 생산한 숫자를 중립적이고 객관적인 것으로 압박했다. 그러므로 한국 사회에서 숫자는 민주적이고 합의적인 성격은 거의 획득하지 못한 채 권력의 재량과 자의를 정당화하는 무기의 성격이 훨씬 더 강했다. 계산 가능한 사회질서와 원격 통치는 확고하게 정착했고 숫자의 지배 정당화 효과는 '자연적인 것'으로 자리 잡았다. 특히 정당성이 취약한 정치권력은 숫자에 의존하는 '의심하는 신뢰'를 의도적으로 과도하게 활용했다. 숫자 사용은 이 책의 표현으로 '권력-재량'이 아니라 '권력+정당성'이었다. 군부 권위주의 체제의 붕괴 이후에도 숫자 사용의 이런 전통은 약화하지 않았으며, 오히려 다양하게 분출하는 사회적 요구들을 조정하려는 목적에서 숫자의 기계적 객관성과 몰주관성을 강조하며 숫자 사용을 확대함으로써 '숫자 숭배'를 촉진했다.

게다가 자본주의 시장질서의 전면적 확장과 침투는 사회적 삶의 모든 요소들을 계량 가능하고 계산 가능한 교환가치와 화폐 숫자로 환원하며 수량화를 니콜라스 로즈Nikolas Rose의 표현으로, "영혼의 기술들technologies of the soul"로 만들었다. 그리고 사회적 삶의 수량화는 객관성, 정밀성, 합리성, 책임성, 효율성 등을 결합하면서 사람들의 (무)의식 속에서 자연적인 것으로 자리 잡았다. 이제 숫자 없는 세계나 숫자 밖의 세계는 상상할 수 없을 만큼 숫자의 지배력은 보편적이고 공고한 것이 되었다.

그럼에도 한국 사회에서 '숫자'의 사회적 생산과 사용에 관한 학술적 관심은 거의 찾아볼 수 없었다. 이 책의 번역은 이런 학술 현실에 대한 하나의 도전이다. 이 책에서 저자인 포터는 숫자가 객관적인 용어로 사물을 표현하는 방식이며 수량적 전문지식의 확산이 '기계적 객관성' ─ 그것의 권위가 수량적 규칙의 준수에 기초한 지식 ─ 의 추구에서 기원하는 것임을 지적한다. 공공적 활동에서 전문성을 표상하고 몰주관성을 증거하는 숫자의 권위는 과학과 공학의 성장에 의존해 자리 잡았지만, 수량화의 공공적 역할은 과학적 및 기술적 발전으로 환원할 수 없는 사회적 및 정치적 발전을 반영한다. 즉, 숫자의 사용은 긍정적 효과와 부정적 효과를 동시에 동반하는 '양날의 검'이며, 따라서 사회의 다양한 세력들은 오랜 사회적 갈등과 협상의 과정을 거쳐 그것의 긍정적 효과를 활용하고 부정적 효과를 제어하면서 숫자와 수량화의 권위를 형성했다.

나는 이 책의 통찰이 숫자의 홍수 속에서 살고 있는 독자들에게 맹목적인 숫자 숭배에 대해 생각하는 기회가 될 것으로 기대한다. 특히 숫자의 기계적 객관성을 정당성의 기초로 삼고 있는 전문가들과 관료들이 숫자 의존에 대해 '성찰'하는 계기를 제공할 것으로 기대한다. 그래서 숫자의 유용성을 활용하면서도 그것이 동반하는 '얇은 사회'의 약점을 넘어설 수 있기를 희망한다.

주

2020년 신판의 서문

1   Richard Glover, *The Athenaid a Poem*, 2 vols.(Dublin: Printed for Messrs. Byme, M'Kenzie and Moore, 1788); vol.1, p.85 (Book 5, lines 258~262). 전자도서관 하티트러스트 HathiTrust를 검색해 찾은 "숫자를 믿는다 trust in numbers"라는 문구는 1831년에 처음 사용한 것으로 나타나지만, 이는 영국의 시인이자 정치가인 리처드 글러버Richard Glover (1712~1785)의 시집 초판에서 중요한 서한 하나를 누락한 결과다.

2   Maurice H. Harris, *The People of the Book*, 3 vols.(7th ed.)(New York: Published by the auther, 1897), vol.2, pp.201~204; Emma R. Norton, *The Crusaders: A Story of the Women's Temperance Movement of 1873-74* (New York: Peabody, Macey & Co., 1892), p.27; Edward W. Jones, *Business Administration: The Scientific Principles of a New Profession* (New York: Engineering Management Co., 1913), pp.1~2.

3   Paul Gross and Norman Levitt, *Higher Superstition: The Academic Left and Its Quarrels With Science* (Baltimore, Md.: Johns Hopkins University Press, 1994); Alan Sokal, "Experiments with Cultural Studies," *Lingua Franca*, 4 (May 1996).

4   이러한 논증 노선은 Steven Shapin and Simon Schaffer, *Leviathan and the Air-Pump* (Princeton, N.J.: Princeton University Press, 1985), p.1에서 가장 기억할 만하게 정리하고 있다.

5   Paul Forman, "Book Reviews," *Science*, 269 (August 4, 1995), pp.706~710, p.709에 있음. Theodore M. Porter, "Objectivity as Standardization: The Rhetoric of Impersonality in Measurement, Statistice and Cost-Benefit Analysis," in Allan Megill (ed.) *Rethinking Objectivity* (Durham, N.C.: Duke University Press, 1994), pp.197~237; Rob Hagendijk, "An Agenda for STS: Porter in Trust and Qunatification in Science, Poltics and Society," *Social Studies of Science*, 29(1999), pp.629~637은 『숫자를 믿는다』에 대한 논평들에 대한 뛰어난 논평이다.

6   Charles Coulston Gillispie, *The Edge of Objectivity* (Princeton, N.J.: Princeton University Press, 1980), p.201.

7   Gerd Gigerenzer et al.(eds.), *The Empire of Chance* (Cambridge: Cambridge University Press, 1989). 원래의 논문집은 Lorenz Krüger, Gerd Gigerenzer and Mary Morgan

(eds.), *The Probabilistic Revolution*, 2 vols.(Cambridge, Mass.: MIT Press, 1987).

8 수량화와 사회과학에 관해서는 Porter and Dorothy Ross (eds.), *The Cambridge History of Science, vol. 7: Modern Social Sciences* (Cambridge: Cambridge University Press, 1989)에 수록한 내 논문과 다른 필자의 논문들; Porter, "The Social Sciences," David Cahan (ed.), *From Natural Philosophy to Sciences: Writing the History of Nineteenth-Century Science* (Chicago: University of Chicago Press, 2003), pp.254~290; Theodore M. Porter, *The Rise of Statistical Thinking, 1820-1900* (Princeton, N.J.: Princeton University Press, 1986)을 볼 것. 곡물 도량 관행에 관해서는 Witold Kula, *Measures and Men*, translated by Richard Szreter (Princeton, N.J.: Princeton University Press, 1986)을 볼 것. 미터법의 기원에 관해서는 Ken Alder, "A Revolution to Measure: The Political Economy of the Metric System in France," in M. Norton Wise (ed.), *The Value of Precision* (Princeton: Princeton University Press, 1995)를 볼 것.

9 Alain Desrosières, "How to Make Things Which Hold Together: Social Science, Statistics and the State," in Peter Wagner, Björn Wittrock and Richard Whitley (eds.), *Discourses on Society, Sociology of the Sciences Yearbook*, vol.15(1990), pp.195~218.

10 등위평가에 관해서는 특히 Wendy Nelson Espeland and Michael Sauder, *Engines of Anxiety: Academic Rankings, Reputation, and Accountability* (New York: Russell Sage, 2016)을 볼 것.

11 Porter, "Thin Description: Surface and Depth in Science and Science Studies," *Osiris*, 27(2012), pp.209~225; Richaard Rottenburg et al.(eds.), *The World of Indicators: The Making of Governmental Knowledge through Quantification* (Cambridge: Cambridge University Press, 2015).

서문

1 Joan Richards, *Mathematical Visions* (Boston: Academic Press, 1988).

서론: 객관성의 문화

* Douglas R. Hofstadter, *Gödel, Escher, Bach*, pp.43~45 (New York: Vintage Books, 1980)에서 발췌.

1 객관성의 의미에 관해서는 앨런 메길의 "서론: 객관성의 네 가지 의미 Introduction: Four senses of objectivity"; 로레인 대스턴Lorraine Daston과 피터 갈리슨Peter Galison의 "객관성의 이미

지The Image of objectivity"; 로레인 대스턴의 "객관성과 관점으로부터의 탈출Objectivity and the escape from perspective"; 피터 디어Peter Dear의 "진리에서 사심 없음까지From truth to disinterestedness" 등을 볼 것. 객관성과 그것의 대안에 대한 철학적 고찰을 위해서는 리처드 로티Richard Rorty의 『객관성, 상대주의, 진리Objectivity, Relativism, and Truth』를 볼 것.

2 Kent Greenawalt, *Law and Objectivity* (New York: Oxford University Press).

3 Theodore M. Porter, "Objectivity and Authority," *Poetics Today*, 12(1991). 물론 컴퓨터 프로그램의 사용조차도 선택을 필요로 하며, 그 선택의 어느 것도 명확하게 정확한 것일 수는 없을 것이다. 그리고 훌륭한 사회연구자는 일반적으로 그들의 원 자료를 편집해야 한다.

4 Thomas Haskell, *Emergence of Professional Social Science* (Urbana: University of Illinois Press, 1977).

5 Salem Church, "Economists as Experts," in Lawrence Stone (ed.), *The University in Society* (Princeton, N.J.: Princeton University Press); Hervé Dumez, *L'economiste, la science et le pouvoir* (Paris: Presses Universitaires de France), chaps. pp.3~4. 또한 Gigerenzer et al., *The Empire of Chance*도 볼 것

6 Michael Polanyi, *Personal Knowledge* (Chicago: University of Chicago Press, 1958). 폴라니는 이런 '암묵적 차원tacit dimension'이 과학자들을 더 인간적인 것으로 만들고 과학을 덜 기계적인 활동으로 제시하기 때문에 이것을 이상화하는 경향이 있었다. 그러나 스티브 풀러Steve Fuller가 "사회적 인식론Social Epistemology"에서 지적하듯, 이것은 과학을 완전히 내부자들의 통제 아래 놓는 결정적으로 비민주적인 결과를 낳는다.

7 우리는 쉽게 동유럽의 옛 공산주의 국가들을 떠올릴 수 있다. 그러나 그 나라들은 정치적 민주주의와는 중요한 차이를 가졌다. 그것에 관해서는 이 책에서 다루지 않는다.

8 Nathan Keyfitz, "The Social and Political Context of Population Forecasting," in Alonso and Starr. *Politics of Numbers*.

제1장 만들어진 세계

* Pnina Abir-Am, "Politics of Macromolecules," *Osiris*, 7, p.237에서 발췌.

1 Ian Hacking, "The Self-Vindication of the Laboratory Sciences," in Pickering, *Science as Practice*.('간결함은 기지의 영혼이다Brevity is the soul of wit'는 셰익스피어의 『햄릿』에 나오는 폴로니어스Polonius의 말이다).

2 그것의 역사에 관해서는 John C. Burnham, "The Evolution of Editorial Peer Review," *Journal of the American Medical Association*, 263. 그리고 Elizabeth Knoll, "The Communities of Scientists and Journal Peer Review," *Journal of the American Medical Asso-*

398

ciation, 263을 볼 것.

3   Andrew Pickering의 *Science as Practice and Culture* (Chicago: University of Chicago Press, 1992)은 과학학 연구에서 이론들로부터 실천들로의 관심의 전환의 상징이다.

4   Polanyi, *Personal Knowledge*, p.207.

5   Harry Collins, *Changing Order* (Los Angeles: Russell Sage Foundation, 1985).

6   John Heilbron and Robert Seidel, *Lawrence and his Laboratory* (Berkeley: University of California Press, 1989), p.318에서 재인용.

7   Polanyi, *Personal Knowledge*, p.55.

8   Ibid., p.31; Harry Collins, *Artificial Experts* (Cambridge, Mass.: MIT Press, 1990).

9   Amos Funkenstein, *Theology and the Scientific Imagination from the Middle Ages to the Seventeenth Century* (Princeton, N.J.: Princeton University Press, 1986), p.28은 "명확함unequivocation"이 고대 이래 서구의 과학 및 법의 지속적인 가치들 가운데 중 하나였다고 지적한다.

10   Owen Hannaway, "Laboratory Design and the Aim of Science," *Isis*, 77.

11   Lorraine Daston, "The Cold Facts of Light and the Facts of Cold Light," conference paper at UCLA workshop, February 1990, Lorraine Daston and Katherine Park, *Wonders of Nature* (Cambridge, Mass.: Harvard University Press, forthcoming)에 수록 예정.

12   Simon Schaffer, "*Glass Works*," in Gooding. et al., *Uses of Experiment*.

13   Shapin and Schaffer, *Leviathan and the Air-Pump*.

14   Simon Schaffer, "Late Victorian Metrology and Its Instrumentation," in Robert Bud and Susan E. Cozzens (eds.). *Invisible Connections: Instruments, Institutions, and Science* (Bellingham, Wash.: SPIE Optical Engineering Press).

15   Shapin and Schaffer, *Leviathan and the Air-Pump*.

16   Ian Hacking, *Representing and Intervening* (Cambridge, U.K.: Cambridge University Press, 1983); Hacking, "The Self-Vindication of the Laboratory Sciences."

17   Bruno Latour, *Science in Action* (Cambridge, Mass.: Harvard University Press, 1987); Bruno Latour, *The Pasteurization of France* (Cambridge, Mass.: Harvard University Press, 1988); Elie Zahar, "Einstein, Meyerson, and the Role of Mathematics in Physical Discovery," *British Journal for the Philosophy of Science*, 31(1980), p.7에서 재인용.

18   Liam Hudson, *The Cult of the Fact* (London: Jonathan Cape Ltd., 1972), pp.55~56; Charles Gillispie, "Social Selection as a Factor in the Progressiveness of Science," *American Scientist*, 56(1968). 젠더에 관해서는 이제 상당히 많은 문헌들이 있다. Evelyn Fox Keller, *Reflections on Gender and Science* (New Haven, Conn.: Yale University Press, 1985)은 고전적인 연구다.

19   Theodore S. Feldman, "Late Enlightenment Meteorology," in Frängsmyr. et al. *Quan-*

tifying Spirit (1990); John L. Heilbron, *Electricity in the 17th and 18th Centuries* (Berkeley: University of California Press, 1979).

20 Gillispie, *The Edge of Objectivity*, chap.5; Mary Terrall, "Maupertuis and Eighteenth-Century Scientific Culture," Ph.D. dissertation, University of California, Los Angeles (1987); Christa Jungnickel and Russell McCormmach, *Intellectual Mastery of Nature* (Chicago: University of Chicago Press, 1986), vol.1, p.56.

21 Charles Gillispie, *Science and Polity in France at the End of the Old Regime* (Princeton, N.J.: Princeton University Press, 1980), p.65. 콩디약에 관해서는 Robin Rider, "Measures of Ideas, Rule of Language," in Frängsmyr. et al., *Quantifying Spirit* 를 그리고 더 일반적으로는 Michel Foucault, *The Order of Things* (New York: Vintage, 1973)을 볼 것.

22 Lisa Roberts, "A Word and the World," *Isis*, 82(1991); John L. Heilbron, "Introductory Essay," in Frangsmyr et al., *Quantifying Spirit.*

23 Max Horkheimer and Theodor Adorno, *Dialektik der Aufklarung* (Frankfurt: S. Fischer Verlag, 1948), p.11.

24 Nancy Cartwright, *Nature's Capacities and Their Measurement* (Oxford: Clarendon Press, 1989).

25 John L. Heilbron, "Fin-de-siècle Physics," in Carl-Gustav Bernhard, Elisabeth Crawford and Per Serbom (eds.). *Science, Technology, and Society in the Time of Alfred Nobel* (Oxford: Pergamon Press).

26 Mario Biagioli, "The Social Status of Italian Mathematicians, 1450~600," *History of Science*, 27(1989).

27 Philip Pauly, *Controlling Life* (New York: Oxford University Press, 1987).

28 Theodore M. Porter, "The Death of the Object," in Ross, *Modernist Impulses* (1994); Michael Heidelberger, *Die Innere Seite der Natur* (Frankfurt am Main: Vittorio Klostermann, 1993).

29 Karl Pearson, *The Grammar of Science* (New York: Meridian, reprint of 3d [1911] ed), p.12, p.77. 방법 이야기를 사용해 과학의 영역을 확장하는 피어슨의 견해에 관해서는 Richard Yeo, "Scientific Method and the Rhetoric of Science in Britain, 1830-1917," Schuster and Yeo. *Politics and Rhetoric* (1986)를 볼 것.

30 Pearson, The *Grammar of Science*, pp.203~204, p.353, p.260.

31 더 자세한 논의는 Porter, "The Death of the Object"를 볼 것.

32 Hildegard Binder Johnson, *Order upon the Land* (New York: Oxford University Press, 1976).

33 Otis Dudley Duncan, *Notes on Social Measurement* (New York: Russell Sage Foundation, 1984), 36.

34 여기서 이야기하는 계절적 순환은 뉴잉글랜드 인디언들의 경험에 기초한 것이다. William Cronon, *Changes in the Land* (New York: Hill and Wang, 1983), chap.3; Carolyn Merchant, *Ecological Revolutions* (Chapel Hill: University of North Carolina Press, 1989)을 볼 것.

35 David Landes, *Revolution in Time* (Cambridge, Mass.: Harvard University Press, 1983), chap.3.

36 E. P. Thompson, "Time, Work Discipline, and Industrial Capitalism," *Past and Present*, 38 (December 1967); Michael O'Malley, *Keeping Watch* (New York: Viking, 1990).

37 근본적으로 이질적인 수량화 문화들의 지속에 관해서는 Jean Lave, "The Values of Quantification," in Law, *Power* (1986)을 볼 것.

38 *Kula, Measures and Men*, p.39.

39 ibid., p.22

40 쌀 한 되 가격이 1000원일 때 다섯 되 가격은 얼마인가와 같이 세 항목에 대한 정보에 기초해 네 번째 항목에 관한 정보를 산정하는 방법을 가리킨다. ―옮긴이

41 John L. Heilbron, "The Measure of Enlightenment," in Frängsmyr. et al. *Quantifying Spirit*; Ivo Schneider, "Maß und Messen," in Harald Witthöft et al.(eds). *Die historische Metrologie in den Wissenschaften*(St. Katharinen, Switz.: Scripta Mercaturae Verlag, 1986); idem, "Forms of Professional Activity in Mathematics before the Nineteenth Century," in Herbert Mehrtens, H. Bos and I. Schneider (eds.). *Social History of Nineteenth-Century Mathematics* (Boston: Birkhauser, 1981). 다양한 비십진법nondecimal 척도들의 시대에 계산기술자가 되는 것의 어려움에 관해서는 Patricia Cline Cohen, *A Calculating People* (Chicago: University of Chicago Press, 1982)을 볼 것.

42 John L. Heilbron, *The Dilemmas of an Upright Man* (Berkeley: University of California Press, 1986), pp.53~54; Philip Mirowski, "Looking for Those Natural Numbers," *Science in Context*, 5(1992).

43 Kula, *Measures and Men*; Heilbron, "The Measure of Enlightenment"; Alder, "A Revolution to Measure."

44 Crosbie Smith and M. Norton Wise, *Industry and Empire* (Cambridge, U.K.: Cambridge University Press, 1989), chap.20; Schaffer, "Late Victorian Metrology and Its Instrumentation."

45 David Cahan, *An Institute for an Empir* (Cambridge, U.K.: Cambridge University Press, 1989).

46 Peter Lundgreen, "Measures for Objectivity in the Public Interest," part 2 of his *Standardization―Testing―Regulation, Report Wissenschaftsforschung*, 29 (Bielefeld, Germany: Kleine Verlagp, 1986), p.94, p.45.

47 Robert Marc Friedman, *Appropriating the Weather* (Ithaca, N.Y.: Cornell University

Press, 1989), pp.62~66; Bruno Latour, *We Have Never Been Modern* (Cambridge, Mass.: Harvard University Press, 1993), p.113.

48 J. S. Hunter, "The National System of Scientific Measurement," *Science*, 210(1980), p.869.

49 Jonathan Liebenau, *Medical Science and Medical Industry* (London: Macmillan, 1987), pp.6~8, p.21, p.41.

50 Robert A. Hatcher and J. G. Brody, "The Biological Standardization of Drugs," *American Journal of Pharmacy*, 82(1910), p.361, p.369, p.370.

51 J. H. Burn, "Errors of Biological Assay," *Physiological Review*, 10(1930), p.146; 식물성 강심제에 관해서는 Peter Stechl, "Biological Standardization of Drugs before 1928," Ph.D. dissertation, University of Wisconsin (1969), pp.132~149를 볼 것. 방법들은 또한 지속시간 1시간, 4시간, 12시간에 의해 세분되었다.

52 Stechl, "Biological Standardization of Drugs before 1928," chap.9.

53 A. A. Miles, "Biological Standards and the Measurement of Therapeutic Activity," *British Medical Bulletin*, 7(1951), no. 4

54 League of Nations, Health Organisation, *The Biological Standardisation of Insulin* (Geneva: League of Nations, April 1926); Henry H. Dale, "Introduction," pp.5~8에서 재인용.

55 Miles, "Biological Standards and the Measurement of Therapeutic Activity," p.289, p.287.

56 Burn, D. J. Finney and L. G. Goodwin, *Biological Standardization* (1937; Oxford: Oxford University Press, 2d ed., 1950), p.5.

제2장 사회적 숫자들은 어떻게 타당한 것이 되는가

*   Jules Dupuit, "De la mesure de l'utilité des travaux publics," *Annales des Ponts et Chaussées* [2], 8(1844), p.375에서 발췌. 이 장은 나의 글 "Objectivity as Standardization"을 수정한 것이다.

1 인구조사에 관해서는 William Alonso and Paul Starr, *Politics of Numbers* (New York: Russell Sage Foundation, 1987); Margo Anderson, *The American Census* (New Haven, Conn.: Yale University Press, 1989)를 볼 것.

2 Jean M. Converse, *Survey Research in the United States* (Berkeley: University of California Press, 1987), p.138, p.194, pp.267~304; Donald Fleming, "Attitude: The History of a Concept," *Perspectives in American History*, 1(1967); Porter, "Objectivity as Standardization." 일부 문장은 여기서 인용했다.

3 앞의 문장은 1903년 판 '국제질병명명법the international nomenclature of disease'에서 인용한

것이고, 뒤의 문장은 Constance Perry and Alice Dolman의 논문에서 인용한 것이다. 둘은 각각 Anne Fagot-Largeault의 *Les Causes de la mort* (Paris: Vrin, 1989), p.204, p.229에 수록되어 있다.

4 Bernard Bru, "Estimations laplaciennes," in Jacques Mairesse (ed.), *Estimations et sondages* (Paris: Economica, 1988)

5 Marie-Noelle Bourguet, *Déchiffrer la France* (Pairs: Edition des Archives Contemporaines, 1988), p.216; 또한 Eric Brian, *Mesure de l'etat* (Paris: Albin Michel, 1994), part 2.도 볼 것.

6 Honoré de Balzac, *Le curé de village* (1st ed., 1841; Paris: Société d'Editions Littéraires et Artistiques, 1901), chap.12, p.131.

7 Porter, *The Rise of Statistical Thinking, 1820-1900*, chap.2; Hacking, "Statistical Language, Statistical Truth, and Statistical Reason," in Ernan McMullin (ed.), *The Social Dimensions of Science* (Notre Dame: University of Notre Dame Press, 1992).

8 Gertrude Himmelfarb, *Poverty and Compassion* (New York: Alfred A. Knopf, 1991), p.41.

9 Ian Hacking, *Taming of Chance* (Cambridge, U.K.: Cambridge University Press, 1990), p.47; H. Tompkins, "Remarks upon the present state of Information relating to the Laws of Sickness and Mortality," *Assurance Magazine*, 3(1852-53); H. Tompkins, "Editorial Note," *Assurance Magazine*, 3(1852-53), pp.15~17, p.15.

10 *Report from the Select Committee on the Friendly Society Bill*, Parliamentary Papers, 1849, XIV, 1, testimony by William Sanders, pp.43~56, p.46. 상해 통계는 또한 조정의 형식에 따라 다양했다. P. W. J. Bartrip and P. T. Fenn, "The Measurement of Safety," *Historical Research*, 63(1990)를 볼 것.

11 Clive Trebilcock, *Phoenix Assurance and the Development of British Insurance* (Cambridge, U.K.: Cambridge University Press, 1985), p.605.

12 Charles Dickens, *Martin Chuzzlewit* (New York: Penguin, 1968), chap.27, pp.509~510. 또한 그는 납입 자본은 없다는 것, 그 회사는 광고에 거짓 숫자들을 표시했다는 것, 그리고 그 회사의 보험료가 너무 낮다는 사실도 그의 독자들에게 알렸다. 기업의 수상함은 그 임원들의 성격을 통해 가장 분명하게 드러났다.

13 Charles Babbage, *A Comparative View of the Various Institutions for the Assurance of Lives* (1826; reprinted New York: Augustus M. Kelley, 1967), p.125.

14 Trebilcock, *Phoenix Assurance and the Development of British Insurance*, pp.211~212, p.419, p.552.

15 Ibid., pp.607~608.

16 Barry Supple, *Royal Exchange Assurance* (Cambridge, U.K.: Cambridge University Press, 1970), pp.176~177, p.99.

17 *Report of the Select Committee on Joint Stock Companies, together with the Minutes of Evidence*, British Parliamentary Papers, House of Commons, 1844, VII, pp.147~148.

18 Stephen H. Ward, "Treatise on the Medical Estimate of Life for Life Assurance," *Assurance Magazine*, 8(1858-60), p.252, p.338, p.336; *American Life Assurance Magazine* 에서 재수록. 이 절은 Porter, "Precision and Trust," in Wise, *Values of Precision* (1995)를 일부 수정한 것이다.

19 Alain Desrosières and Laurent Thévenot, *Les catégories socioprofessionelles* (Paris: Editions La Decouverte, 1988), p.39.

20 William Peterson, "Politics and the Measurement of Ethnicity," in Alonso and Starr. *Politics of Numbers* (1987).

21 Desrosières, "How to Make Things Which Hold Together"; Alain Desrosières, "Les specificités de la statistique publique en France," *Courier des Statistiques*, no. 49(1989); 또한 Desrosières and Thévenot, *Les catégories socioprofessionelles* ; Luc Boltanski, *Les cadres* (Paris: Editions de Minuit, 1982).

22 Laurent Thévenot, "La politique des statistiques," *Annales: Economies, sociétés, civilisations*, no.6(1990).

23 Benedict Anderson, *Imagined Communities* (New York: Verso, 1991); Jacques Revel, "Knowledge of the Territory"; Silvana Patriarca, *Numbers and the Nation* (Cambridge, U.K.: Cambridge University Press, forthcoming).

24 Alexander Zinoviev, *Homo Sovieticus* (Boston: Atlantic Monthly Press, 1985), p.96.

25 Theodor W. Adorno, "Scientific Experiences of a European Scholar in America," in Donald Fleming and Bernard Bailyn (eds.), *The Intellectual Migration: Europe and America, 1930-1960* (Cambridge, Mass.: Harvard University Press), p.347, p.366.

26 Peter Miller and Ted O'Leary, "Accounting and the Construction of the Governable Person," *Accounting, Organizations, and Society*, 12(1987), p.253에서 재인용; Alfred, Jr. Chandler, *Strategy and Structure* (Cambridge, Mass.: MIT Press, 1962); H. Thomas Johnson, "Management Accounting in an Early Multidivisional Organization," *Business History Review*, 52(1978).

27 Anthony Hopwood, *An Accounting System and Managerial Behaviour* (Lexington, Mass.: Lexington Books, 1973), pp.2~3.

28 Richard Brown of the National Wildlife Federation, Catherine Caufield, "The Pacific Forest," p.68에서 재인용; 또한 Samuel P. Hays, "The Politics of Environmental Administration," in Galambos, *New American State* (1987) p.48.

29 Miller and O'Leary, "Accounting and the Construction of the Governable Person,"; Peter Miller and Nikolas Rose, "Governing Economic Life," *Economy and Society*, 19

(1991); Nikolas Rose, *Governing the Soul* (London: Routledge, 1990). 다중심 기업에서의 회계를 다룬 고전적인 저작으로는 Donaldson Brown, *Centralized Control with Decentralized Responsibilities* (New York: American Management Association, 1927); Alfred P., Jr. Sloan, *My Years with General Motors* (Garden City, N.Y.: Doubleday, 1964)를 들 수 있다.

30   William Sewell, *Work and Revolution in France* (New York: Cambridge University Press, 1980).

31   예를 들어 19세기 초 영국은행the Bank of England은 특정인의 지분을 밝히라는 의회의 요구를 받고 속임수의 전략으로 "이동평균moving averages" 개념을 만들어냈다. Judy Klein, *Time and the Science of Means* (Cambridge, U.K.: Cambridge University Press, forthcoming)을 볼 것.

32   18세기의 정보에 관해서는 Richard D. Brown, *Knowledge Is Power* (New York: Oxford University Press, 1989)를 볼 것. 식민지 미국에 대한 브라운의 관찰에서 너무 광범하게 일반화하는 것은 성급할 것이지만, 이것의 많은 부분이 유럽에도 해당된다.

33   Robert R. Palmer, *Age of the Democratic Revolution* (Princeton, N.J.: Princeton University Press, 1959-1964); Jurgen Habermas, *Structural Transformation of the Public Sphere* (1962; Cambridge, Mass.: MIT Press, 1989).

34   William Cronon, *Nature's Metropolis* (New York: Norton, 1991), chap.3. 또한 나의 글 "Information, Power, and the View from Nowhere"도 볼 것.

제3장 경제적 측정과 과학의 가치

*   Karl Popper, *The Open Society and Its Enemies* (London: Routledge and Kegan Paul, 1962), p.22에서 발췌. 이 장은 나의 글 "Rigor and Practicality"에 기초한 것이다.

1   Theodore S. Feldman, "Applied Mathematics and the Quantification of Experimental Physics," *Historical Studies in the Physical Sciences*, 15(1985).

2   Mary Terrall, "Representing the Earth's Shape," *Isis*, 83(1992); John Greenberg, "Mathematical Physics in Eighteenth-Century France," *Isis*, 77(1986).

3   Latour, *Science in Action*; Alain Desrosières, *La Politique des grands nombres* (Paris: Editions La Decouverte, 1993).

4   A. Legoyt, remarks, p.284를 볼 것. 보험에 관해서는 Henry Duhamel, "De la necessité d'une statistique des accidents," *Journal de la Sociéte de Statistique de Paris*, 29(1888)을 볼 것.

5   Samuel Hollander, "William Whewell and John Stuart Mill on the Methodology of

Political Economy," *Studies in the History and Philosophy of Science*, 14(1983).

6   William Whewell이 Jones에게 1831년 7월 23일에 보낸 서한 Todhunter, Whewell, vol. 2, p.353, p.94에서 재인용. Whewell의 부정적인 견해는 Jones에게 보낸 1829년의 두 서한에서도 분명히 나타난다. James P. Henderson, "Induction, Deduction and the Role of Mathematics," *Research in the History of Economic Thought and Methodology*, 7(1990), p.16에서 재인용.

7   Whewell의 Jones에 대한 논평, Essay, p.61.

8   Whewell, "Mathematical Exposition of some of the leading Doctrines in Mr. Ricardo's 'Principles of Political Economy and Taxation," reprinted in Whewell, *Mathematical Exposition of Some Doctrines of Political Economy* (New York: Augustus M. Kelley, 1831/ 1971), p.2, p.32.

9   M. Norton Wise, "Exchange Value."

10 Fleeming Jenkin, "Trade Unions," p.9, p.15.

11 Fleeming Jenkin, "The Graphic Representation of the Laws of Supply and Demand," *Papers*, vol.2(1870), p.93, p.87.

12 Fleeming Jenkin, "On the Principles which Regulate the Incidence of Taxes," *Papers*, vol.2(1871-1872).

13 Charles Babbage, *On the Economy of Machinery and Manufactures*(London: Charles Knight, 1833).

14 Wilhelm Lexis, "Zur mathematisch-ökonomischen Literatur," *Jahrbücher für Nationalö konomie und Statistik*, N.F. 3(1881), p.427.

15 M. Norton, Wise, "Work and Waste," *History of Science* (1989; 1990).

16 Ibid., p.417.

17 M. Norton Wise and Crosbie Smith, "The Practical Imperative," in Robert Kargon and Peter Achinstein (eds.). *Kelvin's Baltimore Lectures and Modern Theoretical Physics*. Cambridge (Mass.: MIT Press, 1987), p.245에서 재인용(1855).

18 Wise, "Work and Waste," p.224에서 재인용.

19 Antoine Lavoisier, *De la richesse territoriale de France* (Paris: Editions du C.T.H.S., 1988)의 Jean-Claude Perrot(ed.)의 introduction과 본문을 볼 것.

20 Fox, "Introduction" to Carnot, Reflections.

21 Ivor Grattan-Guinness, "Work for the Workers," *Annals of Science*, 41(1984); Ivor Grattan-Guinness, *Convolutions in French Mathematics* (Basel, Switzerland: Birkhauser, 1990), chap.16. 인간의 노동력과 기계의 노동력에 대한 비교 측정은 18세기 초에 특히 프랑스에서 시작되었다. Svante Lindqvist, "Labs in the Woods," in Frängsmyr. et al., *Quantifying Spirit* 을 볼 것.

22 François, Divisia, *Exposes d'economique* (Paris: Dunod, 1951), x에서 재인용.

23 Antoine Picon, *L'invention de l'ingénieur moderne* (Paris: Presses de l'Ecole Nationale des Ponts et Chaussées, 1992), p.396, pp.452~453.

24 Ambroise Fourcy, *Histoire de l'Ecole Polytechnique* (1837; Paris: Belin, 1987), p.350에서 재인용

25 라플라스의 개혁에 관해서는 제6장을 볼 것. Crepel의 *Arago* 는 학생들의 노트를 자료로 그 과정을 재구성하고 있다. 또한 Emmanuel Grison, "François Arago et l'Ecole Polytechnique"도 볼 것.

26 Picon, *L'invention de l'ingénieur moderne*, e.g., p.346; Cecil O., Jr. Smith, "The Longest Run," *American Historical Review*, 95(1990).

27 C. L. M. H. Navier, "Note sur la comparaison des avantages respectifs de diverses lignes de chemins de fer," *Annales des Ponts et Chaussées*, 9(1835)를 볼 것.

28 Michel Chevalier, *Travaux publics de la France* (1838)에 대한 Leon의 논평을 볼 것.

29 예컨대, G. Coriolis, "Premiers résultats de quelques expériences relatives à la durée comparative de différentes natures de grés," *Annales des Ponts et Chaussées*, 7(1834); Reynaud, "Tracé des routes et des chemins de fer," *Annales des Ponts et Chaussées* [2], 2(1841)을 볼 것. 그러나 Reynaud는 경사도와 작업의 비용을 연결하는 공식은 믿고 의지하기에는 너무 불완전하다고, 그리고 수량화의 비공식적인 기법들이 최선이라고 결론 내렸다.

30 Jules Dupuit, *Titres scientifiques de M. J. Dupuit* (Paris: Mallet-Bachelier, 1857), pp.3~10 (Bibliotheque Nationale, Paris에 게재); 또한 Tarbé de Saint-Hardouin, *Quelques mots sur M. Dupuit* 와 Dupuit 문서(Dossier) 10, 편지(Correspondance), II(목록 없음)도 볼 것. 둘 모두 Bibliotheque de l'Ecole Nationale des Ponts et Chaussées(BENPC), Paris에 수록되어 있다.

31 Jules Dupuit, "Sur les frais d'entretien des routes," *Annales des Ponts et Chaussées* [2], 3(1842), p.74. 뒤피에 대해서는 가르니에가 "Sur les frais d'entretien des routes"에서 비판했다. 뒤피의 수량적 처리는 독창적인 것이지만, 체계적인 유지보수에 대한 그의 주장이 독창적인 것은 아니다. François Etner, *Histoire du calcul économique en France* (Paris: Economica, 1987), chap.2를 볼 것.

32 Ad. Jullien, "Du prix des transports sur les chemins de fer," *Annales des Ponts et Chaussées* [2], 8(1844); Georges Ribeill, *La Revolution ferroviaire* (Paris: Belin, 1993), pp.87~101.

33 Alphonse Belpaire, *Traité des dépenses d'exploitation aux chemins de fer* (Brussels: J. F. Buschmann, 1847), p.26.

34 Ibid., pp.577~578.

35   C. L. M. H. Navier, "De l'exécution des travaux, et particulièrement des concessions," *Annales des Ponts et Chaussées*, 3(1832); Etner, *Histoire du calcul économique en France* 와 Robert B. Ekelund and Robert F. Hébert, "French Engineers, Welfare Economics, and Public Finance in the Nineteenth Century," *History of Political Economy*, 10(1978)도 볼 것.

36   Eda Kranakis, "Social Determinants of Engineering Practice," *Social Studies of Science*, 19(1989), p.32. 한참 뒤인 1887년에 베론 뒤베르제Veron Duverger(1722~1800)는 국가 공학자들을 "억압적 규제를 향한 뚜렷한 경향 그리고 상업적 및 산업적 기업의 정신에 절대적으로 반대하는 수학의 독재를 보여주는 이론가들"이라고 특징지었다. Sanford Elwitt, *The Making of the Third Republic* (Baton Rouge: Louisiana State University Press, 1975), p.150에서 재인용.

37   Eda Kranakis, "The Affair of the Invalides Bridge," *Jaarboek voor de Geschiedenis van Bedrijf in Techniek*, 4(1987); Picon, *L'Invention de l'ingénieur moderne*, pp.371~384. 대체 교량을 세운 것은 1822년의 나비에 횡포의 희생자였던 마르 세귄Marc Seguin(1786~1875)이었다. 세귄 가문과 교량 건설에 관해서는 Charles Gillispie, *The Montgolfier Brothers and the Invention of Aviation* (Princeton, N.J.: Princeton University Press, 1983), pp.154~177을 볼 것.

38   Jules Dupuit, "De l'influence des péages sur l'utilité des voies de communication," *Annales des Ponts et Chaussées* [2], 17(1849), p.213.

39   Dupuit, *Titres scientifiques de M. J. Dupuit*, p.31; Jules Dupuit, *La liberté commerciale* (Paris: Guillaumin, 1861), p.230; Dupuit, "De la mesure de l'utilité des travaux publics."

40   Louis Bordas, "De la mesure de l'utilite des travaux publics," *Annales des Ponts et Chaussées* [2], 13(1847), p.257, p.279.

41   Dupuit, "De l'influence des péages sur l'utilité des voies de communication," p.375; Dupuit, "De la mesure de l'utilité des travaux publics," p.342, p.372; Jules Dupuit, "De l'utilité et de sa mesure" (Turin: La Riforma Sociale, 1933) in *De l'utilite*, p.191.

42   Sanford Elwitt, *The Third Republic Defended* (Baton Rouge: Louisiana State University Press, 1986), p.51; Emile Cheysson, p.67에서 재인용.

43   에너지주의적 경제학energeticist economics이라는 1870년대 무렵부터 시작된, 상대적으로 눈에 띄지 않는 전통이 지속되어왔다. 대부분의 경우 그것은 고전 주류경제학에 대해 고의적으로 파괴적이었다. Juan Martinez-Alier, *Ecological Economics* (New York: Basil Blackwell, 1987) 을 볼 것.

44   Emile Cheysson, "Le cadre, l'objet et la méthode de l'économie politique," in Cheysson, *Oeuvres*, vol.2(1882), p.48

45   Emile Cheysson, "La statistique géométrique," in Cheysson, *Oeuvres*, vol.1(1887). 프랑

스 공학에서 그래프 방법에 관해서는 Léon Lalanne, "Sur les tables graphiques et sur la géometrie anamorphique appliquée à diverses questions qui se rattachent à l'art de l'ingénieur," *Annales des Ponts et Chaussées* [2], 11(1846)을 볼 것.

46 Divisia, *Exposés d'économique*, p.101.

47 Philip Mirowski, *More Heat than Light* (New York: Cambridge University Press, 1989). 더 우호적인 견해로는 Margaret Schabas, *A World Ruled by Number* (Princeton, N.J.: Princeton University Press, 1989)를 볼 것.

48 Etner, *Histoire du calcul économique en France*, p.199, pp.238~239.

49 Claude Menard, *La formation d'une rationalité économique: A. A. Cournot* (Paris: Flammarion, 1978), p.12에서 재인용; Dumez, *L'économiste, la science et le pouvoir: Le cas Walras*.; Bruna Ingrao and Giorgio Israel, *The Invisible Hand* (Cambridge, Mass.: MIT Press, 1987).

50 L. P. Williams, "Science, Education, and Napoleon I," *Isis*, 47(1956), p.378.

51 Terry Shinn, *Savoir scientifique et pouvoir social* (Paris: Presses de la Fondation Nationale des Sciences Politiques, 1980). 과학 제국 건설가로서 라플라스에 관해서는 Robert Fox, "The Rise and Fall of Laplacian Physics," *Historical Studies in the Physical Sciences*, 4(1974)을 볼 것.

52 Jean Dhombres, "L'Ecole Polytechnique et ses historiens," in Fourcy, *Histoire* (1987 [1837]), pp.30~39.

53 Craig Zwerling, "The Emergence of the Ecole Normale Supérieure as a Centre of Scientific Education in the Nineteenth Century," in Fox and Weisz. *Organization* (1980)에 따르면 1840년 무렵 에콜 노르말Ecole Normale은 연구과학의 교육에서 에콜 폴리테크니크Ecole Polytechnique를 앞섰다.

54 Menard, *La formation d'une rationalité économique: A. A. Cournot*, pp.63~64.

55 Ibid., p.44, pp.93~110, p.139, p.200.

56 Ibid., p.5, p.15.

57 A. A. Cournot, *Recherches sur les principes mathématiques de la théorie des richesses* (Paris: Hachette, 1838), pp.22~25.

58 쿠르노는 기계들의 '일'에 관해서도 글을 썼다. Claude Menard, "La machine et le coeur," in André Lichnérowicz(ed.). *Analogie et connaissance* (Paris: Librairie Maloine, 1981) p.142를 볼 것.

59 쿠르노에게 보낸 발라스의 1874년 3월 20일의 편지. William Jaffe, *Correspondence of Léon Walras* (Amsterdam: North Holland, 1965), p.253.

60 페리Ferry에게 보낸 발라스의 1878년 3월 11일의 편지. ibid, p.403. 또한 페리에게 보낸 편지 p.444도 볼 것.

61　샤르롱Charlon에게 받은 1873년 9월 22일의 편지와 샤르롱에게 보낸 1873년 10월 15일의 편지. ibid. p.234, p.236, p.236 in ibid.

62　발라스에게 보낸 1876년 1월 30일의 샤르롱의 편지 ibid, p.347.

63　Ibid., vol.3. 로랑Laurent과의 서한 왕래는 1898년의 편지 1374로 시작되었다.

64　Hermann Laurent, *Petit traité d'économie politique, rédigé conformément aux pré ceptes de l'école de Lausanne* (Paris: Charles Schmid, 1902).

65　Jaffe, *Correspondence of Léon Walras*, 편지 1380.

66　Hermann Laurent, *Statistique mathematique* (Paris: Octave Doin, 1908), iv, 1.

67　발라스에게 보낸 1898년 11월 29일 로랑의 편지. 그리고 1898년 12월 3일 발라스의 답신, 편지 1374와 1377. 또한 조르주 르나르Georges Renard에게 1899년 7월의 편지. 편지 1409. 보험계리사협회Circle of Actuaries(나중에는 Institute of Actuaries)에 관해서는 André Zylber-berg, *L'économie mathématique en France, 1870-1914* (Paris: Economica, 1990)을 볼 것.

68　Alain Alcouffe, "The Institutionalization of Political Economy in French Universities, 1819-1896," *History of Political Economy*, 21(1989).

69　Charles Renouvier가 Walras에 보낸 1874년 5월 18일 편지. Jaffe, *Correspondence of Lé on Walras*, p.274.

70　Walras가 William Stanley Jevons에 보낸 1877년 5월 25일 편지. Ibid. p.357.

71　Simon Newcomb, *Principles of Political Economy* (New York, 1885); Albert E. Moyer, *Simon Newcomb* (Berkeley: University of California Press, 1992).

72　Wise and Smith, "The Practical Imperative," pp.327~328에서 재인용.

73　H. S. Foxwell, "The Economic Movement in England," *Quarterly Journal of Economics*, 1(1886-87), p.88, p.90.

74　Donald N. McCloskey, "Economics Science," *Methodus*, June 3(1991).

75　Herbert Mehrtens, *Moderne-Sprache-Mathematik*(Frankfurt am Main: Suhrkamp Verlag, 1990). 수학에 대한 이러한 생각은 1802년에 칼 프리드리히 가우스Carl Friedrich Gauss가 제시했다.

제4장 수량화의 정치철학

＊　Horkheimer and Adorno, *Dialektik der Aufklarung*, p.13에서 발췌.

1　Robert B. Westbrook, *John Dewey and American Democracy* (Ithaca, N.Y.: Cornell University Press, 1991), pp.141~144, p.170; Popper, *The Open Society and Its Enemies*, vol.1, p.1; vol.2, p.218.

2　Daniel Defoe, *The Complete English Tradesman* (1726; Gloucester: Alan Sutton, 1987),

p. 23; John Ziman, *Reliable Knowledge* (Cambridge, U.K.: Cambridge University Press, 1978), 12.

3   Daston and Galison, "The Image of Objectivity"; Michael Aaron Dennis, "Graphic Understanding," *Science in Context*, 3(1989). 통계적 이미지의 객관성에 관해서는 Jeffrey Brautigam, "Inventing Biometry, Inventing 'Man'" (Ph.D. dissertation, University of Florida, 1993), chap.6을 볼 것.

4   Karl Pearson, "The Ethic of Freethought," *The Ethic of Freethought and Other Essays* (London: T. F. Unwinpp., 1888), pp.19~20

5   Pearson, *The Grammar of Science*, p.6, p.8.

6   Gillispie, *The Edge of Objectivity*, 특히 preface to second(1990) edition; Donald Worster, *Nature's Economy* (Cambridge, Mass.: Cambridge University Press, 1985). 자아에 대한 실험적 통제에 관해서는 Evelyn Fox Keller, "The Paradox of Scientific Subjectivity," *Annals of Scholarship*, 9(1992)를 볼 것.

7   Fritz Ringer, *The Decline of the German Mandarins, 1890-1933* (Cambridge, Mass.: Harvard University Press, 1969); Jan Goldstein, "The Advent of Psychological Modernism in France," in Ross, *Modernist Impulses* (1994); Porter, "The Death of the Object."

8   Charles Merriam에게 보낸 편지, Dorothy Ross, *The Origins of American Social Science* (Cambridge, U.K.: Cambridge University Press, 1991), pp.403~404에서 재인용.

9   Sharon Traweek, *Beamtimes and Lifetimes* (Cambridge, Mass.: Harvard University Press, 1988), p.162. 트라윅의 연구가 감동적으로 제기하는 개방성 문제보다 여전히 더 중요한 쟁점은 이런 문화 속에서 여성이 그리고 남성이 성공하기 위해 치러야 하는 희생의 문제다. 실험 물리학자들 사이에서 수량화에 대한 헌신은 이런 이야기의 단지 작은 부분일 뿐이라는 것을 덧붙여야 한다. ('문화 없는 문화'는 과학이 추구하는 '극단적인 객관성의 문화'가 기질, 젠더, 민족주의 등을 배제함으로써 빚어내는 상황의 역설적 표현이다. 트라윅은 입자물리학 공동체가 중립성과 객관성의 이데올로기와 과학의 고도로 남성주의적인 문화를 결합해 과학을 여성이 실질적으로 부재하는 무대로 만들었다고 분석한다.)

10   Martin Bulmer, Kevin Bales and Kathryn Kish Sklar (eds.), *Social Survey in Historical Perspective* (Cambridge, U.K.: Cambridge University Press, 1991), 특히 편집자 서론 pp.35~38; Kathryn Kish Sklar, "Hull-House Maps and Papers"; Lewis, "'Webb and Bosanquet."

11   Gigerenzer et al., *The Empire of Chance*, chap.7. 권력 없는 사람들에 대한 양적 연구를 선호하는 이런 경향은 이제는 수량화주의자의 그물이 모든 사람을 포괄할 수 있게 펼쳐졌지만 여전히 남아 있다.

12   Hacking, *Taming of Chance*; Rose, *Governing the Soul*.

13   Victor Hilts, "Aliis exterendum, or the Origins of the Statistical Society of London," *Isis*,

69(1978); Porter, *The Rise of Statistical Thinking, 1820-1900*, chaps. 2, 4; Peter Dear, "Totius in verba," *Isis*, 76(1985).

14 Martin J. Wiener, *Reconstructing the Criminal* (Cambridge, U.K.: Cambridge University Press, 1990).

15 Himmelfarb, *Poverty and Compassion*, p.116; 통계협회에 관해서는 Michael Cullen, *The Statistical Movement in Early Victorian Britain* (Hassocks, U.K.: Harvester, 1975)를 볼 것.

16 Funkenstein, *Theology and the Scientific Imagination from the Middle Ages to the Seventeenth Century*, p.358.

17 A. Legoyt, "Les congrès de statistique et particulièrement le congrès de statistique de Berlin," *Journal de la Société de Statistique de Paris*, 4(1863) p.271.

18 Bernard-Pierre Lécuyer, "L'hygiène en France avant Pasteur," in Claire Salomon-Bayet (ed.). *Pasteur et la révolution pastorienne* (Paris: Payot, 1986); Bernard-Pierre Lécuyer, "The Statistician's Role in Society," *Minerva*, 25(1987); Eric Brian, "Le Prix Montyon de statistique à l'Académie des Sciences pendant la Restauration," *Revue de synthese*, 112(1991).

19 Eric Brian, "Les moyennes à la Société de Statistique de Paris(1874-1885)," in Feldman. et al., *Moyenne* (1991), p.122; Zheng Kang, "Lieu de savoir social," Thèse de Doctorat en Histoire, Ecole des Hautes Etudes en Sciences Sociales(1989), p.253; William Coleman, *Death Is a Social Disease* (Madison: University of Wisconsin Press, 1982).

20 Statistical Society of Paris, statutes, p.7에서 발췌.

21 Michel Chevalier, opening address, p.2.

22 Balzac, *Les Employés in La Comédie humaine* (Paris: Gallimard, 1977), p.1112

23 Alfred de Foville, "Le rôle de la statistique dans le présent et dans l'avenir," *Journal de la Société de Statistique de Paris*, 33(1892), p.214.

24 Chevalier, opening address, pp.2~3. 1894년에 르바쇄르 E. Levasseur는 통계에 대한 미국인 특유의 맹신을 언급하고 비슷한 설명을 제공했다("Le département du travail et les bureaux de statistique aux Etats-Unis"). 그러나 미국의 공공 통계는 남북 전쟁 이후까지도 뚜렷하게 마구잡이였다. Anderson, *The American Census*를 볼 것.

25 Porter, *The Rise of Statistical Thinking, 1820-1900*, pp.172~173.

26 Toussaint Loua, "A nos lecteurs," *Journal de la Société de Statistique de Paris*, 15(1874).

27 Andre Liesse, *La Statistique* (Paris: Félix Alcan, 1927), p.57.

28 Fernand Faure, "Observations sur l'organisation de l'enseignement de la statistique," *Journal de la Société de Statistique de Paris*, 34(1893); Cheysson, report of prize commission, 1883, *Journal de la Société de Statistique de Paris*, 25(1884); Laurent, *Statis-*

tique mathematique; Liesse, *La Statistique*, p.47

29 Paul Starr, "The Sociology of Official Statistics," in Alonso and Starr. *Politics of Numbers* (1987).

30 Lorraine Daston, *Classical Probability in the Enlightenment* (Princeton, N.J.: Princeton University Press, 1988); Keith Baker, *Condorcet* (Chicago: University of Chicago Press, 1975)를 볼 것.

31 Louis-Adolphe Bertillon, "Des diverses manières de mesurer la durée de la vie humaine," *Journal de la Societe de Statistique de Paris*, 7(1866), p.45, p.47.

32 Bertillon, "Methode pour calculer la mortalité d'une collectivité pendant son passage dans un milieu determiné … ," *Journal de la Société de Statistique de Paris*, 10(1869), p.29.

33 Toussaint Loua, comment.

34 Alfred de Foville, "La statistique et ses ennemis," *Journal de la Société de Statistique de Paris*, 26(1885), p.448; Edmond Gondinet, *Le Panache* (Paris: Michel Levy Freres, 1876), p.112; Eug Labiche and Ed. Martin, *Les Vivacités du Capitaine Tic* (Paris: Calmann-Levy, n.d.; first performed 1861), p.18, p.21.

35 Frédéric Le Play, "Vues générales sur la statistique," *Journal de la Société de Statistique de Paris*, 26(1885), p.10.

36 Jules Simon, Hippolyte Carnot를 위한 추도사, Christophe Charle, *Les élites de la Republique* (Paris: Fayard, 1987), p.27에서 재인용.

37 Michael Oakeshott, "Rationalism in Politics," *Rationalism in Politics and Other Essays* (Indianapolis: Liberty Press, 1991), p.31.

38 Horkheimer and Adorno, *Dialektik der Aufklarung*, p.11; Herbert Marcuse, *Reason and Revolution* (New York: Oxford University Press, 1941). 그들의 주장은 여전히 흥미롭다. Merchant, *Ecological Revolutions*, pp.266~267.

39 Daston and Galison, "The Image of Objectivity," p.82; Peter Dear, "From Truth to Disinterestedness in the Seventeenth Century," *Social Studies of Science*, 22(1992).

40 Galison, "In the Trading Zone," 1989년 12월에 UCLA에서 발표한 논문.

41 Yaron Ezrahi, *The Descent of Icarus* (Cambridge, Mass.: Harvard University Press, 1990). 투명성 헌신에 대한 정치적·철학적·미학적 공명에 관해서는 Peter Galison, "Aufbau/Bauhaus," *Critical Inquiry*, 16(1990) 을 볼 것.

제5장 전문가 대 객관성: 회계사와 보험계리사

* 영국의회 문서British Parliamentary Papers(1853), vol.21, p.246. 보험협회에 관한 소위원회 보고서 Report from the Select Committee on Assurance Associations: SCAA에 있는 증언에서 발췌. 이 장은 나의 "수량화와 회계의 이상 Quantification and the Accounting Ideal"과 "정밀과 신뢰 Precision and Trust"에 기초한 것이다.

1 Loki라는 필명으로 출판한 Karl Pearson의 주목할 만한 저서 *The New Werther* (London: C. Kegan Paul and Co., 1880)를 볼 것.

2 Jack Goody, *The Domestication of the Savage Mind* (Cambridge, U.K.: Cambridge University Press, 1977), 15; Jack Goody (ed.), *Literacy in Traditional Societies* (Cambridge, U.K.: Cambridge University Press, 1968); Harvey J., Graff, *The Legacies of Literacy* (Bloomington: Indiana University Press, 1987), pp.54~55.

3 R. H. Parker, *The Development of the Accountancy Profession in Britain in the Early Twentieth Century* (London: Academy of Accounting Historians, 1986), p.4, pp.26~29; Edgar Jones, *Accountancy and the British Economy, 1840-1980* (London: B. T. Batsford, 1981).; T. R. Gourvish, "The Rise of the Professions," in T. R. Gourvish and Alan O'Day (eds.), *Later Victorian Britain, 1867-1900* (New York: St. Martin's Press, 1988).

4 Don Lavoie, "The Accounting of Interpretations and the Interpretation of Accounts," *Accounting, Organizations, and Society*, 12(1987)와 Shahid L. Ansari and John J. McDonough, "Intersubjectivity-he Challenge and Opportunity for Accounting," *Accounting, Organizations, and Society*, 5(1980)는 회계 실증주의를 비판한다.

5 John W. Wagner, "Defining Objectivity in Accounting," *Accounting Review*, 40(1965), p.600, p.605.

6 H. T. Johnson and R. S. Kaplan, *Relevance Lost* (Boston: Harvard Business School Press, 1987), 특히 chap.6; p.125에서 재인용.

7 Chandler, *The Visible Hand*, pp.267~269, pp.273~281; H. T. Johnson, "Toward a New Understanding of Nineteenth-Century Cost Accounting," *Accounting Review*, 56(1981); Johnson and Kaplan, *Relevance Lost*.

8 Peter Temin (ed.), *Inside the Business Enterprise* (Chicago: University of Chicago Press, 1991), 특히 Naomi Lamoreaux, "Information Problems and Banks' Specialization in Short Term Commercial Lending," in Temin, *Inside* (1991); 나의 평가 논문 "Information Cultures," *Accounting, Organizations, and Society*, 20(1)(1995)도 볼 것.

9 Stephen A. Zeff, "Some Junctures in the Evolution of the Process of Establishing Accounting Principles in the USA: 1917-1972," *Accounting Review*, 59(1984).

10 May, "Introduction"(1938) to session of American Institute of Accountants, on Zeff, "A

414

Statement of Accounting Principles," Accounting Principles, pp.1~2; Wilcox, "What is Lost"(1941), ibid., p.96, p.101; Werntz, "Progress in Accounting"(1941), ibid., pp.315~ 323.

11   Eric Flamholtz, "The Process of Measurement in Managerial Accounting," *Accounting, Organizations, and Society*, 5(1980). 불황의 대공황 시대에는 기업들이 이 규칙에 그다지 반대하지 않을 것으로 보였다.

12   R. J. Chambers, "Measurement and Objectivity in Accounting," *Accounting Review*, 39 (1964), p.268.

13   H. E. Arnett, "What Does 'Objectivity' Mean to Accountants," *Journal of Accountancy*, May(1961), p.63에서 재인용.

14   Edward J. Burke, "Objectivity and Accounting," *Accounting Review*, 39(1964), p.842.

15   Harold Bierman, "Measurement and Accounting," *Accounting Review*, 38(1963), pp.505~ 506.

16   Yuji Ijiri and Robert K. Jaedicke, "Reliability and Objectivity of Accounting Measurements," *Accounting Review*, 41(1986), p.474, p.476에서 재인용.

17   Robert H. Ashton, "Objectivity of Accounting Measures," *Accounting Review*, 52(1977), p.567; 또한 James E. Parker, "Testing Comparability and Objectivity of Exit Value Accounting," *Accounting Review*, 50(1975).

18   Joseph F. Wojdak, "Levels of Objectivity in the Accounting Process," *Accounting Review*, 45(1970).

19   Ashton, "Objectivity of Accounting Measures."

20   규칙 준수에 관해서는 David Bloor, "Left and Right Wittgensteinians," in Pickering, *Science*(1992)을 볼 것.

21   Anne Loft, "Towards a Critical Understanding of Accounting," *Accounting, Organizations and Society*, 12(1987); Stuart Burchell, Colin Clubb and Anthony Hopwood, "Accounting in Its Social Context," *Accounting, Organizations, and Society*, 17(1992)도 볼 것.

22   Michael Power, "After Calculation? Reflections on Critique of Economic Reason by Andre Gorz," *Accounting, Organizations, and Society*, 17(1992).

23   Barry Barnes, "On Authority and Its Relation to Power," Law, *Power*(1986).

24   American Psychological Association, *Publication Manual*(Washington, D.C.: American Psychological Association, 1974), p.19.

25   Peter Gowan, "The Origins of Administrative Elite"; Harold Perkin, *The Rise of Professional Society*(London: Routledge, 1989); W. J. Reader, *Professional Men*(London: Weidenfeld and Nicolson, 1966).

26   Roy MacLeod (ed.), *Government and Expertise*(Cambridge, U.K.: Cambridge Univer-

sity Press, 1988); Smith and Wise, Energy and Empire, chap.19; Bruce J. Hunt, *The Maxwellians* (Ithaca, N.Y.: Cornell University Press, 1991), chap.6; Jose Harris, "Economic Knowledge and British Social Policy," in Furner and Supple, *State and Economic Knowledge.*

27 Hugh Heclo and Aaron Wildavsky, *The Private Government of Public Money* (Berkeley: University of California Press, 1974), p.2, p.15, pp.61~62.

28 Harris, "Economic Knowledge and British Social Policy," p.394.

29 Peter Self, *Econocrats and the Policy Process* (London: Macmillan, 1975).

30 Phyllis Colvin, *The Economic Ideal in British Government* (Manchester, U.K.: Manchester University Press, 1985); Malcolm Ashmore, Michael Mulkay and Trevor Pinch, *Health and Efficiency* (Milton Keynes, U.K.: Open University Press, 1989).

31 Brian Wynne, *Rationality and Ritual* (Chalfont St. Giles, U.K.: British Society for the History of Science, 1982), pp.65~66; Alan Williams, "Cost-Benefit Analysis," *Journal of Public Economics*, 1(1972), p.200.

32 '하이게이트의 현자 the Sage of Highgate'로 불린 시인이며 비평가인 새뮤얼 테일러 콜리지 Samuel Taylor Coleridge(1772~1834)의 특히 목사와 교사가 될 청년들에 대한 신학과 철학을 통합한 교육의 이상을 가리킨다.

33 Gowan, "The Origins of Administrative Elite"; W. H. Greenleaf, *A Much Governed Nation* (London: Methuen, 1987); Anthony Brundage, *England's Prussian Minister* (University Park: Pennsylvania State University Press, 1988); Christopher Hamlin, *Science of Impurity* (Berkeley: University of California Press, 1990).

34 Edwin James Farren, "On the Improvement of Life Contingency Calculation," *Assurance Magazine*, 5(1854-1855), pp.185~187, p.121.

35 Arthur Bailey and Archibald Day, "On the Rate of Mortality amongst the Families of the Peerage and Day," *Assurance Magazine*, 9(1860-1861), p.318; Lance, "Marine Insurance," p.364.

36 Timothy Alborn, "A Calculating Profession," *Science in Context*, 7(3)(1994).

37 Two anonymous letters: "Solution of Problem" and "The Same Subject," *Assurance Magazine*, 12(1864~1866), pp.301~302.

38 Martin Campbell-Kelly, "Large-Scale Data Processing in the Prudential, 1850-1930," *Accounting, Business, and Financial History*, 2(1992).

39 *Report from the Select Committee on Friendly Societies*, British Parliamentary Papers, 1849, XIV, testimony of Francis G. P. Neison, 8.

40 Charles Jellicoe, "On the Rates of Mortality Prevailing ⋯ in the Eagle Insurance Company," *Assurance Magazine*, 4(1853-1854); Archibald Day, "On the Determination of

the Rates of Premiums for Assuring against Issue," *Assurance Magazine*, 8(1858-1860).

41 Philip Curtin, *Death by Migration*(Cambridge, U.K.: Cambridge University Press, 1989). Charles Jellicoe, "On the Rate of Premiums to be charged for Assurances on the Lives of Military Officers serving in Bengal," *Assurance Magazine*, 1, no. 3,(1850-1851). 그런 조사의 한 사례다. Trebilcock, *Phoenix Assurance and the Development of British Insurance*, pp.552~565는 펠리칸Pelican 보험회사가 부과한 초과요금을 논의한다.

42 Samuel Brown, "On the Fires in London During the 17 Years from 1833 to 1849," *Assurance Magazine*, 1(1851).; Lance, "Marine Insurance," p.362. 그러나 평균값으로부터의 변이가 있을 것이라는 점은 전문가들 사이에서 잘 알려져 있었다. 확률에 대한 논증은 공제조합이 합리적으로 안전하기 위해서는 적어도 150~300명의 회원이 있어야 한다고 주장하기 위해 사용되었다. 찰스 배비지Charles Babbage는 이것을 소위원회에 설명했다(공제조합 법률에 관한 소위원회 보고서, 영국 의회 문서, 하원, 1826-27, III, 28~33을 볼 것). 위원회는 표준 확률 미적분을 적용할 수 없는 전염병의 영향에 관해 질문함으로써 그의 주장을 약화시켰다.

43 J. M. McCandlish, "Fire Insurance," *Encyclopaedia Britannica*, 9th ed., vol.13(1881), p.163.

44 Trebilcock, *Phoenix Assurance and the Development of British Insurance*, p.355, p.419, p.446 등.

45 Francis G. P. Neison의 증언. *SCAA*, p.204.

46 Peter Gray, "On the Construction of Survivorship Assurance Tables," *Assurance Magazine*, 5(1854-1855), pp.125~126.

47 Henry W. Porter, "On Some Points Connected with the Education of an Actuary," *Assurance Magazine*, 4(1853-1854), pp.108~111.

48 Ibid., p.108, p.112, p.116, p.117.

49 Edwin James Farren, "On the Reliability of Data, when tested by the conclusions to which they lead," *Assurance Magazine*, 3(1852-1853), p.204.

50 Timothy Alborn, "The Other Economists," Ph.D. dissertation(Harvard University, 1991), p.236.

51 William S. D. Pateman의 증언, *SCAA*, p.282.

52 John Finlaison의 증언, *SCAA*, pp.49~64.

53 Ryley in *SCAA*, p.246. 또한 George Taylor의 증언(*SCAA* 30), Charles Ansell의 증언(*SCAA* 70) 그리고 James John Downes의 증언(*SCAA* 105)도 볼 것.

54 *Report of the Select Committee on Joint Stock Companies, together with the Minutes of Evidence*, British Parliamentary Papers, House of Commons, 1844, VII, Charles Ansell 의 증언(1841), p.49.

55 Charles Ansell의 증언. *SCAA* p.69, p.74, p.82.

56 Samuel Ingall, *SCAA*, pp.158~159, p.165.

57 Ansell, *SCAA*, p.81; Downes, *SCAA*, p.105, p.107, p.108; Neison, *SCAA*, p.197; Farr, *SCAA*, p.303.

58 *Report of the Select Committee on the Laws Respecting Friendly Societies*, British Parliamentary Papers, House of Commons, 1824, IV, 18, referring to 59th Geo. 3. c. 128. 위원회는 이 조항이 통과되기 전에 삭제되었다고 보고했지만, 몇 명의 증인들은 그 조치가 유효한 것처럼 말했다.

59 William Morgan의 증언, *SCAA*, p.52, 그리고 토머스 존 베처Thomas John Becher의 증언, *SCAA*, p.30. 결국 베처는 보험계리사는 수학자, 즉 "끊임없이 변화하는 문제"를 해결할 수 있고, "산술적으로뿐만 아니라 대수적으로도 계산할" 수 있는 사람이라고 판정했다.

60 주식회사에 관한 소위원회에서 증언(1844), p.81.

61 Downes, *SCAA*, p.108; Jellicoe, *SCAA*, p.188, p.184

62 Thomson, *SCAA*, pp.85~104; Edmonds, *SCAA*, p.138.

63 Francis G. P. Neison, *SCAA*, p.196.

64 John Adams Higham, *SCAA*, p.213, p.220.

65 Thomson, *SCAA*, p.97; 또한 Alborn, "The Other Economists," p.239.

제6장 프랑스 국가 공학자들과 기술관료제의 모호성

* Divisia, *Exposés d'économique*, p.47에서 발췌.

1 Etner, *Histoire du calcul économique en France*, p.22, p.115.

2 Charles Gillispie, "Un enseignement hégémonique," in Belhoste. et al., *Formation* (1994); Kranakis, "Social Determinants of Engineering Practice."

3 Picon, "Les ingénieurs et la mathématisation, *Revue d'histoire des sciences*, 42(1989); Picon, *L'invention de l'ingénieur moderne*, pp.371~388, pp.424~442.

4 Hélène Gispert, "L'enseignement scientifique supérieure et les enseignants, 1860-1900," *Histoire de l'Éducation*, no.41(1989).

5 Picon, *L'invention de l'ingénieur moderne*, p.393.

6 Ibid., p.442, pp.511~512; J. Couderc, *Essai sur l'Administration et le Corps Royal des Ponts et Chaussées* (Paris: Carillan-Goeury, 1829), p.54.

7 이 총무위원회는 총감독관과 파리의 다른 임원들로 구성되었다. 위계구조가 완벽하게 단순한 것은 아니었고, 그 숫자는 그때그때 달랐지만, 19세기 대부분 동안에는 약 5명의 총감독관이 있었다. 그들 아래에는 약 15명의 부문별 감독관, 아마도 105명의 주임 공학자

(대부분 각각 1개의 주를 담당), 300명 이상의 일반 공학자, 그리고 공학자 지망생들과 학생들 집단이 있었다.(Picon, *L'invention de l'ingénieur moderne*, pp.314~317; Gustave-Pierre Brosselin, *Note sur l'origine, les transformations, et l'organisation du Conseil general des Ponts et Chaussées*, BENPC, c1180×27084을 볼 것.) 기술단의 최고위 임원들의 자세한 목록은 연도별로(다양한 제목의) *Almanach National/Almanach Royal/Almanach Imperial*(Ministere des Travaux Publics에서 발행)에서 찾을 수 있다.

8 예를 들어, H. Sorel, 의장, "Embranchements de Livarot a Lisieux et de Dozule a Caen: Observations de la Chambre de commerce de Honfleur," seance du 16 juin 1874, BENPC c672×12022. 모든 도시와 마찬가지로 옹플뢰르Honfleur도 훌륭한 철도서비스를 확보하고 경쟁하는 노선들을 차단하고자 했다.

9 "Enquetes relatives aux travaux publics," Alfred Picard, *Les Chemins de fer francais* (Paris: J. Rothschild, 1884), vol.4, "Documents Annexes," pp.1~3에 재수록; Ernest Henry, *Les formes des Enquêtes administratives en matiere de travaux d'intérêt public* (Paris and Nancy: Berger-Levrault et Cie., 1891); René Thévenez, *Legislation des chemins de fer et des tramways* (Paris: H. Dunod et E. Pinat, 1909), pp.78~85; 그리고 특히 M. le chevalier Tarbé des Vauxclairs, *Dictionnaire des travaux publics, civils, militaires et maritimes* (Paris: Carillan-Goeury, 1835), s.v. "Enquete," pp.237~239, 그리고 "De commodo et incommodo," p.195.

10 Tarbé des Vauxclairs, *Dictionnaire des travaux publics, civils, militaires et maritimes*. "Concours de l'Etat aux travaux particuliers, concours des particuliers aux travaux publics," pp.153~154.

11 교량기술단은 영국의 철도에 대한 상업적 평가의 번역을 인쇄해 철도 기획 분야에서 영국 선도적 활동에 경의를 표했다(예컨대, Henry Booth, "Chemin de fer de Liverpool à Manchester," *Annales des Ponts et Chaussées*). 그런 활동은 철도 분야에서 영국의 기술적 선도뿐만 아니라 영국의 정교한 투자자들의 기대를 반영했다. 또한 재산권 침해와 관련된 모든 운하, 철도 또는 그 밖의 건설에는 개인적 보상이 필요했기 때문에 의회를 설득해야 했다. 노선에 반대하는 것이 더 큰 보상을 얻는 좋은 방법이었기 때문에 이것은 통상적으로 정말 대립적인 절차를 의미했고, 노선의 가치에 대한 교차 검토를 받는 증언들을 포함했다. 이 체계를 작동시키는 능력은 고위직 공학자의 필수 자격이었다. Joint Anglo-American History of Science meetings, Toronto, July 25~28, 1992에서 발표한 Christopher Hamlin, "Engineering Expertise and Private Bill Procedure in Nineteenth-Century Britain"을 볼 것.

12 John H. Weiss, "Careers and Comrades,"(미간행 원고), chap.4.

13 Reed Geiger, "Planning the French Canals," *Journal of Economic History*, 44(1984). 철도에 대한 추정치도 더 낮지는 않았다. 1830년대에 기술단은 파리Paris에서 르아브르Le

Havre까지의 노선의 비용을 50% 정도 낮게 추정했다. Arthur L. Dunham, "How the First French Railways Were Planned," *Journal of Economic History*, 1, p.19를 볼 것.

14 Charles-Joseph Minard, "Tableau comparatif de l'estimation et de la dépense de quelques canaux anglais," *Annales des Ponts et Chaussées* (1832).

15 Henri Chardon, *Les travaux publics* (Paris: Perrin et Cie., 1904), p.24 등.

16 Etner, *Histoire du calcul économique en France*, p.129에서 재인용.

17 Picon, *L'invention de l'ingénieur moderne*, p.321; F. Fichet-Poitrey, *Le Corps des Ponts et Chaussées* (Paris, 1982). E. Weber의 *Peasants into Frenchmen* (Stanford, Calif.: Stanford University Press, 1976)은 학교 외에 철도를 시골에서 프랑스의 국민 정체성 형성을 위한 핵심적인 기구로 평가한다.

18 루부아Louvois("파리에서 부르고뉴Bourgogne를 거쳐 리옹Lyon까지의 철도 중앙위원회 의장) 가 "Au redacteur," p.1에 전거를 밝히지 않고 인용함(그리고 반박함). 쟁점은 파리에서 스트라스부르 Strasbourg까지의 직선 노선의 건설이었다. 루부아는 도시들과 마을들을 통과하도록 우회하는 노선을 선호했다. 1840년대 프랑스의 철도 계획에 관해서는 David H. Pinkney, *Decisive Years in France, 1840-1848* (Princeton, N.J.: Princeton University Press, 1986)을 볼 것.

19 Charlemagne Courtois, *Memoire sur differentes questions d'economie politique relatives a l'etablissement des voies de communication* (Paris: Carillan-Goeury, 1833), p.1 에서 재인용; 공식은 pp.4~6에 있음.

20 Courtois, *Mémoire sur les questions que fait naître le choix de la direction d'une nouvelle voie de communication*, p.59, p.9, p.15. 또한 Etner, *Histoire du calcul économique en France*, pp.127~128도 볼 것.

21 Courtois, *Mémoire sur les questions que fait naître le choix de la direction d'une nouvelle voie de communication*, p.52; Louis-Maurice Jouffroy, *La Ligne de Paris à la Frontière d'Allemagne(1825-1852)* (Paris: S. Barreau & Cie., 1932), p.76, pp.190~191.

22 Charles-Joseph Minard, *Second mémoire sur l'importance du parcours partiel sur les chemins de fer* (Paris: Imprimerie de Fain et Thunot, 1843). 철도 계획에 관해서는 Smith, "The Longest Run"을 볼 것.

23 M. le comte Daru, *Des chemins de fer et de l'application de la loi du 11 juin 1842* (Paris: Librairie Scientifique-Industrielle de L. Mathias, 1843), p.121, p.136.

24 "Rapport de la commission chargee de l'examen des project du chemin de fer de Paris a Dijon. Resume,"(미간행 원고), BENPC x6329. 그 보고서는 Fevre, Kermaingant, Hanvilliers, Mallet and Le Masson가 서명했다.

25 Edmond Teisserenc, "Des principes généraux qui doivent présider au choix des tracés des chemins de fer," *extrait de la Revue indépendante*(1843), pp.6~8.

26 Albrand, rapporteur, *Rapport de la Commission Spéciale des Docks au Conseil Municipal de la Ville de Marseille* (Marseille: Typographie des Hoirs Feissat Aine et Demonchy, 1836); Lepord, "Rapport de l'Ingenieur en chef du Finistere," October 11, 1854, BENPC, manuscripts, p.2833.

27 Jean-Auguste Philipert Lacordaire, "Chemin de fer de Dijon a Mulhouse," 3 parts, 1845년 3월 20~24일. BENPC c394 x6248-6250; Lacordaire, "Chemin de fer de Dijon à Mulhouse, Ligne mixte dite de Conciliation, par Gray et Vallée de l'Ognon; Avantages et Desavantages de cette Ligne," 1845년 4월 2일. BENPC c394 x6247.

28 France, Chambre des deputes, Annexe au proces verbal de la seance du 4 juin 1878, no.794, "Projet de Loi relatif au classement du reseau complementaire des chemins de fer d'interet general, presente ··· par M. C. de Freycinet," p.3.

29 France, Assemblee Nationale, Annexe au proces verbal de la seance du 7 juillet 1875, no.3156, Krantz, rapporteur, "Rapport ··· ayant pour objet la declaration d'utilite publique et la concession d'un chemin de fer sous-marin entre la France et l'Angleterre."

30 Chardon, *Les travaux publics*, pp.171~180. 교량기술단의 관료주의적 지체와 고루한 운하 고집 때문에 프랑스에서 철도 건설 속도가 상대적으로 느렸다는 비난이 종종 제기되어 왔다. Barrie M. Ratcliffe의 "Bureaucracy and Early French Railroads," *Journal of European Economic History*, 18(1989)는 기술단의 활동을 훨씬 더 우호적으로 조명하고 있다.

31 예를 들어, Assemblee Nationale, Annexe au proces-verbal de la seancedu 13 juillet 1875, Aclogue, rapporteur, "Rapport ··· pour objet la declaration d'utilite publique et la concession de certaines lignes de chemin de fer a la Compagnie du Midi."

32 "Deliberations du Conseil Général des Ponts et Chaussées. Minutes. 4me Trimestre, 1869," meeting of December 23, AN F14 15368.

33 France, Assemblee Nationale, Annexe au proces verbal de la seance du 3 fevrier 1872, no.1588, Ernest Cezanne, rapporteur, "Rapport au nom de la Commission d'Enquete sur les chemins de fer et autres voies de transports sur diverses petitions relatives a la concession d'une ligne directe de Calais a Marseille."

34 France, Assemblee Nationale, Annexe au proces verbal de la seance du 23 fevrier 1875, no.2905, Ernest Cezanne, rapporteur, "Rapport ··· relatif a la declaration d'utilite publique de plusieurs chemins de fer, et a la concession de ces chemins a la Compagnie de Paris a Lyon et a la Mediterranee."

35 이것은 1869년에 제안된 아미앵에서 디종까지의 노선에 관한 것이었다. Picard, *Les Chemins de fer francais*, vol.3, 326.

36 Ibid., vol.1, pp.273~276, pp.294~295 등과 여러 곳. 피카르는 교량기술단에서 총감독관

까지 차근차근 승진했으며, 공공사업부의 철도청장, 국가위원회 위원이 되었고 뒤에는 국가위원회 부의장이 되었다.

37 예를 들어, MM. Mellet et (프랑스 사람들) Henry(identified as "adjudicataires du chemin de fer de Paris a Rouen et a la mer"), L'arbitraire administratif des ponts et chaussées d évoilé aux chambres.

38 Charles Baum, "Des longueurs virtuelles d'un tracé de chemin de fer," *Annales des Ponts et Chaussées* [5], 19(1880).

39 Charles Baum, "Etude sur les chemins de fer d'intérêt local," *Annales des Ponts et Chaussées* [5], 16(1878).

40 Louis-Jules Michel, "Etude sur le trafic probable des chemins de fer d'intérêt local-Michel," *Annales des Ponts et Chaussées* [4](1868)의 방법에 대한 분석은 Anon., "Moyens de determiner l'importance du trafic d'un chemin de fer d'interet local," *Journal de la Societe de Statistique de Paris*, 8(1867), pp.132~133으로 실려 있다. Etner, *Histoire du calcul économique en France*, pp.185~190도 볼 것.

41 Charles Baum, *Chemins de fer d'intérêt local du Département du Morbihan*(Vannes: Imprimerie Galles, 1885). 내가 사용한 것은 BENPC c1006 x18978에 있다.

42 E. Fournier de Flaix, "Le Canal de Panama." 파나마 운하의 비용과 수익에 대한 이런 추정치들 사이에는 차이가 심했다. 그러나 그 추정치들은 유명한 통계학자 르바쉐르Levasseur가 이끄는 양대양 연결 운하 연구를 위한 국제회의의 통계위원회a committee on statistics in the Congres international des etudes du Canal interoceanique의 확인을 받은 것이었다. Marion J. Simon, *The Panama Affair* (New York: Charles Scribner's Sons, 1971), pp.30~31을 볼 것. 그러나 프랑스 국왕은 비용과 수익의 예측에서 제시한 만큼 많은 채권을, 특히 분란의 징후가 나타난 이후에 판매했다.

43 빌렌뢰브에서 팔게이라까지의 제안된 노선에 관한 수석 공학자 라테라데Laterrade의 보고서에 대한 총감독관 셰러Scherer의 요약, item no.113 in Section du Conseil General des Ponts et Chaussées, Chemins de fer, Registre des deliberations du 4 jan. au 25 mars 1879 inclusivement, AN F14 15564을 볼 것. 위원회의 이 분과에서는 보고서를 순전히 지역적인 편익에만 배타적으로 주목하지 않는 추가 연구를 요구하며 되돌려 보냈다.

44 르망Le Mans에서 그랑-루세Grand-Lucé까지의 노선과 발롱Ballon에서 안티고네Antoigne까지의 노선에 대한 보고서 "Rapport de M. l'Inspecteur general Deslandes sur la concession et la demande en declaration d'utilite publique"를 볼 것. no.126 in ibid.

45 Elwitt, *The Making of the Third Republic*, chaps.3~4.

46 Etner, *Histoire du calcul économique en France*, p.148, 193ff.

47 C. de Freycinet, "Discours prononce a la Chambre des Deputes le 14 mars 1878," extrait du Journal Officiel du 15 mars 1878, pp.25~26, Etner, 같은 책에서 재인용.

48 Georges-Mederic Lechalas, 세느-인페리외르Seine-Inferieure 노선에 관한 보고, "La mesure de l'utilite des chemins de fer," *Journal des economistes*, November 1879, 발췌에서 재인용. 프레이시네를 좇아 효용의 측정에 무게를 준 다른 두 공학자는 호슬랭C. Hoslin *Les limites de l'intérêt public dans l'établissement des chemins de fer* (Marseille: Imprimerie Saint-Joseph, 1878) — 그는 공공 효용에 대한 이런 측정이 결정적으로 중요하다고 주장했다 — 과 라 구르너리Jules de La Gournerie, *Etudes Economiques*, appendix D, pp.65~68이다. 그는 수익을 크게 초과하는 모든 측정에 대해 회의적이었다.

49 Albert Christophle, *Discours sur les travaux publics prononces … dans les sessions législatives de 1876 et 1877* (Paris: Guillaumin et Cie., n.d. [ca. 1888]), preface; Hubert Lavollée, "Les Chemins de fer et le budget," Revue des Deux Mondes, 55(1883).

50 Felix de Labry, "A Quelles conditions les travaux publics sont-ils rémunerateurs," *Journal des économistes*, 10(1875); Felix de Labry, "Note sur le profit des travaux," *Annales des Ponts et Chaussées* [5], 19(1880); Antoine Doussot, "Observations sur une note de M. l'ingénieur en chef Labry relative à l'utilité des travaux publics," *Annales des Ponts et Chaussées* [5], 20(1880); Felix de Labry, "L'outillage national et la dette de l'état," *Annales des Ponts et Chaussées* [5], 20(1880).

51 Armand Considère, "Utilité des chemins de fer d'intérêt local: Nature et valeur des divers types de convention," *Annales des Ponts et Chaussées* [7], 3(1892), pp.217~348.

52 Clement-Léon Colson, "La formule d'exploitation de M. Considère," *Annales des Ponts et Chaussées* [7], 4(1892); Considère, "Utilité des chemins de fer d'intérêt local: Examen des observations formulées par M. Colson"; Clement-Léon Colson, "Note sur le nouveau memoire de M. Considère," *Annales des Ponts et Chaussées* [7], 7(1894), p.153.

53 Clement-Léon Colson, *Cours*, vol.6, *Travaux publics,* chap.3.

54 철도에 대한 국가의 지원과 규제에 관해서는 Kimon A. Doukas, *The French Railroads and the State* (1945; reprinted New York: Farrar, Straus, & Giroux, 1976)를 볼 것.

55 예를 들어, France, *Conseil d'Etat, Enquête sur l'application des tarifs des chemins de fer* (Paris: Imprimerie National, 1850), BENPC c336 x5779; A. Poirrier, *Tarifs des chemins de fer* (Havre: Imprimerie Brennier & Cie., 1882); Octave Noël, *La question des tarifs des chemins de fer* (Paris: Guillaumin, 1884).

56 (생테티엔Saint-Étienne 상공회의소의) Tézenas du Montcel and C. Gérentet, *Rapport de la commission des tarifs de chemins de fer* (Saint-Etienne, France: Imprimerie Théolier Frères, 1877)는 전형적이다. 요금 책정에 관해서는 Ribeill, *La Revolution ferroviaire*, pp. 282~292를 볼 것.

57 Dupuit, "De l'influence des péages sur l'utilité des voies de communication," pp.225~229.

58 Picard, *Les Chemins de fer*, chap.3 ("Mesure de l'utilite des chemins de fer"), p.280.

59 Proudhon, *Des reformes dans l'exploitation des chemins de fer*, René Tavernier "Note sur l'exploitation des grandes compagnies et la nécessité de réformes décentralisatrices," *Annales des Ponts et Chaussées* [6] 15(1888), p.575에서 재인용.

60 Charles Baum, "Des prix de revient des transport par chemin de fer," *Annales des Ponts et Chaussées* [5] 10(1875); Charles Baum, "Note sur les prix de revient des transports par chemin de fer, en France," *Annales des Ponts et Chaussées* [6] 6(1883); Charles Baum, "Le prix de revient des transports par chemin de fer," *Journal de la Société de Statistique de Paris*, 26(1885); 또한 La Gournerie, "Essai sur le principe des tarifs dans l'exploitation des chemins de fer," in La Gournerie, *Etudes economiques* (1879), 그의 *Etudes economiques*에 수록; Théophile Ricour, "Notice sur la répartition du trafic des chemins de fer français et sur le prix de revient des transports," *Annales des Ponts et Chaussées* [6], 13(1887); Théophile Ricour, "Le prix de revient sur les chemins de fer," Annales des Ponts et Chaussées [6], 15(1888).

61 Tavernier, "Note sur l'exploitation des grandes compagnies et la nécessité de réformes décentralisatrices"; René Tavernier, "Note sur les principes de tarification et d'exploitation du trafic voyageurs," *Annales des Ponts et Chaussées* [6], 18(1889); 또한 그보다 앞선 덜 체계적인 비판으로는 Henri Menche de Loisne, "De l'influence des rampes sur le prix de revient des transports en transit," *Annales des Ponts et Chaussées* [5], 17 (1879); Wilhelm Nordling, "Note sur le prix de revient des transports par chemin de fer," *Annales des Ponts et Chaussées* [6] 11(1886).

62 Baum, "Note sur les prix de revient des transports par chemin de fer, en France"(1889); Tavernier, "Note sur les principes de tarification et d'exploitation du trafic voyageurs," p.570. 평균값에 관한 논의는 Jacqueline Feldman, Gérard Lagneau and Benjamin Matalon (eds.) *Moyenne, milieu, centre*(Paris: Editions de l'Ecole des Hautes Etudes en Sciences Sociales, 1991)를 볼 것.

63 Michel Armatte, "L'economie à l'Ecole Polytechnique," in Belhoste. et al., *Formation* (1994); Picon, *L'invention de l'ingénieur moderne*, pp.452~453.

64 Colson, *Cours*, vol.1,; Clement-Léon Colson, Théorie générale des phénomènes économiques pp.1~2, pp.38~39, p.39에서 재인용.

65 콜송이 그 강의를 담당하기 전에는 정치경제 강의는 1846~1881년까지는 조셉 가르니에 Joseph Garnier가 1881~1892년까지는 앙리 보드리야르Henri Baudrillart가 맡았다. 이들은 자유주의적인 비非공학자들이었다(*Cours d'economie politique. Notes prises par les eleves. Ecole Nationale des Ponts et Chaussées*, 1882, BENPC 16034를 볼 것).

66 Colson, *Cours*, vol.6, *Les travaux publics et les transports*, p.183.

424

67 Colson, *Transports et tarifs* (Paris: J. Rothschild, 1898), chap.2; idem, *Cours*, vol.6, *Les travaux publics et les transports*, chap.3.

68 이유가 없지 않았다. 발라스는 프랑스의 철도 독점회사들 때문에 공학적 경제학자들을 비난했다. 이것은 그의 반감에 대한 한 가지 이유다. Etner, *Histoire du calcul économique en France*, pp.106~107을 볼 것.

69 Considère, "Utilité des chemins de fer d'intérêt local: Nature et valeur des divers types de convention," pp.349~354; Colson, *Transports et tarifs*, p.44. 그러나 콩시데르는 간접적인 편익을 기초로 국가가 요금을 이 지점 이하로 낮추는 것이 현명하다고 주장했던 반면 콜송은 그것을 최소한의 것으로 취급했다.

70 Colson, *Cours*, vol.6, *Les travaux publics et les transports*, pp.209~211.

71 François Caron, *Histoire de l'exploitation d'un grand réseau* (Paris: Mouton, 1973), pp.370~372.

72 Colson, *Cours*, vol.6, *Les travaux publics et les transports*, pp.210~211, pp.198~199.

73 George Weisz, *The Emergence of Modern Universities in France, 1863-1914* (Princeton, N.J.: Princeton University Press, 1983).

74 André-Jean Tudesq, *Les grands notables en France(1840-1849)* (Paris: Presses Universitaires de France, 1964), vol.2, p.636.

75 A. Brunot and R. Coquand, *Le Corps des Ponts et Chaussées*, p.407; Kranakis, "Social Determinants of Engineering Practice," pp.33~34에서 인용.

76 Balzac, *Le curé de village*, chap.23; Gaston Darboux, "Eloge historique de Joseph Bertrand," Joseph Bertrand, *Eloges académiques*, x~xi.

77 François Arago, *Histoire de ma jeunesse*, p.46. 코르네유, 몰리에르, 라신느는 17세기 프랑스의 위대한 3대 극작가로 꼽힌다.

78 Picon, *L'invention de l'ingénieur moderne*, pp.92~93; Shinn, *Savoir scientifique et pouvoir social: L'Ecole Polytechnique*, pp.24~35. 생-시몽주의적 연관에 관해서는 Picon, *L'invention de l'ingénieur moderne*, p.455, pp.595~597을 볼 것; 또한 하이에크Friedrich Hayek는 폴리테크니크 출신들의 협소한 과학적 지향을 과장한다. 그의 *The Counterrevolution of Science* (Indianapolis: Liberty Press, 1979 reprint)을 볼 것.

79 Fourcy, *Histoire de l'Ecole Polytechnique*, p.351에서 재인용.

80 Tudesq, *Les grands notables en France(1840-1849)*, vol.1, p.352.

81 John H., Weiss, "Bridges and Barriers," in Geison, *Professions* (1984), pp.19~20. 이 논쟁에 대한 충실한 논의는 Shinn, *Savoir scientifique et pouvoir social: L'Ecole Polytechnique*에서 볼 수 있다. 바이스Weiss는 폴리테크니크보다 더 실용적인 기술교육을 제공하고 국가 공무원보다 민간산업들을 위한 공학자들을 훈련하기 위해 설치한 에콜 상트랄Ecole Centrale도 강력하게 엘리트주의적인 기관이 되었고 19세기 후반에는 국가기술단의

특징도 일부 보였다고 지적한다. John H. Weiss, *The Making of Technological Man*을 볼 것.

82 Conseil d'Instruction, Ecole Polytechnique, minutes of meetings, t. 5, meeting of September 27, 1812, in Bibliotheque de l'Ecole Polytechnique, archives, Lozere, France.

83 공학자 A. Léon이 1849년에 발표한, 그리고 단순한 실무자conducteurs와 공학자 사이의 차이를 정당화하기 위해 저술한 소책자에서 인용. Kranakis, "Social Determinants of Engineering Practice," pp.28~29; Weiss, "Careers and Comrades," chap.6을 볼 것.

84 "교량과 도로 기술단의 조직 변경 및 공학자들의 모집 방식의 변경에 관련한 법률안에 대해 공공 공사위원회를 대신해 시민(Stourm)이 작성한 보고서(Rapport fait par le citoyen Stourm, au nom du comité des travaux publics, sur le project de loi relatif à des changes dans l'organisation du corps des conducteurs des ponts et chaussées et dans le mode de recrutement des ingénieurs)," *Le Moniteur universel*, December 19, 1848, pp.3606~3610; Dupuit, "Comment doit-on recruter le corps des Ponts et Chaussées," 위의 보고서에 대한 날짜 미상의 응답 원고로는, Dupuit papers, dossier 7, BENPC, uncatalogued.

85 Shinn, *Savoir scientifique et pouvoir social: L'Ecole Polytechnique*, p.119를 볼 것.

86 Ibid., *passim*; Charle, *Les élites de la Republique*; Antoine Picon, "Les années d'enlisement," in Belhoste. et al., *Formation* (1994).

87 Ezra N. Suleiman, *Elites in French Society* (Princeton, N.J.: Princeton University Press, 1978), p.163, p.165. 영국의 공무원 조직에 관해서는 위의 책 chapter 5를 볼 것.

88 Suleiman, *Elites in French Society*, p.168.

89 Ezra N. Suleiman, *Politics, Power and Bureaucracy in France* (Princeton, N.J.: Princeton University Press, 1974), p.262; Charles R. Day, *Education for the Industrial World* (Cambridge, Mass.: MIT Press, 1987), p.10.

90 Suleiman, *Politics, Power and Bureaucracy in France*, p.246. 여기서 그는 Jean-Claude Thoenig, *L'ère des technocrates* (Paris: Editions d'Organisation, 1973)를 비판하고 있다.

91 dossier 9 Dupuit file, BENPC, uncatalogued의 뒤피의 편지를 볼 것. 예를 들어, 1827년 12월에 코모이는 뒤피가 르망에서 매우 지루해했기 때문에 애도의 편지를 보냈다. 1827년 10월에 줄리앙은 느베르Nevers가 르망 못지않게 따분하지만, 자신은 책임자들, 직원들, 사교계, 여성 같은 파리의 즐거움들을 그리워하지 않을 만큼 수로 건설에 몰두하고 있다는 편지를 썼다. 그는(감사실장) 비케Becquey와 나비에의 살롱에서 인상적이었던 뒤피와는 다르다고 덧붙였다.

92 Lenard Berlanstein, *Big Business and Industrial Conflict in Nineteenth-Century France* (Berkeley: University of California Press, 1991), chap.3, p.113에서 재인용.

93 폴리테크니크 출신들의 경력에 관해서는 Charles P. Kindleberger, "Technical Education

and the French Entrepreneur," in E. C. Carter et al.(eds.), *Enterprise and Entrepreneurs in Nineteenth – and Twentieth-Century France* (Baltimore: Johns Hopkins University Press, 1976); Theodore Zeldin, *France, 1848-1945* (Oxford: Clarendon Press, 1973), vol.1; Berlanstein, *Big Business and Industrial Conflict in Nineteenth-Century France*를 볼 것.

94 Elwitt, *The Making of the Third Republic*, p.155.

95 Walter Rice Sharp, *The French Civil Service* (New York: Macmillan, 1931), p.33에서 재인용.

96 Chardon, *L'administration de la France*, p.56, p.58; 또한 Chardon, *Le Pouvoir administratif*, p.34. 카르동은 정치적 간섭에 반대했는데, 특히 86명의 책임자들(prefects)의 존재가 의미하는 행정기관의 파열에 반대했다.

97 Henri Fayol, *General and Industrial Management [1916]* (London: Sir Isaac Pitman and Sons, 1949), p.33.

98 '콩쿠르concours'에 관해서는 Zeldin, *France, 1848-1945*, vol.1, 118ff.; Robert Gilpin, *France in the Age of the Scientific State* (Princeton, N.J.: Princeton University Press, 1968), p.103; Sharp, *The French Civil Service*를 볼 것. '콩쿠르'는 제2공화정의 짧은 기간 동안에도 선호되었다. Guy Thuillier, *Bureaucratie et bureaucrates en France au XIXe siècle* (Geneva: Librairie Droz, 1980), pp.334~339; Hippolyte Carnot(Charle, *Hauts fonctionnaires*에서 재인용-)을 볼 것.

99 J.-G. Courcelle-Seneuil, "Etude sur le mandarinat français"(1872), in Thuillier, *Bureaucratie et bureaucrates en France au XIXe siècle*, pp.104~113. 기묘하게도 그는 이 문제를 콩쿠르에 더 크게 의존해 해결하고자 했다.

100 Thuillier, *Bureaucratie et bureaucrates en France au XIXe siècle*, p.346에서 재인용. 조안 리처드Joan Richards는 "Rigor and Clarity," *Science in Context*, 4(1991), p.303에서, 폴리테크니크의 초기 몇 십 년 동안에는 수학이 지적 장점에 대한 객관적 시험으로 높이 평가되어 "공정하고 비귀족적인 능력주의 사회"에 기여했다고 언급한다.

101 하지만 폴리테크니크가 그 자체의 인문학 연구etudes litteraires 시험을 제공하면 이 문제는 해결될 수 있다고 베르트랑은 생각했다. minutes of Conseil de Perfectionnement, Ecole Polytechnique, t.8(1856-1874), meeting of April 28, 1874, pp.342~343, Bibliotheque de l'Ecole Polytechnique, archives, Lozere, France를 볼 것. 또한 Fayol, *General and Industrial Management [1916]*, p.86.

102 Ibid.(Conseil de Perfectionnement), p.359.

103 Louis Fougère, "Introduction générale," to Fougère, *Histoire de l'Administration française dépuis 1800*, pp.3~9.

104 Stanley Hoffmann, "Paradoxes of the French Political Community," in Hoffmann. et al.,

In Search of France (Cambridge, Mass.: Harvard University Press, 1963), p.17; Ezra N. Suleiman, "From Right to Left," in Suleiman(ed.). *Bureaucrats and Policy Making* (New York: Holmes and Meier, 1985).

105 Herbert Luethy, *France against Herself*, translated by Eric Mosbacher (New York: Praeger, 1955), p.38; Pierre Legendre, *Histoire de l'administration de 1750 jusqu'à nos jours*, pp.536~537; Hoffmann, "Paradoxes of the French Political Community," p.9; Roger Gregoire, *La fonction publique*, p.70; Thomas R. Osborne, *A Grande Ecole for the Grand Corps* (Boulder: Social Science Monographs, 1983), p.82, p.86.

106 Gregoire, *La fonction publique*, pp.101~104.

107 Suleiman, *Politics, Power, and Bureaucracy in France*, pp.280~281

108 Sharp, *The French Civil Service*, vii.

109 Suleiman, *Elites in French Society*, p.171.

110 Ibid., p.173.

111 Fayol, *General and Industrial Management [1916]*, p.82, p.86.

112 Gerard Brun, *Technocrates et technocratie en France, 1918-1945* (Paris: Editions Albatross, 1985), p.49, p.74.

113 Richard F. Kuisel, *Capitalism and the State in Modern France* (Cambridge, U.K.: Cambridge University Press, 1981).

114 Zeldin, *France, 1848-1945*, vol.2, p.1128은 1963년에도 대부분의 "기술관료들"은 기술적 지식보다도 일반인 문화가 그들의 성공의 기초였다고 생각했다고 기록한다. 그것과 반대되는, 기술관료들은 그들의 지식에 갇혀 있는 순수 이론가들이라는 견해도 종종 제시되지만[예: Philippe Bauchard, *Les technocrates et le pouvoir* (Paris: Arthaud, 1966), pp. 9~11], 이것은 신뢰하기 어렵다.

115 Brun, *Technocrates et technocratie en France*, p.82에서 재인용.

116 Bertrand de Jouvenel, *The Art of Conjecture* (New York: Basic Books, 1967). Jean Meynaud, "A propos des spéculations sur l'avenir. Esquisse bibliographique," *Revue française de la science politique*, 13(1963); Gilpin, *France in the Age of the Scientific State*, p.231 등도 볼 것.

117 François Fourquet, *Les comptes de la puissance* (Paris: Encres Recherches, 1980). John Hackett and Anne-Marie Hackett의 연구 *Economic Planning in France* (Cambridge, Mass.: Harvard University Press, 1963)는 프랑스에서는 계량경제학의 모델구성 및 그 밖의 선진적인 수량적 기법들을 1960년까지는 그다지 사용하지 않았다고 지적한다.

118 John Servos, "Mathematics and the Physical Sciences in America," *Isis*, 77(1986).

* *Congressional Record*, 80(1936), p.7685에서 발췌. 내가 이런 호언장담의 일부를 인용하기는 하지만 이것이 발언자인 악명 높은 인종주의를 애호한다는 뜻은 아니라는 점을 밝혀둬야 할 것이다.

1 Todd Shallat, "Engineering Policy," *The Public Historian*, 11(1989); Daniel Calhoun, *The American Civil Engineer* (Cambridge, Mass.: MIT Press, 1960), pp.141~181.

2 Harold L. Ickes, "Foreword," to Arthur Maass, *Muddy Waters* (Cambridge, Mass.: Harvard University Press, 1951), ix.

3 Peter Lundgreen, "Engineering Education in Europe and the U.S.A., 1750-1930," *Annals of Science*, 47(1990); Theodore M. Porter, "The Promotion of Mining and the Advancement of Science," *Annals of Science*, 38(1981).

4 Gene D. Lewis, *Charles Ellet, Jr* (Urbana: University of Illinois Press, 1968), p.11; Shallat, "Engineering Policy," pp.12~14.

5 Chandler, *The Visible Hand*; Keith W. Hoskin and Richard R. Macve, "Accounting and the Examination," *Accounting, Organizations, and Society*, 11(1986).

6 Lewis, *Charles Ellet, Jr*, pp.17~20, p.54; Daniel Calhoun, *The Intelligence of a People* (Princeton N.J.: Princeton University Press, 1973), pp.301~304.

7 예를 들어, Albert Fink, *Argument … before the Committee on Commerce of the United States House of Representatives* (Washington, D.C.: USGPO, 1882), *March 17-18, 1882* (1882).

8 Gautam Pingle, "The Early Development of Cost-Benefit Analysis," *Journal of Agricultural Economics*, 29(1978). 서부 토지의 가치에 관한 1808년의 Gallatin 보고서에서부터 시작한 미국의 발전에 관해서는 Lawrence G. Hines, "Precursors to Benefit-Cost Analysis in Early United States Public Investment Projects," *Land Economics*, 49(1973)를 볼 것.

9 Samuel P. Hays, "Preface, 1969," *Conservation and the Gospel of Efficiency* (Cambridge, Mass.: Harvard University Press, 1969); Robert Wiebe, *The Search for Order* (New York: Hill and Wang, 1967); Thomas Haskell, *The Emergence of Professional Social Science*.

10 House of Representatives, Committee on Flood Control, *Flood Control Plans and New Projects: Hearings …*, April 20 to May 14, 1941, 495. 분명히, 맥스파덴은 군중과 겨루기를 하고 있었으며, 사실상 그의 증언에서 경제적 수량화를 상당히 효과적으로 사용했다. 그가 오클라호마 석유회사의 이해관심에 의해 지원을 받았다는 것은 흠이 되지 않았다. 일단 그 집을 지키기에 충분하게 댐을 멀리 옮겼다.

11 Wright, "The Value and Influences of Labor Statistics"(1904), William Brock, *Inves-*

tigation and Responsibility (Cambridge, U.K.: Cambridge University Press, 1984), p.154에서 재인용.

12　William E. Nelson, *The Roots of American Bureaucracy, 1830-1900* (Cambridge, Mass.: Harvard University Press, 1987), chap.4; Martin J. Schiesl, *The Politics of Efficiency* (Berkeley: University of California Press, 1977).

13　Martin G. Glaeser, *Outlines of Public Utility Economics* (New York: Macmillan, 1927), chap.6. 글래서Glaeser는 시설 자본에 대한 객관적인 가치평가가 불가능하다는 것에 대해 주간상무위원회에 동의했으며, 대신 전문가들의 판단에 의존할 것을 요청했다(p.438, p.500, pp.638~639, p.696).

14　Morton Keller, *Regulating a New Economy* (Cambridge, Mass.: Harvard University Press, 1990), p.50, p.63; also Brock, *Investigation and Responsibility*, pp.192~200.

15　Morton Keller, *Affairs of State*, p.428; , Stephen Skrowonek, *Building a New American State* (Cambridge, U.K.: Cambridge University Press, 1982), pp.144~151.

16　Keller, *Affairs of State*, pp.381~382; Hays, *Conservation and the Gospel of Efficiency*, p.93, p.213; Martin Reuss and Paul K. Walker, *Financing Water Resources Development* (Fort Belvoir, Va.: Historical Division, Office of the Chief of Engineers, 1983), p.14.

17　61st Cong., 2d sess., 1910, H.D. 678 [5732], 텍사스의 애런사스 패스항Aransas Pass Harbor에서 투르틀 코브Turtle Cove를 거쳐 코퍼스 크리스티Corpus Christi까지의 운하. 또 다른 사례로는 Ralph D. Gray, *The National Waterway* (Urbana: University of Illinois Press, 1989), pp.222~223을 볼 것.

18　N.A. 77/496/3, Board of Engineers for Rivers and Harbors, Administrative Files, p.91, p.125.

19　69th Cong., 1st sess.(1925), H.D. 125, Skagit River, Washington, 21. 아니면 계산은 뒤집힐 수도 있었다. 예상 홍수피해의 자본화된 가치는 허용 가능한 지출의 한계를 정의했다. 이 방법은 Gilbert F. White, "The Limit of Economic Justification for Flood Protection," *Journal of Land and Public Utility Economics*, 12(1936)의 비판을 받았다.

20　69th Cong., 1st sess.(1925), H.D. p.123.

21　73d Cong., 1st sess.(1933), H.D. p.31 [9758], Kanawha River, West Virginia.

22　73d Cong., 1st sess.(1933), H.D. p.45, Bayou Lafourche, Louisiana.

23　Richard J. Hammond, "Convention and Limitation in Benefit-Cost Analysis," *Natural Resources Journal*, 6(1966).

24　William J. Barber, *From New Era to New Deal* (Cambridge, U.K.: Cambridge University Press, 1985), p.21.

25　홍수통제 기획에서 계산한 평균 편익-비용 비율은 지역에 따라 크게 달랐다. 대부분의 지

역에서 (낙관적 회계에 따르면) 그것은 1.6에서 3.0 또는 4.0 사이였지만, 미시시피 하류에서는 4.8, 미시시피 상류에서는 13.7이었다. 공병대가 그런 편익-비용 비율에 따라 기획의 우선순위를 부여하지 않은 것은 부대의 교부금을 더 균등하게 배분할 필요성으로 설명할 수 있다. H. R., Committee on Public Works, *Costs and Benefits of the Flood Control Program*, 85th Cong., 1st sess., House Committee Print no. 1, April 17, 1957을 볼 것.

26 Joseph L. Arnold, *The Evolution of the 1936 Flood Control Act* (Fort Belvoir, Va.: Office of History, U.S. Army Corps of Engineers, 1988).

27 Theodore J. Lowi, "The State in Political Science," *American Political Science Review*, 86(1992), p.5.

28 *Congressional Record*, 90(1944), p.8241, p.4221.

29 John Overton in *Congressional Record*, 83(1938), p.8603.

30 H.R., Committee on Flood Control, *Comprehensive Flood Control Plans: Hearings*, 76th Cong., 3d sess., 1940, p.13; idem, *Flood Control Plans and New Projects: 1943 and 1944 Hearings*, 78th Cong., 1st and 2d sess., p.20.

31 1.03의 비율은 펜실베이니아의 리하이강Lehigh River에 관한 기획을 가리킨다. H.R., Committee on Flood Control, *Flood Control Bill of 1946*, 79th Cong., 2d sess., April-May 1946, pp.23~36. 니치스-안젤리나 기획에 관해서는 H.R., Committee on Public Works, Subcommittee on *Rivers and Harbors, Rivers and Harbors Bill of 1948*, 80th Cong., 2d sess., February-April 1948, p.189. 프레스콧 부시에 관해서는 Senate, Committee on Public Works, Subcommittee on Flood Control-Rivers and Harbors, *Hearings: Rivers and Harbors — Flood Control*, 1954, 83d Cong., 2d sess., July 1954, p.20.

32 출처는 모두 *Congressional Record*, 80(1936), p.8641, p.7758, p.7576.

33 John A. Ferejohn, *Pork Barrel Politics* (Stanford, Calif.: Stanford University Press, 1974), p.21에서 재인용.

34 H.R., Committee on Public Works, Subcommittee to Study Civil Works, *Study of Civil Works: Hearings*, 82d Cong., 2d sess., March-May 1952, 3 vols., part 1, p.31, 11.

35 H.R., Committee on Flood Control, *Hearings: Comprehensive Flood Control Plans*, 75th Cong., 1st sess., March-April 1938, pp.306~307; H.R., Committee on Public Works, Subcommittee on *Flood Control, Hearings: Deauthorize Project for Dillon Dam, Licking River, Ohio*, 80th Cong., 1st sess., June 1947, p.81. 댐에 반대한 사람들 가운데 코리 Corry는 음울하게 암시했다. "솔직히, 우리는 그들의 동기에 대해 의문을 갖고 있다. 우리는 그들의 동기가 무엇인지 모른다. 우리는 그들이 이 청문회에서 그것을 밝혔다고 생각하지 않는다." 사실 반대자들은 불행히도 상류에 있었고, 그들은 그들의 집과 땅이 수백 피트의 물속에 수몰될 것임을 알게 되었다.

36 미시시피강 통제의 정치에 관해서는 John McPhee, *The Control of Nature* (New York:

Farrar, Straus & Giroux, 1989), part 1, "Atchafalaya"을 볼 것.

37 H. R., Committee on Flood Control, *Hearings*, 1938, p.914, 927~928.

38 Ibid., p.927, p.912.

39 H. R., Committee on Flood Control, *Flood Control Plans and New Projects: Hearings* …, April-May 1941, p.728~729, 732.

40 Ibid., p.824, p.825. 튀지 않는 성향의 휘팅턴도 마침내 이 문답 교환을 견딜 수 없었다. "육군 공학자들이 여기 있는 우리보다 정치적 압력으로부터 더 자유롭지는 않을 것이라고 나는 믿는다. 그렇지만 부당하거나 부정한 압력은 없다고 생각한다."

41 H. R., Committee on Public Works, Subcommittee on Rivers and Harbors, *Rivers and Harbors Bill, 1948: Hearings* …, 80th Cong., 2d sess., February-April 1948, p.198~199, 201.

42 N.A. 77/111/1552/7249, "Outline of Review. Project Application," dated August 31, 1935; H. R., Committee on Flood Control, *1946 Hearings*, pp.119~122.

43 H. R., Committee on Flood Control, *1946 Hearings*, p.392, p.675; Senate, Committee on Public Works, Subcommittee on Flood Control and River and Harbor Improvements, *Hearings: Rivers and Harbors — Flood Control Emergency Act*, 80th Cong., 2d sess., May-June 1948, pp.77~82. 그러한 언어는 기획 보고서들에서도 찾아볼 수 있을 것이다. 예를 들어, 76th Cong., 2d sess., H. D. 655 [10504], *Fall River and Beaver Creek, S. Dak.* 적어도 한때 상원은 심지어 공병대의 보고서가 없는 경우에도 새로운 댐 건설을 추천했다. 이것은 코네티컷강Connecticut River의 홍수통제를 원했던 매사추세츠와 코네티컷, 그리고 수몰되는 땅의 대부분이 속하면서도 편익은 거의 없었던 버몬트 사이의 여러 해에 걸친 의견 대립의 끝에 일어난 일이었다. 상원의원 오버턴은 그 절충을 예외적인 것이라고 규정하기 위해 세심한 주의를 기울였으며, 그러므로 그것은 전례가 되지 않았다. *Congressional Record*, 90(1944), p.8557을 볼 것.

44 H. R., Committee on Flood Control, *1943 and 1944 Hearings*, vol.1, 1943, pp.190~233, p.196, p.225에서 재인용.

45 H. R., Committee on Flood Control, Hearings, 1941, pp.512~521, 리틀미주리강Little Missouri River의 홍수통제 기획에 관한 공학위원회의 일부 특별 청문회에서 발췌. 워싱턴에서의 회의에서 공학위원회는 그 기획을 각하했다. 아칸소에서 진행한 새로운 회차의 청문회는 "여러분의 매우 유능한 아칸소 상원의원 밀러Miller의 매우 정력적인 노력에 따른 것"이라고 위원장 토머스 로빈스Thomas M. Robins는 설명했다. 1940년의 공병대의 공식 보고서가 레크리에이션의 편익을 수량화하고 농가 소득의 관대한 증가를 예측하고 그러므로 0.92의 높은 편익-비용 비율을 얻기 위해 이미 '비정규적인' 방법들을 채택한 것을 보면, 과정 전체에 걸쳐 명백하게 그런 노력이 작용했다. 76th Cong., 2d sess., H.D. 837 [10505], *Little Missouri River, Ark.*, p.50을 볼 것.

46　H. R., Committee on Flood Control, *Hearings, 1938*, pp.270~275을 볼 것. 그 청문회에
　　서 매사추세츠 치코피 상공회의소Chamber of Commerce of Chicopee, Massachusetts 대표는 그
　　도시의 코네티컷강의 제방이 실제로 경제적으로 정당화되었고, 공병대의 부정적인 보고
　　서는 공장들의 폐쇄와 그에 따른 실업에서 기인하는 간접 피해를 부적절하게 파악한 데에
　　서 결과했다고 불평했다.

47　공병대는 1950년대 무렵까지는 다목적 물 관리에 대한 격렬한 저항을 통상적으로 겪었다.
　　그런 해석은 개간국의 지지자들 특히 아서 마스Arthur Maass의 『진흙탕 물Muddy Waters』의
　　공병대 공격에서 기원하는 것으로 보인다. 그는 개간국을 집행 부서 내의 합리적·체계적
　　관리의 대표로 만들고 공병대를 의회의 후원을 받는 편협한 선심성 개발 정치pork barrel
　　politics의 대표라고 지목했다. 1940년대 그리고 심지어 1930년대에 하천 통제라는 새로운
　　목표의 추구에서 (편익-비용 비율의 개선에 대해서만이라면) 공병대가, 특히 항운과 홍수
　　통제에 제한된 그것의 권한을 고려할 때 매우 대담했다고 나는 생각한다. 1950년대 후반,
　　공병대는 마스를 자문관으로 편입했다. 그가 뇌물을 받았다는 혐의는 불공정하지만, 공병
　　대와의 전문적인 연관은 그 기관에 대한 그의 의견에 분명히 영향을 미쳤다. 그는 그 시기
　　에 마침내 공병대가 다목적 하천 계획을 채택했다고 주장했다. Martin Reuss, *Water Re-
　　sources, People and Issues: Interview with Arthur Maass* (Fort Belvoir, Va.: Office of
　　History, U.S. Army Corps of Engineers, 1989), p.6을 볼 것.

48　E. W. Opie의 증언, H. R., Committee on Flood Control, *1946 Hearings*, pp.86~90.

49　Ibid 참고. 인용문들의 출처는 Senate, Committee on Commerce, *Hearings: Flood Con-
　　trol*, 79th Cong., 2d sess., June 1946, p.157, 228이다. 상류의 이익은 조금 더 실질적이
　　었다. 버지니아 주지사의 요청은 적어도, 계산된 편익-비용 비율 정도의 비용으로 댐의 높
　　이를 20피트 낮추도록 상원을 설득했다. *Congressional Record*, 92(1946), p.7087을 볼
　　것. 1934년 공병대의 보고서는 라파한녹강의 홍수를 "중요하지 않은 것"으로 불렀다.
　　N.A. 77/111/1418/7249.

50　1946년 청문회는 H.R., Committee on Rivers and Harbors이다(*Hearings … on … the
　　Improvement of the Arkansas River and Tributaries …* , 79th Cong., 2d sess., May 8-9,
　　1946), p.3, p.113에서 재인용; 또한 Jamie W. Moore and Dorothy P. Moore, *The Army
　　Corps of Engineers and the Evolution of Federal Flood Plain Management Policy*,
　　pp.31~33도 볼 것.

51　Senate, Committee on Commerce, *Hearings: Rivers and Harbors*, 79th Cong., 2d sess.,
　　June 1946, p.2, pp.39~45.

52　Ibid., p.61, p.75, p.86, pp.142~143.

53　Ibid., pp.121~122, pp.125~126, p.131. 공병대의 반박 보고서는 pp.143~153에 수록되어
　　있다.

54　Senate, Committee on Commerce, Subcommittee on Rivers and Harbors, *Hearings:*

Construction of Certain Public Works on Rivers and Harbors, 66th Cong., 1st sess., June 1939, p.6, p.10.

55 H. R., Committee on Rivers and Harbors, *Hearings ··· on the Improvement of Waterway Connecting the Tombigbee and Tennessee Rivers*, Ala. and Miss., 79th Cong., 2d sess., May 1-2, 1946. pp.3~117에는 1939 report가 수록되어 있다. pp.119~178 the 1946 revision, p.179 등 여러 곳. the hearings, p.185에서 재인용.

56 H. R., Committee on Appropriations, *Investigation of Corps of Engineers Civil Works Programs: Hearings before the Subcommittee on Deficiencies and Army Civil Functions*, 82d Cong., 1st sess., 1951; 2 vols., vol.2, pp.154~155에서 재인용. 나중에는 환경의 가치를 어떻게 분석에 포함할 것인가에 관한 논쟁이 있었다. Jeffrey K. Stine, "Environmental Politics in the American South," *Environmental History Review*, 15(1991)을 볼 것.

57 여러 가능한 사례들 가운데 H. R., Committee on Public Works, Subcommittee on Flood Control, *Deauthorize Dillon Dam* (1947), pp.8~11; Senate, Committee on Public Works, Subcommittee on Flood Control, *1948 Hearings*, pp.100~112; Elmer T. Peterson, *Big Dam Foolishness*(New York: Devin-Adair Co, 1954); William Leuchtenberg, *Flood Control Politics* (Cambridge, Mass.: Harvard University Press, 1953), p.49를 볼 것.

58 H. R., Committee on Public Works, Subcommittee to Study Civil Works, *Study of Civil Works: Hearings* (1952), part 2; idem, *The Flood Control Program of the Department of Agriculture*, Report, 82d Cong., 2d sess., December 5, 1952.

59 H. R., Committee on Flood Control, *1946 Hearings*, p.114를 볼 것.

60 Luna B. Leopold and Thomas Maddock, Jr., *The Flood Control Controversy* (New York: Ronald Press, 1954).

61 H. R., Committee on Flood Control, *1943 and 1944 Hearings*, vol.2 (1944), p.621.

62 CVPS 소장인 할란 배로우스Harlan H. Barrows가 위원장 바쇼어에게 보낸 1944년 3월 15일의 비망록, N.A. 115/7/639/131.5.

63 페이지가 내무성 장관 이케스에게 보낸 1939년 3월 28일자 비망록, N.A. 115/7/639/131.5. 그의 협력의 사례는 파인 플랫 댐Pine Flat dam(킹스강)과 프리안트 댐Friant dam을 계획을 포함하고 있었다.

64 이케스가 루스벨트에게 보낸 1939년 7월 19일의 비망록, N.A. 115/7/639/131.5.

65 Donald Worster, *Rivers of Empire* (New York: Pantheon, 1985), chap.5; Marc Reisner, *Cadillac Desert* (New York: Viking Penguin, 1986).

66 개간국의 서류는 Kings River Water Association의 W. P. Boone이 1936년 1월 2일에 보낸 서한으로 시작한다(N.A. 115/7/1643/301). 킹스강에 정부가 댐을 건설할 가능성은 연방전력위원회Federal Power Commission에 의해 고지되었다. Ralph R. Randell, *Report to*

the Federal Power Commission on the Storage Resources of the South and Middle Forks of Kings River, California (Washington, D.C.; Federal Power Commission, June 5, 1930)을 볼 것. 그것의 사본은 N.A. 115/7/1643/에 있다. B. W. Gearhart의 법안은 H.R. 1972, dated February 7, 1939이다.

67 "Kings Park and Pine Flat Tie Up Fails," San Francisco Chronicle, March 30, 1939, p.12; letter, L. B. Chambers to Harry L. Haehl, August 18, 1938, N.A., San Bruno, Calif., R.G. 77, uncatalogued general administrative files(1913-1942) of main office, South Pacific Division, Corps of Engineers, Box 17, FC 501. 물 회사들과 공병대 사이의 더 많은 서한교환에 관해서는 N.A.(Suitland) 77/111/678/7402/1을 볼 것.

68 매캐슬랜드가 성명 미상의 '수력학 공학자'에게 보낸 1939년 7월 22일의 비망록. S. P. McCasland, Kings River, California. Project Report No.29, (1939년 6월). 둘 모두 N.A. 115/7/642/301을 볼 것.

69 "RA Sterzik"이 작성한 전화 통화 기록 비망록(1939년 2월 25일 자)을 볼 것. 성명미상의 전화 수신자는 3개의 저수지 용적에 대한 연간 편익, 연간 비용 그리고 "보호 등급"(용량을 초과하는 홍수 빈도로서 반비례로 측정된)을 제시하는 도표로 기록했다. 이것은 컨강 Kern River과 관련된 것으로, 곧 킹스강을 둘러싼 동일한 논쟁에 휩쓸려 들어갔다. N.A., San Bruno, R.G. 77, accession no.9NS-77-91-033, Box 3, folder labeled "Kern River Survey."

70 주무 공학자 스틸이 공학위원회에 보낸, 78만 에이커-피트의 저수지를 추천하는 1939년 5월 6일의 비망록, 공병대 참모 타일러M.C. Tyler가 공병사단장 한넘에게 보낸 1939년 5월 16일의 서한. (이 서한에 대한) 공병연대장 체임버스가 공병사단장을 통해 공병대장에게 보낸 1939년 5월 29일의 '의견', 한넘이 공학위원회에 보낸 1939년 6월의 서한, 이것들은 모두 N.A. 77/111/678/7402/1에 포함되어 있음. 1939년 5월 18일, 체임버스가 한넘에게 보낸 memorandum, n N.A.(San Bruno), general administrative files, main office of South Pacific Division of Corps, Box 17, FC 501. 서류 속에 있는 (일자 미상의) 그래프들의 위치는 그것들을 스틸이 준비했거나 그의 지휘 아래 준비했음을 시사한다. 그들이 더 작은 댐을 찬성했기 때문에 개간국의 서류가 공병연대장의 원본 보고서와 함께 사본을 포함하고 있는 것은 중요하고 아마도 놀라운 일이다.

71 휠러(공병대장)가 페이지(개간국 위원장)에게 보낸 1939년 12월 11일의 서한을 볼 것. 같은 날 페이지는 덴버에 있는 수석 공학자에게 보낸 비망록에서 그 변경을 추천했다. N.A. 115/ 7/642/301을 볼 것.

72 주 71에 있는 페이지의 비망록을 볼 것. 또한 덴버의 수석 공학자가 페이지에게 보낸 1939년 10월 28일의 서한도 볼 것. 나는 그 서한을 files of the Corps, N.A. 77/111/678/7402 에서 찾았다.

73 공병대는 캘리포니아에서는 이런 4분의 1의 절반만을 관개에 돌리고자 했다. 공병연대장

체임버스가 공병사단장 한넘에게 보낸 1939년 6월 15일의 비망록과 한넘이 공학위원회에 보낸 1939년 6월 16일의 memoranda를 볼 것. N.A.(San Bruno), R.G. 77, general administrative files of main office, South Pacific Division, Box 17, FC 501.

74 편익의 이러한 균등 분할은 매캐슬랜드의 Kings River Project(주 68)에서 제안되었다. 특히 공병대의 서류철 속의 보고서 요약을 볼 것. 그것에는 공병사단장 한넘의 비판적 의견과 공병대 참모 로빈스에게 보내는 마찬가지로 비판적인 1940년 1월 16일의 서한도 첨부되어 있다. 한넘은 그 기획에서 홍수통제의 편익이 관개의 편익을 크게 능가한다고 주장했다. 그러나 워싱턴의 공병대는 그 무렵 대통령으로부터의 압력을 느끼고 있었고, 대통령에게 합의에 도달했다고 충고하고자 했다. 로빈스가 페이지에게 보낸 1940년 1월 16일의 편지 N.A. 77/111/678/7402/1의 Robins to Page를 볼 것.

75 76th Cong., 3d sess., H.D. 630 [10503], Kings River and Tulare Lake, California … : Preliminary Examination and Survey[공병대에서 작성], 1940년 2월 2일; idem, H.D. 631 [10501], *Kings River Project in California* … : *Report of the Bureau of Reclamation*, 1940년 2월 12일. 공병대 보고서의 성급한 공개에 관해서는 이케스와(국가사원계획청 National Resources Planning Board의) 프레더릭 델라노Frederic Delano가 루스벨트에게 보낸 비망록과 육군장관 해리 우드링Harry Woodring의 설명을 볼 것. N.A.(San Bruno), general administrative files of main office, South Pacific Division of Corps, Box 17, FC 501.

76 루스벨트의 결정은 개간국의 보고서에 인쇄되어 있다(H.D. 631). 공병대의 임무에 관한 그리고 이케스의 언급에 대한 그의 생각에 관해서는 루스벨트가 우드링에게 보낸 1940년 6월 6일의 비망록과 이케스가 루스벨트에게 보내고 같은 날 백악관이 접수한 비망록을 볼 것. 두 문서의 사본은 모두 N.A.(San Bruno), general administrative files, main office, South Pacific Division of Corps, Box 17, FC 501.

77 Arthur Maass and Raymond L. Anderson, … *And the Desert Shall Rejoice* (Cambridge, Mass.: MIT Press, 1978), pp.264~265; Norris, Jr. Hundley, *The Great Thirst* (Berkeley: University of California Press, 1992), p.261.

78 H.R., Committee on Flood Control, *Hearings, 1941*, 97ff.; idem, *1943 and 1944 Hearings*, vol.1, 249ff.; vol.2, 588ff.; *Congressional Record*, 90(1944), pp.4123~4124.

79 Maass and Anderson, … *And the Desert Shall Rejoice*, p.260. 공병대는, 분명히 정치적 편의의 이유에서 킹스강에서의 편익의 할당을 때에 따라 변경했다. 마스의 『진흙탕 물』 chap.5를 볼 것. 그러나 이러한 변경은 또한, 새크라멘토 공병연대의 1946년 10월 28일의 보고서인 "Summary of Cost Allocation Studies on Authorized Pine Flat Reservoir and Related Facilities, Kings River, California" 등과 같은 내부 문서에 나타난 할당 방법에 대한 추상적인 토론이 증거하는 진정한 불확실성을 반영했다. 이 문서의 사본을 제공해준 새크라멘토 공병연대 설계실의 앨런 루이Allen Louie에게 감사한다.

80 Senate, Committee on Irrigation and Reclamation, Subcommittee on Senate Resolution

295, *Hearings: Central Valley Project, California*, 78th Cong., 2d sess., July 1944; Fresno Bee, 1941년 4월 25일, 26일, 29일, 5월 29일, 9월 27일, 30일, 10월 5일, 23일 자. 또한 1943년 6월의 일부 신문. 대규모 물 이익들에 대한 반대의 특히 초기의 표현은 1940년 4월 15일에 발표한 전단 〈파인 플랫 뉴스the Pine Flat News〉, N.A. 115/7/639/023.

81 H.R., Committee on Public Works, Subcommittee to Study Civil Works, *Economic Evaluation f Federal Water Resource Development Projects: Report ⋯ by Mr. [Robert] Jones of Alabama*, 2d Cong., 2d sess., House Committee Print no.24, December 5, 1952, pp.14~18. 때때로 개간국은 농업총수익을 농업순수익으로 변환조차 하지 않았다. The Commission on Organization of the Executive Branch of the Government에 제출된 A. B. Roberts, *Task Force Report on Water Resources Projects: Certain Aspects of Power, Irrigation and Flood Control Projects*을 볼 것. Appendix K(Washington, D.C.: USGPO, January 1949), p.21.

82 The Commission on Organization of the Executive Branch of Government에 제출된 Leslie A. Miller et al., *Task Force Report on Natural Resources: Organization and Policy in the Field of Natural Resources*, Appendix K(Washington, D.C.: USGPO, January 1949), p.23.

83 H.R., Committee on Public Works, Subcommittee to Study Civil Works, *Economic Evaluation*, p.7; idem., *Hearings*, pp.489~490; H.R., Committee on Flood Control, *1943 and 1944 Hearings*, vol.2(1944), p.640, p.633. 개간국은 심지어 이런 형식의 회계를 강유역 전체에 적용했으며 따라서 더 좋은 기획들이 최악의 기획들을 보호할 수 있었다. Reisner, *Cadillac Desert*, pp.140~141. Elizabeth Drew(*Dam Outrage*, p.56)는 비용 편익 "측정이 콜로라도의 산꼭대기 피크스 피크Pikes Peak에서도 바나나를 키울 수 있음을 입증하기에 충분하게 유연하다"라는 발언을 인용했다. 이 발언은 개간국으로부터만 영감을 얻을 수 있었던 것으로, 개간국은 콜로라도의 산악과 고원에서 특히 창의적이어야 했다.

84 John M. Clark, Eugene L. Grant and Maurice M. Kelso, *Report of Panel of Consultants on Secondary or Indirect Benefits of Water-Use Projects* (1952년 6월 26일) p.3, p.12. (아래에서 논의하는) The F.I.A.R.B.C. *Proposed Practices*에 대한 개간국의 승인 거부는 이 소책자를 만드는 기회가 되었다. 이 보고서의 사본은 N.A. 315/6/4에 있다.

85 H.R., Committee on Public Works, Subcommittee to Study Civil Works, *The Civil Functions Program of the Corps of Engineers, United States Army. Report ⋯ by Mr. Jones of Alabama*, 82d Cong., 2d sess. December 5, 1952, p.6은 1930년 이래 공학위원회가 조사 및 예비보고서의 55.2%에 대해 반대하는 결정을 했다고 기록했다. 다수의 거부된 기획들은 나중에, 편익을 더 광범하게 정의하게 됨에 따라 승인되었다. 그렇다고 하더라도 공병대는 그것의 비용-편익 척도를 사용해 의심스러운 기획들을 지연시켰다.

86 1938년 새크라멘토 공병연대장인 체임버스는 네바다의 홈볼트강Humboldt River 기획에 반

대하기로 결정했다. 샌프란시스코의 공병사단장인 한넘은 그 기획에서 물의 가치가 에이커-피트당 단지 1달러로 산정된 반면 남캘리포니아의 남부의 도시 사람들은 20배 이상의 높은 가치를 인정받았다고 불평했다. 한넘은 아마도 확신을 가지고 체임버스에게 분석을 정당화하라고 요구했으며, 그래서 그는 그것을 상당히 자세하게 실행했다. N.A.(San Bruno), general administrative files, main office, South Pacific Division of Corps, Box 17, FC 501. 메뚜기 계산은 1987년에 쓴 윌리엄 휘플 2세william Whipple, Jr.의 미공개 자서전에 언급되어 있다. 이것은 archives of the Office of History, Army Corps of Engineers에 보관되어 있다. 공병대의 공학자 숫자에 관해서는 U.S. Commission on Organization of the Executive Branch of Government, *The Hoover Commission Report* (New York: McGraw-Hill, 1949; reprinted, Westport, Conn.: Greenwood Press, 1970), p.279를 볼 것.

87 River and Harbor Circular Letter no.39(1936년 6월 9일) N.A. 77/142/11에 수록. 경제적 분석에 관한 다른 초기의 회람들은 R&H 43(1936년 6월 22일); R&H 46(1938년 8월 12일); R&H 49(1938년 8월 23일); R&H 42(1939년 8월 11일); R&H 43(1939년 8월 14일); R&H 62(1939년 12월 27일); R&H 29(1940년 6월 1일); R&H 43(1940년 8월 30일)이 있다. 이것들은 N.A. 77/142/11-16에서 찾을 수 있다. 1939년과 1940년의 많은 회람은 경제적 절차들의 정부기관 간 조화에 관심이 있다. 1950년대 후반에서 1960년대 초반 사이의 일부 설명서들은 Office of History, Army Corps of Engineers, XIII-2, 1956-62 Manuals에서 찾을 수 있다.

88 J. R. Brennan가 War Department, Corps of Engineers, Los Angeles Engineer District를 위해 작성한 필사본 소책자 *Benefits from Flood Control. Procedure to be followed in the Los Angeles Engineer District in appraising benefits from flood control improvements*, 1943년 12월 1일(초기의 판본들은 1939년 10월 1일, 1940년 4월 15일) N.A., Pacific Southwest Region(Laguna Niguel, California), 77/800.5.에서 재인용. 공병대장은 이 소책자를 일반적으로 구속력이 있는 것으로 승인하지는 않으면서 다른 공병연대들에 회람하는 것을 허용했다.

89 H.R., Committee on Flood Control, *Hearings on Levees and Flood Walls, Ohio River Basin*, 75th Cong., 1st sess., June 1937, pp.140~141.

90 H.R., 76th Cong., 3d sess.(1940), H.D. 719 [10505], *Walla Walla River and Tributaries, Oregon and Washington*, p.17에는 "잠재적 피해(4만 3000달러)"보다 훨씬 작은 평균적인 역사적 피해(1만 3888달러)의 사례가 있다. 이러한 방법에 대한 공식적인 논의는 Corps of Engineers, *Los Angeles Engineer District, Benefits from Flood Control*, chaps. 1~2를 볼 것. 이런 일반적 방법은 종종 기획 보고서에서, 그리고 때로는 심지어 의회 청문회에서 인용되었다. 예컨대 H.R., Committee on Flood Control, *Hearings, 1938*, p.207.

91 76th Cong., 2d sess., 1940, H.D. 479 [10503], *Chattanooga, Tenn. and Rossville*, Ga., pp.29~30, p.33.

92 "Memorandum of the States of Colorado, Kansas, and Nebraska with Reference to a Flood Control Plan for the Republican River Basin," July 13, 1942; "Memorandum from Kansas City district engineer A. M. Neilson to division engineer," April 11, 1941, 둘 모두 N.A. 77/111/1448/7402.

93 Letter, C. L. Sturdevant, division engineer, to Thomas M. Robins, office of chief of engineers, December 11, 1939, N.A., 77/111/1448/7402; 또한 H.R., 76th Cong., 3d sess. (1940), H.D. 842 [10505], *Republican River, Nebr. and Kans.*(Preliminary Examination and Survey).

94 그 합의는 주로 두 기관 중 어느 하나가 생각했던 대부분의 기획들을 하나로 묶는 것으로 구성되었다. 리퍼블리컨강에 관해서는 *Congressional Record*, 90(1944), e.g., at 4132에 광범한 토론이 있다. 기획 조사에 대해서는 81st Cong., 2d sess.(1949-1950), H.D. 642 [11429a], *Kansas River and Tributaries, Colorado, Nebraska, and Kansas*를 볼 것. 또한 Wolman et al., Report도 볼 것.

95 H.R., Committee on Public Works, Subcommittee to Study Civil Works *Study of Civil Works*, 25; idem, *Civil Functions of Corps*, 34(both 1952).

96 J. L. Peterson of the Ohio River Division of the Corps, 1954, Moore and Moore, *The Army Corps of Engineers and the Evolution of Federal Flood Plain Management Policy*, pp.37~39에서 재인용.

97 휠러에 관해서는 H.R., Committee on Rivers and Harbors, *Hearings on Tombigbee and Tennessee*, p.185를 볼 것. 이사벨라 저수지에 관해서는 *Definite Project Report. Isabella Project. Kern River, California. Part VII — Recreational Facilities* (August 27, 1948), Appendix A. "Preliminary Report of Recreational Facilities by National Park Service," in N.A.(San Bruno), R.G. 77, accession no.9NS-77-91-033, Box 2를 볼 것. 전문가의 조사에 관해서는 U.S. Department of the Interior, National Park Service, *The Economics of Public Recreation: An Economic Study of the Monetary Value of Recreation in the National Parks* (Washington, D.C.: Land and Recreational Planning Division, National Park Service, 1949)을 볼 것. 의회는 1932년의 법률에 따라 공병대가 요트, 하우스보트 등으로 수로 교통을 지원할 수 있도록 승인했다. Anthony F. Turhollow, *A History of the Los Angeles District, U.S. Army Corps of Engineers* (Los Angeles: Los Angeles District, Corps of Engineers, 1975)를 볼 것.

98 Senate, Committee on Public Works, Subcommittee on Flood Control — Rivers and Harbors, *Hearings: Evaluation of Recreational Benefits from Reservoirs*, 85th Cong., 1st sess., March 1957, p.33.

99 '객관성'의 필요는 메인주의 에드먼드 머스키Edmund Muskie가 제기했다. 그에 앞서 예산국의 엘머 스타츠Elmer Staats는 판단의 요소에 대해 이야기했다. Senate, Committee on Pu-

blic Works, Subcommittee on Flood Control — Rivers and Harbors, *Hearings: Land Acquisition Policies and Evaluation of Recreation Benefits*, 86th Cong., 2d sess., May 1960, p.151. 또한 U.S. Water Resources Council, *Evaluation Standards for Primary Outdoor Recreation Benefits* (Washington, D.C.: USGPO, June 4, 1964)도 볼 것.

100 N.A. 315/2/1, first file, called "Interdepartmental Group," 1943-1945. 프라이스의 논문은 앨라배마-쿠사강Alabama-Coosa river 체계에 제안된 댐에 관한 것이었다.

101 N.A. 315/2/1, 1st meeting, January 26, 1944.

102 N.A. 315/2/1, meetings 12(January 25, 1945), 23(December 27, 1945), 24(January 31, 1946), 27(April 25, 1946).

103 N.A. 315/6/1, 1st meeting, April 24, 1946. 구성원은 공병대의 홍수통제 부서장 비어드, 개간국의 기획설계 부장 딕슨J. W. Dixon, 연방전력위원회 강 유역 부서장 위버F. L. Weaver, 농업성 장관실의 위킹E. H. Wiecking이었다. 2명의 직원 구성원은 농업성의 백N. A. Back과 개간국의 맥라플린G.E. McLaughlin으로 경제학자들이었다. 여기에 2차 회의에 참석한 농업성의 리건M. M. Regan도 추가해야 할 것이다. 프라이스R. C. Price도 직원이었다.

104 4개 기관들이 사용하는 "편익-비용 실천의 질적 측면"에 관한 첫 번째 진행보고서는 소위원회 29차 회의록에 첨부된다. "편익-비용 실천의 측정 측면"에 관한 두 번째 진행보고서는 소위원회의 50차 회의를 위해 배포되었다. N.A. 315/6/1 및 315/6/3에 있음. Federal Inter-Agency River Basin Committee, Subcommittee on Benefits and Costs, *Proposed Practices for Economic Analysis of River Basin Projects* (Washington, D.C.: USGPO, 1950), pp.58~70, pp.71~85를 볼 것.

105 사본은 N.A. 315/6/3, 55차 회의에 있다. 315/6/5에 있는 과제 할당에 대해 거의 읽을 수 없는 탄소 사본에서 확인한 주요 저자는 분명히 리건과 위킹이었고, 바이첼E. C. Weitsell과 백의 도움을 받았다.

106 *Proposed Practices*의 2판(1958)은 더 강력한 노선을 취하면서 이차적 편익의 정당성을 모두 부인했다.

107 FIARBC, *Proposed Practices*, p.7, p.27. 이 책은 1958년 판에서 인용된 문장을 삭제하고 "비가시적인 것들" 가운데 풍광 가치와 함께 생명 가치를 열거하면서 일부를 철회했다. 그러나 "경우에 따라 일부 비가시적인 것들에 대해 정당한 지출 가치를 균일하게 허용하는 것이 바람직할 수 있다"라고 선언하는 각주를 추가했다(p.7). 이 주제에 관해서는 Porter, "Objectivity as standardization"을 볼 것.

108 N.A. 315/6/5의 "First Progress Report of the Work Group on Benefits and Costs: Arkansas-White-Red Report"(by a subcommittee of an interagency committee on the Arkansas-White-Red rivers)를 볼 것. 또한 Wallace R. Vawter, "Case Study of the Arkansas-White-Red Basin Inter-Agency Committee," in U.S. Commission on Organization of the Executive Branch of Government [second Hoover Commission], Task

Force on Water Resources and Power, Report on Water Resources and Power (n.p. June 1955), 3 vols., vol.3, pp.1395~1472도 볼 것. 조언 요청에 대해, the F.I.A.R.B.C. 소위원회는 먼저 수령한 가격에는 150의 지수를 그리고 농부가 지불한 가격에는 175의 지수를 추천한 다음, 비율을 일정하게 유지하고 예측이 효과를 낳지 않도록 둘을 215에 설정하기로 결정했다. 기관들은 테네시 밸리 관리청에 필적하는 독립적인 관료기구가 설치될 수 있다는 우려에 의해 이 강 유역위원회에서 협력하도록 내몰렸다. Craufurd D. Goodwin, "The Valley Authority Idea," in Erwin C. Hargrove and Paul K. Conkin (eds.). *TVA* (Urbana: University of Illinois Press, 1983)을 볼 것.

109 H.R., Committee on Public Works, Subcommittee to Study Civil Works, *Study of Civil Works* (1952), p.7. 픽은 마스가 『진흙탕 물』에서 제기한 공병대에 대한 격렬한 비판을, "행정부에 더 강력한 중앙집중적 권한을 부여하는 그의 정부 철학"을 강화하고자 하는 시도라고 일축했다. N.A를 사용한 것도 마스의 범죄 중의 하나였다. "공병대에 대한 비판은 우리의 이런 위대한 정부의 기록보관소에 접근할 수 있는, 정부의 여러 부서들의 지도자들의 말과 글에서 찾을 수 있는 온갖 정보를 자신들에게 유리하게 선택하고 사용할 수 있는, 소수의 유력한 집단이 그들의 정부 철학을 퍼뜨리기 위해 선택한 수단이다. 그 정보는 미국의 모든 사람들이 일반적으로 이용할 수 있는 것은 아니다." 와이오밍 주지사의 비판 기사에 대해 그는 다음과 같이 썼다. "분명히, 밀러 씨는 공병대가 미국 상원의 표결에 영향을 미칠 수 있다고 믿고 있을 것이다. 물론 이것은 터무니없는 입장이다." Ibid., p.84, p.107.

110 Office of History, Corps of Engineers가 보관하고 있는 "Bureau Projects with Issues. 1947-1960. Corps Projects with Issues. 1948-1960"라는 표지가 붙은 서류철, 예컨대 a report critical of recreation benefits dated May 31, 1960, 그리고 0.93의 계산된 편익-비용 비율을 보이는 기획에 대한 또 다른 반대를 볼 것. 이 숫자는 "인명 피해 등과 같은 예외적이고 주요한 비가시적 편익"의 경우에는 결정적인 예외였다. 공병대를 제어하고자 한 예산국의 효과 없는 시도에 관해서는 Ferejohn, *Pork Barrel Politics*, pp.79~86을 볼 것. 예산국의 후신인 관리예산청Office of Management and Budget은 연방정부에서 비용-편익 분석의 가장 노골적인 옹호자가 되었다. 적어도 서류상으로는, 그것의 권력은 로널드 레이건Ronald Reagan 정부에서 정점에 이르렀다. 레이건은 모든 새로운 규제들을 비용-편익 분석으로 뒷받침할 것을 요구했다. 이 조치는, 의도한 대로, 새로운 규제들을 저지했지만, 관리예산청이 세부적으로 집행하기에는 너무 장황했다. V. Kerry Smith(ed.), *Environmental Policy under Reagan's Executive Order* (Chapel Hill: University of North Carolina Press, 1984)을 볼 것.

111 Office of History, Army Corps of Engineers, files on Civil Works Reorganization, 1943-1949, First Hoover Commission, III 3~13, "corresp: fragments, MG Pick. 1949" 초안. U.S. Commission On Organization of the Executive Branch of Government, *The, [first]*

Hoover Commission Report on Organization of the Executive Branch of Government (New York: McGraw-Hill, 1949), chap.12. C. H. Chorpening의 공병대 반박에 관해서는 H.R., Committee on Public Works, Subcommittee to *Study Civil Works, Study of Civil Works* (1952), p.61을 볼 것.

112 U.S. Commission [2d Hoover Commission], Report on Water Resources(1955), vol.1, p.24, pp.104~110; vol.2, p.630, pp.652~653. 기획들을 평가할 객관적인 자문위원단에 대한 요구는 공학자 합동위원회Engineers Joint Council, Principles of a Sound Water Policy (1951 그리고) 1957 Restatement, Report No.105, May 1957, 그리고 나중에 Luther J. Carter, "Water Projects"의 호응을 받았다. 후버위원회와 미국 관료제를 간소화하려는 노력에 관해서는 Matthew A. Crenson and Francis E. Rourke, "By Way of Conclusion: American Bureaucracy since World War II," in Galambos, *New American State* (1987) 를 볼 것.

113 Moore and Moore, *The Army Corps of Engineers and the Evolution of Federal Flood Plain Management Policy*; Martin Reuss, "Coping with Uncertainty," *Natural Resources Journal*, 32(1992).

114 예를 들어, 대공황 기간 동안 국가계획위원회National Planning Board와 공공사업청의 국가자원위원회National Resources Board of the Public Works Administration에서 준비한 작업인 John M. Clark, *Economics of Planning Public Works* (1935; reprinted New York: Augustus M. Kelley, 1965)를 볼 것. 1943년에 "새로운 복지경제학"에 관한 영향력 있는 논문을 쓴 조지 스티글러George Stigler는 국가자원기획위원회National Resources Planning Board를 위해 편익을 배분하면서 이것의 경험을 쌓았다. 그의 *Memoirs of an Unregulated Economist* (New York: Basic Books, 1988), p.52를 볼 것.

115 Hammond, *Benefit-Cost Analysis and Water-Pollution Control*; idem, "Convention and Limitation in Benefit-Cost Analysis."

116 고속도로 공무원들은 물 분석자들의 "녹색 책"에 대응해 "적색 책Red Book"을 만들었다. American Association of State Highway Officials(AASHO), *Committee on Planning and Design Policies, Road User Benefit Analysis for Highway Improvements* (Washington, D.C.: AASHO, 1952); Tillo E. Kuhn, *Public Enterprise Economics and Transport Problems* (Berkeley: University of California Press, 1962)도 볼 것.

117 M. Fortun and S. S. Schweber, "Scientists and the Legacy of World War II," *Social Studies of Science*, 23(1993).

118 Robert Leonard, "War as Simple Economic Problem"; Harold Orlans, "Academic Social Scientists and the Presidency," *Minerva*, 24(1986).

119 일부 경제학자들은 그들의 전문 분야가 불순하게 생겨났을 수 있다는 것을 부인하고자 했고, 대신 그것이 복지경제학의 자연적 성장, 특히 파레토의 최적성에 대한 칼도르-힉스

Kaldor-Hicks의 독해에서 성장했다고 제시했다. 그러나 실행자들에 의한 비용-편익 분석의 역사는 종종 그것의 관료제적 기원을 인정한다. 이것은 하먼드의 비판적 역사뿐 아니라 A. R. Prest, R. Turvey, "Cost-Benefit Analysis"와 Robert Dorfman, "Forty Years of Cost-Benefit Analysis," Richard Stone and William Peterson(eds.), *Econometric Contributions to Public Policy* (London: Macmillan, 1978)에도 적용된다. 앞의 것은 영국의 논문이지만, 둘 모두 비용-이익 분석의 기원을 특별히 육군 공병대와 일치시킨다.

120 U.S. Bureau of Agricultural Economics, "Value and Price of Irrigation Water"(타자 원고)는 1943년 10월의 것으로 California Regional Office(Berkeley)의 행정적 용도 전용으로 표시되어 있고, 저자는 적혀 있지 않다. University of California, Berkeley, Water Resources Library Archives, G4316 G3-1. 농업경제국의 대부분의 계획은 비용-편익 검토에 기초하지 않았다는 나의 인상은 그것의 보관 자료에 대한 개략적인 검토에 따른 것이다. 그 자료는 물 기획들에 관해서조차도 1940년대 후반 이전에는 관행적으로 편익을 수량화하지 않았음을 시사한다. 예를 들어 U.S. Department of Agriculture, *Water Facilities Area Planning Handbook*, January 1, 1941, in N.A. 83/179/5를 볼 것. 1950년 이후, 농업경제학자들은 물 기획들의 비용과 편익에 관해 정기적으로 출판하기 시작했고, 그 뒤 다른 계획들에 대한 분석에까지 확대했다. 예를 들면, Mark M. Regan and E. L. Greenshields, "Benefit-Cost Analysis of Resource Development Programs," *Journal of Farm Economics*, 33(1951); Karl Gertel, "Recent Suggestions for Cost Allocation of Multiple Purpose Projects in the Light of Public Interest," *Journal of Farm Economics*, 33(1951); S. V. Ciriacy-Wantrup, "Cost Allocation in Relation to Western Water Policies," *Journal of Farm Economics*, 36(1954); Zvi Griliches, "Research Costs and Social Returns," *Journal of Political Economy*, 66(1958) 등이 있다. 농업경제국의 역사에 관해서는 Ellis R. Hawley, "Economic Inquiry and the State in New Era America," in Furner and Supple, *State and Economic Knowledge* (1990), pp.293~299을 볼 것.

121 Regan and Greenshields, "Benefit-Cost Analysis of Resource Development Programs"은 Clark, *Economics of Planning Public Works* 와 Eugene L. Grant, *Principles of Engineering Economy* (New York: Ronald Press, 1930) 같은 근거에 의지한다.

122 Julius Margolis, "Secondary Benefits, External Economies, and the Justification of Public Investment," *Review of Economics and Statistics*, 39(1957); Otto Eckstein, *Water-Resource Development* (Cambridge, Mass.: Harvard University Press, 1958); John Krutilla and Otto Eckstein, *Multiple-Purpose River Development* (Baltimore: Johns Hopkins University Press, 1958); Roland N. McKean, *Efficiency in Government through Systems Analysis, with Emphasis on Water Resource Development* (New York: John Wiley & Sons, 1958); Julius Margolis, "The Economic Evaluation of Federal Water Resource Development," *American Economic Review*, 49(1959); U.S. Bureau of the Budget, Pa-

nel of Consultants [Maynard M. Hufschmidt et al.], *Standards and Criteria for For-mulating and Evaluating Federal Water Resource Developments* (Washington, D.C.: Bureau of the Budget, June 30, 1961); Robert Haveman, *Water Resource Investment and the Public Interest* (Nashville: Vanderbilt University Press, 1965).

123 Mark Sagoff, *The Economy of the Earth* (Cambridge, U.K.: Cambridge University Press, 1988), p.76을 볼 것.

124 Burton A. Weisbrod, *Economics of Public Health* (Philadelphia: University of Pennsyl-vania Press, 1961); Burton A Weisbrod, "Costs and Benefits of Medical Research," *Be-nefit-Cost Analysis: An Aldine Annual, 1971* (Chicago: Aldine-Atherton, 1972); W. Lee Hansen, "Total and Private Rates of Return to Investment in Schooling," *Journal of Po-litical Economy*, 71(1963); David A. Dodge and David A. A. Stager, "Economic Returns to Graduate Study in Science, Engineering, and Business," *Benefit-Cost Analysis: An Aldine Annual, 1972* (Chicago: Aldine, 1973).

125 Robert Dorfman(ed.), *Measuring Benefits of Government Investments* (Washington, D.C.: Brookings Institution, 1965)에서 다룬 주제들. Fritz Machlup, "Comment," on Weis-brod, "Preventing High School Dropouts," p.155에서 재인용. 그의 의도는 "비경제적" 가치들에 대한 웨이스브로드의 무시를 비난하는 것이었다(따옴표는 매클럽).

126 Bruce Ackerman et al., *The Uncertain Search for Environmental Quality* (New York: Free Press, 1974)는 델라웨어강Delaware River 유역의 오염을 통제하려는 시도를 자세하고 잘 논증된 사례로 제시한다. 그의 비판은 결코 경제적 수량화에 국한되지 않는다.

127 Baruch Fischhoff. et al., *Acceptable Risk*, xii, pp.55~57, p.57에서 재인용. 이해당사자들이 위험 분석을 사용하는 것에 반대하면서 그들은 전문적 판단의 암묵적 규약을 더 우호적으로 보고 있다. "전문가들이 그들 자신의 것에 제한된 시각을 갖고 더 고급한 수준의 정책결정에 영향을 미치지 못할 때에는 협소한 해결책만을 기대할 수 있다"(p.64).

128 Partha Dasgupta, Amartya Sen, Stephen Marglin 작성. 그들은 이런 야망을 실현 불가능한 것으로 불렀지만, 그럼에도 가능한 한 그것의 추구를 목표로 했다. United Nations In-dustrial Development Organization, *Guidelines for Project Evaluation* (Project Formu-lation and Evaluation Series, no. 2; New York: United Nations, 1972), p.172.

제8장 객관성 그리고 학문 분과의 정치학

* Donald J. Finney, *Statistical Method in Biological Assay* (London: Charles Griffin and Co., 1952), p.170에서 발췌.

1 Max Weber, *Economy and Society* (Berkeley: University of California Press, 1978), vol.

1, pp.225~226; 또한 vol.2, pp.983~985. 하버마스의 『구조변동Structural Transformation』은 당연히 베버를 논의하며 국가 행정에서 계산 가능성과 몰개인성의 압박을 부르주아 자본주의의 요구의 결과로 해석한다.

2   Hugh Heclo, *A Government of Strangers* (Washington, D.C.: The Brookings Institution, 1977), p.158, p.171.

3   James Q. Wilson, *Bureaucracy* (New York: Basic Books, 1989), x, p.31.

4   Ibid., p.342; 또한 Don K. Price, *The Scientific Estate* (Cambridge, Mass.: Harvard University Press, 1965), pp.57~75. 관료적·법률적 양식에 관해서는 James Boyd White, "Rhetoric and Law," in Nelson. et al. *Rhetoric* (1987)을 볼 것.

5   Hammond, "Convention and Limitation in Benefit-Cost Analysis," p.222. 정당화를 위해 수량적 분석을 사용한다는 점은 널리 강조되어왔지만, 이 강조는 종종 그 분석이 무효력하다거나 심지어 사기라는 그리고 결정은 실제로는 다른 근거에 의해 이루어진다는 함의를 가졌다. Guy Benveniste, *The Politics of Expertise* (San Francisco: Boyd & Fraser, 1977), 56ff에는 유익한 논의가 있다.

6   Sheila Jasanoff, *The Fifth Branch* (Cambridge, Mass.: Harvard University Press, 1990), p.9; 또한 Brian Balogh, *Chain Reaction* (New York: Cambridge University Press, 1991), p.34.

7   Richard Hofstadter, *Anti-Intellectualism in American Life* (New York: Alfred A. Knopf, 1963), p.428. 잭슨의 관료제Jacksonian bureaucracy에 관해서는 Gordon S. Wood, *The Radicalism of the American Revolution* (New York: Alfred A. Knopf, 1992), pp.303~305를 볼 것.

8   통계의 복잡성과 대면하는 것에 대한 미국 법원의 저항은 통계학자들은 물론 법 관련 학자들에 의해서도 비판받아왔다. Morris H. DeGroot et al., *Statistics and the Law* (New York: John Wiley & Sons, 1986), 특히 Paul Maier, Jerome Sacks and Sandy Zabell, "What Happened in Hazelwood," in DeGroot. et al. *Statistics* (1986). 그리고 Michael Finkelstein and Hans Levenbach, "Regression Estimates of Damages in Price-Fixing Cases," in DeGroot. et al. *Statistics* (1986); Lawrence Tribe, "Trial by Mathematics," *Harvard Law Review*, 84(1971)을 볼 것.

9   Wilson, *Bureaucracy*, p.280, p.286은 Nathan Glazer을 인용하고 있다. Martin Bulmer, "Governments and Social Science," in Bulmer, *Social Science Research* (1987)를 인용해 이론적 전문지식 대 실천적 전문지식에 관한 미국과 영국의 견해의 차이를 비교한다.

10 Roger Smith and Brian Wynne, "Introduction," 그리고 Brian Wynne, "Establishing the Rules of Laws," in Smith and Wynne, *Expert Evidence*, p.51에서 재인용. 미국에서 전문가 증언에 관해서는 Eliot Freidson, *Professional Powers* (Chicago: University of Chicago Press, 1986), pp.100~102를 볼 것.

11 McPhee, *The Control of Nature*, pp.147~148.

12 Donald MacKenzie, "Negotiating Arithmetic, Constructing Proof," *Social Studies of Science*, 23(1993).

13 Sheila Jasanoff, "The Misrule of Law at OSHA," in Dorothy Nelkin(ed.). *The Language of Risk* (Beverly Hills: Sage, 1985); idem, *The Fifth Branch*, p.58; idem, "The Problem of Rationality in American Health and Safety Regulation," in Smith and Wynne. *Expert Evidence* (1980); John Jr. Cairns and James R. Pratt, "The Scientific Basis of Bioassays," *Hydrobiologia*, 188/189(1989), p.6은 미국의 규제기관들이 환경에 대한 위험 요소들을 평가할 때 생물학적 검사보다 화학적 및 물리학적 검사를 오랫동안 선호했는데, 그 까닭은 뒤의 것이 수량화에 용이하고 상대적으로 잘 표준화된 반면 앞의 것은 단지 밀접한 관련만을 갖기 때문이었다고 언급한다. 마지막에 외부의 연구자들이 단일종들에 대해 그 관례적인 것들을 수행하고 그 다음 다종 생물학적 분석을 수행했을 때 규제기관들은 서서히 그것들을 수용했다.

14 Ronald Brickman, Sheila Jasanoff and Thomas Ilgen, *Controlling Chemicals* (Ithaca, N.Y.: Cornell University Press, 1985), p.304.

15 National Academy of Sciences, 1983 보고서, Sheila Jasanoff, *Risk Management and Political Culture* (New York: Russell Sage Foundation, 1986), p.26에서 재인용; National Research Council, *Regulating Chemicals*, p.33.

16 Jasanoff, "Science, Politics, and the Renegotiation of Expertise at EPA."

17 Burton Bledstein, *The Culture of Professionalism* (New York: Norton, 1976), p.90; Paul Starr, *The Social Transformation of American Medicine* (New York: Basic Books, 1982).

18 Bruce Ackerman and William T. Hassler, *Clean Coal, Dirty Air* (New Haven, Conn.: Yale University Press, 1981), p.4; David Vogel, "The 'New' Social Regulation in Historical and Comparative Perspective," in McCraw, *Regulation* (1981); Leonard A. Shabman, "Water Resources Management," *Southern Journal of Agricultural Economics* (1984). 더 광범한 관점으로는 Theodore J. Lowi, *The End of Liberalism* (New York: Norton, 1979)을 볼 것.

19 Ralph Frammolino, "Getting Grades for Diversity," *Los Angeles Times*, 1994년 2월 23일자. A15; 마지막 문장은 1994년 2월 2일의 *Notice of University of California Academic Senate*, 18(4)에서 재인용.

20 Bulmer, Bales and Kish Sklar(eds.), "*Social Survey in Historical Perspective*."; Irmela Gorges, "The Social Survey in Germany before 1933," in Bulmer. et al. *Social Survey* (1991)을 볼 것. 벌머Bulmer는 "The Decline of the Social Survey Movement and the Rise of American Empirical Sociology"에서 시카고 사회학자들이 정치에서 벗어나기 위해 어떻게 객관성을 추구했는가를 보여준다.

21 Stephen M. Stigler, *The History of Statistics* (Cambridge, Mass.: Harvard University Press, 1986), p.28.

22 "주식합자회사가 독점적 특권 없이 성공적으로 수행할 수 있을 것으로 보이는 유일한 거래는 관례라고 부르는 것으로 축소될 수 있거나 거의 또는 전혀 변이를 허용하지 않는 그러한 방법의 균일성으로 축소될 수 있는 거래뿐이다." 다른 모든 경우, "사적 모험가들의 뛰어난 주의와 경계"는 틀림없이 조직의 인간들을 압도했을 것이라고 그는 주장했다. Adam Smith, *The Wealth of Nations* (1776; New York: Dutton, 1971), vol.2, p.242.

23 Zeno Swijtink, "The Objectification of Observation," in Kruger. et al. *Probabilistic Revolution*, vol.1(1987) p.278; Simon Schaffer, "Astronomers Mark Time," *Science in Context*, 2(1988); Daston, "Objectivity and the Escape from Perspective," *Social Studies of Science*, 22(1992).

24 교환한 서한, 1860-1, Holly Rothermel, "Images of the Sun," *British Journal for the History of Science*, 26(1993), pp.157~158에서 재인용.

25 1866년의 글, Claude Blanckaert, "Méthodes des moyennes et notion de série suffisante en anthropologie physique(1830-1880)," in Feldman. et al. *Moyenne* (1991), p.225에서 재인용.

26 Kathryn M. Olesko, *Physics as a Calling* (Ithaca, N.Y.: Cornell University Press, 1991); Graeme Gooday, "Precision Measurement and the Genesis of Teaching Laboratories in Victorian Britain," *British Journal for the History of Science*, 23(1990). 그렇지만 실험 물리학에서 오류 이론의 확산은 산발적이었는데, 부분적으로 자료의 동질성에 대한 지속적인 의심 때문에 그랬다. 한 사례로 찰스 베논 보이스Charles Vernon Boys는 1895년에 중력 상수를 더 잘 측정하고자 하면서, 주말 교통량이 그의 장치를 흔들었고 상이한 평균값을 주었다는 것을 발견했다. 그래서 그는 주말 측정치를 무시했다. Eric Mendoza, "Physics, Chemistry, and the Theory of Errors," *Archives internationales d'histoire des sciences*, 41(1991).

27 William Matthew Makeham, "On the Law of Mortality and the Construction of Annuity Tables," *Assurance Magazine*, 8(1858-1860), pp.301~302.

28 "Proceedings of the Institute of Actuaries of Great Britain and Ireland," *Assurance Magazine*, 1(1850-51), no.1, pp.103~112; Porter, "On Some Points Connected with the Education of an Actuary," p.125.

29 Christopher Lawrence, "Incommunicable Knowledge," *Journal of Contemporary History*, 20(1985), p.507.

30 Gerald L. Geison, " 'Divided We Stand'," in Morris J. Vogel and Charles Rosenberg (eds.). *The Therapeutic Revolution: Essays in the Social History of American Medicine* (Philadelphia: University of Pennsylvania, Press, 1979).

31 Robert Frank, "The Telltale Heart," in William Coleman and Frederic L. Holmes(eds.), *The Investigative Enterprise: Experimental Physiology in Nineteenth-Century Medicine* (Berkeley: University of California Press, 1988) p.212; 또한 Hughes Evans, "Losing Touch," *Technology and Culture*, 34(1993)도 볼 것. John Harley Warner, *The Therapeutic Perspective* (Cambridge, Mass.: Harvard University Press, 1986)는 수량화가 19세기 후반에 미국에서 의료 행위의 객관화를 이미 촉진하고 있었다고 지적한다.

32 Alain Desrosières, "Masses, individus, moyennes," in Feldman. et al. *Moyenne* (1991); 또한 Armatte, "La moyenne à travers les traités de statistique au XIXè siècle."

33 1840년의 논평, J. Rosser Matthews, *Mathematics and the Quest for Medical Certainty* (Princeton, N.J.: Princeton University Press, 1995), p.75에서 재인용.

34 George Weisz, "Academic Debate and Therapeutic Reasoning in Mid-19th Century France," in Ilana Lowy et al.(eds.), *Medicine and Change* (Paris and London: John Libbey Eurotext, 1993).

35 예를 들어 Austin Bradford Hill, "Observation and Experiment," in Hill, *Statistical* (1962); Austin Bradford Hill, "Smoking and Carcinoma," in Hill, *Statistical* (1962)을 볼 것. 그 토론은 심각한 것이었다. 피셔 자신은 회의론자 중 한 명이었다. Joseph Berkson, "The Statistical Study of Association between Smoking and Lung Cancer," *Proceedings of the Staff Meetings of the Mayo Clinic*, 30(15)(1955)는 흡연과 암에 대한 선구적인 연구에서 통제집단이 흡연자들보다 모든 측면에서 훨씬 더 건강했기 때문에, 그것은 공정한 통제집단이 아니라 특이한 모집단이어야 한다고 주장했다.

36 Matthews, *Mathematics and the Quest for Medical Certainty*, chap.5.

37 Austin Bradford Hill, "Clinical Trial-II"(Harvard Medical School에서의 대화, 1952), pp.29~31.

38 Marc Daniels, Hill, "Clinical Trial-I," p.27에서 재인용.

39 Hill, "Clinical Trial-II," p.34, p.38; idem, "Philosophy of Clinical Trial"(1953), p.12, p.13; Ian Sutherland, "The Statistical Requirements and Methods," in Hill, *Controlled Clinical Trials* (1960), p.50; 또한 Harry M. Marks, "Notes from Underground"(1988), p.318도 볼 것.

40 Austin Bradford Hill, *Principles of Medical Statistics* (London: The Lancet, 1937 and many subsequent editions); Harry M. Marks, "Ideas as Reforms"(Ph.D. dissertation, MIT, 1987) pp.15~16.

41 Austin Bradford Hill, "Aims and Ethics," in Hill, *Controlled Clinical Trials* (1960), p.5; idem, "Clinical Trial-II," p.38.

42 Marks, "Notes from Underground."

43 Audrey B. Davis, "Life Insurance and the Physical Examination," *Bulletin of the History*

of Medicine, 55(1981); Sellers, "The Public Health Service's Office of Industrial Medicine".

44 J. W. Trevan, "The Error of Determination of Toxicity," *Proceedings of the Royal Society of London*, B, 101(1927)은 LD 50의 개념과 주석을 소개하고 있다; Finney, *Statistical Method in Biological Assay*.

45 Donald Mainland, *The Treatment of Clinical and Laboratory Data* (Edinburgh, U.K.: Oliver and Boyd, 1938), pp.145~147은 강심제digitalis 검증을 논의하고 있다. 그는 약리학자는 제조업체에게 각각의 표본의 평균 및 표준 오류를 보고한다고 그는 설명했다.

46 Marks, "Ideas as Reforms," chap.2.

47 J. H. W. Bodewitz, Henk Buurma and Gerard H. de Vries, "Regulatory Science and the Social Management of Trust in Medicine," in Wiebe E. Bijker, Thomas P. Hughes and Trevor Pinch(eds.), *The Social Construction of Technological Systems* (Cambridge, Mass.: MIT Press, 1987)

48 Paul J. Quirk, "Food and Drug Administration," in James Q. Wilson(ed.). *The Politics of Regulation* (New York: Basic Books, 1980) p.222; 또한 Peter Temin, *Taking Your Medicine* (Cambridge, Mass.: Harvard University Press, 1980). 이 승인은 뒤에 취소되었다. 그러한 결정이 식품의약국에 의해 경솔하게 이루어지는 것은 아니다. 통계적 중요성보다 더 높은 기준을 부과하는 것은 제약회사들의 법적 도전을 초래한다.

49 근래의 한 사례로, 의사들에게 프로그램화할 수 있는 기준에 따라 진단하는 것을 의무화하려는 시도가 있다. 이것을 연구자들은 과학과 개방의 이름으로 옹호했(지만 성공하지 못했)다. Warwick Anderson, "Reasoning of the Strongest," *Social Studies of Science*, 22(1992).

50 Marks, "Ideas as Reforms," chaps.3~4. 통계적 감각에 관해서는 p.175를 볼 것. 그린우드는 이 문구를 사용했으며 힐은 그것을 인용했다. 임상 실행을 표준화하기 위한, 특히 연구에서의 시도의 사례로는 A. L. Cochrane, P. J. Chapman and P. D. Oldham, "Observers' Errors in Taking Medical Histories," *The Lancet* (May 5, 1951); Robert G. Hoffmann, *New Clinical Laboratory Standardization Methods* (New York: Exposition Press, 1974) 등이 있다.

51 의료 객관성의 추구는 당연히 통계에 국한되지 않았다. 예를 들어 장기 적합성 검증은 장기이식 성공을 예측하는 데 별다른 도움이 되지 못함에도, 부족한 장기를 얻는 사람을 결정하기 위한 객관적 기준으로 평가되어왔다. Ilana Lowy, "Tissue Groups and Cadaver Kidney Sharing," *International Journal of Technology Assessment in Health Care*, 2 (1986).

52 Justice John W. Goff of the Superior Court of New York, Daniel J. Kevles, "Testing the Army's Intelligence," *Journal of American History*, 55(1968-1969), p.566에서 재인용.

53 Leila Zenderland, "The Debate over Diagnosis," in Sokal, *Psychological Testing* (1987); John Carson, "Army Alpha, Army Brass, and the Search for Army Intelligence," *Isis*, 84 (1993).

54 Richard T. Von Mayrhauser, "The Manager, the Medic, and the Mediator," in Sokal, *Psychological Testing* (1987); Franz Samelson, "Was Mental Testing ⋯ ," in Sokal, *Psychological Testing* (1987); Gillian Sutherland, *Ability, Merit and Measurement* (Oxford: Clarendon Press, 1984), chap.10.

55 Daniel Resnick, "History of Educational Testing," in Alexandra K. Wigdor and Wendell R. Garner(eds.). *Ability Testing* (Washington, D.C.: National Academy Press, 1982); Paul Davis Chapman, *Schools as Sorters* (New York: New York University Press, 1988).

56 Kurt Danziger, *Constructing the Subject* (Cambridge, U.K.: Cambridge University Press, 1990), p.79, p.109에서 재인용.

57 Ibid., pp.81~83; Gerd Gigerenzer and David J. Murray, *Cognition as Intuitive Statistics* (Hillsdale, N.J.: Erlbaum, 1987), p.27.

58 Mitchell Ash, "Historicizing Mind Science," *Science in Context*, 5(1992); Seymour Mauskopf and Michael R. McVaugh, *The Elusive Science* (Baltimore: Johns Hopkins University Press, 1980); Ian Hacking, "Telepathy," *Isis*, 79(1988).

59 Danziger, *Constructing the Subject*, pp.148~149, pp.153~155; Gerd Gigerenzer, "Probabilistic Thinking and the Fight against Subjectivity," in Kruger. et al., *Probabilistic Revolution*, vol.2(1987); Deborah J. Coon, "Standardizing the Subject," *Technology and Culture*, 34(1993).

60 Gigerenzer, "Probabilistic Thinking and the Fight against Subjectivity"; Gigerenzer et al., *The Empire of Chance*, chaps.3, p.6; Gail A. Hornstein, "Quantifying Psychological Phenomena," in Jill G. Morawski(ed.). *The Rise of Experimentation in American Psychology* (New Haven, Conn.: Yale University Press, 1988). 이러한 기계적 추론의 이상에 대한 비판자들은 종종 주관성에 대한 공포가 그것이 영속하는 이유라고 지적했다. 예를 들어 David F. Parkhurst, "Statistical Hypothesis Tests and Statistical Power in Pure and Applied Science," in George M. von Furstenberg(ed.). *Acting under Uncertainty* (Boston: Kluwer, 1990)를 볼 것.

61 Gerd Gigerenzer, "The Superego, the Ego, and the Id in Statistical Reasoning," in Gideon Keren and Charles Lewis(eds.). *A Handbook for Data Analysis in the Behavioural Sciences: Methodological Issues* (Hillsdale, N.J.: Erlbaum, 1993).

62 Gigerenzer and Murray, *Cognition as Intuitive Statistics*; Gigerenzer et al., *The Empire of Chance*, chap.6.

63 Ernest W. Burgess, "Factors Determining Success or Failure on Parole," in Andrew A.

Bruce. et al. *The Workings of the Indeterminate Sentence Law and the Parole System in Illinois* (reprinted Montclair, N.J.: Patterson Smith, 1928/1968), p.245.

64 Benjamin Kleinmuntz, "The Scientific Study of Clinical Judgment in Psychology and Medicine," in Hal R. Arkes and Kenneth R. Hammond(eds.). *Judgement and Decision Making* (Cambridge, U.K.: Cambridge University Press, 1986), p.553. 이 논쟁의 중심고 전locus classicus은 Paul E. Meehl, *Clinical versus Statistical Prediction* (Minneapolis: University of Minnesota Press, 1954). 임상 판단의 가장 영향력 있는 옹호자는 로버트 홀트 Robert R. Holt였다. 그의 *Prediction and Research* 를 볼 것. 초기 논쟁의 역사는 Harrison G. Gough, "Clinical versus Statistical Prediction in Psychology," in Leo Postman(ed.). *Psychology in the Making: Histories of Selected Research Problems* (New York: Alfred A. Knopf, 1964)를 볼 것.

65 Collins, *Artificial Experts*; Ashmore, Mulkay and Pinch, *Health and Efficiency*; Philip Mirowski and Steven Sklivas, "Why Econometricians Don't Replicate (Although They Do Reproduce)," *Review of Political Economy*, 3(1991).

66 Balogh, *Chain Reaction*.

67 Randall Albury, *The Politics of Objectivity* (Victoria, N.S.W.: Deakin University Press, 1983), p.36; Mark J. Green, "Cost-Benefit Analysis as Mirage," in Timothy B. Clark, Marvin H. Kosters and James C. Miller III(eds.). *Reforming Regulation* (Washington, D.C.: American Enterprise Institute, 1980); 또한 Steven Shapin, *A Social History of Truth* (Chicago: University of Chicago Press, 1994). 숙련과 공동체에 관해서는 확실하게 향수를 불러일으키는 Douglas Harper, *Working Knowledge* (Chicago: University of Chicago Press, 1987)를 볼 것.

제9장 과학은 공동체들이 만드는가?

* Rom Harre, *Varieties of Realism* (New York: Basil Blackwell, 1986), p.1에서 발췌.

1 David Hollinger, "Free Enterprise and Free Inquiry," *New Literary History*, 21(1990). (핵폭탄을 개발한 맨해튼 계획Manhattan Project의 주역의 하나였던) 부시의 수사학에서 개인주의와 공동체에 관해서는 또한 Larry Owens, "Patents, the 'Frontiers' of American Invention, and the Monopoly Committee of 1939," *Technology and Culture*, 32(1992)를 볼 것.

2 "A Word up Your Nose," *The Economist*, August 7(1993), p.20.

3 Harre, *Varieties of Realism*, pp.1~2, pp.6~7. 근래의 과학 연구에서 공동체에 관한 논의는 Stuart Jacobs, "Scientific Community," *British Journal of Sociology*, 38(1987)을 볼 것.

4 Stanley Fish, *Is There a Text in This Class* (Cambridge, Mass.: Harvard University Press, 1980), pp.14~17.

5 Martin J. S. Rudwick, *The Great Devonian Controversy* (Chicago: University of Chicago Press, 1985), p.448.

6 Heclo and Wildavsky, *The Private Government of Public Money*.

7 Thomas Bender, "The Erosion of Public Culture," in Thomas Haskell(ed.), *The Authority of Experts* (Bloomington: Indiana University Press, 1984) p.89; Thomas Bender, *Community and Social Change in America* (New Brunswick, N.J.: Rutgers University Press, 1978), p.149.

8 Heinz-Maier Leibnitz, "The Measurement of Quality and Reputation in the World of Learning," *Minerva*, 27(1989), pp.483~485.

9 Traweek, *Beamtimes and Lifetimes*.

10 Trevor Pinch, *Confronting Nature*(Dordrecht, Holland: D. Reidel, 1986), p.207.

11 물리학에서만 일어나는 일은 아니다. Donna Haraway, *Primate Visions* (New York: Routledge, 1989), pp.170~171은 제인 구달 Jane Goodall이 탄자니아 현지 연구에서, 그녀의 노트 기록을 보조원에게 그리고 학생들에게 맡기기에 앞서 어떻게 일정한 양식으로 표준화 했는가를 서술한다.

12 Latour, *Science in Action*.

13 Shapin and Schaffer, *Leviathan and the Air-Pump*.

14 Mario Biagioli, *Galileo Courtier* (Chicago: University of Chicago Press, 1993); Shapin, *A Social History of Truth*.

15 Lorraine Daston, "The Ideal and Reality of the Republic of Letters in the Enlightenment," *Science in Context*, 4(1988).

16 Lynn K. Nyhart, "Writing Zoologically," in Peter Dear(ed.). *The Literary Structure of Scientific Argument* (Philadelphia: University of Pennsylvania Press, 1991); Marks, "Local Knowledge: Experimental Communities and Experimental Practices, 1918-1950"[1988년 5월에 캘리포니아대학(샌프란시스코)에서 발표한 논문]. 여기서 미간행 논문을 인용한 점을 독자들께서 양해해주기를 희망한다. 그 논문을 이용할 수 있도록 허락해준 마크스에게 감사한다.

17 Gerald Holton, "Fermi's Group and the Recapture of Italy's Place in Physics," in Holton. *The Scientific Imagination* (Cambridge, U.K.: Cambridge University Press, 1978); Gerald Holton, "On Doing One's Damndest"(미간행). 연구 중심 학교들에 대해서는 Gerald L. Geison, "Scientific Change, Emerging Specialties, and Research Schools"과 Gerald L. Geison and Frederic L. Holmes(eds.), *Research Schools* 을 볼 것.

18 W. B. Trommsdorff의 말을 Karl Hufbauer에서 재인용. *The Formation of the German*

Chemical Community(1720-1905) (Berkeley: University of California Press, 1982), p.139.

19 Jan Golinski, *Science as Public Culture* (New York: Cambridge University Press, 1992), p.138.

20 Thomas Kuhn, *The Structure of Scientific Revolutions* (Chicago: University of Chicago Press, 1970), p.47.

21 Donald N. McCloskey, *The Rhetoric of Economics* (Madison: University of Wisconsin Press, 1985), chaps.9~10; Charles Bazerman, *Shaping Written Knowledge* (Madison: University of Wisconsin Press, 1988), chap.9.

22 Peter Novick, *That Noble Dream* (Cambridge, U.K.: Cambridge University Press, 1988), p.4, pp.52~53, pp.89~90.

23 과학의 방법 형성에서 외부 압력의 중요성에 관해서는 Karin D. Knorr-Cetina, *The Manufacture of Knowledge* (Oxford: Pergamon, 1981), chap.4를 볼 것.

24 Holton, "On Doing One's Damndest"; Kenneth R. Hammond and Leonard Adelman, "Science, Values, and Human Judgment," *Science*, 194(1976), pp.390~391. 그들은 이렇게 탄식한다. "우리 국립과학아카데미는 이미 변호사 (그리고 언론인)의 윤리의 희생양이 되었다. 그들이 의심을 부정하는 증거를 제시할 수 없는 한 아무도 믿지 말라는 것이 규칙이다."

25 Martin Bulmer, "The Methodology of Early Social Indicator Research," *Social Indicators Research*, 13(1983), p.112, p.119. 앞의 인용은 윌리엄 오그번William F. Ogburn의 진술이고 뒤의 인용은 레오나르 화이트Leonard White의 진술이다. 록펠러Rockefeller 등의 재단들은 논쟁을 야기하지 않을 연구를 지원하고자 하면서 이러한 태도를 장려했다. Earlene Craver, "Patronage and the Directions of Research in Economics," *Minerva*, 24(1986)를 볼 것.

26 Richard P. Nathan, *Social Science in Government* (New York: Basic Books, 1988), p.94.

참고문헌

Abir-Am, Pnina. 1992. "The Politics of Macromolecules: Molecular Biologists, Biochemists, and Rhetoric." *Osiris*, 7, pp.210~237.

Ackerman, Bruce and William T. Hassler. 1981. *Clean Coal, Dirty Air*. New Haven, Conn.: Yale University Press.

_____, et al. 1974. *The Uncertain Search for Environmental Quality*. New York: Free Press.

Adorno, Theodor W. 1969. "Scientific Experiences of a European Scholar in America." translated by Donald Fleming. in Donald Fleming and Bernard Bailyn(eds.), *The Intellectual Migration: Europe and America, 1930-1960*. Cambridge, Mass.: Harvard University Press, pp.338~370.

Alborn, Timothy. 1991. "The Other Economists: Science and Commercial Culture in Victorian England." Ph.D. dissertation, Harvard University.

_____. 1994. "A Calculating Profession: Victorian Actuaries among the Statisticians." *Science in Context*, 7(3), pp.433~468.

Albrand, rapporteur. 1836. *Rapport de la Commission Spéciale des Docks au Conseil Municipal de la Ville de Marseille*. Marseille: Typographie des Hoirs Feissat Aine et Demonchy.

Albury, Randall. 1983. *The Politics of Objectivity*. Victoria, N.S.W.: Deakin University Press.

Alcouffe, Alain. 1989. "The Institutionalization of Political Economy in French Universities, 1819-1896." *History of Political Economy*, 21, pp.313~344.

Alder, Ken. 1995. "A Revolution to Measure: The Political Economy of the Metric System in France." in Wise, *Values of Precision*, pp.39~71.

Alonso, William and Paul Starr(eds.). 1987. *The Politics of Numbers*. New York: Russell Sage Foundation.

American Psychological Association. 1974. *Publication Manual*, 2d ed. Washington, D.C.: American Psychological Association.

Anderson, Benedict. 1991. *Imagined Communities: Reflections on the Origin and Spread of Nationalism*, 2d ed. New York: Verso.

454

Anderson, Margo. 1989. *The American Census: A Social History.* New Haven. Conn.: Yale University Press.

Anderson, Warwick. 1992. "The Reasoning of the Strongest: The Polemics of Skill and Science in Medical Diagnosis." *Social Studies of Science*, 22, pp.653~684.

Ansari, Shahid L. and John J. McDonough. 1980. "Intersubjectivity-he Challenge and Opportunity for Accounting." *Accounting, Organizations, and Society*, 5, pp.129~142.

Arago, François. 1985. *Histoire de ma jeunesse.* Paris: Christian Bourgeois.

Armatte, Michel. 1991. "La moyenne à travers les traités de statistique au XIXè siècle." in Feldman et al., *Moyenne*, pp.85~106.

_____. 1994. "L'economie à l'Ecole Polytechnique." in Belhoste et al., *Formation*, pp.375~396.

Arnett, H. E. 1961. "What Does 'Objectivity' Mean to Accountants." *Journal of Accountancy*, May, pp.63~68.

Arnold, Joseph L. 1988. *The Evolution of the 1936 Flood Control Act.* Fort Belvoir, Va.: Office of History, U.S. Army Corps of Engineers.

Ash, Mitchell. 1992. "Historicizing Mind Science: Discourse, Practice, Subjectivity." *Science in Context*, 5, pp.193~207.

Ashmore, Malcolm, Michael Mulkay and Trevor Pinch. 1989. *Health and Efficiency: A Sociology of Health Economics.* Milton Keynes, U.K.: Open University Press.

Ashton, Robert H. 1977. "Objectivity of Accounting Measures: A Multirule-Multimeasure Approach." *Accounting Review*, 52, pp.567~575.

Babbage, Charles. 1833. *On the Economy of Machinery and Manufactures*, 3d ed. London: Charles Knight.

_____. 1826/1967. *A Comparative View of the Various Institutions for the Assurance of Lives.* reprinted New York: Augustus M. Kelley.

Bailey, Arthur and Archibald Day. 1860-1861. "On the Rate of Mortality amongst the Families of the Peerage." *Assurance Magazine*, 9, pp.305~326.

Baker, Keith. 1975. *Condorcet: From Natural Philosophy to Social Mathematics.* Chicago: University of Chicago Press.

Balogh, Brian. 1991. *Chain Reaction: Expert Debate and Public Participation in American Commercial Nuclear Power, 1945-1975.* New York: Cambridge University Press.

Balzac, Honoré de. 1901. *Le curé de village*, 1st ed., 1841. Paris: Société d'Editions Littéraires et Artistiques.

_____. 1977, *Les Employés in La Comédie humaine*, vol.7. Paris: Gallimard.

Barber, William J. 1985. *From New Era to New Deal: Herbert Hoover, the Economists, and*

American Economic Policy, 1921-1933. Cambridge, U.K.: Cambridge University Press.

Barnes, Barry. 1984. "On Authority and Its Relation to Power." in Law, *Power*, pp.180~195.

Bartrip, P. W. J. and P. T. Fenn. 1990. "The Measurement of Safety: Factory Accident Statistics in Victorian and Edwardian Britain." *Historical Research*, 63, pp.58~72.

Bauchard, Philippe. 1966. *Les technocrates et le pouvoir.* Paris: Arthaud.

Baum, Charles. 1875. "Des prix de revient des transport par chemin de fer." *Annales des Ponts et Chaussées* [5] 10, pp.422~481.

_____. 1878. "Etude sur les chemins de fer d'intérêt local." *Annales des Ponts et Chaussées* [5], 16, pp.489~546.

_____. 1880. "Des longueurs virtuelles d'un tracé de chemin de fer." *Annales des Ponts et Chaussées* [5], 19, pp.455~578.

_____. 1883. "Note sur les prix de revient des transports par chemin de fer, en France." *Annales des Ponts et Chaussées* [6] 6, pp.543~594.

_____. 1885. *Chemins de fer d'intérêt local du Département du Morbihan: Rapport de l'Ingé nieur en chef.* Vannes: Imprimerie Galles.

_____. 1885. "Le prix de revient des transports par chemin de fer." *Journal de la Société de Statistique de Paris*, 26, pp.199~217.

_____. 1888. "Note sur les prix de revient des transports." Annales des Ponts et Chaussées [6] 15, pp.637~683.

Bazerman, Charles. 1988. *Shaping Written Knowledge.* Madison: University of Wisconsin Press.

Belhoste, Bruno, Amy Dahan Dalmedico and Antoine Picon(eds.). 1994. *La formation polytechnicienne.* Paris: Dunod.

Belpaire, Alphonse. 1847. *Traité des dépenses d'exploitation aux chemins de fer.* Brussels: J. F. Buschmann.

Bender, Thomas. 1978. *Community and Social Change in America.* New Brunswick, N.J.: Rutgers University Press.

_____. 1984. "The Erosion of Public Culture: Cities, Discourses, and Professional Disciplines." in Thomas Haskell(ed.), *The Authority of Experts.* Bloomington: Indiana University Press.

Benveniste, Guy. 1977. *The Politics of Expertise*, 2d ed. San Francisco: Boyd & Fraser.

Berkson, Joseph. 1955. "The Statistical Study of Association between Smoking and Lung Cancer." *Proceedings of the Staff Meetings of the Mayo Clinic*, 30(15), July 27, pp.319~348.

Berlanstein, Lenard. 1991. *Big Business and Industrial Conflict in Nineteenth-Century France.* Berkeley: University of California Press.

Bertillon, Louis-Adolphe. 1866. "Des diverses manières de mesurer la durée de la vie humaine." *Journal de la Societe de Statistique de Paris*, 7, pp.45~64.

_____. 1869. "Methode pour calculer la mortalité d'une collectivité pendant son passage dans un milieu determiné ⋯." *Journal de la Société de Statistique de Paris*, 10, pp.29~40, pp.57~65.

Bertrand, Joseph. 1902. *Eloges académiques. Nouvelle serie.* Paris: Hachette.

Biagioli, Mario. 1989. "The Social Status of Italian Mathematicians, 1450-600." *History of Science*, 27, pp.41~95.

_____. 1993. *Galileo Courtier: Science, Patronage, and Political Absolutism.* Chicago: University of Chicago Press.

Bierman, Harold. 1963. "Measurement and Accounting." *Accounting Review*, 38, pp.501~507.

Blanckaert, Claude. 1991. "Méthodes des moyennes et notion de série suffisante en anthropologie physique(1830-1880)." in Feldman et al. *Moyenne*, pp.213~243.

Bledstein, Burton. 1976. *The Culture of Professionalism.* New York: Norton.

Bloor, David. 1992. "Left and Right Wittgensteinians." in Pickering, *Science*, pp.266~282.

Bodewitz, J. H. W., Henk Buurma and Gerard H. deVries. 1987. "Regulatory Science and the Social Management of Trust in Medicine." in Wiebe E. Bijker, Thomas P. Hughes and Trevor Pinch(eds.), *The Social Construction of Technological Systems.* Cambridge, Mass.: MIT Press, pp.243~259.

Boltanski, Luc. 1982. *Les cadres: La formation d'un groupe social.* Paris: Editions de Minuit.

Booth, Henry. 1831. "Chemin de fer de Liverpool à Manchester: Notice historique." *Annales des Ponts et Chaussées*, 1, pp.1~92.

Bordas, Louis. 1847. "De la mesure de l'utilite des travaux publics." *Annales des Ponts et Chaussées* [2], 13, pp.249~284.

Bourguet, Marie-Noelle. 1988. *Déchiffrer la France: La statistique départementale à l'époque napoléonienne.* Pairs: Edition des Archives Contemporaines.

Brautigam, Jeffrey. 1993. "Inventing Biometry, Inventing 'Man': Biometrika and the Transformation of the Human Sciences." Ph.D. dissertation, University of Florida.

Brian, Eric. 1991. "Les moyennes à la Société de Statistique de Paris(1874-885)." in Feldman et al., *Moyenne*, pp.107~134.

_____. 1991. "Le Prix Montyon de statistique à l'Académie des Sciences pendant la Restauration." *Revue de synthese*, 112, pp.207~236.

_____. 1994. *La mesure de l'état: Administrateurs et géomètres au XVIIIe siècle.* Paris: Albin Michel.

Brickman, Ronald, Sheila Jasanoff and Thomas Ilgen. 1985. *Controlling Chemicals: The Politics of Regulation in Europe and the United States.* Ithaca, N.Y.: Cornell University Press.

Brock, William. 1984. *Investigation and Responsibility: Public Responsibility in the United States, 1865-1900.* Cambridge, U.K.: Cambridge University Press.

Brown, Donaldson. 1927. *Centralized Control with Decentralized Responsibilities.* New York: American Management Association.

Brown, Richard D. 1989. *Knowledge Is Power: The Diffusion of Information in Early America, 1700-1865.* New York: Oxford University Press.

Brown, Samuel. 1851. "On the Fires in London During the 17 Years from 1833 to 1849." *Assurance Magazine*, 1, no.2, pp.31~62.

Bru, Bernard. 1988. "Estimations laplaciennes." in Jacques Mairesse(ed.). *Estimations et sondages.* Paris: Economica, pp.7~46.

Brun, Gerard. 1985. *Technocrates et technocratie en France, 1918-1945.* Paris: Editions Albatross.

Brundage, Anthony. 1988. *England's Prussian Minister: Edwin Chadwick and the Politics of Government Growth.* University Park: Pennsylvania State University Press.

Brunot, A. and R. Coquand. 1982. *Le Corps des Ponts et Chaussées.* Paris: Editions du Centre National de la Recherche Scientifique.

Bud-Frierman, Lisa(ed.). 1994. *Information Acumen: The Understanding and Use of Knowledge in Modern Business.* London: Routledge.

Bulmer, Martin. 1983. "The Methodology of Early Social Indicator Research: William Fielding Ogburn and 'Recent Social Trends,' 1933." *Social Indicators Research*, 13, pp.109~130.

_____. 1987. "Governments and Social Science: Patterns of Mutual Influence." in Bulmer, *Social Science Research*, pp.1~23.

_____(ed.). 1987. *Social Science Research and the Government: Comparative Essays on Britain and the United States.* Cambridge, U.K.: Cambridge University Press.

_____. 1991. "The Decline of the Social Survey Movement and the Rise of American Empirical Sociology." in Bulmer et al. *Social Survey*, pp.291~315.

Bulmer, Martin, Kevin Bales and Kathryn Kish Sklar. 1991. "The Social Survey in Historical Perspective." in Bulmer et al. *Social Survey*, pp.13~48.

_____(eds.). 1991. *The Social Survey in Historical Perspective.* Cambridge, U.K.: Cambridge University Press.

Burchell, Stuart, Colin Clubb and Anthony Hopwood. 1992. "Accounting in Its Social Context: Towards a History of Value Added in the United Kingdom." *Accounting, Organizations, and Society*, 17, pp.477~499.

Burgess, Ernest W. 1928/1968. "Factors Determining Success or Failure on Parole." in Andrew A. Bruce et al. *The Workings of the Indeterminate Sentence Law and the Parole System in Illinois*. reprinted Montclair, N.J.: Patterson Smith.

Burke, Edward J. 1964. "Objectivity and Accounting." *Accounting Review*, 39, pp.837~849.

Burn, J. H. 1930. "The Errors of Biological Assay." *Physiological Review*, 10, pp.146~169.

_____, J. Finney and L. G. Goodwin. 1937/1950. *Biological Standardization*. Oxford: Oxford University Press, 2d ed.

Burnham, John C. 1990. "The Evolution of Editorial Peer Review." *Journal of the American Medical Association*, 263, no.10, March 9, pp.1323~1329.

Cahan, David. 1989. *An Institute for an Empire: The Physikalische-Technische Reichsanstalt, 1871-1918*. Cambridge, U.K.: Cambridge University Press.

Cairns, John Jr. and James R. Pratt. 1989. "The Scientific Basis of Bioassays." *Hydrobiologia*, 188/189, pp.5~20.

Calhoun, Daniel. 1960. *The American Civil Engineer: Origins and Conflict*. Cambridge, Mass.: MIT Press.

_____. 1973. *The Intelligence of a People*. Princeton, N.J.: Princeton University Press.

Campbell-Kelly, Martin. 1992. "Large-Scale Data Processing in the Prudential, 1850-1930." *Accounting, Business, and Financial History*, 2, pp.117~139.

Carnot, Sadi. 1986. *Reflections on the Motive Power of Fire*. Manchester. U.K.: Manchester University Press.

Caron, François. 1973. *Histoire de l'exploitation d'un grand réseau: La Compagnie de Fer du Nord, 1846-1937*. Paris: Mouton.

Carson, John. 1993. "Army Alpha, Army Brass, and the Search for Army Intelligence." *Isis*, 84, pp.278~309.

Carter, Luther J. 1973. "Water Projects: How to Erase the 'Pork Barrel' Image." *Science*, 182, October 19, pp.267~269, p.316.

Cartwright, Nancy. 1989. *Nature's Capacities and Their Measurement*. Oxford: Clarendon Press.

Caufield, Catherine. 1990. "The Pacific Forest." *New Yorker*, May 14, pp.46~84.

Chambers, R. J. 1964. "Measurement and Objectivity in Accounting." *Accounting Review*, 39, pp.264~274.

Chandler, Alfred, Jr. 1962. *Strategy and Structure: Chapters in the History of Industrial Enterprise*. Cambridge, Mass.: MIT Press, 1962.

_____. 1977. *The Visible Hand: The Managerial Revolution in American Business*. Cambridge, Mass.: Harvard University Press.

Chapman, Paul Davis. 1988. *Schools as Sorters: Lewis M. Terman, Applied Psychology, and the Intelligence Testing Movement*. New York: New York University Press.

Chardon, Henri. 1904. *Les travaux publics: Essai sur le fonctionnement de nos admini-strations.* Paris: Perrin et Cie.

_____. 1908. *L'administration de la France: Les fonctionnaires.* Paris: Perrin.

_____. 1912. *Le pouvoir administratif.* Paris: Perrin, nouvelle ed.

Charle, Christophe. 1980. *Les hauts fonctionnaires en France au XIXe siècle.* Paris: Gallimard.

_____. 1987. *Les élites de la Republique.* Paris: Fayard.

Chevalier, Michel. 1860. opening address. *Journal de la Société de Statistique de Paris*, 1, pp.1~6.

Cheysson, Emile. 1882. "Le cadre, l'objet et la méthode de l'économie politique". in Cheysson, *Oeuvres*, vol.2, pp.37~66.

_____. 1884. report of prize commission, 1883, *Journal de la Société de Statistique de Paris*, 25, pp.50~57.

_____. 1887. "La statistique géométrique." in Cheysson, *Oeuvres*, vol.1, pp.185~218.

_____. 1911. *Oeuvres choisies*, 2 vols. Paris: A. Rousseau.

Christophle, Albert. 1888. *Discours sur les travaux publics prononces ··· dans les sessions lé gislatives de 1876 et 1877.* Paris: Guillaumin et Cie., n.d. [ca. 1888].

Church, Robert. 1974. "Economists as Experts: The Rise of an Academic Profession in the United States, 1870-1920." in Lawrence Stone(ed.), *The University in Society.* Princeton, N.J.: Princeton University Press.

Ciriacy-Wantrup, S. V. 1954. "Cost Allocation in Relation to Western Water Policies." *Journal of Farm Economics*, 36, pp.108~129.

Clark, John M. 1935/1965. *Economics of Planning Public Works.* reprinted New York: Augustus M. Kelley.

Cochrane, A. L., P. J. Chapman and P. D. Oldham. 1951. "Observers' Errors in Taking Medical Histories." *The Lancet*, May 5, 1951, pp.1007~1009.

Cohen, Patricia Cline. 1982. *A Calculating People: The Spread of Numeracy in Early America.* Chicago: University of Chicago Press.

Coleman, William. 1982. *Death Is a Social Disease: Public Health and Political Economy in Early Industrial France.* Madison: University of Wisconsin Press.

Collins, Harry. 1985. *Changing Order.* Los Angeles: Russell Sage Foundation.

_____. 1990. *Artificial Experts: Social Knowledge and Intelligent Machines.* Cambridge, Mass.: MIT Press.

Colson, Clement-Léon. 1892. "La formule d'exploitation de M. Considère." *Annales des Ponts et Chaussées* [7], 4, pp.561~616.

_____. 1894. "Note sur le nouveau memoire de M. Considère." *Annales des Ponts et Chaussé es* [7], 7, pp.152~164.

_____. 1898. *Transports et tarifs*, 2d ed. Paris: J. Rothschild.

_____. *Théorie générale des phénomènes économiques*, vol.1 of his Cours.

_____. *Les travaux publics et les transports*, vol.6 of his Cours.

_____. *Cours d'économie politique professé à l'Ecole Nationale des Ponts et Chaussées*, 2d ed., 6 vols. Paris: Gauthier-Villars et Félix Alcan, 1907~1910.

Colvin, Phyllis. 1985. *The Economic Ideal in British Government: Calculating Costs and Benefits in the 1970s.* Manchester, U.K.: Manchester University Press.

Considère, Armand. 1892. "Utilité des chemins de fer d'intérêt local: Nature et valeur des divers types de convention." *Annales des Ponts et Chaussées* [7], 3, pp.217~485.

_____. 1894. "Utilité des chemins de fer d'intérêt local: Examen des observations formulées par M. Colson." *Annales des Ponts et Chaussées* [7], 7, pp.16~151.

Converse, Jean M. 1987. *Survey Research in the United States: Roots and Emergence 1890-1960.* Berkeley: University of California Press.

Coon, Deborah J. 1993. "Standardizing the Subject: Experimental Psychologists, Introspection, and the Quest for a Technoscientific Ideal." *Technology and Culture*, 34, pp.261~283.

Coriolis, G. 1834. "Premiers résultats de quelques expériences relatives à la durée comparative de différentes natures de grés." *Annales des Ponts et Chaussées*, 7, pp.235~240.

Couderc, J. 1829. *Essai sur l'Administration et le Corps Royal des Ponts et Chaussées.* Paris: Carillan-Goeury.

Courcelle-Seneuil, J.-G. 1980. "Etude sur le mandarinat français." in Thuillier, *Bureaucratie.*

Cournot, A. A. 1838. *Recherches sur les principes mathématiques de la théorie des richesses.* Paris: Hachette.

_____. 1843. *Exposition de la théorie des chances et des probabilités.* Paris: Hachette.

Courtois, Charlemagne. 1833. *Memoire sur differentes questions d'economie politique relatives a l'etablissement des voies de communication.* Paris: Carillan-Goeury.

_____. 1843. *Mémoire sur les questions que fait naître le choix de la direction d'une nouvelle voie de communication.* Paris: Imprimerie Schneider et Langrand.

Craver, Earlene. 1986. "Patronage and the Directions of Research in Economics: The Rockefeller Foundation in Europe, 1924-1938." *Minerva*, 24, pp.205~222.

Crenson, Matthew A. and Francis E. Rourke. 1987. "By Way of Conclusion: American Bureaucracy since World War II." in Galambos, *New American State*, pp.137~177.

Crépel, Pierre(ed.) 1989. *Arago*, vol.4 of *Sabix, Bulletin de la Société des Amis de la Biblio-*

thèque de l'Ecole Polytechnique, May 1989.

Cronon, William. 1983. *Changes in the Land*. New York: Hill and Wang.

_____. 1991. *Nature's Metropolis: Chicago and the Great West*. New York: Norton.

Cullen, Michael. 1975. *The Statistical Movement in Early Victorian Britain*. Hassocks, U.K.: Harvester.

Curtin, Philip. 1989. *Death by Migration: Europe's Encounter with the Tropical World in the Nineteenth Century*. Cambridge, U.K.: Cambridge University Press.

Danziger, Kurt. 1990. *Constructing the Subject: Historical Origins of Psychological Research*. Cambridge, U.K.: Cambridge University Press.

Daru, M. le comte. 1843. *Des chemins de fer et de l'application de la loi du 11 juin 1842*. Paris: Librairie Scientifique-Industrielle de L. Mathias.

Daston, Lorraine. 1988. *Classical Probability in the Enlightenment*. Princeton, N.J.: Princeton University Press.

_____. 1991. "The Ideal and Reality of the Republic of Letters in the Enlightenment." *Science in Context*, 4, pp.367~386.

_____. 1992. "Objectivity and the Escape from Perspective." *Social Studies of Science*, 22, pp.597~618.

_____ and Peter Galison. 1992. "The Image of Objectivity." *Representations*.

_____ and Katherine Park. 1998. *Wonders of Nature: The Culture of the Marvelous, 1500-1740*. Cambridge, Mass.: Harvard University Press.

Davis, Audrey B. 1981. "Life Insurance and the Physical Examination: A Chapter in the Rise of American Medical Technology." *Bulletin of the History of Medicine*, 55, pp.392~406.

Day, Archibald. 1858~1860. "On the Determination of the Rates of Premiums for Assuring against Issue." *Assurance Magazine*, 8, pp.127~138.

Day, Charles R. 1987. *Education for the Industrial World: The Ecoles d'Arts et Metiers and the Rise of French Industrial Engineering*. Cambridge, Mass.: MIT Press.

Dear, Peter. 1985. "Totius in verba: The Rhetorical Construction of Authority in the Early Royal Society." *Isis*, 76, pp.145~161.

_____. 1992. "From Truth to Disinterestedness in the Seventeenth Century." *Social Studies of Science*, 22, pp.619~631.

Defoe, Daniel. 1726/1987. *The Complete English Tradesman*. Gloucester: Alan Sutton.

DeGroot, Morris H., Stephen E. Fienberg and Joseph B. Kadane(eds.). 1986. *Statistics and the Law*. New York: John Wiley & Sons.

Dennis, Michael Aaron. 1989. "Graphic Understanding: Instruments and Interpreta tion in Robert Hooke's Micrographia." *Science in Context*, 3, pp.309~364.

Desrosières, Alain. 1989. "Les specificités de la statistique publique en France: Une mise en perspective historique." *Courier des Statistiques*, no.49, January 1989, pp.37~54.

_____. 1990. "How to Make Things Which Hold Together: Social Science, Statistics, and the State." in P. Wagner, B. Wittrock and R. Whitley(eds.). *Discourses on Society, Sociology of the Sciences Yearbook*, 15, pp.195~218.

_____. 1991. "Masses, individus, moyennes: La statistique sociale au XIXe siècle." in Feldman et al. *Moyenne*, pp.245~273.

_____. 1993. *La politique des grands nombres: Histoire de la raison statistique*. Paris: Editions La Decouverte.

Desrosières, Alain and Laurent Thévenot. 1988. *Les catégories socioprofessionelles*. Paris: Editions La Decouverte.

Dhombres, Jean. 1837. "L'Ecole Polytechnique et ses historiens." in Fourcy, *Histoire*, pp.30~39.

Dickens, Charles. 1968. *Martin Chuzzlewit*. New York: Penguin.

Divisia, François. 1951. *Exposés d'économique: L'apport des ingénieurs français aux sciences économiques*. Paris: Dunod.

Dodge, David A. and David A. A. Stager. 1973. "Economic Returns to Graduate Study in Science, Engineering, and Business." *Benefit-Cost Analysis: An Aldine Annual, 1972*. Chicago: Aldine.

Dorfman, Robert. 1978. "Forty Years of Cost-Benefit Analysis." in Richard Stone and William Peterson(eds.). *Econometric Contributions to Public Policy*. London: Macmillan, pp.268~288.

_____(ed.). 1965. *Measuring Benefits of Government Investments*. Washington, D.C.: Brookings Institution.

Doukas, Kimon A. 1945/1976. *The French Railroads and the State*. reprinted New York: Farrar, Straus, & Giroux.

Doussot, Antoine. 1880. "Observations sur une note de M. l'ingénieur en chef Labry relative à l'utilité des travaux publics." *Annales des Ponts et Chaussées* [5], 20, pp.125~130.

Drew, Elizabeth. 1970. "Dam Outrage: The Story of the Army Engineers." *Atlantic*, 225, April, pp.51~62.

Duhamel, Henry. 1888. "De la necessité d'une statistique des accidents." *Journal de la Société de Statistique de Paris*, 29, pp.127~168.

Dumez, Hervé. 1985. *L'économiste, la science et le pouvoir: Le cas Walras*. Paris: Presses Universitaires de France.

Duncan, Otis Dudley. 1984. *Notes on Social Measurement: Historical and Critical*. New York:

Russell Sage Foundation.

Dunham, Arthur L. 1941. "How the First French Railways Were Planned." *Journal of Economic History*, 1, pp.12~25.

Dupuit, Jules. 1842. "Sur les frais d'entretien des routes," *Annales des Ponts et Chaussées* [2], 3, pp.1~90.

_____. 1844. "De la mesure de l'utilité des travaux publics." *Annales des Ponts et Chaussées* [2], 8, pp.332~375. English translation in International Economic Papers, 2(1952), pp.83~110.

_____. 1849. "De l'influence des péages sur l'utilité des voies de communication." *Annales des Ponts et Chaussées* [2], 17, pp.170~249. English translation in part in International Economic Papers, 11(1962), pp.7~31.

_____. 1857. *Titres scientifiques de M. J. Dupuit.* Paris: Mallet-Bachelier.

_____. 1861. *La liberté commerciale: Son principe et ses consequences.* Paris: Guillaumin.

_____. 1933. *De l'utilité et de sa mesure: Ecrits choisis et republiés.* Mario de Bernardi(ed.). Turin: La Riforma Sociale.

Eckstein, Otto. 1958. *Water-Resource Development: The Economics of Project Evaluation.* Cambridge, Mass.: Harvard University Press.

Ekelund, Robert B. and Robert F. Hébert. 1978. "French Engineers, Welfare Economics, and Public Finance in the Nineteenth Century." *History of Political Economy*, 10, pp.636~668.

Elwitt, Sanford. 1975. *The Making of the Third Republic: Class and Politics in France, 1868-1884.* Baton Rouge: Louisiana State University Press.

_____. 1986. *The Third Republic Defended: Bourgeois Reform in France, 1880-1914.* Baton Rouge: Louisiana State University Press.

Etner, François. 1987. *Histoire du calcul économique en France.* Paris: Economica.

Evans, Hughes. 1993. "Losing Touch: The Controversy over the Introduction of Blood Pressure Instruments into Medicine." *Technology and Culture*, 34, pp.784~807.

Ezrahi, Yaron. 1990. *The Descent of Icarus: Science and the Transformation of Contemporary Democracy.* Cambridge, Mass.: Harvard University Press.

Fagot-Largeault, Anne. 1989. *Les causes de la mort: Histoire naturelle et facteurs de risque.* Paris: Vrin.

Farren, Edwin James. 1854-1855 "On the Improvement of Life Contingency Calculation." *Assurance Magazine*, 5, pp.185~196; 8(1858-1860), pp.121~127.

_____. 1852-1853. "On the Reliability of Data, when tested by the conclusions to which they lead." *Assurance Magazine*, 3, pp.204~209.

Faure, Fernand. 1893. "Observations sur l'organisation de l'enseignement de la statistique."

Journal de la Société de Statistique de Paris, 34, pp.25~29.

Fayol, Henri. 1949. *General and Industrial Management [1916]*. London: Sir Isaac Pitman and Sons.

Federal Inter-Agency River Basin Committee, Subcommittee on Benefits and Costs. 1950/1958. *Proposed Practices for Economic Analysis of River Basin Projects*. Washington, D.C.: USGPO(1950); revised(ed.)(1958).

Feldman, Jacqueline, Gérard Lagneau and Benjamin Matalon(eds.). 1991. *Moyenne, milieu, centre: histoires et usages*. Paris: Editions de l'Ecole des Hautes Etudes en Sciences Sociales.

Feldman, Theodore S. 1985. "Applied Mathematics and the Quantification of Experimental Physics: The Example of Barometric Hypsometry." *Historical Studies in the Physical Sciences*, 15, pp.127~197.

_____. 1990. "Late Enlightenment Meteorology." in Frängsmyr et al. *Quantifying Spirit*, pp.143~177.

Ferejohn, John A. 1974. *Pork Barrel Politics: Rivers and Harbors Legislation, 1947-1968*. Stanford, Calif.: Stanford University Press.

Fichet-Poitrey, F. 1982. *Le Corps des Ponts et Chaussées: Du génie civil à l'aménagement du territoire*. Paris.

Fink, Albert. 1882. *Argument ··· before the Committee on Commerce of the United States House of Representatives*. March 17-18. Washington, D.C.: USGPO.

Finkelstein, Michael and Hans Levenbach. 1986. "Regression Estimates of Damages in Price-Fixing Cases." in DeGroot et al. *Statistics*, pp.79~106.

Finney, Donald J. 1952. *Statistical Method in Biological Assay*. London: Charles Griffin and Co.

Fischhoff, Baruch, et al. 1981. *Acceptable Risk*. Cambridge, U.K.: Cambridge University Press.

Fish, Stanley. 1980. *Is There a Text in This Class? The Authority of Interpretive Communities*. Cambridge, Mass.: Harvard University Press.

Flamholtz, Eric. 1980. "The Process of Measurement in Managerial Accounting: A Psycho-Technical Systems Perspective." *Accounting, Organizations, and Society*, 5, pp.31~42.

Fleming, Donald. 1967. "Attitude: The History of a Concept." *Perspectives in American History*, 1, pp.287~365.

Fortun, M. and S. S. Schweber. 1993. "Scientists and the Legacy of World War II: The Case of Operations Research." *Social Studies of Science*, 23, pp.595~642.

Foucault, Michel. 1973. *The Order of Things*. New York: Vintage.

Fougère, Louis. 1975. "Introduction générale." *Histoire de l'Administration française dépuis*

1800. Geneva: Droz.

Fourcy, Ambroise. 1837/1987. *Histoire de l'Ecole Polytechnique*. Paris: Belin.

Fournier de Flaix, E. 1881. "Le canal de Panama." *Journal de la Société de Statistique de Paris*, 22, pp.64~70.

Fourquet, François. 1980. *Les comptes de la puissance: Histoire de la comptabilite nationale et du plan*. Paris: Encres Recherches.

Foville, Alfred de. 1885. "La statistique et ses ennemis." *Journal de la Société de Statistique de Paris*, 26, pp.448~454.

_____. 1892. "Le rôle de la statistique dans le prèsent et dans l'avenir." *Journal de la Société de Statistique de Paris*, 33, pp.211~214.

Fox, Robert. 1974. "The Rise and Fall of Laplacian Physics." *Historical Studies in the Physical Sciences*, 4, pp.89~136.

_____ and George Weisz(eds.). 1980. *The Organization of Science and Technology in France, 1808-1914*. Cambridge, U.K.: Cambridge University Press.

Foxwell, H. S. 1886-87. "The Economic Movement in England." *Quarterly Journal of Economics*, 1, pp.84~103.

Frängsmyr, Tore, John Heilbron and Robin Rider(eds.). 1990. *The Quantifying Spirit in the Eighteenth Century*. Berkeley: University of California Press.

Frank, Robert. 1988. "The Telltale Heart: Physiological Instruments, Graphic Methods, and Clinical Hopes, 1865-1914." in William Coleman and Frederic L. Holmes(eds.). *The Investigative Enterprise: Experimental Physiology in Nineteenth-Century Medicine*. Berkeley: University of California Press, pp.211~290.

Freidson, Eliot. 1986. *Professional Powers: A Study of the Institutionalization of Formal Knowledge*. Chicago: University of Chicago Press.

Friedman, Robert Marc. 1989. *Appropriating the Weather: Vilhelm Bjerknes and the Construction of a Modern Meteorology*. Ithaca, N.Y.: Cornell University Press.

Fuller, Steve. 1992. "Social Epistemology as Research Agenda of Science Studies." in Pickering, *Science*, pp.390~428.

Funkenstein, Amos. 1986. *Theology and the Scientific Imagination from the Middle Ages to the Seventeenth Century*. Princeton, N.J.: Princeton University Press.

Furner, Mary O. and Barry Supple(eds.). 1990. *The State and Economic Knowledge: The American and British Experiences*. Cambridge, U.K.: Cambridge University Press.

Galambos, Louis(ed.). 1987. *The New American State: Bureaucracies and Policies since World War II*. Baltimore: Johns Hopkins University Press.

Galison, Peter. 1990. "Aufbau/Bauhaus: Logical Positivism and Architectural Modernism." *Cri-*

466

tical Inquiry, 16, pp.709~752.

Garnier, Joseph. 1845. "Sur les frais d'entretien des routes en empierrement." Annales des Ponts et Chaussées [2], 10, pp.146~196.

Geiger, Reed. 1984. "Planning the French Canals: The 'Becquey Plan' of 1820-1822." Journal of Economic History, 44, pp.329~339.

Geison, Gerald L. 1979. " 'Divided We Stand': Physiologists and Clinicians in the American Context." in Morris J. Vogel and Charles Rosenberg(eds.). The Therapeutic Revolution: Essays in the Social History of American Medicine. Philadelphia: University of Pennsylvania, Press, pp.67~90.

_____. 1981. "Scientific Change, Emerging Specialties, and Research Schools." History of Science, 19, pp.20~40.

_____.(ed.). 1984. Professions and the French State, 1700-1900. Philadelphia: University of Pennsylvania Press.

_____ and Frederic L. Holmes.(eds.). 1993. Research Schools: Historical Reappraisals, Osiris, 8.

Gertel, Karl. 1951. "Recent Suggestions for Cost Allocation of Multiple Purpose Projects in the Light of Public Interest." Journal of Farm Economics, 33, pp.130~134.

Gigerenzer, Gerd. 1987. "Probabilistic Thinking and the Fight against Subjectivity." in Kruger et al., Probabilistic Revolution, vol.2, pp.11~33.

_____. 1993. "The Superego, the Ego, and the Id in Statistical Reasoning." in Gideon Keren and Charles Lewis(eds.). A Handbook for Data Analysis in the Behavioral Sciences: Methodological Issues. Hillsdale, N.J.: Erlbaum.

_____ and David J. Murray. 1987. Cognition as Intuitive Statistics. Hillsdale, N.J.: Erlbaum.

_____, et al. 1989. The Empire of Chance: How Probability Changed Science and Everyday Life. Cambridge, U.K.: Cambridge University Press.

Gillispie, Charles. 1960. The Edge of Objectivity. Princeton, N.J.: Princeton University Press.

_____. 1968. "Social Selection as a Factor in the Progressiveness of Science." American Scientist, 56, pp.438~450.

_____. 1980. Science and Polity in France at the End of the Old Regime. Princeton, N.J.: Princeton University Press.

_____. 1983. The Montgolfier Brothers and the Invention of Aviation. Princeton, N.J.: Princeton University Press.

_____. 1994. "Un enseignement hégémonique: Les mathématiques." in Belhoste et al., Formation, pp.31~43.

Gilpin, Robert. 1968. France in the Age of the Scientific State. Princeton, N.J.: Princeton-

University Press.

Gispert, Hélène. 1989. "L'enseignement scientifique supérieure et les enseignants, 1860-1900: Les mathématiques." *Histoire de l'Éducation*, no. 41, January, pp.47~78.

Glaeser, Martin G. 1927. *Outlines of Public Utility Economics*. New York: Macmillan.

Goldstein, Jan. 1994. "The Advent of Psychological Modernism in France: An Alternative Narrative." in Ross, *Modernist Impulses*, pp.190~209.

Golinski, Jan. 1992. *Science as Public Culture: Chemistry and Enlightenment in Britain*. New York: Cambridge University Press.

Gondinet, Edmond. 1876. *Le Panache. Comédie en trois actes*. Paris: Michel Levy Freres.

Gooday, Graeme. 1990. "Precision Measurement and the Genesis of Teaching Laboratories in Victorian Britain." *British Journal for the History of Science*, 23, pp.25~51.

Gooding, David, Trevor Pinch. and Simon Schaffer(eds.). 1989. *The Uses of Experiment*. Cambridge, U.K.: Cambridge University Press.

Goodwin, Craufurd D. 1983. "The Valley Authority Idea — he Failing of a National Vision." in Erwin C. Hargrove and Paul K. Conkin(eds.). *TVA: Fifty Years of Grass-Roots Bureaucracy*. Urbana: University of Illinois Press, pp.263~296.

Goody, Jack. 1977. *The Domestication of the Savage Mind*. Cambridge, U.K.: Cambridge University Press.

_____(ed.). 1968. *Literacy in Traditional Societies*. Cambridge, U.K.: Cambridge University Press.

Gorges, Irmela. 1991. "The Social Survey in Germany before 1933." in Bulmer et al. *Social Survey*, pp.316~339.

Gough, Harrison G. 1964. "Clinical versus Statistical Prediction in Psychology." in Leo Postman(ed.). *Psychology in the Making: Histories of Selected Research Problems*. New York: Alfred A. Knopf.

Gourvish, T. R. 1988. "The Rise of the Professions." in T. R. Gourvish and Alan O'Day(eds.). *Later Victorian Britain, 1867-1900*. New York: St. Martin's Press, pp.13~35.

Gowan, Peter. 1987. "The Origins of the Administrative Elite." *New Left Review*, 61(March-April 1987), pp.4~34.

Graff, Harvey J. 1987. *The Legacies of Literacy*. Bloomington: Indiana University Press.

Grant, Eugene L. 1930. *Principles of Engineering Economy*. New York: Ronald Press.

Grattan-Guinness, Ivor. 1984. "Work for the Workers: Advances in Engineering Mechanics and Instruction in France, 1800-1930." *Annals of Science*, 41, pp.1~33.

_____. 1990. *Convolutions in French Mathematics*, 3 vols. Basel, Switzerland: Birkhauser.

Gray, Peter. 1854-1855. "On the Construction of Survivorship Assurance Tables." *Assurance*

Magazine, 5, pp.107~126.

Gray, Ralph D. 1989. *The National Waterway: A History of the Chesapeake and Delaware Canal, 1769-1985*, 2d ed. Urbana: University of Illinois Press.

Green, Mark J. 1980. "Cost-Benefit Analysis as a Mirage." in Timothy B. Clark, Marvin H. Kosters and James C. Miller III(eds.). *Reforming Regulation*. Washington, D.C.: American Enterprise Institute.

Greenawalt, Kent. 1992. *Law and Objectivity*. New York: Oxford University Press.

Greenberg, John. 1986. "Mathematical Physics in Eighteenth-Century France." *Isis*, 77, pp.59~78.

Greenleaf, W. H. 1987. *The British Political Tradition*, vol.3: *A Much Governed Nation*. London: Methuen.

Gregoire, Roger. 1954. *La fonction publique*. Paris: Armand Colin.

Griliches, Zvi, 1958. "Research Costs and Social Returns: Hybrid Corn and Related Innovations." *Journal of Political Economy*, 66, pp.419~431.

Grison, Emmanuel. 1989. "François Arago et l'Ecole Polytechnique." in Crepel, *Arago*, pp.1~28.

Habermas, Jurgen. 1962/1989. *The Structural Transformation of the Public Sphere*. translated by Thomas Burger. Cambridge, Mass.: MIT Press.

Hackett, John and Anne-Marie Hackett. 1963. *Economic Planning in France*. Cambridge, Mass.: Harvard University Press.

Hacking, Ian. 1983. *Representing and Intervening*. Cambridge, U.K.: Cambridge University Press.

_____. 1988. "Telepathy: Origins of Randomization in Experimental Design." *Isis*, 79, pp.427~451.

_____. 1990. *The Taming of Chance*. Cambridge, U.K.: Cambridge University Press.

_____. 1992. "Statistical Language, Statistical Truth, and Statistical Reason: The Self-Authentification of a Style of Scientific Reasoning." in Ernan McMullin(ed.). *The Social Dimensions of Science*. Notre Dame: University of Notre Dame Press, pp.130~157.

_____. 1992. "The Self-Vindication of the Laboratory Sciences." in Pickering, *Science as Practice*, pp.29~64.

Hamlin, Christopher. 1990. *A Science of Impurity: Water Analysis in Nineteenth-Century Britain*. Berkeley: University of California Press.

Hammond, Kenneth R. and Leonard Adelman. 1976. "Science, Values, and Human Judgement." *Science*, 194, 22 October, pp.389~396.

Hammond, Richard J. 1960. *Benefit-Cost Analysis and Water-Pollution Control*. Stanford,

Calif.: Food Research Institute of Stanford University.

_____. 1966. "Convention and Limitation in Benefit-Cost Analysis." *Natural Resources Journal*, 6, pp.195~222.

Hannaway, Owen. 1986. "Laboratory Design and the Aim of Science: Andreas Libavius versus Tycho Brahe." in *Isis*, 77, pp.585~610.

Hansen, W. Lee. 1963. "Total and Private Rates of Return to Investment in Schooling." *Journal of Political Economy*, 71, pp.128~140.

Haraway, Donna. 1989. *Primate Visions: Gender, Race, and Nature in the World of Modern Science*. New York: Routledge.

Harper, Douglas. 1987. *Working Knowledge: Skill and Community in a Small Shop*. Chicago: University of Chicago Press.

Harre, Rom. 1986. *Varieties of Realism*. New York: Basil Blackwell.

Harris, Jose. 1990. "Economic Knowledge and British Social Policy." in Furner and Supple, *State and Economic Knowledge*, pp.379~400.

Haskell, Thomas. 1977. *The Emergence of Professional Social Science*. Urbana: University of Illinois Press.

Hatcher, Robert A. and J. G. Brody. 1910. "The Biological Standardization of Drugs." *American Journal of Pharmacy*, 82, pp.360~372.

Haveman, Robert. 1965. *Water Resource Investment and the Public Interest*. Nashville: Vanderbilt University Press.

Hawley, Ellis R. 1990. "Economic Inquiry and the State in New Era America: Antistatist Corporatism and Positive Statism in Uneasy Coexistence." in Furner and Supple, *State and Economic Knowledge*, pp.287~324.

Hayek, Friedrich. 1979(reprint). *The Counterrevolution of Science*. Indianapolis: Liberty Press.

Hays, Samuel P. 1969. *Conservation and the Gospel of Efficiency: The Progressive Conservation Movement, 1890-1920*, 2d ed. Cambridge, Mass.: Harvard University Press.

_____. 1987. "The Politics of Environmental Administration." in Galambos, *New American State*, pp.21~53.

Heclo, Hugh. 1977. *A Government of Strangers: Executive Politics in Washington*. Washington, D.C.: The Brookings Institution.

_____ and Aaron Wildavsky. 1974. *The Private Government of Public Money: Community and Policy inside British Politics*. Berkeley: University of California Press.

Heidelberger, Michael. 1993. *Die innere Seite der Natur: Gustav Theodor Fechners wissenschaftlich-philosophische Weltauffassung*. Frankfurt am Main: Vittorio Klostermann.

Heilbron, John L. 1979. *Electricity in the 17th and 18th Centuries*. Berkeley: University of California Press.

_____. 1982. "Fin-de-siècle Physics." in Carl-Gustav Bernhard, Elisabeth Crawford and Per Serbom(eds.). *Science, Technology, and Society in the Time of Alfred Nobel*. Oxford: Pergamon Press, pp.51~71.

_____. 1986. *The Dilemmas of an Upright Man: Max Planck as Spokesman for German Science*. Berkeley: University of California Press.

_____. 1990. "Introductory Essay." in Frängsmyr et al. *Quantifying Spirit*, pp.1~23.

_____. 1990. "The Measure of Enlightenment." in Frängsmyr et al. *Quantifying Spirit*, pp.207~242.

Heilbron, John and Robert Seidel. 1989. *Lawrence and His Laboratory*. Berkeley: University of California Press.

Henderson, James P. 1990. "Induction, Deduction and the Role of Mathematics: The Whewell Group vs. the Ricardian Economists." *Research in the History of Economic Thought and Methodology*, 7, pp.1~36.

Henry, Ernest. 1891. *Les formes des Enquêtes administratives en matiere de travaux d'intérêt public*. Paris and Nancy: Berger-Levrault et Cie.

Hill, Austin Bradford. 1937. *Principles of Medical Statistics*. London: The Lancet(many subsequent editions).

_____. 1952. "The Clinical Trial-II." in Hill, *Statistical*, pp.29~43.

_____. 1953. "The Philosophy of the Clinical Trial." in Hill, *Statistical*, pp.3~14.

_____. 1962. "Smoking and Carcinoma of the Lung." in Hill, *Statistical*, pp.384~413.

_____. 1962. "Observation and Experiment." in Hill, *Statistical*, pp.369~383.

_____. 1960. "Aims and Ethics." in Hill, *Controlled Clinical Trials*, pp.3~7.

_____(ed.). 1960. *Controlled Clinical Trials*. Oxford: Blackwell Scientific Publication.

_____. 1962. *Statistical Methods in Clinical and Preventive Medicine*. Edinburgh, U.K.: E. & S. Livingston Ltd.

Hilts, Victor. 1978. "Aliis exterendum, or the Origins of the Statistical Society of London." *Isis*, 69, pp.21~43.

Himmelfarb, Gertrude. 1991. *Poverty and Compassion: The Moral Imagination of the Late Victorians*. New York: Alfred A. Knopf.

Hines, Lawrence G. 1973. "Precursors to Benefit-Cost Analysis in Early United States Public Investment Projects." *Land Economics*, 49, pp.310~317.

Hoffmann, Robert G. 1974. *New Clinical Laboratory Standardization Methods*. New York: Exposition Press.

Hoffmann, Stanley. 1963. "Paradoxes of the French Political Community." in Hoffmann et al.,
In Search of France. Cambridge, Mass.: Harvard University Press, pp.1~117.

Hofstadter, Douglas R. 1980. *Gödel, Escher, Bach: An Eternal Golden Braid.* New York:
Vintage Books.

Hofstadter, Richard. 1963. *Anti-Intellectualism in American Life.* New York: Alfred A. Knopf.

Hollander, Samuel. 1983. "William Whewell and John Stuart Mill on the Methodology of Poli-
tical Economy." *Studies in the History and Philosophy of Science*, 14, pp.127~168.

Hollinger, David. 1990. "Free Enterprise and Free Inquiry: The Emergence of Laissez-Faire
Communitarianism in the Ideology of Science in the United States." *New Literary History*,
21, pp.897~919.

Holt, Robert R. 1978. *Methods in Clinical Psychology, vol.2: Prediction and Research.* New
York: Plenum Press.

Holton, Gerald. 1978. "Fermi's Group and the Recapture of Italy's Place in Physics." in Hol-
ton. *The Scientific Imagination: Case Studies.* Cambridge, U.K.: Cambridge University Press.

_____. 1994. "On Doing One's Damndest: The Evolution of Trust in Scientific Findings." ch.7
in Holton, *Einstein, History, and Other Passions.* American Institute of Physics, New
York.

Hopwood, Anthony. 1973. *An Accounting System and Managerial Behaviour.* Lexington,
Mass.: Lexington Books.

Horkheimer, Max and Theodor W. Adorno. 1948. *Dialektik der Aufklarung: Philosophische
Fragmente.* Frankfurt: S. Fischer Verlag.

Hornstein, Gail A. 1988. "Quantifying Psychological Phenomena: Debates, Dilemmas, and
Implications." in Jill G. Morawski(ed.). *The Rise of Experimentation in American Psycho-
logy.* New Haven, Conn.: Yale University Press.

Hoskin, Keith W. and Richard R. Macve. 1986. "Accounting and the Examination: A Gene-
alogy of Disciplinary Power." *Accounting, Organizations, and Society*, 11, pp.105~136.

Hoslin, C.. 1878. *Les limites de l'intérêt public dans l'établissement des chemins de fer.*
Marseille: Imprimerie Saint-Joseph.

Hudson, Liam. 1972. *The Cult of the Fact.* London: Jonathan Cape Ltd.

Hufbauer, Karl. 1982. *The Formation of the German Chemical Community (1720-1905).*
Berkeley: University of California Press.

Hundley, Norris, Jr. 1992. *The Great Thirst: Californians and Water.* Berkeley: University of
California Press.

Hunt, Bruce J. 1991. *The Maxwellians.* Ithaca, N.Y.: Cornell University Press.

Hunter, J. S. 1980. "The National System of Scientific Measurement," *Science*, 210, November

472

21, pp.869~874.

Ijiri, Yuji and Robert K. Jaedicke. 1986. "Reliability and Objectivity of Accounting Measurements." *Accounting Review*, 41, pp.474~483.

Ingrao, Bruna and Giorgio Israel. 1987. *The Invisible Hand: Equilibrium in the History of Science*. translated by Ian McGilvray. Cambridge, Mass.: MIT Press.

Jacobs, Stuart. 1987. "Scientific Community: Formulations and Critique of a Sociological Motif." *British Journal of Sociology*, 38, pp.266~276.

Jaffe, William(ed.). 1965. *Correspondence of Leon Walras and Related Papers*, 3 vols. Amsterdam: North Holland.

Jasanoff, Sheila. 1985. "The Misrule of Law at OSHA." in Dorothy Nelkin(ed.). *The Language of Risk*. Beverly Hills: Sage, pp.155~178.

_____. 1986. *Risk Management and Political Culture*. New York: Russell Sage Foundation.

_____. 1989. "The Problem of Rationality in American Health and Safety Regulation." in Smith and Wynne. *Expert Evidence*, pp.151~183.

_____. 1990. *The Fifth Branch: Science Advisers as Policymakers*. Cambridge, Mass.: Harvard University Press.

_____. 1991. "Science, Politics, and the Renegotiation of Expertise at EPA." *Osiris*, 7, pp.194~217.

Jellicoe, Charles. 1850-1851. "On the Rate of Premiums to be charged for Assurances on the Lives of Military Officers serving in Bengal." *Assurance Magazine*, 1, no.3, pp.166~178.

_____. 1853-1854. "On the Rates of Mortality Prevailing … in the Eagle Insurance Company." *Assurance Magazine*, 4, pp.199~215.

Jenkin, Fleeming. 1868. "Trade Unions: How Far Legitimate." in *Papers*, vol.2, pp.1~75.

_____. 1870. "The Graphic Representation of the Laws of Supply and Demand." in *Papers*, vol.2, pp.76~106.

_____. 1871-1872. "On the Principles which Regulate the Incidence of Taxes." in *Papers*, vol.2, pp.107~121.

_____. 1887. *Papers: Literary, Scientific, &c.*(ed.). Sidney Colvin and J. A. Ewing, 2 vols. London: Longman, Green, and Co.

Johnson, H. Thomas. 1978. "Management Accounting in an Early Multidivisional Organization: General Motors in the 1920's." *Business History Review*, 52, pp.490~517.

_____. 1981. "Toward a New Understanding of Nineteenth-Century Cost Accounting." *Accounting Review*, 56, pp.510~518.

Johnson, H. T. and R. S. Kaplan. 1987. *Relevance Lost: The Rise and Fall of Management Accounting*. Boston: Harvard Business School Press.

Johnson, Hildegard Binder. 1976. *Order upon the Land: The US Rectangular Land Survey and the Upper Mississippi Country.* New York: Oxford University Press.

Jones, Edgar. 1981. *Accountancy and the British Economy, 1840-1980.* London: B. T. Batsford.

Jouffroy, Louis-Maurice. 1932. *La Ligne de Paris à la Frontière d'Allemagne (1825-1852): Une étape de la construction des grandes lignes de chemins de fer en France,* 3 vols. Paris: S. Barreau & Cie., vol.1.

Jouvenel, Bertrand de. 1967. *The Art of Conjecture.* translated by Nikita Lant. New York: Basic Books.

Jullien, Ad. 1844. "Du prix des transports sur les chemins de fer." *Annales des Ponts et Chaussées* [2], 8, pp.1~68.

Jungnickel, Christa and Russell McCormmach. 1986. *Intellectual Mastery of Nature: Theoretical Physics from Ohm to Einstein,* 2 vols. Chicago: University of Chicago Press.

Kang, Zheng. 1989. "Lieu de savoir social: La Société de Statistique de Paris au XIXe siècle (1860-1910)." Thèse de Doctorat en Histoire, Ecole des Hautes Etudes en Sciences Sociales.

Keller, Evelyn Fox. 1985. *Reflections on Gender and Science.* New Haven, Conn.: Yale University Press.

_____. 1992. "The Paradox of Scientific Subjectivity." *Annals of Scholarship,* 9, pp.135~153.

Keller, Morton. 1977. *Affairs of State: Public Life in Late Nineteenth Century America.* Cambridge, Mass.: Harvard University Press.

_____. 1990. *Regulating a New Economy: Public Policy and Economic Change in America, 1900-1933.* Cambridge, Mass.: Harvard University Press.

Kevles, Daniel J. 1968-1969. "Testing the Army's Intelligence: Psychologists and the Military in World War I." *Journal of American History,* 55, pp.565~581.

Keyfitz, Nathan. 1987. "The Social and Political Context of Population Forecasting." in Alonso and Starr. *Politics of Numbers,* pp.235~258.

Kindleberger, Charles P. 1976. "Technical Education and the French Entrepreneur." in E. C. Carter et al.(eds.). *Enterprise and Entrepreneurs in Nineteenth — and Twentieth-Century France.* Baltimore: Johns Hopkins University Press.

Klein, Judy. 1997. *Statistical Visions in Time.* Cambridge, U.K.: Cambridge University Press.

Kleinmuntz, Benjamin. 1986. "The Scientific Study of Clinical Judgment in Psychology and Medicine"(1984). in Hal R. Arkes and Kenneth R. Hammond(eds.). *Judgement and Decision Making.* Cambridge, U.K.: Cambridge University Press.

Knoll, Elizabeth. 1990. "The Communities of Scientists and Journal Peer Review." *Journal of the American Medical Association,* 263, no.10, March 9, pp.1330~1332.

Knorr-Cetina, Karin D. 1981. *The Manufacture of Knowledge*. Oxford: Pergamon.

Kranakis, Eda. 1987. "The Affair of the Invalides Bridge." *Jaarboek voor de Geschiedenis van Bedrijf in Techniek*, 4, pp.106~130.

_____. 1989. "Social Determinants of Engineering Practice: A Comparative View of France and America in the Nineteenth Century." *Social Studies of Science*, 19, pp.5~70.

Kruger, Lorenz, Lorraine Daston and Michael Heidelberger(eds.). 1987. *The Probabilistic Revolution, vol. 1: Ideas in History*. Cambridge, Mass.: MIT Press.

Kruger, Lorenz, Gerd Gigerenzer and Mary Morgan(eds.). 1987. *The Probabilistic Revolution, vol. 2: Ideas in the Sciences*. Cambridge, Mass.: MIT Press.

Krutilla, John and Otto Eckstein. 1958. *Multiple-Purpose River Development*. Baltimore: Johns Hopkins University Press.

Kuhn, Thomas. 1970. *The Structure of Scientific Revolutions*, 2d ed. Chicago: University of Chicago Press.

Kuhn, Tillo E. 1962. *Public Enterprise Economics and Transport Problems*. Berkeley: University of California Press.

Kuisel, Richard F. 1967. *Ernest Mercier: French Technocrat*. Berkeley: University of California Press.

_____. 1981. *Capitalism and the State in Modern France*. Cambridge, U.K.: Cambridge University Press.

Kula, Witold. 1986. *Measures and Men*. translated by Richard Szreter. Princeton, N.J.: Princeton University Press.

Labiche, Eug. and Ed. Martin. 1861. *Les Vivacités du Capitaine Tic*. Paris: Calmann-Levy, n.d.; first performed.

Labry, Felix de. 1875. "A Quelles conditions les travaux publics sont-ils rémunerateurs." *Journal des économistes*, 10(November 1875), pp.301~307.

_____. 1880. "Note sur le profit des travaux." *Annales des Ponts et Chaussées* [5], 19, pp.76~85.

_____. 1880. "L'outillage national et la dette de l'état: Replique à M. Doussot." *Annales des Ponts et Chaussées* [5], 20, pp.131~144.

La Gournerie, Jules de. 1879. "Essai sur le principe des tarifs dans l'exploitation des chemins de fer." in La Gournerie, *Etudes economiques*.

_____. 1880. *Etudes économiques sur l'exploitation des chemins de fer*. Paris: Gauthier-Villars.

Lalanne, Léon. 1846. "Sur les tables graphiques et sur la géometrie anamorphique appliquée à diverses questions qui se rattachent à l'art de l'ingénieur." *Annales des Ponts et Chaussé es* [2], 11.

Lamoreaux, Naomi. 1991. "Information Problems and Banks' Specialization in Short Term Commercial Lending: New England in the Nineteenth Century." in Temin, *Inside*, pp.161~195.

Lance, William. 1851-1852. "Paper upon Marine Insurance." *Assurance Magazine*, 2, pp.362~376.

Landes, David. 1983. *Revolution in Time*. Cambridge, Mass.: Harvard University Press.

Latour, Bruno. 1987. *Science in Action*. Cambridge, Mass.: Harvard University Press.

_____. 1988. *The Pasteurization of France*. translated by Alan Sheridan and John Law. Cambridge, Mass.: Harvard University Press.

_____. 1993. *We Have Never Been Modern*. translated by Catherine Porter. Cambridge, Mass.: Harvard University Press.

Laurent, Hermann. 1902. *Petit traité d'économie politique, rédigé conformément aux pré ceptes de l'école de Lausanne*. Paris: Charles Schmid.

_____. 1908. *Statistique mathematique*. Paris: Octave Doin.

Lave, Jean. 1984. "The Values of Quantification." in Law, *Power*, pp.88~111.

Lavoie, Don. 1987. "The Accounting of Interpretations and the Interpretation of Accounts." *Accounting, Organizations, and Society*, 12, pp.579~604.

Lavoisier, Antoine. 1988. *De la richesse territoriale de France*. Jean-Claude Perrot(ed.). Paris: Editions du C.T.H.S.

Lavollée, Hubert. 1883. "Les Chemins de fer et le budget." Revue des Deux Mondes, 55, February 15, pp.857~885.

Law, John(ed.). 1986. *Power, Action, and Belief: A New Sociology of Knowledge?*. London: Routledge.

Lawrence, Christopher. 1985. "Incommunicable Knowledge: Science Technology and the Clinical Art in Britain, 1850-1914." *Journal of Contemporary History*, 20, pp.503~520.

Lécuyer, Bernard-Pierre. 1986. "L'hygiène en France avant Pasteur." in Claire Salomon-Bayet (ed.). *Pasteur et la révolution pastorienne*. Paris: Payot, pp.65~142.

_____. 1987. "The Statistician's Role in Society: The Institutional Establishment of Statistics in France." *Minerva*, 25, pp.35~55.

Legendre, Pierre. 1968. *Histoire de l'administration de 1750 jusqu'à nos jours*. Paris: Presses Universitaires de France.

Legoyt, A. 1863. "Les congrès de statistique et particulièrement le congrès de statistique de Berlin." *Journal de la Société de Statistique de Paris*, 4, pp.271~285.

_____. 1867. untitled remarks. *Journal de la Société de Statistique de Paris*, 8, p.284.

Leibnitz, Heinz-Maier. 1989. "The Measurement of Quality and Reputation in the World of

476

Learning." *Minerva*, 27, pp.483~504.

Leon, A. 1838, review of Michel Chevalier. *Travaux publics de la France, Annales des Ponts et Chaussées*, 16, pp.201~246.

Leonard, Robert. 1991. "War as a 'Simple Economic Problem': The Rise of an Economics of Defense." in Craufurd D. Goodwin(ed.). *Economics and National Security: A History of Their Interactions*. Durham, N.C.: Duke University Press, pp.261~283.

Leopold, Luna B. and Thomas Maddock, Jr. 1954. *The Flood Control Controversy: Big Dams, Little Dams, and Land Management*. New York: Ronald Press.

Le Play, Frédéric. 1885. "Vues générales sur la statistique." *Journal de la Société de Statistique de Paris*, 26, pp.6~11.

Leuchtenberg, William. 1953. *Flood Control Politics: The Connecticut River Valley Problem, 1927-1950*. Cambridge, Mass.: Harvard University Press.

Levasseur, E. 1894. "Le département du travail et les bureaux de statistique aux Etats-Unis." *Journal de la Société de Statistique de Paris*, 35, pp.21~29.

Lewis, Gene D. 1968. *Charles Ellet, Jr.: The Engineer as Individualist*. Urbana: University of Illinois Press.

Lewis, Jane. 1991. "The Place of Social Investigation, Social Theory, and Social Work in the Approach to Late Victorian and Edwardian Social Problems: The Case of Beatrice Webb and Helen Bosanquet." in Bulmer et al., *Social Survey*, pp.148~170.

Lexis, Wilhelm. 1881. "Zur mathematisch-ökonomischen Literatur." *Jahrbücher für Nationalökonomie und Statistik*, N.F. 3, pp.427~434.

Liebenau, Jonathan. 1987. *Medical Science and Medical Industry*. London: Macmillan.

Liesse, Andre. 1927. *La statistique: Ses difficultés, ses procédés, ses résultats*, 5th ed. Paris: Félix Alcan.

Lindqvist, Svante. 1990. "Labs in the Woods: The Quantification of Technology in the Late Enlightenment." in Frängsmyr et al., *Quantifying Spirit*, pp.291~314.

Loft, Anne. 1987. "Towards a Critical Understanding of Accounting: The Case of Cost Accounting in the U.K., 1914-1925." *Accounting, Organizations and Society*, 12, pp.235~265.

Loisne, Henri Menche de. 1879. "De l'influence des rampes sur le prix de revient des transports en transit." *Annales des Ponts et Chaussées* [5], 17, pp.283~298.

Loua, Toussaint. 1869. comment, *Journal de la Société de Statistique de Paris*, 10, pp.65~67.

_____. 1874. "A nos lecteurs." *Journal de la Société de Statistique de Paris*, 15, pp.57~59.

Louvois, Marquis de. 1842. "Au rédacteur." *Journal des débats politiques et littéraires*, January 14, p.1.

Lowi, Theodore J. 1979. *The End of Liberalism: Ideology, Policy, and the Crisis of Public*

Authority, 2d ed. New York: Norton.

_____. 1992. "The State in Political Science: How We Become What We Study." *American Political Science Review*, 86, pp.1~7.

Lowy, Ilana. 1986. "Tissue Groups and Cadaver Kidney Sharing: Sociocultural Aspects of a Medical Controversy." *International Journal of Technology Assessment in Health Care*, 2, pp.195~218.

Luethy, Herbert. 1955. *France against Herself*, translated by Eric Mosbacher. New York: Praeger.

Lundgreen, Peter. 1986. "Measures for Objectivity in the Public Interest." part 2 of his *Standardization—Testing—Regulation, Report Wissenschaftsforschung*, 29. Bielefeld, Germany: Kleine Verlag.

_____. 1990. "Engineering Education in Europe and the U.S.A., 1750-1930: The Rise to Dominance of School Culture and the Engineering Profession." *Annals of Science*, 47, pp.37~75.

Maass, Arthur. 1951. *Muddy Waters: The Army Engineers and the Nation's Rivers*. Cambridge, Mass.: Harvard University Press.

Maass, Arthur and Raymond L. Anderson. 1978. ⋯ *And the Desert Shall Rejoice: Conflict, Growth, and Justice in Arid Environments*. Cambridge, Mass.: MIT Press.

McCandlish, J. M. 1881. "Fire Insurance." *Encyclopaedia Britannica*, 9th ed., vol.13.

McCloskey, Donald N. 1985. The Rhetoric of Economics. Madison: University of Wisconsin Press.

_____. 1991. "Economics Science: A Search through the Hyperspace of Assumptions?" *Methodus*, June 3, pp.6~16.

McCraw, Thomas K.(ed.). 1981. *Regulation in Perspective: Historical Essays*. Cambridge, Mass.: Harvard University Press.

McKean, Roland N. 1958. *Efficiency in Government through Systems Analysis, with Emphasis on Water Resource Development: A RAND Corporation Study*. New York: John Wiley & Sons.

MacKenzie, Donald. 1993. "Negotiating Arithmetic, Constructing Proof: The Sociology of Mathematics and Information Technology." *Social Studies of Science*, 23, pp.37~65.

MacLeod, Roy(ed.). 1988. *Government and Expertise: Specialists, Administrators and Professionals, 1860-1919*. Cambridge, U.K.: Cambridge University Press.

McPhee, John. 1989. *The Control of Nature*. New York: Farrar, Straus & Giroux.

Maier, Paul, Jerome Sacks and Sandy Zabell. 1986. "What Happened in Hazelwood: Statistics, Employment Discrimination, and the 80% Rule." in DeGroot et al. *Statistics*, pp.1~40.

478

Mainland, Donald. 1938. *The Treatment of Clinical and Laboratory Data.* Edinburgh, U.K.: Oliver and Boyd.

Makeham, William Matthew. 1858-1860. "On the Law of Mortality and the Construction of Annuity Tables." *Assurance Magazine*, 8, pp.301~330.

Marcuse, Herbert. 1941. *Reason and Revolution: Hegel and the Rise of Social Theory.* New York: Oxford University Press.

Margolis, Julius. 1957. "Secondary Benefits, External Economies, and the Justification of Public Investment." *Review of Economics and Statistics*, 39, pp.284~291.

_____. 1959. "The Economic Evaluation of Federal Water Resource Development." *American Economic Review*, 49, pp.96~111.

Marks, Harry M. 1987. "Ideas as Reforms: Therapeutic Experiments and Medical Practice, 1900-1980." Ph.D. dissertation, MIT.

_____. 1988. "Notes from the Underground: The Social Organization of Therapeutic Research." in Russell C. Maulitz and Diana E. Long(eds.). *Grand Rounds: One Hundred Years of Internal Medicine.* Philadelphia: University of Pennsylvania Press, pp.297~336.

Martinez-Alier, Juan. 1987. *Ecological Economics.* New York: Basil Blackwell.

Matthews, J. Rosser. 1995. *Mathematics and the Quest for Medical Certainty.* Princeton, N.J.: Princeton University Press.

Mauskopf, Seymour and Michael R. McVaugh. 1980. *The Elusive Science: Origins of Experimental Psychical Research.* Baltimore: Johns Hopkins University Press.

Meehl, Paul E. 1954. *Clinical versus Statistical Prediction.* Minneapolis: University of Minnesota Press.

Megill, Allan, "Introduction: Four Senses of Objectivity." in Megill, *Rethinking Objectivity*, pp.301~320.

_____(ed.). 1991/1992. Rethinking Objectivity, special issue of Annals of Scholarship, 8(1991), parts 3-4; 9(1992), parts 1-2.

Mehrtens, Herbert. 1990. *Moderne-Sprache-Mathematik: Eine Geschichte des Streits um die Grundlagen der Disziplin und des Subjects formaler Systeme.* Frankfurt am Main: Suhrkamp Verlag.

Mellet and Henry, MM. 1835. *L'arbitraire administratif des ponts et chaussées dévoilé aux chambres.* Paris: Giraudet et Jouaust.

Menard, Claude.1978. *La formation d'une rationalité économique: A. A. Cournot.* Paris: Flammarion.

_____. 1981. "La machine et le coeur: Essai sur les analogies dans le raisonnement économique." in André Lichnérowicz(ed.). *Analogie et connaissance.* Paris: Librairie Maloine.

Mendoza, Eric. 1991. "Physics, Chemistry, and the Theory of Errors." *Archives internationales d'histoire des sciences*, 41, pp.282~306.

Merchant, Carolyn. 1989. *Ecological Revolutions: Nature, Gender, and Science in New England*. Chapel Hill: University of North Carolina Press.

Meynaud, Jean. 1963. "A propos des spéculations sur l'avenir. Esquisse bibliographique." *Revue française de la science politique*, 13, pp.666~688.

_____. 1969. *Technocracy*. translated by Paul Barnes. New York: Free Press.

Michel, Louis-Jules. 1868. "Etude sur le trafic probable des chemins de fer d'intérêt local." *Annales des Ponts et Chaussées* [4], pp.145~179.

Miles, A. A. 1951. "Biological Standards and the Measurement of Therapeutic Activity." *British Medical Bulletin*, 7, no.4, special number on "Measurement in Medicine", pp.283~291.

Miller, Leslie A. 1949. "The Battle That Squanders Billions." *Saturday Evening Post*, 221, May 14, pp.30~31.

Miller, Peter and Ted O'Leary. 1987. "Accounting and the Construction of the Governable Person." *Accounting, Organizations, and Society*, 12, pp.235~265.

Miller, Peter and Nikolas Rose. 1991. "Governing Economic Life." *Economy and Society*, 19, pp.1~31.

Minard, Charles-Joseph. 1832. "Tableau comparatif de l'estimation et de la dépense de quelques canaux anglais." *Annales des Ponts et Chaussées*, 1832 (offprint).

_____. 1843. *Second mémoire sur l'importance du parcours partiel sur les chemins de fer*. Paris: Imprimerie de Fain et Thunot.

Mirowski, Philip. 1989. *More Heat than Light: Economics as Social Physics, Physics as Nature's Economics*. New York: Cambridge University Press.

_____. 1992. "Looking for Those Natural Numbers: Dimensions Constants and the Idea of Natural Measurement." *Science in Context*, 5, pp.165~188.

_____ and Steven Sklivas. 1991. "Why Econometricians Don't Replicate (Although They Do Reproduce)." *Review of Political Economy*, 3, pp.146~162.

Moore, Jamie W. and Dorothy P. Moore. 1989. *The Army Corps of Engineers and the Evolution of Federal Flood Plain Management Policy*. Boulder: Institute of Behavioral Science, University of Colorado.

Moyer, Albert E. 1992. *Simon Newcomb: A Scientist's Voice in American Culture*. Berkeley: University of California Press.

Nathan, Richard P. 1988. *Social Science in Government: Uses and Misuses*. New York: Basic Books.

Navier, C. L. M. H. 1832. "De l'exécution des travaux, et particulièrement des concessions."

480

Annales des Ponts et Chaussées, 3, pp.1~31.

_____. 1835. "Note sur la comparaison des avantages respectifs de diverses lignes de chemins de fer." *Annales des Ponts et Chaussées*, 9, pp.129~179.

Nelson, John S., Allan Megill and Donald McCloskey(eds.). 1987. *The Rhetoric of the Human Sciences*. Madison: University of Wisconsin Press.

Nelson, William E. 1987. *The Roots of American Bureaucracy, 1830-1900*. Cambridge, Mass.: Harvard University Press.

Newcomb, Simon. 1885. *Principles of Political Economy*. New York.

Noël, Octave. 1884. *La question des tarifs des chemins de fer*. Paris: Guillaumin.

Nordling, Wilhelm. 1886. "Note sur le prix de revient des transports par chemin de fer." *Annales des Ponts et Chaussées* [6] 11, pp.292~303.

Novick, Peter. 1988. *That Noble Dream: The 'Objectivity Question' and the American Historical Profession*. Cambridge, U.K.: Cambridge University Press.

Nyhart, Lynn K. 1991. "Writing Zoologically: The Zeitschrift für wissenschaftliche Zoologie and the Zoological Community in Late Nineteenth-Century Germany." in Peter Dear(ed.). *The Literary Structure of Scientific Argument: Historical Studies*. Philadelphia: University of Pennsylvania Press.

Oakeshott, Michael. 1991. "Rationalism in Politics" (1947). in *Rationalism in Politics and Other Essays*. Indianapolis: Liberty Press, pp.1~36.

Olesko, Kathryn M. 1991. *Physics as a Calling: Discipline and Practice in the Königsberg Seminar for Physics*. Ithaca, N.Y.: Cornell University Press.

O'Malley, Michael. 1990. *Keeping Watch: A History of American Time*. New York: Viking.

Orlans, Harold. 1986. "Academic Social Scientists and the Presidency: From Wilson to Nixon." *Minerva*, 24, pp.172~204.

Osborne, Thomas R. 1983. *A Grande Ecole for the Grand Corps: The Recruitment and Training of the French Administrative Elite in the Nineteenth Century*. Boulder: Social Science Monographs.

Owens, Larry 1992. "Patents, the 'Frontiers' of American Invention, and the Monopoly Committee of 1939: Anatomy of a Discourse." *Technology and Culture*, 32, pp.1076~1093.

Palmer, Robert R. 1959-1964. *The Age of the Democratic Revolution*, 2 vols. Princeton, N.J.: Princeton University Press.

Parker, James E. 1975. "Testing Comparability and Objectivity of Exit Value Accounting." *Accounting Review*, 50, pp.512~524.

Parker, R. H. 1986. *The Development of the Accountancy Profession in Britain in the Early Twentieth Century*. London: Academy of Accounting Historians.

Parkhurst, David F. 1990. "Statistical Hypothesis Tests and Statistical Power in Pure and Applied Science." in George M. von Furstenberg(ed.). *Acting under Uncertainty: Multidisciplinary Conceptions.* Boston: Kluwer.

Patriarca, Silvana. 1996. *Numbers and the Nation: The Statistical Representation of Italy, 1820-1871.* Cambridge, U.K.: Cambridge University Press.

Pauly, Philip. 1987. *Controlling Life: Jacques Loeb and the Engineering Ideal in Biology.* New York: Oxford University Press.

Pearson, Karl(published under pseudonym Loki). 1880. *The New Werther.* London: C. Kegan Paul and Co.

_____. 1888. "The Ethic of Freethought." *The Ethic of Freethought and Other Essays.* London: T. F. Unwin.

_____. 1892/1957. *The Grammar of Science.* New York: Meridian, reprint of 3d [1911] ed.

Perkin, Harold. 1989. *The Rise of Professional Society: England since 1880.* London: Routledge.

Peterson, Elmer T. 1954. *Big Dam Foolishness: The Problem of Modern Flood Control and Water Storage.* New York: Devin-Adair Co.

Peterson, William. 1987. "Politics and the Measurement of Ethnicity." in Alonso and Starr. *Politics of Numbers,* pp.187~233.

Picard, Alfred. 1884. "Enquêtes relatives aux travaux publics." in *Les chemins de fer français: Etude historique sur la constitution et le régime du reseau,* 6 vols. Paris: J. Rothschild.

_____. 1918. *Les chemins de fer: Apercu historique, résultats généraux de l'ouverture des chemins de fer ⋯.* Paris: H. Dunod et E. Pinat.

Pickering, Andrew(ed.). 1992. *Science as Practice and Culture.* Chicago: University of Chicago Press.

Picon, Antoine. 1989. "Les ingénieurs et la mathématisation: L'exemple du génie et de la construction." *Revue d'histoire des sciences,* 42, pp.155~172.

_____. 1992. *L'invention de l'ingénieur moderne: L'Ecole des Ponts et Chaussées, 1747-1851.* Paris: Presses de l'Ecole Nationale des Ponts et Chaussées.

_____. 1994. "Les années d'enlisement: L'Ecole Polytechnique de 1870 à l'entre-deux- guerres." in Belhoste et al., *Formation,* pp.143~179.

Pinch, Trevor. 1986. *Confronting Nature: The Sociology of Solar-Neutrino Detection.* Dordrecht, Holland: D. Reidel.

Pingle, Gautam. 1978. "The Early Development of Cost-Benefit Analysis." *Journal of Agricultural Economics,* 29, pp.63~71.

Pinkney, David H. 1986. *Decisive Years in France, 1840-1848.* Princeton, N.J.: Princeton

University Press.

Poirrier, A. 1882. *Tarifs des chemins de fer: Rapport ··· présenté à la Chambre de Commerce de Paris*. Havre: Imprimerie Brennier & Cie.

Polanyi, Michael. 1958. *Personal Knowledge: Towards a Post-Critical Philosophy*. Chicago: University of Chicago Press.

Popper, Karl. 1962. *The Open Society and Its Enemies*, 2 vols., 4th ed. London: Routledge and Kegan Paul.

Porter, Henry W. 1853-1854. "On Some Points Connected with the Education of an Actuary." *Assurance Magazine*, 4, pp.108~118.

Porter, Theodore M. 1981. "The Promotion of Mining and the Advancement of Science: The Chemical Revolution of Mineralogy." *Annals of Science*, 38, pp.543~570.

_____. 1986. *The Rise of Statistical Thinking, 1820-1900*. Princeton, N.J.: Princeton University Press.

_____. 1991. "Objectivity and Authority: How French Engineers Reduced Public Utility to Numbers." *Poetics Today*, 12, pp.245~265.

_____. 1992. "Quantification and the Accounting Ideal in Science." Social Studies of Science, 22, pp.633~652.

_____. 1992. "Objectivity as Standardization: The Rhetoric of Impersonality in Measurement, Statistics, and Cost-Benefit Analysis." in Megill. *Rethinking Objectivity, Annals of Scholarship*, 9, pp.19~59.

_____. 1993. "Statistics and the Politics of Objectivity." *Revue de Synthese*, 114, pp.87~101.

_____. 1994. "Information, Power, and the View from Nowhere." in Bud-Frierman. *Information Acumen*, pp.217~230.

_____. 1994. "The Death of the Object: Fin-de-siècle Philosophy of Physics." in Ross, *Modernist Impulses*, pp.128~151.

_____. 1994. "Rigor and Practicality: Rival Ideals of Quantification in Nineteenth-Century Economics." in Philip Mirowski(ed.). *Natural Images in Economic Thought: Markets Read in Tooth and Claw*. New York: Cambridge University Press, pp.128~170.

_____. 1995. "Precision and Trust: Early Victorian Insurance and the Politics of Calculation." in Wise, *Values of Precision*, pp.173~197.

_____. 1995. "Information Cultures." *Accounting, Organizations, and Society*, 20(1), pp.83~92.

Power, Michael. 1992. "After Calculation? Reflections on Critique of Economic Reason by Andre Gorz." *Accounting, Organizations, and Society*, 17, pp.477~499.

Prest, A. R. and R. Turvey. 1965. "Cost-Benefit Analysis: A Survey." *Economic Journal*, 75, pp.683~735.

Price, Don K. 1965. *The Scientific Estate.* Cambridge, Mass.: Harvard University Press.

Proctor, Robert N. 1991. *Value-Free Science?: Purity and Power in Modern Knowledge.* Cambridge, Mass.: Harvard University Press.

Quirk, Paul J. 1980. "Food and Drug Administration." in James Q. Wilson(ed.). *The Politics of Regulation.* New York: Basic Books, pp.191~235.

Ratcliffe, Barrie M. 1989. "Bureaucracy and Early French Railroads: The Myth and the Reality." *Journal of European Economic History*, 18, pp.331~370.

Reader, W. J. 1966. *Professional Men: The Rise of the Professional Classes in Nineteenth-Century England.* London: Weidenfeld and Nicolson.

Regan, Mark M. and E. L. Greenshields. 1951. "Benefit-Cost Analysis of Resource Development Programs." *Journal of Farm Economics*, 33, pp.866~878.

Reisner, Marc. 1989. *Cadillac Desert: The American West and Its Disappearing Water.* New York: Viking Penguin.

Resnick, Daniel. 1982. "History of Educational Testing." in Alexandra K. Wigdor and Wendell R. Garner(eds.). *Ability Testing: Uses, consequences, and Controversies*, 2 vols. Washington, D.C.: National Academy Press, vol.2, pp.173~194.

Reuss, Martin. 1989. *Water Resources, People and Issues: Interview with Arthur Maass.* Fort Belvoir, Va.: Office of History, U.S. Army Corps of Engineers.

_____. 1992. "Coping with Uncertainty: Social Scientists, Engineers, and Federal Water Resource Planning." *Natural Resources Journal*, 32, pp.101~135.

_____ and Paul K. Walker. 1983. *Financing Water Resources Development: A Brief History.* Fort Belvoir, Va.: Historical Division, Office of the Chief of Engineers.

Revel, Jacques. 1991. "Knowledge of the Territory." *Science in Context*, 4, pp.133~162.

Reynaud. 1841. "Tracé des routes et des chemins de fer." *Annales des Ponts et Chaussées* [2], 2, pp.76~113.

Ribeill, Georges. 1993. *La revolution ferroviaire.* Paris: Belin.

Richards, Joan. 1988. *Mathematical Visions: The Pursuit of Geometry in Victorian England.* Boston: Academic Press.

_____. 1991. "Rigor and Clarity: Foundations of Mathematics in France and England, 1800-1840." *Science in Context*, 4, pp.297~319.

Ricour, Théophile. 1887. "Notice sur la répartition du trafic des chemins de fer français et sur le prix de revient des transports." *Annales des Ponts et Chaussées* [6], 13, pp.143~194.

_____. 1888. "Le prix de revient sur les chemins de fer." Annales des Ponts et Chaussées [6], 15, pp.534~564.

Rider, Robin. 1990. "Measures of Ideas, Rule of Language: Mathematics and Language in the 18th Century." in Frängsmyr et al., *Quantifying Spirit*, pp.113~140.

Ringer, Fritz. 1969. *The Decline of the German Mandarins, 1890-1933*. Cambridge, Mass.: Harvard University Press.

Roberts, Lissa. 1991. "A Word and the World: The Significance of Naming the Calorimeter." *Isis*, 82, pp.198~222.

Rorty, Richard. 1991. *Objectivity, Relativism, and Truth*. Cambridge. Mass.: Cambridge University Press.

Rose, Nikolas. 1990. *Governing the Soul*. London: Routledge.

Ross, Dorothy. 1991. *The Origins of American Social Science*. Cambridge, U.K.: Cambridge University Press.

_____(ed.). 1994. *Modernist Impulses in the Human Sciences*. Baltimore: Johns Hopkins University Press.

Rothermel, Holly. 1993. "Images of the Sun: Warren De la Rue, George Biddell Airy and Celestial Photography." *British Journal for the History of Science*, 26, pp.137~169.

Rudwick, Martin J. S. 1985. *The Great Devonian Controversy*. Chicago: University of Chicago Press.

S., M. 1879. "La mesure de l'utilité des chemins de fer." *Journal des économistes*, 7, pp.231~243.

Sagoff, Mark. 1988. *The Economy of the Earth: Philosophy, Law, and the Environment*. Cambridge, U.K.: Cambridge University Press.

Salomon-Bayet, Claire(ed.). 1986. *Pasteur et la révolution pastorienne*. Paris: Payot.

Samelson, Franz. 1987. "Was Mental Testing (a) Racist Inspired, (b) Objective Science, (c) a Technology for Democracy, (d) the Origin of Multiple-Choice Exams, (e) None of the Above? (Mark the Right Answer)." in Sokal, *Psychological Testing*, pp.113~127.

Schabas, Margaret. 1989. *A World Ruled by Number: William Stanley Jevons and the Rise of Mathematical Economics*. Princeton, N.J.: Princeton University Press.

Schaffer, Simon. 1989. "Glass Works: Newton's Prisms and the Uses of Experiments." in Gooding et al., *Uses of Experiment*, pp.67~104.

_____. 1988. "Astronomers Mark Time: Discipline and the Personal Equation." *Science in Context*, 2, pp.115~145.

_____. 1992. "Late Victorian Metrology and Its Instrumentation: A Manufactory of Ohms." in Robert Bud and Susan E. Cozzens(eds.). *Invisible Connections: Instruments, Institutions, and Science*. Bellingham, Wash.: SPIE Optical Engineering Press, pp.23~56.

Schiesl, Martin J. 1977. *The Politics of Efficiency: Municipal Administration and Reform in*

America. Berkeley: University of California Press.

Schneider, Ivo. 1981. "Forms of Professional Activity in Mathematics before the Nineteenth Century." in Herbert Mehrtens, H. Bos and I. Schneider(eds.). *Social History of Nineteenth-Century Mathematics*. Boston: Birkhauser, pp.89~110.

_____. 1986. "Maß und Messen bei den Praktikern der Mathematik vom 16. bis 19. Jahrhundert." in Harald Witthöft et al.(eds). *Die historische Metrologie in den Wissenschaften*. St. Katharinen, Switz.: Scripta Mercaturae Verlag.

Schuster, John A. and Richard R. Yeo(eds.). 1986. *The Politics and Rhetoric of Scientific Method*. Dordrecht, Holland: Reidel.

Select Committee on Assurance Associations(SCAA). 1853. *Report, British Parliamentary Papers*, vol.21.

Self, Peter. 1975. *Econocrats and the Policy Process: The Politics and Philosophy of Cost-Benefit Analysis*. London: Macmillan.

Sellers, Christopher. 1991. "The Public Health Service's Office of Industrial Medicine." *Bulletin of the History of Medicine*, 65, pp.42~73.

Servos, John. 1986. "Mathematics and the Physical Sciences in America." *Isis*, 77, pp.611~629.

Sewell, William. 1980. *Work and Revolution in France: The Language of Labor from the Old Regime to 1848*. New York: Cambridge University Press.

Shabman, Leonard A. 1984. "Water Resources Management: Policy Economics for an Era of Transitions." *Southern Journal of Agricultural Economics*, July 1984, pp.53~65.

Shallat, Todd. 1989. "Engineering Policy: The U.S. Army Corps of Engineers and the Historical Foundation of Power." *The Public Historian*, 11, pp.7~27.

Shapin, Steven. 1994. *A Social History of Truth: Gentility, Credibility, and Scientific Knowledge in Seventeenth-Century England*. Chicago: University of Chicago Press.

_____ and Simon Schaffer. 1985. *Leviathan and the Air-Pump: Hobbes, Boyle, and the Experimental Life*. Princeton, N.J.: Princeton University Press.

Sharp, Walter Rice. 1931. *The French Civil Service: Bureaucracy in Transition*. New York: Macmillan.

Shinn, Terry. 1980. *Savoir scientifique et pouvoir social: L'Ecole Polytechnique (1794-1914)*. Paris: Presses de la Fondation Nationale des Sciences Politiques.

Simon, Marion J. 1971. *The Panama Affair*. New York: Charles Scribner's Sons.

Sklar, Kathryn Kish. 1991. "Hull House Maps and Papers: Social Science as Women's Work in the 1890s." in Bulmer et al. *Social Survey*, pp.111~147.

Skrowonek, Stephen. 1982. *Building a New American State: The Expansion of National Ad-*

ministrative Capacities, 1877-1920. Cambridge, U.K.: Cambridge University Press.

Sloan, Alfred P., Jr. 1964. *My Years with General Motors*. Garden City, N.Y.: Doubleday.

Smith, Adam. 1776/1971. *The Wealth of Nations*, 2 vols. New York: Dutton.

Smith, Cecil O., Jr., 1990. "The Longest Run: Public Engineers and Planning in France." *American Historical Review*, 95, pp.657~692.

Smith, Crosbie and M. Norton Wise. 1989. *Industry and Empire: A Biographical Study of Lord Kelvin*. Cambridge, U.K.: Cambridge University Press.

Smith, Roger and Brian Wynne. 1989. "Introduction." to Smith and Wynne. *Expert Evidence*, pp.1~22.

_____(eds.). 1989. *Expert Evidence: Interpreting Science in the Law*. London: Routledge.

Smith, V. Kerry(ed.). 1984. *Environmental Policy under Reagan's Executive Order: The Role of Benefit-Cost Analysis*. Chapel Hill: University of North Carolina Press.

Sokal, Michael M.(ed.). 1987. *Psychological Testing and American Society, 1890-1930*. New Brunswick, N.J.: Rutgers University Press.

Starr, Paul. 1982. *The Social Transformation of American Medicine*. New York: Basic Books.

_____. 1987. "The Sociology of Official Statistics." in Alonso and Starr. *Politics of Numbers*, pp.7~57.

Statistical Society of Paris, Excerpt from statutes. 1860. *Journal de la Société de Statistique de Paris*, 1, pp.7~9.

Stechl, Peter. 1969. "Biological Standardization of Drugs before 1928." Ph.D. dissertation, University of Wisconsin.

Stigler, George. 1988. *Memoirs of an Unregulated Economist*. New York: Basic Books.

Stigler, Stephen M. 1986. *The History of Statistics: The Measurement of Uncertainty before 1900*. Cambridge, Mass.: Harvard University Press.

Stine, Jeffrey K. 1991. "Environmental Politics in the American South: The Fight over the Tennessee-Tombigbee Waterway." *Environmental History Review*, 15, pp.1~24.

Suleiman, Ezra N. 1974. *Politics, Power, and Bureaucracy in France: The Administrative Elite*. Princeton, N.J.: Princeton University Press.

_____. 1978. *Elites in French Society: The Politics of Survival*. Princeton, N.J.: Princeton University Press.

_____. 1985. "From Right to Left: Bureaucracy and Politics in France." in Suleiman(ed.). *Bureaucrats and Policy Making: A Comparative Overview*. New York: Holmes and Meier, pp.107~135.

Supple, Barry. 1970. *Royal Exchange Assurance: A History of British Assurance: 1720-1970*. Cambridge, U.K.: Cambridge University Press.

Sutherland, Gillian. 1984. *Ability, Merit and Measurement: Mental Testing and English Education, 1880-1940.* Oxford: Clarendon Press.

Sutherland, Ian. 1960. "The Statistical Requirements and Methods." in Hill, *Controlled Clinical Trials*, pp.47~51.

Swijtink, Zeno. 1987. "The Objectification of Observation: Measurement and Statistical Methods in the Nineteenth Century." in Kruger et al. *Probabilistic Revolution*, vol.1, pp.261~285.

Tarbé de Saint-Hardouin. 1868. *Quelques mots sur M. Dupuit.* Paris: Dunod.

Tarbé des Vauxclairs, M. le chevalier. 1835. *Dictionnaire des travaux publics, civils, militaires et maritimes.* Paris: Carillan-Goeury.

Tavernier, René. 1888. "Note sur l'exploitation des grandes compagnies et la nécessité de ré formes décentralisatrices." *Annales des Ponts et Chaussées* [6] 15, pp.637~683.

_____. 1889. "Note sur les principes de tarification et d'exploitation du trafic voyageurs." *Annales des Ponts et Chaussées* [6], 18, pp.559~654.

Teisserenc, Edmond. 1843. "Des principes généraux qui doivent présider au choix des tracés des chemins de fer: Observations sur le rapport présenté par M. Le Comte Daru au nom de la sous-commission supérieure d'enquête." *extrait de la Revue indépendante*, September 10, pp.6~8.

Temin, Peter. 1980. *Taking Your Medicine: Drug Regulation in the United States.* Cambridge, Mass.: Harvard University Press.

_____(ed.). 1991. *Inside the Business Enterprise.* Chicago: University of Chicago Press.

Terrall, Mary. 1987. "Maupertuis and Eighteenth-Century Scientific Culture." Ph.D. dissertation, University of California, Los Angeles.

_____. 1992. "Representing the Earth's Shape: The Polemics Surrounding Maupertuis's Expedition to Lapland." *Isis*, 83, pp.218~237.

Tézenas du Montcel, A., and C. Gérentet. 1877. *Rapport de la commission des tarifs de chemins de fer.* Saint-Etienne, France: Imprimerie Théolier Frères.

Thévenez, René. 1909. *Legislation des chemins de fer et des tramways.* Paris: H. Dunod et E. Pinat.

Thévenot, Laurent. 1990. "La Politique des statistiques: Les Origines des enquêtes de mobilité sociale." *Annales: Economies, sociétés, civilisations*, no.6, pp.1275~1300.

Thoenig, Jean-Claude. 1973. *L'ère des technocrates: Le cas des Ponts et Chaussées.* Paris: Editions d'Organisation.

Thompson, E. P. 1967. "Time, Work Discipline, and Industrial Capitalism." *Past and Present*, 38(December 1967), pp.56~97.

Thuillier, Guy. 1980. *Bureaucratie et bureaucrates en France au XIXe siècle*. Geneva: Librairie Droz.

Todhunter, Isaac(ed.). 1876. *William Whewell, D.D., An Account of his Writings*, 2 vols. London: Macmillan.

Tompkins, H. 1852-1853. "Remarks upon the present state of Information relating to the Laws of Sickness and Mortality … ." *Assurance Magazine*, 3(1852-53), pp.7~15; "Editorial Note." Ibid., pp.15~17.

Traweek, Sharon. 1988. *Beamtimes and Lifetimes: The World of High Energy Physicists*. Cambridge, Mass.: Harvard University Press.

Trebilcock, Clive. 1985. *Phoenix Assurance and the Development of British Insurance*, vol.1: 1782-1870. Cambridge, U.K.: Cambridge University Press.

Trevan, J. W. 1927. "The Error of Determination of Toxicity." *Proceedings of the Royal Society of London*, B, 101 (July 1927), pp.483~514.

Tribe, Lawrence. 1971. "Trial by Mathematics: Precision and Ritual in the Legal Process." *Harvard Law Review*, 84, pp.1329~1393, pp.1801~1820.

Tudesq, André-Jean. 1964. *Les grands notables en France (1840-1849): Etude historique d'une psychologie sociale*, 2 vols. Paris: Presses Universitaires de France.

Turhollow, Anthony F. 1975. *A History of the Los Angeles District, U.S. Army Corps of Engineers*. Los Angeles: Los Angeles District, Corps of Engineers.

Vogel, David. 1981. "The 'New' Social Regulation in Historical and Comparative Perspective." in McCraw, *Regulation*, pp.155~185.

Von Mayrhauser, Richard T. 1987. "The Manager, the Medic, and the Mediator: The Clash of Professional Styles and the Wartime Origins of Group Mental Testing." in Sokal, *Psychological Testing*, pp.128~157.

Wagner, John W. 1965. "Defining Objectivity in Accounting." *Accounting Review*, 40, pp.599~605.

Ward, Stephen H. 1858-1860. "Treatise on the Medical Estimate of Life for Life Assurance." *Assurance Magazine*, 8, pp.248~263, pp.329~343.

Warner, John Harley. 1986. *The Therapeutic Perspective: Medical Practice, Knowledge, and Identity in America, 1820-1885*. Cambridge, Mass.: Harvard University Press.

Weber, Eugen. 1976. *Peasants into Frenchmen: The Modernization of Rural France, 1870-1914*. Stanford, Calif.: Stanford University Press.

Weber, Max. 1978. *Economy and Society, Guenther Ross and Claus Wittich(eds.)*. 2 vols. Berkeley: University of California Press.

Weisbrod, Burton A. 1961. *Economics of Public Health: Measuring the Economic Impact of*

Diseases. Philadelphia: University of Pennsylvania Press.

_____. 1972. "Costs and Benefits of Medical Research: A Case Study of Poliomyelitis." in *Benefit-Cost Analysis: An Aldine Annual, 1971*. Chicago: Aldine-Atherton, pp.142~160.

Weiss, John H. 1982. *The Making of Technological Man: The Social Origins of French Engineering Education*. Cambridge, Mass.: MIT Press.

_____. 1993. "Bridges and Barriers: Narrowing Access and Changing Structure in the French Engineering Profession, 1800-1850." in Geison, *Professions*, pp.15~65.

Weiss, John H. "Careers and Comrades." unpublished manuscript.

Weisz, George. 1983. *The Emergence of Modern Universities in France, 1863-1914*. Princeton, N.J.: Princeton University Press.

_____. 1993. "Academic Debate and Therapeutic Reasoning in Mid-19th Century France." in Ilana Lowy et al.(eds.). *Medicine and Change: Historical and Sociological Studies of Medical Innovation*. Paris and London: John Libbey Eurotext.

Westbrook, Robert B. 1991. *John Dewey and American Democracy*. Ithaca, N.Y.: Cornell University Press.

Whewell, William. 1831/1971. "Mathematical Exposition of some of the leading Doctrines in Mr. Ricardo's 'Principles of Political Economy and Taxation'." reprinted in Whewell, *Mathematical Exposition of Some Doctrines of Political Economy*. New York: Augustus M. Kelley.

_____. 1831. *review of Richard Jones, An Essay on the Distribution of Wealth and on the Sources of Taxation, The British Critic*, 10, pp.41~61.

White, Gilbert F. 1936. "The Limit of Economic Justification for Flood Protection." *Journal of Land and Public Utility Economics*, 12, pp.133~148.

White, James Boyd. 1987. "Rhetoric and Law: The Arts of Cultural and Communal Life." in Nelson et al. *Rhetoric*, pp.298~318.

Wiebe, Robert. 1967. *The Search for Order*. New York: Hill and Wang.

Wiener, Martin J. 1990. *Reconstructing the Criminal: Culture, Law, and Policy in England, 1830-1914*. Cambridge, U.K.: Cambridge University Press.

Williams, Alan. 1972. "Cost-Benefit Analysis: Bastard Science? And/Or Insidious Poison in the Body Politick." *Journal of Public Economics*, 1, pp.199~225.

Williams, L. Pearce. 1956. "Science, Education, and Napoleon I." *Isis*, 47, pp.369~382.

Wilson, James Q. 1989. *Bureaucracy: What Government Agencies Do and Why They Do It*. New York: Basic Books.

Wise, M. Norton. 1989/1990. "Work and Waste: Political Economy and Natural Philosophy in Nineteenth-Century Britain." *History of Science*, 27(1989), pp.263~317, pp.391~449; 28

490

(1990), pp.221~261.

_____. "Exchange Value: Fleeming Jenkin Measures Energy and Utility." unpublished manuscript.

_____(ed.). 1995. *The Values of Precision*. Princeton, N.J.: Princeton University Press.

_____ and Crosbie Smith. 1987. "The Practical Imperative: Kelvin Challenges the Maxwellians." in Robert Kargon and Peter Achinstein(eds.). *Kelvin's Baltimore Lectures and Modern Theoretical Physics*. Cambridge, Mass.: MIT Press, pp.324~348.

Wojdak, Joseph F. 1970. "Levels of Objectivity in the Accounting Process." *Accounting Review*, 45, pp.88~97.

Wolman, Abel, Louis R. Howson and R. T. Veatch. 1953. *Flood Protection in Kansas River Basin*. Kansas City: Kansas Board of Engineers, May.

Wood, Gordon S. 1992. *The Radicalism of the American Revolution*. New York: Alfred A. Knopf.

Worster, Donald. 1985. *Nature's Economy*. Cambridge, Mass.: Cambridge University Press.

_____. 1985. *Rivers of Empire: Water, Aridity, and the Growth of the American West*. New York: Pantheon.

Wynne, Brian. 1982. *Rationality and Ritual: The Windscale Inquiry and Nuclear Decisions in Britain*. Chalfont St. Giles, U.K.: British Society for the History of Science.

_____. 1989. "Establishing the Rules of Laws: Constructing Expert Authority." in Smith and Wynne. *Expert Evidence*, pp.23~55.

Yeo, Richard. 1986. "Scientific Method and the Rhetoric of Science in Britain, 1830-1917." in Schuster and Yeo. *Politics and Rhetoric*, pp.259~297.

Zahar, Elie. 1980. "Einstein, Meyerson, and the Role of Mathematics in Physical Discovery." *British Journal for the Philosophy of Science*, 31, pp.1~43.

Zeff, Stephen A. 1984. "Some Junctures in the Evolution of the Process of Establishing Accounting Principles in the USA: 1917-1972." *Accounting Review*, 59, pp.447~468.

_____(ed.). 1982. *Accounting Principles through the Years: The Views of Professional and Academic Leaders, 1938-1954*. New York: Garland.

Zeldin, Theodore. 1973. *France, 1848-1945*, vol.1: *Ambition, Love and Politics*. Oxford: Clarendon Press.

_____. 1977. *France, 1848-1945*, vol.2: *Intellect, Taste, and Anxiety*. Oxford: Clarendon Press.

Zenderland, Leila. 1987. "The Debate over Diagnosis: Henry Goddard and the Medical Acceptance of Intelligence Testing." in Sokal, *Psychological Testing*, pp.46~74.

Ziman, John. 1978. *Reliable Knowledge: An Exploration of the Grounds for Belief in Science*. Cambridge, U.K.: Cambridge University Press.

Zinoviev, Alexander. 1985. *Homo Sovieticus.* translated by Charles Janson. Boston: Atlantic Monthly Press.

Zwerling, Craig. 1980. "The Emergence of the Ecole Normale Supérieure as a Centre of Scientific Education in the Nineteenth Century." in Fox and Weisz. *Organization.*

Zylberberg, André. 1990. *L'économie mathématique en France, 1870-1914.* Paris: Economica.

※ 참고문헌은 충실하게 작성하고자 하지만, 두 가지 중요한 예외가 있다. 주에서 반복적으로 인용되는 소수의 중요한 도서를 제외하고는, 개별 필자의 이름을 표기하지 않은 대부분의 정부 간행물은 생략한다. 내가 그것들을 찾아낸 기록보관소에서만 구할 수 있을 것 같은, 임시출판물을 포함한 원고 자료도 생략한다. 모든 경우에 기록보관 장소는 주에 제시된다. 파리의 국립문서보관소에서 나는 주로 F14 시리즈 속의 공공사업 관련 자료에 의존했다. 미국 국립문서보관소에서는 나는 77(육군 공병대), 83(농업 경제국), 115(개간국), 315(연방기관 간 강 유역위원회)의 네 개의 기록 그룹을 사용했다. 적절히 분류된 자료는 숫자와 빗금으로만 식별된다(예: N.A. 77/111/642/301). 여기서 77은 기록 그룹을 가리키고, 111은 '항목', 642는 상자 번호를 가리키며, 그 이후의 모든 숫자는 내부 서류 작성 틀을 가리킨다. 내가 참고한 모든 기록물들은 감사의 말씀에 기록되어 있다.

찾아보기: 용어

찾아보기: 인명

지은이

시어도어 M. 포터(Theodore M. Porter)

과학사학자이며 UCLA 역사학과 교수다. 스탠퍼드대학에서 역사학 학사 학위를 받고 프린스턴대학에서 '통계적 사유'에 관한 연구로 박사 학위를 받았다. 저서로『통계적 사유의 부상, 1820-1900』, 『숫자를 믿는다』, 『칼 피어슨: 통계 시대의 과학적 삶』, 『정신병원에서의 유전학: 인간 유전의 알려지지 않은 역사』 등이 있고, 논문으로는 「사물들을 수량적인 것으로 만들기」, 「측정, 객관성, 신뢰」, 「통계학과 통계적 방법」, 「엄격성과 실용성: 19세기 경제학에서 수량화의 경쟁하는 이상」, 「통계, 사회과학, 객관성의 문화」, 「통계와 객관성의 정치학」, 「숫자의 승리: 수량적 문해력의 시민적 함의」, 「사회과학의 역사에서 통계」, 「사회과학의 역사에서 수량화」, 「경제학과 측정의 역사」, 「수량화의 문화와 공적 이성의 역사」, 「권력에 엄밀성을 말하기: 사회과학의 근대적 정치적 역할」, 「숫자로 사회 관리하기」 등이 있다. 2008년에 미국 예술 과학 아카데미 회원으로 선임되었다.

옮긴이

이기홍

강원대학교 사회학과에서 근무한다. 저서로『사회과학의 철학적 기초: 비판적 실재론의 접근』, 『로이 바스카』 등이 있고, 논문으로 「양적 방법의 지배와 그 결과: 식민지근대화론의 방법론적 검토」, 「숫자로 통치한다」, 「누가 1등인가?: 등위평가의 사회학」, 「가설-검증과 설명의 추구」, 「이론 연구는 왜 필요한가?」, 「사회과학에서 가치와 객관성」, 「비판적 실재론이 상기하는 사회과학의 가능성」, 「한국사회학에서 맑스와 과학적 방법」 등이 있다. 역서로는『새로운 사회과학방법론: 비판적 실재론의 접근』, 『비판적 자연주의와 사회과학』, 『비판적 실재론과 해방의 사회과학』, 『비판적 실재론: 로이 바스카의 과학철학』, 『로이 바스카, 비판적 실재론과 교육을 말하다』 등이 있다.

한울아카데미 2278

숫자를 믿는다
과학과 공공적 삶에서 객관성의 추구

지은이 ┃ 시어도어 M. 포터   옮긴이 ┃ 이기홍
펴낸이 ┃ 김종수   펴낸곳 ┃ 한울엠플러스(주)   편집책임 ┃ 배소영
초판 1쇄 인쇄 ┃ 2021년 4월 30일   초판 1쇄 발행 ┃ 2021년 5월 7일

주소 ┃ 10881 경기도 파주시 광인사길 153 한울시소빌딩 3층
전화 ┃ 031-955-0655   팩스 ┃ 031-955-0656
홈페이지 ┃ www.hanulmplus.kr   등록번호 ┃ 제406-2015-000143호

Printed in Korea.
ISBN 978-89-460-7278-7 93330(양장)
       978-89-460-8011-9 93330(무선)

한울엠플러스의 책

사회를 보는 새로운 눈(제3판)

과학적 사고와 비판적 인식을 위하여

- 김귀옥 기획 ┃ 강명숙·공제욱·김귀옥·김선일·김창남·손미아·송주명·
  신정완·이영환·장시복·지주형·천정환·최윤·최은영·홍성태 지음
- 2021년 3월 26일 발행 ┃ 변형크라운판 ┃ 472면

사회학적 상상력을 통해 사회문제 바라보기

사회 문제는 서로 연결되어 있다

변화와 발전을 추구함에도 아직 변하지 않은 세상, 사회 체제에 숨어 있는 모순들, 그리고 코로나19 이후 심화된 혹은 새롭게 떠오른 다양한 현상과 문제점에 대해 이야기하고, 그 맥을 짚는다.

교육, 사회, 경제, 노동, 여성, 복지, 국제 관계, 남북 관계 등 각 분야의 전문가가 쉬운 언어로 사회 현상을 날카롭게 분석한 이 책은 오늘날 사회의 모습에 대해 '당연한 것'으로 말하지 않을 것임을, 그리고 이 책을 읽는 독자가 스스로 세상에 대한 의문을 갖고 자신만의 길과 방법을 찾아 나가도록 도와주고 협력해 나갈 것임을 내비친다.

'민주평등사회를 위한 전국교수연구자협의회'(민교협) 회원들과 여러 지식인들이 참여해 집필한 이 책은 국가위기, 사회위기, 기후위기, 대학위기 등 여러 상황에 처한 독자들이 지속 가능한 세상을 만들어 가기 위해 필요한 새로운 눈, 전망, 방법론을 찾아보도록 제안한다.

"모두가 행복하고 평화로운 사회를 향해 민주·평등·정의를 실현하고 있는 모든 학술 연구자들과 연대하여 사회를 보는 새로운 관점과 문제 제기, 대안을 청년 대학생들과 찾아 나가고자 다짐해 본다"라고 밝힌 이 책은 세상에서 일어나는 일들을 바라보며 고민하는 사람들에게 다양한 시선을 제공해 주고, 스스로 다양한 생각을 펼쳐 나갈 수 있는 길을 마련해 줄 것이다

사회 역학(제2판)

- 리사 F. 버크먼·이치로 가와치·마리아 글라이머 엮음 ㅣ 강영호·김남희·
  김소영·김용주·김창오·문다슬·박상민·박종혁·박진욱·박혜인·송인한·
  오주환·은상준·이종구·이혜은·이화영·장숙랑·전용우·정선재·
  정최경희·정혜주·조홍준·조희경·허종호·홍석철·황승식 번역 및 감수
- 2021년 3월 10일 발행 ㅣ 신국판 ㅣ 824면

초판 이후 사회 역학 연구 결과를 집대성
26명의 연구자들이 번역과 감수를 맡아 완성도를 높였다

사회 역학은 건강의 사회적 결정요인에 보다 집중하는 역학의 한 분야로 자리매김한 학문이다. 인구집단의 건강에 중요한 영향을 미치는 요인들 중 사회적 요인에 대해 보다 분명히 학술적으로 조명한 역할을 한 『사회 역학』 초판이 출판된 지 20년이 지나는 동안 이 분야의 연구는 눈에 띄게 많아졌고, 한국의 학계 역시 국제사회의 이런 발전적 경향에 큰 기여를 했다.

사회 역학의 태동과 발전이 이뤄진 지난 20여 년 한국의 사회 역학 분야에 학술적으로 그리고 현장에서의 구체적인 변화에 기여해 온 많은 연구자들과 활동가들이 있었다. 그중 26명의 연구자가 『사회 역학』 제2판의 번역과 감수에 함께 참여했다.

이를 통해, 사회 역학 분야의 중견 연구자들에게는 그간의 사회 역학 분야의 연구 업적물들의 넓이와 깊이를 한눈에 살펴볼 수 있는 기회를 제공하게 되었고, 이 분야에 새로운 관심을 갖기 시작한 새싹 연구자들에게는 사회 역학 분야의 발전을 종합하여 친절하게 안내할 수 있는 기회를 제공하게 되었다.

거리의 시민들

지구화 시대에 누가 왜 어떻게 시위에
참여하는가

- 마르코 지우니·마리아 T. 그라소 지음 | 박형신 옮김
- 202년 2월 5일 발행 | 신국판 | 400면

유럽 7개국에서 4년간 실시한 조사 데이터에 기반한 시위 참여자 연구
저항자의 국가별, 시위 쟁점별, 시위자 유형별 차이를 세밀하게 관찰하다

이 책은 2009년부터 2012년까지 다양한 쟁점을 다룬 수많은 시위에 참가한 사람들을 대상으로 실시한 CCC 프로젝트의 조사 데이터를 바탕으로 한다. CCC 프로젝트는 자신의 불만을 표출하기 위해 거리로 뛰쳐나온 사람들을 연구하기 위해 기획되었으며, 연구를 위해 71개 저항에 참여한 유럽 7개국 1만 5000여 명의 데이터를 수집했다. 이 프로젝트의 조사 데이터를 기반으로 다양한 출간물이 간행되었는데, 데이터 일부를 활용해 한정된 연구 주제만 다룬 다른 결과물들과 달리 이 책은 데이터 전체를 이용해 21세기 초의 저항 행위를 완전하게 묘사하고 있다는 점에서 저항 참여와 관련한 연구 가운데 가장 포괄적인 비교연구라 할 수 있다.

이 책의 주요 목적은 어떤 사람이 저항하는지, 왜 저항하는지, 그리고 어떤 채널을 통해 거리로 나오는지를 분석하는 것이다. 구체적으로는 시위에 참여하는 저항자들의 동기와 방법, 저항자들이 옹호하는 대의와 그들이 제기하는 쟁점을 다룬다. 또한 저항자들의 동원 구조, 정치적 태도와 더불어 사회운동 내에서 저항자들이 인식하는 정체성과 운동 효과, 저항 참여에서 감정이 수행하는 역할 같은 주요한 측면도 분석한다. 이러한 분석을 통해 저자들은 저항자들에게서 현 체계를 보다 인간적이고 민주적이고 공정하게 만들 수 있는 추동력을 발견한다.

한울엠플러스의 책

극단의 도시들
도시, 기후위기를 초래하다

- 애슐리 도슨 지음 ㅣ 박삼주 옮김
- 2021년 2월 1일 발행 ㅣ 신국판 ㅣ 400면

기후변화의 최전선에 놓인 도시
바로 지금, 도시가 침몰하고 있다

기후변화는 우리의 삶을 어떻게 바꿀 것인가? 기후변화의 영향을 가장 많이 받는 곳은 어디이며, 누가 가장 심각한 피해를 입고 있는가? 과연 우리는 다가오는 기후혼란에 충분히 대비하고 있는가?

기후변화는 지금 당장의 사건이며, 무엇보다도 다수 인류가 거주하는 장소인 도시의 문제다. 우리가 좋아하든 싫어하든 인간이 만든 기후혼란이 극적으로 세계의 도시를 변화시키고 있으며, 바로 이곳에서 기후변화의 가장 극심한 결과가 초래될 것이다.

좋은 도시는 반드시 '녹색도시'에 더해 '공정한 도시'여야 한다. 기후변화가 단순한 자연적인 현상이 아니라 사회경제체제의 산물이라면 근본적인 사회경제적 개혁 없이 기후변화의 최전선에 놓여 있는 극단의 도시의 문제를 해결할 수는 없다.

좋은 도시는 고급 콘도 앞 자전거 도로와 대상녹지 같은 녹색 장식품을 갖춘 오늘날의 도시의 변형이 되어서는 안 된다. 저자가 강조하듯이 도시는 오직 오늘의 극심한 사회경제적 불평등을 극복하기 위해 재건될 때에만 재난을 초래하는 환경 악화의 상처를 치유하게 될 것이다.

로이 바스카, 비판적 실재론과 교육을 말하다

- 로이 바스카·데이비드 스콧 지음 | 이기홍 옮김
- 2020년 12월 31일 발행 | 국판 | 224면

과학철학자 로이 바스카의 마지막 유고집
그가 꿈꾸었던 인간 해방의 본질과 전망

이 책은 영국의 저명한 과학철학자 로이 바스카의 유고집이다. 바스카는 20세기 사회과학 연구의 주류인 실증주의적 실재론을 비판하며 '비판적 실재론'을 제창한 학자다. 여기서 실증주의적 실재론이란 경험적 자료를 객관적으로 수집해 일반화하고 체계적으로 구성하는 방법론이다. 아직도 수많은 과학자들이 쓰는 방법론이며 이른바 과학 연구라고 했을 때 일반 대중이 인식하는 방법론이기도 하다.

하지만 바스카는 사회과학 연구란 단순히 자료의 수집, 요약, 일반화에 그치는 활동이 아니며 연구자 자신이 수행하는 연구에 대해 끊임없이 개진하는 철학 활동으로 보았다. 사회과학은 인간과 사회의 문제를 다루기에 가치나 당위 등의 주제와 관계를 맺을 수밖에 없다. 연구자가 자신의 주관과 관점을 개입해 연구자 스스로 어떤 가치를 따르고 어떤 방향의 사회를 지향하는지 드러내도록 하자는 주장이 비판적 실재론이다.

이 책은 비판적 실재론과 함께 바스카의 교육·학습 이론을 소개한다. 바스카는 교육을 억압, 노예 상태, 부자유에 도전하는 실천 활동으로 보았다. 학자이자 교육자로서 그는 '인간의 자기해방의 기획'에 기여하는 것을 자신의 평생 소명(다르마)으로 삼았다. 이 책은 바스카와 그의 비판적 실재론에 대한 관심을 환기하고 사회과학 연구와 교육의 사명에 대해 반성하는 계기가 될 것이다.

한울엠플러스의 책

법정에 선 페미니스트
페미니스트 법 이론

- 낸시 레빗·로버트 베르칙 지음 | 유경민·최용범·최정윤·박다미·소은영 옮김
- 2020년 11월 25일 발행 | 신국판 | 384면

페미니즘이란 무엇인가?
페미니즘은 근본적으로 권리의 평등에 관한 것이다

페미니즘은 근본적으로 권리의 평등에 관한 것이다. 권리, 평등과 같은 개념들이 실현되고, 일상생활에 자리매김하려면 페미니즘의 목표가 법과 통합하여 정부에 의해 집행될 수 있어야 한다. 참정권, 가족계획사업, 양육 지원 등을 위한 투쟁은 모두 가장 근본적인 의미에서의 법적 투쟁이다. 페미니즘을 공부하는 학생이 된다는 것은 법을 공부하는 학생이 되는 것을 의미하기도 한다.

이 책은 이제 막 페미니스트 법 이론을 습득하게 된 독자를 위해 쓰였다. 1장과 2장은 독자들이 보다 깊이 페미니스트 법 이론과 페미니스트 법학 방법론들을 알아 갈 수 있도록 해 준다. 나머지 장들은 페미니스트 이론이 법률의 형성을 돕고 도모했던 (고용 분야, 교육 및 글로벌한 쟁점 등과 같은) 주요 영역에 따라 주제별로 구성되어 있다. 이 책은 이론 위주로 쓰였지만, 추가적인 논의를 설명하고 이끌어내기 위해 계속해서 관련 소송 내용과 법원의 판결, 법률 등을 소개한다.

이 책을 통해 의복과 소지품, 스포츠, 직업, 시민 단체 및 가정에서의 성역할 구분에 대한 기초적인 사실과 수치를 검토할 수 있다. 여기에는 이혼과 양육권, 빈곤의 여성화, 가정과 직장에서 노동의 분담에 관한 통계, 교육 차이에서 비롯된 성별 간 격차, 기업 및 정치권에서의 성별 대표성, 양형, 정치적 및 사회적 견해의 젠더 격차가 포함된다. 마지막 장은 세계화에 초점을 맞추어 선진국과 개발도상국에서의 페미니스트 법 이론의 전망에 대해서 검토한다.

숫자에 의한 협치
콜레주 드 프랑스 강의(2012-2014)

- 알랭 쉬피오 지음 ｜ 박제성 옮김
- 2019년 5월 30일 발행 ｜ 신국판 ｜ 432면

숫자가 지배하는 사회가 개인을 어떻게 구속하는가
법이 숫자에 예속되자 사람들이 숫자의 노예가 되고 있다

오늘날 비인격적 통치 모델로서 법치를 수에 의한 통치로 변화시킨 동력은 이윤추구를 최고의 가치로 삼고 작동하는 신자유주의 체계이다. 인간의 자의성을 완전히 제거한 통치는 인간을 더욱 자유롭게 하기보다는 생산성과 효율성의 노예로 전락시키고 있다. 경제 논리에 따라 경제적 약자가 강자에게 예속되는 결과를 낳고 있는 것이다. 이것은 개개인 차원뿐 아니라 국가와 국가 기업과 기업에서도 발견된다. 알랭 쉬피오는 동서양 법학과 철학 역사학과 신학에 깊은 조예를 바탕으로 세계 곳곳에 시나브로 자리 잡은 숫자에 의한 통치가 전 세계의 일하는 사람들에게 가져온 위험을 경고하고 그에 맞서기 위한 방안을 제시한다.

만인이 법 앞에 평등해야 한다는 법치국가의 이상은 만인이 숫자로 가치가 매겨지고 그에 따라 대우받는 것이 당연하다는 수치(數治)의 합리성으로 교체되는 듯하다. 경제 영역뿐 아니라 학문을 포함한 모든 영역이 측정되고 숫자로 표현된다. 숫자에 의한 통치는 개인의 삶뿐만 아니라 조직 국가 국제 관계까지도 지배하고 있다. 현대 사회의 신자유주의와 사이버네틱스 철학은 숫자에 의한 통치를 가져왔다. 저자는 숫자로 환원되는 성과 위주의 통치가 어떻게 숫자의 지배와 인적인 예속관계로 귀결되는지 다양한 학문 분야를 넘나들며 분석했다.